I0530059

میری دریافت

اللہ، اسلام اور آخرت کی جستجو میں

میری دریافت

اللہ، اسلام اور آخرت کی جستجو میں

تالیف

حمزہ علی عباسی

ترجمہ

شعبۂ ترجمہ و تدوین، المورد امریکہ

غامدی سینٹر آف اسلامک لرننگ، المورد امریکہ

ناشر: غامدی سینٹر آف اسلامک لرننگ، المورد امریکہ

طبع اول: اپریل 2025ء

ISBN : 978-1-966600-22-0

Address: 3620 N Josey Ln, Suite 230 Carrollton, TX 75007

Website: www.ghamidi.org

Email: info@ghamidi.org

فہرست

عرضِ ناشر

ہمارے معاشرے میں دین سے دوری کے کئی اسباب ہیں۔ ان میں ایک نمایاں سبب یہ ہے کہ جدید تعلیم یافتہ افراد دینی فکر کے روایتی اندازِ نظر اور مذہبی حلقوں کے طرزِ بیان سے اجنبیت محسوس کرنے لگے ہیں۔ دوسری جانب، الحاد اور انکارِ خدا کے رجحانات اپنی بات کو اس قدر منظم، منطقی اور بہ ظاہر معقول نظر آنے والے استدلال کے ساتھ پیش کرتے ہیں کہ ذہین اذہان خدا کی سچی دعوت جیسے روح پرور پیغام سے منہ موڑ کر شکوک و شبہات کے اندھیروں میں بھٹکنے لگتے ہیں۔

ایسے میں اگر کوئی نوجوان خلوصِ نیت کے ساتھ دین کی طرف رجوع کرے، آخرت کی سچائی کو محسوس کرے اور اپنے اس روحانی و فکری سفر کی روداد دوسروں کے ساتھ بانٹے تو یہ صرف رجوع نہیں ہوتا، بلکہ ایک جستجو کرنے والے ذہن کی اُن الجھنوں، سوالات اور اضطرابات کا اظہار بھی ہوتا ہے جو صدقِ دل سے حق کی تلاش میں ہوتے ہیں۔ چنانچہ اگر دین کو سمجھنے میں اُس سے کوئی لغزش یا تعبیر کی غلطی ہو جائے تو اسے تنقید یا تردید کا نشانہ بنانے کے بجائے خیر خواہی، نرمی اور حکمت کے ساتھ اس کی رہنمائی کی جانی چاہیے۔

یہ کتاب کسی مخصوص تعبیرِ دین کی نمایندگی نہیں کرتی، بلکہ ان نوجوانوں کو مخاطب کرتی

عرض ناشر

ہے جو آج بھی اگر تعصبات سے بلند ہو کر خدا کی سچی دعوت کی طرف رجوع کریں، تو وہ یقیناً اپنے سوالات کے سنجیدہ، مدلل اور تسلی بخش جوابات پا سکتے ہیں۔

یہ دور عصرِ حریت ہے اور عصرِ استدلال بھی۔ اب قائم شدہ تصورات کو محض تہذیبی برتری یا روایت کے زور پر منوایا نہیں جا سکتا۔ مشرق و مغرب میں یہ امتیاز اب مٹ چکا ہے۔ لہٰذا اگر ہم قرآن و سنت کا مقدمہ اپنی اصل اور خالص صورت میں پیش کرنے میں کامیاب ہو جائیں تو صرف اسی میں وہ جان اور قوت موجود ہے جو ہر اعتراض کا ازالہ کر سکتی ہے اور ہر اشکال کا مدلل جواب فراہم کر سکتی ہے۔

محمد حسن الیاس
ڈائریکٹر ریسرچ اینڈ کمیونیکیشن
غامدی سینٹر آف اسلامک لرننگ، المورد

امریکہ

دیباچہ

اپنی مصروف زندگی میں وقت نکال کر اس کتاب کو پڑھنے اور میری باتوں پر غور کرنے کا شکریہ! میں آپ کا تہِ دل سے ممنون ہوں۔ اس کتاب میں میری کوشش یہ رہی ہے کہ اپنے خیالات کو صاف اور مختصر انداز میں پیش کروں تا کہ آپ کے لیے ان کا سمجھنا آسان ہو۔

ایک طویل عرصے تک وجودی سوالات میں الجھے رہنے کے بعد، سائنس اور عقل نے مجھے یہ سوچنے پر مجبور کیا کہ کائنات کی تخلیق میں کسی ذہین قوت کی کارفرمائی ہو سکتی ہے۔ اس خالق کی تلاش اور اس کی حقیقت کو سمجھنے کی جستجو نے مجھے مختلف الہامی مذاہب کے مطالعے کی طرف راغب کیا اور بالآخر تحقیق کا یہ سفر اسلام اور قرآن کے سنجیدہ غور و فکر تک پہنچا۔

اگرچہ میرا تعلق ایک مسلم گھرانے سے تھا، لیکن میں نو عمری میں مذہب سے دور ہو گیا تھا۔ تاہم، اپنے وجودی سوالات کے جواب تلاش کرنے کی جستجو نے مجھے زندگی کے تیسرے عشرے میں اسلام کے ازسرِ نو مطالعے کی طرف مائل کیا۔ اس بار، مجھے اپنے کئی بنیادی سوالات کے اطمینان بخش جوابات مل گئے۔ تاہم، کچھ سوالات ابھی بھی جواب طلب رہے۔

حقیقت یہ ہے کہ روایتی علما اور اسلام کی عمومی تشریحات نے میرے تقریباً سترفی صد سوالات کے جواب دیے، مگر باقی سوالات نے میرے ذہن میں الجھنیں برقرار رکھیں۔

2015ء کے قریب یوٹیوب پر ایک اتفاقیہ تلاش نے مجھے جاوید احمد غامدی صاحب کے علم اور خیالات سے روشناس کرایا۔ ان کے افکار نے نہ صرف میرے باقی سوالات کے جوابات مہیا کیے، بلکہ میری الجھنوں کو بھی سلجھا دیا۔ تب سے میں کتب، لیکچرز اور براہ راست ملاقاتوں کے ذریعے سے ان سے سیکھنے کے عمل میں مصروف ہوں۔

یہ کتاب میری ایک عاجزانہ کاوش ہے کہ میں اپنے وجودی سوالات کے عقلی اور اخلاقی طور پر اطمینان بخش جوابات آپ کے سامنے رکھوں۔ میں نے یہ کتاب ایک عام آدمی کے طور پر اور عام لوگوں کے لیے لکھی ہے، ایسے قارئین جو انھی سوالات کے جواب تلاش کر رہے ہیں، لیکن عالم یا دانش ور بننے کا ارادہ نہیں رکھتے۔ میرے خیال میں جو علم میں نے اپنی جستجو کے دوران میں حاصل کیا، وہ نہ تو بہت فاضلانہ ہے اور نہ ہی عالمانہ۔ لیکن میرے نزدیک، ہر انسان جس کے پاس وقت اور مواقع ہوں، اسے ان معاملات سے ضرور واقف ہونا چاہیے۔

یہ کتاب میں نے کسی عالم یا مصنف کی حیثیت سے نہیں لکھی۔ میں مصنف نہیں بننا چاہتا۔ در حقیقت، لکھنا میری دل چسپی نہیں۔ کہہ سکتے ہیں کہ لکھنے کا عمل میرے لیے فطری کام نہیں ہے، اور غالباً یہ میری پہلی اور آخری تصنیف ہوگی۔ اس کتاب کا مقصد قارئین کو تفریح فراہم کرنا نہیں کہ اسے ایک آرام دہ شام میں کافی کے ساتھ لطف اندوز ہونے کے لیے پڑھا جائے، بلکہ یہ ان لوگوں کے لیے ہے، جو اپنے وجود اور زندگی کے مقصد پر سنجیدہ غور و فکر کرنا چاہتے ہیں۔

میں اس کتاب کو ایک ذمہ داری کے تحت لکھ رہا ہوں۔ میری نیت اپنے ساتھی انسانوں سے ہم دردی اور خیر خواہی کی ہے، کیونکہ میں محسوس کرتا ہوں کہ جو جوابات میں نے دریافت کیے ہیں، اگر وہ واقعی درست ہیں تو ان کے اثرات ہر انسان کی نسبت سے نہایت

گہرے اور دور رس ہیں۔ میں یہ ثابت کرنے کی کوشش کروں گا کہ دنیوی زندگی کے بعد احتساب اور جزا و سزا ایک حقیقت ہے، جس کے ہماری زندگیوں پر گہرے اثرات ہیں۔ لہٰذا مجھے پورا یقین ہے کہ اپنے تحقیقی سفر اور اس کے حاصلات، یعنی ان جوابات کو قارئین کے ساتھ شیئر کرنا میری ذمہ داری ہے۔

یہ بات قابل ذکر ہے کہ میں اس کتاب میں کوئی نیا نظریہ یا انکشاف پیش نہیں کر رہا، بلکہ یہ ان جوابات کا مجموعہ ہے، جو میں نے اپنی تلاش کے دوران میں مختلف ذرائع سے حاصل کیے ہیں۔ اس کتاب کا مقصد ان جوابات کو یکجا کر کے ان لوگوں کی رسائی میں لانا ہے، جو ایسے ہی سوالات سے نبرد آزما ہیں۔

اس کتاب کو لکھنے کی ایک اہم وجہ یہ بھی ہے کہ جس تعبیرِ اسلام کو میں نے اختیار کیا ہے، وہ عمومی طور پر رائج تشریحات سے مختلف ہے۔ میرا مقصد اپنے محدود وسائل کے باوجود اس نقطۂ نظر کو زیادہ سے زیادہ لوگوں تک پہنچانے میں اپنا کردار ادا کرنا ہے۔ اس تعبیر کے موجودہ دور میں سب سے نمایاں علم بردار جناب جاوید احمد غامدی ہیں۔

روایتی نقطۂ نظر سے مختلف، اسلام کی اس تعبیر کے مطابق:

ارتداد پر موت کی سزا نہیں دی جا سکتی۔

عورت کی گواہی مرد کی گواہی سے آدھی نہیں ہے۔

مسلمانوں کو محض عقیدے کی بنیاد پر غیر مسلموں کے خلاف جنگ کرنے کی اجازت نہیں ہے۔

اسلام کی کسی خاص تعبیر کو مسلمانوں پر نافذ کرنے کے لیے تشدد کا کوئی جواز نہیں۔

خواتین کے لیے سر ڈھانپنا فرض نہیں۔

نقاب کا تصور اسلامی تعلیمات کا حصہ نہیں۔

جنگوں میں کسی کو قید کر کے غلام بنانے کی اجازت نہیں۔

تمام غیر مسلم جہنم میں نہیں جائیں گے۔

بادشاہت اور آمریت اسلامی نظامِ سیاست کے خلاف ہیں اور اسلام کی سیاسی روح جمہوریت سے مماثلت رکھتی ہے۔

مردوں کے لیے ڈاڑھی رکھنا کوئی مذہبی حکم نہیں۔

مرد وزن کے اختلاط کی ہر صورت ممنوع نہیں۔

تمام فنونِ لطیفہ، جیسے مصوری، مجسمہ سازی اور اداکاری اخلاقی حدود میں رہتے ہوئے جائز ہیں۔

میرا ارادہ ہے کہ اپنے نقطۂ نظر اور اس کے دلائل کو واضح انداز میں بیان کرنے کے بعد زیادہ سے زیادہ لوگوں کے ساتھ مکالمہ کروں۔ یہ مکالمے میرے جوابات کو مسلسل پرکھنے اور ان کی تہذیب کا موقع فراہم کریں گے۔

اس کتاب کو لکھنے کی ایک اور اہم اور ذاتی وجہ بھی ہے، جس کا ذکر میں آخر میں کروں گا۔ میری زندگی کے سفر اور اپنے جوابات کا تجزیہ کرتے ہوئے آپ اس وجہ کے جذباتی پس منظر کو بہتر سمجھ سکیں گے، چاہے آپ میرے نظریاتی موقف سے اختلاف ہی کیوں نہ رکھتے ہوں۔

چونکہ اس کتاب میں کئی ایسے تصورات شامل ہیں، جو میں نے جاوید احمد غامدی صاحب سے سیکھے ہیں، اس لیے ضروری ہے کہ میں ایک وضاحت پیش کروں۔ میں غامدی صاحب کا ایسا باقاعدہ شاگرد نہیں ہوں، جس نے ان سے مروجہ طریقے سے تعلیم پائی ہو۔ میں صرف ایک عام فرد ہوں، جس نے ان کی تعلیمات سے کچھ سوالات کے جوابات اخذ کیے ہیں۔ اگر

اس کتاب میں میری طرف سے غامدی صاحب کے مواقف کے فہم میں یا ان کے افکار کی وضاحت میں کوئی غلطی ہو تو اس کی ذمہ داری مکمل طور پر میری ہے، وہ اس سے بری الذمہ ہیں

اسلام کے عمومی فہم اور خاص طور پر جناب جاوید احمد غامدی کی تعلیمات کی درست تفہیم کو یقینی بنانے کے لیے میں نے اس کتاب کو ڈاکٹر شہزاد سلیم کے سامنے پیش کیا۔ ڈاکٹر شہزاد سلیم غامدی صاحب کے ایک باقاعدہ علمی شاگرد ہیں اور قرآنیات کے ایک ممتاز اسکالر ہیں۔ انھوں نے یونیورسٹی آف ویلز، برطانیہ سے پی ایچ ڈی کی ڈگری حاصل کی ہے۔ میں ڈاکٹر شہزاد سلیم کا تہِ دل سے شکر گزار ہوں کہ انھوں نے اس کتاب کے مواد پر اپنی آراء پیش کیں اور اس کے لیے ایک پیش لفظ بھی تحریر کیا، جو آیندہ سیکشن میں شامل کیا گیا ہے۔

آخر میں، قارئین سے ایک اہم گزارش کرنا چاہوں گا: ہو سکتا ہے کہ اس کتاب میں مذہب، خدا اور جزا و سزا کے حوالے سے پیش کی گئی بعض باتیں آپ کو عجیب اور ناقابل یقین محسوس ہوں، خاص طور پر اگر آپ خدا یا مذہب پر یقین نہیں رکھتے۔ لیکن جب کبھی آپ کو ایسا محسوس ہو تو ایک لمحے کے لیے غور کریں کہ ہم خود ایک نہایت عجیب اور حیرت انگیز دنیا میں رہتے ہیں۔ ہم ایک گول، معلق سیارے پر بستے ہیں، جو خلا کے بے کنار سمندر میں بے شمار دوسرے گیس اور پتھریلے اجسام کے ساتھ تیر رہا ہے۔ ایٹمز، جو زیادہ تر خالی جگہ پر مشتمل ہیں، ایک غیر معمولی ترتیب کے تحت ہمارے ارد گرد موجود خوب صورت اور عجیب و غریب شکلوں میں پائے جاتے ہیں۔ ہم روز مرہ زندگی میں بے جان مادہ کھاتے ہیں، جو دیکھتے دیکھتے ہمارے جسموں میں پیچیدہ زندگی میں تبدیل ہو جاتا ہے۔ یہی ایٹمز، اپنی محض ترتیب کی بدولت شعور، جذبات اور ذہانت کو جنم دیتے ہیں۔

ہم ایک ایسے دور میں رہتے ہیں جہاں بے جان مادے کو جدید ٹیکنالوجی کے عجائبات میں بدل دیا گیا ہے۔ اگر آج سے صرف سو سال پہلے کسی شخص کو ہماری موجودہ تخلیقات کے بارے میں بتایا جاتا تو غالب امکان ہے کہ وہ ان باتوں کو ناقابل یقین قرار دے کر رد کر دیتا۔ چونکہ ہماری اس دنیا میں ہر روز اور ہر جگہ عجیب و غریب واقعات رونما ہوتے ہیں، رفتہ رفتہ ہم ان کے عجیب ہونے کے عادی ہو جاتے ہیں اور وہ ہمیں معمول کی باتیں لگنے لگتی ہیں۔ تاہم، حقیقت یہ ہے کہ ہم ایک بے حد پر اسرار اور حیرت انگیز حقیقت میں زندگی بسر کر رہے ہیں۔ اس حقیقت کو ذہن میں رکھیں، جب ہم خدا اور اس کی طرف سے اخروی احتساب کے موضوع پر گفتگو کریں۔

مارچ 2025ء ——— حمزہ علی

عباسی

پیش لفظ

حق کی جستجو انسانی ذہن کی بلند ترین صفات میں سے ایک ہے۔ یہ ایک ایسی تڑپ ہے، جو ابتدا میں انسان کو مضطرب کر سکتی ہے۔ تاہم، اگر وہ اس سفر کو بے خوفی سے جاری رکھے تو یہ زندگی کا دل چسپ ترین تجربہ بن جاتا ہے۔ اس سے بڑھ کر، یہ انسانوں پر ان کے خالق کی طرف سے عاید کردہ ایک فریضہ ہے۔

مجھے ایک ایسے حق کے متلاشی، حمزہ علی عباسی، کے کام کا تعارف اور تائید پیش کرتے ہوئے بے حد مسرت کا احساس ہے۔ حمزہ علی عباسی غیر معمولی شہرت کے حامل ایک میڈیا سیلیبریٹی ہیں۔ معلوم ہوتا ہے کہ روایتی مذہبی تشریحات انھیں مطمئن نہیں کر پائیں اور اس عدم اطمینان نے انھیں الحاد کی انجان راہوں پر ڈال دیا، جیسا کہ حق کے ایک سچے متلاشی کی قسمت میں ہوتا ہے۔ تقریباً دس سال قبل حمزہ کو تقدیر ان کے مستقبل کے مینٹور (mentor) جاوید احمد غامدی صاحب تک لے گئی۔ انھوں نے محسوس کیا کہ وہ، شیکسپیئر کے ایک مشہور قول کے مطابق، ایک اہم موڑ پر قدم رکھ چکے ہیں:

There is a tide in the affairs of men Which,

taken at the flood, leads on to fortune;

Omitted, all the voyage of their life

Is bound in shallows and in miseries.

یہ ایک خدا کی طرف سے دیا ہوا موقع تھا، جسے انھوں نے بڑی خوشی سے قبول کیا اور جوش و خروش کے ساتھ اس کا درست استعمال کیا۔ انھوں نے مذہب کے دوبارہ مطالعے کے لیے پہلے سے سیکھی ہوئی باتوں کو بھلانے کا عمل شروع کیا۔ وہ بنیادی سوالات جو انھیں پریشان کیے ہوئے تھے، جوابات پانے لگے۔ زندگی کے پیچیدہ معمے کے منتشر حصوں کی شیرازہ بندی ہونے لگی۔ زندگی اور آخرت کے رازان پر کھلنے لگے۔ حق کی تڑپ سے سرشار شخص کی طرح، انھوں نے اپنے الحادی عقائد کا سامنا ایک ایسے نئے مذہبی فہم سے کیا، جو عقل اور وحی پر مبنی تھا۔ گویا انھوں نے خدا کو دوبارہ دریافت کیا اور یہ شاید ان کی زندگی کا سب سے قیمتی لمحہ تھا۔

کسی بھی مخلص حق کے متلاشی کی طرح، خودشناسی کا یہ عمل منطقی طور پر اس مسافر کو اس کی مسحور کن مہم کے اگلے مرحلے کی طرف لے گیا۔ انھوں نے فیصلہ کیا کہ وہ دریافت کردہ حق کو ایسے تمام لوگوں کے ساتھ شیئر کریں گے، جن تک ان کی رسائی ہے۔ انھوں نے پہلے اپنی اس حیرت انگیز داستان کو زبانی طور پر شیئر کیا۔ انھیں نوجوانوں اور تجربہ کار شخصیات سے ملنے اور انھیں اپنے دریافت کردہ علم سے آگاہ کرنے کا موقع ملا۔ پھر وہ وقت آیا کہ وہ اپنے خیالات کی روشنائی سے دریافت حق کی داستان کو اس کتاب میں ڈھالیں، جو اب ہمارے سامنے ہے۔ جناب جاوید احمد غامدی کا ایک ادنیٰ طالب علم ہونے کے ناتے، میں گواہی دے سکتا ہوں کہ مصنف نے اپنے مینٹور کے نظریات کو سمجھنے میں بہت محنت کی ہے اور انھیں جدید اسلوب میں مختصر اور فصیح انداز میں پیش کرنے کی سعی کی ہے۔ کسی بھی انسانی کام کی طرح، ایسی کوئی بھی کوشش بے عیب نہیں ہو سکتی اور نہ ہی کوئی مصنف یہ دعویٰ کر سکتا

ہے کہ اس کا کام غلطی سے پاک ہے۔ مذہب کو سمجھنے کی کلید تنقیدی سوچ ہی ہے، جو ایک عمر بھر کا عمل ہے۔ مجھے امید ہے کہ حمزہ اپنے موجودہ فہم پر اکتفا نہیں کریں گے اور اپنے نتائج پر نظر ثانی اور ان کی بہتری کا عمل جاری رکھیں گے۔ آخر کار، حقیقی وابستگی حق کے ساتھ ہونی چاہیے، نہ کہ شخصیات کے ساتھ۔

میری دعا ہے کہ حق کی جستجو کا یہ جذبہ حمزہ کے دل میں ہمیشہ روشن رہے اور ان کے لیے خالق کی جانب سے دنیا و آخرت کے بے پناہ اجر کا باعث ہو۔ اللہ کرے کہ یہ کاوش دوسروں کے لیے بھی رہنمائی کا سبب بنے اور حق کی مشعل کو مزید فروزاں کرے، جیسا کہ والٹیر نے کہا ہے:

Stand upright, speak thy thoughts declare
The truth thou hast that all may share
Be bold, proclaim it everywhere
They only live who dare

شہزاد سلیم
پی ایچ ڈی، یونیورسٹی آف ویلز، برطانیہ
ریسرچ فیلو، غامدی سینٹر آف اسلامک لرننگ، امریکہ

بسم الله الرحمن الرحيم

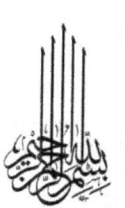

باب اول

زحمت کیوں؟

میرے علمی مشاغل ملکی اور بین الا قوامی سیاست کے گرد گھومتے ہیں، جب کہ میرا پیشہ، میرا کاروبار، اور میرا شوق تھیٹر، ٹیلی ویژن ڈراما اور فلم میں اداکاری ہے۔ خدا، آخرت اور اخروی حساب کتاب کے معاملات مجھے بالکل بھی متوجہ نہیں کرتے—یہ موضوعات نہ تو میری علمی دل چسپیوں کی فہرست میں ہیں اور نہ ہی میرے پیشہ ورانہ شوق کا حصہ ہیں۔ تاہم، محض ضرورت مجھے ان معاملات میں مشغول ہونے پر مجبور کرتی ہے۔ لیکن سوال یہ ہے کہ یہ ضرورت کیا ہے؟

میں کیوں ہوں؟ سب کچھ کیوں موجود ہے؟ کیا مجھے کسی نے خاص مقصد کے تحت جان بوجھ کر پیدا کیا ہے یا میں محض اتفاق کی پیداوار ہوں—بے مقصد افعال کا حادثاتی نتیجہ؟ کیا کوئی ایک خدا یا ایک سے زائد خدا موجود ہیں؟ کیا کوئی آخرت ہے یا میری مادی موت میرا دائمی خاتمہ ہے؟ کیا کوئی یوم حساب ہے، جہاں مجھے اس دنیوی زندگی کے لیے جواب دہ ہونا پڑے گا یا یہ سب محض کہانیاں ہیں؟

ان سوالات کو اہمیت دینے کی ضرورت ہی کیا ہے؟ ہم میں سے بہت سے لوگوں کے لیے وجودی سوالات اور ان کے ممکنہ جوابات کا فوری طور پر حقیقی دنیا پر کوئی اثر نہیں ہوتا۔ روزمرہ

زندگی کی فوری ضروریات —— جن میں ہمارا زیادہ تر وقت اور توانائی صرف ہوتی ہے —— کے مقابلے میں یہ سوالات غیر متعلق معلوم ہوتے ہیں۔ مختصر یہ کہ جب زندگی اپنی تمام لذتوں اور آلام، محنتوں اور کامیابیوں کے ساتھ جینے کے لیے موجود ہے تو ان معاملات کی پروا کیوں کریں؟ آخر کیوں زحمت کریں؟

اس امر کی اکثر پیش کی جانے والی اور سب سے سادہ دلیل یہ ہے: "میں" اپنی جذباتی، ذہنی، جسمانی، اخلاقی اور جمالیاتی صلاحیتوں کے ساتھ اس حیرت انگیز وجود کا حصہ ہوں۔ میرے وجود کی یہ حقیقت اس بات پر سنجیدگی سے غور کرنے کی کافی وجہ ہے کہ ہمارے اس وجود کے بارے میں "کیوں" کا سوال اٹھایا جائے۔ مزید برآں، چونکہ انسان کی تشکیل بھی انھی عناصر سے ہوئی ہے، جن سے باقی کائنات بنی ہے اور صرف ہم —— انسان —— ہی اپنی اصل اور مقصد پر غور کرنے کی صلاحیت رکھتے ہیں، اس لیے ہم حقیقت کی اس جستجو میں پوری کائنات کی نمایندگی کر رہے ہوتے ہیں۔ گویا ہماری شکل میں کائنات خود ہی اپنے مبدا اور مقصد کے بارے میں سوچ رہی ہے۔ اس جستجو کی فوری اہمیت اس لیے مزید بڑھ جاتی ہے کہ موت کسی بھی لمحے واقع ہو سکتی ہے اور میرے پاس "میں کیوں ہوں" کے سوال پر سوچنے کے لیے وقت بہت محدود ہے۔

لیکن اس سے کیا فرق پڑتا ہے۔ لہٰذا مجھے یہ منطق کبھی متاثر نہیں کرتی تھی۔ میں وجودی مسائل کو کبھی کبھار رات گئے آنے والے عارضی خیالات سے زیادہ اہمیت دینے کا قائل نہیں تھا۔ میں اسی پر مطمئن تھا کہ دوسرے اس غور و فکر میں لگے رہیں۔ میرا خیال تھا کہ وجود کی گہرائیوں میں غوطہ زن ہونا صرف علما، مفکرین، پروفیسروں اور فلسفیوں کا کام ہے۔ چونکہ میں ان میں سے کسی بھی زمرے میں نہیں آتا، اس لیے میں نے وجود پر غور و فکر کو زندگی کے زیادہ

دل چسپ پہلوؤں کے مقابلے میں کم اہم سمجھا۔ آخر کار، موجودہ دور میں زندگی ہر لحاظ سے بے مثال حد تک دل چسپ ہو چکی ہے۔

لیکن بہ تدریج، بالخصوص اپنی نوجوانی کے آخری سالوں میں، میں نے یہ محسوس کیا کہ ان سوالات کی کچھ نہایت موثر وجوہات موجود ہیں۔ میں نے محسوس کیا کہ وجودی سوالات اور تجسس سے غفلت برتنا اور انجان بنے رہنا بدترین فیصلہ ہے۔ میری نظر میں ہر شخص کو ذیل میں دی گئی وجوہات ان وجودی سوالات کو اٹھانے اور ان کا جواب تلاش کرنے پر مجبور کرتی ہیں۔ جی ہاں، ہر ایک کی یہ ذمہ داری ہے کہ انھیں جتنا بھی وقت میسر ہے، اس پر لگائیں اور جتنی محنت وہ اس پر صرف کر سکتے ہیں، کریں۔ جوابات اہم نہیں ہیں، تلاش اہم ہے۔ اس کھوج کے بعد چاہے وہ کسی بھی نتیجے پر پہنچیں، یہ عمل ان کے اپنے ذاتی مفاد میں ہے۔

1۔ غیر متوقع سخت نتائج

انسان، خواہ وہ کسی بھی مقام سے تعلق رکھتا ہو، موت کے بعد کسی نہ کسی شکل میں یوم حساب کے تصور سے واقف ہے۔ آج بھی اربوں لوگ اس عقیدے پر قائم ہیں۔ تحریری تاریخی ریکارڈ اور قدیم اقوام کی زبانی روایات سے معلوم ہوتا ہے کہ انسانی معاشروں کی اکثریت میں حساب بعد الموت کا یہ تصور ہمیشہ سے موجود رہا ہے۔ یوم حساب کا یہ تصور میرے سامنے بھی آیا اور اس کی ناقابل تصور گہرائیوں اور نتائج کو مد نظر رکھتے ہوئے، میں نے محسوس کیا کہ اپنی زندگی میں کم از کم ایک بار اس معاملے کی سنجیدہ تحقیق ضروری ہے تاکہ یہ معلوم ہو سکے کہ اس میں کتنی صداقت ہے۔ مستقل خوشی، دائمی مسرت، اور مکمل اطمینان اور خوش حالی یا دائمی پچھتاوے، بد بختی اور تکلیف کے امکانات کا تصور اتنا شدید ہے کہ اسے نظر انداز کرنا اور مکمل

تحقیق کے بغیر چھوڑ دینا کسی ذی شعور کے لیے ممکن نہیں۔

2۔ دو ممکن زندگیاں

خدا کے وجود اور موت کے بعد اعمال پر جواب دہی کے سوال کا اطمینان بخش جواب ہی میرے لیے اس بات کا تعین کرے گا کہ حقیقی کامیابی کا مطلب کیا ہے اور حقیقی ناکامی کیا معنی رکھتی ہے۔ ہماری زندگی کے اکثر فیصلے کسی نہ کسی صورت میں اس پر منحصر ہوتے ہیں کہ ہم ان دونوں تصورات کی کیا تعریف کرتے ہیں۔ میں نے اپنی زندگی کے ابتدائی دور ہی میں یہ بات محسوس کرلی تھی کہ میں زندگی میں دو مختلف راہوں پر چل سکتا ہوں۔ مجھے فیصلہ کرنا تھا کہ ان میں سے کون سی راہ اختیار کرنی ہے۔ اگر یہ امکان موجود ہے کہ اس دنیوی زندگی کے لیے مجھے ابدی طور پر جواب دہ ٹھیرایا جائے گا تو بلاشبہ یہ عام فہم اور معقول ہے کہ انسان اپنی زندگی اس طرح گزارے جو اخروی زندگی میں اس کی زیادہ سے زیادہ کامیابی یا کم از کم سلامتی کو یقینی بنائے۔ اس طرزِ زندگی کے کچھ نہایت ہی ناگوار تقاضے ہو سکتے ہیں، جیسا کہ دنیوی مفادات کی قربانی دینا اور اپنی خواہشات اور جبلی تقاضوں پر ایک ناگوار حد تک قابو رکھنا۔ دوسری طرف، اگر خدا اور موت کے بعد جواب دہی جیسے خیالات محض خیالی ثابت ہوں تو پھر میرے لیے دنیوی زندگی گزارنے کا واحد طریقہ یہ ہوگا کہ ہر ممکن طریقے سے اور ہر قیمت پر زیادہ سے زیادہ کامیابی، لذت اور تکمیل کی جستجو کروں۔

یہ کہنا بجا ہے کہ بہت سے لوگ وجودی سوالات پر غور وخوض کیے بغیر بہ ظاہر عمومی انسانی اخلاقیات پر چلتے ہوئے خوش حال اور مطمئن زندگی بسر کر رہے ہیں۔ لیکن میرے خیال میں یہ طرزِ فکر انتہائی خطرناک ہے۔ میں یہ پوچھتا ہوں کہ کیا ہم میں سے اکثر اپنی زندگیوں میں ایسے

مواقع سے بچ سکتے ہیں جہاں ہمیں یہ فیصلہ کرنا پڑے کہ آیا اپنے اندر موجود اخلاقی تقاضوں کے مطابق چلیں، چاہے اس میں کچھ دنیوی نقصان ہو یا ایسے فیصلے کریں، جو ہمیں بہ ظاہر فائدہ پہنچائیں، لیکن ہماری اخلاقیات کے خلاف ہوں۔ جیسے جیسے میں بڑا ہوتا گیا، مجھے بارہا ایسے ہی اخلاقی دوراہوں کا سامنا کرنا پڑا، کیونکہ زندگی میں بار بار ایسے مواقع آتے رہے، جن میں وہ فیصلے جو میری فطری اخلاقیات کے مطابق غلط محسوس ہوتے تھے، دنیوی لحاظ سے سب سے زیادہ فائدہ مند نظر آتے تھے اور اس کے برعکس بھی ہوا۔ ایسے حالات میں اخروی جواب دہی کی حقیقت کا فہم بہترین فیصلے کرنے کے لیے نہایت ضروری ہے۔

3۔ درمیانہ راستہ

شاید کچھ لوگ محسوس کریں کہ میں زندگی کو حد سے زیادہ سنجیدگی سے لے رہا ہوں یا میرا رویہ انتہا کو چھو رہا ہے اور ہاں، یہ درست بھی ہے۔ میں چاہتا ہوں کہ آپ بھی اسی سنجیدگی کا مظاہرہ کریں کیونکہ ہمیں ـــ یعنی مجھے اور آپ کو ـــ یہ زندگی صرف ایک ہی بار ملی ہے۔ جلد یا بہ دیر، موت آئے گی اور ہمیں ہمیشہ کے لیے اس دنیا سے ختم کر دے گی۔ یہ ایک ناقابل واپسی عمل ہوگا۔ ہم چاہے جیسی بھی زندگی گزاریں، ہمارے پیارے ہمیں بالآخر بھول جائیں گے، شاید کبھی کبھار ہماری یادیں تازہ کریں۔ اگر آپ مشہور ہیں تو ممکن ہے کہ سال میں ایک دو بار آپ کا ذکر آپ کی سالگرہ یا تاریخ وفات پر کیا جائے، لیکن یہ یاد بھی وقت کے ساتھ دھندلا جائے گی۔ دنیا اپنی رفتار سے آگے بڑھ جائے گی اور ہمیں مکمل طور پر بھول جائے گی۔ تقریباً سو سال کے اندر آپ، میں، ہمارے پیارے اور ہمارے ہم عصر تمام لوگ ہمیشہ کے لیے اس دنیا سے رخصت ہو چکے ہوں گے۔ وسیع تر تناظر میں دیکھا جائے تو کائنات کی موجودہ شکل

بھی آخر کار اپنے اختتام کو پہنچے گی۔ لہٰذا میرے لیے مکمل اور قطعی موت ایک یقینی حقیقت ہے۔ جب میرے پاس اس دنیوی زندگی کا صرف ایک ہی موقع ہے تو درمیانی راہ میرے لیے قابل قبول نہیں ہو سکتی اور نہ ہی ہونی چاہیے۔

خلاصہ یہ ہے کہ مرنے کے بعد اللہ تعالیٰ کی طرف سے محاسبہ ایک کُلی تصور ہے، جس کے انتہائی سنگین نتائج ہو سکتے ہیں۔ میں سمجھتا ہوں کہ انسان کی حتمی بھلائی کے لیے یہ بہت ضروری ہے کہ وہ اپنی روزمرہ کی ذمہ داریوں —— معاشی بقا کی مشقت، خاندان کی دیکھ بھال، اور دیگر جذباتی و سماجی رشتوں کی پرواہ وغیرہ —— سے وقت نکال کر اس معاملے پر سنجیدگی سے غور کرے۔ ہر ذی شعور فرد پر لازم ہے کہ وہ اس مسئلے پر جلد از جلد ایک معقول نتیجے تک پہنچنے کی بھرپور کوشش کرے۔ مزید برآں، یہ زندگی بھر کا ایک مشن ہونا چاہیے کہ اس کوشش کے نتیجے میں جو جوابات ملیں، ان کا بار بار جائزہ لیا جائے اور اپنے فیصلوں کو اس کے مطابق ڈھالا جائے۔

یہ کتاب لکھنے کی ایک آخری وجہ ایسی ہے، جو شاید بہت سے لوگوں کو بجا طور پر ناگزیر محسوس نہ ہو، کیونکہ اس وجہ کی نوعیت معروضی نہیں، بلکہ موضوعی ہے۔ تاہم، میرے لیے یہ وجہ اپنی جذباتی اور اخلاقی اہمیت کی بنا پر بہت اہم ہے۔

4۔ ''حقیقی والدین'' کا تعارف

میری رائے میں ایک شخصی خدا کے وجود کی گہرائی سے تحقیق ایک سادہ، مگر عمیق جستجو ہے۔ اس کا مقصد میرے حقیقی خالق کی شناخت ہے۔ وہ ماں جو میری مادی ماں سے پہلے تھی اور وہ باپ جو میرے زمینی باپ پر مقدم ہے۔ اس بات سے میرا مقصد والدین اور خاندانی تعلقات

کی جذباتی قدر، محبت اور قربانی کو کم تر دکھانا نہیں ہے، بلکہ میرا مقصد یہ اجاگر کرنا ہے کہ اگر میری اصل کوئی ایسا خدا ہے، جس نے مجھے تخلیق کیا ہے اور جو میری زندگی کے تمام پہلوؤں کی نگرانی کرتا ہے—مجھے براہِ راست دیکھتا اور سنتا ہے—تو میرا اولین اور بنیادی تعلق اسی ذات کے ساتھ ہے۔ دیگر تمام رشتے ثانوی حیثیت رکھتے ہیں۔ ذرا غور کریں، میری زندگی کا حصہ میرا خاندان اور میرے دوست میرے ساتھ نہ ہوتے اگر میرا جنم کسی اور زمان و مکان پر ہوتا۔ لہٰذا اگر کوئی خالق واقعی موجود ہے، جس نے مجھے عدم سے پیدا کیا ہے تو یہ میرا واحد حقیقی اور غیر متبدل رشتہ ہوگا۔ باقی تمام رشتے اسی خالق کی تخلیق ہیں، جس نے مجھے ایک مخصوص وقت اور مقام پر پیدا کیا ہے۔ اس حقیقت کا انکشاف گہرے جذباتی اور اخلاقی مضمرات رکھتا ہے۔ تمام بنیادی جذبات مثلاً محبت، توقعات، وفاداری اور اخلاص سب سے پہلے اسی ہستی کے لیے مختص ہونے چاہییں، جب کہ دیگر تمام محبتیں، توقعات، وفاداریاں اور اخلاص کے تقاضے ثانوی ہیں۔ ہر اچھی چیز کے لیے حتمی شکر گزاری اسی ہستی کے لیے مخصوص ہے، جب کہ دوسروں کے لیے شکر گزاری کی حیثیت دوسرے درجے میں آتی ہے۔

اسی طرح مشکل اور پریشانی کے وقت حتمی توقعات اور امیدیں صرف اسی ذات سے وابستہ ہونی چاہییں، جب کہ دوسروں سے توقعات اور امیدیں ہمیشہ ثانوی رہیں گی۔

باب دوم

سفرکی تیاری

1۔تعصبات سے پرہیز

ماحول جس میں ہم پرورش پاتے ہیں، تعلیم جس سے ہم مستفید ہوتے ہیں، وہ سماجی،
سیاسی، فلسفیانہ، مذہبی اثرات جو ہم پر پڑتے ہیں، اور ہماری زندگی کے مثبت و منفی زندگی کے
تجربات ہماری خودی کے تصور اور حقیقت کے فہم کی تشکیل میں گہرا دخل رکھتے ہیں۔ جیسے
جیسے ہمارے خیالات اور تجربات کا ذخیرہ جمع ہوتا جاتا ہے ہم کچھ نظریات کو قبول یا مسترد
کرنے کی طرف میلان پیدا کر لیتے ہیں۔ یہ ایک فطری عمل ہے۔ لیکن اگر یہ تعصبات ہمیں
دوسروں کی رائے سننے یا سچائی کو تسلیم کرنے سے روکنے لگیں تو یہ ہمارے اندر موجود اخلاص
اور دیانت داری کو متاثر کر سکتے ہیں، جو سچ کی تلاش میں بنیادی اہمیت رکھتے ہیں۔

تعصبات کئی ذرائع سے جنم لیتے ہیں، جیسے ذاتی عوامل، جن میں انا، غرور اور ذاتی مفادات
شامل ہوتے ہیں۔ اسی طرح قومی، نسلی، سیاسی اور مذہبی وابستگیاں بھی تعصبات کو پروان
چڑھاتی ہیں۔ یہی تعصبات اکثر ہمیں عقلی اور ہمدردانہ سوچ سے محروم کر دیتے ہیں، جس کے
نتیجے میں ہم مضحکہ خیز باتوں اور بُرائیوں کا جواز تلاش کرنے لگتے ہیں۔

بہ ظاہر معصوم نظر آنے والے تعصبات بھی انتہائی ذہین افراد کو سچائی کا انکار کرنے پر مجبور کر سکتے ہیں۔ مثال کے طور پر، گلیلیو کے زمانے میں نام ور مذہبی علمانے اس کے پیش کردہ انقلابی حقائق کو تسلیم کرنے سے انکار کر دیا۔ اسی طرح آئن سٹائن نے بھی کائنات کے پھیلاؤ کے تصور کو ابتدا میں رد کر دیا، حالاں کہ اس کی اپنی مساوات اس نظریے کی حمایت کر رہی تھیں، لیکن جامد کائنات کے بارے میں اس کے تعصب نے اسے روکے رکھا۔

کسی بھی معاملے کا غیر جانب دارانہ تجزیہ کرنا واقعی ایک مشکل کام ہے، لیکن یہ طرزِ عمل اختیار کرنا بے حد ضروری ہے۔ جتنا ہم اپنے تعصبات پر قابو پاتے ہیں، اتنا ہی ہم درست نتائج کے قریب پہنچ سکتے ہیں۔ یہاں تک کہ اگر تعصب سے پاک خلوص نیت کے ساتھ کی گئی تحقیق کے نتیجے میں غلطی ہو جائے تو وہ غلطی مخلصانہ کوشش کی وجہ سے قابل معافی سمجھی جاسکتی ہے۔

مخلصانہ خطائیں جو دیانت داری سے کی گئی تحقیق کا نتیجہ ہوں، منطقی طور پر انسانوں اور اللہ تعالٰی، دونوں کی جانب سے غیر مشروط معافی کی مستحق ہیں۔ اس لیے تحقیق میں دیانت داری اور سچائی کو ہمیشہ نتیجے پر فوقیت دینی چاہیے۔

خدا اور مذہب کے معاملات میں ہمارا تعصب سب سے زیادہ شدت اختیار کر لیتا ہے، خاص طور پر جب ہم اپنے عقائد کا دفاع کرتے ہیں یا ان پر رائے قائم کرتے ہیں۔ یہ تعصب ہمیں اپنے عقائد کو، چاہے وہ درست ہوں یا نہ ہوں، تنقیدی یا منطقی جائزے کے بغیر قبول کرنے اور ان کی حمایت پر مجبور کرتا ہے۔ دوسری طرف، ایک اور انتہا بھی موجود ہے۔ ایسے افراد جو منظم مذہب کے خلاف شدید مخالفت رکھتے ہیں، وہ کسی ایسی دلیل یا ثبوت کو تسلیم کرنے سے انکار کر دیتے ہیں جو کسی مافوق الفطرت خالق کے وجود یا اس کے مقرر کردہ مذہب یا زندگی کے اصولوں کے حق میں ہو۔

اپنی فکری اور ذہنی تشکیل کے ابتدائی سالوں میں میں نے تعصبات کی تباہ کن قوت کو پوری طرح سمجھ لیا تھا۔ اسی لیے میں نے پختہ عزم کیا کہ اس رجحان کو ہر ممکن حد تک قابو میں رکھوں گا اور جہاں بھی دلائل اور معقول شواہد مجھے لے جائیں، وہاں دیانت داری اور خلوص کے ساتھ جاؤں گا۔ میں نے طے کر لیا کہ اگر کسی نظریے یا موقف سے میری ذاتی وابستگی ہو، لیکن شواہد اور دلائل اس کے خلاف گواہی دیں تو یہ تعلق مجھے اس موقف کو ترک کرنے سے نہ روکے۔ میرا اصول یہ تھا کہ جب معقول اور مستند شواہد کسی خیال کی غلطی واضح کریں تو مجھے اسے چھوڑنے میں کوئی ہچکچاہٹ نہیں ہونی چاہیے۔ اسی طرح میں نے اپنے آپ سے یہ عہد بھی کیا کہ اگر کسی نظریے کے خلاف میری ذاتی ناپسندیدگی ہو تو وہ مجھے اس کے حق میں موجود شواہد کو قبول کرنے اور اسے اپنانے سے باز نہ رکھے۔

2۔ سچائی تک پہنچنے کا راستہ: سادہ طریق تحقیق

خدا کے وجود اور اخروی حساب و کتاب کی حقیقت کو سمجھنے کی کوشش میں، مختلف نظریات اور فلسفوں کی کھوج سچائی کے متلاشی کو شدید الجھن میں ڈال دیتی ہے۔ الحاد (atheism)، لاادریت (agnosticism)، خدا یا خداؤں پر اعتقاد (theism)، ربوبیت (deism) اور مختلف مذاہب و فلسفوں کے بارے میں معلومات کی بھرمار، ساتھ ہی دلائل و جوابی دلائل کے اس پیچیدہ جال میں اکثر لوگ اس موضوع سے مکمل طور پر دل چسپی کھو بیٹھتے ہیں۔ خود میرا تجربہ بھی کچھ ایسا ہی رہا۔ جب میں نے مختلف نظریات، مکاتبِ فکر اور بے شمار طویل بحثوں میں غوطہ لگایا تو کسی واضح راستے تک پہنچنے کے بجائے خود کو بے سمت اور الجھن میں مبتلا پایا۔

جب میں نے مذہبی حلقوں میں سوالات اٹھانے شروع کیے تو بہت سے علما نے مجھے یہ مشورہ دیا کہ خدا اور آخرت کے حوالے سے اپنے مبدا اور مقصد کو سمجھنے کے لیے مجھے اپنی زندگی کا ایک بڑا حصہ وقف کرنا ہوگا اور مستقل محنت کے ساتھ علم حاصل کرنا ہوگا۔ اب میرے جیسے ایک عام انسان کے لیے—جو محض بنیادی سوالات کے جوابات تلاش کرنا چاہتا ہو اور جس کا عالم یا محقق بننے کا کوئی ارادہ نہ ہو—یہ ایک نہایت دشوار اور بھاری ذمہ داری معلوم ہوتی تھی۔

خدا کے وجود کے حامیوں اور مخالفین کی جانب سے معلومات کی یلغار نے خدا اور یوم حساب کے بارے میں حق کی جستجو کو ایک پیچیدہ اور تھکا دینے والا عمل بنا دیا تھا۔ تاہم، ایک خوش قسمت لمحہ ایسا آیا جس نے مجھے حق کی تلاش کے طریقے پر نظر ثانی کرنے پر آمادہ کیا۔ نتیجتاً میں نے یہ دریافت کیا کہ ایک سادہ اور غیر پیچیدہ طریقہ ہی وہ ذریعہ ہے جو حتمی سچائی تک پہنچا سکتا ہے۔ مجھے یہ ادراک ہوا کہ اگر خدا اور قیامت کے امکان کے حوالے سے کوئی سچائی موجود ہے تو وہ لازماً سادہ ہونی چاہیے—ایسی جو بنیادی سوالات کے واضح جوابات فراہم کرے اور ساتھ ہی علمی تحقیق کے لیے بھی مواقع مہیا کرے۔—یہ امر قدرے تفصیل کا متقاضی ہے۔ خدا اور آخرت کا معاملہ پوری انسانیت سے متعلق ہے اور یہ تمام انسانوں کی ابدی قسمت کا سوال ہے۔ زیادہ تر افراد اپنی زندگی کی بنیادی جدوجہد اور ذمہ داریوں میں اتنے مصروف ہوتے ہیں کہ وہ پیچیدہ لٹریچر اور دقیق بحثوں میں غوطہ زن ہونے کے نہ تو متحمل ہو سکتے ہیں اور نہ ہی اس کے لیے وقت نکال سکتے ہیں۔ اس لیے ایک سادہ، مگر بدیہی نتیجہ اخذ کیا جا سکتا ہے کہ اگر واقعی کوئی خدا ہے جو تمام انسانوں کے اعمال کا محاسبہ کرے گا اور اس نے اس دنیا کو اپنے خاص مقاصد کے تحت تخلیق کیا ہے تو مبدا اور مقصدِ حیات سے متعلق بنیادی سوالات

کے جوابات عام انسانوں اور اہل علم، دونوں کے لیے سہل اور قابل رسائی ہونے چاہییں۔

اگرچہ انسانی علم کے مختلف شعبے اپنی فطری پیچیدگیوں کے باعث گہرے غور و فکر کا تقاضا کرتے ہیں، لیکن اگر واقعی کوئی خدا موجود ہے اور وہ انسانیت سے حساب لینے کا ارادہ رکھتا ہے تو بنیادی امور کو ہر انسان کے لیے آسانی سے سمجھ آنے والے ہونا چاہیے۔ یہ تصور خود اپنے اندر ایک تضاد رکھتا ہے کہ خدا انسان کو کسی مقصد کے تحت پیدا کرے، مگر ان بنیادی حقائق کو اتنا پیچیدہ بنادے کہ عام لوگوں کے لیے انھیں سمجھنا ایک دشوار اور بوجھل عمل بن جائے۔

لہٰذا اگر خدا نے مجھے پیدا کیا ہے اور وہ میرا حساب لینا چاہتا ہے تو اس معاملے سے متعلق تمام بنیادی حقائق ایسے ہونے چاہییں، جو ہر انسان کے لیے آسانی سے قابلِ دریافت، غیر مبہم، قابلِ فہم اور واضح طور پر بیان کیے جاسکیں۔ اس حقیقت کا ادراک ہونے کے بعد میں نے اپنی جستجو کو سادہ بنالیا اور اس کے نتیجے میں مجھ پر ایک اہم انکشاف ہوا، جو یہ ہے:

3۔ عاجزی کی اہمیت

وجودی اور خدا سے متعلق معاملات کے حوالے سے ایک تشویش ناک رجحان بہت سے افراد میں پایا جاتا ہے، خصوصاً وہ لوگ جو اپنی زندگی کے نظریات اور عقائد میں غیر لچک دار ہوتے ہیں۔ ایسے افراد اپنے نظریات، عقائد، خیالات اور فکری حاصلات کو ناقابلِ تردید سچائی سمجھتے ہیں اور ان سے اختلاف رکھنے والوں کو غلط یا اصلاح کے محتاج قرار دیتے ہیں۔ اس رویے کے نتیجے میں نہ صرف دوسروں کے نقطۂ نظر کو سمجھنے کی گنجایش ختم ہو جاتی ہے، بلکہ ایک دوسرے سے سیکھنے کا امکان بھی باقی نہیں رہتا اور مکالمے کا مقصد محض اپنی بات منوانا بن کر رہ جاتا ہے۔

چاہے وہ ملحدوں اور لاادری افراد کا گروہ ہو یا خدا اور مذہب پر یقین رکھنے والوں کا، ہر ایک کے لیے یہ تسلیم کرنا ضروری ہے کہ تمام مکاتبِ فکر میں ایسے اہل علم، محققین اور سائنس دان موجود ہیں، جو اپنے دلائل اور جوابی دلائل کو منطقی اور مدلل انداز میں پیش کرتے ہیں۔ اسی بنا پر علمی دیانت کا تقاضا یہ ہے کہ ہم عاجزی کو برقرار رکھیں، اپنی ممکنہ غلطی کو تسلیم کرنے کے لیے تیار رہیں اور سیکھنے کے عمل کو کھلے دل سے قبول کریں۔ ہمیں اُس مناظرانہ طرزِ گفتگو سے گریز کرنا چاہیے، جس کا مقصد محض جیتنا ہو اور اس کے بجائے ایسے مکالمے کو فروغ دینا چاہیے، جو خیالات اور علم کے تبادلے پر مبنی ہو۔ یہ حقیقت تسلیم کرنا کہ ''میں غلط ہو سکتا ہوں''، وہ عاجزی پیدا کرتا ہے، جو حق کی تلاش اور تعمیری مکالمے کو جاری رکھنے کے لیے از حد ضروری ہے۔

4۔ استنباط کے بارے میں اہم نوٹ

نتائج اخذ کرنے کے بنیادی طور پر دو طریقے ہیں: پہلا طریقہ براہِ راست مشاہدہ ہے، جیسے کسی درخت کو اپنی آنکھوں کے سامنے دیکھ کر یہ نتیجہ اخذ کرنا کہ وہ موجود ہے۔ تاہم، جو چیز ہمیں دیگر مخلوقات سے ممتاز کرتی ہے، وہ ہماری غیر معمولی اور پیچیدہ استنباط کی صلاحیت ہے، جو نتائج اخذ کرنے کا دوسرا اہم طریقہ ہے۔

مثال کے طور پر، نیوٹن نے ایک سیب کو درخت سے گرتے دیکھا اور اس سے ایک ایسی قوت کے وجود کا استنباط کیا، جو سیب کو زمین کی طرف کھینچ رہی تھی۔ یہ سادہ سی مثال واضح کرتی ہے کہ 'استنباط' کا مطلب کیا ہے۔ یہ دستیاب شواہد اور منطقی استدلائل کی بنیاد پر اخذ کیا گیا نتیجہ ہوتا ہے۔ عدالتوں میں جج اکثر فیصلے استنباط کے ذریعے سے کرتے ہیں اور ہماری روزمرہ کی

زندگی میں بھی ہم مختلف حالات کے بارے میں استنباط کرتے رہتے ہیں، مثلاً جب ہم اسکول میں کسی دوست کو دیکھتے ہیں کہ وہ ہمارے پاس سے مسکرائے بغیر گزر گیا ہے تو یہ نتیجہ اخذ کرتے ہیں کہ شاید اسے کوئی پریشانی لاحق ہے۔

ہمارے استنباطات درست بھی ہو سکتے ہیں اور غلط بھی، اور ان سے اخذ کیے گئے نتائج بعد کے براہِ راست مشاہدے یا جانچ کی بنیاد پر صحیح یا غلط ثابت ہو سکتے ہیں۔ تاہم، چاہے وہ ہماری روزمرہ کے تجربات ہوں یا بڑے سائنسی انکشافات، حق کی جستجو میں استنباط کی صلاحیت ہی سب سے اہم اور قیمتی امر ہے۔ یہی صلاحیت ہمارے فہم اور علمی سطح کو بہتر بنانے میں بنیادی کردار ادا کرتی ہے۔

5۔ خدا کے وجود کو سمجھنے میں سائنس کا کردار

اسلام کے سنہری دور کی شان دار سائنسی ترقیوں سے لے کر مغربی سائنس دانوں، جیسے گلیلیو، نیوٹن، شروڈنگر اور فرانسس کولنز کی خدمات تک، تاریخ ہمیں یہ واضح کرتی ہے کہ متعدد مذہبی شخصیات نے سائنس میں غیر معمولی کامیابیاں حاصل کی ہیں۔ تاریخی طور پر، سائنس کو خدا کے تصور کے بنیادی مخالف کے طور پر نہیں دیکھا گیا۔ تاہم، آج کے دور میں یہ تصور عام ہو چکا ہے کہ سائنس نے ایک جدا اور شخصی خدا اور آخرت کے وجود کو مسترد کر دیا ہے۔ در حقیقت، یہ نقطۂ نظر نسبتاً ایک جدید فکری رجحان کا نتیجہ ہے۔

بلاشبہ، سائنس نے خدا پر اعتقاد (theism) اور الحاد (atheism) دونوں سے پیدا ہونے والے جامد اور بلا دلیل عقائد کو چیلنج کیا ہے۔ مثال کے طور پر، سائنس نے بعض مذہبی گروہوں کے اس غلط تصور کی اصلاح کی کہ زمین چپٹی ہے اور پوری کائنات اس کے گرد

گردش کرتی ہے۔ اسی طرح سائنس نے ماضی میں بعض الحادی اور لادینی گروہوں کے اس عقیدے کو بھی غلط ثابت کیا کہ کائنات ساکن، ابدی اور غیر متغیر ہے۔

اکثر میں لوگوں کو یہ کہتے سنتا ہوں کہ ''سائنس نے یہ ثابت کر دیا ہے کہ خدا موجود نہیں ہے'' یا اس کے برعکس ''سائنس خدا کے وجود کو ثابت کرتی ہے''۔ یہ دونوں بیانات غلط ہیں۔ سائنس بہ حیثیت ایک شعبۂ علم، خدا کے وجود یا عدم وجود کے سوال سے براہِ راست بحث نہیں کرتی۔ یہ محض ہماری مادی دنیا کے طریقۂ کار کے بارے میں حقائق فراہم کرتی ہے۔ ایک سائنس دان کا کردار ان حقائق کو پیش کرنا ہے، لیکن ان حقائق کی بنیاد پر خدا کے وجود یا عدم وجود کی تشریح کرنا، سائنس دانوں اور عام افراد، دونوں کے لیے، ان کے ذاتی فہم اور تفہیم پر منحصر ہوتا ہے۔

6۔ سائنس: ذرائع علم میں سے ایک ذریعہ

یہ جاننا ضروری ہے کہ وجودی سوالات کے جوابات کی تلاش میں سائنس صرف ایک ذریعہ ہے، لیکن یہ واحد ذریعہ نہیں ہے۔ پیچیدہ وجودی سوالات کے جواب تک پہنچنے کے لیے ہم فلسفیانہ تحقیق، تاریخی تجزیے، ذاتی تجربات اور اخلاقی و منطقی دلائل جیسے دیگر اہم ذرائع کا استعمال بھی کر سکتے ہیں۔

7۔ کسی شے کے طریقہ عمل کو سمجھنے کے مضمرات

سائنسی میدان میں یہ عمومی خیال کہ کسی شے کے کام کرنے کے طریقۂ کار کو سمجھنے سے اُس کے ذہین تخلیق کار کی ضرورت ختم ہو جاتی ہے، ایک گم راہ کن تصور ہے۔ یہ غلط فہمی اس

بنیاد پر پیدا ہوتی ہے کہ اگر ہم کسی چیز کے کام کرنے کا طریقہ جان لیں تو اس کے وجود کی وضاحت کے لیے 'خدا' کی ضرورت نہیں رہتی۔ یہ موقف اس طرف اشارہ کرتا ہے کہ اگر کوئی خدائی ہستی تخلیق کے اس عمل میں شامل ہے تو اس کے افعال لازماً ہمارے فہم سے باہر، ماورائی اور ناقابلِ فہم ہونے چاہییں۔ تاہم، یہ بات غلط ہے۔ کسی شے کے کام کرنے کے 'کیسے' یا 'کیوں' کو سمجھنا اسے 'قدرتی وضاحت' کے دائرے میں ڈال کر اس کے پیچھے کسی ذہین مداخلت کی نفی نہیں کرتا۔ میں اس نظریے سے متفق نہیں ہوں۔ شاید کچھ مذہبی حلقوں نے اس تاثر کو خدا کو ایک ایسے معجزہ گر کے طور پر پیش کر کے تقویت دی ہے، جس کے افعال فطری طور پر ہماری عقل سے بالاتر ہیں۔ بہر حال، یہ خیال کہ کسی شے کے کام کرنے کے طریقے کو جان لینے سے اس بات کی نفی ہو جاتی ہے کہ اس کے پیچھے ایک ذہین خالق قوت ہے، ناقص اور غیر منطقی سوچ ہے۔

8۔ توجیہ کا معدوم ہونا توجیہ کی تغلیط نہیں

کسی امر کی وضاحت اور توجیہ کی اپنی وضاحت نہ ہونے کا مطلب یہ نہیں کہ پہلی وضاحت غلط ہے۔ مثال کے طور پر، اگر ہم مریخ کی سطح پر ایک لکڑی کی کرسی اور میز پائیں تو ہم منطقی طور پر یہ نتیجہ اخذ کریں گے کہ ان کی تخلیق میں کسی ذہین قوت کا عمل دخل ہے۔ ہم یہ نتیجہ اس کے باوجود اخذ کریں گے کہ ہمیں معلوم نہ ہو کہ وہ ذہین قوت کون ہے یا اس نے یہ اشیا کیسے بنائیں۔ اس ذہن کے بارے میں نہ جاننا یا اس کے ماخذ سے لاعلم ہونا، اس ذہین قوت کے مفروضے کو مکمل طور پر رد کرنے کا جواز نہیں بن سکتا۔

باب سوم

تشکیک اور دہریت سے دوری

آیئے، اس حقیقت کو اپنے ذہن میں تازہ کریں کہ انسان ازل سے دہریت اور خدا پرستی کے موضوع پر مباحثہ کرتا رہا ہے اور یہ مباحثہ آج بھی اپنی پوری شدت کے ساتھ جاری ہے۔ مختلف نقطۂ نظر رکھنے والے فلسفی، مفکرین، سائنس دان اور علمی شخصیات ہمیشہ سے اس بحث کا حصہ رہے ہیں، اور یہ مباحثہ ہر دور میں نئی جہتیں اختیار کرتا رہا ہے۔ لہٰذا چاہے ہم کسی بھی نتیجے پر پہنچیں، ہمیں ہمیشہ اس بات کے لیے تیار رہنا چاہیے کہ ہماری سوچ میں غلطی کا امکان ہو سکتا ہے اور ہمیں اپنے اعتقادات کے خلاف پیش کیے گئے کسی بھی چیلنج کو دیانت داری سے اور معروضی بنیادوں پر پرکھنے کے لیے آمادہ رہنا چاہیے۔ ہماری کوشش ہونی چاہیے کہ ہر معاملے کا فیصلہ ممکنہ حد تک اس کے اپنے میرٹ کی بنیاد پر کریں۔

اپنی نوجوانی کے آخری سالوں میں میں نے ایک مختصر عرصے کے لیے خود کو لاادریت کے ایک قائل کی حیثیت سے دیکھا، جس کا دہریت کی جانب گہرا رجحان تھا۔ اس رجحان کی بنیادی وجہ میرے ماحول میں رائج مذہبی تعلیمات کی اخلاقی، عقلی اور سائنسی کمزوریاں تھیں، جنھوں نے میرے اندر سوالات پیدا کیے۔ اس کے ساتھ ساتھ، ان مذہبی علما کے استبدادانہ رویے نے بھی میرے اس رجحان کو تقویت دی، جن سے میرا واسطہ ہوا۔ میں اس مرحلے کے حوالے

سے خود کو ایک ''لا ادری دہریہ'' کہتا ہوں، لیکن یہ میری زندگی کا ایک انتہائی مختصر اور عارضی دور تھا۔

1۔ مختلف زمان و مکان کی تہذیبوں میں مشابہ مذہبی عقائد: سنجیدہ تحقیق کی وجہ

دنیا کا تقریباً ہر فرد اس تصور سے واقف ہے کہ ایک خدا نے پوری کائنات کو تخلیق کیا ہے اور وہی خدا موت کے بعد ہر انسان کے اعمال کا حساب لے گا، جس کے نتیجے میں اس کے دائمی انجام کا فیصلہ ہو گا۔ میں بھی اس تصور سے آگاہ تھا، مگر ابتدا میں اسے محض ایک ایسی کہانی سمجھ کر مسترد کر دیا، جو انسانوں نے اپنی ناقص سمجھ بوجھ کی بنیاد پر گھڑ لی تھی تا کہ دنیا کی پیچیدگیوں کو سمجھ سکیں اور معاشرتی نظم و ضبط کو برقرار رکھ سکیں۔ جیسا کہ میں پہلے ذکر کر چکا ہوں، خدا کی جانب سے بعد از موت جزا و سزا کے ممکنہ شدید نتائج ہر ذی شعور شخص کو مجبور کرتے ہیں کہ وہ مستقل اس امر کا جائزہ لیتا رہے کہ آیا ان باتوں میں کوئی حقیقت ہے یا نہیں۔ یہی وجہ ہے کہ میں ہمیشہ ایسی معلومات کی تلاش میں رہا، جو میری دہریت کو چیلنج کر سکیں۔ مجھے ان تصورات کی سنجیدہ تحقیق پر آمادہ کرنے والی ایک اہم وجہ یہ تھی کہ تقریباً ہر انسانی تہذیب ----- چند استثنائی مثالوں کے سوا، جیسے ایمازون کے پیرا ہا لوگ ----- عمومی طور پر خدا اور آخرت کے بارے میں یکساں خیالات رکھتی رہی ہے۔ اگرچہ ان تصورات کی تفصیلات مختلف ہو سکتی ہیں، لیکن ان کے بنیادی موضوعات یکساں ہیں: ایک خالق خدا، مافوق الفطرت ہستیوں سے تعلق اور ان سے معلومات کا تبادلہ، جسمانی موت کے بعد شعور کا تسلسل، اعمال کے مطابق بعد از موت محاسبہ اور اس فیصلے کی بنیاد پر دائمی مثبت یا منفی نتیجہ۔

پہلی نظر میں یہ بات شاید زیادہ اہم نظر نہ آئے، لیکن جب ہم اس پر گہرائی سے غور کرتے ہیں تو یہ کافی حیران کن معلوم ہوتی ہے۔ تصور کریں کہ مختلف ثقافتیں اور معاشرے، جو وقت اور جغرافیے کے لحاظ سے ایک دوسرے سے جدا ہیں اور جنھوں نے کبھی ایک دوسرے سے معلومات کا تبادلہ نہیں کیا، سب عمومی طور پر وجود کے بارے میں یکساں تصورات تک پہنچے ہیں۔

مذہب——جس میں مافوق الفطرت ہستیوں جیسے خدا، بھوت، فرشتے، جن، روحوں وغیرہ کو ماننا شامل ہے——تاریخ بھر میں اور ہر ثقافت میں پایا جاتا ہے۔ ہر جانی پہچانی انسانی تہذیب کے پاس تخلیق کے اساطیری قصے موجود ہیں، سوائے ایمازون کے پیرا ہالو گوں کے، جن کے پاس نہ تو گنتی کے الفاظ ہیں، نہ رنگوں کے الفاظ، اور نہ سماجی درجہ بندی کا کوئی تصور۔[1]

ان مماثلتوں کی تفصیلات آیندہ ایک باب میں آئیں گی جہاں میں یہ ذکر کروں گا کہ قرآن دیگر مذاہب کو کیسے پیش کرتا ہے۔ یہاں میں اس امر پر زور دینا چاہتا ہوں کہ وہ کون سی چیز تھی جس نے مجھے ایک ذہین ہستی کے ذریعے سے تخلیق کیے جانے اور اُس ہستی کے سامنے جواب دہ ہونے کے امکان پر زیادہ سنجیدگی سے غور کرنے پر مجبور کیا۔ یہ وہ سوال تھا کہ تقریباً ہر انسانی ثقافت نے آزادانہ طور پر ہماری تخلیق اور مقصد کے بارے میں عمومی طور پر یکساں تصورات کیسے قائم کیے؟ یعنی ایک ذہین خالق اور اس خالق کے سامنے کسی نہ کسی شکل میں جواب دہی کا تصور ہر جگہ کیوں موجود ہے۔ ماہرین کے حلقوں میں اس حوالے سے مختلف قیاس آرائیاں

---

[1] دیکھیے:

"Are We Wired to Believe in a Higher Power?," BBC Teach, https://www.bbc.co.uk/teach/are-wewired-to-believe-in-a-higher-power/z74xkmn.

پائی جاتی ہیں، لیکن میرے لیے یہ ایک بنیادی وجہ بن گئی، جس نے مجھے خدا اور اخروی احتساب کے امکان کی تحقیق پر آمادہ کیا۔

ذہین خالق کا سوال بار بار میرے سامنے آتا رہا کیونکہ یہ صرف مذہب ہی نہیں ہے جو کسی ذہانت کو ہر چیز کا منبع سمجھنے کی طرف رجحان رکھتا ہے، بلکہ خود حقیقت کی نوعیت بھی انسان کو اس امکان پر غور کرنے کی ترغیب دیتی ہے کہ شاید یہی فکر سچ ہو۔

میرے دہریت کے نظریے میں پہلی دراڑ 2004ء–2005ء کے قریب اس وقت پڑی جب مشہور اور بااثر دہریہ فلسفی انٹونی فلو (Antony Flew) نے عمر بھر کے اختیار کے بعد دہریت کو 81 سال کی عمر میں ترک کر دیا۔ انھوں نے ہر چیز کے پیچھے ایک ذہانت پر اپنے یقین کا اعلان کیا اور اپنی کتاب "There is a God - How the World's Most Notorious Atheist Changed His Mind" میں اپنے خیالات اور تصورات کی تفصیل بیان کی۔[2] فلو نے مذاہب اور مذہبی تصورِ خدا کو مسترد کیا اور اس کے بجائے ایک ایسی ذہانت پر یقین رکھا جو ہر چیز کی خالق تو ہے، مگر روزمرہ کے انسانی معاملات میں دخل اندازی نہیں کرتی۔ تاہم، ان کی اس تبدیلی نے مجھے اپنی دہریت پر دوبارہ غور کرنے پر مجبور کر دیا۔

ایک سنجیدہ جائزے کے بعد، میری دہریت سے مختصر وابستگی کمزور ہونے لگی کیونکہ وہ

---

[2] دیکھیے:

Flew, Antony, and Roy Abraham Varghese. There is aGod: How the World's Most Notorious Atheist Changed His Mind.HarperOne, 2007.

بنیادیں جن پر میں نے اپنا نظریۂ حیات قائم کیا تھا، گرنے لگیں۔ میں سمجھتا تھا کہ میرے نظریات سب کے سب درست ہیں، ان میں کوئی مسئلہ نہیں۔ میرا یہ ماننا تھا کہ ہم ایک وسیع وجود میں محض ایک ذرہ ہیں، جس کا مطلب ہے کہ ہم محض احتمالی حادثے کا نتیجہ ہیں۔ بنیادی حقیقت، یعنی ہر چیز کی غیر مسبوق علت، توانائی کے میدانوں اور قوانین کا ابتدائی مرکب ہے۔ میرا ماننا تھا کہ تصادفی کوانٹم تبدیلیاں (random quantum fluctuations) ہر چیز کی وجہ بنی ہیں۔ میں اپنے دماغ کو ہی اپنی کل ذات سمجھتا تھا اور میرے دماغ کے خاتمے کا مطلب میری ذات کا خاتمہ تھا۔ کسی ذہین ہستی کے ذریعے سے ہر چیز کی تخلیق اور جسمانی موت کے بعد میرے شعور کے تسلسل کے تمام مباحث میرے نزدیک محض مذہبی افسانے تھے، جو انسانی ذاتی تجربات پر مبنی تھے اور جن کا سائنسی حقیقت میں کوئی ثبوت تھا، نہ بنیاد۔

تاہم، یہ سب کچھ تبدیل ہو گیا۔ میرا یہ عقیدہ کہ سائنس اور عقل نے دہریت کو مکمل طور پر ثابت کر دیا ہے، غلط ثابت ہوا۔ یہ ہیں وہ اہم وجوہات، جن کی بنا پر میں دہریت سے فکری طور پر مطمئن نہ رہ سکا۔

2۔ دہریت پر شک کی وجوہات

الف۔ شعور اور ذہانت کی اہمیت

کائنات میں شعور کے وجود کی گنجایش ہمیشہ میرے لیے باعث حیرت رہی ہے۔ میں سوچتا تھا کہ ہم انسان نرگسیت کا شکار ہو جاتے ہیں اور بے جا طور پر اپنے آپ کو زیادہ اہم سمجھتے ہیں۔ یہ نرگسیت سب سے زیادہ ہمارے مذہبی عقائد میں ظاہر ہوتی ہے، جو اپنی اصل میں ایک ایسی

خود پسندی کا اظہار ہے جس کی بنیاد اس تصور پر ہے کہ ایک خاص خالق نے ہمیں کسی خاص مقصد کے لیے پیدا کیا ہے۔ اگر دیگر جانور اپنی موجودگی کے بارے میں سوال نہیں کرتے تو ہم کیوں کرتے ہیں؟ کیا یہ صرف ہمارے زیادہ آئی کیو کی وجہ سے ہے یا اس کی وجہ یہ بھی ہے کہ ہم اپنی معمولی حیثیت، کم اہمیت اور بے مقصدیت کو تسلیم کرنے سے گھبراتے ہیں؟ ہم اس حقیقت کو قبول نہیں کر پاتے کہ ہم محض وقتی اور فانی ہیں اور ہماری تقدیر یہ ہے کہ جلد ہی یادداشتوں سے محو ہو جائیں گے۔

میرا خیال تھا کہ انسان کی غیر معمولی اہمیت کے وہ تمام تصورات جو مذہب نے سکھائے تھے، جدید دریافتوں نے توڑ دیے ہیں۔ ان دریافتوں نے یہ ظاہر کیا کہ نہ تو انسان دنیا کا مرکز ہے اور نہ ہماری یہ دنیا کائنات کا مرکز ہے۔ ہم محض لاکھوں انواع میں سے ایک نوع ہیں، جو ایک چھوٹے سے سیارے پر رہتے ہیں۔ یہ سیارہ ایک درمیانے سائز کے ستارے کے گرد گھومتا ہے، جو خود ایک کہکشاں کا حصہ ہے جس میں 200 ارب سے زائد ستارے ہیں۔ یہ کہکشاں بھی کوئی غیر معمولی نہیں ہے، بلکہ ایک درمیانے سائز کی کہکشاں ہے، جو لاکھوں، شاید اربوں کہکشاؤں کے سمندر میں موجود ہے۔

جب ہم کائنات کی اس وسعت کو دیکھتے ہیں تو ہمیں اپنی موجودگی کے لیے کسی خاص خالق کی ضرورت محسوس نہیں ہونی چاہیے، کیونکہ ہم اس بے حد وسیع کائنات کا محض ایک چھوٹا سا حصہ ہیں اور اس لحاظ سے ہماری اپنی کوئی معروضی اہمیت نہیں ہے۔

1۔ حجم اور قدر

تاہم، جلد ہی مجھے یہ احساس ہوا کہ مادی حجم اور تناسب کسی شے کی اصل قدر کو جانچنے کے

لیے مناسب معیار نہیں ہو سکتے، کیونکہ حجم اور تناسب سے صرف مادی پیمائش کا تعین کیا جا سکتا ہے، جب کہ کسی شے کی اصل قدر اس کی معنوی اور جذباتی اہمیت میں پوشیدہ ہوتی ہے۔ حقیقت میں نایابی اور کم یابی اکثر کسی شے کی قدر کو کم کرنے کے بجائے بڑھا دیتی ہیں۔ مثال کے طور پر، سونا، ہیرے جیسی کم یاب اشیا کو دیکھیں، جن کی کم یابی ان کی قدر کو بڑھا دیتی ہے۔ اسی طرح سینکڑوں میل پھیلے ویران صحرا کے بیچ ایک چھوٹے سے تازہ پانی کے چشمے کی مثال لے لیں۔ اس چشمے کی موجودگی ایک زندگی بخش معجزہ ہے اور اپنی نایابی اور اہمیت کی بنا پر بے حد قیمتی سمجھا جاتا ہے۔

2۔ شعور: اہمیت اور معنی کا منبع

سب سے اہم اور بنیادی نکتہ یہ ہے کہ شعور ہی وہ اصل منبع ہے، جو ہر معنی اور قدر کی بنیاد فراہم کرتا ہے۔ کسی بھی شے کو اہمیت، معنی یا قدر دینے کے لیے ضروری ہے کہ وہ شعور کے حامل ذہن کے ذریعے سے پہچانی جائے۔

3۔ ذہن: کائنات کی سب سے طاقت ور قوتوں میں سے ایک

عقل کی اہمیت اس لیے ہے کہ یہ معلوم کائنات میں موجود سب سے طاقت ور قوتوں میں سے ایک ہے۔ عقل ہمیں کائنات کی قوتوں کو اپنی مرضی کے مطابق قابو میں لانے اور ان کا باریک بینی سے استعمال کرنے کی صلاحیت دیتی ہے۔ اس عقل کے ذریعے سے ہم مفروضہ قدرتی حدود کو عبور کرتے ہوئے فطرت کی قوتوں کو اپنے مقاصد کے حصول کے لیے استعمال کر سکتے ہیں۔

4۔ بے جان مادے کا باشعور بن جانا

مزید برآں، ایسے غیر مادی تصورات بھی موجود ہیں جنھیں بعض لوگ آزاد وجود کا حامل مانتے ہیں، مثلاً محبت، حسن، سچائی، قربانی، انصاف، ظلم، درد اور تکلیف وغیرہ۔ بے جان مادہ زندگی پا لیتا ہے اور ان تمام تجربات کو محسوس کرنے یا دوسروں کے لیے ان کا باعث بننے کی صلاحیت حاصل کر لیتا ہے۔ بعض لوگوں کے نزدیک بے جان سے زندہ ہو جانے کا یہ عمل کائنات میں سب سے اہم ترین واقعے کی حیثیت رکھتا ہے، کیونکہ اس عمل کے بغیر کائنات صرف بے جان مواد کا ایک ڈھیر ہی رہتی ہے۔

خلاصہ یہ ہے کہ میری دہریت پر مبنی سوچ کی ایک بنیاد یہ تھی کہ ہم انسان غیر اہم ہیں اور خدا کی نسبت سے ہماری اہمیت کی تمام باتیں محض افسانے ہیں۔ تاہم، میرے اس نقطۂ نظر میں تبدیلی اُس وقت آئی جب میں نے اہمیت کی اصل حقیقت کو سمجھا اور اس بات کا ادراک کیا کہ ہماری حیثیت اور ہماری اہمیت کس قدر گہری اور وسیع ہے۔

ب۔ ملحدین کی غیر معلول علت اولی اور تصور خدا

ہماری کائنات کا وجود ان غیر معمولی طور پر باریکی سے ترتیب دی گئی قانونی اقدار کی وجہ سے قائم ہے، جو مادے پر حاکم ہیں۔ ان اقدار میں معمولی تبدیلیاں بھی ہماری کائنات کو مکمل طور پر بدل دیں گی۔ مثال کے طور پر، اگر کشش ثقل کی قوت میں ذرا سا اضافہ ہو جائے تو ہر چیز اندر کی طرف گرنے لگے گی اور اگر اس میں کمی ہو جائے تو اشیا ایک دوسرے کے ساتھ جڑ نہ سکیں گی۔ اس طرح فزکس، کیمسٹری، حیاتیات، سیارے، ستارے اور کہکشائیں وجود میں نہ آ

پاتیں۔ اگرچہ سائنس دانوں کے ہاں یہ موضوع مسلسل زیر بحث ہے، مگر عمومی طور پر تسلیم کیا جاتا ہے کہ ایسے تقریباً چھبیس (26) مستقلات (constants) ہیں اور ممکنہ طور پر اس سے بھی زیادہ ہو سکتے ہیں۔

خدا پر ایمان رکھنے والے اس کائناتی ترتیب کی باریکی کو اس کے پیچھے کارآمد ایک ذہین ڈیزائن کی دلیل کے طور پر پیش کرتے ہیں، جب کہ دہریے متبادل نظریات پیش کرتے ہیں، جیسے کہ کثیر کائناتی نظریہ (multiverse theory)۔ اس نظرے کے مطابق لامحدود تعداد میں کائناتیں وجود میں آتی اور ختم ہوتی رہتی ہیں۔ ان میں سے ہر ایک کے مختلف مستقلات ہیں۔ اتفاقاً ہماری کائنات میں ہی وہ مستقلات پائے جاتے ہیں، جو زندگی اور شعور کے لیے ضروری ہیں۔ تاہم، خدا یا خداؤں کو ماننے والے اور دہریے، دونوں میں ایک نکتہ اتفاق ہے: ہر چیز کے لیے ایک غیر معلول علت کا ہونا ضروری ہے۔ یہی غیر معلول علت میرے غور و فکر کا موضوع بنی۔

کیونکہ ہر چیز موجود ہے، اس لیے دہریوں اور خدا پر ستوں کو یہ ماننا پڑتا ہے کہ ہر چیز کے پیچھے ایک غیر معلوم علت ہے۔ یہ ماننا اس لیے لازم ہے کیونکہ علتوں کی لامحدود رجعت کا مطلب ہے کہ کوئی چیز کبھی بھی وجود میں نہیں آ سکتی۔ میں اس کی وضاحت میں ایک مثال پیش کرتا ہوں۔ اگر آپ پیرس کی طرف سفر کریں اور بالآخر پیرس پہنچ جائیں تو اس کا مطلب ہے کہ سفر محدود تھا۔ اگر پیرس اور آپ کی ابتدائی جگہ کے درمیان فاصلہ لامحدود ہوتا تو آپ کبھی بھی پیرس نہ پہنچ پاتے کیونکہ آپ لا متناہی سفر میں ہوتے۔ یہ اصول وجود بہ ذات خود پر بھی لاگو ہوتا ہے۔ ہماری حقیقت کے موجود ہونے کا مطلب ہے کہ اس کے پیچھے علتوں کی ایک محدود تعداد ہے اور یہ اس بات کا منطقی نتیجہ ہے کہ ایک بنیاد، حتمی حقیقت، جو بہ ذات خود اضطراری وجود رکھتی ہے، موجود ہے، جس سے ہم اور ہمارے ارد گرد کی حقیقت پیدا ہوئی۔

اس موضوع پر خدا کو ماننے والوں اور دہریوں کے درمیان صرف ایک فرق ہے کہ اول الذکر اس حتمی حقیقت کو ایک ابتدائی ذہن یا شعور مانتے ہیں، جو اپنے ارادے کے تحت ہر چیز کو تشکیل دیتا ہے، جب کہ دہریے اس حتمی حقیقت کو کسی ابتدائی مادے، توانائی اور قوانین کی ایک مخلوط شکل سمجھتے ہیں جو سب کچھ محض بے مقصد، بے سمت عملیات کے ذریعے سے تخلیق کرتی ہے۔

میں ملحدانہ نظریے پر اس لیے یقین رکھتا تھا کہ یہ مجھے زیادہ سادہ محسوس ہوتا تھا اور اسی بنیاد پر عقلی لحاظ سے زیادہ پر کشش لگتا تھا۔ خدا کے وجود کا نظریہ اس کے مقابلے میں زیادہ پیچیدہ دکھائی دیتا تھا۔ تاہم، جب میں نے غیر معلول علت کے غیر مذہبی تصور پر گہرائی سے غور کیا تو یہ اتنا سادہ نہ رہا جتنا ابتدا میں نظر آتا تھا، بلکہ خدا کے نظریے کے مقابلے میں زیادہ پیچیدہ معلوم ہونے لگا۔ اس ''سادہ حقیقت'' جو دہریے کے لیے حتمی حقیقت کی حیثیت رکھتی ہے، کو لازماً ان تمام اجزا اور میکانزم کا حامل ہونا چاہیے، جن کے ذریعے سے بالآخر ارتقا کے عمل سے گزر کر انسان جیسا زندہ، باشعور وجود بن سکے— ایک ایسا وجود جو جذبات، اخلاقیات اور جمالیات رکھتا ہو— مزید برآں، اس نظریے کے مطابق، ایک ایسی حقیقت یا ہستی بھی ہونی چاہیے، جو اس زندہ وجود کی صفات کے ساتھ ساتھ دیگر مستقل حقائق جیسے کہ رنگ، موسیقی، حسن، انصاف، ظلم، اور خوب صورتی و بدصورتی کی تمام کیفیات کو جنم دے سکے۔ یہ تصور کہ یہ سب کچھ محض اتفاقیہ اور اضطراری طور پر اس ''سادہ شے'' سے وجود میں آگیا، بہ ظاہر کوئی سادہ مفروضہ نہیں لگتا۔ حقیقت یہ ہے کہ مادہ، اپنی ابتدائی حالت میں بھی، غیر معمولی امکانات کا حامل رہا ہے، جن کی وضاحت کیے بغیر اسے حتمی حقیقت تسلیم کر لینا کسی بھی طرح معقول نہیں۔

یہ تصور کہ ایک حتمی حقیقت، جو بہ ذاتِ خود شعور اور ذہانت رکھتی ہے، محض اتفاقی اور

تصادفی عمل کے ذریعے سے وجود میں آئی ہے، کسی بھی لحاظ سے سادہ نہیں۔ اس کے برعکس، یہ خیال زیادہ معقول معلوم ہوتا ہے کہ یہ حقیقت خود شعوری اور ذہنی صلاحیت کی حامل ہے، اور اسی شعوری ارادے کے تحت ہر چیز کو ایک سوچے سمجھے منصوبے کے مطابق وجود میں لاتی ہے۔ اس ادراک نے دہریت کی طرف میرے رجحان کو بہت حد تک کم کر دیا اور میری نظر میں خدا یا خدائی شعور کے نظریے کو دہریت کے مقابلے میں کم پیچیدہ بنا دیا۔ یہی وہ نکتہ تھا جس نے میرے اس غلط یقین کو متزلزل، بلکہ ختم کر دیا کہ دہریت کا نظریہ خدا کے نظریے کے مقابلے میں زیادہ معقول اور سائنسی طور پر زیادہ مضبوط ہے۔

لیکن اس میں مزید تفصیل ہے۔ جب میں نے زمان و مکان کے انسانی فہم کا گہرائی سے جائزہ لیا تو مجھے احساس ہوا کہ سادگی اور پیچیدگی کا ہمارا تصور درحقیقت بہت محدود ہے۔ اسی بنیاد پر، کسی ایک نظریے کو محض اس کی بہ ظاہر سادگی یا پیچیدگی کی بنا پر دوسرے سے زیادہ ممکن قرار نہیں دیا جا سکتا، خاص طور پر جب معاملہ خدا پر ایمان اور دہریت کے درمیان ہو۔ اس نقطے کی مختصر وضاحت میں اگلے سیکشن میں پیش کرتا ہوں۔

ج۔ سادگی اور پیچیدگی کے فہم کا اس بحث سے تعلق

جدید ابھرتے ہوئے نظریات، جیسے اسٹرنگ تھیوری (string theory)، کازل سیٹ تھیوری (causal set theory) اور لوپ کوانٹم گریوٹی (loop quantum gravity)، کے مطابق زمان و مکان کو کائنات کی بنیادی حقیقت نہیں سمجھا جاتا۔ مزید برآں، بگ بینگ نظریے (big bang theory) کے مطابق، زمان و مکان خود تقریباً 12 ارب سال قبل ایک وحدت سے وجود میں آئے۔ اب محض قیاس آرائی کے طور پر تصور کریں

کہ اگر واقعی زمان و مکان بنیادی نہیں ہیں تو یہ صورتِ حال ایسی حقیقتوں کے ادراک کا دروازہ کھول سکتی ہے جو زمان و مکان سے ماورا ہوں — یعنی ایک ایسی حقیقت جو "کہاں" اور "کب" جیسے تصورات سے بالاتر ہو — ہم، بہ حیثیت انسان، صرف زمان و مکان کے حدود میں رہتے ہوئے ہی حقیقت کا تجربہ کرنے اور سمجھنے کی صلاحیت رکھتے ہیں۔ اگر کوئی حقیقت زمان و مکان کے بغیر یا ان سے باہر موجود ہے تو ہماری عقل کسی بھی سطح پر اس کا براہِ راست ادراک نہیں کر سکتی۔ اسی لیے سادگی اور پیچیدگی کی ہماری تعریفیں اُس حقیقت پر لاگو نہیں ہو سکتیں، کیونکہ ہماری تمام تعریفیں، تصورات اور تجربات زمان و مکان کے دائرے میں محدود ہیں۔

آیئے، ایک ذہنی تجربہ کرتے ہیں۔ کیا آپ کسی ایسی شے کا تصور کر سکتے ہیں، جو کسی بھی جگہ پر موجود نہ ہو؟ یا کسی ایسی چیز کا تصور کر سکتے ہیں، جو وقت کے اثرات سے مکمل طور پر آزاد ہو؟ شاید نہیں! یہ نکتہ سمجھنے کے لیے آیئے ایک انتہائی سادہ تمثیل پر غور کرتے ہیں۔ زیرو گریویٹی کے ماحول (zero-gravity environment of space) میں ہماری وزن سے متعلق تمام تعریفیں اور تصورات بے معنی ہو جاتے ہیں۔ اسی طرح، اگر کوئی حقیقت زمان و مکان سے ماورا موجود ہو تو سادگی اور پیچیدگی کی ہماری تعریفیں بھی اُس حقیقت کے لیے غیر متعلقہ ہو جائیں گی۔ لہٰذا خدا کے تصور کو محض اس بنیاد پر رد کرنا کہ وہ ایک اولین علت کے طور پر پیچیدہ محسوس ہوتا ہے، در حقیقت ایک غلط استدلال ہے۔ اصل مسئلہ یہ ہے کہ ہمارا تجربہ انتہائی محدود ہے، جو زمان و مکان کی قیود میں مقید ہے۔ چنانچہ اسی محدود تجربے کی بنیاد پر خدا کے تصور کو رد کرنا حقیقت کے بارے میں ایک تنگ نظری کے سوا کچھ نہیں۔

د۔ اپنے جیسے خالق کو ماننا: ایک منصفانہ علمی رویہ

کسی نے ایک بار کہا تھا کہ اگر ڈالفن اپنی تخلیق کے بارے میں سوچنے کی صلاحیت رکھتی تو وہ اپنے خالق کو ایک عظیم ڈالفن تصور کرتیں۔ میں ایسے مقولوں پر غور کرتا اور یہ سوچتا کہ انسان نے کس قدر سادگی کا مظاہرہ کیا ہے۔ انسان نے یہ تصور سنجیدگی سے لیا کہ ایک ایسا شعور، جو ہمارے جیسا ہی ہے، سب کچھ تخلیق کر سکتا ہے یعنی ایک ایسا خدا جو شعور رکھتا ہے، سوچتا ہے، ارادہ کرتا ہے، بات کرتا ہے، خوش ہوتا ہے، رحم کرتا ہے، اور ناراض بھی ہوتا ہے۔ ہر چیز کی غیر معلول علت کو انسانی صفات سے متصف قرار دینا، در حقیقت، ان ڈالفنز کی سادگی سے کچھ مختلف نہیں جن کا ہم نے یہاں ذکر کیا ہے۔

تاہم، اگر ڈالفن مچھلیوں کا کوئی گروہ اتنا ذہین ہو جائے کہ وجود کے بنیادی سوالات پر غور کر سکے اور مختلف امکانات پر سوچ سکے کہ انھیں کس ہستی یا چیز نے پیدا کیا تو وہ اس نتیجے پر پہنچنے میں حق بہ جانب ہوں گی کہ ایک خالق کا وجود ہے جو کم از کم کسی نہ کسی درجے میں انھی کی طرح شعور رکھتا ہے۔ مزید برآں، اگر وہ ڈالفن مچھلیاں اپنی حقیقت کو سمجھنے اور اس پر قابو پانے میں مہارت حاصل کر لیں، جیسا کہ ہم انسان ہیں تو میں انھیں اس بات پر قصوروار نہیں ٹھہراؤں گا کہ وہ یہ تصور کریں کہ ان کے اور اس لامحدود قوت کے درمیان کوئی نہ کوئی مشابہت ضرور ہے، جس نے ہر چیز کو وجود بخشا ہے۔ آخرکار، ان کے لیے سب سے زیادہ فہم میں آنے والی حقیقت وہ خود ہیں۔ مثال کے طور پر، اگر ہمیں مریخ پر ایک خالی خلائی جہاز ملے اور ہم اس کے کام کرنے کے طریقے کو سمجھنے میں کامیاب ہو جائیں تو ہم بجا طور پر یہ فرض کر سکتے ہیں کہ اس جہاز کے تخلیق کار ہم سے کئی لحاظ سے مختلف ہو سکتے ہیں، مگر ذہنی طور پر وہ ہم سے کچھ نہ کچھ مشابہت ضرور رکھتے ہیں، کیونکہ ہم ان کی بنائی ہوئی چیز کو سمجھنے کے قابل ہیں۔

لہٰذا اگر ہم حقیقت کو ایک خاص حد تک سمجھنے کی صلاحیت رکھتے ہیں تو بجا طور پر یہ قیاس کیا جا سکتا ہے کہ اگر ہر چیز کی غیر معلوم علت کوئی ہستی ہے، نہ کہ محض کوئی بے شعور شے تو وہ ہستی کم از کم اس درجے میں ہم سے مشابہ ہے کہ ہم اس کے کئی افعال کو سمجھنے کی صلاحیت رکھتے ہیں۔

ہ۔ ہر چیز کی غیر معلول علت: ایک باشعور ہستی کا تصور

1۔ شعور: حقیقت کا بنیادی حصہ

یہ مذہبی مفروضہ کہ ہر چیز کی غیر معلول علت ایک باشعور ہستی ہے، میرے لیے ابتدا میں سراسر ناقابلِ قبول تھا۔ میرا یقین تھا کہ شعور محض دماغ کا ایک فعل ہے — ایک ایسی خاصیت جو الیکٹرو کیمیکل تعاملات (electrochemical reactions) کے نتیجے میں پیدا ہوتی ہے — تو پھر کیسے دماغ کا ایک فعل ہر چیز کی غیر معلول علت کا حصہ ہو سکتا ہے؟ یہ تصور مجھے ایک بے بنیاد اور خیالی مذہبی مفروضہ لگتا، جس کی غیر مذہبی تناظر میں کوئی ٹھوس بنیاد نظر نہیں آتی تھی۔ لیکن جب میں نے غیر مذہبی حلقوں میں چند ایسے نظریات دریافت کیے، جنھیں مستند سائنس دان بھی سنجیدگی سے لیتے ہیں تو مجھے اندازہ ہوا کہ کچھ نظریے یہ بتاتے ہیں کہ شعور محض دماغ کی پیداوار نہیں ہو سکتا، بلکہ حقیقت کا ایک بنیادی جزو بھی ہو سکتا ہے۔ یہاں میں یہ دعویٰ نہیں کر رہا کہ اس سے یہ ثابت ہوتا ہے کہ ایک باشعور ہستی، یعنی خدا نے سب کچھ تخلیق کیا، بلکہ میں صرف یہ کہہ رہا ہوں کہ غیر مذہبی تناظر میں بھی یہ امکان موجود ہے کہ شعور محض دماغ کا فعل نہیں، بلکہ حقیقت کی ایک بنیادی ساخت ہو سکتا ہے۔ یہی امکان باشعور علتِ اولیٰ کے تصور کو — جو پہلے محض ایک مذہبی دعوے کے طور پر مسترد کر دیا جاتا تھا اور جس کی غیر مذہبی سیاق میں کوئی اہمیت نہیں سمجھی جاتی تھی — اب ایک

سنجیدہ علمی بحث کا موضوع بنا رہا ہے، جو غیر مذہبی ڈسکورس میں بھی قابل غور ہے۔

ایسا ایک نظریہ پین سائیکزم (Panpsychism) ہے، جس کے مطابق شعور مادے کے پیچیدہ تعاملات سے پیدا ہونے والا کوئی وصف نہیں، بلکہ ایک بنیادی میدان (field) ہے، جو پوری حقیقت میں سرایت کیے ہوئے ہے۔ اس نظریے کے مطابق کائنات میں ہر موجود چیز کسی نہ کسی درجے میں شعور رکھتی ہے۔ انسان سب سے زیادہ شعور رکھتے ہیں، کتے کم درجے میں، کیڑے مکوڑے اس سے بھی کم درجے میں، اور یہاں تک کہ ذیلی ایٹمی ذرات (subatomic particles) بھی نہایت چھوٹے درجے پر شعور اور تجربہ رکھتے ہیں۔ چند دہائیوں پہلے تک یہ نظریہ مضحکہ خیز معلوم ہوتا تھا، لیکن اب سائنسی دنیا اس تصور کو قبول کر رہی ہے۔ مستند سائنسی جرائد، جیسے ''نیو سائنٹسٹ'' (New Scientist) اور ''سائنٹفک امیریکن'' (Scientific American) میں اس نظریے پر سنجیدہ بحث ہو رہی ہے اور ماہرین اسے ایک اہم سائنسی امکان کے طور پر پیش کر رہے ہیں۔

میں نے اس معاملے پر ''نیو سائنٹسٹ'' (New Scientist) اور ''سائنٹفک امیریکن'' (Scientific American) میں چند دلچسپ مضامین پڑھے۔ جب ایسے مستند جرائد کسی نظریے کو زیر بحث لاتے ہیں تو اس کا مطلب ہے کہ اسے سائنسی کمیونٹی کی جانب سے سنجیدہ توجہ مل رہی ہے۔ مائیکل بروکس (Michael Brooks) لکھتے ہیں:

> ''یہ سوال کہ مادہ کس طرح محسوس تجربے کو جنم دیتا ہے، ہمارے علم کی حد تک سب سے پیچیدہ مسائل میں سے ایک ہے۔ یقیناً شعور کے پہلے مکمل ریاضیاتی ماڈل نے اس پر بڑی بحث پیدا کی کہ آیا، یہ ماڈل ہمیں کسی قابل فہم نتیجے تک پہنچا سکتا ہے۔ لیکن جیسے جیسے ریاضی دان ہمارے باطن کی گہرائی میں جھانکنے کے اوزار اور ذرائع میں بہتری اور وسعت لا رہے

ہیں، وہ حیرت انگیز نتائج تک پہنچ رہے ہیں۔ خاص طور پر، وہ جو دریافت کر رہے ہیں، اس سے یہ معلوم ہوتا ہے کہ اگر ہم شعور کی درست تعریف تک پہنچنا چاہتے ہیں تو ہمیں اپنی بداہتی سوچ کو ترک کر کے یہ ماننا ہو گا کہ بے جان مادہ بھی شعور رکھ سکتا ہے اور شاید پوری کائنات بھی۔

جرمنی کے میونخ سینٹر فار میتھے میٹکل فلاسفی (Munich Centre for Mathematical Philosohy) سے متعلق ریاضی دان یوہانس کلینز (Johannes Kleiner) کے یہ قول "یہ ایک سائنسی انقلاب کا آغاز ہو سکتا ہے"۔[3]

یہ خیال کہ ہر چیز کسی نہ کسی درجے میں شعور رکھتی ہے، مذہبی یا روحانی مضمرات بھی رکھتا ہے۔ تاہم، یہ تصور مادیت پسند اور فطرت پرست حلقوں میں بھی مقبول ہو رہا ہے۔ شعور کو حقیقت کی ایک بنیادی خاصیت تسلیم کرنے سے شعور کی ایک ایسی تشریح ممکن ہوتی ہے، جو مافوق الفطرت نہ ہو۔

ایک پین سائکسٹ (Panpsychist) کی نظر میں شعور مادے کی داخلی فطرت ہے۔ اس نظریے کے مطابق صرف مادہ موجود ہے، کوئی ماورائی یا روحانی عنصر نہیں۔ لیکن مادے کو دو زاویوں سے بیان کیا جا سکتا ہے۔ طبیعی سائنس مادے کے "خارجی" پہلو کو بیان کرتی ہے، یعنی اس کے رویے کے حوالے سے اسے زیر بحث لاتی ہے، جب کہ مادہ "داخلی" طور پر—

---

[3] دیکھیے:

Brooks, Michael. "Is the Universe Conscious? It Seems Impossible Until You Do the Maths." New Scientist 29 (2020): 40-44.

یعنی اپنی اندرونی فطرت کے لحاظ سے — شعور کی مختلف صورتوں پر مشتمل ہے۔

یہ نظریہ ہمیں ایک سادہ اور خوب صورت طریقہ فراہم کرتا ہے، جس کے ذریعے سے شعور کو ہمارے سائنسی نظریۂ کائنات میں شامل کیا جاسکتا ہے اور اس طرح ہم اپنے بارے میں جو علم رکھتے ہیں، اسے سائنس کے اس علم کے ساتھ ہم آہنگ کر سکتے ہیں، جو وہ مادے کے بیرونی پہلوؤں کے بارے میں رکھتی ہے۔[4]

پین سائیکزم (Panpsychism) کے مقبول ہونے کی ایک اور وجہ انٹیگریٹڈ انفارمیشن تھیوری (Integrated Information Theory - IIT) ہے، جسے نیوروسائنٹسٹ جیولیو ٹونونی (Giulio Tononi) نے پیش کیا ہے۔ ہورگن (Horgan) لکھتے ہیں:

> ''پین سائکزم (Panpsychism) بہ ظاہر مجھے مضحکہ خیز نظریہ لگتا ہے، لیکن غیر مضحکہ خیز لوگ — خصوصاً Chalmers اور نیوروسائنٹسٹ Christof Koch — اسے سنجیدہ نظر سے دیکھتے ہیں۔ یہ کیسے ممکن ہے؟ ان کی دل چسپی کا سبب کیا ہے؟ کیا میں نے Panpsychism کو جلد بازی میں مسترد کر دیا؟ یہ سوالات مجھے نیو یارک یونیورسٹی میں گذشتہ ماہ منعقدہ ایک دو روزہ ورکشاپ میں لے گئے، جہاں Integrated Information Theory پر گفتگو ہوئی۔ IIT، جو

---

[4] دیکھیے:

Gareth Cook, "Does Consciousness Pervade the Universe?" Scientific American, https://www.scientificamerican.com/article/does-consciousness-pervade-the-universe/.

نیوروسائنٹسٹ Giulio Tononi کی کاوش کا نتیجہ ہے، جنھوں نے عظیم سائنس دان Gerald Edelman سے تربیت حاصل کی تھی۔ IIT شعور کی ایک انتہائی جامع تھیوری ہے، جو صرف دماغوں تک محدود نہیں، بلکہ مادے کی تمام اقسام پر لاگو ہوتی ہے اور یہ بتاتی ہے کہ Panpsychism درست ہو سکتا ہے۔ Koch اور دیگر سائنس دان Panpsychism کو سنجیدگی سے لے رہے ہیں کیونکہ وہ IIT کو بھی سنجیدہ نظریہ سمجھتے ہیں۔"[5]

میں یہ تصور کرتا تھا کہ ایک باشعور ہستی کے ذریعے سے ہر چیز کے پیدا ہونے کا مذہبی تصور سائنسی لحاظ سے غلط ثابت ہو چکا ہے۔ میرا خیال تھا کہ سائنس نے ثابت کر دیا ہے کہ شعور صرف مادی دماغ کی پیداوار ہے۔ تاہم، جب میں نے غیر مذہبی سوچ رکھنے والے سنجیدہ مفکرین کو یہ بحث کرتے دیکھا کہ شعور حقیقت کا بنیادی جزو ہو سکتا ہے، نہ کہ محض دماغ کا نتیجہ تو مجھے یہ ماننے میں مشکل نہ رہی کہ سب کچھ پیدا کرنے والے غیر معلول سبب میں شعور موجود ہو سکتا ہے۔

تاہم، شعور کا مطلب ذہانت نہیں ہوتا۔ کیا ہمارے پاس ایسی تحقیق اور شواہد ہیں جو یہ تجویز کریں کہ شعور، جو ممکنہ طور پر ہر چیز کا غیر معلول سبب ہو سکتا ہے، ذہانت بھی رکھتا ہے؟ ہاں، ہمارے پاس ایسے شواہد ہیں۔ ہم زندگی کے وجود کو ممکن بنانے والے عوامل کے عین بنیادی

---

[5] دیکھیے:

John Horgan, "Can Integrated Information Theory Explain Consciousness?" Scientific American, https://www.scientificamerican.com/blog/cross-check/can-integrated-information-theory-explainconsciousness/

حصے میں ذہانت کی نشانیاں پاتے ہیں اور ممکن ہے کہ حقیقت کے ڈھانچے میں بھی اس ذہانت کے آثار موجود ہوں۔

2۔ ڈی این اے: ذہانت کی علامت

ڈارون کے نظریۂ ارتقا (Darwinian evolution) کو، حیاتیاتی بنیاد پر، اکثر اس بات کا حتمی ثبوت قرار دیا جاتا ہے کہ خدا کا کوئی وجود نہیں۔ تاہم، ایک بڑی تعداد میں سائنس دان Darwinian evolution، یعنی یہ نظریہ کہ تمام انواع ایک ہی خلیہ سے وجود میں آئیں، پر سوال اٹھاتے ہیں اور حیاتیاتی تنوع کی وضاحت کے لیے متبادل ارتقائی میکانزم پیش کرتے ہیں۔ "The Third Way" ان متبادل نظریات کو سمجھنے کا ایک بہترین ذریعہ ہے۔[6] لیکن یہاں میرا بنیادی نکتہ یہ ہے کہ اگر Darwinian evolution سچ بھی ہو تو یہ خدا کے وجود کو لازماً رد نہیں کرتا، بلکہ یہ اس خاص خدا کے تصور کو چیلنج کرتا ہے، جو قدرتی انتخاب کے ذریعے سے ارتقا کو متنوع زندگی پیدا کرنے کا ذریعہ نہیں بناتا۔ یہ بات کہ اتفاقی تغیرات (mutations) اور قدرتی انتخاب (natural selection) کے ذریعے سے ایک خلیہ ہمارے وقتی نظام کے مطابق نسبتاً کم دورانیے میں ارتقا کر کے میرے اور آپ جیسے وجود تک پہنچ گیا، یہ ثابت کرتا ہے کہ ڈی این اے بہت ہی موثر ہے۔ زندگی کی اتنی متنوع صورتیں پیدا کرنے کی یہ صلاحیت، جو آخر کار ذہانت اور اس کے ساتھ جڑے تمام عناصر پر منتج ہوئی، ڈی

---

[6] دیکھیے:

"The Third Way of Evolution"
https://www.thethirdwayofevolution.com/.

این اے سے پیدا ہوتی ہے۔ اس طرح ڈی این اے تمام حیاتیاتی عملوں کی بنیاد ہے۔ اس ادراک نے میرے الحاد کو تقویت دینے کے بجائے مجھے اس پر سوال اٹھانے پر آمادہ کیا۔

Bill Gates اپنی 1996ء کی کتاب "The Road Ahead" میں بجا طور پر کہتا ہے:

"ڈی این اے ایک کمپیوٹر پروگرام کی مانند ہے، مگر اس کی کارکردگی آج تک بنائے گئے کسی بھی سافٹ ویئر سے کہیں زیادہ جدید ہے۔"[7]

DNA بنیادی طور پر چار حرفی زبان میں لکھی گئی ہدایات پر مشتمل ہے کہ کس طرح ایک جان دار کو پیدا اور منظم ہونا ہے۔ یہ حروف نیوکلیوٹائڈ بیسز (nucleotide bases) کی نمائندگی کرتے ہیں، جو یہ ہیں: Adenine, Guanine, Thymine, Cytosine۔ (آر این اے میں Uracil کی جگہ Thymine آ جاتا ہے)۔ یہ ہدایات ہر جان دار کے ہر خلیے میں کوڈ کی شکل میں محفوظ ہوتی ہیں۔ اور ہر خلیے میں ایک پیچیدہ میکانزم موجود ہوتا ہے، جو ان کوڈ شدہ ہدایات کو پڑھتا، سمجھتا، ترمیم کرتا، نقل کرتا اور عمل میں لاتا ہے۔ یہ ہدایات جو اعلیٰ ترین درجے کی معلومات ہیں، ایک زبان میں لکھی گئی ہیں۔ ڈی این اے کی یہ حقیقت ذہانت کی علامت ہے۔ ہم انسان واحد دوسری مخلوق ہیں جو ایسی معلومات پیدا کرنے کی صلاحیت رکھتے ہیں۔ ہم نے حروفِ تہجی کا استعمال کرتے ہوئے ہدایات لکھنے کا سنگِ میل نسبتاً حال ہی میں، تقریباً پانچ ہزار سال قبل، عبور کیا۔ تحریر کے اس

---

[7] دیکھیے:

Bill Gates, The Road Ahead, New York: Penguin Group, 1995, 188.

آغاز کے ساتھ وہ مقام آیا کہ ہم زیادہ مہذب اور نفیس ہوئے۔ معلومات کو کوڈ کرنے کا تصور اس سے بھی زیادہ جدید ہے، جہاں سے معلوماتی دور کا آغاز ہوتا ہے اور یہ انسانی ذہانت کے سفر کا سب سے بڑا سنگ میل ہے۔

یہ بات نہایت حیران کن ہے کہ کچھ ایسی چیز، جسے ہم ذہانت کی ایک خصوصیت کے طور پر پہچانتے ہیں، زندگی کے آغاز اور اس کے نظم و نسق کے بنیادی عمل میں پہلے سے موجود ہے۔ تاہم، ضروری نہیں کہ کوڈ شدہ معلومات صرف زندگی کی بنیاد میں ہی پائی جائیں، بلکہ اس بات کا قوی امکان موجود ہے کہ کوڈ شدہ معلومات خود حقیقت کے بنیادی ڈھانچے میں سرایت کیے ہوئے ہوں۔

3۔ حقیقت کے ڈھانچے میں موجود کوڈ شدہ معلومات: ذہانت کی علامت

یہ تصور کہ ہر چیز کا سبب کوئی ذہانت ہے، اب محض مذہب تک محدود نہیں رہا۔ یہ نظریہ کہ ہماری کائنات شاید ایک ذہین ذریعے سے کے تحت تخلیق کردہ سیمولیشن ہو سکتی ہے، اب سائنس دانوں کے درمیان ایک سنجیدہ امکان کے طور پر زیرِ بحث ہے۔ ہماری حقیقت کا یہ خاصہ کہ وہ حقائق کو ظاہر کر سکتی ہے، سائنس دانوں کو اس مفروضے پر سنجیدگی سے غور کرنے پر آمادہ کرتا ہے۔ اسی حقیقت نے میرے اس اندازے کو مزید تقویت دی کہ ہر چیز کے پس پردہ کوئی نہ کوئی ذہانت کارفرما ہے۔

مشہور طبیعیات دان جیمز گیٹس (Dr. James Gates) کی نظریاتی دریافتیں بھی ان امور میں شامل ہیں، جنھوں نے میرے لیے اس خیال کو — کہ کوئی ذہن ہی ہر چیز کا منبع ہے — مزید قابلِ فہم اور معقول بنا دیا۔ مجھے یاد ہے کہ میں نے یوٹیوب پر "کیا ہم ایک

سیمو لیشن میں جی رہے ہیں؟'' کے عنوان سے ایک گفتگو دیکھی تھی۔ یہ گفتگو نیل ڈِ گراس ٹائی سن (Neil deGrasse Tyson) کی میزبانی میں American Museum of Natural History میں منعقد ہونے والی Isaac Asimov Memorial Debate کے ایک حصے پر مشتمل تھی۔ شریک گفتگو، ڈاکٹر گیٹس، کے بیان پر میں حیران رہ گیا۔

ڈاکٹر گیٹس سے پوچھا گیا کہ ''اس جستجو نے آپ کو کہاں تک پہنچایا؟'' انھوں نے جواب دیا:

ڈاکٹر گیٹس: اچھا، اس جستجو نے مجھے جزوی طور پر ان عجیب و غریب تصویروں تک پہنچایا ہے، جو ابھی آپ کے پیچھے ہیں (انھوں نے پیچھے لگی اسکرین کی طرف اشارہ کیا)۔ یہ مساوات (equations) کی تصاویر ہیں۔ پچھلے پندرہ برس سے میں اُن سوالات کے جواب پانے کی کوشش کر رہا ہوں، جو میرے ساتھیوں نے اٹھائے ہیں۔ میں اس نتیجے پر پہنچا ہوں کہ ان ناقابل یقین تصویروں میں اسٹرنگ تھیوری (String Theory) کے بارے میں مساوات کے ایک مجموعے سے متعلق تمام تر معلومات موجود ہیں۔ اور یہ اس سے بھی زیادہ عجیب ہے، کیونکہ جب آپ ان تصویروں کو سمجھنے کی کوشش کرتے ہیں تو آپ کو معلوم پڑتا ہے کہ ان میں کمپیوٹر کوڈز مدفون ہیں۔ بالکل اسی قسم کے کوڈز جو آپ ویب براؤزر میں کسی چیز کی تلاش کے وقت پاتے ہیں۔ لہٰذا میں اس معمے میں الجھ گیا ہوں کہ آیا میں واقعی Matrix میں جی رہا ہوں یا نہیں۔

نیل: ذرا رکیے، آپ نے تو میرے دماغ کو جھنجھوڑ کر رکھ دیا ہے۔ تو کیا آپ یہ فرما رہے ہیں کہ فطرت کے بنیادی عملیات کو سمجھنے کی کوشش آپ کو مساوات کے ایک ایسے مجموعے تک لے جاتی ہے، جو ہمارے کمپیوٹرز پر سرچ انجن اور براؤزر کو چلانے والی مساواتوں سے ممیز

نہیں ہو سکتیں؟

ڈاکٹر گیٹس : جی، بالکل درست۔

نیل : ذرا رکیں، مجھے یہاں ایک منٹ تک خاموشی اختیار کرنی ہو گی۔ تو آپ یہ کہہ رہے ہیں کہ جب آپ گہرائی میں جاتے ہیں تو آپ کائنات کے تانے بانے میں کمپیوٹر کوڈ لکھا ہوا پاتے ہیں؟

ڈاکٹر گیٹس : یعنی کائنات کو بیان کرنے کے لیے ہم جن مساوات کا استعمال کرنا چاہتے ہیں، ان میں۔ جی ہاں، ایسے ہی ہے۔[8]

ڈاکٹر گیٹس کی نظریاتی دریافت کی تائید ہمارے ان مشاہدات سے بھی ہوتی ہے، جو ہم خلا کے بارے میں خود کرتے ہیں۔ اگر آئن اسٹائن (Einstein) کی بات درست تھی تو کہیں بھی "خالی مکان، خلا"، جیسی کوئی چیز موجود نہیں ہے۔ جو خلا ہمیں اپنے ارد گرد خالی دکھائی دیتا ہے، وہ بھی در حقیقت ایک ایسا ذریعہ (medium) ہے، جس کی اپنی مخصوص خصوصیات ہیں۔ اس کا مطلب یہ ہے کہ حقیقت کا تانا بانا——یعنی وہ خلا جس میں سب کچھ موجود ہے یا جسے آئن اسٹائن نے "زمان۔مکان" (Space-Time) کا نام دیا——معلومات سے بھرا ہوا ہے۔ ہم کششی عدسے (Gravitational Lensing) کے ذریعے سے یہ جان چکے ہیں کہ خلا مڑنے اور جھکنے کی صلاحیت رکھتا ہے۔ مادہ خلا کو مڑنے کا طریقہ بتاتا ہے اور خلا مادے

---

[8] دیکھیے:

American Museum of Natural History, "2016 Isaac Asimov Memorial Debate: Is the Universe a Simulation?" https://www.youtube.com/watch?v=wgSZA3NPpBs.

کو حرکت کرنے کا طریقہ بتاتا ہے۔ اس تعامل سے یہ بات واضح ہوتی ہے کہ subatomic ذرات نیوکلیئس کے گرد کس طرح گردش کرتے ہیں، سیارے سورج کے گرد ایک مدار میں کیسے گردش کرتے ہیں، ستارے کہکشاؤں کے اندر اپنے مدار میں کس طرح گھومتے ہیں اور کہکشائیں کیوں کر اپنے محور کے گرد گھومتی ہیں۔ یہ بھی ممکن ہے کہ کہکشائیں بھی کائنات میں کسی یکساں اصول کے تحت حرکت میں ہوں۔

خالی مکان، خلا کوڈ شدہ معلومات سے بھرا ہوا ہے۔ یہ وہی موقف ہے جو جدید String Theorists، جنھوں نے ہولوگرافک اصول(Holographic Principle) کا مفروضہ پیش کیا ہے، اختیار کرتے ہیں۔ اس اصول کے مطابق خلا ایک ہولوگرام ہے، جو نچلی سطح کی ابعاد میں کوڈ شدہ معلومات سے پیدا ہوتا ہے۔ Stanford Institute for Theoretical Physics کے بانی ڈائریکٹر، لینرڈ سسکائنڈ (Leonard Susskind) اس نظریے کی حمایت کرتے ہیں:

> "ہمارے معمول کے تجربے میں موجود سہ جہتی دنیا ایک کائنات ہے، جو کہکشاؤں، ستاروں، سیاروں، گھروں، چٹانوں اور انسانوں سے بھری ہوئی ہے۔ یہ ایک ہولوگرام ہے: حقیقت کی ایک تصویر جو کسی دور دراز دو جہتی سطح پر کوڈ کی گئی ہے۔ طبیعیات کا یہ نیا اصول، جو ہولوگرافک اصول کے نام سے جانا جاتا ہے، یہ بتاتا ہے کہ خلا کے ایک حصے کے اندر موجود ہر چیز کی تفصیل صرف سرحد پر موجود محدود معلومات کے ذریعے سے بیان کی جاسکتی ہے۔"[9]

---

[9] دیکھیے:

Leonard Susskind, My Battle with Stephen Hawking to

یہ امکان کہ حقیقت کے تانے بانے میں کوڈ شدہ معلومات سرایت کیے ہوئے ہیں— ایسی معلومات جو کائنات کو اس کی موجودہ شکل دینے کے لیے ضروری ہیں اور جن کی وجہ سے زندگی اور شعور ممکن ہوا—ہی وہ امر ہے، جس نے مجھے حقیقت کی وضاحت کے لیے ''ذہانت'' کے مفروضے کی طرف مائل کیا۔ یہ مفروضہ اس بات کو تسلیم کرتا ہے کہ ہدایات اور معلومات کو ایک کوڈ کی صورت میں رکھنا ذہانت کی ایک نمایاں علامت ہے۔

کوڈ شدہ ہدایات کی شکل میں معلومات کا واحد معلوم ذریعہ ہم انسان ہیں—یعنی ایک ذہانت! اگر ہم مد نظر رکھیں کہ (الف) ذہانت کوڈ شدہ ڈیجیٹل معلومات کا واحد معلوم ذریعہ ہے، (ب) اس نوع کی معلومات زندگی کو ممکن بنانے کے لیے ضروری ہیں، اور (ج) یہ ممکن ہے کہ ایسی معلومات حقیقت کے تانے بانے میں سرایت شدہ ہوں تو یہ نتیجہ اخذ کرنا عقلی اور معقول ہوگا کہ شاید واقعی کوئی ذہانت اس پوری حقیقت کی ذمہ دار ہو۔ یہی سوچ خود جانے پہچانے چارلس ڈارون (Charles Darwin) نے بھی پیش کی تھی۔ آیئے، اسے ڈاکٹر سٹیون میئر (Dr. Stephen Meyer) کے الفاظ میں سمجھتے ہیں:

> ''ڈارون نے تاریخی سائنسی استدلال کے ایک طریقے کا آغاز کیا، جہاں انھوں نے سمجھا کہ اگر آپ ماضی میں ہونے والے کسی واقعے کی وضاحت کرنا چاہتے ہیں تو آپ کو اسے ان اسباب کی روشنی میں سمجھنے کی کوشش کرنی چاہیے، جو آپ اب (حال میں) روبہ عمل پاتے ہیں۔ انھوں نے یہ اصول عظیم ارضیات دان چارلز لائل (Charles Lyell) سے اخذ کیا۔ واشنگٹن کے مشرقی علاقے میں، جہاں میں رہتا ہوں، مئی 1980ء میں ہونے

Make theWorld Safe for Quantum Mechanics (Little Brown and Company,2008).

والے ایک واقعے کے بعد وہاں اب بھی زمین پر چھوٹی چھوٹی ٹکڑیوں میں سفید پاؤڈر موجود ہے۔اور اگر آپ نہیں جانتے کہ اس سفید پاؤڈر کا سبب کیا ہے تو آپ استدلال کے ایک معیاری تاریخی طریقے کا استعمال کریں گے، جسے 'متعدد مقابل مفروضات کا طریقہ' (method of multiple competing hypothesis) کہتے ہیں۔آپ کہیں گے، شاید یہ سیلاب تھا، شاید یہ زلزلہ تھا یا شاید یہ آتش فشاں کا پھٹنا تھا۔ سوال یہ ہوگا کہ ڈارون اور لائل کے اصول کے مطابق ان میں سے کون سا مفروضہ بہترین ہے؟جواب یہ ہے کہ یہ آتش فشاں کا پھٹنا تھا، کیونکہ ہم نے دیکھا ہے کہ آتش فشاں سفید پاؤڈر پیدا کرتے ہیں، جب کہ سیلاب اور زلزلے ایسا نہیں کرتے۔لہٰذا اگر آپ اسی استدلالی اصول کو لاگو کریں اور موجودہ وقت میں ڈیجیٹل معلومات کے اسباب معلوم کرنا چاہیں تو آپ ایک ہی نوعیت کے سبب تک پہنچیں گے—اور وہ ہے ایک ذہن!''[10]

و۔روح اور حیات بعد از موت پر یقین کے غیر مذہبی وجوہ

سائنسی حلقوں کی یہ دریافتیں اس مفروضے کو جواز دیتی ہیں کہ ایک شعوری ذہین قوت ہر چیز کی علت اولیٰ ہو سکتی ہے۔میرے لیے یہ تصور خدا کے وجود کے مانند تھا۔اگر خدا ایک ممکنہ حقیقت ہے تو کیا اس کی طرف سے اخروی جواب دہی بھی ممکن ہو سکتی ہے؟یوم حساب کے وقوع پذیر ہونے کے لیے اس ہستی کا کوئی حصہ جسے ہم ''میں'' کہتے ہیں، میرے دماغ سے

---

[10] دیکھیے:

Hoover Institution, "By Design: Behe, Lennox, and Meyer onthe Evidence for a Creator," https://www.youtube.com/watch?v=rXexaVsvhCM.

علیحدہ ایک وجود کا حامل ہونا چاہیے۔ اور اسے جسمانی موت کے بعد بھی برقرار رہنا چاہیے۔ کیا غیر مذہبی ابحاث یا ہماری ٹھوس مشاہداتی اور قابل پیمائش حقیقت کی بنیاد پر کوئی ایسی وجہ موجود ہے جو اس امکان کا ثبوت بہم پہنچائے کہ میرا ایک وجود ایسا بھی ہے جو میرے دماغ سے علیحدہ ہے اور دماغ کی موت کے بعد بھی قائم رہ سکے گا؟ جی ہاں، ایسا واقعی ہے۔

1۔ دماغ سے علیحدہ شعور کے وجود کا امکان

شعور ایک ایسی چیز ہے جسے ہم، انسان، سب سے زیادہ جانتے ہیں کیونکہ ہم سب باشعور ہیں۔ پھر بھی یہ ہمارے لیے بالکل اجنبی رہتا ہے کیونکہ ہمیں اس کی کوئی سمجھ نہیں ہے کہ کیا چیز ہمیں باشعور بناتی ہے۔ مختلف حسی معلومات کا دماغ کے مختلف حصوں میں تعامل ہوتا ہے۔ مثلاً، ایک شے کے رنگ کے بارے میں معلومات دماغ کے ایک حصے میں محفوظ ہوتی ہیں، جب کہ اس کی شکل کے بارے میں معلومات اس کے کسی دوسرے حصے میں پائی جاتی ہیں۔ پھر بھی دماغ میں ایسی کوئی خاص جگہ نہیں ہے جہاں یہ معلومات ایک مربوط یکجا تصور اور تجربے میں بدل جائیں جو ''میں'' ہے! نیوروسائنس کے حلقوں میں اسے شعور کا ''بائنڈنگ مسئلہ'' (binding problem of consciousness) کہا جاتا ہے۔ لیکن معاملہ صرف دماغ میں اس جگہ کے تعین نہ ہونے تک محدود نہیں ہے جہاں یہ مستقل، مسلسل، یکجا تجربہ پیدا ہوتا ہے جو ''میں'' ہوں۔ یہ مسئلہ اس سے بھی زیادہ پیچیدہ ہے۔ ایسے شواہد موجود ہیں جو یہ ظاہر کرتے ہیں کہ یہ ''میں''، جو سوچتا اور فیصلہ کرتا ہے، میرے مادی دماغ سے علیحدہ مستقل وجود کا حامل ہو سکتا ہے۔

2۔ پین فیلڈ تجربہ

وائلڈر پین فیلڈ(Wilder Penfield)ایک امریکی۔ کینیڈین نیورو سرجن ہیں۔
انھوں نے الیکٹروڈز(electrodes)کو موٹر کورٹیکس(motor cortex)پر لگایا
اور مریضوں کو غیر ارادی طور پر ہاتھ اٹھانے یا کسی بات کو یاد کرنے جیسے اعمال کرنے پر مجبور
کیا۔ سیریبرل کورٹیکس(cerebral cortex)دماغ کا وہ حصہ ہے جسے کئی اعلیٰ سطحی
اعمال کا ذمہ دار سمجھا جاتا ہے، جن میں سیکھنا، سوچنا، زبان، جذبات، ذہانت، شخصیت اور فیصلہ
سازی شامل ہیں۔ یہ اس لیے معلوم ہے کیونکہ جب کوئی فرد مذکورہ بالا سر گرمیوں میں
مصروف ہوتا ہے تو دماغ کے اس حصے میں ذہنی سرگرمی کا مشاہدہ کیا جا سکتا ہے۔ اگرچہ پین
فیلڈ نے اپنے تجربات میں افراد کو برقی محرکات سے غیر ارادی طور پر کچھ حرکات کرائیں، مگر وہ
اس عمل سے معمولوں کو کچھ "چاہنے" پر مجبور نہیں کر سکے۔ مادی دماغ سے اس کا ایک
ضروری سبب غائب تھا۔ وائلڈر پین فیلڈ کے الفاظ میں:

"دماغی قشر(cerebral cortex)میں ایسی کوئی جگہ نہیں ہے جہاں برقی
محرک مریض کے کسی فیصلہ کا باعث بن سکے۔"[11]

پین فیلڈ نے یہ نتیجہ اخذ کیا کہ اس کا مطلب یہ ہے کہ ارادہ (انھوں نے اس کے لیے
"mind"کا لفظ استعمال کیا) دماغ میں نہیں تھا، یا کم از کم دماغ کے کسی بھی ایسے حصے میں

---

[11] دیکھیے:

Wilder Penfield, Mystery of the Mind: A Critical Study of Consciousnessand the Human Brain, Princeton University Press eBooks,
https://doi.org/10.1515/9781400868735.

نہیں تھا جسے وہ تحریک دے سکتے تھے،اور یہ کہ ارادہ ایک مادی چیز نہیں۔ ارادہ آزاد تھا،اس معنی میں کہ اسے مادی ذرائع سے نہیں اُبھارا جاسکتا تھا۔[12]

اس سے یہ ظاہر ہوتا ہے کہ اگرچہ ہم دماغ کو مصنوعی محرکات کے ذریعے سے جسم پر اثر انداز ہونے پر مجبور کر سکتے ہیں، لیکن اس ذریعے سے ہم کسی شخص کو کوئی فیصلہ کرنے پر مجبور نہیں کر سکتے۔ یہ ''میں'' جو فیصلے کرتا ہے،دماغ کے محرکات سے متاثر ہوتا نظر نہیں آتا۔

3۔ارادی سوچ سے دماغ میں تبدیلی لانا

جیفری ایم شوارٹز(Jeffery M. Schwartz)ایک امریکی ماہر نفسیات اور نیوروپلاسٹیسٹی(neuroplasticity)کے میدان میں سرکردہ محقق ہیں۔ انھوں نے ثابت کیا کہ باشعور سوچ کے ذریعے سے اور بغیر کسی بیرونی مداخلت کے دماغ میں تبدیلی لائی جاسکتی ہے۔ شوارٹز کے او سی ڈی(OCD)کے مریضوں نے اپنی علامات میں اس وقت کمی محسوس کی جب انھوں نے اپنی سوچ اور رویوں میں ارادی ترمیم کر کے اپنے دماغی سانچے کو کامیابی سے دوبارہ منظم کیا اور اس میں تبدیلی لے آئے۔ مزید برآں، جب دماغ کے انھی حصوں پر مصنوعی محرکات کا اطلاق کیا گیا، جن میں پہلے طریقے سے علامات میں بہتری آئی تھی تو اس تجربے کے موثر نتائج نہیں نکلے۔

---

[12] دیکھیے:

"Neurosurgeon Wilder Penfield on Free Will", https://evolutionnews.org/2018/07/neurosurgeon-wilder-penfield-on-free-will/

سادہ الفاظ میں ہم کہہ سکتے ہیں کہ میں ارادی طور پر سوچ سکتا ہوں اور اپنے دماغ کے مخصوص حصوں میں تبدیلی لا سکتا ہوں۔ تاہم، جب میرے شعور کے بغیر دماغ کے اُس حصے کو مصنوعی طور پر تحریک دی جاتی ہے تو وہی تبدیلی نہیں آتی۔ شوارٹزاس عمل کو یوں بیان کرتے ہیں:

''جب اسی طرح کے محرکات جو ایک متوجہ دماغ میں پلاسٹک تبدیلیوں کو متحرک کرتے ہیں، غیر متوجہ دماغ کو دیے جاتے ہیں تو اس میں cortical plasticity کی کوئی ترغیب پیدا نہیں ہوتی۔ دوسرے الفاظ میں، دماغ کا متوجہ ہونا ضروری ہے۔''[13]

اس سے یہ ظاہر ہوتا ہے کہ یہ صرف اشارے یا محرک کا مسئلہ نہیں ہے، بلکہ دماغ میں تبدیلی لانے کے لیے سوچنے والے، ارادہ کرنے والے اور عمل کرنے والے ''میں'' کی شمولیت ضروری ہے۔ یہ ''میں'' جو دماغ سے الگ معلوم ہوتا ہے، میرے مادی وجود کو بہت واضح طریقے سے اور فعال طور پر متاثر کر سکتا ہے۔

یہ سائنسی دنیا کے اندر ایک سنجیدہ نقطۂ نظر بنتا جا رہا ہے کہ دماغ مکمل طور پر ذہن کی وضاحت نہیں کر سکتا۔ اس سے یہ سوال پیدا ہوتا ہے کہ کیا ایسا تو نہیں ہے کہ دماغ کے بارے میں ہمارے فہم سے جو چیز غائب ہے، وہی چیز ہمارے کائنات کے فہم سے بھی غائب ہے؟ ایسا لگتا ہے کہ دماغ اور ذہن مکمل طور پر الگ نہیں ہیں، پھر بھی وہ ایک نہیں ہیں۔ اس سے یہ امکان کھلتا ہے کہ شعور ایک قسم کا مستقل وجود رکھتا ہے۔ اگر شعور محض دماغ سے پیدا نہیں

---

[13] دیکھیے:

Jeffrey M. Schwartz and Sharon Begley, The Mind and the Brain (Springer Science & Business Media, 2009), 338.

ہوتا تو کیا اس کی وضاحت کسی اور بنیادی چیز سے کی جا سکتی ہے؟ یا شعور بہ ذات خود حقیقت کی بنیادی چیزوں میں سے ایک ہے؟

4۔ دماغی موت کے بعد بقا

میں اکثر صبح پانچ بجے کے قریب اپنے لیے چائے بناتے ہوئے حیرانی سے سوچتا رہتا کہ ''میں'' — جس کے وجود کو میرے دماغ کے کسی خاص حصے میں متعین نہیں کیا جا سکتا — محض مسلسل ارادی سوچوں کے ذریعے سے میرے دماغ میں کیسے تبدیلی لا سکتا ہے۔ حقیقت میں ذہن کا مادے پر غالب ہونا سچ معلوم ہوتا ہے۔ تاہم، یہ بھی ہو سکتا ہے کہ دماغ اور ذہن کی یہ علیحدگی شاید کوانٹم دنیا کی کوئی چال بازی ہو اور اس کا کوئی لازمی ثبوت موجود نہ ہو۔ ممکن ہے کہ یہ ''میں'' جو بہ ظاہر دماغ سے الگ ہے اور ممکنہ طور پر جسمانی موت کے بعد بھی جاری رہتا ہے، صرف اعتقادی امر ہے جس کی کوئی مشاہداتی حقیقت نہیں۔ لگتا تھا کہ سائنسی دنیا سے جسمانی موت کے بعد شعور کی زندگی کا امکان ثابت کرنے کے لیے کوئی تحقیق سامنے نہیں آئے گی۔ میں اسی بے یقینی کی کیفیت میں تھا یہاں تک کہ ڈاکٹر سیم پارنیا (Sam Parnia) کی تحقیق میرے سامنے آئی۔ میں نے پہلے عرض کیا ہے کہ یہ ایک قوی سائنسی امکان ہے کہ میرے وجود کا کوئی حصہ میرے دماغ سے علیحدہ ہو سکتا ہے۔ ڈاکٹر پارنیا کی تحقیق اس معاملے کو مزید آگے بڑھاتی ہے۔ وہ تجویز کرتے ہیں کہ ''میں'' دماغ کے کام چھوڑ دینے کے بعد بھی باقی رہ سکتا ہے۔

ڈاکٹر سیم پارنیا، ایم ڈی، پی ایچ ڈی، این وائی یو گراس مین اسکول آف میڈیسن (NYU Grossman School of Medicine) میں انتہائی نگہداشت (Critical

Care)اور ریسسی ٹیشن ریسرچ(Resuscitation Research) کے ڈائریکٹر ہیں۔ انھوں نے ڈاکٹروں اور سائنس دانوں کی ایک ٹیم کی قیادت کرتے ہوئے ایسے افراد پر تحقیق کی جنھیں دل کا دورہ پڑا تھا اور طبّی اصطلاح میں وہ موت کی دہلیز کو عبور کر چکے تھے، لیکن انھیں دوبارہ زندگی کی طرف واپس لایا گیا۔ یہ مطالعہ جو 2012ء میں مکمل ہوا برطانیہ، آسٹریا اور امریکہ میں 15 طبّی مراکز کے 33 محققین نے کیا تھا۔ اس تحقیق کے نتائج اکتوبر 2014ء میں شائع ہوئے۔

اس مطالعے میں شامل محققین کا تعلق متعدد طبّی شعبوں سے تھا، جن میں نیوروسائنس، کریٹیکل کیئر، نفسیات، سماجی علوم، اور علم و ادب شامل تھے۔ اور یہ محققین دنیا کے چند معتبر تعلیمی اداروں کی نمائندگی کرتے تھے، جن میں ہارورڈ یونیورسٹی، بیلر یونیورسٹی، یونیورسٹی آف کیلیفورنیا ریورسائیڈ، یونیورسٹی آف ورجینیا، ورجینیا کامن ویلتھ یونیورسٹی، میڈیکل کالج آف وسکونسن اور یونیورسٹی آف ساؤتھمپٹن اینڈ لندن شامل ہیں۔

ان کی تحقیق کے نتائج میں یہ امور شامل ہیں:

ریسسی ٹیشن اور کریٹیکل کیئر میڈیسن میں پیش رفت کی وجہ سے بہت سے لوگ موت یا قریبِ موت کی حالت سے بچ گئے۔ سابقہ آبادیاتی مطالعات کی بنیاد پر دنیا بھر میں ایسے افراد کی تعداد لاکھوں تک جا سکتی ہے۔ ان افراد نے موت کے وقت کے یکساں تجربات بیان کیے ہیں۔ یہ تجربات منفرد ذہنی یادداشتوں کا مجموعہ ہیں جس میں عالم گیر موضوعات شامل ہیں۔

موت کے وقت کے واہمے(hallucinations) مغالطے یا نفسیاتی ادویات سے پیدا ہونے والے تجربات سے ہم آہنگ نہیں ہیں، جیسا کہ کئی سابقہ شائع شدہ مطالعہ جات سے ثابت ہوتا ہے۔ بلکہ یہ ایک مخصوص بیانیہ کی صورت میں ظاہر ہوتے ہیں، جن میں درج ذیل

امور شامل ہیں: (الف) جسم سے علیحدگی کا احساس، جس کے ساتھ شعور کا وسیع اور شدید احساس اور موت کا شعور بھی ہوتا ہے، (ب) کسی مقام کی جانب سفر، (ج) زندگی کے ایک بامعنی اور بامقصد جائزے کا احساس، جس میں انسان کے تمام اعمال، نیت، اور دوسروں کے بارے میں خیالات کا تنقیدی تجزیہ شامل ہوتا ہے۔ (د) ایک ایسی جگہ کا احساس جو ''گھر'' جیسی محسوس ہوتی ہے اور ہ) زندگی کی جانب واپسی۔

موت کے تجربے کا اختتام پہلے سے غیر شناخت شدہ اور الگ ذیلی موضوعات پر ہوتا ہے اور یہ اختتام ایک مثبت طویل نفسیاتی تبدیلی اور نشوونما سے منسلک ہوتا ہے۔

موت کے بارے میں خوف ناک یا تکلیف دہ تجربات عام طور پر ایسے موضوعات، بیانیے، ماورائی خصوصیات، ناقابل بیان کیفیات اور مثبت تبدیلی کے اثرات نہیں رکھتے۔[14]

اس وسیع مطالعے کا ایک اہم نتیجہ یہ ہے:

دل کے دورے سے بچ جانے والے افراد کو عام طور پر مختلف اقسام کے شعوری موضوعات کا تجربہ ہوتا ہے۔ دو فی صد افراد مکمل شعور کا تجربہ کرتے ہیں۔ یہ نکتہ دیگر حالیہ مطالعات کی تائید کرتا ہے، جن سے ظاہر ہوا ہے کہ مذکورہ ''شعور'' اس وقت بھی موجود ہو

---

[14] دیکھیے:

NYU Langone Health, "Recalled Experiences Surrounding Death: More Than Hallucinations?",
https://www.prnewswire.com/news-releases/recalled-experiences-surrounding-death-more-than-hallucinations-301519733.html.

سکتا ہے جب یہ طبّی طور پر قابل شناخت نہ ہو۔[15]

اس بات کو مزید آسان بنانے کے لیے میں ڈاکٹر پارنیا کے انٹرویو سے ان کا اپنا بیان یہاں نقل کرتا ہوں۔ انھوں نے یہ انٹرویو رابرٹ لارنس کوہن (Robert Lawrence Kuhn) کے ساتھ معروف ویڈیو سیریز "کلوزر ٹو ٹروتھ" (Closer to Truth) میں دیا تھا، جس کا عنوان تھا "Is Life After Death Possible – Sam Parnia":

رابرٹ: سیم، دل کا دورہ پڑنے کے دوران میں شعور کی نوعیت — جسے کچھ لوگ قریب الموت تجربہ کہتے ہیں — کے مطالعے میں آپ کی تحقیق کے بارے میں کچھ لوگ کہیں گے کہ یہ موت کے بعد زندہ نہ ہو سکنے کے سائنسی مفروضے کو مشکوک کرتا ہے۔ کیا آپ کو لگتا ہے کہ یہ درست ہے؟

سیم: بلاشبہ سائنسی لحاظ سے ہمارے پاس ابھی تک ایسے تمام سوالات کا جواب نہیں ہے کہ ہمارے مرنے کے بعد کیا ہوتا ہے، لیکن میں سمجھتا ہوں کہ ہم نے اس حوالے سے بہت بڑی پیش رفت کی ہے۔ ہمیں یہ بات ذہن میں رکھنی چاہیے کہ موت ایک عمل ہے اور محض اس لیے کہ ایک شخص مر چکا ہے، اسے موت کا ایک وقت دے دیا گیا ہے اور اسے مردہ قرار دے دیا گیا ہے، اس کے جسم کے خلیات فوراً اس حالت کو نہیں پہنچتے کہ ان کی بحالی ناممکن ہو

---

[15] دیکھیے:

Sam Parnia et al., "AWARE-AWAreness during REsuscitation-a Prospective Study," Resuscitation 85, no. 12 (December 2014): 1799–1805, https://doi.org/10.1016/j.resuscitation.2014.09.004.

جائے۔ سائنس کی ترقی کی بہ دولت ہم آج موت کے بعد کئی گھنٹوں تک ان مراحل میں مداخلت کر سکتے ہیں اور پورے انسان کو زندگی میں واپس لا سکتے ہیں اور اس دوران میں اس کے شعور کا مطالعہ کر سکتے ہیں۔ کچھ عرصہ پہلے تک یہ ممکن نہ تھا۔ اسی طرح ہمیں ایک تو اس ناقابلِ یقین حقیقت کا سامنا ہوتا ہے کہ ہم کسی کو بحال کر کے دوبارہ زندگی کی طرف لے آتے ہیں اور پھر اسے واپس گھر بھیج دیتے ہیں۔ یہ واقعتاً ایک سائنسی معجزہ ہے۔ اس کا دوسرا حیرت انگیز پہلو یہ ہے کہ ہم یہ دیکھنے کے قابل ہو جاتے ہیں کہ انسان موت کی حالت سے پار جانے کے بعد کیا محسوس کرتا ہے۔ اب تک کے شواہد اس بات کی تصدیق کرتے ہیں کہ جسے ہم انسانی ذہن، شعور یا جسے یونانی 'The Psyche' کہتے تھے اور بعد میں اس کا ترجمہ روح (soul) کیا گیا، وہ ''میں''، یعنی سیم مرنے کے بعد فوراً فنا نہیں ہوتا، چاہے ہم اسے موت کا سرٹیفیکیٹ دے کر مردہ قرار دے دیں۔ وہ ہستی، وہ ''میں'' باقی رہتا ہے، یہاں تک کہ اس وقت بھی جب دماغ کی بہ ظاہر کوئی فعالیت نظر نہیں آتی۔ اس سے یہ سوال پیدا ہوتا ہے کہ شاید شعور دماغ سے الگ ایک وجود رکھتا ہے۔ یہ کوئی جادو نہیں، بلکہ ابھی دریافت نہ ہونے والی حقیقت ہے، مگر یہ فنا نہیں ہوتا۔ اب میں یہ نہیں کہہ سکتا کہ موت کے تین، چار یا دس گھنٹے بعد کیا ہوتا ہے۔ آیا شعور آہستہ آہستہ ختم ہو جاتا ہے — جیسے کچھ لوگوں کا خیال ہے — یا طویل عرصے تک قائم رہتا ہے؟ اس کے متعلق میں کچھ کہنے سے قاصر ہوں۔ جسمانی افعال اور خلیے یقیناً وقت کے ساتھ ختم ہو جائیں گے، لیکن ہمارے شعور کا کیا بنتا ہے؟ جیسا کہ میں نے بیان کیا، شعور کچھ عرصہ تک جاری رہتا ہے۔ اب آپ خود ہی اس سے نتیجہ اخذ کریں — میرے پاس اس سے آگے کے ثبوت نہیں ہیں۔ آپ یا تو یہ کہیں گے کہ شعور کچھ وقت کے لیے کسی نہ کسی شکل میں باقی رہتا ہے اور پھر آہستہ آہستہ ختم ہو جاتا ہے۔ یا آپ یہ کہہ سکتے ہیں

کہ اگر شعور دماغ کے غیر فعال ہونے کے باوجود جاری رہ سکتا ہے تو پھر چند گھنٹے بعد اچانک کیوں ختم ہو جائے گا؟ یاد رکھیں، دس منٹ بعد، یا یہاں تک کہ تیس سیکنڈ بعد بھی—جب انسان مر چکا ہو—اس کا دماغ کام نہیں کرتا۔ یہاں تک کہ جب ہم ''سی پی آر'' کرتے ہیں اور کسی کو بحال کرنے کی کوشش کرتے ہیں، اس دوران میں بھی دماغ میں اتنا خون نہیں پہنچتا کہ وہ کام کر سکے، دماغ بہ دستور مردہ حالت میں رہتا ہے۔ تو اس سے یہ بات ثابت ہوتی ہے کہ ''موت کے بعد زندگی'' یقیناً کچھ وقت کے لیے موجود ہے، لیکن کیا یہ ہمیشہ جاری رہتی ہے؟ یہ میں نہیں جانتا، مگر کچھ وقت تک شعور ضرور باقی رہتا ہے۔[16]

سائنس دانوں اور طبّی ماہرین کے یہ مشاہدات اور نتائج ہیں کہ میرا شعور—وہ جو میری شناخت اور میرے تجربات کی وضاحت کرتا ہے—جسمانی موت کے بعد بھی کسی نہ کسی شکل میں اس صورت میں بھی برقرار رہ سکتا ہے، جب کہ اس وقت دماغ کی کوئی سرگرمی مشاہدے میں نہیں آ رہی ہوتی۔ ان نتائج نے میری پرانی سوچ کو بالکل بدل دیا کہ موت کے بعد زندگی محض ایک مذہبی کہانی ہے جس کا کوئی سائنسی یا طبّی ثبوت نہیں ہے۔

میرے نزدیک، ہر چیز کی علت اولیٰ کے طور پر ایک ذہین شعور کا تصور، یہ خیال کہ میرا ایک وجود میرے دماغ سے آزاد ہے، اور یہ تصور کہ میرا شعور میرے دماغ کے مر جانے کے بعد بھی باقی رہ سکتا ہے، صرف مذہبی عقائد نہیں ہیں جنھیں بغیر کسی غیر مذہبی علمی اور سائنسی

---

16 دیکھیے:

"Is Life After Death Possible? - Sam Parnia," Closer To Truth (blog), https://closertotruth.com/video/parsa-003/.

بنیاد کے، محض عقیدے کی بنا پر قبول کیا جائے۔ غیر مذہبی مباحث میں کئی مستند دلائل ہیں جو ان تصورات کو ایک سنجیدہ امکان بناتے ہیں۔ اس ادراک نے مجھے خدا اور جسمانی موت کے بعد خدا کے سامنے جواب دہی کے بارے میں دوبارہ غور کرنے پر آمادہ کیا اور قائل کیا کہ یہ ایسے سنجیدہ امکانات ہیں جن کی مزید تحقیق ضروری ہے۔

ز۔ ایک منطقی مغالطہ

یہ ایک مغالطہ ہے کہ ہم اس لیے موجود ہیں کیونکہ بہت طویل عرصے میں کچھ بھی اور ہر چیز ممکن ہو سکتی ہے۔ اگر کوئی دہریت کی وکالت کرنا چاہے تو اسے کہنا بہت خوش گوار محسوس ہو گا کہ ایک ناقابلِ بیان حد تک طویل مدت کے دوران میں بہ ظاہر معجزاتی واقعات اتفاقاً وقوع پذیر ہو سکتے ہیں۔

اول، یہ کہنا غلط ہے کہ کائنات اور ہم اس لیے وجود میں آئے کیونکہ انتہائی طویل مدت میں ہر چیز اور کوئی بھی چیز پیدا ہو سکتی ہے۔ درست بات یہ ہے کہ مناسب وقت ملنے پر ہر چیز وقوع پذیر ہو سکتی ہے، مگر صرف اُس وقت جب وہ امکان کے دائرے میں ہو۔ کسی شے میں کسی دیگر شے میں تبدیل ہونے کی صلاحیت ہونی چاہیے تاکہ وقت گزرنے کے ساتھ وہ تبدیل ہو سکے۔ مثال کے طور پر، ہمیں معلوم ہے کہ پانی برف یا بھاپ بن سکتا ہے، لیکن جتنا بھی وقت دیا جائے، پانی اپنی اصل حالت میں رہتے ہوئے خود بہ خود ایندھن نہیں بن سکتا۔ یہ کہنا کہ مناسب وقت ملنے پر پانی ایندھن میں تبدیل ہو سکتا ہے، غیر منطقی بات ہے۔ پانی کو ایندھن میں تبدیل ہونے کے لیے ضروری ہے کہ اس میں کچھ مخصوص اجزا ہوں، یعنی پانی میں ایندھن بننے کی صلاحیت موجود ہونی چاہیے تاکہ وقت کے ساتھ وہ اس حالت میں تبدیل

ہو سکے۔

لٰہذا کائنات اور انسان محض اس لیے وجود میں نہیں آئے کہ مناسب وقت ملنے پر کچھ بھی ہو سکتا ہے اور ہر چیز وجود پذیر ہو سکتی ہے۔ ہم اس لیے موجود ہیں کیونکہ جو بنیادی حقیقت ہے——وہ حقیقت جو واجب وجود ہے اور جس سے دیگر تمام حقیقتیں ظہور پذیر ہوتی ہیں—— اُس میں وہ اجزا لازماً موجود تھے جو بالآخر ایک طویل مدت میں تبدیل ہو کر ہماری شکل اختیار کر سکیں۔ اگر اس بنیادی حقیقت میں وہ اجزا موجود نہ ہوتے، جو ہمیں اور ہماری کائنات کو پیدا کر سکیں تو وقت کی طوالت کی کوئی بھی حد ہوتی، ہم وجود میں نہیں آسکتے تھے۔

جب میں دہریت سے دور ہٹنا شروع ہوا تو مجھے اس بات میں کوئی تسلی باقی نہ رہی کہ میرا وجود محض ایک طویل عرصے تک جاری رہنے والے بے معنی، غیر ارادی واقعات کا نتیجہ ہے۔ یہ خیال کہ مناسب وقت ملنے پر کچھ بھی اور ہر چیز وجود پذیر ہو سکتی ہے، مجھے غیر معقول لگا۔ اس کے بجائے میں اس بنیادی سوال پر توجہ مرکوز کرنے پر مجبور ہوا کہ کیا کائنات کی بنیادی حقیقت میں وہ تمام ضروری عناصر موجود تھے جو محض اتفاقاً مجھے اور میرے ارد گرد کی ہر چیز کو پیدا کر سکیں یا یہ بنیادی حقیقت ایک ذہین شعور ہے جس نے جان بوجھ کر ہر چیز کو اس طرح تشکیل دیا جیسا کہ وہ ہے؟ جیسا کہ پہلے ذکر کیا جا چکا ہے، مجھے دوسرا خیال زیادہ معقول اور قرین قیاس محسوس ہوا۔

دوسرے، مجھے وقت کے ایک شرمندہ کرنے والے پہلو کا احساس بھی ہوا۔ یہ احساس باعث شرمندگی اس لیے ہے کہ وقت کا یہ پہلو بالکل واضح ہے، لیکن ہم میں سے اکثر اسے اس طرح دیکھنے کی کوشش نہیں کرتے۔ آج ہم روزمرہ سائنس کی بدولت جانتے ہیں کہ وقت یکساں نہیں ہے۔ مختلف رفتار پر چلنے والی مختلف اشیا کو وقت کا مختلف تجربہ ہوتا ہے۔ ہمیں

معلوم ہے کہ جب ہم روشنی کی رفتار کے قریب پہنچتے ہیں تو وقت بہت زیادہ سست ہو جاتا ہے۔ آج کے دور میں یہ معلوم ہو چکا ہے کہ ایک فوٹون کو وقت کا تجربہ بالکل بھی نہیں ہوتا۔ فوٹون کے لیے اربوں کھربوں سال کچھ معنی نہیں رکھتے۔ اگر میں روشنی کی رفتار کے قریب سفر کروں تو جو وقت مجھے صرف چند دہائیوں کی مانند محسوس ہوگا، وہ زمین پر اربوں سال کے برابر ہو سکتا ہے۔ جب ہم ''طویل یا مختصر وقت'' اور ''اربوں سال'' کا ذکر کرتے ہیں تو ہم اپنی محدود وقت کی تشریح کو پوری کائنات پر مسلط کرنے کی کوشش کر رہے ہوتے ہیں تاکہ ہم اسے فہم کی گرفت میں لا سکیں۔ وقت کے بارے میں ہمارا تصور زمین کی اپنے محور پر گردش سے وابستہ ہے، جس سے ہمارے 24 گھنٹے کا دن بنتا ہے اور زمین کا سورج کے گرد چکر مکمل کرنے میں 365 دن لگتے ہیں، جسے ہم ایک سال کہتے ہیں۔

فکری تجربے کے طور پر تصور کریں کہ اگر ہماری زمین کو سورج کے گرد ایک چکر مکمل کرنے میں ایک ارب سال لگتے، اور ہماری زمین کی گردش اور وقت کا ہمارا ادراک اسی کے مطابق تبدیل ہو جاتا تو آج ہم یہ کہہ رہے ہوتے کہ کائنات صرف 13.8 سال پہلے وجود میں آئی ہے۔ یہ وقت ہمیں اتنا طویل نہ معلوم ہوتا! اسی طرح اگر ہم انسان حجم میں ملکی وے (Milky Way) کہکشاں کے برابر ہوتے تو شاید ہم یہ سمجھتے کہ کائنات کچھ مہینے قبل ہی وجود میں آئی ہے۔ اور اگر ہم فوٹونز پر مشتمل ہستیاں ہوتے تو ''کب'' کا سوال ہی بے معنی ہو جاتا۔

جب مجھے اس بات کا احساس ہوا کہ وقت ایک اتنی لچک دار شے ہے تو اپنے مخصوص اور محدود وقت کے ادراک کو پوری کائنات پر مسلط کر کے اپنی فکر کے مطابق اس کے وجود کو ثابت کرنا مجھے بچگانہ لگا۔

ایک بار پھر یاد دہانی کے طور پر عرض ہے کہ سائنس نے خدا کے وجود یا عدم وجود کو ثابت نہیں کیا۔ مذکورہ بالا تحقیق اور دریافتوں کے مخالف دلائل اور وضاحتیں بھی موجود ہیں۔ مذکورہ دریافتوں کو پیش کرنے کا مقصد صرف یہ واضح کرنا تھا کہ ایسے سائنسی نظریات، تحقیقات اور حاصلات موجود ہیں، جو ایک شعوری ذہانت کو ہر چیز کی وجہِ اول قرار دینے کی ایک معقول بنیاد فراہم کرتے ہیں۔ یہ نظریہ ''خدا نہیں ہے'' والے موقف کے مقابلے میں کسی طرح بھی کم معقول نہیں ہے۔

———

باب چہارم

اسلام کی دریافت

جناب جاوید احمد غامدی کا کردار

یہ جانتے ہوئے کہ موت کے بعد کوئی زندگی نہیں ہے اور نہ ہی کوئی اخروی احتساب ہو گا، میں نے دہریت میں ایک حد تک سکون محسوس کیا۔ اس عقیدے نے مجھے اپنی مرضی کے مطابق زندگی جینے کی اجازت دی، اور صرف فوری دنیوی فائدوں پر توجہ مرکوز کرنے کا موقع فراہم کیا۔ اپنی پچیس سے تیس سال کی عمر کے دوران میں، ایک طرف تو میں اداکار کے طور پر اپنی شہرت کا لطف اٹھا رہا تھا اور اس کے ساتھ آنے والی چکا چوند میں مگن تھا، مگر دوسری طرف اندرونی طور پر شدید بے چینی کا شکار بھی تھا۔ مجھے محسوس ہو رہا تھا کہ میری دہریت ختم ہو رہی ہے اور خدا کا وجود اور موت کے بعد کے احتساب کے امکانات زیادہ حقیقت پسندانہ ہوتے جا رہے ہیں۔

اپنی زندگی کے اس مرحلے پر میں نے "ایک شعور جو ہر چیز کا خالق ہے" اور "میرا شعور میرے جسمانی موت کے بعد بھی جاری رہے گا" جیسے خیالات کو بہت حقیقت پسندانہ

امکانات کے طور پر دیکھنا شروع کر دیا تھا۔ جیسا کہ پچھلے باب میں تفصیل پیش کی گئی ہے، میں نے اس نقطے تک پہنچنے کے لیے نسبتاً پیچیدہ خیالات میں غوطہ لگایا۔ اب میں مزید تحقیق کرنا چاہتا تھا تاکہ یہ جان سکوں کہ کیا کوئی ایسا نظریہ موجود ہے جو مجھے اس ممکنہ شعور کی شناخت فراہم کر سکے اور یہ کہ یہ شعور مجھ سے کیا توقعات رکھتا ہے۔ میری توقع تھی کہ ان سوالات کے جوابات مجھے علمی، عقلی اور اخلاقی طور پر مطمئن کر دیں گے۔

میں نے خود کو ایک بار پھر یاد دہانی کرائی کہ خدا اور یوم حساب کے تصور میں کوئی حقیقت ہے تو اس تصور کے بنیادی اصول عام انسان کی رسائی میں اور قابل فہم ہونے چاہییں۔ لہٰذا میں نے یہ فیصلہ کیا کہ اس نکتے سے آگے اپنی تلاش کو جتنا ممکن ہو سکے سادہ اور آسان رکھوں۔

1۔ فلسفہ، روحانی مذاہب اور الہامی مذاہب

میں نے ''فلسفے'' کے میدان — جس میں ارسطو، افلاطون، کانٹ، نطشے اور لاک جیسے عظیم مفکرین کے علمی کام شامل ہیں — یا اوشو اور سادھ گرو جیسے حکیموں کی تعلیمات کے مقابلے میں ''الہامی مذاہب'' کو اپنی تحقیق کا ابتدائی مرکز بنایا۔ اس ترجیح کی بنیادی وجہ یہ تھی کہ الہامی مذاہب کا دعویٰ ہے کہ کائنات کے خالق نے انسانوں سے رابطہ قائم کیا ہے اور ہماری اصل، ہمارے مقصد اور حیات بعد الموت کے بارے میں حقائق کا علم دیا ہے۔ اس طرح میں نے سب سے پہلے الہامی مذاہب کا مطالعہ کرنے کا فیصلہ کیا اور یہ طے کیا کہ اگر مجھے ان مذاہب کے دائرۂ کار میں اپنے سوالات کے جوابات نہیں ملتے تو میں یقیناً فلسفے اور دیگر نظریات کا مطالعہ بھی کروں گا۔

2۔ اسلام: الہامی مذاہب میں میری تحقیق کی پہلی ترجیح

ہماری تحریری تاریخ کی ابتدا آج سے تقریباً پانچ سے چھ ہزار سال قبل سے ہوتی ہے۔ جو کچھ اس سے پہلے پیش آیا، اس کے بارے میں جو کچھ کہا جاتا ہے، وہ صرف چند ہڈیوں اور نوادرات کی بنیاد پر قیاس آرائی ہے۔ میرے لیے یہ بات حیران کن ہے کہ قدیم متمدن دنیا بھر میں لوگوں نے ماورائی روحانی دنیا اور خدائی ہستیوں سے رابطے کا دعویٰ کیا۔ اگرچہ شمانیت (shamanism) کئی ثقافتوں میں مختلف چیزوں کا ملغوبہ بن چکی ہے، لیکن قدیم یورپ، سائبیریا، چین اور امریکہ میں شمنوں کو خدا کے پیغمبر تصور کیا جاتا تھا۔ قدیم ہندوستان میں رشیوں کے بارے میں یہ تصور تھا کہ انھوں نے ویدیں الہام سے پائی ہیں اور ویدوں کو وحی منزّل مانا جاتا تھا۔ قدیم ایران میں زرتشت خدا کے پیغامبر کی حیثیت سے نمودار ہوئے۔ الہامی ہدایت کی سب سے مضبوط روایت یہودیت، عیسائیت اور اسلام میں پائی جاتی ہے۔ تاہم، میرے سامنے سوال یہ تھا کہ مختلف مذاہب میں پھیلے ہوئے الہامی علم کے دائرے میں مجھے کس مذہب کا مطالعہ کرنا چاہیے اور کیوں؟

دل چسپ بات یہ ہے کہ دستیاب مذاہب میں سے اسلام—وہ مذہب جسے میں نے ابتدا میں مسترد کر دیا تھا—میری تحقیق میں سب سے زیادہ موزوں انتخاب بننے لگا۔ میرے اس انتخاب کی وجوہات تکنیکی تھیں۔

3۔ حضرت محمد اور قرآن کی تاریخیت

حضرت محمد صلی اللہ علیہ وسلم اور ان کے قریبی ساتھیوں کے واقعات کی مستند تاریخ

موجود ہے۔ یہ واقعات نسبتاً ماضی قریب میں پیش آئے ہیں اور ان کے عالمی اثرات بھی بہت زیادہ ہیں۔ اس بات کی تصدیق کرنا نسبتاً آسان ہے کہ قرآن مجید، جو اسلام کی بنیادی کتاب ہے، آج بھی اصلی شکل میں موجود ہے۔ ہمارے پاس وہی کتاب ہے جسے حضرت محمد صلی اللہ علیہ وسلم نے اپنے پیروکاروں کو خدا کا لفظی کلام کہہ کر دیا تھا۔

4۔ قرآن کا اپنی اصل زبان میں محفوظ رہنا

قرآن کا دعویٰ ہے کہ یہ خدا کا کلام ہے، جو لفظ بہ لفظ اسی زبان میں محفوظ ہے جس میں حضرت محمد صلی اللہ علیہ وسلم نے اسے امت کو دیا تھا۔

اس کے برخلاف دیگر مذاہب کی کتب اس معیار پر پوری نہیں اترتیں۔ عہد نامہ قدیم (Old Testament) اور ویدوں (Vedas) کی تاریخ اتنی قدیم ہے کہ ان کتابوں کے اصل مصنفین اور ان کے حالات کے بارے میں ہمیں یقینی علم نہیں ہے۔ نہ ہی ان کتابوں کے اصل متون میں ممکنہ تبدیلیوں کے بارے میں یقین سے کچھ کہنا ممکن ہے۔

عہد نامہ جدید (New Testament) کے بارے میں عمومی طور پر مسلم ہے کہ یہ ایسی دستاویز نہیں جو براہ راست حضرت عیسیٰ علیہ السلام نے اپنے پیروکاروں کو دی ہو، بلکہ یہ حضرت عیسیٰ علیہ السلام کے الفاظ اور افعال کے واقعات پر مشتمل روایات ہیں، جو حواریوں کے مشاہدے پر مبنی ہیں۔ حضرت عیسیٰ علیہ السلام کے پیروکار نسبتاً ایک چھوٹا سا گروہ تھا۔ اگلی چند دہائیوں تک انھی لوگوں میں سے چند افراد نے یہ معلومات انفرادی طور پر آگے منتقل کیں۔ یہ بڑے پیمانے پر معلومات کی ترسیل نہیں تھی جیسا کہ حضرت محمد صلی اللہ علیہ وسلم اور قرآن کے معاملے میں دیکھا گیا ہے۔ اس کے برخلاف، قرآن کو حضرت محمد صلی اللہ علیہ وسلم

سے ہزاروں پیروکاروں نے سیکھا اور پھر انھوں نے اسے اپنی اگلی نسل تک بڑے پیمانے پر منتقل کیا۔ اس کے برعکس، عہد نامہ جدید کی ترسیل کے طریقے میں ممکنہ تبدیلیوں کا امکان باقی رہتا ہے۔

ایک اور اہم نکتہ یہ ہے کہ حضرت عیسیٰ علیہ السلام کی زبان آرامی تھی، لیکن عہد نامہ جدید کے اولین تحریری نسخے یونانی زبان میں ہیں، نہ کہ آرامی میں۔ یہ نسخے اس بات کی نمایندگی کرتے ہیں کہ حضرت عیسیٰ علیہ السلام نے جو تعلیم اصل میں آرامی میں دی ہوگی، اس کا یونانی ترجمہ کیا گیا ہے۔ ہم سب جانتے ہیں کہ ترجمے کے عمل میں کتنی چیزیں ضائع ہو سکتی ہیں۔ اس لیے قرآن کو ایک فیصلہ کن برتری حاصل ہے، کیوںکہ یہ حضرت محمد صلی اللہ علیہ وسلم کی زبان میں محفوظ ہے۔

5۔ اسلام قابل فہم تھا، مگر مکمل طور پر نہیں

2008ء کے لگ بھگ، میں نے اپنی اصل اور اپنے مقصد کے متعلق سوالات کے جوابات کی تلاش میں اسلام کا مطالعہ شروع کیا۔ میں نے ابتدا میں قرآن کو خدا کی طرف سے محمد صلی اللہ علیہ وسلم کے ذریعے سے ان کے پیروکاروں کے لیے پیش کیے گئے خطبات، قصوں اور وعظوں کے مجموعے کے طور پر دیکھا۔ محمد صلی اللہ علیہ وسلم کی زندگی کے بارے میں ایک ابتدائی فہم کے ساتھ میں نے قرآن کے ایک سادہ ترجمے کا مطالعہ کیا۔

اس عمل میں جو دریافت میرے سامنے آرہی تھی، وہ مجھے بہت خوش کن محسوس ہوئی۔ میرے علم میں ایسی اہم باتیں آئیں جو مجھے اس وقت سمجھ نہ آسکی تھیں جب میں نے نوعمری میں اسلام کو رد کر دیا تھا۔ شاید اس کی وجہ یہ تھی کہ میں اب نوعمری کے مقابلے میں حقیقت کو

زیادہ وسیع نظر سے دیکھنا سیکھ چکا تھا۔ اس کے علاوہ، اب معاشرے میں مذہبی علما کا رویہ بھی بدل چکا تھا۔ اب وہ بھی سوالات کا سامنا کرنے پر آمادہ اور تحقیق کا رجحان رکھتے تھے۔ مجھے قرآن مجید، محمد صلی اللہ علیہ وسلم کی زندگی کے واقعات اور معاصر اور تاریخی، دونوں طرح کے علما کے تحریری اور آن لائن ویڈیو مواد میں اپنے وجودی سوالات کے زیادہ سے زیادہ اطمینان بخش جوابات ملے۔ لہٰذا میں نے دیکھا کہ میں بہ تدریج خود کو زیادہ سے زیادہ بہ طور مسلمان شناخت کرنا شروع ہو گیا۔ یہاں میں ماضی اور حال دونوں کے مسلم علما کو کریڈٹ دینا چاہوں گا جنھوں نے مجھ جیسے عامیوں کے لیے وجودی سوالات کے جوابات کو آسان بنایا۔

لیکن ابھی بھی سب کچھ ٹھیک نہیں ہو گیا تھا۔ حالاں کہ تقریباً 70 فی صد اسلام میری سمجھ میں آ چکا تھا، باقی 30 فی صد میرے لیے قابل فہم نہیں بنا تھا۔ یہ حصہ یا تو اندرونی تضاد کا شکار محسوس ہوا یا اس پر عقلی، اخلاقی یا سائنسی بنیادوں پر سوال قائم تھے۔ تاہم، میں نے امید کا دامن نہیں چھوڑا۔ میں نے سوچا اگر 70 فی صد حصہ مجھے قائل کر سکتا ہے تو باقی بھی بالآخر سمجھ میں آ جائے گا۔ لیکن تین سے چار سال کا عرصہ گزر گیا اور میں اپنے سوالات کے تسلی بخش جوابات نہ پا سکا۔ میں دوبارہ شک میں پڑ گیا کہ کہیں میں نے اسلام کا انتخاب کر کے غلطی تو نہیں کی۔ مجھے خیال آیا کہ شاید میں نے اسے ذاتی وجوہات کی وجہ سے ترجیح دی ہے۔ اس کی وجہ یہ ہو سکتی تھی کہ اسلام ایک مانوس نظریہ تھا۔ میں اسی مذہبی روایت پر پیدا ہوا تھا اور اس حقیقت نے ترجیح دینے کے عمل میں میرے فیصلے پر اثر ڈالا ہو گا۔ میں اکثر خود سے کہتا کہ جو شخص پہلے نو عمری میں اسلام کو ٹھکرا چکا تھا، شاید بہت عجلت میں دوبارہ مسلمان ہونے کا اعلان کر رہا ہے۔ مجھے معلوم تھا کہ مجھے جلد فیصلہ کرنا ہو گا: یا تو میں جلد ہی اپنے سوالات کے معقول جوابات پا لوں یا اس امکان کا سامنا کروں کہ اسلام کے اُس 30 فی صد حصے کا کوئی اطمینان بخش

جواب ہے ہی نہیں۔ اس کا مطلب یہ ہو سکتا تھا کہ اسلام حقیقت میں الہامی مذہب نہیں ہے۔ جب اس مذہب کی تعلیمات کے اتنے بڑے حصے کی وضاحت موجود نہ ہو تو اسے الہامی سمجھنا ایک بڑی غلطی ہو گی۔ میں کسی ایسی چیز کو خدا کی طرف سے الہامی سچ کیسے مان سکتا تھا، جب کہ اس کا ایک اہم حصہ یا تو اخلاقی، عقلی یا سائنسی لحاظ سے ناقابل فہم ہو؟

میں نے اسلام کے جن پہلوؤں کو انتہائی مشکل پایا تھا، ان سب کی تفصیلات سوال و جواب کے حصے میں پیش کروں گا۔

یہ تقریباً 2015ء کا سال تھا جب میں اپنی تلاش سے تھک چکا تھا۔ میں ایک بار پھر اسلام کو ترک کرنے کے قریب تھا۔ میں نے اس دور میں باقاعدگی سے نماز پڑھنا چھوڑ دیا تھا، لیکن ایک دن میں فجر کی نماز کے لیے بیٹھ گیا۔ بعد میں، میں نے ''کائنات'' سے ایک درخواست کی —مجھے اپنے الفاظ اب تک یاد ہیں:

اگر کوئی سن رہا ہے—تم جو بھی ہو، کچھ بھی ہو—تم جانتے ہو کہ میں پوری سچائی سے اپنے سوالات کے جوابات کی تلاش میں ہوں۔ براہ کرم، اگر تم موجود ہو تو مجھے بتاؤ اور واضح کرو کہ تم کون یا کیا ہو۔ میں وعدہ کرتا ہوں کہ اپنی زندگی تمھارے لیے وقف کر دوں گا۔ براہ کرم، اگر میرے شبہات جلد کسی معقول حد تک دور نہ ہوئے تو میں یہ سمجھنے میں حق بہ جانب ہوں گا کہ تم موجود نہیں ہو۔ اگر میں غلط نتیجے تک پہنچوں تو براہ کرم مجھے معاف کر دینا۔

میں نے اپنے آپ کو یاد دلا یا کہ مجھے اخلاص کا دامن نہیں چھوڑنا، کیونکہ اگر میں غلطی سے یہ نتیجہ اخذ کر لوں کہ کوئی خدا نہیں ہے، جب کہ وہ موجود ہو تو بھی میری غلطی معاف ہو جائے گی۔ معافی کا امکان اسی صورت میں قائم ہے کہ میری کوششیں خلوص اور سنجیدگی پر مبنی ہوں۔

ایک لمحے کے لیے، میں نے یقین کیا کہ کسی نے میری بات سن لی—مجھے لگا کہ کچھ معجزہ ہونے والا ہے—لیکن ایسا کچھ نہیں ہوا۔

ابتدا میں، میں نے اپنی اس دعا کو ایک بچگانہ عمل کے طور پر رد کر دیا اور یہ محسوس کیا کہ میں جلد ہی دوبارہ اسلام ترک کرنے والا ہوں، اور اپنے سوالات کے جوابات کے لیے مجھے کہیں اور دیکھنا ہوگا۔ تاہم، اب میرا یقین ہے کہ اس دن کسی نے میری دعا سن لی تھی۔ کچھ عرصے بعد میں ایک ایسے شخص سے ملا جس نے نہ صرف اسلام کے وضاحت طلب 30 فی صد حصے کو میرے لیے واضح کر دیا، بلکہ اُس 70 فی صد حصے کو بھی زیادہ واضح کر دیا، جو میری سمجھ میں آ چکے تھا۔ مزید برآں، انھوں نے مجھے اسلام کے ایک ایسے پہلو سے متعارف کرایا جس پر عموماً بہت کم گفتگو کی جاتی ہے۔ اسلام کے اسی پہلو کی دریافت میری نظر میں ایک بڑی وجہ ہے کہ اسلام کی الہامی اصل پر حتمی رائے قائم کرنے سے پہلے، اس دین کا تفصیل سے مطالعہ کرنا ضروری ہے۔

6۔ جاوید احمد غامدی

اسلام کے اس 30 فی صد حصے میں سے ایک روایتی موقف جو میرے لیے ناقابل فہم تھا، وہ یہ تھا کہ صرف مسلمان ہی جنت میں جائیں گے۔ یہ تصور میرے لیے تکلیف دہ تھا۔ یہ فطری طور پر غیر منصفانہ لگتا تھا۔ مسلم خاندانوں میں پیدا ہونے والے افراد کے اسلام پر مرنے کا امکان نمایاں طور پر زیادہ ہوتا ہے، بہ نسبت ان لوگوں کے جو مسلمان والدین کے ہاں پیدا نہیں ہوتے۔ اس کا مطلب ہے کہ ایک فرد کی ابدی تقدیر بڑی حد تک اس کی جاے پیدایش پر منحصر ہے۔ قیامت کے دن، کوئی بھی غیر مسلم یہ معقول دلیل دے سکتا ہے کہ اگر وہ

مسلمان خاندان میں پیدا ہوا ہوتا تو ان کے لیے بہ حالت مسلمان مرنا اور اہل جنت میں شمار ہونا بہت آسان ہوتا۔ مزید برآں، میں بہت سے ایسے غیر مسلموں سے واقف ہوں جو نیک ہیں اور اپنے پیدائشی مذہب پر خلوص دل سے عمل کرتے ہیں۔ یہ محنتی افراد اپنے خاندانوں کی کفالت کے لیے دن بھر مشقت کرتے ہیں۔ ان کے پاس وجودی سوالات میں خوض کا وقت نہیں ہوتا۔ اگر یہ غیر مسلم کسی مسلمان خاندان میں پیدا ہوئے ہوتے تو بہت ہی نیک مسلمان ہوتے۔ یہ بات بہت ہی غیر منصفانہ محسوس ہوتی تھی کہ انھیں خدا محض اس لیے ابدی جہنم میں پھینک دے گا کہ وہ ایک مخصوص مذہب سے تعلق نہیں رکھتے۔

اور پھر ایک خوش قسمت دن، میری نظر جاوید احمد غامدی صاحب کی ایک یوٹیوب ویڈیو پر پڑی جس کا عنوان تھا: ''کیا جنت صرف مسلمانوں کے لیے خاص ہے اور تمام غیر مسلم جہنم میں جائیں گے؟''[17] غیر مسلموں اور جنت کے اس موضوع پر مزید تفصیل سے بحث میں ''سوال وجواب'' کے حصے میں کروں گا، لیکن یہاں اس کا ذکر اس لیے کر رہا ہوں کہ یہ سوال جاوید احمد غامدی صاحب سے میرے اولین تعارف کا ذریعہ بنا۔ ویڈیو میں غامدی صاحب کی باتیں نہایت منطقی اور معقول معلوم ہوئیں اور میں ان کے بارے میں مزید جاننے کا مشتاق ہوا۔

جب میں نے غامدی صاحب کے بارے میں مزید جاننے کی کوشش کی تو معلوم ہوا کہ میرے ماحول میں اکثر مذہبی علما انھیں زیادہ پسند نہیں کرتے تھے، حالاں کہ ان کی تحقیق کا

---

17 جاوید احمد غامدی، ''کیا جنت صرف مسلمانوں کے لیے ہے اور تمام غیر مسلم جہنم میں جائیں گے؟'' غامدی سینٹر آف اسلامک لرننگ، یوٹیوب،
https://www.youtube.com/watch?v=XS9DyjzNR8o

طریقہ کار روایتی مذہبی معیار کے مطابق ہی ہے۔ وہ اپنے مواقف کو روایتی علمی حوالوں سے ثابت کرتے ہیں۔ اس کے باوجود انھیں اکثر روایتی مذہبی حلقوں میں بدعتی قرار دیا جاتا ہے۔ مجھے یہ الزامات سراسر بے بنیاد معلوم ہوئے۔ مثال کے طور پر حدیث پر غامدی صاحب کے موقف کو لیجیے۔ ان پر احادیث کو رد کرنے کا الزام لگایا جاتا ہے، جو بالکل غلط ہے۔ اس نکتے کی تفصیل میں اگلے باب میں، جس کا عنوان ''اسلام کے مآخذ'' ہے، بیان کروں گا۔ مجھے معلوم ہوا کہ غامدی صاحب کے خلاف بہت سے بے بنیاد الزامات اس وجہ سے لگائے جاتے ہیں کہ وہ بہت سے ایسے تصورات کو چیلنج کرتے ہیں جو روایتی علما کے نزدیک ایسے مقدس بن چکے ہیں کہ ان پر سوال نہیں اٹھایا جا سکتا۔ اس بارے میں مزید وضاحت بھی سوال و جواب کے حصے میں پیش کی جائے گی۔

اسلام کے وہ پہلو جن کے متعلق پہلے مجھے کوئی اطمینان بخش جواب نہیں مل رہا تھا، غامدی صاحب کے جوابات اور ان کے دلائل سننے کے بعد مجھے مکمل طور پر ان کا اطمینان بخش جواب مل گیا۔ اب تک مجھے کوئی ایسی مخالف دلیل نہیں ملی جو ان کے دلائل کو بجا طور پر چیلنج کر سکے۔

7۔ غامدی صاحب اور میرے فہم اسلام میں انقلاب

جو کچھ میں نے جناب جاوید احمد غامدی سے سیکھا، اس میں تین امور نہایت اہم ہیں۔ انھی امور نے میرے فہم اسلام کی بنیاد کو مکمل طور پر بدل دیا۔ ان تصورات نے مجھے نہ صرف اسلام کو گہرائی میں جا کر سمجھنے میں مدد دی، بلکہ یہ بھی دکھایا کہ حضرت محمد صلی اللہ علیہ وسلم کی باتیں واقعی سچائی پر مبنی ہو سکتی ہیں۔ مجھے یقین ہے کہ تھوڑی سی محنت سے ایک عام آدمی بھی ان تین باتوں کو سمجھ کر اسلامی تعلیمات کے بنیادی حقائق سے خود کو آراستہ کر سکتا ہے۔ یہ تین امور یہ

ہیں:

1۔اسلام کے مآخذ

2۔اللہ تعالٰی کے رسولوں کا حقیقی مقام۔یہ اسلام کو پرکھنے کی سب سے مضبوط دلیل ہے۔

3۔قرآن کیاہےاوراسے سمجھنے کادرست طریقہ کیاہے۔

اس باب کااگلا حصہ ان نکات کی مختصر وضاحت پر مبنی ہے۔

باب چہارم: الف

اسلام کے مآخذ

اگر میں اسلام کے اس پیغام اور دین کا فہم چاہتا ہوں، جو اللہ نے حضرت محمد صلی اللہ علیہ وسلم کے ذریعے سے ہمیں دیا ہے تو مجھے کن مآخذ کی طرف رجوع کرنا ہوگا؟ اس سوال کے جواب کے طور پر متعدد آرا میرے سامنے آئیں۔ میرے ماحول میں موجود مذہبی علمانے مجھے بتایا کہ دین کا بڑا حصہ قرآن میں موجود ہے، لیکن یہ کافی نہیں ہے — قرآن میں مکمل دین موجود نہیں ہے۔ اللہ کے کئی احکام حدیث میں ہیں اور قرآن کا حصہ نہیں ہیں۔ مجھے یہ جان کر سخت حیرت ہوئی کہ حدیث نہ صرف قرآن کی تشریح ہے، بلکہ اس میں کچھ ایسے مستقل بالذات اسلامی احکام بھی شامل ہیں، جو قرآن میں نہیں پائے جاتے۔ ایک عام سی مثال دوں تو قرآن براہِ راست یا اصولی طور پر زندہ مخلوق کی تصویر بنانے کی ممانعت نہیں کرتا، لیکن یہ ممانعت احادیث میں وارد ہوئی ہے۔ خاص طور پر، زندہ چیز کی تصویر بنانا قیامت کے دن سخت سزا کا باعث بتایا گیا ہے۔[18] اس حدیث کے مطابق اگر میں اپنی والدہ کی تصویر بناؤں، اور اسے گھر میں سجادوں تو مجھے قیامت کے دن سزا دی جائے گی۔

---

[18] سنن نسائی، رقم 5361۔

یہ خیال میرے لیے شدید اضطراب کا باعث بنا۔ یہ میرے لیے بہت پریشان کن تھا کہ حدیث میں اللہ تعالیٰ کے وہ احکام موجود ہیں، جو قرآن میں نہیں پائے جاتے۔اس سے یہ نتیجہ نکلا کہ قرآن مکمل نہیں ہے۔ ذرا تصور کریں کہ اللہ کی وہ آخری کتاب، جو قیامت تک تمام انسانوں کی ہدایت کے لیے نازل کی گئی، نامکمل ہو اور دین کے کچھ حصے حدیث کی ضخیم کتب میں بکھرے ہوں۔ وہ احادیث، جنھیں رسولِ کریم صلی اللہ علیہ وسلم کی حیاتِ طیبہ کے کئی دہائیوں اور صدیوں بعد تحریر اور مرتب کیا گیا، میرے لیے یہ تصور ناقابل قبول تھا۔اللہ تعالیٰ کیسے ایک ایسی کتاب کو آخری قرار دے سکتے ہیں جو ہدایت کے اعتبار سے ناقص ہو؟

البتہ، جاوید احمد غامدی صاحب کی تحقیقات میں مجھے اسلام کے مآخذ کا ایک واضح تعارف ملا اور یہ سیکھنے کا موقع حاصل ہوا کہ ان ماخذوں کو کیسے سمجھنا چاہیے۔ میں نے جانا کہ قرآن اور حدیث کی حقیقت کیا ہے اور کس طرح انھیں باہم متعلق کر کے بہتر طور پر سمجھا جا سکتا ہے۔

یہاں میں اپنے فہم کے مطابق غامدی صاحب کی طرف سے دین کے مآخذ کی تعیین اور تفہیم کا خلاصہ بیان کرتا ہوں۔ بعد ازاں، میں یہ وضاحت کرنے کی کوشش کروں گا کہ غامدی صاحب کا نقطۂ نظر عمومی تشریح سے کس طرح مختلف ہے اور کیوں میری رائے میں صائب ہے۔ میرے نزدیک جو کوئی بھی اسلام کے اصل مآخذ کو صحیح طور پر سمجھ لیتا ہے، اس کے لیے دین کا جامع فہم اور اس کی حقیقت کا ادراک حاصل کرنا بہت آسان ہو جاتا ہے۔

1۔ محمد صلی اللہ علیہ وسلم، دین کا تنہا ماخذ

محمد صلی اللہ علیہ وسلم اللہ کے آخری رسول ہیں اور اسی بنا پر دین کا واحد ذریعہ ہیں۔ دین میں کسی بھی چیز کا اضافہ یا کمی صرف اسی وقت ممکن ہے جب اس کی واضح منظوری محمد صلی اللہ

علیہ وسلم سے ثابت ہو۔ محمد صلی اللہ علیہ وسلم نے اللہ کی جانب سے جو دین پہنچایا، وہ تین بنیادی علمی ذرائع پر مشتمل ہے: قرآن، سنت اور حدیث۔ آئیے، ان تینوں کا جائزہ لیتے ہیں۔

2۔ قرآن کیا ہے؟

قرآن، جس کا لفظی معنی "پڑھنا" یا "تلاوت کرنا" ہے، وہ کتاب ہے جسے محمد صلی اللہ علیہ وسلم نے اپنے پیروکاروں کے سامنے اللہ کے کلام اور انسانیت کے لیے آخری ہدایت کے طور پر پیش کیا۔ میں اسی باب کے آیندہ مباحث میں تفصیل سے بیان کروں گا کہ محمد صلی اللہ علیہ وسلم اور ان کے قریبی صحابۂ کرام نے کس طرح بڑی محنت کے ساتھ قرآن کو جمع، محفوظ کیا اور اپنی زندگی میں ہی اسلام کے ہزاروں پیروکاروں تک پہنچایا۔

قرآن اپنا تعارف اس طرح کراتا ہے:

1۔ دیگر الہامی کتب پر "مہیمن"، یعنی کسوٹی اور معیار۔ (المائدہ 5:48)

2۔ "میزان"، یعنی حق و باطل کو الگ الگ کرنے کا معیار۔ (الشوریٰ 42:17)

3۔ "فرقان" ہدایت کا نہایت واضح پیغام اور حق و باطل کا فیصل۔ (الفرقان 25:1، البقرہ 2:185)

4۔ "واضح کتاب"۔ (الشعراء 26:2)

5۔ ایسی کتاب جو "ہر چیز کی وضاحت کرتی ہے"۔ (النحل 16:89)

6۔ ایسی کتاب جو "یاد رکھنے اور سمجھنے میں آسان ہے"۔ (القمر 54:40)

7۔ "سیدھی اور صاف کتاب"۔ (الکہف 18:2)

8۔ "ایسی کتاب جس کی آیتیں پہلے محکم کی گئیں، پھر خدائے حکیم و خبیر کی طرف سے

اُن کی تفصیل کی گئی''۔(ہود 11:1)

قرآن کی سورۂ بقرہ (2) کی آیت 213 میں بیان ہوا ہے کہ الہامی کتابوں کے نزول کا مقصد ہی یہ ہے کہ جب بھی دین کے متعلق کوئی اختلاف ہو تو کتاب اللہ اس اختلاف میں فیصلہ کن حکم بن سکے۔ اس کا معنی ہے کہ دینی معاملات میں قرآن ہی کو حتمی معیار مانا جائے تاکہ حق اور باطل کا صحیح تعین ہو سکے۔

لہٰذا قرآن کی اپنی تعریف کے مطابق یہ کتاب دینی ہدایت کے لیے حتمی معیار ہے۔ اسلام اور عمومی طور پر دین کے متعلق تمام دیگر مواد کو قرآن کی روشنی میں پرکھا جانا چاہیے، نہ کہ اس کے برعکس۔

3۔ سنت کیا ہے؟

سنت کا معنی کسی عمل کو انجام دینے کا طریقہ ہے۔ سنت دین کے عملی پہلو سے متعلق ہے۔ نماز، طہارت کے احکام، روزہ، حج اور نکاح جیسی چیزیں سب سنت کے اجزا ہیں۔ دین کے اس عملی حصے کو نبی کریم صلی اللہ علیہ وسلم کی حیاتِ مبارکہ ہی میں جمہور امت کو منتقل کر دیا گیا تھا۔ ہر کوئی جانتا تھا کہ نماز کیسے پڑھنی ہے، طہارت کیسے حاصل کرنی ہے، روزہ کیسے رکھنا ہے، حج کیسے ادا کرنا ہے اور نکاح کے رسوم کیسے بجالانے ہیں وغیرہ۔

الف۔ سنت کی نوعیت

''سنت'' کا لفظ ''طریقے'' کے معنی میں استعمال ہوتا ہے اور اس کا تعلق عملی امور سے ہے۔ یعنی سنت یہ بتاتی ہے کہ عملی طور پر کوئی کام کیسے انجام دینا ہے۔ قرآن میں ''سنت'' کا

لفظ اللہ تعالیٰ کے کچھ اعمال کے بیان کے لیے بھی استعمال ہوا ہے۔ مثلاً قرآن میں سورۂ احزاب (33) کی آیات 60-62 میں اللہ تعالیٰ نے مدینہ کے منافقین اور بہتان تراشنے والوں کو خبردار کیا ہے کہ اگر وہ اپنی بداعمالیاں جاری رکھیں گے تو انھیں پکڑ لیا جائے گا اور قتل کر دیا جائے گا۔ اس سیاق میں اللہ کے اس حکم کو ''سنت اللہ'' (اللہ کی سنت) کہا گیا ہے۔ اس طرح ''سنت'' نہ صرف کسی امر پر عمل کرنے کا طریقہ بیان کرتی ہے، بلکہ دین کے عملی پہلو کو بھی واضح کرتی ہے۔

ب۔ سنت محمد صلی اللہ علیہ وسلم سے پہلے موجود تھی

سنت کا تصور صرف محمد صلی اللہ علیہ وسلم کے ساتھ خاص نہیں ہے۔ قرآن اسے اللہ تعالیٰ کے تمام رسولوں سے منسوب ایک روایت کے طور پر بیان کرتا ہے۔ قرآن کا فرمان ہے کہ محمد صلی اللہ علیہ وسلم کو وہی دین دیا گیا جو حضرت نوح، حضرت ابراہیم، حضرت موسیٰ اور حضرت عیسیٰ علیہم السلام کو دیا گیا تھا، اور انھیں اسی دین کی پیروی کا حکم دیا گیا۔[19] لہٰذا انبیا کی یہ سنت محمد صلی اللہ علیہ وسلم سے پہلے بھی موجود تھی۔ مثال کے طور پر نماز کو لیجیے۔ نماز محمد صلی اللہ علیہ وسلم کے دور سے پہلے بھی موجود تھی۔ یہ محض دعویٰ نہیں ہے، بلکہ اس بات کا تاریخی ثبوت موجود ہے۔ مدینہ کے یہودی نماز ادا کرتے تھے، جیسا کہ محمد صلی اللہ علیہ وسلم نے اپنے پیروکاروں کو ہدایت کی تھی کہ وہ اپنی نماز کے دوران یہودیوں سے مختلف لباس پہنیں۔[20]

---

[19] الشوریٰ 13:43۔

[20] ابوداؤد، رقم 235۔

مزید یہ کہ نماز کا ذکر عہد نامہ قدیم اور عہد نامہ جدید کی متعدد آیات میں وارد ہوا ہے۔ کتاب پیدایش [21] میں حضرت ابراہیم علیہ السلام کے نماز پڑھنے کا ذکر ہے۔ کتاب خروج [22] میں مذکور ہے کہ بنی اسرائیل اپنے سروں کو نماز میں جھکاتے تھے۔ زبور میں حضرت داؤد علیہ السلام لوگوں کو نماز میں جھکنے اور سجدہ کرنے کی تلقین کر رہے ہیں۔[23]

اسی طرح صحیح مسلم [24] میں مذکور ہے کہ عرب محمد صلی اللہ علیہ وسلم کی نبوت سے پہلے بھی خاص اللہ کے لیے نماز ادا کرتے تھے، جیسا کہ ایک صحابی نے بیان کیا کہ وہ محمد صلی اللہ علیہ وسلم سے ملاقات سے تین سال پہلے ہی صبح اور شام کی نمازیں بہ طور عبادت پڑھتے تھے۔

روزے کی عبادت بھی محمد صلی اللہ علیہ وسلم کی آمد سے پہلے رائج تھی۔ قرآن میں فرمایا گیا ہے: ''ایمان والو، تم پر روزہ فرض کیا گیا ہے، جس طرح تم سے پہلوں پر فرض کیا گیا تھا...''۔[25] زکوٰۃ اور حج کا بھی یہی معاملہ ہے۔ یہ تمام عبادات ابراہیمی روایت کا حصہ تھیں، جو عربوں کے لیے پہلے سے مانوس تھی۔ محمد صلی اللہ علیہ وسلم نے اللہ کے نئے احکامات کے مطابق سنت میں ترامیم کیں اور اس میں جو انحرافات کیے جا چکے تھے، انھیں درست کیا۔

ج۔ سنت صرف دین سے متعلق ہے

---

[21] 5:22۔

[22] 31:4۔

[23] 6:95۔

[24] رقم 6359۔

[25] البقرہ 2:183۔

اکثر مسلمان یہ سمجھتے ہیں کہ نبی کریم صلی اللہ علیہ وسلم کی زندگی کے تمام پہلو سنت ہیں۔ سورۂ نجم کی تیسری آیت کو عموماً اس موقف کی دلیل کے طور پر پیش کیا جاتا ہے کہ نبی صلی اللہ علیہ وسلم کی ہر بات یا ہر عمل—چاہے وہ دنیوی ہو یا دینی—اللہ کی طرف سے ہے۔ اس آیت میں فرمایا گیا ہے:

"وہ (محمد) اپنی خواہش سے نہیں بولتا، یہ (قرآن) تو ایک وحی ہے جو اُسے کی جاتی ہے۔ اُس کو ایک زبردست قوتوں والے نے تعلیم دی ہے۔"

سنت کے اس عمومی تصور کے مطابق نبی کریم صلی اللہ علیہ وسلم کا لباس، پگڑی، سر کے بال رکھنے کا انداز، ان کی پسندیدہ غذا، ان کی تجویز کردہ ادویات، ان کے سونے جاگنے کا طریقہ، یہاں تک کہ وہ لکڑی کی مسواک بھی جو وہ استعمال کرتے تھے، سب ہی الہامی قرار پاتے ہیں، اور سنت کے زمرے میں شامل کیے جاتے ہیں۔ تاہم، یہ موقف درست نہیں ہے۔

سورۂ نجم کی آیات 3-4 تو یہ بتاتی ہیں کہ اللہ اور دین کے معاملے میں نبی صلی اللہ علیہ وسلم اپنی خواہش سے بات نہیں کرتے، بلکہ اس دائرے میں ان کی ہر بات وحی پر مبنی ہوتی ہے۔ سنت ان اعمال و احکامات پر مشتمل ہے جو نبی کریم صلی اللہ علیہ وسلم نے دین کے حوالے سے مقرر فرمائے ہیں۔ لیکن نبی کریم صلی اللہ علیہ وسلم کی ہر بات یا ہر عمل سنت نہیں ہے۔ اس فرق کو سمجھنا انتہائی ضروری ہے کیونکہ اولاً، قرآن میں بیان ہوا ہے کہ اللہ تعالیٰ کے رسول کی حیثیت سے نبی صلی اللہ علیہ وسلم کا واحد مقصد اللہ کا پیغام لوگوں تک پہنچانا تھا۔

مزید برآں، خود نبی صلی اللہ علیہ وسلم نے اپنی ایک حدیث میں اس بات کی وضاحت فرمائی کہ ان کے دینی احکامات اور اعمال ہی دین کا حصہ ہیں:

"میں بھی ایک انسان ہی ہوں، جب میں تمھارے دین کے متعلق تمھیں کوئی حکم دوں تو اُسے لے لو اور جب میں اپنی رائے سے کچھ کہوں تو میری حیثیت بھی اِس سے زیادہ

کچھ نہیں کہ میں ایک انسان ہوں... تم اپنے دنیوی معاملات کو بہتر جانتے ہو۔"

(مسلم، رقم6126-6128)

اس لیے اگر کوئی شخص محبت اور عقیدت کی وجہ سے نبی کریم صلی اللہ علیہ وسلم کی زندگی کے تمام پہلوؤں میں ان کی پیروی کرنا چاہے تو یہ بالکل درست اور قابل ستایش عمل ہوگا۔ لیکن سنت صرف ان اعمال کو شامل ہے، جنھیں نبی صلی اللہ علیہ وسلم نے بہ طور دین اور دینی معاملات میں مقرر فرمایا ہے۔

4۔ حدیث کیا ہے؟

حدیث کا معنیٰ روایت، حکایت یا بیان ہے۔ یہ علم کا وہ حصہ ہے جو نبی کریم صلی اللہ علیہ وسلم کے وصال کے بعد اس وقت تشکیل پایا جب لوگوں نے آپ کی زندگی، اقوال اور اعمال کو یادداشت میں محفوظ کرنا، ان پر بحث تمحیص کرنا اور انھیں آگے بیان کرنا شروع کیا۔ ایک طرف قرآن اور سنت ہیں، جو نبی کریم صلی اللہ علیہ وسلم اور ان کے صحابہ کرام کے ذریعے سے براہ راست ایک پوری نسل نے حاصل کیے اور بعد کی نسلوں تک منتقل کیے۔ نسل در نسل انتقال کا یہ سلسلہ آج تک چلا آرہا ہے۔ دوسری طرف حدیث ہے جو افراد کے ذاتی تجربات کی حکایت ہے۔ انھوں نے نبی صلی اللہ علیہ وسلم کو کوئی کام کرتے دیکھا یا آپ کی کوئی بات سنی تو اسے آگے بیان کر دیا۔ یہ اخبار آحاد پہلے تو لوگوں میں زبانی طور پر منتقل ہوتے رہے، یہاں تک کہ نبی کریم صلی اللہ علیہ وسلم کے وصال کے کئی دہائیوں بعد ان کو جمع اور محفوظ کرنے کی کوششیں کی گئیں۔ حدیث کی ان روایات کی تصدیق اور درستی کو جانچنے کے لیے ابتدائی محققین اور محدثین نے ایک مکمل علم کی بنیاد رکھی، جسے "علم الحدیث" کہتے ہیں۔ اس علم کے

ذریعے سے ان روایات کو قبول یارد کیا جاتا تھااور یہیں سے علم الحدیث کے عظیم شعبے کا آغاز ہوا، جس پر مسلمان بجاطور پر فخر کر سکتے ہیں، کیونکہ اس علم نے نبی کریم صلی اللہ علیہ وسلم کے بارے میں تاریخی معلومات کو محفوظ رکھنے میں اہم کردار ادا کیا ہے۔

حدیث کے مضامین میں نبی کریم صلی اللہ علیہ وسلم کی زندگی کے واقعات کے ساتھ ساتھ آپ کی طرف سے قرآن اور سنت کے دینی احکام کی تشریحات اور اطلاقات بھی شامل ہیں۔

انتباہ: حدیث سے کوئی حوالہ پیش کرتے وقت ضروری ہے کہ پیش کردہ روایت کی صحت کی تصدیق کی جائے۔ صرف ان احادیث کو بہ طور حوالہ پیش کیا جائے جو علما اور ماہرین حدیث کی اکثریت کے نزدیک ''صحیح''، تسلیم کی جاتی ہیں۔ میں اس بات پر اس لیے زور دیتا ہوں کہ بعض مسلم معاشروں میں ضعیف یا غیر مستند احادیث کا حوالہ دینے کا عمل عام ہے۔ ضعیف احادیث سے مراد وہ روایات ہیں جن کی نسبت نبی کریم صلی اللہ علیہ وسلم کی طرف کی گئی ہے، مگر علمائے حدیث نے مختلف وجوہات کی بناپر اس انتساب کو تسلی بخش قرار نہیں دیا۔

5۔ قرآن، سنت اور حدیث کی حفاظت اور منتقلی کے مختلف طریقے

تاریخ کی دو اقسام ہیں۔ ایک مستند تاریخ ہے، جو کسی واقعے کے اجتماعی مشاہدے، معاشرے کی سطح پر حفاظت اور اجماعی منتقلی پر مبنی ہوتی ہے۔ مثلاً، ہندوستانی آئین کو 26 نومبر 1949ء کو ہندوستان کی دستور ساز اسمبلی نے پاس کیا تھا۔ یہ ایک مستند تاریخی حقیقت ہے، کیونکہ یہ واقعہ لاکھوں لوگوں کے مشاہدے میں آیا، جنھوں نے اسے محفوظ کیا۔ مستند تاریخ عام طور پر کسی شک وشبہے سے بالاتر ہوتی ہے اور اسے لوگوں نے تسلسل سے ایک نسل سے دوسری نسل تک منتقل کیا ہوتا ہے۔ تاریخ کی دوسری قسم وہ ہے جو ہمیں اکا دُکا افراد کے بیانات

کے ذریعے سے ملی ہے۔ اس کی مثال یہ ہو گی کہ دستور ساز اسمبلی کے 1949ء کے اجلاس میں ہونے والے مباحثے کیا تھے اور اس بحث میں کس رکن اسمبلی نے کس سے کیا بات کہی۔ یہ تاریخ اخبار آحاد پر مبنی ہے۔ یعنی یہ ان افراد کے بیانات پر منحصر ہے جنھوں نے کچھ دیکھا یا سنا۔ اس کا مواد مکمل طور پر غیر متنازع نہیں ہوتا اور ہمیشہ ماہرین کے تنقیدی جائزے کا موضوع ہوتا ہے۔ حدیث تاریخ کی اسی دوسری قسم میں آتی ہے۔

کئی مسلمان سنت اور حدیث کے الفاظ کو ایک دوسرے کے متبادل کے طور پر استعمال کرتے ہیں، مگر دونوں میں فرق کرنا ضروری ہے۔ سنت ان اعمال کا نام ہے جنھیں نبی کریم صلی اللہ علیہ وسلم نے دین کا حصہ قرار دیا۔ آپ صلی اللہ علیہ وسلم نے اپنی وفات سے قبل اس بات کو یقینی بنایا کہ ہر شخص دین کے ان عملی پہلوؤں سے واقف ہو۔ دوسری طرف، احادیث وہ بیانات ہیں، جو نبی کریم صلی اللہ علیہ وسلم کی زندگی کے بارے میں ان افراد کی یادداشتوں پر مبنی ہیں، جو یا تو آپ کو براہ راست جانتے تھے یا آپ کے بعد آنے والی پہلی یا دوسری نسل سے تعلق رکھتے تھے، اور یہ وہ لوگ تھے، جن کے پیش رو آپ کو جانتے تھے۔ حدیث کے ذخیرے کا معنی اور اہمیت ہم عنقریب زیر بحث لائیں گے۔

اسلام کی تمام تعلیمات قرآن اور سنت میں محصور ہیں۔ نبی کریم صلی اللہ علیہ وسلم کے لاکھوں صحابۂ کرام نے قرآن اور سنت کو براہ راست آپ سے حاصل کیا اور اسے ایک نسل سے دوسری نسل تک مجموعی طور پر منتقل کیا، اور یہ سلسلہ آج تک جاری ہے۔ روایاتِ حدیث نبی کریم صلی اللہ علیہ وسلم کے اعمال اور اقوال کے بارے میں حکایات ہیں، جو قرآن اور سنت کی طرح عوامی اور اجماعی سطح پر منتقل نہیں ہوئیں، بلکہ کچھ افراد کی ذاتی یادداشتوں کے ذریعے سے منتقل ہوئی ہیں۔ اس طرح حدیث نبی کریم صلی اللہ علیہ وسلم کی زندگی کے حالات کی

تاریخ ہے۔البتہ،اس کو قرآن اور سنت کی روشنی میں سمجھنا ضروری ہے۔ یہ تاریخی روایات قرآن اور سنت میں موجود دین کی وضاحت اور اس کے اطلاقات جاننے کا ذریعہ ہیں، مگر دین میں کوئی ایسا نیا حکم یا اصول شامل نہیں کرتیں،جو قرآن اور سنت میں موجود نہ ہو۔

میں یہاں مختصراً جاوید احمد غامدی صاحب کے اصولِ فہم سنت و حدیث،جیسا کہ انھوں نے اپنی کتاب "میزان" میں بیان کیے ہیں،کا ذکر کرنا چاہوں گا۔ یہ اصول اسلام کے ایسے طالب علموں کے لیے لکھے گئے ہیں، جو اعلیٰ علمی سطح پر دین کا مطالعہ کرتے ہیں۔تاہم چونکہ عام مسلمانوں میں سنت اور حدیث کے فرق کے بارے میں کافی اشتباہ پایا جاتا ہے،اس لیے یہاں ان اصولوں کا مختصر ذکر کرنا ضروری ہے، کیونکہ ان اصولوں نے ہی مجھے اسلام کا بہتر فہم حاصل کرنے میں مدد دی ہے۔

6۔سنت کے درست فہم کے سات اصول

1۔سنت دینی معاملات تک محدود ہے۔ نبی کریم صلی اللہ علیہ وسلم کے لباس کی نوعیت، آپ کی سواری کے لیے استعمال ہونے والا جانور، یا آپ کی پسندیدہ خوراک سنت کا حصہ نہیں ہے۔سنت صرف دینی امور پر مشتمل ہے۔

2۔سنت دین کے عملی پہلو یا دین کی عملی تطبیق سے متعلق ہے۔

3۔کسی چیز کو سنت تب ہی کہا جا سکتا ہے جب اس کا ماخذ انبیا کا ثابت عمل ہو۔قرآن کا کوئی حکم سنت نہیں کہلا سکتا۔ مثلاً نبی کریم صلی اللہ علیہ وسلم نے زنا کے مجرموں کو کوڑوں کی سزا دی، لیکن یہ سنت نہیں ہے، کیونکہ اس کا ماخذ قرآن ہے، نہ کہ انبیا کا عمل۔البتہ نماز، روزہ، زکوٰۃ اور حج کو سنت کہا جا سکتا ہے، کیونکہ قرآن یہ گواہی دیتا ہے کہ یہ مذہبی رسوم حضرت

ابراہیم سمیت تمام انبیا کے اعمال تھے۔ نبی کریم صلی اللہ علیہ وسلم نے ان اعمال کو حضرت ابراہیم کی سنت کے طور پر اپنی تصویب اور ضروری تصحیح کے بعد جاری فرمایا۔ چنانچہ ہم دیکھتے ہیں کہ قرآن اور سابقہ الہامی صحیفوں اور کتب میں اس بات کی وضاحت موجود ہے کہ پچھلی قوموں کے لوگ قرآن کے نازل ہونے سے پہلے ہی نماز، روزہ، زکوٰۃ اور حج جیسے اعمال کرتے تھے۔ ان اعمال کی ابتدا حضرت ابراہیم کے عمل سے ہوئی، جسے قرآن نے بھی سند دی۔ لہٰذا اگر کوئی چیز ایسی ہے جس کی اصل قرآن کا حکم ہے اور نبی کریم صلی اللہ علیہ وسلم نے اس پر عمل کیا یا اس کی وضاحت کی تو وہ سنت نہیں کہلائے گی۔ صرف وہ چیزیں سنت ہیں جن کی ابتدا انبیا کا عمل ہے اور جن کی تصویب قرآن میں بھی موجود ہے۔

4۔ نبی کریم صلی اللہ علیہ وسلم کا ایسا عمل جو آپ نے خود تو کیا، مگر اس کو دین کا لازمی حصہ نہیں بنایا، وہ سنت نہیں ہے۔ مثال کے طور پر، نماز فجر کی دو رکعت فرض ہیں، اور نبی کریم صلی اللہ علیہ وسلم نے اضافی دو رکعتیں نفل کے طور پر ادا کیں، مگر انھیں فرض نہیں کیا، اس لیے وہ سنت نہیں، بلکہ تطوع، یعنی نفل ہیں۔

5۔ قرآن کے مطابق دین کی بنیادی ہدایت انسان کی فطرت میں موجود ہے۔ اگرچہ انسان اس سے انحراف کر سکتا ہے، لیکن یہ ہدایت اس کی فطرت میں پیوست ہے۔ لہٰذا نبی صلی اللہ علیہ وسلم سے آنے والی جو چیز فطرت کی وضاحت کرتی ہو، اسے بھی سنت نہیں کہا جا سکتا۔ مثلاً نبی کریم صلی اللہ علیہ وسلم نے پالتو گدھے کا گوشت کھانے سے منع فرمایا (بخاری، رقم 436) اور اس کی وجہ یہ بیان فرمائی کہ انسان کی فطرت اس سے اِبا کرتی ہے اور اسے ناپاک سمجھتی ہے۔ انھوں نے اس ممانعت کو سنت کے طور پر مقرر نہیں کیا۔

6۔ وہ اعمال جو نبی کریم صلی اللہ علیہ وسلم نے بہ طور رہنمائی سکھائے، لیکن ان کی نوعیت

سے ظاہر ہوتا ہے کہ وہ لازم نہیں ہیں، وہ سنت نہیں کہلائیں گے۔ مثلاً نبی کریم صلی اللہ علیہ وسلم نے صحابہ کو کچھ نفلی دعائیں اور اذکار بتائے، مگر واضح تھا کہ آپ کا یہ ارادہ نہیں تھا کہ انھیں دین کا لازمی حصہ بنایا جائے۔

7۔ سنت قرآن کی طرح اجماع اور تواتر کے ذریعے سے ہم تک پہنچی ہے۔ جیسے قرآن صحابۂ کرام نے اپنے اجماع اور تواتر سے آگے منتقل کیا اور اسے انفرادی روایتوں پر چھوڑنے کے بجائے اجماعی طور پر اس کا ابلاغ کیا، اسی طرح سنت بھی اسی ذریعے سے سے منتقل ہوئی ہے۔ نبی صلی اللہ علیہ وسلم سے منسوب جو چیز اس تواتر کے ساتھ ہم تک پہنچی ہے، وہی سنت ہے، جب کہ وہ امور جو اخبار آحاد کی صورت میں ہم تک پہنچے ہیں، وہ قرآن و سنت کی وضاحت کر سکتے ہیں، مگر خود سنت کا درجہ نہیں رکھتے۔

7۔ فہم حدیث کے سات اصول

1۔ حدیث کی سند کا صحیح ہونا ضروری ہے۔ صرف انھی احادیث سے احتجاج کیا جائے جن کی سند کو ماہرین حدیث نے قابل اعتبار قرار دیا ہو۔

2۔ حدیث کا مضمون قرآن، سنت اور علم و عقل کے بنیادی اصولوں سے متصادم نہیں ہونا چاہیے۔ امام خطیب بغدادی کے الفاظ میں:

> ”خبر واحد اُس صورت میں قبول نہیں کی جاتی جب عقل اپنا فیصلہ اُس کے خلاف سنا دے؛ وہ قرآن کے کسی ثابت اور محکم حکم کے خلاف ہو، سنت معلومہ یا ایسے کسی عمل کے خلاف ہو جو سنت کی طرح معمول بہ ہو؛ کسی دلیل قطعی سے اُس کی منافات بالکل واضح ہو

جائے۔"[26]

3۔ حدیث پر غور و فکر کرنے والے ہر شخص کے لیے ضروری ہے کہ وہ چھٹی صدی عیسوی میں قریش کی زبان پر پوری دسترس حاصل کرے۔ یہی نبی صلی اللہ علیہ وسلم کی زبان تھی۔

4۔ حدیث کو قرآن کی روشنی میں سمجھنا ضروری ہے تاکہ اس کے صحیح معنی تک پہنچا جا سکے۔

5۔ حدیث کے صحیح معنی تک پہنچنے کے لیے اس کے مکمل سیاق و سباق کو سمجھنا ضروری ہے۔ یہ جاننا چاہیے کہ کیا کہا جا رہا ہے، کب کہا جا رہا ہے، کیوں کہا جا رہا ہے، اور کس سے کہا جا رہا ہے، ان تمام عوامل کو درست طور پر جاننا ضروری ہے، ورنہ بہت سی غلط فہمیاں پیدا ہو سکتی ہیں۔ مثال کے طور پر، ایک حدیث میں کہا گیا ہے کہ مسلمانوں کا خلیفہ قریش میں سے ہونا چاہیے۔ اس بیان کو سیاق و سباق سے کاٹ کر دیکھیں تو ایسا لگتا ہے کہ نبی کریم صلی اللہ علیہ وسلم نے یہ حکم دیا ہے کہ ہر دور میں مسلمانوں کا سربراہ کوئی قریشی ہی ہونا چاہیے۔[27] لیکن جب نبی صلی اللہ علیہ وسلم کے اس فرمان کو مکمل سیاق و سباق میں رکھ کر دیکھا جائے تو معلوم ہوتا ہے کہ آپ صلی اللہ علیہ وسلم اپنی وفات کے بعد کے فوری حالات کے تناظر میں ایک مشورہ دے رہے تھے، اور یہ فرمان کوئی مستقل مذہبی حکم نہیں تھا جو ہمیشہ کے لیے ہو۔ دراصل آپ ایک قرآنی حکم کا اطلاق فرما رہے تھے۔ قرآن کی سورۂ شوریٰ کی آیت 38 کے مطابق مسلمانوں کو اپنے اجتماعی معاملات مشورے اور اکثریت کی مرضی سے طے کرنے چاہئیں۔ چنانچہ نبی کریم صلی اللہ علیہ وسلم نے اپنے دور کے مسلمانوں کو یہ مشورہ دیا کہ چونکہ اُس وقت قریش ہی کو

---

[26] جاوید احمد غامدی، میزان، لاہور، المورد، 2015ء، 63۔

[27] جاوید احمد غامدی، میزان، لاہور، المورد، 2015ء، 64۔

مسلمانوں کی اکثریت کی حمایت حاصل تھی، اس لیے آپ صلی اللہ علیہ وسلم کے بعد قریش میں سے امیر منتخب کیا جائے۔ اس طرح جب اس حدیث کو اس کے مکمل سیاق وسباق میں دیکھا جائے تو یہ واضح ہو جاتا ہے کہ نبی کریم صلی اللہ علیہ وسلم نے اپنے دور میں قرآن کے ایک اصول کا اطلاق کیا تھا، اور یہ کوئی مستقل دینی حکم تھا، نہ یہ تمام زمانوں کے مسلمانوں کے لیے مستقل پالیسی وضع کرتا تھا۔

6۔ کسی موضوع پر حدیث کا صحیح مفہوم جاننے کے لیے اس باب سے متعلق تمام احادیث کا جائزہ لینا ضروری ہے۔ مثلاً، جان داروں کی تصویریں بنانے کی ممانعت پر مبنی احادیث کو انفرادی طور پر دیکھیں تو ایسا لگتا ہے کہ نبی کریم صلی اللہ علیہ وسلم نے ہر قسم کی تصویر بنانے پر مکمل پابندی عائد کی ہے، لیکن جب اس موضوع سے متعلق تمام احادیث کا تجزیہ کیا جائے تو معلوم ہوتا ہے کہ نبی کریم صلی اللہ علیہ وسلم نے خاص طور پر بت پرستی کے لیے بنائی جانے والی تصاویر پر پابندی لگائی تھی۔

7۔ اللہ تعالیٰ کا دین علم وعقل کے مسلمات پر قائم ہے۔ ان مسلمات کا فہم اللہ تعالیٰ نے انسان کی فطرت میں ودیعت کیا ہے۔ اگر کوئی حدیث بہ ظاہر ان مسلمات سے متصادم نظر آئے تو اسے اس متضاد معنی کے ساتھ قبول نہیں کیا جانا چاہیے اور نہ ہی فوراً رد کیا جانا چاہیے، بلکہ اس حدیث کے اس مفہوم کو سمجھنے کی کوشش کرنی چاہیے جو ان مسلمات سے ہم آہنگ ہو۔ اگر ایسا کوئی معنی اخذ کیا جا سکے تو اسے ہی حدیث کا اصل مفہوم سمجھنا چاہیے۔

8۔ صحابۂ کرام کی تاریخ پر مختصر نوٹ

صحابۂ کرام رضی اللہ عنہم کی تاریخ بھی دین اسلام کو سمجھنے کے لیے ایک قیمتی ماخذ ہے۔ یہ تاریخ ہمیں یہ موقع فراہم کرتی ہے کہ ہم دیکھ سکیں کہ انھوں نے دین کو کیسے سمجھا اور اسے

کیسے آگے پہنچایا۔ آخر صحابۂ کرام سے بہتر اسلام کو کون سمجھ سکتا ہے؟ تاہم، یہ تاریخی مواد بھی مختلف افراد کی روایات، یعنی اخبار آحاد کے ذریعے سے ہم تک پہنچا ہے، لہٰذا اسے قرآن و سنت کے دائرۂ کار میں رہ کر پرکھنے اور سمجھنے کی ضرورت ہے۔

9۔ علما کے اجماع کے متعلق مختصر نوٹ

ایک اور عقیدہ جو مسلمانوں میں رائج ہے، وہ یہ ہے کہ اگر علما کی اکثریت کسی خیال یا کسی دینی امر کی تشریح پر متفق ہو جائے تو وہ مقدس بن جاتا ہے اور اس کو چیلنج کیا جا سکتا ہے، نہ اس پر نظر ثانی کی جا سکتی ہے۔ یہ مفروضہ علما کی اکثریت کو اسلام اور اسلامی احکام کے مآخذ پر ویٹو کن کی طرح کا حکم بنا دیتا ہے، جسے چیلنج نہیں کیا جا سکتا۔ اس مسئلے پر جاوید احمد غامدی صاحب کا نقطۂ نظر انتہائی مناسب معلوم ہوتا ہے کہ مسلمانوں کے لیے صرف نبی کریم صلی اللہ علیہ وسلم ہی تمام دینی اتھارٹی کے واحد ماخذ اور ایمان کے معاملات پر حتمی فیصلہ کرنے والے ہیں۔ قرآن کے مطابق صرف اللہ کے رسول صلی اللہ علیہ وسلم ہی دین میں اتھارٹی ہیں، کیونکہ وہ براہِ راست اللہ تعالیٰ سے ہدایت حاصل کرتے ہیں۔ نبی کریم صلی اللہ علیہ وسلم کے بعد کسی فرد یا علما کی کسی جماعت کو معصوم یا تنقید سے مستثنیٰ نہیں سمجھا جا سکتا۔

علما کی اکثریت کے اجماع کو ہمیشہ درست ماننے کے عقیدے کی بنیاد درج ذیل حدیث پر رکھی گئی ہے:

"اللہ میری امت کو کسی گمراہی پر جمع نہ کرے گا۔" (ترمذی، رقم 2167)

یہ استدلال درست نہیں ہے۔ کیونکہ مذکورہ حدیث کو ماہرین حدیث نے ضعیف قرار دیا ہے اور اسے کسی دلیل کی تائید کے لیے استعمال نہیں کیا جانا چاہیے۔ تاہم، اگر بر سبیل تنزل

فرض کریں کہ اسے قبول کر بھی لیا جائے تو یہ حدیث یہ مفہوم نہیں دیتی کہ علما کی اکثریت کبھی اخلاص کے ساتھ غلطی نہیں کر سکتی۔ بلکہ اس کا مفہوم صرف اتنا ہے کہ قرآن و سنت میں دین کی بنیادی باتیں اتنی واضح ہیں کہ تمام مسلمان کسی کھلی گم راہی پر متفق نہیں ہوں گے۔ مثلاً یہ ممکن نہیں کہ مسلمانوں کی اکثریت اس بات پر متفق ہو جائے کہ خدا دو یا تین ہیں یا پانچ نمازوں کے بجائے صرف دو فرض نمازیں ہیں وغیرہ۔ اس روایت کا ہرگز یہ مطلب نہیں کہ علما کی اکثریت دینی معاملات کی تشریح میں اخلاص کے ساتھ کوئی غلطی نہیں کر سکتی۔

مزید برآں، کچھ قرآنی آیات بھی اس مفروضے کے حق میں پیش کی جاتی ہیں، لیکن وہ بہ ظاہر زبردستی کی توجیہات معلوم ہوتی ہیں۔ مثال کے طور پر، ایک مشہور آیت جو اجماع کو دینی رہنمائی کے ایک ماخذ کے طور پر جائز ثابت کرنے کے لیے استعمال کی جاتی ہے، وہ یہ ہے:

> ''اور جو راہ ہدایت کے پوری طرح واضح ہو جانے کے بعد رسول کی مخالفت کریں گے اور اُن لوگوں کے راستے کو چھوڑ کر کوئی اور راستہ اختیار کریں گے جو (تم پر) سچے دل سے ایمان لائے ہیں، اُنھیں ہم اُسی راستے پر ڈال دیں گے جس پر وہ خود گئے ہیں اور دوزخ میں جھونکیں گے۔ وہ نہایت برا ٹھکانا ہے۔'' (النساء 115:4)

یہ آیت یہ بیان کرتی ہے کہ اگر کوئی شخص محمد صلی اللہ علیہ وسلم کے پیغام کی حقانیت کو جان لے اور انھیں اللہ کا رسول تسلیم کر لے، پھر بھی کسی وجہ سے ان کی مخالفت کرے تو اسے قیامت کے دن اللہ کے عذاب کا سامنا کرنا پڑے گا۔ اس آیت کی یہ تشریح کہ اس میں مومنین سے مراد علما کی اکثریت ہے، اور اس سے انحراف کو قابل سزا قرار دینا ایک منطقی مغالطہ ہے۔ یعنی اس آیت کی یہ تشریح کرنا کہ علما کی اکثریت اخلاص کے ساتھ بھی غلطی نہیں کر سکتی، وہ معصوم عن الخطاء ہیں، بہت ہی مبالغہ آمیز بات ہے۔ اس کا مطلب یہ ہے کہ اگر علما کی اکثریت کسی دینی تشریح پر متفق ہو جائے تو عقلی دلائل کی بنیاد پر اس اجماع کو چیلنج

کرنا اللہ کے نزدیک قابل سزا ہو سکتا ہے۔ یہ موقف بھی درست معلوم نہیں ہوتا۔

10۔ فہم اسلام کے تین غلط تصورات

امید ہے کہ قرآن، حدیث اور سنت کی حقیقت کسی حد تک وضاحت کے ساتھ بیان ہو چکی ہے۔ اب میں ان تین وجوہات کا ذکر کروں گا جن کی وجہ سے مجھے اسلام کی عمومی تعبیر اخلاقی یا عقلی طور پر باعث اشکال نظر آتی ہے۔ یہی وہ امور ہیں جو غامدی صاحب اور اسلام کے عمومی روایتی شارحین کے درمیان وجہ اختلاف ہیں۔ ذیل میں فہم اسلام کے تین غلط تصورات پیش کیے جاتے ہیں:

1۔ قرآنی آیات یا احادیث مبارکہ کو سیاق وسباق سے کاٹ کر سمجھنا۔

2۔ قرآن مجید کو احادیث کی روشنی میں سمجھنا، بجائے اس کے کہ احادیث کو قرآن مجید کی روشنی میں سمجھا جائے۔

3۔ احادیث کو قرآن اور سنت کی شرح و وضاحت کے بجائے دین کا ایک مستقل ماخذ ماننا۔

اب ہم ان تینوں نکات کا الگ الگ تجزیہ کرتے ہیں:

الف۔ سیاق وسباق کے بغیر قرآن کو سمجھنے کا رجحان

جب ہم کوئی کتاب یا معلومات پڑھتے ہیں تو ضروری ہوتا ہے کہ یہ سمجھا جائے کہ یہ کس نے کہا ہے، کیا کہا گیا ہے، کیوں کہا گیا ہے، اور اس کا مخاطب کون ہے۔ تاہم، بد قسمتی سے بعض مسلمان حلقوں میں ایک رجحان یہ پایا جاتا ہے کہ قرآن کی آیات کو سیاق وسباق کے بغیر اور الگ تھلگ انداز میں سمجھا جاتا ہے۔ اس مسئلے کی وضاحت کے لیے ایک مثال پیش کی جا سکتی ہے۔ جو لوگ قرآن کو محض اللہ تعالی کے منفرد اقوال کا مجموعہ سمجھتے ہیں اور اس کی آیات کو ان

کے سیاق وسباق سے کاٹ کر دیکھتے ہیں، وہ اکثر سورۂ مائدہ کی آیت 51 کا حوالہ دیتے ہوئے دعویٰ کرتے ہیں کہ اللہ نے مسلمانوں کو یہودیوں اور عیسائیوں سے دوستی کرنے سے منع کیا ہے۔ اگر اس آیت کو سیاق سے علیحدہ دیکھا جائے تو یہی تاثر پیدا ہوتا ہے۔ آیت یوں ہے:

''ایمان والو، تم اِن یہود و نصاریٰ کو دوست نہ بناؤ، یہ ایک دوسرے کے دوست ہیں، اور (یاد رکھو کہ) تم میں سے اگر کوئی (اِس تنبیہ کے باوجود) اِنھیں اپنا دوست بناتا ہے تو اُس کا شمار پھر اِنھی میں ہے۔ حقیت یہ ہے کہ اللہ اِس طرح کے ظالموں کو کبھی راہ نہیں دکھاتا۔''

لیکن جب ہم آیات 51 تا 59 تک مکمل سیاق وسباق دیکھتے ہیں تو یہ واضح ہو جاتا ہے کہ مذکورہ آیت میں قرآن ان یہودیوں اور عیسائیوں کی بات کر رہا ہے جو مسلمانوں کو ایمان لانے کی وجہ سے اذیتیں دے رہے تھے۔

علاوہ ازیں، جب ان آیات کو قرآن سے کاٹ کر نہیں، بلکہ کتاب اللہ کے دیگر مقامات خاص طور پر مندرجہ ذیل دو آیات کے ساتھ ملا کر دیکھا جائے تو یہ حقیقت بھی عیاں ہو جاتی ہے کہ یہ حکم تمام یہودیوں اور عیسائیوں کے لیے نہیں، بلکہ ایک مخصوص گروہ کے متعلق تھا۔

''اللہ تمھیں اِس بات سے نہیں روکتا کہ تم اُن لوگوں کے ساتھ بھلائی اور انصاف کا برتاؤ کرو جنھوں نے دین کے معاملے میں تم سے جنگ نہیں کی اور تمھیں تمھارے گھروں سے نہیں نکالا ہے۔ بے شک، اللہ انصاف کرنے والوں کو پسند کرتا ہے۔ اللہ جس بات سے تم کو روکتا ہے، وہ یہ ہے کہ تم اُن لوگوں سے دوستی کرو جنھوں نے دین کے معاملے میں تم سے جنگ کی ہے اور تمھیں تمھارے گھروں سے نکالا ہے اور تمھارے نکالنے میں دوسروں کی مدد کی ہے۔ (وہ اِس سے روکتا ہے اور تمھیں متنبہ کرتا ہے کہ) جو اِس طرح کے لوگوں سے دوستی کریں گے، وہی ظالم ہیں۔'' (الممتحنہ 60:8-9)

ب۔ قرآن کو احادیث کی روشنی میں سمجھنا

کچھ حلقوں میں قرآن کو سمجھنے کے لیے احادیث اور علما کی تشریحات کو لازم قرار دیا جاتا ہے۔ تاہم، قرآن خود اس طریقۂ فہم کے خلاف شہادت دیتا ہے۔ قرآن بارہا یہ اعلان کرتا ہے کہ وہ:

1۔ دیگر الہامی کتب پر ''مہیمن''، یعنی کسوٹی اور معیار ہے۔ (المائدہ 5:48)

2۔ ''میزان''، یعنی حق و باطل کو الگ الگ کرنے کے لیے معیار ہے۔ (الشوریٰ 42:17)

3۔ ''فرقان'' اور ''ہدایت کا نہایت واضح پیغام اور حق و باطل کا فیصل'' ہے۔ (الفرقان 25:1۔ البقرہ 2:185)

4۔ ''واضح کتاب'' (الشعراء 26:2) ہے جو ''ہر چیز کی وضاحت کرتی ہے''۔ (النحل 16:89)

5۔ ''ایسی کتاب ہے جو ''یاد رکھنے اور سمجھنے میں آسان ہے''۔ (القمر 54:40)

6۔ ''سیدھی اور صاف کتاب'' ہے۔ (الکھف 18:2)

7۔ ''ایسی کتاب'' ہے جس کی آیتیں پہلے محکم کی گئیں، پھر خدائے حکیم و خبیر کی طرف سے اُن کی تفصیل کی گئی۔ (ہود 11:1)

سورۂ بقرہ کی آیت 213 میں بیان ہوا ہے کہ الہامی کتابوں کے نزول کا مقصد ہی یہ ہے کہ جب بھی دین کے متعلق کوئی اختلاف ہو تو کتاب اللہ اس اختلاف میں فیصلہ کن حکم بن سکے۔ اس کا معنی ہے کہ دینی معاملات میں قرآن ہی کو حتمی معیار مانا جائے تاکہ حق اور باطل کا

صحیح تعین ہو سکے۔

قرآن کی اپنی گواہی کا تقاضا ہے کہ اسلام کو سمجھنے کے لیے تمام دیگر مآخذ کو قرآن کے تناظر میں دیکھا جائے، نہ کہ قرآن کو دوسرے ماخذوں کے پیمانے پر پرکھنے کی کوشش کی جائے۔ یہ اصول اس وقت مزید مضبوط اور واضح ہو جاتا ہے، جب ہم دیکھتے ہیں کہ حدیث کا مواد اس نقطۂ نظر کی وجہ سے زیادہ منظم، مربوط اور قابل فہم نظر آتا ہے۔ حدیث کو اگر قرآن کی روشنی میں سمجھا جائے تو یہ نہ صرف منطقی اور اخلاقی اصولوں سے ہم آہنگ ہو جاتی ہے، بلکہ قرآنی سانچے کے اندر مکمل طور پر ڈھل جاتی ہے۔ اس اصول کی وضاحت کے لیے اگلے سیکشن میں تصویر سازی کی ممانعت کے بارے میں ایک مثال دی جائے گی، جو اس نقطۂ نظر کو مزید روشن کرے گی۔

ج۔ احادیث کو دین کا مستقل ماخذ ماننا

مسلم دنیا میں عمومی طور پر یہ خیال پایا جاتا ہے کہ احادیث نہ صرف قرآن اور سنت میں موجود دین کی شرح و وضاحت اور اس کے احکام کے عملی نفاذ کو بیان کرتی ہیں، بلکہ وہ دین کے ایسے نئے احکام بھی دیتی ہیں جن کا قرآن اور سنت میں کوئی ذکر نہیں۔ سادہ الفاظ میں کہہ سکتے ہیں کہ لوگ عموماً یہ سمجھتے ہیں کہ احادیث میں اللہ کے ایسے احکام شامل ہیں، جن کی بنیاد قرآن اور سنت میں نہیں پائی جاتی۔ تاہم، اس تصور سے چند اہم سوالات جنم لیتے ہیں:

اگر یہ سچ ہے تو پھر نبی اکرم صلی اللہ علیہ وسلم نے اپنی زندگی میں صرف قرآن اور سنت کو محفوظ کرنے اور وسیع پیمانے پر امت تک ان کے ابلاغ کی بھرپور محنت کیوں کی؟ اور اگر اللہ کے دین کے کچھ حصے صرف چند افراد کو مخصوص مواقع پر بتائے گئے تھے تو ان تعلیمات کو

محفوظ کرنے اور منتقل کرنے کے لیے اسی درجے کی محنت کیوں نہ کی گئی؟ مزید یہ کہ ان تعلیمات کے تحفظ اور ترسیل کو محض سنی سنائی باتوں پر کیوں چھوڑا گیا، یہاں تک کہ نبی صلی اللہ علیہ وسلم کی وفات کے کئی دہائیوں بعد ان کا جائزہ لے کر محفوظ کیا جا سکا؟

اس تصور کے ساتھ دو بنیادی مسائل ہیں۔ پہلا مسئلہ یہ ہے کہ اس سے ایک تشویش ناک خیال ابھرتا ہے کہ نبی اکرم صلی اللہ علیہ وسلم اس فریضے کو ادا کرنے میں ناکام رہے جسے قرآن نے ان کی ذمہ داری قرار دیا ہے، یعنی: "... (پیغام کو) وضاحت کے ساتھ پہنچا دینا" (المائدہ 5:92) اور اسے "... صاف صاف پہنچا دینا"۔ (النحل 16:82)

دوسرا مسئلہ یہ ہے کہ جب احادیث کو دین کا مستقل ماخذ سمجھا جاتا ہے تو اسلام میں کئی تضادات پیدا ہو جاتے ہیں، جن کی اصلاح زبردستی وضاحتوں کے ذریعے سے کی جاتی ہے۔ اس کے برعکس، جب احادیث کو قرآن اور سنت کے ذریعے سے بیان کردہ دین کی وضاحت اور اس کے عملی اطلاق کے طور پر دیکھا جاتا ہے تو ان کا مواد زیادہ مربوط اور تضادات سے پاک ہو جاتا ہے اور دین کے بنیادی سانچے کے ساتھ مکمل طور پر ہم آہنگ نظر آتا ہے۔

یہ موضوع میں آیندہ ایک باب میں تفصیلی مثالوں کے ذریعے سے مزید وضاحت سے بیان کروں گا، لیکن یہاں ایک مختصر مثال پیش کرنا چاہتا ہوں تاکہ یہ واضح ہو سکے کہ قرآن کو احادیث کی روشنی میں سمجھنے یا احادیث کو دین کا مستقل ماخذ قرار دینے سے کس قسم کی الجھنیں پیدا ہوتی ہیں۔ متعدد احادیث میں یہ بات بیان کی گئی ہے کہ جان دار چیزوں کی تصویر بنانا اللہ کے نزدیک حرام ہے، اور یہ عمل اتنا سنگین گناہ ہے کہ قیامت کے دن اس پر سزا دی جائے گی۔ مثال کے طور پر ایک حدیث کے مطابق نبی اکرم صلی اللہ علیہ وسلم نے فرمایا:

"جو لوگ تصویریں بناتے ہیں، قیامت کے دن ان کو عذاب دیا جائے گا اور ان سے کہا

جائے گا کہ اپنے بنائی ہوئی (تصویر) میں جان ڈال دو۔(صحیح مسلم،رقم2108)

دیگر احادیث میں بھی نبی اکرم صلی اللہ علیہ وسلم کی جانب سے جان دار اشیا کی تصویر کشی پر سخت ناپسندیدگی کا اظہار وارد ہوا ہے۔ جو لوگ احادیث کو دین کا مستقل ماخذ مانتے ہیں،ان کے نزدیک جان دار اشیا کی تصویر بنانا ہر حالت میں گناہ ہے اور قیامت کے دن اس پر سخت عذاب ہوگا۔ یہ نظریہ اس بات کو تقویت دیتا ہے کہ اگر کوئی شخص اپنے مرحوم والد کی محض ایک یادگار تصویر بنائے تاکہ ان کے چہرے کو دیکھ کر سکون حاصل کرے تو اللہ تعالیٰ اسے عذاب دے گا اور اس سے کہا جائے گا کہ اس تصویر میں جان ڈال دو۔ یہ تصور نہ صرف غیر منطقی محسوس ہوتا ہے، بلکہ یہ بھی سوال پیدا کرتا ہے کہ اگر یہ عمل واقعی اتنا سنگین تھا تو اللہ نے قرآن میں اس کی حرمت کا صریح حکم کیوں نہیں دیا؟

مزید برآں، اگر کوئی تصویر صرف یادگار یا محبت کی علامت کے طور پر بنائی جائے اور اس کا مقصد نہ تو اللہ کی تخلیق کی برابری ہو اور نہ ہی اسے عبادت کے لیے استعمال کیا جائے تو ایسی صورت میں اس عمل پر سزا دینا انصاف کے منافی معلوم ہوتا ہے۔ اسی طرح کسی سے یہ مطالبہ کرنا کہ وہ تصویر میں جان ڈالے، سراسر غیر معقول بات معلوم ہوتی ہے۔ جو لوگ احادیث کو قرآن اور سنت کے فریم ورک میں رکھ کر سمجھنے کی کوشش کرتے ہیں، وہ کہتے ہیں کہ اس حدیث میں نبی اکرم صلی اللہ علیہ وسلم جان دار اشیا کی تصویر کشی کو کلیتاً حرام قرار نہیں دے رہے، بلکہ ان تصویروں کی ممانعت کر رہے ہیں جو بت پرستی کے لیے بنائی جاتی ہیں۔ چونکہ قرآن میں بت پرستی کو سختی سے ممنوع قرار دیا گیا ہے،اس لیے اس حدیث کو اسی تناظر میں سمجھنا منطقی اور معقول معلوم ہوتا ہے۔ اگر کوئی شخص تصویر بنا کر اسے عبادت کے لیے استعمال کرے، جو قرآن میں صریحاً ممنوع ہے تو ایسی صورت میں اس پر عذاب دینا انصاف کے عین

مطابق ہو گا اور اس سے یہ مطالبہ بھی کیا جا سکتا ہے کہ وہ اپنی بنائی ہوئی تصویر میں جان ڈالے۔ یہ نقطۂ نظر نہ صرف زیادہ منطقی ہے، بلکہ قرآن اور سنت کے اصولوں سے مکمل طور پر ہم آہنگ بھی ہے۔

احادیث کو قرآن اور سنت کی روشنی میں سمجھنے کے اس اصول کو اکثر انکارِ حدیث پر محمول کر لیا جاتا ہے۔ تاہم، یہ بات حقیقت سے کوسوں دور ہے۔ ہماری بات کا مقصد یہ نہیں کہ نبی اکرم صلی اللہ علیہ وسلم کی بات یا آپ کے کسی عمل کو محض اس بنا پر رد کر دیا جائے کہ وہ قرآن میں درج نہیں ہے۔ حقیقت یہ ہے کہ اگر کوئی حدیث سند کے اعتبار سے درست ہو تو اس میں بیان کردہ بات نبی اکرم صلی اللہ علیہ وسلم کی طرف سے مسلمانوں کے لیے واجب العمل اور مقدس تسلیم کی جائے گی۔

میری بات کا خلاصہ یہ ہے کہ احادیث کا صحیح مفہوم سمجھنے کے لیے سب سے موزوں اور درست طریقہ یہ ہے کہ انھیں قرآن اور سنت کی روشنی میں پرکھا جائے، نہ کہ اس کے برعکس۔ یہ اصول نہ صرف احادیث کے متن کو واضح کرتا ہے، بلکہ دین کے دیگر مآخذ کے ساتھ ان کے تعلق کو بھی مزید مستحکم اور مربوط کرتا ہے۔

باب چہارم: ب

رسول کی حیثیت اور کردار
مطالعۂ اسلام کی ایک ٹھوس وجہ

یہاں میں جو کچھ آپ کے سامنے پیش کروں گا، وہ میرے نزدیک اس بات کی انتہائی اہمیت کو اجاگر کرتا ہے کہ اسلام — بہ طور اللہ تعالیٰ کے پیغام — کو تفصیل سے دیکھنا کیوں ضروری ہے۔

محمد رسول اللہ صلی اللہ علیہ وسلم نے صرف ''نبی'' ہونے کا دعویٰ نہیں کیا، بلکہ اپنی حیثیت یہ بتائی ہے کہ آپ اللہ تعالیٰ کے ''رسول'' ہیں۔ قرآن کے مطابق، رسول کے ذریعے سے خدا اپنی عدالت کو دنیا میں برپا کرتا ہے۔ یہ عدالت رسول کے براہِ راست مخاطبین کے لیے برپا کی جاتی ہے اور اس کا مقصد آخرت میں ہونے والی اس جواب دہی کا ناقابل تردید ثبوت فراہم کرنا ہوتا ہے، جس کا سامنا تمام انسانیت کو ایک روز ہو گا۔ لیکن اس موضوع کی مزید تفصیلات میں جانے سے پہلے، میں آپ کو ساتویں صدی کی عرب دنیا میں پیش آنے والے واقعات کی ایک فرضی مثال پیش کرنا چاہتا ہوں۔ ساتویں صدی کے ان واقعات کا درست فہم اس ضرورت کی ایک مضبوط بنیاد ہے کہ محمد صلی اللہ علیہ وسلم کے پیغام کو سنجیدگی

سے دیکھا جائے اور اس کی حقیقت کو پرکھا جائے۔

انسانی فطرت میں یہ رجحان پایا جاتا ہے کہ وہ غیر معمولی چیزوں کو وقت گزرنے کے ساتھ معمول کا حصہ سمجھ لیتا ہے۔ مثال کے طور پر، آج ہم اپنے فون پر ویڈیو کالز کو معمول کی ایک سہولت کے طور پر استعمال کرتے ہیں، لیکن اگر اسی سہولت کا ذکر ایک صدی پہلے کسی کے سامنے کیا جاتا اور اسے کہا جاتا کہ آپ ایک چھوٹے سے آلے کے ذریعے سے ہزاروں میل دور موجود کسی شخص سے بصری رابطہ قائم کر سکتے ہیں تو یہ جادو یا معجزہ معلوم ہوتا۔ تاہم، چونکہ یہ سہولت ہماری روزمرہ زندگی کا حصہ بن چکی ہے، اس لیے ہم اس پر حیران نہیں ہوتے۔ یہی رجحان ہمیں ان واقعات کے غیر معمولی پہلو کو نظر انداز کرنے پر مجبور کرتا ہے، جو اپنی حقیقت میں غیر معمولی اور انوکھے ہوتے ہیں۔

اسلام اور اس کے تاریخی پس منظر سے مسلمانوں کی گہری شناسائی کے باوجود "رسولِ خدا" کی حقیقت پر مسلم دنیا میں سنجیدہ غور و فکر کا فقدان ہے۔ اس کی بنا پر یہ کہنا بے جا نہ ہوگا کہ چاہے کوئی مسلمان ہو یا غیر مسلم، بہت سے لوگ ساتویں صدی عیسوی میں عرب میں پیش آنے والے غیر معمولی واقعات کی اہمیت کو مکمل طور پر نہیں سمجھ پاتے۔ یہ واقعات اس بات کے متقاضی ہیں کہ محمد صلی اللہ علیہ وسلم کے دعوے اور پیغام پر نہایت سنجیدگی اور ایمان داری کے ساتھ غور کیا جائے۔ اس کے بعد ہر فرد کو یہ آزادی حاصل ہے کہ وہ ان واقعات کو الہامی تناظر میں دیکھے یا ان کی غیر الہامی توجیہ کرے۔

اس سے پہلے کہ ہم اللہ کے رسول کی حیثیت اور ان کے ذریعے سے پیش آنے والے ان واقعات کی نوعیت کو سمجھیں، آیئے ایک قیاسی مثال کے ذریعے سے ان واقعات کو سمجھنے کی کوشش کریں تاکہ ان کی معنویت واضح ہو سکے۔

فرض کریں کہ نیپال کے دارالحکومت کھٹمنڈو میں مناؤ نامی ایک عام تاجر رہتا ہے۔ اس کا نہ کوئی علمی پس منظر ہے، نہ شاعری یا سیاست میں کوئی دل چسپی، اور نہ ہی وہ کسی مذہبی سرگرمی میں حصہ لیتا ہے۔ چالیس سال کی عمر میں وہ اچانک اپنے اہل خانہ اور دوستوں کے سامنے ایک غیر معمولی دعویٰ کرتا ہے۔ مناؤ کا کہنا ہے کہ خدا نے ایک فرشتے کے ذریعے سے اس سے کلام کیا ہے اور اسے نبی کے طور پر منتخب کیا ہے۔ اس کے مطابق خدا نے اسے لوگوں کو اپنی طرف بلانے اور موت کے بعد کی جواب دہی کے لیے خبردار کرنے کا فریضہ سونپا ہے۔

اپنی نوعیت میں یہ دعویٰ منفرد نہیں ہے۔ تاریخ میں کئی روحانی شخصیات، شمن اور دیگر افراد اپنے عقائد کی تبلیغ کرتے ہوئے ایسے دعوے کرتے رہے ہیں۔ لیکن مناؤ کا دعویٰ یہیں ختم نہیں ہوتا۔ وہ کہتا ہے کہ خدا نے اسے رسول کے منصب پر بھی فائز کیا ہے، یعنی وہ اپنے براہ راست مخاطبین کے لیے زمین پر خدا کی دینونت کے نفاذ کا ایک ذریعہ ہے۔

مناؤ مزید کہتا ہے کہ جو لوگ خدا کے وجود یا موت کے بعد جزا و سزا کو دلائل کی بنیاد پر تسلیم نہیں کرتے، ان کے لیے خدا دنیا ہی میں اپنے فیصلے کا ظہور کرے گا۔ جزا و سزا کا یہ دنیوی ظہور انسانیت کو اس بات کا ناقابل تردید ثبوت فراہم کرے گا کہ مرنے کے بعد جزا و سزا ایک حقیقت ہے۔ اس دنیوی قیامت کا مقصد یہ ہے کہ آخرت کا تصور بھی اُسی معیار پر ثابت کر دیا جائے جس معیار پر سائنسی حقائق لیبارٹری میں ثابت کیے جاتے ہیں۔

یہ منظر مزید حیرت انگیز رخ اختیار کرتا ہے۔ مناؤ کا خدا اسے پہلے ہی بتا دیتا ہے کہ یہ واقعات کیسے پیش آئیں گے۔ مناؤ کے خدا کے مطابق، خدا کی زمین پر دینونت کے یہ مظاہر انسانی تاریخ میں متعدد مرتبہ وقوع پذیر ہو چکے ہیں۔ اسی طرح مناؤ کے ذریعے سے بھی یہ دینونت انھی اصولوں پر ظاہر ہو گی، جن پر پہلے ظاہر ہوتی رہی ہے۔ خدا نے اعلان کیا ہے کہ

اس کا پیغمبر حق کو اپنے مخاطبین پر اس وقت تک پوری طرح واضح کرتا رہے گا جب تک کہ خدا خود یہ اعلان نہ کر دے کہ انکار کرنے والے اب بغیر کسی جواز کے انکار پر اڑے ہوئے ہیں۔ مگر جو لوگ حق کو قبول کر لیں گے، انھیں اللہ تعالیٰ کی طرف سے دنیا ہی میں کامیابی سے نوازا جائے گا۔ اس کے بعد منکرین پر خدا کا عذاب نازل ہوگا۔ یہ عذاب دو صورتوں میں ظاہر ہو سکتا ہے: اگر مناؤ کے پیروکار کم تعداد میں ہوں تو قدرتی آفت جیسے طوفان، سیلاب، آگ یا زلزلہ ان منکرین کو تباہ کر دے گا۔ لیکن اگر مناؤ کو قابل ذکر حمایت حاصل ہو یا اس کے مخاطبین کی مکمل تباہی ضروری نہ ہو تو عذاب انسانوں کے ذریعے سے نافذ کیا جائے گا اور ممکنہ طور پر مناؤ اور اس کے ساتھی خدا کے فیصلے کا نفاذ کریں گے۔

جو لوگ حق کو قبول کر لیں گے اور خدا کے پیغمبر کا ساتھ دیں گے، ان کے لیے دنیوی انعام ایک شان دار سلطنت کی صورت میں ہوگا۔ مناؤ کو یہ یقین دلایا گیا ہے کہ وہ اپنی زندگی میں ان میں سے کچھ فیصلوں کا مشاہدہ کرے گا، جب کہ باقی اس کی وفات کے بعد ظاہر ہوں گے۔

یاد رکھیں، مناؤ کو شاعری کا کوئی علم یا تجربہ نہیں، لیکن جو الہامی پیغام اس پر نازل ہوتا ہے اور وہ لوگوں تک پہنچاتا ہے، وہ عام نیپالی زبان میں نہیں، بلکہ نیپالی زبان کا ایک بے مثال ادبی شہ کار ہوتا ہے، جسے زبان و بیان کا بہترین معیار قرار دیا جاتا ہے۔

یاد رکھیں، مناؤ مذہبی مباحث یا تبلیغ کا کوئی پس منظر نہیں رکھتا، لیکن خدا اس کے ذریعے سے مسیحیوں، ہندوؤں، بدھ اور یہودیوں کے ساتھ عمیق علمی اور مذہبی مکالمے کرتا ہے۔ وہ ان کے صحیفوں کے حوالے پیش کرتا ہے اور ایسے قوی دلائل دیتا ہے جو مذہبی و فلسفیانہ بنیادوں پر ان کے عقائد کو چیلنج کرتے ہیں۔

یادرکھیں، مناؤ کے پاس نہ عسکری حکمت عملی کا کوئی علم ہے اور نہ اس کا کوئی سیاسی پس منظر

ہے، لیکن مناؤ کا خدا عسکری اور سیاسی معاملات میں ایسے فیصلے کرتا ہے جو ناقابلِ یقین حد تک کامیاب ہوتے ہیں اور ہر میدان میں مناؤ کی مکمل فتح کا سبب بنتے ہیں۔

پورے واقعے کے دوران میں مناؤ کسی بھی کامیابی کا سہرا اپنے سر نہیں باندھتا، بلکہ ہمیشہ یہ دعویٰ کرتا ہے کہ وہ محض خدا کی طرف سے بھیجے گئے احکامات پر عمل کر رہا ہے اور خود کچھ نہیں کر رہا۔

یہاں تک کہ معاملہ مزید حیرت انگیز رخ اختیار کرتا ہے۔ مناؤ اپنا پیغام نیپال سے باہر لے جاتا ہے اور قریبی ممالک کے حکمرانوں کو خطوط بھیجتا ہے، جن میں وہ انھیں خدا کے پیغام کی دعوت دیتا ہے۔ یہاں تک کہ وہ روس اور چین جیسی سپر پاورز کو بھی خبر دار کرتا ہے کہ اگر انھوں نے خدا کے پیغام، جو ایک زندہ خدا کے رسول کے ذریعے سے آیا ہے، کو رد کیا تو انھیں خدا کی زمینی عدالت کا سامنا کرنا ہوگا۔ وہ ان کے لیے واضح کرتا ہے کہ خدا کے احکامات کی نافرمانی انھیں دنیوی شکست سے دوچار کرے گی اور یہ شکست مناؤ اور اس کے پیروکاروں کے ہاتھوں ہوگی۔

مناؤ کے دعوے کے بعد کے 35 سالوں میں، تمام واقعات بالکل اسی ترتیب اور انداز سے پیش آتے ہیں، جیسا کہ مناؤ کے خدا نے پہلے ہی بتا دیا تھا۔ جو لوگ مناؤ کی حمایت کرتے ہیں، انھیں دنیوی انعامات سے نوازا جاتا ہے، جب کہ جو لوگ خدا کے پیغام کی مخالفت کرتے ہیں، انھیں ایسی عبرتناک شکست ہوتی ہے کہ وہ مناؤ اور اس کے حامیوں کے سامنے گھٹنے ٹیکنے پر مجبور ہو جاتے ہیں۔ یہ شاندار فتح نہ صرف نیپال، بلکہ قریبی ممالک تک پھیل جاتی ہے، یہاں تک کہ چین اور روس جیسی سپر پاورز بھی اس کے اثر سے باہر نہیں رہتیں۔

مناؤ اور اس کے اولین متبعین کھٹمنڈو کے معمولی کسان اور تاجر تھے اور کسی قابلِ ذکر

عسکری مہارت کے حامل نہ تھے۔ یہی سادہ لوگ اب نیپال، بھوٹان، میانمار، لاؤس، کمبوڈیا، تھائی لینڈ، روس اور چین کے بلا شرکتِ غیرے حکمران بن چکے ہیں۔ وہ ان 35 سالوں میں پیش آنے والے واقعات کو خدائی معجزہ قرار دیتے ہیں اور اسے مناؤ کی سچائی اور خدا کی جانب سے اُس کے ذریعے سے بھیجے گئے پیغام کی صداقت پر حتمی دلیل کے طور پر پیش کرتے ہیں۔ ان کے مطابق یہ دنیا میں خدا کے فیصلے کا مظاہرہ ہے، جو تمام انسانیت کے لیے موت کے بعد ہونے والے آخری فیصلے کا پیش خیمہ ہے۔

اب فرض کریں کہ میں ان غیر معمولی واقعات کا عینی شاہد ہوں۔ ان واقعات پر میرا ردعمل کیا ہونا چاہیے؟ مناؤ کا یہ دعویٰ کہ وہ خدا کا پیغامبر ہے اور اس کا بالکل اسی طرح پورا ہونا جیسا کہ پیشین گوئی کی گئی تھی، ناقابل یقین حد تک حیرت انگیز ہوتا۔ لیکن میری فطری تشکیک فوراً مجھے اس کے نظریے کو قبول کرنے سے روکتی۔ میں اس امکان پر غور کرتا کہ شاید یہ انسانی تاریخ میں محض ایک بے مثال، مگر اتفاقیہ واقعہ ہے جس کا کسی خدائی ماخذ سے واسطہ نہیں۔ تاہم، ان 35 برسوں کے غیر معمولی واقعات کے تسلسل کے پیش نظر، میں اخلاقی اور عقلی طور پر مجبور ہوتا کہ مناؤ کے پیغام کو سنجیدگی اور دیانت داری سے پرکھوں۔ میرے ذہن میں یہ سوال بار بار گونجتا رہتا کہ اگر مناؤ واقعی سچ بول رہا ہو تو؟

اگر مناؤ کا پیغام میرے بنیادی اخلاقی اور عقلی سوالات کے اطمینان بخش جوابات مہیا نہ کرتا، خاص طور پر وجود کی حقیقت کے بنیادی مسائل کے بارے میں تو میں یہ نتیجہ اخذ کرنے میں حق بہ جانب ہوتا کہ مناؤ کے گرد ہونے والے یہ تمام واقعات تاریخ کا ایک حیران کن، مگر بے معنی اتفاق تھے، جن کا کسی الٰہی منصوبے سے کوئی تعلق نہیں۔

لیکن اگر مناؤ کا پیغام میرے بنیادی سوالات کا معقول اور منطقی جواب فراہم کرتا، اور ان

غیر معمولی واقعات کے ساتھ مل کر یہ ثابت ہوتا کہ یہ واقعی خدا کا پیغام ہے—چاہے یہ میرے ذاتی مفادات اور خواہشات کے خلاف ہی کیوں نہ ہو—تو میں اسے تسلیم کرتا اور مان لیتا کہ مناؤ واقعی خدا کا رسول ہے۔ میرے نزدیک یہی سب سے زیادہ مخلصانہ رویہ ہوتا۔ میں اس عقیدے پر قائم رہتا، یہاں تک کہ مجھے ایسے ٹھوس دلائل نہ مل جاتے، جو اس عقیدے کو چیلنج کر سکیں۔ ایک سنجیدہ اور دیانت دار انسان کی جانب سے ایسے غیر معمولی حالات میں یہی طرزِ عمل مناسب ردِ عمل ہو گا۔

مناؤ کے حوالے سے بیان کیا گیا یہ فکری تجربہ محمد صلی اللہ علیہ وسلم کی زندگی کے حقیقی واقعات کے عین مطابق ہے۔ نبی صلی اللہ علیہ وسلم نے بھی خدا اور اس کی طرف سے دنیوی جزاؤ سزا کے حوالے سے ایک ایسا دعویٰ پیش کیا جو بہ ظاہر نا ممکن معلوم ہوتا تھا، لیکن اس کے وقوع پذیر ہونے کا جو خاکہ پیش کیا گیا تھا، وہ بعینہٖ ویسے ہی ظاہر ہوا۔ یہ واقعات اس حقیقت کی مضبوط ترین دلیل فراہم کرتے ہیں کہ ہر شخص کو اپنی زندگی میں کم از کم ایک بار نبی محمد صلی اللہ علیہ وسلم کے پیغام کو خلوص اور سنجیدگی سے پرکھنا چاہیے تاکہ خدا اور اخروی جزاؤ سزا کی حقیقت کو سمجھا جا سکے۔

1۔ قرآن کا تصورِ رسالت گذشتہ الہامی کتب کی وضاحت کرتا ہے

اگرچہ اس پر مزید تفصیل پانچویں باب میں پیش کی جائے گی، لیکن یہاں مختصر طور پر اس تصور پر روشنی ڈالنا ضروری ہے۔ قرآن میں رسالت کا حقیقی تصور، عہد نامہ قدیم اور عہد نامہ جدید میں بیان کردہ واقعات، جیسا کہ حضرت نوح اور حضرت لوط کی قوموں کے انجام، کو ایک منفرد اور جامع پس منظر فراہم کرتا ہے۔ قرآن کے ذریعے سے یہ بات واضح ہوتی ہے کہ

''رسول'' کا کردار کیا ہے اور خدا کی طرف سے دنیوی عذاب کس موقع پر نازل ہوتا ہے۔

ابتدا میں، جب مجھے رسول کے تصور سے واقفیت نہ تھی تو میرے لیے بائبل میں بیان کردہ قوموں پر آنے والے عذاب کو سمجھنا مشکل تھا۔ اگر حضرت نوح اور حضرت لوط کی قوموں پر ان کے گناہوں کی وجہ سے عذاب آیا تو آج کے زمانے میں، جب کہ بدعنوانی اور اخلاقی برائیاں عام ہیں، ایسا عذاب عام کیوں نہیں ہے؟

قرآن اس الجھن کو واضح کرتا ہے کہ دنیوی عذاب صرف گناہوں کے ارتکاب کی بنیاد پر نازل نہیں ہوتا۔ یہ عذاب اس وقت نازل ہوتا ہے، جب خدا اپنی بات کو براہِ راست کسی ''رسول'' کے ذریعے سے اپنی قوم تک پہنچاتا ہے۔ رسول ایک ایسا فرد ہوتا ہے جسے خدا اپنے بندوں میں سے الہام اور ہدایت کے لیے منتخب کرتا ہے اور اسے حق کو واضح کرنے کے لیے کسی قوم کی طرف بھیجتا ہے۔ مختصراً، دنیوی عذاب گناہوں کے ارتکاب پر نہیں آتا، بلکہ یہ رسولوں کو جھٹلانے اور ان کا جانتے بوجھتے انکار کرنے پر نازل ہوتا ہے۔ اگرچہ دیگر گناہ بھی اللہ کے غضب کو بھڑکاتے ہیں، مگر رسولوں کا انکار خدا کی طرف سے دنیا میں عذاب کی بنیادی وجہ بنتا ہے۔

قرآن کے مطابق رسول، ان کے براہ راست مخاطبین کے لیے، خدا کے فیصلے کا دنیوی مظہر ہوتے ہیں۔ رسول حق کو واضح کرتے ہیں، اور ان کی دعوت کے دوران میں جو لوگ حق کو قبول کرتے ہیں، وہ نجات پا جاتے ہیں، جب کہ انکار کرنے والوں پر دنیوی عذاب مسلط کیا جاتا ہے۔

جب بائبل کے قصوں کو قرآن کے قانون رسالت کی روشنی میں دیکھا جائے تو ان میں پیش کیے گئے واقعات نہایت منظم اور معقول معلوم ہوتے ہیں۔ مثال کے طور پر، حضرت

نوح کی قوم کا واقعہ لیجیے۔ اللہ تعالیٰ کی جانب سے ان پر وحی کے ذریعے سے حق واضح ہوا اور انھوں نے اپنی قوم کو سالہا سال تک اللہ کا پیغام پہنچایا۔ لیکن جب قوم نے ان کی بات ماننے سے انکار کیا تو آخر کار وہ طوفان میں غرق ہوگئی، جب کہ نوح کے ساتھیوں کو بچا لیا گیا۔ یہی اصول حضرت لوط اور ان کی قوم اور حضرت ابراہیم کے واقعے پر لاگو ہوتا ہے۔ حضرت موسیٰ علیہ السلام کا فرعون کے مقابلے میں نجات پانا اور فرعون کا ہلاک ہونا اور حضرت عیسیٰ علیہ السلام کا بنی اسرائیل کو انذار اور ان کی اس دعوت کا انجام بھی اسی اصول کی روشنی میں واضح ہو جاتا ہے۔

یہ سب واقعات آخری رسول محمد صلی اللہ علیہ وسلم کی بعثت سے پہلے پیش آئے۔

ان تمام واقعات میں رسول کی بعثت ایک فیصلہ کن مرحلہ ثابت ہوئی، جہاں رسول کے مخاطبین پر زمین پر ہی الٰہی عدالت کا ظہور ہوا۔ اس طرح بائبل میں بیان کردہ الٰہی فیصلے اور عذاب کا تسلسل قرآن میں موجود رسولوں کے تصور کے ذریعے سے مکمل طور پر واضح ہو جاتا ہے۔

باب چہارم : ج

قرآن کیا ہے اور اسے کیسے سمجھا جائے؟

1۔ فہم قرآن کا درست طریقہ

قرآن کی حقیقت اور اس کے درست فہم کی ضرورت کو اس سادہ مثال سے سمجھیے :

فرض کریں کہ ایک رومی بادشاہ اپنے سفیر کو گال (Gaul) کے علاقے میں ایک مشن پر بھیجتا ہے۔ بادشاہ اپنے سفیر کے ساتھ مسلسل خطوط کے ذریعے سے رابطے میں رہتا ہے۔ ان خطوط میں سفیر کو مخصوص حالات کے بارے میں ہدایات دی جاتی ہیں، وہاں کے لوگوں کے لیے رہنمائی فراہم کی جاتی ہے، رومی تاریخ اور نظریات کا درس دیا جاتا ہے اور مشن کی تکمیل کے لیے تفصیلی احکامات جاری کیے جاتے ہیں۔ جب مشن مکمل ہو جاتا ہے تو بادشاہ ان تمام خطوط کو ایک کتاب کی صورت میں مرتب کرنے کا حکم دیتا ہے۔ اس تالیف کا مقصد یہ ہوتا ہے کہ مستقبل کی نسلیں بادشاہ کی دانش اور حکمت سے رہنمائی حاصل کر سکیں اور یہ سمجھ سکیں کہ بادشاہ نے اپنے سفیر کے ذریعے سے کس طرح مشن کو کامیابی سے مکمل کیا۔

یہی مثال قرآن کے لیے بھی دی جا سکتی ہے۔ قرآن وہ الہامی کلام ہے جو اللہ تعالیٰ نے محمد صلی اللہ علیہ وسلم پر نازل کیا۔ یہ کلام اس وقت کے مخصوص حالات سے متعلق نبی صلی اللہ

علیہ وسلم کے لیے ہدایات پر مشتمل تھا۔ اس میں اُس دور کے مسلمانوں، یہود، نصاریٰ اور مشرکین عرب سے مکالمات ہیں۔ اس کے ساتھ ساتھ یہ تمام انسانیت کے لیے دائمی رہنمائی بھی فراہم کرتا ہے۔ اس میں انبیا کے واقعات اور ان کے ذریعے سے زمین پر خدا کے فیصلوں کی وضاحت بھی موجود ہے۔

مزید برآں، قرآن میں عبادات اور اخلاقی امور سے متعلق عملی احکام بھی ہیں۔ اس کے کچھ احکامات نبی اکرم صلی اللہ علیہ وسلم کے براہِ راست مخاطبین کے لیے خاص تھے، اور کچھ ابدی ہدایات ہیں جو قیامت تک تمام انسانوں سے متعلق ہیں۔

جیسا کہ پہلے ذکر ہوا، بعض مسلمان حلقے قرآن کی آیات کو ان کے سیاق وسباق سے ہٹ کر اور الگ تھلگ کر کے سمجھنے کا رجحان رکھتے ہیں۔ میں یہ سمجھتا ہوں کہ قرآن فہمی کا یہ طریقہ غلط ہے۔ ہم پہلے یہ ثابت کر چکے ہیں کہ قرآن کی کسی بھی آیت کو درست طور پر سمجھنے کے لیے ضروری ہے کہ اس سے متعلق تمام آیات کو یکجا دیکھا جائے اور سیاق وسباق کے تناظر میں ان کا جائزہ لیا جائے۔

2۔ قرآن کی زبان

قرآن نے اپنے اولین مخاطبین، یعنی ساتویں صدی عیسوی کے عربوں کو ان کی اپنی زبان میں مخاطب کیا۔ اللہ تعالیٰ نے اس بات پر زور دیا کہ قرآن ”عربی مبین“، یعنی صاف اور فصیح عربی زبان میں نازل ہوا ہے تاکہ لوگ اپنے خالق کے پیغام کو بہ آسانی سمجھ سکیں۔[28] قرآن کو

---

[28] الشعراء 26:195۔

سمجھنے کے لیے ضروری ہے کہ اس زبان کو حقیقی معنی میں سمجھا جائے، جس میں یہ اترا ہے۔ عربی میں "قرآن" کا معنی ہی بولا گیا کلام ہے۔ لہٰذا اس کے طالب علم کو چاہیے کہ اس کے الفاظ اور جملوں کے معانی کی شرح اور ترجمانی اس وقت کے عربوں کے استعمالات اور ان کے فہم کے مطابق کرے۔ اس کے اولین مخاطبین اور ان کے لغوی اسالیب بہت اہم ہیں۔ الغرض، نہ صرف الفاظ، بلکہ ان کے مواقع استعمال، جملوں کی ساخت، اور موقع کلام، ہر ایک کو پیش نظر رکھنا چاہیے۔

میں اس بات پر زور دینے کے لیے دہرانا چاہوں گا کہ کسی بھی تحریری متن کی طرح قرآن کو سمجھنے کے لیے درج ذیل اصولوں کا خیال رکھنا ضروری ہے:

1۔ الفاظ کے وہ معنی مراد لیے جائیں جو اُس وقت کے عربوں میں رائج، معروف اور عام تھے۔

2۔ کسی لفظ کے مفہوم کو جملے میں اس کے مقام اور ترتیب کے حساب سے طے کیا جائے اور اس بات کو پیش نظر رکھا جائے کہ اس کا موقع و محل معنی پر کیا اثر ڈالتا ہے۔

3۔ زیر بحث معاملے کے پس منظر کو مد نظر رکھا جائے تاکہ اصل پیغام واضح ہو سکے۔

فرض کریں کہ کوئی شخص کہے:

"عمران نے کہا: آج کی دعوت کو جانے دیں، مجھے روزی روٹی کا بندوبست بھی کرنا ہے۔"

اس جملے کو سمجھنے کے لیے ضروری ہے کہ اس میں وارد الفاظ کو ان کے معروف اور رائج مفہوم میں سمجھا جائے، نہ کہ کوئی دوسرے لغوی معانی طے کر لیے جائیں۔ جملے میں الفاظ کی ترتیب، ان کے استعمال اور گفتگو کے سیاق و سباق سے یہ بات واضح ہوتی ہے کہ عمران دعوت

میں اس لیے نہیں جانا چاہتا کہ اس نے محنت مزدوری کرنی ہے۔

یہ طریقہ بالکل درست نہیں ہوگا کہ زبان کے اصولوں کو پس پشت ڈالتے ہوئے، یہ کہا جائے کہ عمران کا مقصد ہے کہ ''دعوت''، جو ایک عورت کا نام ہے، کو جانے دیا جائے، اسے نہ روکا جائے، کیونکہ وہ فارغ ہو کر روٹی وغیرہ بنانا چاہتا ہے۔

ایک مثال قرآن سے لیجیے۔ لفظ تورات قرآن میں اٹھارہ مقامات پر استعمال ہوا ہے۔ تاریخی طور پر ''تورات'' اُس کتابِ ہدایت اور شریعت کو کہا جاتا ہے جو حضرت موسیٰ علیہ السلام پر نازل ہوئی اور ان کے بعد آنے والے انبیا نے بنی اسرائیل میں جاری کی۔ یہود اور قرآن کے اولین مخاطبین اس اصطلاح کو ہمیشہ اسی سیاق اور معنی میں سمجھتے تھے۔ اب اگر کوئی یہ کہے کہ ''تورات'' ایک عبرانی لفظ ہے اور اس کا لغوی معنی ''ہدایت اور شریعت'' ہے، لہٰذا یہ لفظ کسی بھی ایسی کتاب کے لیے استعمال ہو سکتا ہے جو لوگوں کو قانونی اصولوں کے مطابق رہنمائی فراہم کرے۔ یہ موقف ایک بڑی علمی غلطی ہوگی، جس میں نہ صرف یہ کہ قرآن کے سیاق و سباق کو نظر انداز کیا گیا ہوگا، بلکہ زبان کے بنیادی اصولوں کی خلاف ورزی بھی ہوگی۔

3۔ قرآن کا صحفِ سابقہ کے ساتھ تعلق

بائیبل کے حوالے سے ایک عمومی تصور یہ پایا جاتا ہے کہ یہ ابتدا سے انتہا تک خدا کا کلام ہے، لیکن حقیقت میں ایسا نہیں ہے۔ بائیبل، چاہے وہ پرانا عہد نامہ ہو یا نیا عہد نامہ، مختلف انواع کی تحریروں کا مجموعہ ہے۔ اس میں الہامی احکام، یہودیوں کی تاریخ اور حضرت عیسیٰ علیہ السلام کی زندگی کے حالات اور تعلیمات شامل ہیں، جنھیں اُن کے شاگردوں یوحنا اور متی وغیرہ نے قلم بند کیا۔ بائیبل میں تورات، زبور اور انجیل بھی شامل ہیں۔

قرآن مجید کا عہد نامہ قدیم اور عہد نامہ جدید کے ساتھ ایک خاص تعلق ہے۔ قرآن ان کتابوں کو مکمل طور پر رد نہیں کرتا، بلکہ کئی مقامات پر یہ تورات، زبور اور انجیل کو الہامی کتب کے طور پر تسلیم کرتا ہے۔[29] تاہم، قرآن یہ واضح کرتا ہے کہ سابقہ الہامی کتابوں کو سمجھنے کا صحیح طریقہ یہ ہے کہ انھیں قرآن کے معیار پر پرکھا جائے۔ قرآن کا دعویٰ ہے کہ یہ تمام کتابوں پر ''میزان'' اور ''فرقان'' ہے، یعنی یہ حق اور باطل کے درمیان فیصلہ کرنے والا معیار ہے۔[30] قرآن یہ بتاتا ہے کہ موجودہ بائیبل میں حقائق موجود ہیں، لیکن ان کی تصدیق اور اصلاح قرآن کے ذریعے سے ہوتی ہے۔

مثال کے طور پر، اگر قرآن بائیبل کے کسی تصور کی اصلاح کرتا ہے تو وہی اصلاح شدہ تصور درست سمجھا جائے گا۔ حضرت عیسیٰ علیہ السلام کے صلیب پر چڑھائے جانے کے معاملے میں قرآن واضح کرتا ہے کہ انھیں صلیب پر نہیں چڑھایا گیا۔[31] اسی طرح، قرآن یہ بیان کرتا ہے کہ شیطان فرشتوں میں سے نہیں، بلکہ جنات کی نسل سے ہے۔[32]

اسی طرح، اگر قرآن کسی موضوع پر مختصر ذکر کرے اور بائیبل اس موضوع پر تفصیل فراہم کرے تو یہ سمجھا جانا چاہیے کہ قرآن قاری کو بائیبل کی طرف رجوع کرنے کا اشارہ دے رہا ہے۔ مثلاً، قرآن یاجوج اور ماجوج کا ذکر مختصر انداز میں کرتا ہے،[33] جب کہ بائیبل کی کتاب

---

[29] آل عمران 3:3-4۔ المائدہ 5:44-46۔ الاسراء 17:55۔ النساء 4:163۔

[30] المائدہ 5:48۔

[31] النساء 4:157

[32] الکہف 18:50۔

[33] الانبیاء 21:96۔

پیدائش[34] انھیں حضرت نوح کے بیٹے یافث کی نسل سے قرار دیتی ہے اور اس طرح ان کی تفصیل کرتی ہے۔

4۔ ایک عام قاری کے لیے مطالعۂ قرآن کا طریقہ

ایک عام قاری کے طور پر، میرے نزدیک قرآن کو سمجھنے کا بہترین طریقہ یہ تھا کہ سب سے پہلے اس کا صحیح تعارف حاصل کیا جائے — جیسا کہ میں نے پہلے ذکر کیا — اس کے بعد، ایک سادہ اور معتبر ترجمے کو ابتدا سے انتہا تک پڑھا جائے۔ میرا طریقہ یہ تھا کہ مطالعے کے دوران میں، اگر کسی آیت یا مضمون کی سمجھ نہ آتی تو میں اسے نشان زد کر لیتا اور مزید وضاحت کے لیے اہل علم کی آرا تلاش کرتا، چاہے وہ انٹرنیٹ یا مستند کتب کے ذریعے سے میسر ہوں۔ اگر ان ذرائع سے بھی شافی وضاحت نہ ہوتی تو میں براہِ راست علمائے دین سے رجوع کرتا اور ان سے متعلقہ موضوع پر تفصیل سے تبادلۂ خیال کرتا۔ مزید برآں، ترجمہ پڑھتے وقت میں نے ہمیشہ اس بات کا خاص خیال رکھا کہ قرآن کے متن کے ترجمے اور مترجم کی وضاحتوں میں فرق کروں۔ قوسین یا حاشیے میں دی گئی تشریحات کو میں ہمیشہ مترجم کی ذاتی رائے یا وضاحت کے طور پر دیکھتا تھا اور اسے قرآنی متن کی ترجمانی نہیں سمجھتا تھا۔

5۔ قرآن کی جمع و ترتیب اور قراءتوں کا اختلاف

قرآن پر تفصیلی غور سے قبل اس کی جمع و تدوین اور قراءتوں کے اختلاف کے حوالے سے

---

[34] 1:5-10۔

چند بنیادی پہلوؤں پر اپنے نقطۂ نظر کو آپ پر واضح کرنا ضروری ہے۔ ایک عام غلط فہمی یہ پائی جاتی ہے کہ قرآن کو ایک مکمل کتابی صورت میں رسول اللہ صلی اللہ علیہ وسلم کے وصال کے بعد ترتیب دیا گیا۔ یہ تصور حقیقت کا عکاس نہیں ہے۔ اس کے علاوہ، قرآن کے چند مصاحف میں بعض الفاظ اس معروف مصحف سے مختلف ہیں، جو اکثر مسلم دنیا میں رائج ہے۔ یہ مصاحف کہاں سے آئے؟ ان کی نوعیت کیا ہے؟ قرآن کی جمع وتدوین اور مختلف قراءات کے بارے میں ان سوالات کے جوابات کے لیے ضروری ہے کہ یہ تحقیق کی جائے کہ قرآن رسول اللہ صلی اللہ علیہ وسلم پر کیسے نازل ہوا، آپ نے اپنے اولین مخاطبین کو یہ کتاب کیسے پہنچائی اور آپ کے صحابہ کرام نے اسے محفوظ کرنے اور اس کی حدِ تواتر تک اشاعت کے لیے کیا اقدامات کیے۔

6۔ رسول اللہ نے اپنے حینِ حیات ہی مکمل قرآن مجید اپنے صحابہ کو دیا

یہ سمجھنے کے لیے کہ رسول اللہ صلی اللہ علیہ وسلم نے اپنی زندگی میں ہی قرآن مجید کو مکمل اور موجودہ ترتیب کے مطابق صحابہ کو پیش کر دیا تھا، اس کے نزول کے تین مراحل کو سمجھنا ضروری ہے۔

الف۔ پہلا مرحلہ

پہلے مرحلے میں قرآن مجید نجماً نجماً، یعنی ٹکڑوں میں نازل ہوا۔ آیات رسول اللہ صلی اللہ

علیہ وسلم پر اُن کے مخاطبین کے سوالات اور اعتراضات کے جواب میں یا مختلف معاشرتی اور سیاسی حالات پر رہنمائی کے لیے نازل ہوئیں۔ اس مرحلے کے دوران میں رسول اللہ صلی اللہ علیہ وسلم نازل ہونے والی آیات کو اپنے صحابہ کو سناتے تھے۔ بعض صحابہ انھیں زبانی یاد کرتے تھے اور بعض لکھ لیتے تھے۔

اس ابتدائی مرحلے میں یہ اجازت تھی کہ اگر کوئی شخص اپنی قراءت کے مطابق قرآن کی تلاوت کرنا چاہے تو کر سکتا ہے۔[35]

ایک اور مستند روایت میں آیا ہے کہ رسول اللہ صلی اللہ علیہ وسلم نے فرمایا کہ قرآن کو سات مختلف طریقوں سے پڑھنے کی اجازت ہے، جن میں الفاظ اور تلفظ کا فرق ہو سکتا ہے۔ آپ نے اپنے صحابہ کو اجازت دی کہ ان میں سے جو بھی قراءت ان کے لیے سہل ہو، وہ اسے اختیار کر سکتے ہیں۔[36]

اس مرحلے میں یہ گنجایش اور نرمی کیوں رکھی گئی تھی؟ اول، خود رسول اللہ صلی اللہ علیہ وسلم نے فرمایا کہ لوگوں کو پیغام پر توجہ دینی چاہیے، نہ کہ الفاظ پر۔[37] دوم، قرآن مجید کی ایک ابتدائی مکی سورہ میں رسول اللہ صلی اللہ علیہ وسلم کو یقین دلایا گیا کہ ایک وقت آئے گا کہ اللہ کے حکم سے اور جبریل امین کی رہنمائی میں قرآن مکمل طور پر دہرایا جائے گا:

''عنقریب اِس کو ہم پورا تمھیں پڑھا دیں گے تو تم نہیں بھولو گے۔'' (الاعلیٰ 87:6)

---

35 مسند احمد، رقم 16366۔

36 بخاری، رقم 513، 514۔

37 احمد، رقم 16366۔

ایک اور آیت میں محمد صلی اللہ علیہ وسلم کو ہدایت کی گئی ہے کہ وحی کے نزول کے وقت ہی فوری طور پر قرآن کو یاد کرنے کی فکر نہ کریں۔ اللہ تعالیٰ نے آپ کو یقین دلایا کہ جب صحیح وقت آئے گا تو اللہ آپ کو پورا قرآن مکمل یاد کرادے گا اور آپ اسے مکمل تلاوت کر سکیں گے۔ فرمایا:

''تم اِس قرآن کو جلد یاد کر لینے کے لیے اپنی زبان کو اِس پر نہ چلاؤ۔ اِس کا تمھیں یاد کرا دینا اور سنانا، سب ہماری ذمہ داری ہے۔ اِس لیے جب ہم اِس کو آپ کو پڑھائیں تو اُس قراءت کی پیروی کرو۔'' (القیامہ 75:16-18)

ب۔ دوسرا مرحلہ

دوسرے مرحلے میں حضرت جبریل نے رسول اللہ صلی اللہ علیہ وسلم کی حیات مبارکہ کے آخری سال میں آپ کے ساتھ دو مرتبہ قرآن کا مکمل اعادہ کیا۔ اس اعادے کو ''عرضۂ اخیرہ'' کی حتمی قراءت کہا جاتا ہے۔[38]

اس موقع پر کئی صحابہ — بہ شمول زید بن ثابت — موجود تھے۔ انھی اصحاب نے بعد میں قرآن کو اسی حتمی صورت میں مصحف میں منتقل کیا جس پر انھوں نے اسے رسول اللہ صلی اللہ علیہ وسلم سے سنا تھا۔[39]

یہ وہ قرآن تھا جسے محمد صلی اللہ علیہ وسلم نے اپنی زندگی کے آخری سال میں اپنے ماننے

---

38 بخاری، رقم 4997، 4998، 6285، 6286۔

39 ابو محمد حسین بن مسعود بغوی، شرح السنہ، بیروت: المکتب الاسلامی، 1983، 4/526۔

والوں کے سامنے پیش کیا۔ صحابہ نے نہ صرف اسے اجتماعی طور پر حفظ کیا، بلکہ لکھ بھی لیا۔ آج ہر مسلم گھرانے میں موجود قرآن وہی ہے جو آپ نے دیا۔

عبیدہ سلمانی روایت کرتے ہیں: وہ قراءت جو آپ پر آپ کی وفات کے سال پیش کی گئی تھی، وہی ہے جس کے مطابق آج سب قرآن پڑھ رہے ہیں۔ [40]

ابن سیرین فرماتے ہیں کہ حضرت جبریل اور محمد صلی اللہ علیہ وسلم ہر سال رمضان میں قرآن کی قراءت کرتے۔ آپ کے آخری سال میں یہ قراءت دو بار ہوئی۔ یہی وہ قراءت ہے جس کے مطابق ہم سب آج قرآن پڑھتے ہیں۔ [41]

زرکشی نے ابو عبدالرحمن السلمی—ایک تابعی جو نبی صلی اللہ علیہ وسلم کی زندگی میں پیدا ہوئے اور قرآن کے اولین علما میں شمار ہوتے ہیں—کا درج ذیل بیان روایت کیا ہے:

"ابو بکر و عمر، عثمان، زید بن ثابت اور تمام مہاجرین و انصار کی قراءت وہی تھی، جس پر رسول اللہ صلی اللہ علیہ وسلم نے اپنی وفات کے سال جبریل امین کو دو مرتبہ قرآن سنایا۔ اسے عرضۂ اخیرہ کی قراءت کہا جاتا ہے۔ میں نے زید بن ثابت کا ذکر اس لیے کیا ہے کہ وہ بھی اس میں بھی موجود تھے۔" [42]

اس طرح محمد صلی اللہ علیہ وسلم نے اپنی زندگی کے آخری سال اس بات کو یقینی بنایا کہ قرآن مجید، اپنی موجودہ ترتیب اور شکل میں، مجموعی طور پر صحابہ کو نہ صرف یاد ہو، بلکہ انھوں

---

[40] مصنف ابن ابی شیبہ، رقم 30922۔

[41] سنن سعید بن منصور، رقم 57۔

[42] بدرالدین محمد بن عبداللہ زرکشی، البرہان فی علوم القرآن، قاہرہ: مکتبہ دار التراث، بدون تاریخ، 227/1۔

نے اسے لکھ بھی لیا ہو۔

اب سوال یہ پیدا ہوتا ہے کہ اگر محمد صلی اللہ علیہ وسلم نے اپنی زندگی میں قرآن کو موجودہ ترتیب میں مکمل کر کے صحابہ کے سپرد کر دیا تھا تو یہ دعویٰ کیوں کیا جاتا ہے کہ حضرت عثمان نے قرآن کو موجودہ ترتیب میں مدون کیا؟

حضرت عثمان کو جامع قرآن سمجھے کی غلط فہمی

یہ غلط فہمی دور کرنے کے لیے ضروری ہے کہ قرآن کی تاریخ کے تیسرے مرحلے کو سمجھا جائے۔

ج۔ تیسرا مرحلہ

یہ وہ مرحلہ ہے جب نبی کریم صلی اللہ علیہ وسلم کے قریبی صحابۂ کرام نے قرآن کو محفوظ کرنے اور اسے وسیع پیمانے پر آگے منتقل کرنے کی کوششیں کیں۔ اس حوالے سے دو اہم واقعات قابلِ ذکر ہیں:

1۔ حضرت محمد صلی اللہ علیہ وسلم کی وفات کے وقت پورا جزیرہ نمائے عرب اسلام قبول کر چکا تھا۔ محتاط اندازے کے مطابق آپ کے متبعین کی تعداد تقریباً ڈیڑھ سے دو لاکھ تک پہنچ چکی تھی۔ جیسا کہ پہلے ذکر ہوا، ان سب کو اس قرآن کا علم تھا جو نبی کریم صلی اللہ علیہ وسلم نے اپنی زندگی کے آخری سال میں عرضۂ اخیرہ کے وقت مرتب کیا تھا۔ بعض صحابہ نے اسے تحریری شکل میں محفوظ کر لیا تھا اور بہت سے لوگوں نے اسے حفظ کر لیا تھا۔ پھر خلیفۂ اول کے دور میں جنگِ یمامہ کا واقعہ پیش آیا، جس میں مسلمانوں کو بھاری جانی نقصان اٹھانا پڑا۔ اس

جنگ میں کئی حفاظِ قرآن شہید ہو گئے۔ اس موقع پر حضرت عمر بن خطاب نے خلیفۂ اول حضرت ابو بکر صدیق سے درخواست کی کہ قرآن کا ایک سرکاری تحریری نسخہ تیار کیا جائے تاکہ مزید حفاظ کی شہادت کی صورت میں بھی قرآن محفوظ رہے۔ اگرچہ انفرادی سطح پر لکھے گئے مصاحف موجود تھے، سرکاری سطح پر مصحف کی تیاری اس لیے ضروری تھی کہ ایک ایسا مصحف ہونا چاہیے جس کا متن متفق علیہ ہو، اور مستقبل میں اس کے مشمولات کے بارے میں کسی نزاع کی گنجایش نہ رہے۔ حضرت ابو بکر نے اس تجویز کو قبول کیا اور حضرت زید بن ثابت کو مقرر کیا، جو نبی کریم صلی اللہ علیہ وسلم کے آخری سال میں حضرت جبریل کے ذریعے سے دیے گئے عرضۂ اخیرہ کے متن کو تحریر کر چکے تھے کہ وہ قرآن کا پہلا سرکاری اور متفقہ نسخہ تیار کریں۔ یہ عظیم کام مکمل ہونے کے بعد یہ سرکاری مصحف حضرت ابو بکر کے پاس رہا۔ ان کی وفات کے بعد یہ خلیفۂ دوم حضرت عمر کے پاس منتقل ہوا۔ حضرت عمر کی وفات کے وقت اسلامی سلطنت کافی حد تک پھیل چکی تھی اور مسلمانوں کی تعداد اتنی بڑھ گئی تھی کہ حفاظ کی کمی کا کوئی خطرہ نہیں رہا۔ چنانچہ حضرت عثمان کی خلافت میں یہ پہلا سرکاری نسخہ حضرت محمد صلی اللہ علیہ وسلم کی زوجۂ محترمہ حضرت حفصہ کے پاس محفوظ کر دیا گیا۔[43] لہٰذا حضرت ابو بکر نے صرف قرآن کا پہلا سرکاری نسخہ تیار کرایا۔ یہ وہی قرآن تھا جو نبی کریم صلی اللہ علیہ وسلم نے اپنے متبعین کو دیا، وہی قرآن جسے سیکڑوں صحابہ نے حفظ بھی کیا اور تحریری شکل میں محفوظ بھی رکھا۔

2۔ حضرت عثمان کے زمانے تک اسلامی سلطنت جزیرہ نمائے عرب سے کہیں آگے تک پھیل چکی تھی۔ یہ ایک وسیع و عریض ریاست بن چکی تھی جو شمالی افریقہ سے لے کر فارس،

43 بخاری، رقم 509۔

موجودہ ترکی، آذربائیجان اور آرمینیا تک پھیلی ہوئی تھی۔

اس وقت رسول اللہ صلی اللہ علیہ وسلم کے ایک صحابی حضرت حذیفہ بن یمان حضرت عثمان کے پاس حاضر ہوئے اور اطلاع دی کہ خلافت کے بعض دور دراز علاقوں میں قرآن کے مشمولات کے متعلق اختلافات سر اٹھا رہے ہیں۔ شام اور عراق کے کچھ مجاہد، جو جزیرہ نمائے عرب کے اصل باشندے نہ تھے، قرآن کے بعض الفاظ کی مختلف تعبیرات کر رہے تھے۔

حضرت حذیفہ نے خلیفۂ وقت کو تجویز دی کہ قرآن کے ایک سرکاری نسخے کو سلطنت کے تمام علاقوں میں بھیجا جائے تاکہ ان اختلافات کو ختم کیا جا سکے۔ حضرت عثمان نے ایک کمیٹی تشکیل دی اور حضرت زید بن ثابت، حضرت عبداللہ بن زبیر، حضرت سعید بن العاص، اور حضرت عبدالرحمٰن بن حارث کو مقرر کیا کہ وہ رسول اللہ صلی اللہ علیہ وسلم کی زوجۂ محترمہ حضرت حفصہ سے قرآن کا وہی سرکاری نسخہ حاصل کریں، جو حضرت ابو بکر کے زمانے میں اتفاقِ رائے سے تیار کیا گیا تھا تاکہ اس کی مزید نقول تیار کی جا سکیں اور سلطنت کے دور دراز علاقوں میں تقسیم کی جا سکیں۔

اس کے ساتھ انھوں نے یہ بھی طے کیا کہ ان دور دراز کے علاقوں میں موجود دیگر مصاحف کو محو کر دیا جائے تاکہ قرآن کے مشمولات میں کسی قسم کے اختلافات باقی نہ رہیں۔ قرآن کے اس سرکاری تحریری نسخے کی نقول کی تیاری اور مسلم سلطنت کے طول و عرض میں ان کی تقسیم کو بعض لوگ غلطی سے جمع قرآن سمجھ لیتے ہیں اور خیال کرتے ہیں کہ حضرت عثمان نے قرآن کو جمع اور مرتب کیا۔[44]

خلاصہ یہ ہے کہ حضرت محمد صلی اللہ علیہ وسلم نے قرآن کو اپنی زندگی کے آخری سال میں

---

[44] بخاری، رقم 510۔

مکمل اور موجودہ ترتیب میں حضرت جبریل سے حاصل کیا۔ آپ کے ہزاروں قریبی پیروکاروں نے اسے تحریر کیا اور حفظ کیا۔

حضرت محمد صلی اللہ علیہ وسلم کی وفات کے 20 سال کے اندر اندر، آپ کے قریبی پیروکاروں کی کوششوں کے نتیجے میں قرآن کا ایک سرکاری اور ریاستی سطح پر تحریری نسخہ تیار کیا گیا، جس کے مواد پر سب کا مکمل اتفاق تھا۔ یہ نسخہ حضرت عثمان کے دور میں ایک معیار بنایا گیا اور وسیع مسلم سلطنت کے طول و عرض میں تقسیم کیا گیا۔ قرآن کے اس سرکاری نسخے کی معیاری تقسیم کو بعض لوگ غلطی سے حضرت عثمان کے قرآن کے مرتب کرنے کے عمل کے طور پر دیکھتے ہیں۔

قراءات کا اختلاف

قرآن کے مختلف ایسے نسخے بھی موجود ہیں جن میں بعض الفاظ کے تلفظ میں اختلاف پایا جاتا ہے۔ اگرچہ یہ اختلاف قرآن کے بنیادی مضمون اور پیغام پر کوئی گہرا اثر نہیں ڈالتا، لیکن ان نسخوں کی موجودگی کو بعض افراد قرآن کی حفاظت پر اعتراض کے طور پر پیش کرتے ہیں۔ تاہم، یہ اعتراض حقیقت پر مبنی نہیں ہے۔

جیسا کہ پہلے ذکر ہوا، قرآن پر امت کا اجماعی اتفاق موجود تھا۔ تمام صحابہ اس بات پر متفق تھے کہ عرضۂ اخیرہ میں دیا گیا قرآن ہی وہی کتاب ہے، جسے رسول اللہ صلی اللہ علیہ وسلم نے اپنے پیروکاروں کے سامنے بہ طور اللہ کی آخری کتاب کے پیش کیا۔ تو پھر سوال پیدا ہوتا ہے کہ ایسے مختلف نسخے کیوں اور کیسے وجود میں آئے جن میں اختلافات پائے جاتے ہیں، خواہ یہ معمولی نوعیت کے اختلافات ہوں؟

جیسا کہ اوپر وضاحت کی گئی ہے، قرآن کے نزول کے ابتدائی مرحلے میں تلفظ کی غلطیوں پر درگزر کیا جاتا تھا اور لوگوں کو اصل الفاظ کے بجائے اپنے الفاظ میں تلاوت کرنے کی اجازت دی گئی تھی، تاکہ بنیادی پیغام کو آسانی سے سمجھا اور آگے پہنچایا جا سکے۔ جب حضرت محمد صلی اللہ علیہ وسلم نے مکمل قرآن اپنے پیروکاروں تک پہنچا دیا اور آپ رحلت فرما گئے تو نزول کے اس ابتدائی مرحلے کی قراءات تحریری اور زبانی دونوں شکلوں میں محفوظ رہیں اور صحابۂ کرام تک پہنچ گئیں۔ حضرت محمد صلی اللہ علیہ وسلم کے قریبی پیروکاروں کے درمیان ان مختلف قراءات کو محفوظ رکھنے یا ترک کرنے کے حوالے سے دو فکری مکاتب وجود میں آئے۔

حضرت عمر کی قیادت میں ایک مکتب فکر اس بات کا قائل تھا کہ جب رسول اللہ صلی اللہ علیہ وسلم نے آخری عرضہ میں قرآن پیش کر دیا تو ہمیں قراءت میں اسی پر عمل پیرا ہونا چاہیے۔ جب کہ دوسرا مکتب فکر، جس کی قیادت حضرت ابی بن کعب نے کی، اس بات کا حامی تھا کہ اگرچہ سب کے پاس وہی متفقہ قرآن موجود ہے جو رسول اللہ صلی اللہ علیہ وسلم نے پیش کیا، ہمیں ان قراءات کو بھی محفوظ رکھنا چاہیے جن کی نسبت مستند طور پر رسول اللہ صلی اللہ علیہ وسلم کی طرف کی جا سکتی ہو۔ [45] یہ اختلاف رائے نسل در نسل جاری رہا اور اسی وجہ سے کچھ ایسے مصاحف محفوظ رہے جن میں امت کے بنیادی دھارے میں پڑھے جانے والے قرآن سے معمولی فرق پایا جاتا ہے۔ تاہم، یہ چھوٹے چھوٹے فرق قرآن کے پیغام اور مفہوم پر کسی قسم کا اثر نہیں ڈالتے۔

خلاصہ یہ ہے کہ حضرت محمد صلی اللہ علیہ وسلم نے اپنے پیروکاروں کو قرآن اس کی موجودہ

---

[45] حضرت عمر اور ابی بن کعب کے درمیان اختلافِ رائے کی تفصیلات کے لیے دیکھیں: بخاری، رقم 4481، 5005۔

ترتیب میں پیش کیا۔ آج قرآن کے متن اور قراءات کے متعلق جو مختلف تعبیریں پائی جاتی ہیں، وہ زیادہ تر نزولِ قرآن کے ابتدائی مراحل میں دی گئی رعایت اور اجازت کی بنیاد پر قائم ہیں، جب یہ نظرانداز کیا جاتا تھا کہ کوئی شخص اپنے الفاظ میں تلاوت کرے یا پڑھنے میں غلطی کرے۔ بعد میں یہ تعبیرات اس لیے محفوظ رہیں کیونکہ بعض صحابۂ کرام نے انھیں بھی باقی رکھنا اہم سمجھا۔

اب ہم قرآن میں مزید تحقیق کی طرف بڑھتے ہیں تاکہ اللہ کے رسولوں کے متعلق سنتِ الٰہی کے نظام کو تفصیل سے سمجھ سکیں، خصوصاً یہ جاننے کے لیے کہ آخری رسول، حضرت محمد صلی اللہ علیہ وسلم کی بعثت اور ان کے مشن کے حوالے سے یہ الٰہی قانون کس طرح ظاہر ہوا۔ اس تحقیق میں، ہم یہ بھی جانچیں گے کہ قرآن کا یہ نظریہ نہ صرف معقول ہے، بلکہ سائنس، تاریخ اور ہمارے مشاہدات کے مطابق بھی ہے۔

باب پنجم

قانون رسالت کی تفصیلات

یہ بات میرے لیے نہایت حیران کن ہے کہ جو موضوع اسلام کی صداقت کو سمجھنے کے لیے سب سے زیادہ وزنی اور قابلِ غور ہے، وہی سب سے کم سمجھا اور بیان کیا گیا ہے۔ یہاں تک کہ مسلمانوں کے درمیان بھی یہ بہت کم زیر بحث آیا ہے۔ اگر آپ مسلمان ہیں اور یہ تحریر پڑھ رہے ہیں تو 95 فی صد امکان ہے کہ آپ اس حقیقت سے بے خبر ہوں گے کہ قرآن کے مطابق رسول وہ ہستی ہے، جس کے ذریعے سے اللہ دنیا میں ہی لوگوں کو سزا اور جزا دیتا ہے۔

قرآن نہایت جامع انداز میں ہر اس مرحلے کو بیان کرتا ہے جس کے ذریعے سے حضرت محمد صلی اللہ علیہ وسلم کے زمانے میں ان کے مخاطبین پر اللہ کا فیصلہ نافذ ہوا۔ تاریخ سے ثابت ہے کہ یہ واقعات عالمی سطح پر قرآن کے بیان کردہ طریقے کے عین مطابق وقوع پذیر ہوئے، یہاں تک کہ ان کی باریک تفصیلات میں بھی کوئی فرق نہیں پایا گیا۔

قرآن کے قانونِ رسالت کا ایک اور دل چسپ پہلو یہ ہے کہ یہ نہ صرف حضرت ابراہیم، حضرت لوط، حضرت موسیٰ، حضرت عیسیٰ علیہم السلام اور حضرت محمد صلی اللہ علیہ وسلم جیسی اہم شخصیات کو اللہ کے نبی کے طور پر پیش کرتا ہے، بلکہ انھیں اللہ کے رسول کے طور پر بھی بیان کرتا ہے، جن کے ذریعے سے زمین پر اللہ کی دینونت (جزا و سزا کا نفاذ) عمل میں آیا۔ اسی

طرح، حضرت نوح جیسی قبل از ابراہیمی شخصیات کو بھی یہی مقام عطا کیا گیا ہے۔ قرآن کے مطابق حضرت نوح، حضرت لوط، حضرت ابراہیم، حضرت موسیٰ، حضرت عیسیٰ علیہم السلام اور حضرت محمد صلی اللہ علیہ وسلم کی تعلیمات اور ان کے ساتھ پیش آنے والے واقعات محض علاقائی نوعیت کے نہیں تھے، بلکہ یہ اللہ تعالیٰ کی طرف سے انسانیت کی رہنمائی اور زمین پر اس کے عدل وانصاف کو ثابت کرنے کے ایک مسلسل، مربوط اور منظم عمل کی عکاسی کرتے ہیں۔ یہ واقعات دینونت کے دنیا میں عملی مظاہرے کے طور پر قیامت کے دن ہونے والے حتمی فیصلے کا پیش خیمہ ہیں۔ قرآن کا یہ قانونِ رسالت نہ صرف دینی روایات سے ہم آہنگ ہے، بلکہ غیر مذہبی تاریخی حوالوں سے بھی اس کی تصدیق ہوتی ہے۔ مزید برآں، یہ قانون بائبل کے عہد نامہ قدیم اور عہد نامہ جدید (Old and New Testament) کی تعلیمات سے بھی مکمل ہم آہنگی رکھتا ہے۔

آیئے، اب قرآن کے نقطۂ نظر سے رسولوں کے سلسلے میں قانونِ الٰہی کا تجزیہ کریں۔ ہم اس موضوع پر قرآن کے بیانات کا مطالعہ کریں گے اور یہ سمجھنے کی کوشش کریں گے کہ کیوں قرآن کی وضاحت اخلاقی، فکری اور عقلی لحاظ سے معقول ہے۔ مزید برآں، ہم یہ بھی جانچیں گے کہ ہماری وجودی حقیقت میں موجود بعض علامات کس طرح قرآن کے دعووں کی تصدیق کرتی ہیں۔

1۔ اللہ تعالیٰ انسانوں سے براہِ راست مخاطب کیوں نہیں ہوتا؟

آگے بڑھنے سے پہلے، مختصراً یہ سمجھنے کی کوشش کرتے ہیں کہ قرآن اس سوال کا کیا جواب دیتا ہے کہ اللہ انسانوں سے براہِ راست بات کرنے کے بجائے پیغمبروں اور رسولوں کے

ذریعے سے اپنا پیغام کیوں بھیجتا ہے۔

قرآن میں سورۂ شوریٰ کی آیت 51 اور دیگر کئی مقامات پر واضح کیا گیا ہے کہ اللہ تعالیٰ انسانوں سے تین طریقوں سے کلام کرتا ہے:

1۔ وجدان یا القا کے ذریعے سے،

2۔ براہِ راست کلام کے ذریعے سے،

3۔ فرشتوں کے ذریعے سے جو اللہ کا پیغام وحی کی صورت میں پہنچاتے ہیں۔

قرآن کے مطابق، براہِ راست گفتگو — خواہ وہ اللہ کی طرف سے ہو یا فرشتوں کے ذریعے سے وحی کی شکل میں — صرف ان افراد کے لیے مخصوص ہے، جو پیغمبر یا رسول ہوں اور کسی خاص مشن کے لیے منتخب کیے گئے ہوں۔ یہ سوال اکثر میرے ذہن میں آتا کہ اس نظام کی کیا ضرورت ہے اور اللہ تعالیٰ براہِ راست سب سے کیوں بات نہیں کرتا؟ قرآن اس کا ایک عقلی اور منطقی جواب پیش کرتا ہے، جو ہماری دنیوی حقیقت کے مطابق بھی ہے۔

ہم آگے چل کر قرآن کے نظریے کے مطابق انسانی وجود کے مقصد پر تفصیل سے گفتگو کریں گے، لیکن یہاں یہ ذکر کرنا ضروری ہے کہ انسانی زندگی کا ایک اہم پہلو یہ ہے کہ انسان کو اچھے یا برے اعمال کے انتخاب کی مکمل آزادی حاصل ہے۔[46] قرآن کے مطابق، اس آزادی کو برقرار رکھنے کے لیے اللہ، فرشتے اور ان کی دنیا انسانوں کی نظروں سے اوجھل رکھی گئی ہے۔
[47]

---

[46] البقرہ 2:256۔

[47] البقرہ 2:210۔ الانعام 6:8، 158۔ الحجر 15:7۔ الفرقان 25:22۔ الشعراء 26:4۔ النحل 16:28۔ السجدہ 32:12۔

لہٰذا اللہ تعالیٰ پیغمبروں اور رسولوں کے ذریعے سے انسانوں سے مخاطب ہوتا ہے تاکہ ان لوگوں کو رہنمائی فراہم کی جا سکے جو اس کی طلب رکھتے ہیں، جب کہ انسانوں کی آزادی کو بھی محفوظ رکھا جائے۔

لیکن سوال یہ پیدا ہوتا ہے کہ پیغمبروں اور رسولوں کی آزادی کا کیا ہوتا ہے؟ اگر وہ اللہ سے براہِ راست رابطے میں ہوتے ہیں تو کیا ان کی آزادی متاثر نہیں ہوتی؟ قرآن کے مطابق، اللہ نے نبیوں اور رسولوں کو ان کے کردار کی برتری کی بنیاد پر چنا۔[48] تاہم، جب وہ پیغمبر یا رسول مقرر کیے جاتے ہیں تو ان کی ذمہ داری بھی کئی گنا بڑھ جاتی ہے۔ غیب کی دنیا ان پر جزوی یا مکمل طور پر ظاہر ہو جاتی ہے اور اس کے بعد ان کے لیے کسی قسم کے عذر کی گنجایش باقی نہیں رہتی۔ جب غیب کی حقیقت ان پر ظاہر ہو جاتی ہے تو نیکی کے لیے انعام دوگنا ہو جاتا ہے، لیکن اگر وہ کسی غلطی کا ارتکاب کریں، چاہے وہ کتنی ہی معمولی کیوں نہ ہو تو سزا بھی فوری اور شدید ہوتی ہے۔[49] یہ ایسے ہے جیسے کوئی شخص جانتے بوجھتے ٹریفک کا اشارہ توڑ دے، جب کہ وہ یہ بھی جانتا ہو کہ پولیس اہلکار اسے دیکھ رہا ہے۔ اس پر عام حالات کے مقابلے میں زیادہ جرمانہ عائد ہو گا۔

قرآن ہمیں بتاتا ہے کہ اللہ تعالیٰ نے انبیا اور رسولوں کو عوام تک اپنا پیغام پہنچانے کے لیے منتخب کیا اور ان سے براہِ راست رابطہ کیا۔ ان منتخب افراد کو غیب کی دنیا تک رسائی دی گئی تاکہ انھیں مکمل اذعان اور یقین ہو کہ وہ کس کی کن امور میں اتباع کر رہے ہیں اور اس میں کسی قسم کے شک کی گنجایش باقی نہ رہے۔ عام انسانوں کے لیے موت وہ لمحہ ہے جب غیب کی دنیا ان پر

---

[48] القلم 68:4۔

[49] الاسراء 17:75۔

کھل جاتی ہے اور ان کے لیے انتخاب کی آزادی کا دورانیہ ختم ہو جاتا ہے۔[50]

الف۔ آسمانی دنیا کو غیب میں رکھنے کی حکمت

اگر آپ خدا پر ایمان نہیں رکھتے تو تھوڑی دیر کے لیے یہ تصور کریں کہ یہ پورا نظام، جس میں خدا، فرشتے اور ہماری آزادی انتخاب شامل ہیں، حقیقت پر مبنی ہے۔ منطقی طور پر یہ بات معقول نظر آتی ہے کہ خدا، فرشتے اور ان کی پوری دنیا ہماری نظروں سے پوشیدہ رہے۔ ورنہ ہماری آزادی انتخاب کیسے برقرار رہ سکتی ہے اور ہم آزادی سے غلط انتخاب کیسے کر سکتے ہیں؟ ذرا غور کیجیے، اگر ہم خدا اور فرشتوں جیسی طاقت ور ہستیوں کی براہِ راست موجودگی میں رہ رہے ہوں اور کسی بھی غلطی پر فوراً سزا کا سامنا ہو تو کیا کوئی شخص بہ قائم ہوش و حواس غلط کام کرنے کی جرأت کرے گا؟ اس سوال کا واضح جواب ''نہیں'' میں ہے۔ انسانی فطرت کا تقاضا ہے کہ جب ہمیں یقین ہو کہ کوئی اتھارٹی ہماری نگرانی کر رہی ہے اور قانون کی خلاف ورزی پر سزا دے گی تو ہم قانون کی خلاف ورزی سے گریز کرتے ہیں۔ لہٰذا اگر خدا اور ہماری آزادی انتخاب کا تصور درست ہے تو یہ معقول ہے کہ خدا اور اس کی دنیا ہماری نظروں سے پوشیدہ رہے تاکہ ہمیں اچھائی اور برائی کے درمیان مکمل آزادی انتخاب حاصل رہے۔

ب۔ ہمارے معلوم وجودی حقائق سے پوشیدہ عوالم کے تصور کی تائید

بہت سے افراد کے لیے مذہب کا کوئی بھی تصور اس وقت زیادہ قابل قبول محسوس ہوتا ہے

---

[50] ق 50:22۔

جب اسے سائنس کی تائید حاصل ہو۔ذیل میں دیے گئے دو بیانات پر غور فرمائیں:

1- خدانے ہماری آزادی انتخاب کو برقرار رکھنے کے لیے وجود کے غالب حصے کو ہم سے پوشیدہ رکھا ہے۔

2- سائنس ہمیں بتاتی ہے کہ کائنات کا 96 فی صد حصہ ہماری نظروں سے اوجھل ہے اور ہم اسے دیکھ یا محسوس نہیں کر سکتے۔

ایک تشکیکی ذہن رکھنے والے شخص کے لیے دوسرا بیان شاید زیادہ قابل قبول ہو گا، حالاں کہ یہ پہلے بیان سے مشابہت رکھتا ہے۔ یہ خیال کہ خدانے ہماری نظروں سے زیادہ تر حقیقت کو پوشیدہ رکھا ہے، کسی حد تک ہماری کائنات کی سائنسی تفہیم کے مطابق معلوم ہوتا ہے۔ کائنات کے تمام مادی اجزااور قوتیں جو ہمیں دکھائی دیتی ہیں، وہ کائنات کا محض 4 فی صد ہیں۔ باقی 96 فی صد ایسے اجزا پر مشتمل ہے، جنھیں نہ تو ہم دیکھ سکتے ہیں، نہ ماپ سکتے ہیں اور نہ ہی براہ راست محسوس کر سکتے ہیں۔ جو خلا ہمیں خالی محسوس ہوتا ہے، وہ در حقیقت ایسے عناصر سے بھرا ہوا ہے، جن کے بارے میں ہمارا علم محدود ہے۔ ہم نہیں جانتے کہ یہ اجزا کیا ہیں یا کہاں موجود ہیں، لیکن ان کی موجودگی کا یقین ہمیں ان کے اثرات کے ذریعے سے ہوتا ہے، جو مرئی مادے پر ظاہر ہوتے ہیں۔ یہ ناقابل فہم اجزا سائنس دانوں کے مطابق ''ڈارک میٹر'' اور ''ڈارک انرجی'' کہلاتے ہیں، اور یہاں لفظ ''ڈارک'' سے مراد ہماری مکمل لاعلمی پر زور دینا ہے۔ اس طرح سائنس کے مطابق، کائنات کا بیش تر حصہ ہماری نظروں سے اوجھل، ناقابل سراغ اور ناقابل فہم ہے۔

یہاں ایک وضاحت ضروری ہے۔ وہ یہ کہ میں یہ نہیں کہہ رہا کہ ڈارک میٹر اور ڈارک انرجی خدا یا فرشتوں کے عوالم ہیں، بلکہ میں صرف یہ نشان دہی کر رہا ہوں کہ مذہب کا یہ تصور

کہ خدا نے زیادہ تر وجود ہم سے پوشیدہ رکھا ہے، ہمارے موجودہ سائنسی علم سے کسی حد تک ہم آہنگ ہے۔

آیئے، اب قرآن میں رسولوں کے حیرت انگیز بیانات کا جائزہ لیں۔

2ـ ابتدا میں تمام انسان ایک ہی حق پر قائم تھے

حضرت محمد صلی اللہ علیہ وسلم کے ساتھ پیش آنے والے غیر معمولی واقعات کو سمجھنے کے لیے ضروری ہے کہ ہم اس مقام سے اپنی تحقیق کا آغاز کریں جہاں سے قرآن اس داستان کا آغاز کرتا ہے، یعنی انسان کی تخلیق سے۔ ہم قرآن میں حضرت آدم اور حوا کی تخلیق کے بیان کو آگے تفصیل سے بیان کریں گے، جو شاید آپ کے لیے حیرت انگیز ہو اور آپ کی توقعات کے برعکس ہو۔ فی الحال، آیئے قرآن کے اس دعوے پر غور کرتے ہیں کہ انسانیت کے آغاز میں تمام لوگ ایک ہی حق پر قائم تھے، یعنی خدا کی وحدانیت اور آخرت میں جواب دہی کے تصور پر۔

الف ـ انسانی فطرت میں صحیح اور غلط کا بنیادی شعور

ایک وقت تھا جب میرا یہ خیال تھا کہ مذہب کا دعویٰ ہے کہ انسان کو صحیح اور غلط کا شعور فطری طور پر حاصل نہیں، بلکہ یہ علم اسے صرف الہامی کتابوں کے ذریعے سے ملتا ہے۔ اس سوچ نے مجھے مذہبی دعووں پر سوال اٹھانے پر مجبور کیا، خاص طور پر ان افراد کو دیکھتے ہوئے جو کسی الہامی کتاب کو مانے بغیر بھی اخلاقی اصولوں پر کاربند رہتے ہیں۔ تاہم، قرآن [51] کے

---

[51] الشمس 8:91۔

مطابق، صحیح اور غلط کا بنیادی شعور انسان کی فطرت میں ودیعت شدہ ہے۔ یہ بیان ان لوگوں کی موجودگی کی وضاحت کرتا ہے، جو کسی بھی مذہبی کتاب پر ایمان نہیں رکھتے، مگر پھر بھی اعلیٰ اخلاق کے حامل ہیں۔ اخلاقی شعور کے فطری ہونے کا تصور انسانوں کی اس عمومی عادت سے بھی ہم آہنگ ہے کہ وہ اعمال کو صحیح یا غلط کے طور پر جانچتے ہیں، چاہے ان اصطلاحات کی تشریح میں وہ اختلاف رکھتے ہوں۔ وہ لوگ جن میں یہ اخلاقی شعور موجود نہیں یا اس میں شدید بگاڑ آ چکا ہو، عام طور پر انھیں دیوانہ، سائیکوپیتھ یا سوشیوپیتھ کہا جاتا ہے۔

ب۔ ابتدائی انسانوں کو الہامی ہدایت براہِ راست ملی

قرآن کی سورۂ بقرہ کی آیت 213 کے مطابق، ابتدائی انسانوں کو براہِ راست الہامی ہدایت ملی، جس کے ذریعے سے ان پر ان کی اصل اور مقصد واضح کیا گیا۔ یوں ایک فطری اخلاقی شعور اور الہامی ہدایات کے ساتھ، اولین انسان الہامی سچائی سے مکمل طور پر آگاہ تھے۔ قرآن مزید بیان کرتا ہے کہ جب بھی انسانیت اس سچائی سے بھٹکی تو اللہ نے نبیوں اور کتابوں کو بھیجا تاکہ لوگوں کو اس ہدایت کی یاد دہانی کرائی جا سکے اور پیدا ہونے والے بگاڑ کو درست کیا جا سکے۔[52]

یہ سچائی، جیسا کہ قرآن کی مختلف آیات میں بیان کی گئی ہے، ان اصولوں پر مشتمل ہے: خدائے واحد و برتر پر ایمان، فرشتوں کی موجودگی پر یقین، آخرت میں زندگی کا تصور اور اس دنیوی زندگی میں کیے گئے اعمال کی بنیاد پر آخرت میں جواب دہی کا اصول اور اس جواب دہی کے نتیجے میں اچھے یا برے دائمی انجام کا سامنا۔

---

[52] البقرہ 2:213۔

ج۔ مختلف مذاہب کے وجود کی وضاحت

قرآن واضح کرتا ہے کہ مختلف مذاہب اور اساطیر کے وجود کا سبب یہ ہے کہ وقت کے ساتھ انسان مختلف وجوہات کی بنا پر سچائی سے منحرف ہو گئے۔ ان وجوہات میں باہمی دشمنی، دنیوی فائدے اور مفاد پرستی شامل ہیں، جنھوں نے معاشروں کو شرک اور بت پرستی میں مبتلا کر دیا۔[53] انسانوں نے جنوں اور فرشتوں کو خدا کے ساتھ شریک ٹھیرانا شروع کیا اور ان کے متعلق داستانیں اور اساطیری کہانیاں گھڑ لیں، یہاں تک کہ خدا سے اولاد تک منسوب کر دی۔[54] قرآن کے مطابق، تمام انسانیت ابتدا میں خدا اور وجود کی بنیادی حقیقتوں سے آگاہ تھی اور توحید کے راستے پر قائم تھی، لیکن وقت گزرنے کے ساتھ ساتھ وہ شرک اور بت پرستی کی طرف مائل ہو گئی۔

د۔ ہمارے معلوم حقائق سے قرآن کے دعوے کی تائید

قرآن رسولوں کی سرگذشتوں میں یہ بیان کرتا ہے کہ تمام انسانیت ابتدا میں سچائی کے ایک ہی راستے پر قائم تھی، لیکن وقت گزرنے کے ساتھ وہ تقسیم کا شکار ہو گئی۔ قرآن مزید یہ بھی کہتا ہے کہ تمام ابراہیمی مذاہب اور اکثر دیگر مذہبی عقائد، ایک ہی سچائی کی شاخیں ہیں جو بگاڑ کا شکار ہو چکی ہیں۔ یہ نکتہ قابل فہم ہے، کیونکہ انسان اکثر تفصیلی عقائد پر اختلاف کرتے ہیں، چاہے ان عقائد کی بنیاد پر اتفاق ہو۔ مثال کے طور پر، مسلمانوں کو ہی لیجیے۔ ان کے پاس

---

[53] البقرہ 2:213۔ الفرقان 25:18۔

[54] الانعام 6:100۔ سبا 34:41۔

قرآن ہے، جسے وہ اللہ کی آخری کتاب مانتے ہیں، جو عقائد سے متعلق تمام معاملات کو واضح کرتی ہے، لیکن پھر بھی مسلمان مختلف فرقوں میں تقسیم ہیں جن کے عقائد میں نمایاں اختلافات پائے جاتے ہیں۔

اس کے برعکس، ایک متبادل نظریہ، جو زیادہ تر غیر مذہبی حلقوں میں پایا جاتا ہے، یہ ہے کہ انسانیت نے اپنی ابتداا ایک خالی ذہن کے ساتھ کی اور بعد میں روحوں، خداؤں اور آخرت کے تصورات تخلیق کیے تاکہ اپنے وجود کی تشریح کر سکیں اور موت کے پراسرار حقائق کی کوئی تعبیر کر سکیں۔

کون سا نظریہ درست ہے؟ قرآن کا پیش کردہ نظریہ یا متبادل نظریہ؟ انسانی ارتقا کی تاریخ کے مطابق، جدید انسان تقریباً دو لاکھ سال سے موجود ہے۔ لیکن بدقسمتی سے، ہمارے پاس کوئی ایسی ٹائم مشین نہیں جو ہمیں ماضی میں لے جا کر یہ جاننے کے قابل کرے کہ ابتدائی انسانوں نے الوہی حقائق کے بارے میں کیا سوچا تھا۔ مزید برآں، تحریر کے ایجاد ہونے سے پہلے (تقریباً 5000 سے 7000 سال قبل) کے ہمارے پاس کوئی تحریری شواہد موجود نہیں۔

وہ ماہرین جو یہ دعویٰ کرتے ہیں کہ انسانیت نے شرک اور بت پرستی سے اپنے فکری سفر کا آغاز کیا، اپنا مقدمہ قدیم معاشروں کے کھنڈرات میں ملنے والے خداؤں اور دیویوں کے مجسموں اور نشانات پر استوار کرتے ہیں۔ لیکن سوال یہ ہے کہ کیا تحریر کے ایجاد ہونے سے پہلے خالص توحید آثار قدیمہ کا کوئی نشان چھوڑ سکتی تھی؟ جواب یہ ہے کہ نہیں۔ خالص توحید میں نہ تو بت ہوتے ہیں، نہ علامات اور نہ ہی ایسے آثار جنھیں کھدائی کے ذریعے سے دریافت کیا جا سکے اور نتیجہ اخذ کیا جا سکے کہ کوئی معاشرہ توحید پر قائم تھا۔ تحریر کے سوا کوئی دوسرا ذریعہ

نہیں، جس کے ذریعے سے خالص توحید اپنا نشان چھوڑ سکتی۔

کیا ہماری معلوم حقیقت میں کوئی ایسا اشارہ موجود ہے جو اس بات کی تصدیق کرے کہ قرآن کا یہ بیان درست ہے کہ تمام انسانیت ابتدا میں ایک ہی عقیدہ رکھتی تھی؟ جی ہاں، ایسا اشارہ موجود ہے۔

ہ۔ مذہبی عقائد کی مشابہت — قرآن کے اولین متفقہ حق کے دعوے کی تصدیق کی ایک بنیاد

دنیا بھر کے مختلف معاشروں کے مذہبی تصورات میں ایک حیران کن عمومی مشابہت پائی جاتی ہے۔ عقائد کی یہ مشابہت ان معاشروں میں بھی پائی جاتی ہے جن کے درمیان کوئی ظاہری رابطہ نہیں رہا۔ اس کی ایک ممکنہ وجہ یہی ہو سکتی ہے کہ ان تمام تصورات کی اصل ایک ہی ہے۔ جیسا کہ اوپر بیان ہوا، تقریباً چند استثنائی مثالوں کو چھوڑ کر ہر انسانی تہذیب میں خدا یا خداؤں، فرشتوں اور آخرت کے متعلق تصورات پائے جاتے ہیں۔

مذہب — جس میں مافوق الفطرت ہستیوں جیسے خدا، بھوت، فرشتے، جن، روحوں وغیرہ کو ماننا شامل ہے — تاریخ بھر میں اور ہر ثقافت میں پایا جاتا ہے۔ ہر جانی پہچانی انسانی تہذیب کے پاس تخلیق کے اساطیری قصے موجود ہیں، سوائے ایمازون کے پیراہا لوگوں کے، جن کے پاس نہ تو گنتی کے الفاظ ہیں، نہ رنگوں کے الفاظ اور نہ سماجی درجہ بندی کا کوئی تصور۔[55]

---

[55] دیکھیے:

"Are We Wired to Believe in a Higher Power?", BBC Teach,

جب اس سمت میں مزید غور و خوض کیا جائے تو معلوم ہوتا ہے کہ قرآن کا دعویٰ مزید مضبوط ہو جاتا ہے۔ قرآن کہتا ہے کہ انسان ابتدا ہی سے حق سے آگاہ تھا۔ ایک خدا کا وجود، آخرت، اس آخرت میں خدا کے سامنے جواب دہی اور دنیا میں انسان کے اعمال کی بنیاد پر جنت یا جہنم کی جزا و سزا اس حق میں شامل ہیں۔ آیئے، اب ہم یہ دیکھتے ہیں کہ دنیا کی وہ کون سی تہذیبیں ہیں، جو ایسے عقائد کی حامل رہی ہیں۔

ذیل میں پیش کی گئی تحقیق کسی پیچیدہ علمی مطالعے پر مبنی نہیں، بلکہ یہ ایک عام شخص کی انٹرنیٹ پر کی گئی بنیادی جستجو کا نتیجہ ہے۔ اگر آپ گوگل پر ''قدیم تہذیبوں کے مذہبی عقائد'' جیسے الفاظ و تراکیب تلاش کریں تو آپ کو اس میں سے زیادہ تر مواد تلاش کے پہلے صفحے پر دستیاب ہو جائے گا۔ یہاں یہ وضاحت کرنا نہایت اہم ہے کہ تاریخ کے ماہرین ان موضوعات پر مختلف آرا، دلائل اور جوابی دلائل پیش کرتے ہیں، لیکن میں آپ کے سامنے ایک عمومی اور سادہ تصور پیش کر رہا ہوں، جو ایک عام قاری کو اس موضوع پر دستیاب مواد کے سرسری جائزے سے حاصل ہو سکتا ہے۔

سب سے پہلے، ہم نسبتاً حالیہ ادوار کے اہم عالمی مذاہب پر گفتگو کریں گے اور پھر کم معروف اور قدیم مذاہب و عقائد کی طرف رجوع کریں گے۔

ہم سب ابراہیمی مذاہب سے واقف ہیں، یعنی یہودیت، عیسائیت اور اسلام۔ اگرچہ ان میں جزوی اختلافات موجود ہیں، لیکن یہ تینوں مذاہب کچھ بنیادی تعلیمات پر متفق ہیں: ایک خدا ہے۔ انسان کا ایک دشمن بھی ہے، جو ایک غیر مرئی مخلوق سے تعلق رکھتا ہے اور عام طور پر

---

https://www.bbc.co.uk/teach/are-wewired-to-believe-in-a-higher-power/z74xkmn .

شیطان کہلاتا ہے۔ اسے بائیبل کے عہد نامہ عتیق، عہد نامہ جدید اور قرآن میں ''دھوکا دینے والا'' بھی کہا گیا ہے، کیونکہ یہ انسانوں کو گناہ پر اکساتا ہے۔ موت کے بعد جزا و سزا کا تصور بھی تینوں ابراہیمی مذاہب میں موجود ہے۔ آخرت میں ایک اچھا مقام (جنت) اور ایک برا مقام (جہنم) ہے، جہاں ہر فرد اپنے دنیوی اعمال کے مطابق مقام پائے گا۔

زرتشتیت، جسے ایران میں زرتشت نے پیش کیا تھا، بھی ایسے ہی بنیادی اصول سکھاتی ہے۔ اس مذہب میں ایک خدا کو ''آہورمزدا'' اور شیطان کو ''انگرہ مینیو'' یا ''بدروح'' کے نام سے موسوم کیا گیا ہے۔ اس مذہب کے مطابق بھی موت کے بعد حساب ہوگا اور اس کے نتیجے میں انسان کو اپنے دنیوی اعمال کے بدلے میں ایک ابدی اچھا یا برا مقام ملے گا۔[56]

ہندومت بھی ان کے مشابہ اصولوں کی تعلیمات دیتا ہے۔ اخلاقی اعتبار سے اچھی یا بری زندگی موت کے بعد مثبت یا منفی نتائج کا تعین کرتی ہے، جو تناسخ کے ذریعے سے بالآخر موکش (نجات) یا نروان (آزادی) تک لے جاتی ہے۔ اگرچہ ہندومت میں کوئی واحد شیطانی شخصیت موجود نہیں، تاہم اس میں راکششوں کا تصور پایا جاتا ہے — بدی کے دیو، جو مختلف اشکال اختیار کرنے کی قدرت رکھتے ہیں۔ آج ہندومت کو عمومی طور پر ایک مشرکانہ مذہب کے طور پر جانا جاتا ہے، تاہم اس کے مقدس متون میں خدائے واحد کا تصور بھی موجود ہے۔ ہندو کتب مقدسہ کی درج ذیل آیات پر غور کیجیے:

''اس دنیا کے ظہور پذیر ہونے سے پہلے صرف ایک وجود تھا، ایک ایسا وجود جس کا کوئی

---

56 جوبین بیخراد، ''زرتشت یا زوراسٹر عقیدہ: ایک مذہب جس نے سب سے پہلے خدا کی وحدانیت کا پیغام دیا''، بی بی سی اردو، https://www.bbc.com/urdu/world-60658763

دوسرا نہیں تھا۔"(چندوگیا اپنیشد:1:2:6)

"جو ایک ہے، حکیم اسے کئی ناموں سے پکارتے ہیں۔"(رگ وید 1:164:46)

"اسے نہ اوپر سے دیکھا جا سکتا ہے، نہ پار سے، نہ درمیان سے۔ وہ ہماری گرفت سے ماوراہے۔اس کی صورت کا کوئی صحیح عکس موجود نہیں۔اس کا نام خود جلال ہے۔ حواس اس کا ادراک نہیں کر سکتے۔ ذہن اسے سمجھ نہیں سکتا... اس کی صورت نظر نہیں آتی۔ آنکھیں اسے نہیں دیکھ سکتیں۔ لیکن جو لوگ اسے اپنے دل میں موجود سمجھتے ہیں—اپنے دل ودماغ کے ذریعے— وہ لافانی ہو جاتے ہیں۔"(شویتاشوتر اپنیشد:19:2)

اب ہم نسبتاً کم معروف اور قدیم اقوام کے مذہبی عقائد کا جائزہ لیتے ہیں۔

اصل امریکی باشندے(Native Americans)

اصل امریکی باشندے عمومی طور پر ایک عظیم اور برتر خدا کی عبادت کے لیے معروف ہیں اور وہ فرشتوں پر بھی ایمان رکھتے تھے۔ اس حوالے سے تھامس ہیریٹ (Thomas Harriot) نے اپنے مشاہدات ان الفاظ میں بیان کیے ہیں:

"انڈینز(Indians) کا ماننا تھا کہ ایک عظیم اور برتر خدا ازل سے موجود ہے، لیکن جب اس نے دنیا تخلیق کرنے کا ارادہ کیا تو سب سے پہلے چھوٹے دیوتاؤں کو پیدا کیا، تاکہ وہ تخلیق اور اس پر حکمرانی کے عمل میں مددگار ہوں۔"[57]

---

[57] دیکھیے:

"Indian Religion - Fort Raleigh National Historic Site (U.S. National Park Service)", https://www.nps.gov/fora/learn/education/indian-

انی شی نابے (Anishinaabeg) قبائل

انی شی نابے شمالی امریکہ کے قدیم ترین مقامی قبائل کا ایک گروہ ہے۔ یہ قبائل ایک خدا پر ایمان رکھتا ہے، جسے وہ ''گیچے منیٹو''(Gitche Manitou) یا ''عظیم روح'' کہتا ہے ۔ دیگر انڈین قبائل بھی اس واحد اعلیٰ ہستی کو ''منیٹو''(Manitou) یا ''عظیم روح'' کے نام سے یاد کرتا ہے۔ انی شی نابے لوگ یہ سمجھتے ہیں کہ ان کے خالق نے انھیں نیکی کے راستے پر چلنے پر مامور کیا ہے۔ نیکی کے راستے کا یہ تصور قرآن کے ''صراطِ مستقیم'' کے تصور سے گہری مماثلت رکھتا ہے۔ انی شی نابے اور دیگر ریڈ انڈین قبائل میں زندگی اخلاقی اصولوں اور اقدار کے مطابق گزارنا لازم ہے تاکہ روحیں ''روحانی دنیا''——جو ایک بہتر مقام ہے، میں جا سکیں، ورنہ ان کا انجام ''زیرِ زمین دنیا'' ہوگی، جو اچھا جائے قیام نہیں ہے۔ ان قبائل میں ''دھوکا باز'' یا ''فریب دینے والے'' کے کردار کا تصور بھی پایا جاتا ہے۔ تاہم، یہ کردار ہمیشہ منفی نہیں سمجھے جاتے، کیونکہ اکثر یہ لوگوں کو زندگی کے اہم سبق سکھانے کا ذریعہ بن جاتے ہیں۔

''نانا بوزھو''(Nanabozho)[58] انی شی نابے قبائل کے تصور میں ایک دھوکا باز یعنی شیطان کا کردار ادا کرتا ہے،[59] جس کا مقصد لوگوں کے لیے مسائل پیدا کرنا ہوتا ہے۔

چین

2000ء قبل مسیح سے قدیم چینی عقائد کے بارے میں زیادہ تفصیلات موجود نہیں، تاہم

religion.html

[58] ویکیپیڈیا پر مضمون ''Anishinaabe'' دیکھیے۔
[59] ویکیپیڈیا پر مضمون ''Nanabozho'' ملاحظہ کیجیے۔

شواہد بتاتے ہیں کہ اس دور کے لوگ ایک بزرگ ترین خدا کی عبادت کرتے تھے، جسے "Shangdi" کہا جاتا تھا۔ چین کے بعض علاقوں میں اس اعلیٰ ہستی کو "The Jade Emperor" کے نام سے بھی یاد کیا جاتا تھا۔ چین میں جہنم کا ایک تصور بھی تھا۔ یہ ایک مقام ہے جسے "Diyu" کہا جاتا تھا اور ارواح کو ان کے گناہوں کے کفارے کے لیے یہاں لے جایا جاتا ہے۔ اس کے ساتھ ساتھ ایک آسمانی دنیا کا تصور بھی موجود ہے، جسے "Tian" کہا جاتا ہے اور یہ نیک روحوں کا مسکن سمجھا جاتا ہے۔[60]

قدیم چینی قوم کے ہاں شیطانی قوتوں کا بھی ذکر ملتا ہے، جنھیں "Mogwai" کہا جاتا ہے۔ موجودہ دور میں چینی معاشرت میں یہ اصطلاح ان آباواجداد کی ارواح کے لیے استعمال ہوتی ہے، جو اپنی زندگی میں مظالم کا شکار ہوئیں اور بدلے کی خواہش رکھتی ہیں۔ تاہم، قدیم چینیوں کے نزدیک "Mogwai" شر کی مخلوق تھی جو انسانوں کو نقصان پہنچانے اور برائی کی طرف راغب کرنے کی کوشش کرتی تھی۔[61]

قدیم مقامی آسٹریلوی قبائل (Aboriginals)

---

[60] دیکھیے:

Cierra Tolentino, "Chinese Mythology: History, Culture, Myths, and Heroes," https://historycooperative.org/chinese-mythology/.

[61] دیکھیے:

Onukwube Anedo and Anedo Ngozi, "Ghosts in Chinese and Igbo Religion," Journal of African Studies & Development, Vol. 13, pp. 1 – 14.

ابوریجنل قبائل کے بہت سے گروہوں کے نزدیک Baiame سب سے بڑا خالق اور آسمانی خدا(Supreme Creator Sky God) ہے۔ان میں یہ عقیدہ بھی پایا جاتا ہے کہ فطرت کی ایک روح ہے۔اسی طرح ان کے آباواجداد کی روحیں بھی موجود ہیں۔وہ انھی ارواح کو کائنات کا خالق مانتے ہیں۔ان کے ہاں جنت کا ایک مبہم تصور موجود ہے۔ان کا ماننا ہے کہ دنیوی زندگی کے اختتام پر روح کو"Land of the Dead"میں جانا ہوتا ہے، جہاں داخلہ اس بات پر منحصر ہے کہ زندگی میں کسی فرد نے مخصوص مذہبی رسومات میں کس حد تک حصہ لیا اور اس کی تدفین کی رسومات کتنی درستگی سے انجام دی گئیں۔یوں ایک خدا، آخرت، اچھے یا برے انجام کا تصور اور یہ خیال کہ دنیا میں کچھ مخصوص داریاں انسان کے اخروی مقدر کا تعین کرتی ہیں، ان کے عقائد کا بنیادی حصہ ہیں۔

قدیم مقامی آسٹریلوی قبائل کا یہ اعتقاد تھا کہ کائنات کے تمام عناصر "Dream Time" کے دوران میں تخلیق کیے گئے۔ڈریم ٹائم کسی بھی شے کے وجود میں آنے سے پہلے کا دور ہے۔ان کے مطابق، خالقوں نے نہ صرف انسان کو پیدا کیا، بلکہ انسانوں کو زندگی گزارنے کے اصول بھی سکھائے تاکہ موت کے بعد وہ ایک بہتر مقام تک پہنچ سکیں۔ Dream Time کے دوران میں خالقوں نے مردوں، عورتوں اور حیوانات کی تخلیق کی، زمین کے قوانین مرتب کیے اور انسانوں کے باہمی رویوں کے اصول وضع کیے۔انھوں نے خوراک کی تقسیم کے ضوابط، پیدائش، تدفین — جنھیں اس لیے لازمی سمجھا جاتا تھا کہ مرنے والے کی روح امن میں اپنی مقررہ جگہ پہنچ سکے — اور شادی بیاہ کے رسوم بھی

متعین کیے۔[62] ان کے عقائد میں ایک دھوکا باز اور فتنے کے کردار کا تصور بھی پایا جاتا ہے۔ قدیم Yolngu قبائل کے مطابق Bamapana ایک دھوکا باز اور فتنہ پرور کردار ہے، جو انسانوں کے درمیان اختلاف اور انتشار پیدا کرنے کی کوشش کرتا ہے۔[63]

قدیم مصر

قدیم مصر میں مختلف دیوتاؤں کو برتری حاصل تھی اور ہر سلطنت اپنے مخصوص دیوتا کو معبودِ اعلیٰ کے طور پر پوجتی تھی۔ پہلی سلطنت کا اعلیٰ دیوتا "پتاح" (Ptah) تھا، جس کا تصور توحید کے قریب تر دکھائی دیتا ہے۔ Ptah کو ہر شے کا ایسا خالق مانا جاتا تھا، جو ازلی اور غیر مخلوق ہے۔ وہ کائنات کے آغاز کا باعث، دعاؤں کو سننے والا، سچائی کا علم بردار اور عدل و انصاف کا سرپرست سمجھا جاتا تھا۔[64]

---

[62] دیکھیے:

Scott Linklater, "What Is Aboriginal Dreamtime?", https://www.aboriginal-art-australia.com/aboriginal-art-library/aboriginal-dreamtime/.

[63] دیکھیے:

Arthur Cotterell, "Bamapana," in A Dictionary of World Mythology (Oxford University Press, 2003), https://www.oxfordreference.com/display/10.1093/acref/9780192177476.001.0001/acref-9780192177476-e-487.

[64] دیکھیے:

Robert a Armour, Gods and Myths of Ancient Egypt,

قدیم مصری عقائد میں Maat کے پَر کا ایک نمایاں تصور بھی پایا جاتا ہے، جس کے مطابق موت کے بعد انسان کو خدا کے سامنے حساب کے لیے پیش کیا جاتا تھا۔ ہر شخص کے دل کو سچائی اور انصاف کے پَر میں تولا جاتا، تاکہ یہ فیصلہ کیا جا سکے کہ آیا اس کی روح اخروی زندگی میں جنت کی حق دار ہے یا نہیں۔ [65]

افریقی یوروبا مذہب

یوروبا مذہب ہزاروں برس سے افریقہ میں رائج ہے۔ اس مذہب میں ایک عظیم خدا کا تصور ہے۔ یہ خدا "Olorun" یا "Olodumare" کہلاتا ہے۔ یوروبا مذہبی روایت میں فرشتوں کا بھی ذکر ہے، جنھیں "Irunmole" کہا جاتا ہے۔ یوروبا کے پیروکار نیکی، پاکیزگی، اور کمال کی جستجو سے یہ کوشش کرتے ہیں کہ وہ "Orun-Rere" یعنی نیک روحانی دنیا میں جگہ پا سکیں۔ انسائیکلوپیڈیا بریٹانیکا کے مضمون نگار کے مطابق:

"عمومی طور پر، افریقی مذاہب میں ایک ایسے خالق خدا کا عقیدہ موجود ہے جس نے ایک متحرک کائنات کی بنیاد رکھی۔ مختلف افریقی قوموں کے اساطیر میں یہ روایت بھی ملتی ہے کہ دنیا کو حرکت میں لانے کے بعد یہ خالق خدا خود کو انسانی معاملات سے دور کر لیتا ہے۔" [66]

(American Univ in Cairo Press, 2001), 99-100.

[65] دیکھیے:

Robert a Armour, Gods and Myths of Ancient Egypt, (American Univ in Cairo Press, 2001), 135.

[66] دیکھیے: britannica.com پر مضمون: "African Religions"۔

افریقی مذہبی عقائد میں ایک ''دھوکا باز'' یا ''چالاک'' کردار کا تصور بھی پایا جاتا ہے، جو غالب صورتوں میں برائی کی علامت ہوتا ہے، لیکن بعض روایات کے مطابق وہ اچھائی کا ذریعہ بھی ہو سکتا ہے۔ خواہ یہ کردار اخلاقی طور پر اچھا ہو یا برا، یہ اپنے مقاصد کے حصول کے لیے دھوکا دہی اور فریب کاری کا سہارا لیتا ہے۔ جیسا کہ انسائیکلوپیڈیا بریٹانیکا میں ذکر ہوا ہے:

''دھوکہ باز (trickster) افریقی اساطیر میں ایک عام اور نمایاں کردار ہے۔ یہ روایت کو بدل دیتا ہے اور اپنی بے قابو خواہشات اور لالچ کی تکمیل کے لیے کچھ بھی کر گزرنے کو تیار رہتا ہے، چاہے اس کے نتیجے میں تباہی ہی کیوں نہ آئے۔''[67]

نارسی (Norse) اساطیر

قدیم اسکینڈی نیوین قوموں کے مذہبی عقائد کے بارے میں تفصیلات کم دستیاب ہیں، لیکن شواہد بتاتے ہیں کہ ان کے ہاں ایک خداے برتر کا تصور موجود تھا، جسے وہ ''Odin'' کے نام سے جانتے تھے۔

نارسی عقائد میں جنت کو ''Valhalla'' کہا جاتا ہے، جسے ''شہید جنگجوؤں کا ایوان'' نام بھی دیا گیا ہے۔ یہ وہ مقام تھا، جہاں جنگ میں مارے جانے والے بہادر جنگجو خدا Odin کی قیادت میں پر مسرت زندگی گزارتے ہیں۔[68]

ان کے ہاں جہنم کا تصور بھی پایا جاتا ہے۔ وہ اس مقام کو ''Niflheim'' کے نام سے پکارتے ہیں اور اس کا بیان کچھ یوں کرتے:

---

[67] دیکھیے: britannica.com پر مضمون: ''African Religions''۔

[68] britannica.com پر مضمون: ''Valhalla'' ملاحظہ کیجیے۔

"مردوں کی سرد، تاریک اور دھندلی دنیا... وہ مقام جو موت کے بعد بروں کا ٹھکانا ہے۔"[69]

نارسی عقائد میں "دھوکہ باز" یا "چالاک (شیطان)" کا کردار بھی موجود ہے، جو "Loki" کہلاتا ہے۔ یہ کردار نہ مکمل طور پر اچھا سمجھا جاتا ہے اور نہ برا، لیکن اس کا مقصد ہمیشہ انتشار پیدا کرنا ہوتا ہے۔[70]

یونانی اساطیر

یونانی اساطیر میں Zeus کو سب سے بڑے خدا کا درجہ حاصل تھا۔ Elysium وہ جنت تھی جہاں دیوتاؤں کی عنایات سے لافانی ہونے والے ہیروز بستے تھے۔[71] Underworld قدیم یونانیوں کے عقائد میں جہنم کی طرح ایک جگہ تھی۔[72] یونانی اساطیر میں بھی "مکار (شیطان)" کے کردار کو اہم مقام حاصل ہے، جسے Prometheus، یعنی سب سے بڑا دھوکے باز، کے نام سے یاد کیا جاتا ہے۔[73] پرومیتھس

---

[69] britannica.com پر مضمون: "Niflheim" ملاحظہ کیجیے۔

[70] britannica.com پر مضمون: "Loki" ملاحظہ کیجیے۔

[71] britannica.com پر مضمون: "Elysium" دیکھیے۔

[72] britannica.com پر مضمون: "Hell - Greek, Roman, Mythology" دیکھیے۔

[73] britannica.com پر مضمون: "Prometheus" دیکھیے۔

Dolos(یعنی فریب کی روح)اورPseudea(جھوٹ کی روح)کو کنٹرول کرتا ہے۔⁷⁴

اگرچہ ان تہذیبوں کے عقائد اور اساطیری داستانوں کی تفصیلات ایک دوسرے سے بہت مختلف ہیں، لیکن ان میں عمومی اور بنیادی تصورات میں نمایاں ہم آہنگی پائی جاتی ہے۔ان سب اساطیر میں ایک سب سے بڑے خدا یا خالق کا تصور، آخرت کا عقیدہ اور آخرت میں انسان کے اعمال کی بنیاد پر اچھے یا برے انجام کا تصور شامل ہیں۔اسی طرح، ایک ''دھوکا باز''، یا ''گمراہ کرنے والے'' کردار کا ذکر بھی ان عقائد میں مشترک ہے۔ یہ کردار انسانوں کو گمراہ کرنے اور انھیں غلط راستے پر ڈالنے کی کوشش کرتا رہتا ہے۔

اب یہ سوال پیدا ہوتا ہے کہ دنیا کی مختلف تہذیبوں میں یہ یکساں تصورات کہاں سے آ گئے۔ یہ امر غور کا تقاضا کرتا ہے۔ ان تصورات کا تقریباً ہر انسانی معاشرے میں پایا جانا ایک مشترکہ ماخذ کی طرف اشارہ کرتا ہے۔اس کے علاوہ کوئی اور معقول وجہ نظر نہیں آتی کہ کیوں مختلف انسانی معاشرے آزادانہ طور پر ان تصورات کو اپناتے۔ نہ انسانی نفسیات میں اور نہ ہی خارجی ماحول میں کوئی ایسی چیز ہے، جو اس طرف اشارہ کرے کہ تمام انسان ایک مخصوص انداز میں سوچنے اور ایسی حقیقت کی یہ تشریحات اپنانے پر فطری طور پر مجبور تھے۔

میرے نزدیک یہ اشتراک قرآن کے اس دعوے کی تصدیق ہے کہ شروع میں تمام انسان ایک ہی الہامی پیغام کو حق مانتے تھے۔ بعد میں یہ پیغام سینکڑوں ہزاروں سال کے دوران میں مختلف مذاہب اور اساطیری کہانیوں میں بکھر گیا۔ ان داستانوں اور عقائد کی

---

⁷⁴ دیکھیے:

"DOLUS (Dolos) - Greek God or Spirit of Trickery & Guile, https://www.theoi.com/Daimon/Dolos.html.

تفصیلات چاہے کتنی بھی مختلف ہوں، ان میں ایک بنیادی مشابہت موجود ہے، جو ان سب کے مشترکہ منبع وماخذ کے وجود کی طرف اشارہ کرتی ہے۔

3۔ انسانیت کی ہدایت کے لیے خدا کے نبی

قرآن یہ واضح کرتا ہے کہ جب انسانیت حق سے بھٹکنے لگی تو خدا نے مختلف اقوام میں سے نیک اور برگزیدہ افراد کو چنا اور انھیں ''نبی'' کا مقام عطا کیا۔ ان انبیا کو اس عظیم منصب پر فائز کرنے کا مقصد یہ تھا کہ وہ انسانوں کو حق کی طرف واپس بلائیں اور ان گم راہیوں اور بگاڑ کی اصلاح کریں جو وقت کے ساتھ انسانی معاشروں میں سرایت کر چکے تھے۔[75]

الف۔ انسانی تاریخ میں انبیا کے تصور کا مبہم خاکہ

قرآن کا بیان ہے کہ انسانیت مجموعی طور پر اللہ تعالیٰ کے نبیوں کے تصور سے واقف تھی، لیکن زیادہ تر انبیا کو ان کی اپنی اقوام نے مسترد کر دیا اور وہ خاطر خواہ پیروکار حاصل کرنے میں کامیاب نہ ہو سکے۔[76] کتاب اللہ کا یہ دعویٰ تاریخی مشاہدات سے ہم آہنگ دکھائی دیتا ہے۔ انسانیت عمومی سطح پر ایسے افراد کے تصور کو تسلیم کرتی رہی ہے، جو خدا سے رابطے میں تھے اور اس کی رہنمائی میں لوگوں کو حق کی طرف بلاتے تھے۔ یہی وجہ ہے کہ انسانی تاریخ میں ہمیں شمن، رِشی اور بزرگ شخصیات کے تصورات تقریباً ہر تہذیب میں ملتے ہیں۔ تاہم، سوائے چند

---

[75] البقرہ 2:213۔

[76] الصافات 37:71-72۔

استثناءات کے ایسے انبیا میں سے مخصوص شخصیات کا واضح ریکارڈ کم ہی موجود ہے۔ استثنائی مثالوں میں جیسے ہندومت کے رِشی، زرتشتیت کے پیغمبر زرتشت اور ابراہیمی روایت کے انبیا شامل ہیں۔

قرآن کے بیانیے کے مطابق، جب انسانیت حق سے بھٹک گئی تو خدا نے مختلف اقوام میں انبیا بھیجے، لیکن، اکثر انبیا کو مسترد کر دیا گیا۔ کسی نبی کی دعوت اور پیغام کو قبول یا رد کرنے کا کوئی دنیوی نتیجہ نہیں ہوتا تھا، کیونکہ ہر انسان کا حتمی احتساب "یومِ قیامت" پر ہونا طے پایا تھا۔

انبیا کے بعد خدا نے رسول بھیجے، جن کا کام صرف ہدایت اور رہنمائی کے ابلاغ تک محدود نہ تھا، بلکہ ان کے نہ ماننے کے دنیوی نتائج نہایت سنگین تھے۔

یہی وہ بنیادی نکتہ ہے جو یہاں زیرِ بحث ہے——خدا کے رسول کے تصور کا جائزہ!

4۔ خدا کے رسول اور قانونِ رسالت

رسولوں کے بارے میں اللہ تعالیٰ کی سنت اور قانون رسالت، بالخصوص حضرت محمد صلی اللہ علیہ وسلم بہ حیثیت رسول پر، تفصیلی بحث اور حوالہ جات کے لیے "غامدی سینٹر آف اسلامک لرننگ" کے یوٹیوب چینل پر دستیاب اتمام حجت کی پلے لسٹ ملاحظہ کریں۔[77]

الف۔ نبی اور رسول: دو مختلف مناصب

[77] غامدی سینٹر آف اسلامک لرننگ کے یوٹیوب چینل پر ویڈیو بہ عنوان "23 سوالات کے جواب میں: اتمام حجت"، دیکھیے۔

''رسول'' کا لغوی مطلب پیغام بر یا قاصد ہے۔ ہر رسول نبی ہوتا ہے، یعنی وہ خدا سے براہِ راست وحی وصول کرتا ہے، لیکن قرآن نبی اور رسول کے مناصب میں واضح فرق کرتا ہے اور ان دونوں اصطلاحات کو مخصوص اور مختلف مواقع پر استعمال کرتا ہے۔

قرآن میں اللہ تعالیٰ فرماتا ہے:

''ہم نے (اے پیغمبر)، تم سے پہلے جو رسول اور جو نبی بھی بھیجا ہے، اُس کے ساتھ یہی معاملہ پیش آیا کہ اُس نے جب بھی کوئی تمنا کی، شیطان اُس کی تمنا میں خلل انداز ہو گیا ہے۔ پھر شیطان کی اِس خلل اندازی کو اللہ مٹا دیتا ہے، پھر اللہ اپنی آیتوں کو قرار بخشتا ہے اور اللہ علیم و حکیم ہے۔'' (الحج22:52)

علمائے امت اس بات پر متفق ہیں کہ ''نبی'' اور ''رسول'' دو مختلف مناصب ہیں۔ ابن عاشور اور زمخشری جیسے مفسرین کے مطابق، نبی وہ ہے جو نئی شریعت یا کتاب نہیں لاتا، جب کہ رسول نئی کتاب اور شریعت لاتا ہے۔ تاہم، اس تاویل میں ایک اشکال یہ ہے کہ قرآن حضرت عیسیٰ علیہ السلام کو رسول قرار دیتا ہے۔ البتہ، حضرت عیسیٰ علیہ السلام نے خود یہ واضح کیا ہے کہ وہ حضرت موسیٰ علیہ السلام کی شریعت کے پیروکار تھے اور انھوں نے کوئی نئی شریعت نہیں دی۔ مولانا مودودی نے اس اختلاف پر تبصرہ کرتے ہوئے لکھا ہے کہ اگرچہ قرآن کے مطابق نبی اور رسول دو مختلف مناصب ہیں، لیکن ان کے مابین فرق کے حوالے سے علما کے درمیان اختلافِ رائے موجود ہے اور اب تک کوئی قطعی اور حتمی رائے سامنے نہیں آئی۔

مولانا امین احسن اصلاحی اور جاوید احمد غامدی صاحب نے قرآن کی روشنی میں رسول کے حقیقی تصور کو وضاحت سے بیان کیا ہے۔ ان دونوں علما نے اس موضوع پر گہری تحقیق کی ہے۔ میرے نزدیک رسول کے اس تصور کو سمجھنا اسلام کے کئی بنیادی تصورات کو سمجھنے کی کلید ہے۔

ب۔ رسالت کے تصور کا درست مفہوم: زمین پر خدا کی عدالت

قرآن کے مطابق، نبی وہ ہستی ہے جو خدا کا پیغام انسانوں تک پہنچاتی ہے۔ بعض انبیا کو خدا کی طرف سے کتابیں عطا کی گئیں تاکہ ان کے دنیا سے رحلت پا جانے کے بعد یہ کتابیں لوگوں کے درمیان مذہبی تنازعات کے تصفیے کا ذریعہ بنیں۔[78] نبی کے پیغام کو قبول یا رد کرنے کا کوئی فوری دنیوی نتیجہ نہیں ہوتا، کیونکہ ہر فرد کا حتمی احتساب روزِ قیامت ہوگا۔

لیکن رسول وہ ہے، جس کے پیغام کو قبول یا تمرّد سے مسترد کرنے کے ان کے براہِ راست مخاطبین کے لیے فوری دنیوی نتائج نہایت گہرے اور اہم ہوتے ہیں۔ اللہ تعالیٰ کا ارشاد ہے:

> ''ہر قوم کے لیے ایک رسول ہے۔ پھر جب اُن کا رسول آجاتا ہے تو اُن کے درمیان انصاف کے ساتھ فیصلہ کر دیا جاتا ہے اور اُن پر کوئی ظلم نہیں کیا جاتا۔'' (یونس 10:47)
>
> ''ہم (کسی قوم کو) کبھی سزا نہیں دیتے، جب تک ایک رسول نہ بھیج دیں (کہ سزا سے پہلے وہ اُس پر حجت پوری کر دے)۔'' (بنی اسرائیل 17:15)
>
> ''حقیقت یہ ہے کہ تیرا پروردگار ان بستیوں کو ہلاک کرنے والا نہیں تھا، جب تک اِن کے مرکز میں کسی رسول کو نہ بھیج لے جو ہماری آیتیں اِنھیں پڑھ کر سنا دے۔''
>
> (القصص 28:59)

قرآن کے مطابق وہ قومیں جن کی طرف رسول بھیجے گئے، کچھ مخصوص برائیوں میں مبتلا تھیں۔ البتہ ان پر دنیوی سزا ان کی طرف مبعوث کیے گئے رسول کے پیغام کو جھٹلانے کی وجہ

---

[78] البقرہ 2:213۔

سے ہی نازل ہوئی۔[79]

یہ حقیقت میرے لیے ایک دیرینہ سوال کا جواب بن کر سامنے آئی۔ میں ہمیشہ سوچتا تھا کہ جب خدا نے قوم نوح پر طوفان یا قوم لوط پر پتھروں کی بارش کی صورت میں عذاب بھیجا تو آج کے دور میں ایسے عذاب کیوں نہیں آتے، خاص طور پر ان شہروں میں جہاں نہ صرف کھلے عام گناہ کیے جاتے ہیں، بلکہ ان کی تبلیغ بھی کی جاتی ہے؟ قرآن ہمارے اس معمے کو حل کرتا ہے۔ یہ واضح کرتا ہے کہ عمومی طور پر لوگوں کے گناہوں کا فیصلہ قیامت کے دن ہی ہو گا، لیکن کسی رسول کے پیغام کو جھٹلانے کا جرم اس کے براہ راست مخاطبین کے لیے دنیوی سزا کا باعث بنتا ہے۔

کچھ علما نے ان آیات میں مذکورہ جزا و سزا کو قیامت کی جزا و سزا قرار دیا ہے، البتہ ان آیات کا سیاق و سباق اس تاویل کی تائید نہیں کرتا۔ مثال کے طور پر، سورۂ یونس کی آیات 48-49 میں قطعی طور پر واضح ہے کہ مذکورہ سزا دنیوی سزا ہے۔ اس کی دلیل یہ ہے کہ ان آیات کا موقع کلام یہ ہے کہ لوگوں نے یہ سوال کیا کہ "یہ فیصلہ" کب آئے گا؟ تو محمد صلی اللہ علیہ وسلم کو حکم دیا گیا کہ وہ فرمائیں کہ ہر قوم کے لیے ایک مقررہ وقت یا مہلت ہوتی ہے، اور جب وہ وقت آتا ہے اور مہلت گزر جاتی ہے تو فیصلہ نافذ کر دیا جاتا ہے۔ خاص طور پر سورۂ حجر کی آیت 4 بالکل صراحت سے بتاتی ہے کہ ہر قوم کو ایک مہلت دی جاتی ہے اور جب یہ مہلت ختم ہو جاتی ہے تو ان پر فیصلہ صادر ہو جاتا ہے۔ مزید برآں، محمد صلی اللہ علیہ وسلم کو متعدد آیات —— جن میں خاص طور پر سورۂ رعد کی آیت 40؛ سورۂ غافر کی آیت 77 اور سورۂ یونس

---

[79] النحل 16:112-113۔ الحاقہ 69:10۔ التغابن 64:5-6۔

کی آیت 46 شامل ہیں—میں یہ خبر دی گئی ہے کہ اللہ تعالیٰ ان کی قوم کے حوالے سے اپنی دینونت کے متعلق کچھ فیصلے ان کی زندگی میں دکھا دے گا اور کچھ ان کی وفات کے بعد ظاہر ہوں گے۔ یہ آیات تصریح کرتی ہیں کہ قرآن میں جس فیصلے کا ذکر کیا گیا ہے، خاص طور پر رسول کے مخاطبین کے حوالے سے، وہ دنیوی فیصلہ ہے۔ اس کا مطلب یہ ہے کہ رسول کے براہِ راست مخاطبین میں سے جو لوگ اس کے پیغام کو جھٹلاتے ہیں اور اس پر ظلم کرتے ہیں، وہ قیامت کے دن تو سزا کے مستحق ہوں گے ہی، لیکن انھیں دنیا میں بھی عذاب کا سامنا کرنا ہوگا۔ بہت سے روایتی علما—بہ شمول زمخشری، بیضاوی، اور ابو حیان—اس بات سے متفق ہیں کہ ان آیات میں مذکور فیصلہ دنیوی فیصلہ ہے، اور وہ اس کے مقابل نقطۂ نظر کو ثانوی حیثیت دیتے ہیں۔

خدا کے رسولوں کے منصب کو سورۂ ابراہیم کی آیات 13 تا 15 اور سورۂ انبیا کی آیات 6 تا 9 میں نہایت جامع انداز میں بیان کیا گیا ہے۔ ان آیات میں واضح کیا گیا ہے کہ رسولوں نے اپنی قوموں کے سامنے خدا کا پیغام پیش کیا، لیکن انھیں ناحق مسترد کیا گیا، دھمکیاں دی گئیں اور ان پر ظلم کیے گئے۔ نتیجتاً، ان رسولوں کے منکرین پر خدا کا فیصلہ نافذ ہوا۔ ان ظالموں کو ہلاک کر دیا گیا، جب کہ رسولوں اور ان کے پیروکاروں کو نجات دی گئی۔ یہ آیات اس سنتِ الٰہی کو بیان کرتی ہیں کہ رسولوں کا انکار کرنے والوں کا انجام ہمیشہ تباہی ہوتا ہے، اور خدا اپنے رسولوں اور ان پر ایمان لانے والوں کو نجات دیتا ہے اور کامیابی سے ہم کنار کرتا ہے۔

اللہ تعالیٰ کے رسول نہ صرف انکار کرنے والوں کے لیے سزا کا باعث بنتے ہیں، بلکہ اپنے پیروکاروں کے لیے دنیوی انعامات کا ذریعہ بھی بنتے ہیں۔ قرآن سورۂ اعراف کی آیت 96 میں واضح کرتا ہے کہ جو لوگ رسول کے پیغام کو قبول کرتے ہیں، انھیں دنیا میں انعامات سے

نوازا جاتا ہے۔ مزید برآں، سورۂ ابراہیم کی آیت 14 میں اللہ تعالیٰ کا فرمان ہے کہ جب رسول کے دشمنوں کو ختم کر دیا جاتا ہے تو ان لوگوں کو، جو رسول کے پیغام کو قبول کرتے اور اس کی مدد کرتے ہیں، زمین پر اقتدار کی صورت میں دنیوی انعام عطا کیا جاتا ہے۔

چنانچہ رسولوں کا انکار کرنے والوں اور ان پر ظلم ڈھانے والوں کے لیے خدا کی طرف سے دنیوی سزا مقرر ہے، جب کہ رسول کے پیغام کو قبول کرنے اور اس کی حمایت کرنے والوں کے لیے دنیا میں انعامات اور برکتیں طے ہیں۔

5۔ خدا کن لوگوں سے ناراض ہوتا ہے

خدا کے رسول کا انکار ان کے براہِ راست مخاطبین کے لیے دنیوی سزا کا باعث بنتا ہے۔ اس حقیقت نے میرے ذہن میں ایک سوال کو جنم دیا کہ اگر میں کسی رسول کا براہِ راست مخاطب ہوں اور باوجود اس کے کہ میں رسول کے پیغام کو خلوص دل سے سنتا ہوں، لیکن کچھ جائز وجوہات کی بنا پر، مثلاً اگر پیغام کا کوئی پہلو اخلاقی یا عقلی طور پر میرے لیے قابلِ فہم نہ ہو، میں اس پیغام کو قبول نہ کروں تو کیا خدا مجھے سزا دے گا؟ اس پر قرآن کا جواب ہے کہ نہیں! میں اس کی وضاحت پیش کرتا ہوں۔

قرآن اس بات پر بہت زور دیتا ہے کہ رسول کے براہِ راست مخاطبین کے لیے خدا حق کو ہر شک وشبہ سے بالاتر کر کے واضح کر دیتا ہے۔ اس وضاحت کو ممکن بنانے کے لیے خدا مختلف ذرائع اختیار کرتا ہے۔ مثال کے طور پر، رسول کی بے عیب شخصیت اور کردار اور اس کا مضبوط اور مدلل بیان ایسا ماحول پیدا کرتے ہیں، جہاں کسی معقول مخالف دلیل کی گنجایش باقی نہیں رہتی۔ اس کے علاوہ، رسول کو معجزات عطا کیے جاتے ہیں اور خارجی سیاسی و عسکری حالات اس

انداز سے ترتیب پاتے ہیں جو اس کے دعوے کی سچائی کو مزید تقویت بخشتے ہیں۔ یوں دلائل کی قوت، رسول کا کردار، معجزات اور خارجی واقعات کی مدد سے ایسا ماحول تشکیل پاتا ہے، جہاں حق رسول کے مخاطبین پر غیر مبہم طور پر واضح ہو جاتا ہے۔ جو لوگ اس واضح حق کا انکار کرتے ہیں، ان کے انکار کی وجوہات عموماً بے بنیاد ہوتی ہیں۔ مثلاً، وہ رسول کے پیغام کو غفلت کی وجہ سے یا اپنی دنیوی خواہشات، مفادات، روایات یا انا کے خلاف سمجھ کر رد کرتے ہیں۔

قرآن کا اعلان ہے کہ جب تک آپ کی نیت خالص اور سچائی پر مبنی ہو اور آپ رسول کے پیغام کو جان بوجھ کر اور ناحق طور پر رد نہ کریں، آپ کو سزا نہیں دی جائے گی۔ اس بات کو قرآن کی درج ذیل آیت میں واضح طور پر بیان کیا گیا ہے:

> ”حقیقت یہ ہے کہ تیرا پروردگار ان بستیوں کو ہلاک کرنے والا نہیں تھا، جب تک اِن کے مرکز میں کسی رسول کو نہ بھیج لے جو ہماری آیتیں اِنھیں پڑھ کر سنا دے۔ اِس کے ساتھ یہ بھی حقیقت ہے کہ ہم بستیوں کو اُسی وقت ہلاک کرتے ہیں، جب اُن کے لوگ اپنے اوپر ظلم ڈھانے والے بن جاتے ہیں۔“ (القصص 59:28)

قرآن کی سورۂ توبہ کی آیت 70 اور سورۂ ابراہیم کی آیت 45 میں اللہ فرماتا ہے کہ وہ قومیں جن کی طرف رسول بھیجے گئے تھے، اس وقت ہلاک کر دی گئیں جب ان لوگوں نے خود ہی ”اپنے اوپر ظلم کیا“۔ اس اصطلاح کا مطلب یہ ہے کہ وہ لوگ جانتے بوجھتے باطل اعمال کے مرتکب ہوئے۔

مزید برآں، قرآن سورۂ غافر کی آیت 5 میں فرماتا ہے کہ رسول کے براہِ راست مخاطبین میں سے جو لوگ خدا کی سزا کے مستحق قرار پائے، وہ تھے جنھوں نے جھوٹے اور بے بنیاد دلائل کے ذریعے سے حق کو مسترد کیا۔ (وَجَادَلُوا بِالْبَاطِلِ)

اسی طرح، قرآن میں یہ بھی واضح کیا گیا ہے کہ جھوٹ اور تکبر خدا کے نزدیک ناقابل

معافی گناہ ہیں۔ متعدد مقامات پر اللہ تعالیٰ نے اعلان کیا کہ تکبر کسی بھی صورت میں قابلِ معافی نہیں۔ مثال کے طور پر، سورۂ غافر کی آیت 60 میں اللہ تعالیٰ فرماتے ہیں کہ جو لوگ تکبر کے سبب خدا کے پیغام کو رد کرتے ہیں، وہ ہلاکت میں مبتلا ہوں گے۔ علاوہ ازیں، قرآن میں وہ آیت جس میں اللہ تعالیٰ کا اولین انسانوں سے مکالمہ بیان ہوا ہے، بتاتی ہے کہ خدا نے انسانوں سے اپنے خطاب میں یہ وضاحت کی کہ جب بھی وہ حق سے ہٹیں گے تو انھیں ہدایت دینے کے لیے انبیا اور رسول بھیجے جائیں گے۔ ان آیات میں یہ بھی فرمایا گیا ہے کہ وہ جھوٹ کے ذریعے سے اپنے غلط فہم کو چھپانے کی کوشش نہ کریں (كَذَّبُوا) اور نہ جانتے بوجھتے حق کو تکبر کے سبب مسترد کریں (وَاسْتَكْبَرُوا)۔ تکبر کی حقیقت کو مزید واضح کرتے ہوئے، رسول کریم صلی اللہ علیہ وسلم نے ایک حدیث میں اس کی تعریف یوں بیان کی:

> ”کبر، جانتے بوجھتے حق کو قبول نہ کرنا اور لوگوں کو حقیر سمجھنا ہے۔“ (مسلم، رقم 91)

اللہ تعالیٰ ان لوگوں سے سخت ناراض ہوتا ہے جو اُس کے پیغامِ حق کو پہچاننے کے باوجود بلاوجہ مسترد کر دیتے ہیں۔ آیئے، قرآن کے ان مقامات کا جائزہ لیتے ہیں جہاں اللہ تعالیٰ نے ان افراد کی سخت مذمت کی ہے جو دل سے حق کو ماننے کے باوجود اسے جھٹلاتے ہیں۔

سورۂ نمل کی آیت 14 میں آیا ہے کہ فرعون اور اس کی قوم نے حضرت موسیٰ علیہ السلام کا انکار کیا، حالاں کہ ان کے دل اس بات پر یقین رکھتے تھے کہ وہ اللہ تعالیٰ کے بھیجے ہوئے رسول ہیں، لیکن انھوں نے ناحق اور تکبر کے باعث اس حق کو جھٹلا دیا۔

سورۂ نحل کی 83 میں قرآن اعلان کرتا ہے کہ مکہ کے مشرکین اللہ تعالیٰ کی نعمتوں کو پہچانتے تھے، لیکن اس کے باوجود ناشکری کرتے ہوئے انھوں نے پیغامِ الٰہی کو رد کر دیا۔

نبی صلی اللہ علیہ وسلم کے براہِ راست مخاطب یہود و نصاریٰ کے ایک گروہ کے متعلق سورۂ

بقرہ کی آیت 146 میں اللہ تعالیٰ فرماتا ہے کہ جن کو ہم نے کتاب دی ہے، وہ اِس نبی کو ایسا پہچانتے ہیں، جیسا اپنے بیٹوں کو پہچانتے ہیں۔ اور اِن میں یہ ایک گروہ ہے جو جانتے بوجھتے حق کو چھپاتا ہے۔

سورۂ آل عمران کی آیت 71 میں اہل کتاب کے اس گروہ کی سخت مذمت کی گئی ہے جو ''جان بوجھ کر حق کو چھپاتے'' ہیں اور لوگوں کو گم راہ کرتے ہیں۔

سورۂ انعام کی آیت 28 کے مطابق جہنم میں وہ لوگ جائیں گے جو دنیا میں حق کو چھپانے کے جرم کے مرتکب ہوئے۔

سورۂ اعراف کی آیت 9 میں فرمایا گیا ہے کہ قیامت کے دن نقصان اٹھانے والے وہ ہوں گے، جنھوں نے اللہ تعالیٰ کی ہدایت کو ناحق اور بے بنیاد وجوہات کے باعث رد کیا۔

سورۂ محمد کی آیت 32 میں ان لوگوں کا ذکر ہے، جو ہدایت واضح ہو جانے کے بعد بھی اللہ تعالیٰ اور اس کے رسول کی مخالفت پر اتر آتے ہیں۔

سورۂ نمل کی آیت 14 میں ان افراد کی مذمت کی گئی ہے جن کے دل حق کی گواہی دے چکے تھے، لیکن انھوں نے اپنی انا اور تکبر کی وجہ سے اسے جھٹلا دیا۔

الف۔ کافر کون ہے؟

جو لوگ اللہ تعالیٰ کے رسولوں کو جھٹلاتے ہیں، بنیادی طور پر قرآن ان کے لیے ''کافر'' کی اصطلاح استعمال کرتا ہے۔ یہ لفظ عام طور پر ایسے شخص کے لیے بولا جاتا ہے جو حق کا انکار کرے یا اسے چھپائے۔ قرآن میں ان افراد کو کافر یا منکر کہا گیا ہے جنھوں نے کھلے عام محمد صلی اللہ علیہ وسلم کے پیغام کو مسترد کیا۔ تاہم، ''کافر'' کی اصطلاح صرف انکار تک محدود نہیں، بلکہ

اس کے معنی میں ناشکری اور تکبر بھی شامل ہیں، جو قرآن میں اس کے گہرے اور وسیع تر مفہوم کو واضح کرتے ہیں۔

لفظ "کافر" عربی مادے "ک-ف-ر" سے مشتق ہے۔ قبل از اسلام عرب اس لفظ کو کسان کے لیے استعمال کرتے تھے، کیونکہ کسان زمین میں بیج بوتے وقت ان پر مٹی ڈال دیتے تھے، یعنی بیج کو چھپاتے تھے۔ جس طرح کسان بیج کو مٹی میں چھپاتا ہے، ویسے ہی "کافر" وہ شخص ہے جو حق کو چھپاتا ہے، یعنی ایسا شخص جو جانتے بوجھتے حق کا انکار کرتا ہے۔[80]

چنانچہ "کافر" صرف وہ نہیں جو حق کا جانتے بوجھتے انکار کرے، بلکہ وہ بھی ہے جو حق کو چھپائے۔ دوسرے الفاظ میں، لفظ "کافر" ایسے شخص پر دلالت کرتا ہے جو غیر معقول وجوہات کی بنا پر حق کو قبول کرنے سے انکار کرے۔

قرآن صراحت سے بتاتا ہے کہ رسول کے ذریعے سے اللہ تعالیٰ حق کو اپنے براہ راست مخاطبین کے لیے اس قدر واضح کر دیتا ہے کہ کسی شک وشبہ کی گنجایش باقی نہیں رہتی۔ جب حق کا وضوح اس درجے میں مکمل ہو جاتا ہے تو جو لوگ رسول کے پیغام کو رد کرتے ہیں، وہ بے جا وجوہات کی بنا پر ایسا کرتے ہیں اور یوں اللہ تعالیٰ کے عذاب کے مستحق قرار پاتے ہیں۔ آیئے، چند ایسی مخصوص وجوہات کا جائزہ لیتے ہیں جنھیں منکرین کی طرف سے رسولوں کے انکار اور

---

[80] دیکھیے:

Abdullah al Andalusi, "What Is a Kafir? The Confusion in English Regarding the Quranic Use of the Word 'Kafir,'" (blog), https://abdullahalandalusi.com/2016/05/05/thequranic-use-of-the-word-kafir/.

ان کے پیغام کو رد کرنے کے لیے استعمال کیا گیا:

1۔ قرآن ان لوگوں کی مذمت کرتا ہے جو اللہ تعالیٰ کی آیات کو سمجھنے کی کوشش کے بغیر ہی مسترد کر دیتے ہیں۔(النمل 27:84)

2۔ یہ مطالبہ کہ حق کو اس وقت تک قبول نہیں کیا جائے گا جب تک اللہ خود اس معاشرے کے اشرافیہ سے بات نہ کرے۔(الزخرف 43:31)

3۔ حق کو اس بنیاد پر مسترد کرنا کہ وہ ان کے دنیوی مفادات یا نفسانی خواہشات کے خلاف ہے۔(النجم 53:29۔المائدہ 5:48)

4۔ وہ لوگ جو نہ حق کو سننے کے لیے تیار ہوتے ہیں اور نہ ہی اپنے فہم و شعور کا استعمال کرتے ہیں۔(الملک 67:10۔الانفال 8:22)

5۔ حق کو اس بنیاد پر رد کرنا کہ وہ ان کے آباؤاجداد کے عقائد اور روایات کے خلاف ہے۔ (ابراہیم 14:10۔الاعراف 7:70)

6۔ حق کو عقلی دلائل کے بجائے غیر معمولی معجزات کے تقاضے کی بنیاد پر مسترد کرنا۔ (الانعام 6:124۔بنی اسرائیل 17:89-93)

7۔ اس بنیاد پر حق کو رد کرنا کہ رسول محض ایک انسان ہے اور کسی غیر معمولی طاقت کا حامل نہیں۔(الانبیا 21:1-3۔بنی اسرائیل 17:94۔الفرقان 25:7-8۔ابراہیم 14:10)

8۔ اس وجہ سے حق کو مسترد کرنا کہ اس پر ایمان لانے والے زیادہ تر غریب اور کم زور طبقے کے لوگ ہیں۔(الشعراء 26:111۔الرعد 13:27)

9۔ بعض یہودیوں کی مذمت اس بنا پر کی گئی کہ انھوں نے محمد صلی اللہ علیہ وسلم کو رسول ماننے سے اس لیے انکار کیا کہ وہ ان کی قوم سے تعلق نہیں رکھتے تھے(البقرہ 2:87-90)

قرآن میں بے شمار آیات ایسی ہیں، جو اس کے پیغام کو ردکرنے والوں کے پیش نظر اسی نوع کی غیر معقول اور ناحق وجوہات کو بیان کرتی ہیں۔

ب۔ انکارِ حق کی سزا کی معقولیت

فرض کریں کہ قرآن میں رسولوں کے متعلق پیش کی گئی پوری اسکیم درست ہے۔ اگر ایسا ہے تو یہ نہ صرف عقلی طور پر، بلکہ اخلاقی طور پر بھی بالکل جائز اور معقول ہے کہ ان لوگوں کو سزا دی جائے، جو قرآن میں بیان کردہ بے بنیاد وجوہات کی بنا پر اللہ تعالیٰ کے رسول کو جھٹلاتے ہیں۔

ج۔ تکفیر کے حوالے سے مختصر وضاحت

یہ صرف اللہ تعالیٰ جانتا ہے کہ انسانوں کے دلوں میں کیا ہے، چونکہ انبیا اور رسول براہِ راست اللہ سے رابطے میں ہوتے ہیں، اس لیے اللہ انھیں یہ بتا دیتا ہے کہ کون شخص ناحق اور بے بنیاد وجوہات کی بنا پر حق کو جھٹلا رہا ہے۔

قرآن کے مطابق، محمد صلی اللہ علیہ وسلم اللہ کے آخری نبی اور رسول ہیں۔ ان کے بعد کسی کو کافر قرار دینا ہمارے اختیار میں نہیں۔ کیونکہ ہم کسی کے دل میں جھانک کر یہ نہیں جان سکتے کہ وہ شخص اللہ کے پیغام کو کیوں مسترد کر رہا ہے۔ ممکن ہے کہ اس شخص کے سامنے حق کی اصل شکل کے بجائے اس کی مسخ شدہ تصویر آئی ہو اور ایسا اسلام کی بہت سی مختلف اور متضاد تعبیرات کی موجودگی میں ممکن بھی ہے۔ یہ بھی ممکن ہے کہ وہ شخص حق کو اس لیے مسترد کر رہا ہو کہ جو دلائل اس کے سامنے پیش کیے گئے ہیں، وہ اسے اخلاقی، عقلی یا منطقی طور پر مطمئن

نہ کر سکے ہوں۔ مزید یہ بھی ممکن ہے کہ وہ شخص زندگی میں ایسی سنگین مشکلات سے دوچار ہو کہ اس کے پاس حق کو تلاش کرنے کے لیے درکار وقت ہو اور نہ توانائی۔ خلاصہ یہ کہ ہم نہ تو اللہ سے براہ راست پوچھ سکتے ہیں اور نہ ہی کسی کے دل میں جھانک کر یہ تعین کر سکتے ہیں کہ وہ شخص کسی پیغام کو مخلصانہ وجوہات کی بنا پر مسترد کر رہا ہے یا بے جا وجوہات کی بنا پر اس سے منہ موڑ رہا ہے۔

محمد صلی اللہ علیہ و سلم اللہ تعالیٰ سے براہ راست رابطے میں تھے۔ ان کے بعد یہ ذریعہ باقی نہیں رہا۔ محمد صلی اللہ علیہ و سلم کے بعد یہ فیصلہ کہ کون کافر ہے اور کون نہیں، صرف قیامت کے دن اللہ تعالیٰ ہی کریں گے۔ اس لیے آج کے دور میں جو لوگ اسلام کو رد کرتے ہیں، وہ محض غیر مسلم کہلائیں گے اور انھیں کافر نہیں کہا جا سکتا۔

امید ہے کہ اب تک قرآن میں رسولوں کے حوالے سے پیش کی گئی اسکیم آپ کو بھی اتنی ہی عقلی اور اخلاقی محسوس ہو گی، جتنی یہ میرے لیے ہے۔

6۔ حضرت نوح، اللہ کے پہلے رسول

حضرت نوح کا قصہ قرآن میں مختلف مقامات پر بیان کیا گیا ہے۔ یہاں ہم چند آیات کی مدد سے اس موضوع پر اپنے موقف کی تائید میں دلائل پیش کرنے کی کوشش کریں گے۔

قرآن حضرت نوح کے حوالے سے کسی مخصوص زمانے کا تعین نہیں کرتا، لیکن جس طرح کتاب اللہ میں ان کا ذکر ہوتا ہے، اس سے یہ معلوم ہوتا ہے کہ وہ اپنی قوم کی طرف بھیجے جانے

والے پہلے رسول تھے۔[81] حضرت نوح نے اپنی قوم میں پھیلے ہوئے شرک اور بت پرستی کے خلاف آواز اٹھائی اور قوم کو ایک اللہ کی عبادت اور اخلاقی اصلاح کی دعوت دی۔ نوح کی قوم کے سرداروں نے ان کی دعوت کو مسترد کیا اور ان کی منطق اور دلائل کو نظر انداز کر دیا۔[82] انھوں نے نوح کا مذاق اڑاتے ہوئے یہ اعتراضات کیے کہ اگر وہ واقعی اللہ کے رسول ہیں تو ان کے پاس غیر معمولی اور مافوق الفطرت طاقت کیوں نہیں؟ یا پھر ان کے ماننے والے زیادہ تر غریب اور نچلے طبقے کے لوگ کیوں ہیں؟[83] انھوں نے یہاں تک دھمکی دی کہ اگر نوح اپنی تبلیغ سے باز نہ آئے تو انھیں سنگسار کر دیا جائے گا۔[84]

قرآن میں بیان کردہ خدا کے رسولوں کے متعلق قانونِ الٰہی کے مطابق، نوح کی قوم کو ان کے انکار اور رسول کی مخالفت کی پاداش میں ایک طوفان کے ذریعے سے ہلاک کر دیا گیا۔ نوح کے پیغام کو قبول کرنے اور ان کی مدد کرنے والے چند متبعین کو ایک کشتی کے ذریعے سے بچالیا گیا اور بعد میں انھیں زمین پر غلبہ عطا کیا گیا۔[85]

قرآن نوح کی قوم کے مقام سکونت یا ان کے اور ان کی قوم کے ساتھ پیش آنے والے واقعات کی زمانی ترتیب کی تفصیل بیان نہیں کرتا۔ تاہم، یہ واضح کرتا ہے کہ نوح کا طوفان عالمی نہیں، بلکہ ایک علاقائی واقعہ تھا، جس کا مقصد رسولِ خدا کے براہِ راست مخاطبین میں سے

---

[81] النساء163:4ـ ابراہیم9:14۔

[82] نوح5:71-7۔

[83] ہود27:11ـ المومنون24:23ـ الشعراء111:26۔

[84] الشعراء116:26۔

[85] ہود40:11ـ الشعراء119:26-120ـ الاعراف64:7ـ یونس73:10۔

منکرین کو ہلاک کرنا تھا۔

یہ سوال پیدا ہوتا ہے کہ کیا ہم سائنسی یا تاریخی طور پر اس بات کی تصدیق کر سکتے ہیں کہ حضرت نوح واقعی موجود تھے اور ان کی قوم کو ایک مقامی طوفان کے ذریعے سے ہلاک کیا گیا؟ ہمارے پاس ان دعووں کی تصدیق یا تردید کا کوئی سائنسی طریقہ موجود نہیں۔

لیکن ایک امید موجود ہے۔ قرآن حضرت نوح کے قصے کے بارے میں ایک دل چسپ دعویٰ کرتا ہے۔ اللہ تعالیٰ فرماتا ہے کہ نوح کے واقعے کو اس نے انسانی اجتماعی یادداشت میں محفوظ رکھا ہے اور بعد کی نسلوں کے لیے اسے ''نشانی'' اور ''یاد دہانی'' بنایا ہے۔[86] اگرچہ قرآن حضرت نوح کے بعد کے کئی رسولوں کے واقعات بیان کرتا ہے، لیکن یہ منفرد دعویٰ صرف حضرت نوح کے واقعے کے بارے میں کرتا ہے۔ یہ ایک حیرت انگیز دعویٰ ہے۔ تو کیا واقعی حضرت نوح کا قصہ انسانی اجتماعی یادداشت میں موجود ہے؟ جی ہاں، یہ قصہ دنیا کی کئی ثقافتوں میں موجود ہے اور یہ حقیقت قرآن کے دعوے کی تائید کرتی ہے۔ ان قصوں کی تفصیلات مختلف ہو سکتی ہیں، لیکن ان میں عمومی تصورات اور بنیادی نکات مشترک ہیں، جو ان سب کے ایک مشترک ماخذ کی طرف اشارہ کرتے ہیں۔ قرآن کے اس خاص دعوے کی حقیقت یہ ہے کہ یہ حضرت نوح کی سرگذشت کو قرآن کی الہامی حیثیت کی دلیل بناتا ہے، کیونکہ محمد صلی اللہ علیہ وسلم کے لیے یہ ممکن نہیں تھا کہ وہ جان سکیں کہ چین سے لے کر ہندوستان، شمالی امریکہ، افریقہ اور آسٹریلیا تک تقریباً تمام ثقافتوں میں طوفان کا قصہ موجود ہے اور ان سب روایات میں عمومی مماثلت پائی جاتی ہے۔

ہم جانتے ہیں کہ حضرت نوح کی سرگذشت معمولی اختلافات کے ساتھ اسلام، عیسائیت

---

[86] الفرقان 25:37۔ الحاقہ 69:12۔ الصافات 37:78۔

اور یہودیت میں موجود ہے۔ آیئے، دنیا بھر کی دیگر مختلف ثقافتوں میں طوفان کے ان قصوں کا جائزہ لیتے ہیں۔

الف۔ دنیا کی تقریباً تمام تہذیبوں میں طوفان کے قصے: ایک تجزیہ

ریڈ انڈینز کے ہاں طوفان: وینابوزھو (Waynaboozhoo) اور عظیم طوفان کی کہانی کے مطابق خدا یا عظیم روح (Great Spirit)، انسانیت سے ناراض ہو کر زمین پر طوفان لے آیا تاکہ انھیں ختم کر دے۔ وینابوزھو (Waynaboozhoo) نامی ایک شخص نے ایک بیڑا بنا کر اپنی جان بچائی اور بعد میں زمین کو دوبارہ بسایا۔[87]

نارڈک (Norse) طوفان: نارڈک داستان میں زمین ایک دیو کے خون سے ڈوب جاتی ہے، جسے اوڈین (Odin) خدا نے قتل کیا تھا۔ صرف ایک "فراسٹ جائنٹ" (Frost Giant) اور اس کی بیوی کشتی پر زندہ بچتے ہیں اور بعد میں زمین کو آباد کرتے ہیں۔[88]

چینی طوفان: چینیوں کے ہاں موجود طوفان کے قصے کے مطابق کچھ بچے آسمانی بجلی کے دیوتا پر احسان کرتے ہیں۔ بدلے میں وہ انھیں آنے والے طوفان کی خبر دے دیتا ہے۔ وہ

---

87 دیکھیے:

"A Flood of Myths and Stories | Blog | Independent Lens," https://www.pbs.org/independentlens/blog/a-flood-of-myths-andstories/.

88 دیکھیے:

"A Flood of Myths and Stories | Blog | Independent Lens," https://www.pbs.org/independentlens/blog/a-flood-of-myths-andstories/.

انھیں بچاؤ کے لیے ایک کدو جیسی کشتی فراہم کرتا ہے۔ وہ بچے اس کشتی میں سوار ہو جاتے ہیں اور طوفان سے جان بچاتے ہیں۔ پھر یہی بچے زمین کو دوبارہ آباد کرتے ہیں۔ [89]

ہندوستانی طوفان: منو(Manu) نامی ایک شخص نے ایک مچھلی کے ساتھ اچھائی کی، جو کچھ روایتوں کے مطابق، وشنو دیوتا کا اوتار تھی۔ مچھلی نے بعد میں منو(Manu) کو آگاہ کیا کہ ایک طوفان انسانیت کو ختم کر دے گا اور اسے ایک کشتی بنانے کی ہدایت کی۔ منو(Manu) طوفان سے بچ گئے اور بعد میں زمین کو دوبارہ آباد کیا۔ [90]

یونانی طوفان: دیوتا زیوس(Zeus) انسانیت سے ناراض ہو کر زمین پر ایک عظیم طوفان بھیجتا ہے۔ زیوس(Zeus) نے ڈیوکیلیون(Deucalion) اور اس کی بیوی کو بچایا، جنھوں نے بعد میں زمین کو دوبارہ آباد کیا۔ [91]

---

[89] دیکھیے:

"A Flood of Myths and Stories | Blog | Independent Lens," https://www.pbs.org/independentlens/blog/a-flood-of-myths-andstories/.

[90] دیکھیے:

"A Flood of Myths and Stories | Blog | Independent Lens," https://www.pbs.org/independentlens/blog/a-flood-of-myths-andstories/.

[91] دیکھیے:

"A Flood of Myths and Stories | Blog | Independent Lens," https://www.pbs.org/independentlens/blog/a-flood-of-myths-andstories/.

قدیم میسوپوٹیمیا کا طوفان: گلگامیش کے رزمیے(Epic of Gilgamesh) کے مطابق آسمان کے عظیم دیوتا زمین پر طوفان لا کر انسانیت کو ختم کرنے کا فیصلہ کرتے ہیں۔ ایک دیوتا اوتنا پشتم(Utnapishtim) نامی شخص کو دیوتاؤں کے منصوبے سے آگاہ کرتا ہے اور اسے تجویز دیتا ہے کہ وہ اپنے آپ کو ایک کشتی بنا کر بچا سکتا ہے۔ اوتنا پشتم(Utnapishtim) اس رہنمائی پر عمل کرتا ہے اور ایک کشتی تعمیر کرتا ہے۔ اپنی بیوی، چند لوگوں اور جانوروں کے ساتھ کشتی میں سوار ہو جاتا ہے۔ پھر ایک شدید طوفان آتا ہے، جو زمین کو مکمل طور پر تباہ کر دیتا ہے۔ اوتنا پشتم(Utnapishtim)، اس کی بیوی اور ان کے چند پیروکار اس طوفان سے محفوظ رہتے ہیں اور دیوتا اینلیل(Enlil) نے انھیں اپنی برکت سے نواز دیتا ہے۔[92]

طوفان کی سومیری(Sumerian) داستان میں بیان کیا جاتا ہے کہ نسل انسانی کو دیوتاؤں نے اپنے کام سر انجام دینے کے لیے تخلیق کیا تھا۔ انسانوں کی آبادی بہت زیادہ اور پر شور ہو گئی۔ لہٰذا دیوتا اینلیل(Enlil) نے انھیں ختم کرنے کے لیے ایک طوفان بھیج دیا۔ لیکن ایک اور دیوتا اینکی(Enki) نے بادشاہ زیوسودرا(Ziusudra) (کچھ روایات کے مطابق بادشاہ اترہاسس(Atrahasis)) کو بچانے کی خواہش ظاہر کی۔ اینلیل(Enlil) نے اینکی(Enki) کو براہ راست بادشاہ کو خبردار کرنے سے منع کر دیا، اس پر اینکی(Enki) نے بادشاہ کے نرسل سے بنے گھر کو مخاطب کیا۔ بادشاہ نے یہ انتباہ سن لیا، ایک کشتی بنائی اور اپنے خاندان کے افراد اور مختلف جانوروں کو بچا لیا۔[93]

---

[92] mythencyclopedia.com پر مضمون "Floods - Myth Encyclopedia" دیکھیے۔

[93] دیکھیے:

"The Flood of Noah and the Flood of Gilgamesh | The

طوفان کی مصری روایت: مصری روایت کے مطابق را(Ra)نامی دیوتا انسانیت کو اس کے خلاف بغاوت کے سبب ختم کرنا چاہتا ہے اور اپنی بیٹی سیحمت (Sekhmet) کو یہ کام سونپتا ہے۔ سیحمت(Sekhmet) کے ہاتھوں موت اور تباہی پھیل جانے کے بعد دیگر دیوتا زمین کو شراب سے ڈھانپ دیتے ہیں تاکہ سیحمت (Sekhmet) نشے میں آ کر اپنی تباہی روک دے۔اس سے بچ جانے والوں کو موقع ملتا ہے کہ وہ زمین پر دوبارہ زندگی شروع کریں۔[94]

ہوائی تہذیب میں طوفان کی اساطیر: ہوائی کے مقامی لوگوں کے ہاں طوفان کا قصہ حضرت نوح کے قصے سے حیرت انگیز حد تک مشابہت رکھتا ہے۔ اس داستان میں ''نو'' (Nu)نامی شخص خدا کے حکم پر ایک کشتی بناتا ہے اور اس کے خاندان کے افراد بچ جاتے ہیں، جب کہ باقی انسانیت طوفان میں ہلاک ہو جاتی ہے۔[95]

افریقہ میں طوفان کا معروف قصہ: افریقہ کے کئی قدیم قبائل میں طوفان کی ایسی کہانیاں موجود ہیں، جو طوفان نوح سے بہت مشابہت رکھتی ہیں۔ مثال کے طور پر، ماسی (Maasai) قبیلے میں اس طرح کے ایک واقعے کی روایت ہے۔ کہا جاتا ہے کہ ایک وقت

Institute for Creation Research,"
https://www.icr.org/article/noah-flood-gilgamesh/.

[94] دیکھیے:

Joshua J. Mark, "Book of the Heavenly Cow," World History Encyclopedia,
https://www.worldhistory.org/Book of the Heavenly Cow/

[95] دیکھیے:

"Flood Myths," Indigenous Peoples Literature (blog),
https://indigenouspeoplenet.wordpress.com/2022/06/29/flood-myths/

ایسا آیا، جب انسانیت اس قدر فساد کا شکار ہو چکی تھی کہ خدا نے زمین کو طوفان کے ذریعے سے پاک کرنے کا فیصلہ کیا۔ ایک نیک شخص، تمبائینوٹ (Tumbainot) کو خدا نے حکم دیا کہ وہ ایک کشتی بنائے اور اس پر کچھ جانوروں اور اپنے خاندان کے افراد کو سوار کرے، تاکہ وہ طوفان سے محفوظ رہے۔[96]

میں نے دنیا بھر کی تہذیبوں سے یہ مثالیں اس لیے پیش کی ہیں تاکہ یہ واضح ہو کہ قرآن کا یہ دعویٰ کس قدر معتبر ہے کہ اللہ تعالیٰ نے حضرت نوح کی کہانی کو انسانی اجتماعی یادداشت میں محفوظ رکھا۔ یہ حیرت انگیز بات ہے کہ قرآن میں کئی رسولوں کے قصے بیان کیے گئے ہیں، لیکن حضرت نوح کی کہانی کو خاص طور پر تمام انسانیت کے لیے ''یاددہانی'' اور ''نشانی'' قرار دیا گیا۔ قرآن کا یہ دعویٰ حیران کن طور پر درست ثابت ہوتا ہے، کیونکہ حضرت نوح کے طوفان کا قصہ تقریباً تمام انسانی تہذیبوں میں کسی نہ کسی شکل میں موجود رہا ہے، اگرچہ ان روایات کی تفصیلات میں اختلافات موجود ہیں۔

اس پہلو سے دیکھا جائے تو جو لوگ قرآن کی الہامی حیثیت پر شک کرتے ہیں، انھیں اس بات پر غور کرنا چاہیے کہ حضرت نوح کی کہانی کے بارے میں قرآن کے دعوے کے آثار عالمی سطح پر پائے جاتے ہیں اور صرف عرب یا اس کے آس پاس کے علاقوں تک محدود نہیں ہیں۔ اب سوال یہ پیدا ہوتا ہے کہ محمد صلی اللہ علیہ وسلم کو یہ کیسے معلوم ہو سکتا تھا کہ نوح کی کہانی چین سے لے کر افریقہ اور آسٹریلیا تک تقریباً ہر تہذیب میں موجود ہے؟ یہ نکتہ قابل غور ہے۔

اب تک، میرے خیال میں قرآن میں رسولوں کے بارے میں بیان کردہ بیانیہ عقلی اور خارجی شواہد کے مطابق نظر آتا ہے۔ آیئے، اب رسولوں کے بارے میں قرآن کے بیانیے کو

---

[96] meta-religion.com پر مضمون: ''Flood Myths - Africa'' ملاحظہ کیجیے۔

مزید گہرائی میں اتر کر دیکھتے ہیں۔

7۔ رسولوں کے متعلق خدا کے منصوبے کا پہلا مرحلہ: انفرادی رسول

قرآن کے مطابق حضرت نوح کے بعد رسولوں کے بارے میں اللہ تعالیٰ کے منصوبے کا پہلا مرحلہ سامنے آتا ہے، جس کے تحت مختلف اقوام کی ہدایت کے لیے انفرادی رسول مبعوث کیے گئے۔[97] قرآن میں بعض رسولوں کا نام صراحت سے مذکور ہے، جب کہ کچھ کا علم صرف خدا تعالیٰ کو ہے۔[98]

قرآن کے بیانیے سے یہ واضح ہوتا ہے کہ جب انسانیت چھوٹی چھوٹی بستیوں میں بکھری ہوئی تھی تو ہر قوم کی رہنمائی کے لیے الگ الگ رسول بھیجے گئے۔ لیکن جیسے ہی انسانیت ترقی کرتے ہوئے قوموں اور تہذیبوں کے عہد میں داخل ہوئی، اللہ تعالیٰ کے منصوبے کا دوسرا مرحلہ شروع ہوا۔ اس نئے مرحلے میں انفرادی رسولوں کی جگہ ایسی قومیں کھڑی کی گئیں جو اللہ تعالیٰ کے پیغام کو نہ صرف اپنی زندگیوں میں نافذ کرنے کی ذمہ دار تھیں، بلکہ اسے دنیا بھر میں پھیلانے پر بھی مامور تھیں۔ اس مقصد کے لیے اللہ تعالیٰ نے حضرت ابراہیم کی نسل کو منتخب کیا۔ اگرچہ حضرت ابراہیم کے زمانے کے لیے کوئی قطعی زمانی حوالہ موجود نہیں، لیکن بائبل کے علما

---

[97] یونس 10:47۔ بنی اسرائیل 17:15۔ القصص 28:59۔

[98] الفرقان 25:38۔ ابراہیم 14:9۔

کے نزدیک آپ تقریباً چار ہزار سال قبل مسیح کے دور میں دعوت دے رہے تھے۔ یہ دور انسانیت کے تہذیب کے دور میں داخل ہونے کے ساتھ مطابقت رکھتا ہے۔

الف۔ حضرت ابراہیم سے پہلے رسولوں کا تاریخی ثبوت

یہ سوال اکثر اٹھایا جاتا ہے کہ کیا کوئی ایسا تاریخی ثبوت موجود ہے کہ حضرت ابراہیم سے پہلے تمام اقوام میں رسول مبعوث کیے گئے؟ بدقسمتی سے، تحریری تاریخ کی محدودیت ——— کیونکہ یہ صرف تقریباً 5500 سال پر محیط ہے——— کی بنا پر یہ ممکن نہیں کہ تمام اقوام میں ان رسولوں کی بعثت یا ان کے انکار کے نتیجے میں ان اقوام کے خاتمے کے متعلق کوئی حتمی شواہد پیش کیے جا سکیں۔

ب۔ قرآن میں صرف مشرق وسطیٰ کے مخصوص رسولوں کا ذکر کیوں ہے؟

قرآن بیان کرتا ہے کہ حضرت ابراہیم سے پہلے تمام اقوام میں رسول بھیجے گئے، لیکن اس میں صرف چند مخصوص رسولوں ——— مثلاً حضرت صالح، حضرت ہود، حضرت لوط وغیرہ ——— کا ذکر کیا گیا ہے۔ قرآن وضاحت کرتا ہے کہ ان رسولوں کے تذکرے کا مقصد یہ تھا کہ قرآن کے فوری مخاطب، یعنی عرب مشرکین، یہود اور نصاریٰ پہلے ہی ان کے قصوں سے واقف تھے 99

---

99 القمر 4:54۔

8۔ اللہ تعالیٰ کے منصوبۂ رسالت کا دوسرا مرحلہ: ذریت ابراہیم کی ذمہ داری

قرآن کے مطابق، رسولوں کی بعثت دو مراحل پر مشتمل ہے۔ پہلے مرحلے میں، انفرادی رسولوں کو ان کی اقوام کی طرف بھیجا گیا۔[100] دوسرے مرحلے میں، رسالت کو ایک منتخب گروہ تک محدود کر دیا گیا اور ان رسولوں کے ذریعے سے ایسی اقوام کو اٹھایا کیا گیا، جو اللہ تعالیٰ کے پیغام کو عملی طور پر نافذ کریں اور اس کی تبلیغ کریں۔ اس مقصد کے لیے اللہ تعالیٰ نے حضرت ابراہیم کی نسل کو چنا۔[101]

حضرت ابراہیم اپنی قوم کی طرف اللہ تعالیٰ کے رسول تھے۔ ان کی قوم نے انھیں جھٹلایا اور ایذا پہنچائی۔[102] لیکن اللہ تعالیٰ نے انھیں نجات دی اور ان کی قوم کو ہلاک کر دیا۔ قرآن حضرت ابراہیم کے زمانے کی کوئی مخصوص تعیین نہیں کرتا۔ مزید برآں، انھیں ایک نئے مشن کے ساتھ سرفراز کیا گیا۔ رسولوں کے دوسرے مرحلے کے آغاز کے طور پر، ان کی اولاد سے دو اقوام کو برپا کیا گیا—— ایک حضرت اسحاق کی نسل سے اور دوسری حضرت اسمٰعیل کی نسل سے—— ان اقوام کا مقصد اللہ تعالیٰ کے پیغام کو نافذ کرنا اور دنیا میں اس کی تبلیغ کرنا تھا۔

الف۔ قرآن میں رسولوں کی بعثت کے دو مراحل کی حکمت

---

100 یونس 10:47۔ بنی اسرائیل 17:15۔ القصص 28:59۔

101 العنکبوت 29:27۔ آل عمران 3:33۔

102 العنکبوت 29:24۔

قرآن میں مذکور رسالت کے دو مراحل اور رسولوں کا کردار انسانی معاشرتی ارتقا — جو خود دو ادوار میں وقوع پذیر ہوا — کے پس منظر میں نہایت حکیمانہ محسوس ہوتا ہے۔ ابتدا میں، جب انسان چھوٹی چھوٹی قبائلی بستیوں میں منقسم تھا، انفرادی رسولوں کا بھیجا جانا ہی کافی تھا۔ تاریخ کے بیش تر عرصے تک، جو ابتدائے آفرینش سے تقریباً پانچ سے چھ ہزار سال پہلے تک آتا ہے، انسانیت زیادہ تر چھوٹے دیہاتوں اور قصبوں میں سکونت پذیر تھی۔ تاہم، جب تہذیب و تمدن کے دور کا آغاز ہوا اور انسان چھوٹے گروہوں سے ترقی کرتے ہوئے سلطنتوں اور بادشاہتوں کے دور میں داخل ہوا تو اللہ تعالیٰ کے پیغام کو محفوظ اور متحرک رکھنے کے لیے کام کے دائرے کو وسعت دینا ضروری ہو گیا۔ ایسے وقت میں، اللہ تعالیٰ کی حکمت کے تحت، ایک پوری قوم کو اس مقصد کے لیے منتخب کیا گیا کہ وہ نہ صرف اس کے پیغام کو زندہ رکھے، بلکہ دنیا بھر میں اس کی تبلیغ بھی کرے۔ یہ حکمت عملی اس وقت کی معاشرتی حقیقتوں کے عین مطابق تھی، کیونکہ انسانی تمدن کا دائرہ قبائلی بستیوں سے نکل کر بڑی بڑی سلطنتوں اور اقوام تک پھیل چکا تھا۔

ب۔ حضرت اسحاق کی نسل سے پہلی قوم: حضرت موسیٰ اور خروج

حضرت اسحاق کی نسل ابتدائی طور پر کنعان کے علاقے میں مقیم تھی اور بعد ازاں وہ مصر منتقل ہو گئی، جہاں حضرت یوسف سے جڑے واقعات وقوع پذیر ہوئے۔ بنی اسرائیل جو حضرت اسحاق کی اولاد تھے، مصریوں کی غلامی میں مبتلا ہو گئے۔ ابھی تک انھیں بہ طور ایک قوم دنیا میں اللہ تعالیٰ کے پیغام کو نافذ کرنے اور اس کی تبلیغ کرنے کی ذمہ داری نہیں دی گئی تھی۔ یہ عظیم ذمہ داری حضرت موسیٰ علیہ السلام کی بعثت کے ساتھ شروع ہوئی۔

حضرت موسیٰ علیہ السلام کو اللہ تعالیٰ نے فرعون اور اس کی قوم کی طرف رسول بنا کر بھیجا۔ اللہ تعالیٰ نے اپنے قانون کے مطابق، حضرت موسیٰ علیہ السلام کو یہ یقین دہانی کرائی کہ وہ اور ان کے پیروکار اپنے مخالفین پر غالب آئیں گے،[103] اور بنی اسرائیل کو نجات دے کر زمین میں پیشوائی عطا کی جائے گی۔[104] بنی اسرائیل نے حضرت موسیٰ علیہ السلام کا پیغام قبول کیا، البتہ فرعون نے اللہ کے رسول کی دعوت کو جھٹلایا۔ فرعون اور اس کی قوم، جنھوں نے اللہ کے رسول کا انکار کیا، نے حضرت موسیٰ علیہ السلام اور مومنین پر ظلم و ستم بھی کیا اور ان سے لڑے، جس کی پاداش میں ان پر اللہ تعالیٰ کا عذاب نازل ہوا۔[105] اس کے برعکس، جنھوں نے رسول کی دعوت کو قبول کیا اور اس کی حمایت کی، یعنی بنی اسرائیل، انھیں نجات دی گئی اور زمین میں بادشاہی اور اقتدار سے نوازا گیا۔[106]

بنی اسرائیل کے مشن کی تفصیلات کتاب استثنا 20:1-20 میں ملتی ہیں۔ یہاں یہ بتایا گیا ہے کہ اللہ تعالیٰ نے انھیں کنعان اور اس کے ارد گرد کی سرزمین عطا کی اور حکم دیا کہ وہ اس علاقے کو مشرکانہ عقائد سے پاک کریں اور اسے اللہ تعالیٰ کی عبادت پر عمل اور اس کی تبلیغ کے لیے خاص کر دیں۔ اس مقصد کے تحت کنعان کی مشرکانہ اقوام کو یا تو اس علاقے کو چھوڑ دینا تھا یا مکمل تباہی کا سامنا کرنا تھا۔ بنی اسرائیل کے درمیان مشرکانہ اقوام کی موجودگی ان کے خدائی

---

103 القصص 28:35۔

104 القصص 28:5۔

105 الانفال 8:54۔

106 الاعراف 7:129۔ الاعراف 7:137۔ المائدہ 5:21۔

مشن کے لیے ایک سنگین خطرہ سمجھی گئی، کیونکہ یہ اللہ تعالیٰ کے پیغام، خالص توحید کی پاکیزگی کو متاثر کر سکتی تھی، جب کہ اللہ کو یہ مقصود تھا کہ بنی اسرائیل اللہ کے نمایندے کے طور پر اس پیغام کو آیندہ نسلوں کے لیے محفوظ رکھیں اور اسے دنیا بھر میں پھیلائیں۔

ج۔ کنعان کے مشرکین کی تباہی کے حکم کی تعدیل

بعض افراد کنعان کے مشرکین کی مکمل تباہی کے خدائی حکم کو ظالمانہ قرار دیتے ہیں۔ تاہم، اگر اس حکم کو اس وقت کے تاریخی سیاق وسباق میں دیکھا جائے تو اس کی حکمت واضح ہو جاتی ہے:

الف۔ بنی اسرائیل جنگ کے اخلاقی اصولوں کی سختی سے پابندی کرتے تھے۔ وہ جنگ سے پہلے اپنے دشمنوں کو صلح کی پیشکش کرتے تھے۔ اگر صلح کی پیشکش قبول نہ کی جاتی تو صرف مسلح مردوں سے جنگ کی جاتی اور انھیں قتل کیا جاتا، جب کہ عورتوں اور بچوں سے تعرض نہ کیا جاتا۔ (استثنا 20:10-14)

ب۔ کنعان وہ سرزمین تھی جو بنی اسرائیل کو عطا کی گئی، تاکہ وہ ایک قوم کی حیثیت سے وہاں اپنی بنیاد قائم کریں اور اللہ تعالیٰ کے پیغام کو دنیا میں نافذ کرنے اور اس کی تبلیغ کرنے کا فریضہ انجام دیں۔ کنعان کے معاملے میں اللہ تعالیٰ نے یہ حکم دیا کہ جو مشرکین وہاں سے نہ نکلیں، انھیں مکمل طور پر ختم کر دیا جائے۔ اس کی وجہ یہ تھی کہ ان کی موجودگی بنی اسرائیل کے درمیان اللہ تعالیٰ کے پیغام کی پاکیزگی کے لیے ایک سنگین خطرہ تھی اور یہ بات نہایت حکمت پر مبنی ہے۔

ذرا اس منظر کو ذہن میں لائیں، یہ وہ دور تھا جب دنیا میں شرک اور مشرکانہ عقائد کا غلبہ تھا اور

توحید پر قائم رہنے والا صرف ایک مختصر گروہ ــــ بنی اسرائیل ــــ اللہ تعالیٰ کے دین کا علم بردار تھا۔ اگر حضرت ابراہیم کے خدا کا پیغام سچ ہے تو یہ مشن نہایت عظیم اور فیصلہ کن اہمیت کا حامل تھا کہ وہ اللہ تعالیٰ کے سچے پیغام کے واحد امین بن کر دنیا کے سامنے حق کو پیش کریں۔

اب غور کیجیے کہ بنی اسرائیل کو یہ ذمہ داری سونپی گئی تھی کہ وہ اللہ تعالیٰ کے پیغام کو نہ صرف اپنی زندگیوں میں نافذ کریں، بلکہ اسے نسل در نسل محفوظ رکھتے ہوئے دنیا کے گوشے گوشے میں پھیلائیں۔ یہ ذمہ داری اُس وقت کی دنیا میں ایک کٹھن اور نازک چیلنج تھی، کیونکہ دنیا بھر میں مشرکانہ عقائد کا راج تھا۔ ایسے میں اگر مشرکین کو کنعان میں رہنے کی اجازت دی جاتی تو اس بات کا حقیقی خطرہ تھا کہ وقت گزرنے کے ساتھ ساتھ ان مشرکین کے عقائد، رسومات اور غیر اخلاقی روایات بنی اسرائیل میں سرایت کر جاتیں اور یوں اللہ تعالیٰ کے پیغام میں ملاوٹ کا خدشہ پیدا ہو جاتا۔

لہٰذا یہ اللہ تعالیٰ کی حکمت تھی کہ کنعان کے مشرکین کو یہ اختیار دیا گیا کہ یا تو وہ سرزمین چھوڑ دیں یا پھر مکمل تباہی کے لیے تیار ہو جائیں۔

د۔ آثارِ قدیمہ کے شواہد: حضرت یوسف، حضرت موسیٰ اور خروج

اگرچہ یہ تاثر عام ہے کہ حضرت یوسف علیہ السلام، حضرت موسیٰ علیہ السلام اور بنی اسرائیل کے خروج کے واقعات کا کوئی مادی ثبوت موجود نہیں، لیکن "Decoding the Exodus" نامی دستاویزی فلم اس موقف کو کامیابی سے چیلنج کرتی ہے۔ یہ فلم، جسے سمچا جیکوبووچی (Simcha Jacobovici) نے تیار کیا اور مشہور ہدایت کار جیمز

کیمرون (James Cameron) نے پروڈیوس کیا، [107] ان تاریخی شخصیات اور واقعات کے وجود کے لیے آثارِ قدیمہ سے ٹھوس شواہد پیش کرتی ہے۔ یہ شواہد اس بات کو تقویت دیتے ہیں کہ ان انبیا اور ان کے واقعات کی تاریخ میں ایک حقیقی بنیاد موجود ہے۔

مزید برآں، عہد نامہ قدیم (Old Testament) نہ صرف حکمت اور قوانین الٰہی کا ایک اہم ماخذ ہے، بلکہ یہ بنی اسرائیل کے ماضی کے بارے میں محفوظ تاریخی دستاویز بھی ہے۔ اسے یہودی تاریخ کا ایک معتبر اور اہم حوالہ سمجھا جانا چاہیے۔

ہ۔ بنی اسرائیل: حضرت موسیٰ کی قیادت میں ایک قوم کی تشکیل

حضرت موسیٰ علیہ السلام کی قیادت میں اللہ تعالیٰ نے بنی اسرائیل کو ایک قوم میں ڈھال دیا۔ پہلی بار اللہ تعالیٰ نے ایسے قوانین نازل فرمائے، جو معاشرتی امور کی تنظیم کے لیے ایک مکمل نظام فراہم کرتے تھے۔ اس قوم کو اللہ تعالیٰ نے تیار کیا تاکہ وہ اس کے پیغام پر دنیا میں عمل درآمد کریں اور اس کی تبلیغ کریں۔ [108] یہ حقیقت ہماری زندہ تاریخ سے بھی ثابت ہوتی ہے کہ بنی اسرائیل ہزاروں سال تک توحید کے علم بردار رہے۔ انھوں نے اپنے ایک خدا کے پیغام کو، جیسا کہ یہ قرآن میں مذکور ہے، دنیا کے سامنے پیش کیا اور اس ذمہ داری کو ایک طویل عرصے تک خلوص کے ساتھ نبھایا۔ تاہم، وقت گزرنے کے ساتھ ساتھ بنی اسرائیل میں مذہبی غرور اور اخلاقی انحطاط کی علامات ظاہر ہونے لگیں۔ قرآن نے اس حقیقت کو بڑی

---

[107] دیکھیے:

The Exodus Decoded, directed by Simcha Jacobovici, (2006, Canada, Associated Producers), Documentary.

[108] القصص 28:5۔

وضاحت سے بیان کیا ہے۔ سورۂ بقرہ اور سورۂ آل عمران کے علاوہ دیگر کئی سورتوں میں تفصیل کے ساتھ بتایا گیا ہے کہ کس طرح بنی اسرائیل نے حق سے انحراف کیا اور اپنی ذمہ داریوں میں کوتاہی برتی۔ سورۂ مریم کی آیت 59 میں بھی اسی بات کو مزید موکد کیا گیا ہے۔

و۔ حضرت عیسیٰ: بنی اسرائیل کے آخری رسول

قرآن کا بیان ہے کہ حضرت عیسیٰ علیہ السلام اللہ تعالیٰ کے رسول تھے۔ انھوں نے بنی اسرائیل کو دعوتِ دین دی، وعظ و نصیحت کی، اور ان کے شدید غرور، بداعمالیوں اور اللہ تعالیٰ سے کیے گئے عہد کی خلاف ورزی پر انھیں سرزنش کی۔[109] بائبل میں بھی حضرت عیسیٰ علیہ السلام کی طرف سے بنی اسرائیل کے مذہبی پیشواؤں پر سخت سرزنش کا ذکر ہے۔ انجیل متی کے باب 23 میں حضرت عیسیٰ علیہ السلام نے بنی اسرائیل کے مذہبی رہنماؤں پر فردِ جرم عائد کی جو حضرت عیسیٰ ہی کے ہاتھوں، اللہ تعالیٰ کے عذاب کی زد میں آنے والے تھے۔ بہت سے اسرائیلیوں نے اللہ تعالیٰ کے پیغمبر کا انکار کیا۔ کچھ نے تو آپ کو قتل کرنے کی کوشش کی۔ قرآن کے مطابق اللہ تعالیٰ کے رسولوں کا انکار اور ان کی مخالفت کرنے والی اقوام بالآخر عذابِ الٰہی کا شکار ہوتی ہیں۔ حضرت عیسیٰ کے زمانے میں بھی یہی قانون نافذ ہوا۔ انجیل متی کے باب 24 کی آیات 32–41 میں حضرت عیسیٰ نے واضح طور پر یہی پیشین گوئی کی ہے۔

یہاں یہ امر بھی نہایت قابلِ غور ہے کہ بائبل کے یہ واقعات قرآن کے بیان کردہ رسولوں کے کردار اور اللہ تعالیٰ کی طرف سے نازل کردہ عذاب کے قانون سے مکمل طور پر ہم آہنگ ہیں اور انتہائی معقول نظر آتے ہیں۔

---

109 المائدہ 78:5 اور دیگر بہت سی آیات میں یہی فرمایا گیا ہے، خاص طور پر سورۂ مائدہ کی آیات اہم ہیں۔

آیئے آگے چلتے ہیں۔

انجیل متی کے باب 24 کی آیات 32–41 میں حضرت عیسیٰ علیہ السلام نے واضح طور پر پیشین گوئی کی کہ جو لوگ انھیں ستا رہے ہیں، وہ اس وقت تک نہیں مریں گے جب تک اللہ تعالیٰ کا عذاب ان پر نازل نہ ہو جائے۔ انھوں نے فرمایا کہ جس طرح حضرت نوح کے زمانے میں اللہ تعالیٰ کا غضب نازل ہوا، اسی طرح ان کے براہ راست مخاطبین میں سے حق کے مخالفین پر بھی اللہ تعالیٰ کا عذاب نازل ہوگا۔ البتہ، عذاب کے وقت سب کے سب ہلاک نہیں ہوں گے، کچھ لوگ مارے جائیں گے، جب کہ کچھ کو زندہ چھوڑ دیا جائے گا۔

یہ پیشین گوئی 70 عیسوی میں پوری ہوئی، جب رومیوں نے یروشلم کو تباہ کر دیا۔ یہ واقعہ حضرت عیسیٰ علیہ السلام کی رحلت کے تقریباً 10 سے 15 سال بعد پیش آیا۔ اس تباہی میں رومیوں نے بنی اسرائیل کے نصف افراد کو قتل کر دیا اور باقی کو قیدی بنا لیا۔ یہ حضرت عیسیٰ علیہ السلام کی پیشین گوئی کا حیرت انگیز طور پر پورا ہونا تھا۔ انھوں نے فرمایا تھا کہ ان کے مخالفین اس وقت تک زندہ رہیں گے جب تک اپنی آنکھوں سے اللہ تعالیٰ کا عذاب نہ دیکھ لیں۔ وہ ایسا عذاب ہوگا جس میں آدھے لوگ مارے جائیں گے، اور نصف بچیں گے۔ یہ واقعہ اس بات کی وضاحت کرتا ہے کہ اللہ تعالیٰ کے رسولوں کے حوالے سے جو قانون قرآن میں بیان کیا گیا ہے، وہ کس طرح عملی شکل میں سامنے آتا ہے۔ اگر کسی قوم کی مکمل ہلاکت ضروری نہ ہو تو اللہ تعالیٰ رسول کے منکرین پر دوسرے لوگوں کے ذریعے سے اپنا عذاب نازل فرماتا ہے۔

ز۔حضرت اسمٰعیل کی اولاد میں آخری قوم : حضرت محمد صلی اللہ علیہ وسلم : اللہ تعالیٰ کے آخری رسول

اللہ تعالیٰ نے حضرت عیسیٰ علیہ السلام کے پیغام کا انکار کرنے پر حضرت اسحاق کی اولاد کے ساتھ اپنا عہد ختم کر دیا۔ تقریباً 600 سال بعد اللہ تعالیٰ نے آخری مرتبہ ایک نئی قوم کو برپا کرنے کا فیصلہ کیا۔ یہ قوم حضرت ابراہیم کے دوسرے بیٹے حضرت اسمٰعیل کی نسل سے وجود میں آئی۔ اس مقصد کے لیے، اللہ تعالیٰ نے حضرت محمد صلی اللہ علیہ وسلم کو اپنا آخری نبی اور رسول منتخب فرمایا۔

مکہ کے ابتدائی دور کی کئی سورتوں، جیسا کہ سورۂ قمر میں حضرت محمد صلی اللہ علیہ وسلم کو بتایا گیا کہ وہ رسول ہیں، جیسے اُن سے پہلے رسول بھیجے گئے تھے، اور یہ کہ ان کے مخاطبین کا بھی وہی انجام ہو گا جو پہلے رسولوں کے مخاطبین کا ہوا تھا۔ [110]

حضرت محمد صلی اللہ علیہ وسلم کو یہ بھی بتایا گیا کہ وہ حضرت موسیٰ علیہ السلام کی مانند ایک رسول ہیں۔ [111] موسیٰ علیہ السلام کی طرح کا رسول ہونے کا یہ مطلب ہے کہ حضرت محمد صلی اللہ علیہ وسلم کا مشن حضرت موسیٰ کے مشن سے بالکل مشابہ ہے، اور حضرت موسیٰ اور بنی اسرائیل کے ساتھ جو کچھ پیش آیا، وہی حضرت محمد صلی اللہ علیہ وسلم اور ان کے پیروکاروں کے ساتھ بھی پیش آئے گا۔ قرآن اس نکتے کو تقریباً ہر دوسری سورہ میں بڑی وضاحت کے ساتھ بیان کرتا ہے۔ مثال کے طور پر قرآن کا یہ دعویٰ ہے کہ :

---

[110] الاعراف 38:7 بھی دیکھیے۔

[111] المزمل 15:73۔

محمد صلی اللہ علیہ وسلم کے دشمن مکمل طور پر شکست کھائیں گے۔[112]

اور جو لوگ آپ صلی اللہ علیہ وسلم کی مدد کریں گے، انھیں ایک ایسی قوم میں ڈھالا جائے گا جسے زمین میں اقتدار عطا کیا جائے گا۔[113] انھیں اللہ تعالیٰ کے پیغام کو دنیا بھر میں پھیلانے کی ذمہ داری سونپی جائے گی۔[114]

جس طرح حضرت موسیٰ علیہ السلام اور ان کی قوم کے لیے کنعان کا علاقہ مختص کر دیا گیا تاکہ اسے ایک اللہ کے دین کا مرکز بنایا جائے اور اسے دیگر تمام مذاہب سے پاک کیا جائے، اسی طرح محمد صلی اللہ علیہ وسلم کو جزیرہ نمائے عرب کا علاقہ عطا ہوا تاکہ اسے توحید کے مذہب کا نیا مرکز بنایا جائے اور دیگر مذہبی نظریات سے پاک کیا جائے۔[115]

اس تناظر میں، جیسا کہ صحیح احادیث میں بیان ہوا ہے، محمد صلی اللہ علیہ وسلم نے اعلان فرمایا:

لا یجتمع دینان فی جزیرۃ العرب۔ (موطا امام مالک، رقم 1862)	''جزیرہ نمائے عرب میں دو دین نہیں رہیں گے۔''

آگے بڑھنے سے پہلے یہ یاد دلانا ضروری ہے کہ اگرچہ رسول کے ذریعے سے دنیوی فیصلے کا اطلاق بنیادی اور خاص طور پر ان کے براہ راست مخاطبین پر ہوتا ہے، لیکن اُس کے رسول کی تعلیمات تمام انسانیت کے لیے عام ہیں۔ تاریخی پس منظر کی روشنی میں، قرآن محمد صلی اللہ علیہ وسلم کو تمام انسانوں کے لیے اللہ تعالیٰ کی طرف سے دین کے معاملے میں فرستادۂ ہادی اور

---

112 دیکھیے: المجادلہ 58:5۔ المجادلہ 58:20-21 اور دیگر متعلقہ آیات۔

113 النور 24:55۔

114 الحج 22:78۔

115 الفتح 48:28۔ التوبہ 9:33۔ الصف 61:9۔

عربوں اور ان کے گرد و نواح کے لیے اللہ تعالیٰ کے رسول (دنیوی فیصلے کے ذریعے) کے طور پر متعارف کراتا ہے۔[116] محمد صلی اللہ علیہ وسلم نے فارس، روم، حبشہ، بحرین، مصر، یمن اور شام کے حکمرانوں کو خطوط لکھے، جن میں زمین پر اللہ کے فیصلے کے دائرۂ اختیار کو واضح طور پر متعین کیا گیا۔

محمد صلی اللہ علیہ وسلم کے خطوط کے بارے میں اہم نوٹ

ہم نے پہلے بیان کیا تھا کہ قانون رسالت کے مطابق، اللہ تعالیٰ اپنے رسول کے براہِ راست مخاطبین پر حق کو نہ صرف دلائل اور براہین کے ذریعے سے واضح کرتے ہیں، بلکہ رسول کی شخصیت اور خارجی حالات کو اس انداز میں ترتیب دیتے ہیں کہ وہ رسول کے دعوے کی تائید میں نظر آتے ہیں۔ یہ تمام عوامل مل کر مخاطبین کو مجبور کر دیتے ہیں کہ وہ رسول کی دعوت پر سنجیدگی سے غور کریں۔

محمد صلی اللہ علیہ وسلم کے وہ خطوط جو مختلف بادشاہوں کو ارسال کیے گئے، آج آسانی سے آن لائن دستیاب ہیں۔ ان خطوط میں مخاطبین کو اسلام کی دعوت دی گئی اور اس کے ساتھ یہ انتباہ بھی کیا گیا کہ اللہ کے رسول کی دعوت کو رد کرنا ان بادشاہوں اور ان کی افواج پر اللہ کے عذاب کا سبب بنے گا۔ یہ بادشاہ عرب میں ہونے والے واقعات سے باخبر تھے۔ انھیں یہ معلوم تھا کہ محمد صلی اللہ علیہ وسلم اپنے براہِ راست مخاطبین کے لیے اللہ کی عدالت بن کر آئے ہیں۔ وہ محمد صلی اللہ علیہ وسلم کی عرب میں مکمل فتح سے بھی واقف تھے۔ اس کے باوجود جب بعض بادشاہوں نے ان خطوط کو سنے یا سمجھے بغیر رسول کے پیغام کو مسترد کر دیا تو وہ اللہ کے

---

[116] الانعام 6:92۔ الشوریٰ 42 :7۔

رسول کے پیغام کو ناحق رد کرنے کے سبب، قرآن میں بیان کردہ رسولوں کے قانون کے مطابق، اللہ کے عذاب کا شکار ہوئے۔

مولانا مودودی نے اپنی تفسیر ''تفہیم القرآن'' میں سورۂ توبہ کی تشریح کرتے ہوئے واضح کیا ہے کہ محمد صلی اللہ علیہ وسلم نے ہم سایہ سلطنتوں کے بادشاہوں کو خطوط لکھنے سے پہلے ہی وہاں کے عوام کے ساتھ کئی سالوں تک رابطے قائم کر رکھے تھے۔ مولانا نے یہ بھی بیان کیا کہ محمد صلی اللہ علیہ وسلم نے متعدد بار وفود روانہ کیے اور بعض مواقع پر ان وفود کے ارکان کو قتل کر دیا گیا۔ اس لیے یہ کہنا درست نہیں کہ وہ بادشاہ محمد صلی اللہ علیہ وسلم اور ان کی دعوت سے بے خبر تھے۔ وہ عرب کے حالات اور محمد صلی اللہ علیہ وسلم کی تعلیمات سے بہ خوبی آگاہ تھے۔

مزید تفصیلات کے لیے جاوید احمد غامدی صاحب کی ویڈیو ''23 اعتراضات کے جواب میں: 84، اتمام حجت'' دیکھیے جو ''غامدی سنٹر آف اسلامک لرننگ'' کے یوٹیوب چینل پر ملاحظہ کی جاسکتی ہے۔

خلاصۂ کلام یہ ہے کہ پورا جزیرہ نمائے عرب اور وہ علاقے جہاں محمد صلی اللہ علیہ وسلم نے خطوط بھیجے، اللہ کے دنیوی فیصلے کا مظہر بنے اور اس فیصلے کا نفاذ اللہ کے آخری رسول محمد صلی اللہ علیہ وسلم کے ذریعے سے کیا گیا۔

قرآن اعلان کرتا ہے کہ اللہ تعالیٰ کا عذاب یا تو قدرتی آفات کے ذریعے سے نازل ہوگا یا محمد صلی اللہ علیہ وسلم کے پیروکاروں کی تلواروں کے ذریعے سے۔ جیسا کہ حضرت عیسیٰ علیہ السلام کے انذار کے ضمن میں بیان کیا جا چکا ہے کہ اگر رسولوں کی مخاطب کسی قوم کا مکمل

خاتمہ مطلوب نہ ہو تو اللہ کا عذاب انسانوں کی تلواروں کے ذریعے سے نازل ہوتا ہے۔[117]

قرآن واضح طور پر بیان کرتا ہے کہ اگر محمد صلی اللہ علیہ وسلم کے ساتھیوں کی تلواروں کے ذریعے سے اللہ کا عذاب نازل ہو تو ان کے براہِ راست مخاطبین پر دو قسم کے عذاب آئیں گے:

1۔ موت کی سزا، جیسا کہ قرآن میں مذکور ہے۔[118]

2۔ محکومی اور ذلت کی زندگی۔

حدیث میں ہے کہ محمد صلی اللہ علیہ وسلم نے سورۂ توبہ کی آیت 29 کے تناظر میں ارشاد فرمایا کہ ان کے براہِ راست مخاطبین میں سے جو لوگ رسول کا انکار کریں گے اور اس سے جنگ کریں گے، ان کے لیے اللہ کا عذاب رسول کے ساتھیوں کی تلواروں کے ذریعے سے نافذ کیا جائے گا۔[119]

محمد صلی اللہ علیہ وسلم نے خود صحابۂ کرام کو یہ بتا دیا تھا کہ رسولوں کے قانون کے مطابق اللہ تعالیٰ کا عذاب صرف عرب تک محدود نہیں رہے گا، بلکہ ان تمام ہم سایہ سلطنتوں پر بھی نافذ ہو گا، جہاں اللہ کا پیغام رسول کے خطوط کے ذریعے سے پہنچایا جا چکا تھا۔[120]

قرآن میں محمد صلی اللہ علیہ وسلم کو صراحت کے ساتھ بتایا گیا کہ اللہ کے عذاب کا کچھ حصہ ان کی زندگی میں نافذ ہو جائے گا اور کچھ ان کے وصال کے بعد ظاہر ہو گا۔[121]

---

117 التوبہ 9:52۔

118 الزمر 39: 26۔ المجادلہ 58:20۔

119 مسند عبد بن حمید، رقم 545۔

120 بخاری، رقم 2941۔

121 الرعد 13:40۔ الغافر 46:77۔ یونس 10:46۔ الزخرف 43:41-42۔

مندرجہ بالا تفصیل قرآن میں موجود اس لائحۂ عمل کا خلاصہ ہے جو محمد صلی اللہ علیہ وسلم اور ان کے براہِ راست مخاطبین پر خدائی فیصلے کے نفاذ میں پیش نظر رکھا جانا تھا۔ محمد صلی اللہ علیہ وسلم کی نبوت کے اعلان کے بعد کے 23 سال میں وہ تمام واقعات ٹھیک اسی طرح پیش آئے، جیسا کہ قرآن نے ان کی پیشین گوئی کی تھی۔ آیئے، مختصراً دورِ رسالت کے ان 23 سالوں کا جائزہ لیں۔ ذیل میں، میں صرف ان امور کا ذکر کروں گا جو تاریخ میں عمومی طور پر مقبول اور متفق علیہ ہیں، اور ان تاریخی امور سے قطع نظر کروں گا، جو مورخین اور مسلم علما کے مابین اختلاف اور تنازع کا محل ہیں۔

1۔ محمد صلی اللہ علیہ وسلم نے کئی سالوں تک مکہ اور اس کے گرد و نواح میں اللہ تعالیٰ کے پیغام کی تبلیغ کی۔ کچھ لوگوں نے آپ کی دعوت قبول کرلی، جب کہ کچھ نے اسے مسترد کر دیا۔ جلد ہی مدینہ کے پورے شہر نے محمد صلی اللہ علیہ وسلم کی دعوت کو قبول کر لیا اور آپ مدینہ کے مذہبی اور سیاسی رہنما بن گئے۔

2۔ چونکہ تمام لوگ اللہ کے رسول کا انکار نہیں کر رہے تھے اور بہت سے لوگ سنجیدگی سے اللہ کے پیغام پر غور کر رہے تھے، اس لیے اللہ کا عذاب قدرتی آفات کے ذریعے سے مکمل تباہی کی صورت میں نازل نہیں ہوا، بلکہ اس بار اللہ کا عذاب محمد صلی اللہ علیہ وسلم اور ان کے ساتھیوں کی تلواروں کے ذریعے سے نافذ ہوا۔

3۔ جو لوگ اللہ کے رسول کے انکار پر اکتفا نہیں کرتے تھے بلکہ ان کے خلاف جنگ اور ظلم و ستم کرتے تھے، ان پر فوراً اللہ کا عذاب جنگوں میں شکست کی صورت میں نازل ہوا، جیسا کہ غزوۂ بدر میں ہوا۔ قرآن کے مطابق، غزوۂ بدر اللہ کا فیصلہ تھا، جس میں مکہ کے وہ سردار ہلاک ہوئے، جنھوں نے اللہ کے رسول کے خلاف محاذ کھولا تھا۔ مکہ کے تقریباً تمام بڑے

سردار غزوۂ بدر میں مارے گئے۔[122]

4۔ جو لوگ اللہ کے رسول کی مخالفت میں سرگرم نہیں تھے، انھیں مزید مہلت دی گئی۔ قرآن کے قانون رسالت کے مطابق، ہر قوم کو فیصلہ صادر ہونے سے پہلے ایک مدت دی جاتی ہے۔[123] ایک اور وجہ یہ تھی کہ اللہ تعالیٰ نے واضح فرمایا کہ مکہ اور اس کے گردونواح میں بہت سے لوگ اللہ کے پیغام کو قبول کرنے کی طرف مائل تھے، اس لیے انھیں مہلت دی گئی۔[124]

5۔ اس مہلت کے دوران میں، اللہ کے پیغام کو قبول کرنے والوں کو حکم دیا گیا کہ وہ مدینہ ہجرت کر جائیں تاکہ اللہ کے عذاب کے نفاذ سے قبل محفوظ ہو سکیں۔ ہجرت کے اس حکم کی تاکید اتنی زیادہ تھی کہ سوائے کم زوروں اور ناداروں کے، جن لوگوں نے بغیر کسی معقول عذر کے ہجرت نہ کی، انھیں اللہ تعالیٰ نے جہنم کی وعید سنائی۔[125]

وراثت سے متعلق ایک حدیث کی مختصر وضاحت

یہاں ایک حدیث کا ذکر نہایت اہم ہے، جس کی وضاحت اُس وقت مکمل طور پر سامنے آتی ہے، جب اسے اللہ کے رسول محمد صلی اللہ علیہ وسلم کے ذریعے سے دنیا میں اللہ کی دینونت کے فیصلے کے پس منظر میں دیکھا جائے۔ حدیث کے الفاظ یہ ہیں:

”نہ مسلمان اِن میں سے کسی کافر کے وارث ہوں گے اور نہ یہ کافر کسی مسلمان کے۔“
(بخاری، رقم 6764، مسلم، رقم 1614)

---

122 تفصیلات کے لیے سورۂ انفال کا مطالعہ کریں۔

123 الحجر 15:4۔

124 الفتح 48:25۔

125 النساء 4:97-98۔

اس حدیث کو ایک دائمی حکم سمجھنے سے دینی احکام میں واضح تضاد پیدا ہوتا ہے۔اس کی وجہ یہ ہے کہ مسلم مردوں کو اہل کتاب (یہودی اور عیسائی) خواتین سے نکاح کی اجازت ہے۔اب اگر نکاح جائز ہے تو پھر وراثت کے حق کی ممانعت کیوں؟

معلوم ہوتا ہے کہ نبی کریم صلی اللہ علیہ وسلم نے یہ ارشاد اُس دور میں فرمایا تھا، جب اللہ تعالیٰ نے مسلمانوں کو حکم دیا تھا کہ وہ عذابِ الٰہی کے نافذ ہونے سے پہلے معاشرے میں کفار سے مکمل علیحدگی اختیار کریں اور ان سے تعلق منقطع کردیں۔ یہ ہدایت اُس مخصوص صورت حال کے لیے دی گئی تھی اور اسے ایک دائمی قانون کے طور پر نافذ نہیں کیا گیا۔

اب آگے بڑھتے ہیں:

بالآخر وہ وقت آیا، جب اللہ تعالیٰ نے اعلان فرمادیا کہ رسول کے پیغام کو رد کرنے والے اب بلاجواز اپنے کفر پر قائم ہیں۔ چنانچہ اُن کے لیے دو طرح کے عذاب مقدر کیے گئے:

1۔ مشرکین کے لیے

رسول کے معاندین کے اس گروہ کے بارے میں اللہ تعالیٰ نے اعلان فرمایا کہ رسول کی طرف سے حق اُن پر پوری طرح واضح ہو چکا ہے، مگر اس کے باوجود وہ بلا کسی معقول وجہ کے اپنی ہٹ دھرمی پر قائم ہیں۔ اللہ کے ساتھ شرک کرنا سب سے بڑی غداری ہے۔ لہٰذا یہ مشرکین اگر توبہ کر کے اللہ تعالیٰ کے حکم کے سامنے سرنگوں نہیں ہوتے تو سزا کے طور پر ان کے لیے موت کا حکم ہے۔[126]

---

[126] التوبہ 9:5۔

2۔ اہل کتاب (یہود و نصاریٰ) کے لیے

اگرچہ اللہ کے ساتھ شرک سب سے بڑی غداری ہے، مگر مشرکین اور اہل کتاب کے معاملے میں فرق کیا گیا۔ مشرکین کو موت کی سزا کا حامل قرار دیا گیا۔ ہاں، اگر وہ توبہ کر کے اپنی اصلاح کر لیں تو اس عذاب سے بچ سکتے ہیں، البتہ مشرکین کے ساتھ ساتھ رسول صلی اللہ علیہ وسلم کا انکار کرنے والوں میں کچھ یہود و نصاریٰ بھی شامل تھے۔ قرآن انھیں اہل کتاب — وہ لوگ ہیں جنھیں اللہ تعالیٰ نے کتاب عطا فرمائی — کہتا ہے۔

قرآن کے مطابق یہودیوں نے اللہ کے احکام میں تحریف کی، انبیا کو ایذا پہنچائی اور اللہ کی ہدایت کو پس پشت ڈالا، لیکن وہ صریح شرک اور انتہائی غداری جیسے جرم میں مبتلا نہ تھے۔ اسی بنا پر قرآن نے انھیں 'مَغْضُوْبٌ عَلَيْهِمْ'، یعنی اللہ کے غضب کے مستحق قرار دیا۔[127] عیسائی اگرچہ تثلیث (Trinity) کے عقیدے پر قائم ہیں، لیکن وہ اسے توحید ہی کی ایک شکل قرار دیتے ہیں اور اپنی تاویلات کے ذریعے سے ایک خدا پر ایمان رکھنے کا دعویٰ کرتے ہیں۔ چنانچہ قرآن نے انھیں 'ضالین'، یعنی گم راہ کہا ہے۔[128] اسی لیے اہل کتاب، یعنی یہود و نصاریٰ کے لیے قتل کی سزا مقرر نہیں کی گئی، بلکہ انھیں مسلمانوں کے ماتحت محکومی اور ذلت کی زندگی گزارنے کا حکم دیا گیا، جیسا کہ قرآن میں صراحت کر دی گئی ہے۔[129] مزید وضاحت کے لیے سورۂ توبہ کا مطالعہ مفید ہوگا۔

یوں قرآن نے اپنا وعدہ پورا کیا کہ اللہ کے آخری رسول کو جھٹلانے والوں پر عذاب ضرور

---

[127] الفاتحہ 1:7۔

[128] الفاتحہ 1:7۔

[129] التوبہ 9:29۔

نازل ہوگا۔ یہ عذاب محمد صلی اللہ علیہ وسلم کے صحابہ کے ہاتھوں نافذ ہوا، جو یا تو عبرت ناک موت کی صورت میں آیا یا پھر محکومی اور ذلت آمیز زندگی کی شکل میں۔

غیر مسلموں سے جنگ کے متعلق ایک حدیث کی وضاحت

یہ بات سمجھنا ضروری ہے کہ نبی کریم صلی اللہ علیہ وسلم کا رسول کی حیثیت سے دنیا میں موجود ہونا اللہ تعالیٰ کے فیصلے کا ظہور ہوتا ہے۔ اسی مخصوص تناظر میں نبی کریم صلی اللہ علیہ وسلم نے مختلف مواقع پر فرمایا کہ انھیں لوگوں سے جنگ کرنے کا حکم دیا گیا ہے، جب تک وہ اللہ کے پیغام کو قبول نہ کرلیں۔ مثال کے طور پر درج ذیل حدیث پر غور کیجیے:

> ''مجھے حکم دیا گیا کہ میں ان لوگوں سے جنگ کروں، یہاں تک کہ وہ لا الٰہ الا اللہ محمد رسول اللہ کی شہادت دیں... اگر وہ یہ شرائط تسلیم کرلیں تو اُن کی جانیں اور اُن کے مال ہمارے لیے محترم ہیں، اور ہم ان سے کوئی تعرض نہیں کریں گے، الّا یہ کہ...۔''

(بخاری، رقم 387-392)

یہ حدیث ہر زمانے کے مسلمانوں کے لیے عمومی ہدایت کے طور پر نہیں لی جاسکتی۔ قرآن میں اللہ تعالیٰ نے صراحت کے ساتھ فرمایا ہے: ''دین کے معاملے میں (اللہ کی طرف سے) کوئی جبر نہیں ہے''۔[130] عام حالات میں جو لوگ اللہ کے پیغام کو قبول نہیں کرتے، ان کا فیصلہ قیامت کے دن اللہ خود فرمائے گا۔ اگر ان کا انکار کسی معقول وجہ کی بنا پر ہوا ہو، جیسا کہ پیغام ان کے لیے پوری طرح واضح نہ ہوسکا یا کسی ناجائز سبب جیسے تکبر یا دنیوی مفادات کی بنا پر ہوا ہو تو اس کا فیصلہ اللہ تعالیٰ پر موقوف ہے۔ مسلمانوں کو حکم ہے کہ وہ دنیا میں کسی غیر مسلم پر

---

[130] البقرہ 2:256۔

دین زبردستی نہ نافذ کریں۔

البتہ جب اللہ کا کوئی رسول دنیا میں موجود ہوتا ہے تو صورت حال بالکل مختلف ہو جاتی ہے۔ اس وقت اللہ تعالیٰ اپنی حجت مکمل کرتے ہیں۔ رسول کی بے مثال شخصیت، ان کے دلائل کی قوت، خارجی حالات اور بعض اوقات معجزات کے ذریعے سے حق کو اس درجے پر واضح کر دیا جاتا ہے کہ انکار کی کوئی گنجایش باقی نہیں رہتی۔ اس کے بعد پہلے سے متعین مہلت کے بعد اللہ تعالیٰ اپنے رسول کے مخاطبین میں سے ان لوگوں کی تشخیص کرتے ہیں، جو غیر معقول وجوہات، جیسا کہ ضد اور ہٹ دھرمی کی بنیاد پر حق کے پیغام کو رد کر دیتے ہیں۔ پھر ان پر اللہ تعالیٰ کے عذاب کا فیصلہ دنیا ہی میں نافذ کر دیا جاتا ہے۔

غیر مسلم کے قتل سے متعلق ایک حدیث کی وضاحت

ایک اور حدیث جو کئی لوگوں کے لیے باعث اشکال ہے، قانونِ رسالت اور سورۂ توبہ میں اس کے بیان کے تناظر میں اچھی طرح واضح ہو جاتی ہے۔ نبی کریم صلی اللہ علیہ وسلم نے ایک تنازع کا فیصلہ کرتے ہوئے قرار دیا کہ ”مسلمان کو کافر کے بدلے قتل نہیں کیا جائے گا۔“ (بخاری، رقم 6517)

اگر اس حدیث کی وضاحت مستقل اور عمومی قانون کے طور پر کی جائے تو یہ قرآن کے انصاف کے اصولوں سے متصادم معلوم ہوتی ہے، کیونکہ ناحق قتل، خواہ قاتل اور مقتول کا مذہب کچھ بھی ہو، جرم ہے۔ تو پھر نبی کریم صلی اللہ علیہ وسلم نے یہ ارشاد کیوں فرمایا؟ جب اس حدیث کو قرآن کے تناظر میں دیکھا جائے تو معلوم ہوتا ہے کہ یہ ارشاد اس وقت فرمایا گیا، جب مشرکین کے لیے اللہ تعالیٰ نے موت کی سزا کا اعلان کر دیا تھا۔ چنانچہ جو مشرک شخص اللہ کے اس فیصلے کے تحت پہلے ہی عذاب کا مستحق قرار پایا ہو، اگر کوئی اسے قتل کر دے تو وہ قتل

قصاص کا حق دار نہیں ہوتا۔ اس کی وجہ یہ ہے کہ مشرکین میں سے ایذا رسانی کرنے والے معاندین رسول کے بارے میں موت کی سزا پہلے سے طے کر دی گئی تھی۔ دوسرے الفاظ میں اگر ایک شخص کے خلاف سزائے موت کسی جرم میں سنادی گئی ہے اور کوئی دوسرا شخص اسے اسی اثنا میں قتل کر دیتا ہے تو قاتل کو اس جرم کی انتہائی سزا، یعنی قصاص میں قتل کی سزا نہیں سنائی جائے گی۔

آیئے، ہم اپنی گفتگو کو جاری رکھتے ہوئے دیکھتے ہیں کہ قرآن میں محمد صلی اللہ علیہ وسلم کو اللہ کا رسول قرار دینے سے متعلق دعوے کس طرح سچ ثابت ہوئے۔

جس طرح اللہ تعالیٰ نے حضرت موسیٰ علیہ السلام کے ذریعے سے بنی اسرائیل کو ایک امت کی شکل دی اور ان پر یہ ذمہ داری عائد کی کہ وہ اللہ کے دین کو دنیا میں قائم کریں، اسی طرح محمد صلی اللہ علیہ وسلم کے ساتھیوں کو بھی ایک امت میں ڈھالا گیا تاکہ وہ اللہ کے دین کو قائم کریں اور اس کی تبلیغ کریں۔[131]

جس طرح حضرت موسیٰ علیہ السلام اور بنی اسرائیل کو کنعان کی سرزمین دی گئی، جسے انھوں نے دیگر تمام مذاہب سے پاک کر دیا، اسی طرح محمد صلی اللہ علیہ وسلم کے معاملے میں جزیرہ نمائے عرب کو دیگر ادیان سے پاک کر دیا گیا، اور محمد صلی اللہ علیہ وسلم کے پیروکاروں کے اقتدار میں دیا گیا تاکہ وہ اسے صرف توحید کا مرکز بنائیں اور دین پر عمل کریں اور اس کی تبلیغ کریں۔

مگر قصہ یہاں ختم نہیں ہوتا۔

اللہ تعالیٰ کے رسول کی حیثیت سے محمد صلی اللہ علیہ وسلم نے مختلف بادشاہوں کو خطوط

---

[131] البقرہ 143:2۔

ارسال کیے۔ کیا یہ بادشاہ، جو ایک زندہ رسول کی دعوت کے مخاطب تھے، اللہ کے اس قانون کے تحت نہیں آتے تھے، جو رسولوں کے بارے میں قرآن میں بیان ہوا ہے اور جس کے مطابق منکرین کو دنیوی عذاب سے دوچار ہونا ہوتا ہے؟ جی ہاں، وہ بھی اس قانون کے دائرۂ کار میں آتے تھے۔ چنانچہ بادشاہ اور ان کی افواج پر یہ فیصلہ نافذ ہوا۔

قرآن میں نبی کریم صلی اللہ علیہ وسلم کو بتایا گیا تھا کہ اللہ کا فیصلہ ان کی زندگی میں بھی نافذ ہوگا اور ان کے بعد بھی جاری رہے گا۔[132] چنانچہ یہی ہوا۔ جب جزیرہ نمائے عرب میں اللہ کا فیصلہ نافذ ہو گیا تو اس کے بعد نبی کریم صلی اللہ علیہ وسلم نے وصال فرمایا۔ ان بادشاہتوں پر، جن کے سربراہان کو رسول نے خط لکھے تھے، رسول کے پیغام کے انکار کی وجہ سے اللہ کا عذاب نازل ہوا۔ رسول اللہ صلی اللہ علیہ وسلم کی وفات کے پندرہ سال کے اندر وہ عظیم سلطنتیں، جنھوں نے اللہ تعالیٰ کے رسول کو جھٹلایا تھا، اس جرم کے وبال میں پکڑی گئیں۔ یہ سلطنتیں معجزانہ طور پر صحابۂ کرام کے ہاتھوں شکست کھا کر زمین بوس ہو گئیں۔ اس طرح جنھوں نے ایک زندہ رسول کا انکار کیا، وہ نہ صرف جزیرہ نمائے عرب کی حد تک شکست کھا گئے، بلکہ ایک عالمی سطح پر رسول اور ان کے متبعین کو غلبہ حاصل ہوا۔ اسی طرح جن لوگوں نے آپ کی اعانت کی تھی، وہ مہذب دنیا کے تقریباً آدھے حصے پر اقتدار میں آ گئے۔ یہ سب ایسے ہی ہوا، جیسا کہ قرآن نے وعدہ کیا تھا[133] اور اس طرح یہ وعدہ حیرت انگیز طور پر پورا ہوا۔

عربوں کی اس وقت کی عالمی سپر پاورز پر یہ معجزانہ فتح کسی فوجی طاقت یا حربی مہارت کا

---

[132] الرعد 13:40۔ الغافر 40:77۔

[133] النور 24:55۔

نتیجہ نہیں تھی۔ حقیقت یہ ہے کہ یہ اللہ تعالیٰ کا معجزہ اور رسول کے متبعین کے لیے دنیوی انعام تھا، جسے سورۂ نور کی آیت 55 میں ''زمین پر اقتدار'' کہا گیا ہے۔ یہ انعام اللہ کے رسول کے وفادار ساتھیوں کے لیے مقدر تھا، جیسا کہ قرآن میں وعدہ فرمایا گیا۔ یہ ایک ناقابل تردید حقیقت ہے کہ عرب بدو اپنے ہم سایہ طاقت ور سلطنتوں کے مقابلے میں عسکری اعتبار سے نہایت کم زور، غیر تجربہ کار اور وسائل سے محروم تھے۔

اسلامی تاریخ کی ماہر پروفیسر کیرول ہلنبرینڈ (Carole Hillenbrand) لکھتی ہیں:

''اسلامی فتوحات کے اس غیر معمولی مظہر پر بہت کچھ لکھا جا چکا ہے، لیکن کم ہی حتمی نتیجہ اخذ کیا جا سکتا ہے... یہ تصور کرنا مشکل ہے کہ عربوں کو اپنے حریفوں پر کسی قسم کی فوجی برتری حاصل تھی۔ نہ ان کے پاس کوئی خفیہ ہتھیار تھا، نہ کوئی نئی جنگی حکمت عملی... وہ تو بحری جنگوں کے فن سے بھی ناآشنا تھے۔''[134]

صحرا نشین بدوی عربوں کے پاس نہ کوئی جنگی مہارت تھی اور نہ کوئی قابل ذکر فوجی تجربہ۔ جس آسانی سے انھوں نے اُس زمانے کی عظیم سلطنتوں کو سرنگوں کیا، ایک ایسا معجزہ ہے جو آج بھی ماہرین اور مورخین کو ورطۂ حیرت میں ڈال دیتا ہے۔

اینڈریو لاؤتھ (Andrew Louth) اس بارے میں رقم طراز ہیں:

---

134 دیکھیے:

Carole Hillenbrand, "Muhammad and the Rise of Islam," in *The New Cambridge Medieval History*, vol. 1, 4 vols. (Cambridge: Cambridge University Press, 2005), 340.

''مشرقی بازنطینی سلطنت کے علاقے جس تیزی کے ساتھ شکست کھا کر عربوں کے ہاتھ آگئے، وہ آج بھی مورخین کے لیے ایک معمابنا ہوا ہے، جو وضاحت کا محتاج ہے۔''[135]

مشہور مورخ بارنبی راجرسن (Barnaby Rogerson) لکھتے ہیں:

''یہ بات ذہن میں رکھنی چاہیے کہ اُس وقت کی دو بڑی سپر پاورز بازنطینی سلطنت (مشرقی رومی سلطنت) اور ساسانی فارس تھیں... وہی دنیا کی غالب ترین طاقتیں تھیں۔ اگر اسے جدید دور کے تناظر میں دیکھا جائے تو یہ ایسا ہی ہے جیسے اسکیمو امریکہ اور روس جیسی عالمی طاقتوں کو شکست دے دیں۔''[136]

ہو سکتا ہے آپ محمد صلی اللہ علیہ وسلم کا موازنہ عثمان غازی جیسی شخصیت سے کریں، جنھوں نے سلطنتِ عثمانیہ کی بنیاد رکھی یا سکندرِ اعظم اور چنگیز خان جیسے فاتحین سے ان کا موازنہ کریں، جنھوں نے زمین کی تسخیر کا خواب دیکھا اور اسے حقیقت بنایا۔ یہ شخصیات بھی اپنے مقدر کی پیشین گوئیاں کرتی تھیں اور دعویٰ کرتی تھیں کہ خواب و رؤیا میں انھیں کامیابی اور عظمت کی بشارت دی گئی ہے جو بعد ازاں پوری ہوئی۔ تاہم، محمد صلی اللہ علیہ وسلم کا معاملہ

---

135 دیکھیے:

Andrew Louth, "The Byzantine Empire in the Seventh Century," in *The New Cambridge Medieval History*, vol 1, 4 vols. (Cambridge: Cambridge University Press, 2005), 298.

136 دیکھیے:

Barnaby Rogerson, "The Caliph: Part 1: Foundation," *Al-Jazeera English*, https://youtu.be/P3O9d-7PsI48.

ان سب سے قطعی مختلف ہے۔

محمد صلی اللہ علیہ وسلم نے محض کسی ایک خواب یا اتفاقی پیشین گوئی کا ذکر نہیں کیا تھا، بلکہ ان کا دعویٰ یہ تھا کہ ان کے رب نے تمام واقعات کی تفصیلات پہلے ہی بیان فرما دی ہیں، جو بعینہٖ اسی ترتیب اور انداز میں وقوع پذیر ہوں گی۔ قرآن نے رسول اللہ صلی اللہ علیہ وسلم کے ذریعے سے اللہ کے فیصلے کے نفاذ کا پورا نقشہ پہلے ہی بیان کر دیا تھا اور وہ تمام امور بالکل اسی طرح مکمل ہوئے، جیسا کہ بتایا گیا تھا، نہ صرف عرب کی سرزمین پر، بلکہ عالمی سطح پر بھی۔

اس کے برعکس، عثمان غازی یا چنگیز خان جیسی شخصیات اپنی سیاسی، عسکری اور حکمت عملی کی صلاحیتوں پر ناز کرتی تھیں، جب کہ محمد صلی اللہ علیہ وسلم نے ہمیشہ اس حقیقت کو بیان کیا کہ وہ اپنی مرضی سے کوئی فیصلہ نہیں کرتے، بلکہ وہ ایک بالاتر ہستی کی طرف سے موصول ہونے والے احکامات کو نافذ کر رہے ہیں۔ وہ احکامات بعض اوقات خود ان کے ذاتی فیصلوں کو کالعدم کر دیتے تھے اور آپ انھیں بے چون وچرا تسلیم کرتے۔

ایک اور اہم پہلو یہ ہے کہ سکندرِ اعظم سلطنتِ عثمانیہ کے حکمرانوں یا چنگیز خان کے برعکس، محمد صلی اللہ علیہ وسلم اور ان کے صحابہ کو عملی طور پر کسی طرح کی عسکری مہارت یا تربیت حاصل نہ تھی۔ یہی حقیقت ان کے معاملے کو بالکل منفرد اور غیر معمولی بنا دیتی ہے۔ آپ تصور کیجیے کہ ایک ایسا گروہ جو نہ تعداد میں برتر ہے، نہ جنگی مہارت کا حامل، اعلان کرتا ہے کہ وہ اللہ کی براہِ راست ہدایت اور اس کی نصرت سے دنیا کو فتح کرے گا اور پھر حقیقت میں وہ آدھی دنیا کو اپنے زیر نگیں لے آتا ہے۔ اگر ایسا واقعہ میری آنکھوں کے سامنے رونما ہو تو یہ میری اخلاقی اور عقلی ذمہ داری ہو گی کہ میں خدا کے بارے میں ان کے دعوے کی حقیقت کو سنجیدگی سے سمجھنے کی کوشش کروں۔

محمد صلی اللہ علیہ وسلم کے صحابہ بہ خوبی سمجھتے تھے کہ ان کی کامیابیاں ان کی عسکری

مہارت یا اعداد و شمار کی برتری کا نتیجہ نہیں ہیں، بلکہ یہ رسولوں کے قانون کے مطابق اللہ کی نصرت اور اس کے فیصلوں کا مظہر ہیں۔ جنگ یرموک اس حقیقت کی بہترین مثال ہے۔ یہ جنگ مسلمانوں اور بازنطینی سلطنت کے درمیان ایک فیصلہ کن معرکہ تھی۔ بعض جدید مورخین کے مطابق، بازنطینی فوج کی تعداد ڈیڑھ لاکھ کے قریب تھی، جب کہ مسلمانوں کے لشکر میں محض چالیس سے پینتالیس ہزار مجاہدین شامل تھے۔ اس نازک صورت حال میں، جب سب کچھ داؤ پر لگا ہوا تھا اور وسائل بہت کم تھے، خلیفہ حضرت عمر رضی اللہ عنہ نے کمان کی تبدیلی کا ایک حیران کن فیصلہ کیا۔ انھوں نے پے در پے کامیابیاں سمیٹنے والے خالد بن ولید رضی اللہ عنہ جیسے عظیم سپہ سالار کو معزول کر کے ابو عبیدہ رضی اللہ عنہ کو لشکر کا نیا سپہ سالار مقرر کر دیا۔ اس غیر متوقع تبدیلی کا مقصد یہ یاد دلانا تھا کہ مسلمانوں کی فتح ان کی جنگی مہارت، حکمت عملی یا سپہ سالاروں کی صلاحیت کی مرہونِ منت نہیں، بلکہ یہ اللہ تعالیٰ کے رسولوں کے قانون کا مظہر ہے۔ اللہ تعالیٰ ان لوگوں کو سزا دے رہا تھا جنھوں نے رسول کی دعوت کو ٹھکرا دیا تھا اور محمد صلی اللہ علیہ وسلم کے جاں نثار ساتھیوں کو ان کی حمایت اور نصرت کے انعام کے طور پر غلبہ اور فتح عطا فرما رہا تھا۔

9۔ مسلمان بھی بنی اسرائیل کی طرح اخلاقی انحطاط کا شکار ہوں گے

اللہ تعالیٰ نے بنی اسرائیل سے ایک عہد لیا تھا، جس کا تقاضا تھا کہ وہ خلوصِ دل کے ساتھ اس کے دین پر عمل کریں اور اس کی تعلیمات کو دنیا بھر میں عام کریں۔ یہ فریضہ انھوں نے صدیوں تک بہ خوبی نبھایا۔ تاہم، ایک وقت ایسا آیا جب وہ اخلاقی زوال کی اس حد تک پہنچ گئے کہ حضرت عیسیٰ علیہ السلام کے زمانے میں اللہ نے ان کے ساتھ اپنا عہد ختم کر دیا۔ اسی طرح

اللہ نے بالخصوص، عرب مسلمانوں اور بالعموم، تمام امتِ مسلمہ کو یہ ذمہ داری سونپی ہے کہ وہ دین حق پر خلوصِ نیت سے عمل کریں اور اللہ کا پیغام دنیا کے کونے کونے تک پہنچائیں۔ ایک رہنما کتاب اور منشور کے طور پر انھیں قرآن دیا گیا ہے، جسے خدا کی ہدایت کے طور پر دنیا میں عام کرنا ان کا فریضہ ہے۔ تاہم، بنی اسرائیل کی طرح، مسلمانوں کے زوال کا وقت بھی آئے گا اور جب یہ زوال پوری طرح رونما ہو جائے گا تو پھر اللہ کی طرف سے کوئی اور رسول انسانیت کی ہدایت کے لیے نہیں بھیجا جائے گا، کیونکہ محمد صلی اللہ علیہ وسلم اللہ کے آخری رسول ہیں۔ اس کے بعد انسان پر قیامت برپا ہو گی۔

محمد صلی اللہ علیہ وسلم نے مسلمانوں کے اس ممکنہ زوال کی پیشین گوئی صدیوں پہلے کر دی تھی۔ اس بارے میں ایک حدیث مبارکہ ملاحظہ ہو۔ نبی صلی اللہ علیہ وسلم نے فرمایا:

> ''تم ضرور ان لوگوں کے طریقوں پر بالشت بر بالشت اور ہاتھ بر ہاتھ چلتے جاؤ گے جو تم سے پہلے تھے حتیٰ کہ اگر وہ سانڈے کے بل میں گھسے تو تم بھی ان کے پیچھے گھسو گے۔ صحابہ نے عرض کیا: یارسول اللہ، جب آپ پہلوں کی بات کرتے ہیں تو کیا آپ کا اشارہ یہود و نصاریٰ کی طرف ہے؟ آپ نے فرمایا: اور کون!'' (مسلم، رقم 6448)

10۔ قرآن کے قانون رسالت کا خلاصہ

ہماری اب تک کی بحث کا ایک مختصر بیان یہ ہے کہ قرآن کے مطابق ہر انسان فطری طور پہ اپنے خالق کو جانتا ہے اور نیکی و بدی کی بنیادی تفریق سے آگاہ ہے۔ ابتدا میں، خدا نے انسانیت کے پہلے گروہ سے براہِ راست خطاب کیا اور ان کی پیدایش کی حقیقت اور ان کے مقصد زندگی کو واضح کیا۔ تمام انسان اس وقت راہِ راست پر قائم تھے، لیکن وقت گزرنے کے ساتھ

انحرافات نے جنم لیا۔ انحراف کے اس سلسلے کو روکنے اور انسانیت کو راہِ راست پر واپس لانے کے لیے خدا نے اپنے نبی مبعوث فرمائے۔ جب اکثر قوموں نے نبیوں کی تعلیمات کو مسترد کر دیا اور حق کے دلائل کے باوجود خدا اور جزا و سزا کو جھٹلانے پر اصرار کیا تو خدا نے رسولوں کو بھیجا۔ رسول نہ صرف خدا کے پیغام کے مبلغ ہوتے ہیں، بلکہ زمین پر خدا کی عدالت اور اس کی دینونت کا مظہر بن کر آتے ہیں۔ ان کے ذریعے سے اللہ تعالیٰ دنیا میں ایک قیامت صغریٰ برپا کر کے دکھاتے ہیں، تاکہ آخرت کے حساب و کتاب اور جزا و سزا کی ایک جھلک دیکھ کر لوگ اللہ تعالیٰ کے وجود پر ایمان لائیں اور اخروی جزا و سزا کو مانیں۔

رسول کسی قوم میں آکر برسوں تک خدا کے پیغام کی تبلیغ کرتے ہیں۔ ان کی دعوت کے دلائل کی مضبوطی، ان کے کردار کی عظمت، ان کے معجزات اور ان کے حق میں رونما ہونے والے خارجی حالات قوم کے لیے حق کو بالکل واضح کر دیتے ہیں۔ یہاں تک کہ ان کے مخاطبین پر اتمام حجت ہو جاتی ہے اور قوم کے پاس انکار کا کوئی عذر باقی نہیں رہتا۔ پھر ایک وقت آتا ہے، جب خود اللہ تعالیٰ رسول کے مخاطبین کے لیے دنیا ہی میں جزا و سزا کے فیصلے کا اعلان کرتا ہے۔ اس فیصلے کے مطابق، رسول کی دعوت کو قبول کرنے والے دنیا میں کامیاب ہوتے ہیں اور فوز و فلاح پاتے ہیں، جب کہ انکار کرنے والوں پر اللہ تعالیٰ کا عذاب نافذ ہوتا ہے۔ اگر قوم کی مکمل تباہی مقصود ہو تو عذاب قدرتی آفات کے ذریعے سے آتا ہے۔ لیکن اگر مخاطب قوم کا مکمل خاتمہ ضروری نہ ہو تو عذاب دیگر انسانوں کے ہاتھوں نافذ کیا جاتا ہے۔

جب انسان چھوٹے گروہوں میں منقسم تھے تو انفرادی قوموں کے لیے رسول بھیجے گئے، لیکن جب انسانیت تہذیبوں اور اقوام میں تقسیم ہو گئی تو خدا نے انفرادی رسولوں کی جگہ ایسی قوموں کو چنا، جو اس کے پیغام کو عام کریں۔ اس مقصد کے لیے حضرت ابراہیم کی نسل کو منتخب کیا گیا۔

پہلی قوم حضرت اسحاق کی نسل سے اٹھی، جس کے لیے کنعان کی سرزمین خاص کردی گئی تاکہ وہ اسے خدا کے دین کے لیے وقف کریں اور وہاں سے دیگر مذاہب اور ان کے ماننے والوں کو ختم کردیں۔ حضرت موسیٰ علیہ السلام کی قیادت میں یہ قوم خدا کی منتخب قوم بنی، اسے قانون دیا گیااور اسے یہ ذمہ داری سونپی گئی کہ وہ دنیامیں خدا کے دین اور ہدایت پر عمل کریں اور اسے پوری دنیامیں عام کریں۔ بنی اسرائیل نے ایک لمبے عرصے تک اس ذمہ داری کو نبھایا۔ تاہم، پھر وہ حق سے انحراف کے مرتکب ہوگئے۔ اس وقت اللہ تعالیٰ نے حضرت عیسیٰ علیہ السلام کو ان کی طرف رسول بنا کر بھیجا۔ حضرت عیسیٰ نے انھیں خدا کی راہ پر واپس لانے کی کوشش کو اور انھیں اس پر ابھارا کہ وہ اللہ تعالیٰ کے ساتھ باندھے ہوئے عہد کو پورا کریں۔ انھوں نے بنی اسرائیل کو یہ انذار بھی کیا کہ اگر وہ ایسا نہیں کرتے تو وہ اللہ تعالیٰ کی منتخب قوم ہونے کا حق کھودیں گے۔ اس کے نتائج بہت سنگین ہوں گے۔ لیکن بدقسمتی سے بنی اسرائیل نے نہ صرف حضرت عیسیٰ کو جھٹلایا، بلکہ ان پر ظلم و ستم بھی کیا۔ نتیجتاً، خدانے ان پر رومیوں کے ذریعے سے سخت عذاب نازل کیا۔

حضرت عیسیٰ علیہ السلام کی وفات کے چھ سو سال بعد، خدانے ایک نئی قوم کواپنی ہدایت کا آخری علم بردار بنایا۔ اس بار یہ قوم حضرت اسمٰعیل کی نسل سے تھی اور اس مقصد کے لیے حضرت محمد صلی اللہ علیہ وسلم کو آخری نبی اور رسول بنا کر بھیجا گیا۔ رسولوں کے بارے میں قرآن کے بیان کردہ قانون کا جائزہ لیں تو معلوم تاریخ گواہ ہے کہ حضرت محمد صلی اللہ علیہ وسلم کے معاملے میں تمام واقعات بالکل ویسے ہی پیش آئے، جیسا کہ قرآن نے پیشین گوئی کی تھی۔ مزید برآں، بائبل میں مذکور عذاب کے تمام قصے، چاہے وہ حضرت نوح، حضرت لوط، حضرت ابراہیم، حضرت موسیٰ یا حضرت عیسیٰ علیہم السلام کے متعلق ہوں، قرآن میں بیان کردہ رسولوں کے قانون کی روشنی میں مکمل طور پر قابل فہم ہو جاتے ہیں۔ یہ واقعات اور قصے

محض گناہ گاروں پر خدا کے غضب کے بے ترتیب مظاہر نہیں ہیں، بلکہ خدا کی ایک عظیم حکمت والے منصوبے کے تحت اور مربوط طریقے سے وقوع پذیر ہوئے ہیں۔ ان قوموں کو دنیا میں اللہ تعالیٰ نے اپنی نمایندگی کے لیے منتخب کیا اور قانونِ رسالت کے ذریعے سے قیامت کے دن — جب تمام انسان جزا و سزا پائیں گے — کی سب سے بڑی دنیوی دلیل فراہم کی۔

قرآن میں قانونِ رسالت کے حوالے سے کیے گئے دعوے ہر انسان کو ایک مضبوط بنیاد اور وجہ فراہم کرتے ہیں کہ وہ قرآن کا سنجیدگی سے مطالعہ کرے اور اسے خدا کی طرف سے حق کے طور پر تسلیم کرنے کی کوشش کرے۔

باب پنجم : الف

قرآن کا قانون رسالت
پیچیدہ مسائل کے حل کی کلید

قرآن میں بیان کیے گئے رسولوں کے متعلق قانون اور رسولوں کی تعلیمات کے تناظر میں اسلام کو سمجھنے سے کئی پیچیدہ مسائل واضح ہو جاتے ہیں۔ اس ضمن میں ہم پہلے غیر مسلموں کی وراثت اور مسلمان کے ہاتھوں غیر مسلم کے قتل پر سزا کے مسائل پر گفتگو کر چکے ہیں۔ اب تین مزید اہم مسائل پر روشنی ڈالتے ہیں، جو قرآن کے قانون رسالت کی روشنی میں بالکل واضح ہو جاتے ہیں۔

1۔ارتداد کی سزا

مسلمانوں کی ایک بڑی اکثریت یہ سمجھتی ہے کہ اسلام چھوڑ کر کوئی دوسرا مذہب اختیار کرنے یا دہریہ ہو جانے والے شخص کے لیے شریعت نے موت کی سزا مقرر کی ہے۔ یہ نقطۂ نظر ایک حدیث پر مبنی ہے، جس میں حضرت محمد صلی اللہ علیہ وسلم نے فرمایا:

"جو اپنا دین بدلے، اسے قتل کر دو۔" (سنن نسائی، رقم 4059، 4061، 4062)

اس حدیث کے مضمون کو خلیفہ اول ابو بکر صدیق کے دور میں ارتداد کی جنگوں سے مزید تقویت ملتی ہے۔ انھوں نے محمد صلی اللہ علیہ وسلم کی وفات کے بعد اسلام سے مرتد ہو جانے والے عرب قبائل کے خلاف جنگیں لڑی تھیں۔

یہ حدیث بہ ظاہر قرآن سے متضاد معلوم ہوتی ہے، جو یہ واضح اعلان کرتا ہے کہ دین کے معاملے میں کوئی جبر نہیں۔[137] مزید برآں، قرآن کی مختلف آیات[138] اسلام سے مرتد ہو جانے کے معاملے کو زیرِ بحث لاتی ہیں، لیکن اس پر کسی دنیوی سزا کا ذکر نہیں کرتیں۔ پھر یہ سوال پیدا ہوتا ہے کہ اگر قرآن اسلام چھوڑنے پر کسی دنیوی سزا کا ذکر نہیں کرتا تو حضرت محمد صلی اللہ علیہ وسلم کی حدیث میں یہ کیوں کہا گیا کہ "جو اپنے دین کو بدلے، اسے قتل کر دو؟" اور خلیفہ اول حضرت ابو بکر صدیق نے رسول اللہ صلی اللہ علیہ وسلم کے وصال کے بعد ان قبائل کے خلاف جنگ کیوں کی، جو اسلام سے پھر گئے تھے؟

جب ہم قرآن کو حدیث کے زاویے سے دیکھنے کی غلطی کرتے ہیں اور حدیث کو قرآن کی شرح و وضاحت کے بجائے دین کا مستقل بالذات ماخذ مان لیتے ہیں تو ایسے تضادات سامنے آتے ہیں۔ یہ کیسے ممکن ہے کہ قرآن تو واضح طور پر یہ اعلان کرے کہ دین کے معاملات میں کوئی جبر نہیں[139] اور پھر کچھ احادیث یہ تاثر دیں کہ دین تبدیل کرنے والے کو قتل کر دیا

---

[137] البقرہ 2:256۔

[138] النساء 4:137۔ البقرہ 2:217۔ آل عمران 3:86-90۔

[139] البقرہ 2:256۔

جائے؟

یہ مسئلہ فوراً حل ہو جاتا ہے، جب ہم حدیث کو قرآن کی روشنی میں سمجھنے کا درست طریقہ اختیار کرتے ہیں اور یہ حقیقت تسلیم کرتے ہیں کہ حدیث اسلام کا مستقل بالذات ماخذ نہیں ہے، بلکہ یہ قرآن اور سنت میں بیان کردہ احکام کی شرح و وضاحت کرتی ہے اور اس کے اطلاقات کرتی ہے۔ اس کی مزید وضاحت کے لیے غور کریں کہ قرآن ہمیں صرف تین جرائم میں موت کی سزا کا اختیار دیتا ہے:

1۔ قتل

2۔ فساد فی الارض کا جرم، جس میں کسی کی جان، مال یا عزت کو نقصان پہنچانا، مسلح ڈاکے، دہشت گردی، اغوا اور جنسی زیادتی شامل ہیں۔[140]

3۔ رسول کے براہِ راست مخاطبین کی جانب سے اس کا انکار کرنے کی صورت میں دنیوی سزا کا نفاذ ہوتا ہے۔ یہ سزا یا تو موت کی صورت میں دی جاتی ہے یا پھر انھیں محکومی کے عذاب میں مبتلا کر دیا جاتا ہے، اور یہ صرف ان افراد پر لاگو ہوتی ہے جو رسول کے براہِ راست مخاطب ہوتے ہیں اور اس کی دعوت کو حق جاننے کے بعد اس کا انکار یا مخالفت کرتے ہیں۔[141] حدیث میں مذکور بیان دراصل رسول کے انھی مخاطبین سے متعلق ہے، جو حضور اکرم صلی اللہ علیہ وسلم کی براہِ راست دعوت کو قبول کرنے کے بعد انکار کی جسارت کے مرتکب ہوئے۔

قرآن میں ان جرائم کے ضمن میں، جن کے لیے موت کی سزا تجویز کی گئی ہے، یہ حقیقت واضح ہو جاتی ہے کہ اسلام چھوڑنے والے کسی فرد کے لیے موت کی سزا کا کوئی عام اور دائمی

---

[140] المائدہ 5:32۔

[141] اس سلسلے میں قانونِ رسالت اور سورۂ مائدہ کی آیت 33 پر مبنی سابقہ بحث ملاحظہ کیجیے۔

تصور موجود نہیں۔ وہ افراد جن کے بارے میں اس حدیث میں بات کی گئی ہے، وہ حضور اکرم صلی اللہ علیہ وسلم کے براہِ راست مخاطب تھے۔ وہ خدا کے دینونت کے اس فیصلے کے تحت آتے تھے، جو ان کی طرف سے آخری رسول کے انکار کی صورت میں ان پر لاگو ہونا تھا۔ اور اس قانون میں منکرین کی سزا موت تھی۔ لٰہذا منکرین رسول کے بارے میں اللہ تعالیٰ کا فیصلہ پہلے سے موجود تھا۔ اسی طرح ان قبائل کے بارے میں بھی یہی اصول لاگو ہوتا ہے، جن کے خلاف حضرت ابو بکر صدیق نے جنگ کی۔ یہ قبائل بھی حضور اکرم صلی اللہ علیہ وسلم کے براہ راست مخاطبین میں شامل تھے اور ان کا رسول کے انتقال کے بعد انکار کرنا انھیں خدا کے قانونِ رسالت کے تحت عذابِ الٰہی کا مستحق بنا دیتا تھا۔ مذہبی بنیاد پر دی جانے والی یہ سزا دراصل خدا کے دنیوی فیصلے کا ایک خاص مظہر تھی، جو صرف اس وقت نافذ ہوتی ہے، جب رسول بہ نفس نفیس موجود ہوں اور خدا کا پیغام براہِ راست پیش کر رہے ہوں۔ یہ قانون صرف رسول کے براہ راست مخاطبین کے لیے مخصوص تھا اور بعد کے ادوار کے مسلمانوں پر اس کا اطلاق نہیں ہوتا۔ قرآن میں یہ واضح کر دیا گیا ہے کہ حضرت محمد صلی اللہ علیہ وسلم خدا کے آخری رسول ہیں اور ان کے بعد نہ کوئی رسول آئے گا اور نہ ہی دنیا میں خدا کی دینونت کے ایسے واقعات دوبارہ پیش آئیں گے۔ لٰہذا حضور اکرم صلی اللہ علیہ وسلم اور آپ کے صحابہ کے بعد کسی کو یہ اختیار حاصل نہیں کہ وہ ایمان یا عقیدے کے معاملات میں کسی کو سزا دے۔ درج ذیل مثال پر غور کیجیے۔

حضور اکرم صلی اللہ علیہ وسلم کے براہِ راست مخاطبین پر خدا کا دنیوی فیصلہ ان مشرکین اور ان افراد کے خلاف نافذ ہوا، جو رسول اللہ صلی اللہ علیہ وسلم کے خلاف محاذ آرائی کرتے اور ان کو اذیت پہنچاتے تھے۔ ان پر موت کی سزا نافذ کی گئی، الّا یہ کہ وہ خدا کے پیغام کو قبول کر لیتے۔

رسول کے پیغام کی یہ قبولیت ان کے لیے عذابِ الٰہی سے بچنے کا واحد ذریعہ تھی۔ خاص طور پر، اگر ان میں سے کوئی فرد اسلام قبول کرنے کے بعد اسے ترک کر دیتا تو اس کے لیے یہ رعایت ختم ہو جاتی اور وہ دوبارہ اسی عذاب کا مستحق بن جاتا، جو خدا کی طرف سے اس کے لیے پہلے ہی مقرر کر دیا گیا تھا۔ اس لیے یہ حدیث حضور اکرم صلی اللہ علیہ وسلم کے ان براہِ راست مخاطبین کے لیے خاص تھی، جن پر خدا کا دنیوی فیصلہ رسول کے ذریعے سے نافذ ہوا۔ یہ حدیث حضور اکرم صلی اللہ علیہ وسلم کے براہِ راست مخاطبین کے علاوہ کسی اور پر لاگو نہیں ہوتی، کیونکہ آپ خدا کے آخری رسول ہیں اور آپ کے بعد کوئی دوسرا رسول یا اس قسم کا دنیوی فیصلہ ممکن نہیں۔

2۔ غیر مسلموں کے خلاف ان کے عقائد کی بنیاد پر جنگ

یہ موقف بہ ظاہر قرآن سے متصادم ہے کہ غیر مسلموں سے محض ان کے مذہب کی وجہ سے اور انھیں اسلام قبول کرنے پر مجبور کرنے کے لیے جنگ کرنا ضروری ہے۔ البتہ جب ہم اسلام کو خدا کے قانون رسالت کی روشنی میں سمجھیں اور اس موقف کو اس قانون کی میزان پر پرکھیں تو یہ ظاہری تضاد بھی حل ہو جاتا ہے۔ ہم جانتے ہیں کہ مذہب کی بنیاد پر قتال قانون رسالت کا جزو ہے، جو صرف اس وقت لاگو ہوتا ہے، جب رسول اپنے مخاطبین کے درمیان موجود ہوں۔ قرآن کریم یہ واضح اعلان کرتا ہے کہ دین کے معاملات میں کسی قسم کا جبر جائز نہیں۔[142] لیکن ایک دوسری جگہ، کتاب اللہ میں محمد صلی اللہ علیہ وسلم کو حکم دیا گیا ہے کہ وہ

[142] البقرہ2:256۔

ان مشرکین کے خلاف جنگ کریں جنھوں نے مسلمانوں کے ساتھ کیے گئے معاہدے توڑ دیے، یہاں تک کہ وہ اسلام قبول کرلیں۔ اسی طرح، قرآن یہودیوں اور عیسائیوں سے متعلق بھی یہ حکم دیتا ہے کہ ان سے جنگ کی جائے، یہاں تک کہ وہ یاتو اسلام قبول کرلیں یا ذلت کے ساتھ جزیہ ادا کرنے پر آمادہ ہو جائیں۔[143]

اسی طرح متعدد احادیث بھی سورۂ بقرہ کی آیت 256، جہاں دین کے معاملات میں کسی بھی قسم کے جبر سے منع کیا گیا ہے، سے ٹکراتی ہوئی محسوس ہوتی ہیں۔ مثال کے طور پر، مندرجہ ذیل حدیث دیکھیے:

''مجھے حکم دیا گیا ہے کہ میں لوگوں سے جنگ کروں یہاں تک کہ وہ یہ گواہی دیں کہ اللہ کے سوا کوئی معبود نہیں اور محمد صلی اللہ علیہ وسلم اللہ کے رسول ہیں، نماز قائم کریں اور زکوٰۃ ادا کریں....۔''(بخاری، رقم 25)

جب ان احکامات کو قانونِ رسالت کے تناظر میں دیکھا جائے تو یہ واضح ہو جاتا ہے کہ یہ احکامات مسلمانوں کے لیے غیر مسلموں کے بارے میں دائمی پالیسی کے طور جاری نہیں کیے گئے، بلکہ یہ احکامات صرف خدا کے رسول کے براہِ راست مخاطبین میں سے منکرین رسالت اور معاندین رسول پر سزا کے طور پر لاگو کیے گئے تھے۔

قرآن واضح کرتا ہے کہ حضرت نوح کے زمانے کا طوفان ہو، قومِ عاد و ثمود پر نازل ہونے والے عذاب ہوں، حضرت ابراہیم اور حضرت لوط کے دور میں پیش آنے والے واقعات ہوں یا حضرت عیسیٰ علیہ السلام کے زمانے میں رومیوں کے ہاتھوں بنی اسرائیل کی شکست، اور اسی طرح حضرت محمد صلی اللہ علیہ وسلم اور ان کے صحابہ کی طرف سے عرب اور اطراف کے

---

[143] التوبہ 9:29۔

علاقوں میں برپا کیے جانے والے معرکے — یہ سب دنیوی سزائیں صرف اور صرف خدا کے کسی زندہ رسول کو جھٹلانے کے نتیجے میں دی گئیں۔ یہ سزائیں خدا کے ان خاص قانون کے تحت تھیں، جو اس کے رسولوں کے مخاطبین کے لیے مخصوص ہے۔ یہ عذاب صرف ان لوگوں تک محدود تھا، جو براہِ راست رسول کے پیغام کو سن کر اسے رد کرتے تھے۔ ان کا دائرۂ اطلاق دیگر افراد یا اقوام تک نہیں بڑھایا جا سکتا۔ اس کے برعکس، جو لوگ رسول کے براہ راست مخاطب نہیں تھے، ان کے ایمان اور اعمال کا فیصلہ قیامت کے دن خدا خود کرے گا۔ حضرت محمد صلی اللہ علیہ وسلم کے دنیا سے انتقال کے بعد مسلمانوں کو صرف اس بات کا اختیار دیا گیا ہے کہ وہ غیر مسلموں تک خدا کا پیغام پہنچائیں۔ انھیں کسی بھی صورت زبردستی یا جنگ کے ذریعے سے اپنا عقیدہ مسلط کرنے کی اجازت نہیں دی گئی۔

3۔ اسلام کا دیگر مذاہب پر غلبہ

اللہ تعالیٰ کا ارشاد ہے: ''وہی ہے جس نے اپنے رسول کو ہدایت اور دین حق کے ساتھ بھیجا ہے تاکہ (اِس سرزمین کے) تمام ادیان پر اُس کو غالب کر دے۔''[144] اگر اس بیان کو سیاق و سباق کے بغیر دیکھا جائے تو یہ ایک عالمی پیشین گوئی معلوم ہوتی ہے، جسے بعض شدت پسند تنظیمیں اپنے لیے ایک مثالی مقصد اور ہدف کے طور پر دیکھتی ہیں۔ تاہم، جب اس آیت کو اللہ کے قانونِ رسالت کے تناظر میں دیکھا جائے تو یہ حقیقت واضح ہو جاتی ہے کہ یہ پیشین گوئی محمد صلی اللہ علیہ وسلم کے براہِ راست مخاطبین کے لیے خاص تھی۔ رسول کے مخاطبین کا فیصلہ اسی دنیا میں ہوتا ہے، رسول کے مخالفین مکمل طور پر مغلوب کر دیے جاتے ہیں اور صرف رسول،

---

[144] التوبہ 9:33۔

ان کے پیروکار اور اللہ کا پیغام باقی رہتا ہے اور اللہ تعالیٰ کا دین دیگر ادیان پر غالب رہتا ہے۔ اس لیے اسلام کے تمام دیگر نظریات پر غلبے کی یہ پیشین گوئی محمد صلی اللہ علیہ وسلم کے مخاطبین تک محدود تھی اور بالکل ویسے ہی پوری ہوئی جیسا کہ پیشین گوئی کی گئی تھی۔

سورۂ توبہ کی آیت 33 کا مکمل سیاق و سباق یہ واضح کرتا ہے کہ اللہ تعالیٰ یہاں محمد صلی اللہ علیہ وسلم کے براہ راست پیروکاروں کو مخاطب فرمارہے ہیں نہ کہ آیندہ آنے والے تمام ادوار کے لیے ایک عالمی پیشین گوئی فرمارہے ہیں۔ آیت میں واضح طور پر بیان کیا گیا ہے کہ اللہ نے اپنے رسول کو دین حق کے ساتھ بھیجا اور اپنے وعدے کو پورا کیا کہ یہ رسول اور دین حق مکہ اور عرب کے ان مشرکین کے تمام نظریات پر غالب آئے گا، جو محمد صلی اللہ علیہ وسلم کے بنیادی مخالفین تھے۔ ذیل میں، میں ان آیات کو ان کے سیاق و سباق کے ساتھ پیش کرتا ہوں۔

"چاہتے ہیں کہ خدا کے اِس نور کو اپنے منہ کی پھونکوں سے بجھا دیں اور اللہ نے فیصلہ کر رکھا ہے کہ وہ اپنے نور کو پورا کر کے رہے گا، خواہ اِن منکروں کو یہ کتنا ہی ناگوار ہو۔ وہی ہے جس نے اپنے رسول کو ہدایت اور دین حق کے ساتھ بھیجا ہے تا کہ (اِس سرزمین کے) تمام ادیان پر اُس کو غالب کر دے، خواہ مشرکین بھی اِسے کتنا ہی ناپسند کریں۔"

(التوبہ 9:32-33)

اسی طرح قرآن کی ایک اور آیت[145] کو اکثر اس دعوے کے حق میں استدلال کے طور پر پیش کیا جاتا ہے کہ اسلام تمام دیگر مذاہب پر غالب آجائے گا اور قیامت کے قریب پوری دنیا یا تو مسلمان ہو جائے گی یا مسلم غلبے کے تحت زندگی بسر کرے گی۔ تاہم، جب سورہ فتح کی اس آیت کو بھی اس کے مکمل سیاق و سباق کے ساتھ دیکھا جائے، خاص طور پر سورہ فتح کی آیات

[145] الفتح 48:28۔

20تا30 کو ایک منظم اور مربوط کلام کے طور پر سمجھا جائے تو آیت 28 کا معنی واضح ہو جاتا ہے۔ ان آیات میں خاص طور پر اہل مکہ کو مخاطب کیا گیا ہے اور انھیں یہ اطلاع دی گئی ہے کہ وہ رسول اللہ صلی اللہ علیہ و سلم اور ان کے پیروکاروں کے ہاتھوں شکست سے دوچار ہوں گے اور اسلام ان پر غالب آئے گا۔

میں نے یہ معلومات اس بات کی تائید میں پیش کی ہیں کہ رسول اللہ صلی اللہ علیہ و سلم اور آپ صلی اللہ علیہ و سلم کے صحابۂ کرام کے اقوال و افعال کو جب قرآن میں بیان کردہ قانونِ رسالت کی روشنی میں دیکھا جائے تو ان کی تفہیم نہایت آسان ہو جاتی ہے۔

باب پنجم: ب

محمد صلی اللہ علیہ وسلم کی شخصیت اور آپ کے متعلق پیشین گوئیاں

میرے نزدیک قرآن کا قانون رسالت اور خاص طور پر محمد صلی اللہ علیہ وسلم کی سرگذشت انذار، ایسی ٹھوس علمی اور عقلی بنیاد فراہم کرتے ہیں کہ ہمیں اس پر سنجیدگی سے غور کرنا چاہیے کہ اسلام ایک الہامی دین ہے۔ تاہم، دو مزید پہلو ایسے ہیں جو محمد صلی اللہ علیہ وسلم کے پیغام کی صداقت کو مزید تقویت بخشتے ہیں:

1۔ محمد صلی اللہ علیہ وسلم کی شخصیت و کردار

2۔ سابقہ آسمانی کتابوں میں محمد صلی اللہ علیہ وسلم کے بارے میں پیشین گوئیاں

1۔ محمد صلی اللہ علیہ وسلم کی شخصیت و کردار

الف۔ راست گوئی اور دیانت داری

محمد صلی اللہ علیہ وسلم کی بعثت سے پہلے کی زندگی میں، آپ نے اپنی دیانت داری اور سچائی

کا ایسا معیار قائم کیا تھا کہ اہل مکہ آپ کو ''امین'' اور ''صادق'' کے لقب سے یاد کرتے تھے۔ ایک مشہور واقعہ یہ ہے کہ آپ نے لوگوں کو جمع کر کے پوچھا کہ اگر وہ کہیں کہ پہاڑ کے پیچھے ایک لشکر حملہ کرنے کو تیار ہے تو کیا وہ آپ کی بات مانیں گے؟ لوگوں نے بہ یک زبان کہا کہ ہم نے آپ کو ہمیشہ سچا اور ایمان دار پایا ہے۔[146]

ب۔ فکری ارتقا کی عدم موجودگی

دنیا میں فوجی، سیاسی، معاشی اور معاشرتی میدانوں کے ہر ممتاز دانش ور یا رہنما کے خیالات اور نظریات میں وقت کے ساتھ ایک واضح ارتقا نظر آتا ہے، لیکن حیرت انگیز طور پر محمد صلی اللہ علیہ وسلم کی زندگی میں ایسا ارتقا نظر نہیں آتا۔ آپ نے 40 سال کی عمر تک ایک عام انسان کی حیثیت سے زندگی گزاری، جس میں کوئی ایسا نشان موجود نہیں تھا جو آپ کے مستقبل کے عظیم منصب کی طرف اشارہ کرتا ہو۔ لیکن جب آپ نے چالیس سال کی عمر میں اعلانِ نبوت کیا تو اچانک قرآن جیسی بے مثال کتاب آپ کے ذریعے سے دنیا کے سامنے آنا شروع ہو گئی۔ اس کتاب نے اپنی شاعرانہ عظمت، فکری گہرائی، سماجی، سیاسی اور قانونی مباحث اور احکامات، اور بے نظیر عسکری اور جنگی حکمتِ عملیوں کے ذریعے سے سب کو حیران کر دیا۔ قرآن کے پیغام اور بنیادی دلائل میں 23 سالہ دورِ وحی کے دوران میں کوئی بنیادی تبدیلی یا ارتقا نظر نہیں آتا، حالاں کہ اس دوران خارجی حالات مسلسل تبدیل ہو رہے تھے۔ آیئے، اس کی کچھ تفصیل کرتے ہیں۔

---

146 بخاری، رقم 4770، 4972۔

ہر انسان کی شخصیت، صلاحیت اور خیالات وقت کے ساتھ ترقی کرتے ہیں۔ شیکسپیئر ایک دن میں عظیم ڈرامانگار نہیں بنااور گاندھی کے نظریات بھی ایک تسلسل کے ساتھ پروان چڑھے۔ لیکن محمد صلی اللہ علیہ وسلم کا معاملہ ہماری معلوم تاریخ کاانوکھااور یکتاواقعہ ہے۔ آپ کے ہاں بہ ظاہر دینی، سیاسی یا سماجی نظریات میں کوئی ارتقا نہیں ہوا۔ یہ بات بھی قابل ذکر ہے کہ آپ کی ابتدائی زندگی میں، یہاں تک کہ آپ کی عمر چالیس سال کو پہنچی، شاعری یا اس جیسی کسی فنی یا ادبی دل چسپی کا نشان نہیں ملتا۔ اس وقت تک ایسی کوئی بات آپ کے ہاں ظاہر نہیں ہوئی، لیکن قرآن مجید، جس کے مشمولات ہمہ گیر ہیں——اس میں مذہبی، سماجی، سیاسی، قانونی اور شاعرانہ موضوعات موجود ہیں——زبان و بیان اور فکری گہرائی میں اپنی مثال آپ ہے۔ اور یہ سب آپ کی زندگی میں اچانک اور غیر متوقع طور پر نمودار ہوا۔ یہ بات اس نظریے کو بہت تقویت دیتی ہے کہ قرآن نبی صلی اللہ علیہ وسلم کی تصنیف نہیں ہو سکتی۔

ج۔ محمد صلی اللہ علیہ وسلم کا تبلیغ اور دینی علوم میں کوئی پس منظر نہ تھا

قرآن میں محمد صلی اللہ علیہ وسلم کی شخصیت کے بارے میں موجود معلومات درست اور معتبر مانی جاسکتی ہیں، کیونکہ قرآن ان لوگوں کے سامنے پیش کیا گیا تھا جو محمد صلی اللہ علیہ وسلم کو بہت اچھی طرح جانتے تھے۔ اگر قرآن میں محمد صلی اللہ علیہ وسلم کے متعلق کوئی غلط معلومات پیش کی جاتیں تو اس کے براہ راست مخاطبین انھیں فوراً چیلنج کر دیتے۔ قرآن سے معلوم ہوتا ہے کہ محمد صلی اللہ علیہ وسلم کا تبلیغ اور دینی علوم میں کوئی پس منظر نہ تھا۔ سورۂ قصص کی آیت 86 کے مطابق، محمد صلی اللہ علیہ وسلم کو نہ تو وحی کے نزول کی توقع تھی اور نہ ہی آپ نے کبھی دینی معرفت اور الوہی علم کے حصول کے لیے کوئی کوشش کی تھی۔

اس موقعے پر ایک مشہور روایت پر روشنی ڈالنا ضروری ہے، جس سے یہ تاثر ملتا ہے کہ حضرت محمد صلی اللہ علیہ وسلم الہامی علم کی تلاش میں تھے۔ اس روایت میں بیان کیا جاتا ہے کہ آپ وقتاً فوقتاً غارِ حرا میں خلوت گزیں ہو کر روحانی مراقبے کرتے تھے۔ آگے چل کر میں اس موضوع پر تفصیلی بحث کروں گا، لیکن اس مرحلے پر یہ واضح کرنا ضروری ہے کہ حضرت محمد صلی اللہ علیہ وسلم غارِ حرا میں مذہبی بصیرت کے حصول یا روحانی مشق کے لیے نہیں جاتے تھے۔ حضرت محمد صلی اللہ علیہ وسلم کے غارِ حرا میں پراسرار مراقبے کا مشہور قصہ ایک ایسی حدیث پر مبنی ہے جس کی سند غریب ہے، یعنی صرف ایک راوی کی روایت پر مبنی ہے۔ مزید برآں، یہ حدیث خود آپ کے الفاظ پر مشتمل نہیں ہے۔ حضرت محمد صلی اللہ علیہ وسلم کے ابتدائی سیرت نگاروں میں سے ایک، ابن اسحاق، اس روایت کے صرف ایک مختصر حصے ہی کو اپنی کتاب میں شامل کرتے ہیں، اور بقیہ حصے کو نظر انداز کر دیتے ہیں۔ جہاں تک پہلی وحی کا تعلق ہے، ابن اسحاق ایک مختلف روایت پیش کرتے ہیں جو غارِ حرا میں پراسرار روحانی مراقبے کی مشہور بات سے متضاد ہے۔ اس کے برعکس، وہ واقعات کے ایک مختلف منظر نامے کو یوں پیش کرتے ہیں:

"عرب میں کئی لوگ قدیمی ابراہیمی مذہب "دین حنیف" کے پیروکار تھے، جس پر حضرت محمد صلی اللہ علیہ وسلم بھی عمل پیرا تھے۔ اس دین میں رمضان کے روزے رکھنا اور اعتکاف جیسی عبادات شامل تھیں۔ اعتکاف سے مراد روزے کے ساتھ خلوت میں عبادت کرنا ہے۔ دین ابراہیمی کی اسی روایت پر عمل کرتے ہوئے، حضرت محمد صلی اللہ علیہ وسلم اپنے اہل خانہ کے ساتھ مکہ کی بت پرستی کے ماحول سے نکل کر پہاڑوں میں جا کر اعتکاف کیا کرتے تھے۔ بہت سے دیگر لوگ بھی ایسا ہی کرتے تھے۔ اس عبادت کا مقصد کسی پراسرار مراقبے یا الہامی حقیقت کی تلاش نہیں تھا، بلکہ یہ دین حنیف کی عام روایت تھی، جس پر

دیگر لوگ بھی عمل کرتے تھے۔ اپنی عمر کے چالیسویں سال میں، جب آپ اسی عبادت میں مشغول تھے، پہلی بار جبریل آپ کے سامنے ظاہر ہوئے۔ اس واقعے کی تفصیل آگے بیان کی جائے گی، لیکن اس وقت یہ واضح کرنا ضروری ہے کہ حضرت محمد صلی اللہ علیہ وسلم اپنے وقت کی مروجہ عبادات میں مشغول تھے اور کسی غار میں پراسرار مراقبے یا الہامی علم کی جستجو میں نہیں تھے۔"[147]

علاوہ ازیں، قرآن کی سورۂ یونس کی 16 ہمیں یہ بتاتی ہے کہ حضرت محمد صلی اللہ علیہ وسلم نے اپنے براہِ راست مخاطبین سے فرمایا کہ نزولِ وحی سے پہلے آپ نے اپنی پوری زندگی انھی لوگوں کے درمیان گزاری اور ان موضوعات اور معاملات پر کبھی بات نہیں کی، جو قرآن زیرِ بحث لاتا ہے۔ لہٰذا آپ کے مخاطبین بہ خوبی جانتے تھے کہ اعلانِ نبوت سے پہلے آپ کا مذہبی تبلیغ کا کوئی پس منظر نہیں تھا، نہ ہی آپ کسی مذہبی علم کے متلاشی تھے۔

د۔ آپ کی شاعری اور ادب میں کوئی تربیت نہ تھی

قرآن مجید سورۂ یٰسین کی آیت 69 میں واضح طور پر بیان کرتا ہے کہ حضرت محمد صلی اللہ علیہ وسلم کو شاعری سے قطعی کوئی دل چسپی نہ تھی اور نہ ہی آپ کبھی شاعری سننے یا اسے پڑھنے کے لیے معروف تھے۔ اس کے باوجود، قرآن عربی زبان کا ایک ایسا ادبی شاہ کار ہے،

---

147 ابنِ ہشام کے نقطۂ نظر کی تفصیل جاوید احمد غامدی کی درج ذیل یوٹیوب ویڈیو پر مبنی ہے: "23 اعتراضات کے جواب میں: 43، پہلی وحی کا واقعہ، غار حرا"۔ یہ ویڈیو غامدی سینٹر آف اسلامک لرننگ، امریکہ کے یوٹیوب چینل پر دستیاب ہے۔

جس کی نظیر پیش کرنا ممکن نہیں۔

قرآن کے شعری اسلوب کی قوت اس حد تک اثر انگیز تھی کہ عرب کے عظیم ترین شعرا میں سے ایک، ابو عقیل لبید بن ربیعہ بن مالک عامری، اسے سن کر اسلام قبول کرنے پر آمادہ ہو گئے۔ لبید کی ایک نظم عربی زبان کے سات عظیم ترین شعری شاہ کاروں "سبعہ معلقات" میں شامل تھی۔ یہ معلقات خانۂ کعبہ کے باہر ایک طرح کے "شعری ہال آف فیم" (Hall of Fame) کے طور پر آویزاں تھے۔ لبید رضی اللہ عنہ خاص طور پر سورۂ کوثر کے اسلوب سے متاثر ہوئے، جو بالآخر ان کے اسلام قبول کرنے کا سبب بنا۔[148]

قرآن کا شعری کمال ایک مسلمہ حقیقت ہے۔ اس کی ساخت اس قدر شاعرانہ اور منفرد ہے کہ یہ ایک ضخیم کتاب ہونے کے باوجود بچے اسے آسانی سے یاد کر لیتے ہیں۔ سات سال یا اس سے کم عمر کے بچے بھی اسے مکمل طور پر حفظ کرنے کی صلاحیت رکھتے ہیں۔ یہ یاد کرنے کی آسانی ان لوگوں کے لیے بھی ممکن ہے جو عربی زبان نہیں سمجھتے۔ ہر سال مسلم ممالک میں ہزاروں بچے ایک سال کے اندر قرآن کو مکمل طور پر حفظ کر لیتے ہیں۔

ابھی تک کی بحث سے معلوم ہوا کہ محمد صلی اللہ علیہ وسلم عمومی طور پر ایک سچے انسان کے طور پر جانے جاتے تھے اور صادق اور امین کے لقب سے مشہور تھے۔ نہ تو آپ مذہبی علم حاصل کرنے کی طرف مائل رہے تھے، نہ ہی آپ نے مذہبی تعلیمات کی تبلیغ کی تھی۔ اس کے باوجود قرآن گہرے مذہبی مباحث پر مشتمل ہے۔ مزید یہ کہ، قرآن میں پیش کیے گئے خیالات میں کوئی ارتقائی عمل نظر نہیں آتا، اور اس کے 23 سالہ نزول کے دوران خیالات اور

148 امین احسن اصلاحی، تدبر قرآن، لاہور: فاران فاؤنڈیشن، 1985، 1/25-26۔

نظریات میں مکمل ہم آہنگی اور تسلسل پایا جاتا ہے۔ علاوہ ازیں، محمد صلی اللہ علیہ وسلم کا شاعری سے نہ تو کوئی شغف تھا اور نہ ہی کوئی پس منظر۔ اس کے باوجود قرآن عربی زبان کا ایک غیر معمولی ادبی شاہ کار ہے۔ یہ تمام عوامل اس امکان کو مزید تقویت دیتے ہیں کہ قرآن محمد صلی اللہ علیہ وسلم کی اپنی ذہنی کاوش کا نتیجہ نہیں ہے۔

ہ۔ دوسروں سے مدد لینے کا الزام

یہ کہا جا سکتا ہے کہ شاید محمد صلی اللہ علیہ وسلم نے کسی اور کو قرآن لکھنے کے لیے مقرر کیا ہو۔ تاہم، یہ بات ناممکن ہے، اگر محمد صلی اللہ علیہ وسلم نے دوسروں سے قرآن لکھوانے کی کوشش کی ہوتی تو انھیں دو مختلف ماہرین کی ٹیموں کی ضرورت ہوتی۔ ایک ایسی ٹیم جو مذہبی علم، خاص طور پر ابراہیمی مذاہب کے بارے میں گہرے فہم کی حامل ہو، اور دوسری ٹیم جو شاعری کے فن میں یکتا ہو۔ قرآن میں خیالات کے تسلسل اور زبان کی شاعرانہ خوب صورتی کو مد نظر رکھتے ہوئے، انھیں ان ٹیموں کی خدمات نزولِ قرآن کے آغاز ہی سے درکار ہوتیں اور یہ سلسلہ 23 سالہ مدتِ نزول کے دوران میں بلا تعطل جاری رہتا۔ قابل ذکر بات یہ ہے کہ کوئی تاریخی شواہد یہ ظاہر نہیں کرتے کہ محمد صلی اللہ علیہ وسلم کو ایسے ماہرین کی ٹیموں تک رسائی حاصل تھی۔ حقیقت یہ ہے کہ ابتدائی برسوں میں وہ زیادہ تر اکیلے داعی تھے، جن کے چند ہی پیروکار تھے اور ان کے ابتدائی ساتھیوں میں بھی ایسے افراد شامل نہیں تھے، جو ان شعبوں کے ماہر سمجھے جاتے ہوں۔

2۔ سابقہ الہامی کتب میں محمد صلی اللہ علیہ وسلم کے بارے میں

پیشین گوئیاں

الف۔ بائبل میں محمد صلی اللہ علیہ وسلم کے بارے میں پیشین گوئیاں

قرآن محمد صلی اللہ علیہ وسلم کو نبوی روایت سے ایک الگ تھلگ شخصیت کے طور پر پیش نہیں کرتا، بلکہ انھیں سابقہ انبیااور رسولوں کے تسلسل میں رکھتا ہے۔ محمد صلی اللہ علیہ وسلم کی شخصیت اور مشن کو خاص طور پر وہ پیشین گوئیاں دل چسپ بناتی ہیں جو بائبل کے دونوں حصوں —پرانے اور نئے عہد نامے— میں موجود ہیں۔ جب ان پیشین گوئیوں کو ملا کر دیکھا جاتا ہے تو ان کا محمد صلی اللہ علیہ وسلم کی شخصیت اور مشن کے ساتھ حیرت انگیز انطباق سامنے آتا ہے۔

آیئے، ان میں سے چند پیشین گوئیوں کا ایک کامختصر جائزہ لیتے ہیں۔

عہد نامہ قدیم

کتاب استثناء(18:18)میں اللہ تعالیٰ موسیٰ علیہ السلام اور ان کے متبعین کو بتاتے ہیں:

> ”میں اُن کے لیے اُن ہی کے بھائیوں میں سے تیری مانند ایک نبی برپا کروں گا اور اپنا کلام اُس کے منہ میں ڈالوں گا اور جو کچھ میں اُسے حکم دوں گا وہی وہ اُن سے کہے گا۔ اور جو کوئی میری اُن باتوں کو، جن کو وہ میرا نام لے کر کہے گا نہ سُنے گا تو میں ان کا حساب اس سے لوں گا۔“

تو، اللہ تعالیٰ نے بنی اسرائیل کو یہ خبر دی کہ ایک نبی ان کے اپنے درمیان سے نہیں، بلکہ ان کے بھائیوں میں سے، یعنی ان کے قریبی نسبتی قبیلے سے اٹھایا جائے گا۔ یہ نبی، موسیٰ علیہ السلام کی طرح، اپنے مخاطبین تک خدا کا پیغام پہنچائے گا۔ جو لوگ اس نبی کا انکار کریں گے،

انھیں دنیا ہی میں خدا کے فیصلے کا سامنا کرنا پڑے گا۔

جیسا کہ ہم نے قرآن میں رسولوں کے قوانین کا تفصیل سے مطالعہ کرتے ہوئے بیان کیا کہ محمد صلی اللہ علیہ وسلم بنی اسرائیل کے بھائیوں، یعنی اسماعیل علیہ السلام کی اولاد سے تعلق رکھتے ہیں۔ قرآن اس بات کی تصدیق کرتا ہے کہ وہ موسیٰ علیہ السلام کے مشابہ نبی ہیں، جو اپنے عہد کے لوگوں تک خدا کا پیغام پہنچانے آئے۔ اور جنھوں نے ان کا انکار کیا، انھیں خدا کے قوانین رسالت کے مطابق دنیا ہی میں سزا دی گئی۔

یہ کہا جا سکتا ہے کہ بائبل کے مذکورہ بالا اقتباس میں حضرت عیسیٰ علیہ السلام کی آمد کی پیشین گوئی کی گئی ہے۔ تاہم، یہ تشریح درست معلوم نہیں ہوتی کیونکہ حضرت عیسیٰ بنی اسرائیل کی قوم سے تعلق رکھتے تھے، جب کہ اس پیشین گوئی میں واضح طور پر بتایا گیا ہے کہ آنے والی شخصیت بنی اسرائیل کے بھائیوں میں سے ہوگی۔ مزید برآں، جس شخصیت کی پیشین گوئی کی گئی ہے، اس کو حضرت موسیٰ علیہ السلام کے مشابہ نبی قرار دیا گیا ہے۔ یعنی جس طرح حضرت موسیٰ کے ساتھ اور ان کی قوم کے ساتھ غیر معمولی واقعات پیش آئے، اسی طرح کے واقعات اس نبی اور اس کی قوم کے ساتھ بھی پیش آئیں گے۔ یہ نبی نئے الہامی قوانین متعارف کرائیں گے، ایک منظم لشکر کی قیادت کریں گے، زمینی اقتدار حاصل کریں گے اور ان کی قوم کو خدا کے دین کی حفاظت اور اشاعت کی ذمہ داری تفویض کی جائے گی، تاکہ وہ خدا کے پیغام کو مکمل طور پر دنیا تک پہنچا سکیں۔ ان میں سے کوئی بھی امر حضرت عیسیٰ کے معاملے میں ظاہر نہیں ہوا۔ مزید یہ کہ جب ہم عہد نامہ جدید کا گہرا مطالعہ کرتے ہیں تو یہ معلوم ہوتا ہے کہ حضرت عیسیٰ خود اپنی امت کے لیے ایک ایسی شخصیت کی پیشین گوئی کرتے ہیں، جو ان کے بعد آئے گی۔ اس پیشین گوئی کی حامل شخصیت کتاب استثناء 18:18 میں

مذکور شخصیت کے اوصاف کے ساتھ مکمل مطابقت رکھتی ہے۔

عہد نامہ جدید: یوحنا کی کتاب

یوحنا 1: 2 میں حضرت عیسیٰ علیہ السلام کو ''پیراکلیٹ''(Paraclete) یا ''تسلی دینے والا''(Comforter) کہا گیا ہے۔ اگلی آیات میں، حضرت عیسیٰ علیہ السلام ایک اور ''تسلی دینے والے'' کے آنے کی پیشین گوئی کرتے ہیں، جو ان کے سوا کوئی دیگر ہوگا، اور فرماتے ہیں:

''اور میں باپ سے درخواست کروں گا تو وہ تمھیں دوسرا مددگار بخشے گا...۔''

(یوحنا16:14)

حضرت عیسیٰ علیہ السلام مزید وضاحت کرتے ہیں:

''لیکن میں تم سے سچ کہتا ہوں کہ میرا جانا تمھارے لیے فائدہ مند ہے، کیونکہ اگر میں نہ جاؤں تو وہ مددگار(Paraclete) تمھارے پاس نہ آئے گا...۔''(یوحنا 16 :7)

''مجھے تم سے اور بھی بہت سی باتیں کہنا ہے، مگر اب تم ان کی برداشت نہیں کر سکتے۔ لیکن جب وہ، یعنی روح حق آئے گا تو تم کو تمام سچائی کی راہ دکھائے گا۔ اس لیے کہ وہ اپنی طرف سے نہ کہے گا، لیکن جو کچھ سنے گا وہی کہے گا اور تمھیں آیندہ کی خبریں دے گا۔''

(یوحنا16:12-13)

بائبل میں ''روح'' کی اصطلاح کا دیگر کئی نبیوں پر بھی اطلاق کیا گیا ہے۔[149] چونکہ حضرت عیسیٰ علیہ السلام انسان ہی تھے اور دیگر انبیا کو بھی ''روح'' کہا گیا ہے، اس لیے یہ نتیجہ

---

[149] یوحنا4:1-3۔

اخذ کرنا معقول ہے کہ ان آیات میں ''روح''سے مراد ایک انسان ہی ہے۔

جب موسیٰ اور عیسیٰ علیہماالسلام کی پیشین گوئیوں کو ایک جامع تناظر میں دیکھا جائے تو یہ دونوں ایک ایسی شخصیت کی آمد کی نشان دہی کرتے ہیں، جو بنی اسرائیل کے بھائیوں میں سے ہوگی۔ یہ شخصیت خدا کے کلام کو لفظ بہ لفظ بیان کرے گی اور حضرت موسیٰ علیہ السلام کی مانند رسول ہوگی۔ یہ صفات حضرت محمد صلی اللہ علیہ وسلم پر مکمل طور پر صادق آتی ہیں۔ حضرت محمد صلی اللہ علیہ وسلم، جو حضرت اسمٰعیل کی اولاد میں سے ہیں، بنی اسرائیل کے بھائیوں میں شامل ہیں۔ انھوں نے قرآن کی صورت میں خدا کے کلام کو انسانیت تک پہنچایا اور حضرت موسیٰ علیہ السلام کے مانند نبی کے طور پر اپنی ذمہ داری نبھائی۔ حضرت موسیٰ علیہ السلام کی طرح، حضرت محمد صلی اللہ علیہ وسلم نے بھی ایک نئی شریعت پیش کی۔ خدا نے ان کے ذریعے سے ایک ایسی قوم کو کھڑا کیا، جو اُس کے پیغام کو دنیا تک پہنچانے کی ذمہ داری سنبھالے۔ اللہ تعالیٰ نے اس قوم کو زمین پر نمایاں اقتدار عطا کیا، بالکل ویسے ہی جیسے حضرت موسیٰ علیہ السلام اور ان کی قوم کو عطا کیا تھا۔

3۔ محمد صلی اللہ علیہ وسلم کے بارے میں ہندوؤں کے صحیفوں میں پیشین گوئی

قرآن کا بیان ہے کہ نبوت اللہ تعالیٰ کی عالم گیر نعمت تھی، جو ہر قوم کو عطا ہوئی۔ بعد میں یہ حضرت ابراہیم کی نسل میں محدود ہوگئی۔ ہندو مذہب کے پیروکار یہ دعویٰ کرتے ہیں کہ ان کے مذہبی متون پانچ ہزار سال سے زیادہ قدیم ہیں۔ بعض محققین کے نزدیک یہی حضرت

ابراہیم کا زمانہ تھا۔ اس بنیاد پر یہ قیاس کیا جا سکتا ہے کہ ابراہیمی سلسلے میں نبوت کے خاص ہونے سے قبل، اللہ تعالیٰ نے برصغیر کے خطے میں بھی انبیا مبعوث کیے ہوں گے۔ ہندو مذہب میں رشی یا سادھو کا تصور پایا جاتا ہے، جنھوں نے اپنی قوم کو الہامی علم سے روشناس کرایا۔ قرآنی نقطۂ نظر سے یہ امکان موجود ہے کہ ہندو صحیفے، جیسا کہ وید، اصل میں الہامی کتب تھیں، جو ہزاروں برس کی تشریحات در تشریحات کے باوجود الٰہی ہدایت کے کچھ اجزا کو محفوظ رکھے ہوئے ہیں۔

ان متون میں ایک مقام پر ایک نبی کے ذریعے سے محمد صلی اللہ علیہ وسلم کی آمد کی خبر دی گئی ہے۔ صدیاں گزرنے کے ساتھ، یہ پیشین گوئیاں ممکنہ طور پر اس تصور میں ڈھل گئیں کہ دیوتا وشنو کل یگ (دنیا کے آخری دور) میں ایک انسانی اوتار کے طور پر ظاہر ہوں گے اور برائی کا خاتمہ کریں گے۔ آیئے، ان پیشین گوئیوں کا جائزہ لیتے ہیں۔ میرے نزدیک، یہ پیشین گوئیاں محمد صلی اللہ علیہ وسلم کی آمد کی نشان دہی کرتی ہیں۔ تاہم، آپ اس معاملے میں آزادی سے اپنی رائے قائم کر سکتے ہیں۔

یہاں میں ڈاکٹر ذاکر نائیک صاحب کی تقاریر سے استفادے کا اعتراف کرنا چاہوں گا۔ اگرچہ ممکن ہے کہ ان کے کچھ نظریات اور تشریحات سے میں اختلاف رکھتا ہوں، لیکن غیر ابراہیمی مذاہب میں محمد صلی اللہ علیہ وسلم کی پیشین گوئیوں کو اجاگر کرنے کے حوالے سے ان کی تحقیق قابلِ قدر ہے اور اس تحقیق نے میری اس جستجو میں بڑی مدد دی ہے۔

مندرجہ بالا نکات کے حوالہ جات یہ ہیں:

”کلکی شہر شنبھالا کے سرداروں میں وشنویاس کے گھر پیدا ہوگا۔ وہ گھوڑے پر سوار ہوگا، ہاتھ میں تلوار ہوگی، دشمنوں کو شکست دے گا اور فرشتے اس کی مدد کریں گے۔“

(بھگوت پران، کھنڈ 12، ادھیائے 2، شلوک 18-20)

''کلکی مادھو مہینے کی 12 تاریخ کو وشنویاس اور سُمتی کے گھر پیدا ہوگا۔''

(کلکی پران 15/2)

''کلکی شنبھالا کے سرداروں میں وشنویاس اور سُمتی کے گھر پیدا ہوگا۔ وہ چار ساتھیوں اور فرشتوں کی مدد سے برائی کے خلاف جنگ کرے گا۔''(کلکی پران 4/2-5،7)

''کلکی پہاڑ پر علم حاصل کرے گا، شمال کی طرف ہجرت کرے گا اور واپس آئے گا۔''

(کلکی پران 1/3)

ہندو روایات میں ایک شخص کلکی اوتار کا ذکر ملتا ہے۔ وہ اوتار کے سلسلے کے آخر میں اور انسانیت کے آخری دور میں ظاہر ہوگا اور برائی کا خاتمہ کرے گا۔ میں اس کے متعلق پیشین گوئیوں کو درج کرنے کے بعد محمد صلی اللہ علیہ وسلم کے واقعاتِ زندگی سے ان کی مماثلت کو بیان کروں گا، تاکہ آپ خود دونوں کے تقابل سے اپنی رائے قائم کر سکیں۔

1۔ کلکی اوتار کے والد کا نام وشنویاس اور والدہ کا نام سُمتی ہوگا۔

وشنویاس سنسکرت کی ایک اصطلاح ہے۔ اس ترکیب میں لفظ ''وشنو'' کا مطلب ہے خدا۔ ''یاس'' کے مختلف معانی ہیں، جن میں عظمت اور عزت شامل ہیں۔ ایک معنی کوشش کرنے کا بھی ہے۔ اس لحاظ سے، ''وشنویاس'' کا مطلب ہوا: وہ شخص جو وشنو خدا کے قرب کی کوشش کرتا ہے، یا ان کی تقدیس کرتا ہے یا غالباً اس خدا کی عظمت کا مظہر ہے۔ محمد صلی اللہ علیہ وسلم کے والد کا نام عبداللہ تھا۔ ''عبداللہ'' کا مطلب ہے: اللہ کا بندہ، یعنی وہ شخص جو خدا کی عبادت کرتا ہے۔ سنسکرت میں سُمتی کے معنی ہیں: خیر خواہی، وفاداری، یا کرم۔ محمد صلی اللہ

علیہ وسلم کی والدہ کا نام آمنہ تھا، جس کے معنی ہیں: ایمان دار، وفادار، یا محفوظ رہنے والی۔[150]

2۔ کلکی اوتار کی جاے پیدائش: شنبھالا گاؤں

ہندو متون[151] میں کلکی اوتار کی جاے پیدائش شنبھالا نامی گاؤں بتائی گئی ہے۔ شنبھالا سنسکرت کا لفظ ہے، جس کے معنی نیو ورلڈ انسائیکلوپیڈیا کے مطابق ''امن کی جگہ'' ہیں۔ محمد صلی اللہ علیہ وسلم کی پیدائش مکہ میں ہوئی، جسے قرآن سورۂ تین کی آیت 3 میں ''امن کا شہر'' قرار دیتا ہے۔ اسلام کے ظہور سے قبل بھی مکہ کو امن کا مرکز سمجھا جاتا تھا، کیونکہ مختلف عرب قبائل سالانہ حج کے لیے یہاں آتے تھے اور شہر میں کسی قسم کے تشدد کی اجازت نہیں تھی۔

3۔ کلکی اوتار شنبھالا کے سرداروں میں سے ہوگا۔

محمد صلی اللہ علیہ وسلم کا تعلق قریش قبیلے سے تھا، جو قبائل مکہ کا سردار قبیلہ تھا۔ آپ کی پیدائش عبد المطلب کے گھر میں ہوئی، جو مکہ اور قریش کے سردار تھے۔ آپ کی پرورش آپ کے چچا ابو طالب کے زیر سایہ ہوئی، جو قریش کے معزز رہنما تھے۔

4۔ کلکی اوتار کی پیدائش مادھو مہینے کی 12 تاریخ کو بتائی گئی ہے۔

محمد صلی اللہ علیہ وسلم کی ولادت بھی 12 ربیع الاول کو ہوئی۔

5۔ کلکی اوتار گھوڑے پر سوار ہوگا، تلوار ہاتھ میں لے کر برائی کے خلاف جنگ کرے گا اور لوگوں کو تاریکی سے نکال کر روشنی کی طرف لائے گا۔ وہ لوگوں کو اپنی رہنمائی میں سچے عہد (ستیا یگ) میں لے کر جائے گا۔ اس کے چار دوست ہوں گے، جو اس کی مدد کریں گے۔ میدان جنگ میں فرشتے بھی اس کی مدد کو اتریں گے۔

---

[150] وشنو یاس اور سومانی کا ترجمہ learnsanskrit.cc سے لیا گیا ہے۔

[151] newworldencyclopedia.org پر مضمون ''Shambhala'' دیکھیے۔

محمد صلی اللہ علیہ وسلم نے گھوڑے پر سوار ہو کر جنگیں کیں اور تلوار کا استعمال کیا۔ آپ نے لوگوں کو جہالت کی تاریکی سے نکال کر الٰہی ہدایت کے نور کی طرف گام زن کیا۔ آپ کے بعد چار خلفاے راشدین—حضرت ابو بکر، حضرت عمر، حضرت عثمان، اور حضرت علی رضی اللہ عنہم—آپ کے بہت قریبی رفیق تھے۔ انھوں نے دین اسلام کی تبلیغ اور نفاذ کو آگے بڑھایا۔ قرآن میں متعدد مواقع، مثال کے طور پر آل عمران (3) کی آیت 125 میں ذکر ملتا ہے کہ جنگوں میں فرشتے محمد صلی اللہ علیہ وسلم اور ان کے ساتھیوں کی مدد کے لیے بھیجے گئے۔

6۔ کلکی اوتار پہاڑ پر علم حاصل کرنے اور شمال کی طرف ہجرت کرنے کے بعد واپس آئیں گے۔

محمد صلی اللہ علیہ وسلم پر پہلی وحی غارِ حرا میں، جو پہاڑ پر واقع ہے، نازل ہوئی۔ آپ نے مکہ سے شمال کی جانب مدینے ہجرت کی اور تقریباً دس سال بعد مکہ میں فاتحانہ داخل ہوئے۔

7۔ کلکی اوتار کا مطلب آخری اوتار یا انتیم رشی (Antim Rishi) ہے۔

ہندو دھرم میں کلکی اوتار کو آخری اوتار اور انتیم رشی کہا گیا ہے۔ محمد صلی اللہ علیہ وسلم کو قرآن[152] اور احادیث[153] میں اللہ کا آخری نبی کہا گیا ہے۔

خلاصہ یہ ہے کہ سابقہ الہامی کتب میں محمد صلی اللہ علیہ وسلم کے بارے میں پیشین گوئیاں موجود ہیں۔ ان پیشین گوئیوں کے ساتھ قرآن اور محمد صلی اللہ علیہ وسلم کے بارے میں ہماری بحث کو بھی شامل کر لیجیے۔ انھی امور نے میری اس بات میں دل چسپی کو بڑھایا کہ میں یہ جانوں کہ اللہ تعالیٰ کائنات کے وجود اور اس میں میرے وجود کے مقصد کے بارے میں کیا فرماتا ہے۔

---

[152] الاحزاب 33:40۔

[153] جامع ترمذی، رقم 2272۔

اپنے تحقیقی سفر کے اس موڑ پر مجھے یہ تجسس ہوا کہ کیا قرآن زیادہ مربوط اخلاقی، منطقی اور عقلی رہنمائی فراہم کرتا ہے۔ کیا یہ میرے وجودی سوالات کے تسلی بخش جوابات دیتا ہے۔ اگر اس کے جوابات تسلی بخش ہیں تو پھر جو دلائل ہم نے اوپر ذکر کیے ہیں، ان کے ہوتے ہوئے، اس کتاب کا یہ دعویٰ کہ یہ حق ہے، مضبوط تر ہو جاتا ہے۔

باب ششم

خدا ہم سے کیا تقاضے کرتا ہے
اور کیا تقاضے معقول ہیں

میں ایک بے حد خوش حال اور مکمل کامیاب زندگی بسر کر رہا تھا۔ میں شہرت اور دولت سے مالامال تھا، اور دنیا کی متنوع سرگرمیوں میں مصروف تھا۔ زندگی کی فوری لذتوں کے مقابلے میں مذہب اور خدا جیسے معاملات اکثر بے لطف اور غیر اہم محسوس ہوتے تھے۔ تاہم، ایک خیال مجھے اکثر بہت ہی مضطرب رکھتا تھا کہ جب موت قریب آئے گی تو سب سے اہم سوال یہ ہو گا کہ کیا میں نے خدا اور آخرت کے بارے میں کوئی معقول جواب تلاش کیا؟ اور کیا میں نے اپنی زندگی ان جوابات کے تقاضوں کے مطابق بسر کی؟

میرے شعور کے کسی کونے میں محمد صلی اللہ علیہ وسلم بہ طور اللہ تعالیٰ کے رسول اور ان کی بعثت کے معجزے کے بارے میں خیالات ہمیشہ موجود رہے۔ میں اس غیر یقینی میں نہیں رہ سکتا تھا، کیونکہ یہ سوچ انتہائی فکر انگیز تھی کہ اگر محمد صلی اللہ علیہ وسلم واقعی حق پر تھے تو پھر کیا ہو گا؟ اگر خدا—ہاں وہی غیر مخلوق بنیادی حقیقت جس نے سب کچھ پیدا کیا، جو عیسیٰ، موسیٰ، ابراہیم علیہم السلام اور بے شمار انبیا سے ہم کلام ہوا—نے محمد صلی اللہ علیہ وسلم سے

بھی رابطہ کیا ہوا تو پھر! اگر موت کے بعد واقعی اللہ تعالیٰ نے احتساب اور جزا سزا دی، اور اس کا نتیجہ میرے لیے دائمی بھلائی یا بدی کی صورت میں نکلے تو پھر! ذرا تصور کریں، اگر یہ سب سچ ہوا اور میں نے اس حقیقت کو نظرانداز کرتے ہوئے اپنی زندگی بسر کی ہو تو موت کے وقت کس قدر شدید پچھتاوا اور ہول ناکی میرے حصے میں آئے گی!

میرے لیے اس معاملے پر حتمی فیصلہ کرنا ضروری تھا۔ لازم تھا کہ میں محمد صلی اللہ علیہ وسلم کے پیغام کو تفصیل سے سمجھوں اور یہ جانچوں کہ کیا یہ پیغام عقلی اور اخلاقی لحاظ سے میرے لیے اطمینان بخش ہے اور حقیقت میں اللہ کا پیغام ہے۔

بہ طور اللہ کے رسول، محمد صلی اللہ علیہ وسلم کے واقعات معجزاتی ہیں۔ یہ ایک ایسا معجزہ تھا جو مجھے ان کے پیغام کی گہرائی تک جانے پر مجبور کرتا تھا۔ اس سفر میں قرآن کے پیغام کا مکمل تجزیہ کرنا میرا اگلا منطقی قدم تھا۔ اسی مطالعے سے میں یہ جان سکتا تھا کہ قرآن کا خدا مجھ سے کیا چاہتا ہے اور کیوں۔ سب سے اہم مجھے یہ سمجھنا تھا کہ بعد از موت محاسبے میں کامیابی کے لیے مجھے کیا کرنا ہوگا۔ میں یہ جاننا چاہتا تھا کہ کیا خدا کی ان توقعات کی بنیاد اخلاقی، انسانی اور عقلی طور پر مضبوط ہے۔ اگر یہ توقعات ان تقاضوں پر پورا نہ اترتیں تو یہ کہنا ممکن تھا کہ محمد صلی اللہ علیہ وسلم کی تحریک انسانی تاریخ میں ایک بے مثال غیر معمولی واقعہ تو ہے، مگر اس کا اللہ تعالیٰ سے کوئی تعلق نہیں۔ تاہم، اگر محمد صلی اللہ علیہ وسلم کا پیغام اخلاقی، انسانی، اور عقلی طور پر درست ثابت ہوتا تو ان کی بعثت کے معجزاتی پہلو کو بھی شامل کرتے ہوئے، اسلام کو رد کرنے کا کوئی جواز باقی نہ رہتا۔ اس صورت میں محمد صلی اللہ علیہ وسلم کو اللہ کا رسول ماننا اور انبیا، رسولوں، فرشتوں، الہامی کتب اور آخرت پر ایمان لانا میرے لیے ناگزیر ہو جاتا۔

لٰہذا مجھے مزید تحقیق کرنی تھی تاکہ یہ سمجھ سکوں کہ خدا مجھ سے کیا چاہتا ہے اور آیا وہ توقعات اپنے اندر کافی معقولیت رکھتی ہیں یا نہیں۔

جو کچھ میں آپ کے ساتھ شیئر کرنے والا ہوں، وہ الہامی صحائف پر کسی پیچیدہ علمی تحقیق کا نتیجہ نہیں، بلکہ ایک سادہ، مگر توجہ طلب مطالعے کا حاصل ہے—قرآن کا مکمل مطالعہ اور متعلقہ احادیث پر ایک نظر، جو آن لائن دستیاب تھیں۔

آیئے، اسلام کے مآخذ پر ایک بار پھر نظر دوڑائیں اور ان کے تجزیے کے درست طریقۂ کار کو سمجھیں۔

قرآن محمد صلی اللہ علیہ وسلم پر تئیس برسوں تک نازل ہونے والی الہامی وحی کا محفوظ اور مستند ریکارڈ ہے۔ اس وحی کے ساتھ زمین پر اللہ تعالیٰ کی آخری دینونت کا ظہور ہوا۔

سنت اسلام میں عملی رسوم اور طرزِ عمل کی وضاحت کرتی ہے۔

قرآن اور سنت اسلام کے بنیادی ماخذ ہیں، جنھیں محمد صلی اللہ علیہ وسلم نے اپنے براہِ راست مخاطبین، جن کی تعداد ایک لاکھ سے زائد تھی، تک منتقل کیا۔ ان مخاطبین نے ان مآخذ کو اپنی آیندہ نسلوں تک اپنے اجماع اور تواتر سے منتقل کیا، اور یہ سلسلہ آج تک بلا تعطل جاری ہے۔

احادیث محمد صلی اللہ علیہ وسلم کے ان اقوال و افعال پر مبنی تاریخی روایات ہیں جنھیں ان کے صحابہ نے انفرادی طور پر بیان کیا۔ احادیث کو قرآن اور سنت کے سیاق اور روشنی میں سمجھنا ضروری ہے، کیونکہ یہ قرآن و سنت میں محصور دین کی شرح و وضاحت اور اس کا عملی اطلاق جاننے کا ذریعہ ہیں۔ احایث نبی صلی اللہ علیہ وسلم کے قول و فعل اور تقریر کے بارے میں منقولہ اخبار آحاد ہیں، جو آں حضرت صلی اللہ علیہ وسلم کی وفات کے کئی دہائیوں بعد قلم بند کیے گئے۔

اس موقع پر، میں جناب جاوید احمد غامدی کا شکریہ ادا کرنا چاہوں گا، جن سے مجھے نہ صرف اللہ کے رسولوں اور اسلام کے مآخذ کے بارے میں بہت کچھ سیکھنے کا موقع ملا، بلکہ قیامت کے دن کے حساب کے اصولوں کو سمجھنے میں بھی مدد ملی۔ ان اصولوں پر ہم اب تفصیل سے گفتگو

کریں گے۔

آیئے، آگے بڑھتے ہیں۔

یہاں ہم دو اہم موضوعات پر گفتگو کریں گے :

اول، ہم دیکھیں گے کہ قرآن میں بیان کردہ اخروی حساب میں کامیابی کا معیار حقیقی طور پر عالم گیر ہے اور تمام مذہبی شناختوں سے بالاتر ہے۔

دوم، ہم ان مخصوص اعمال کا ذکر کریں گے، جنھیں اسلام اپنانے کی ترغیب دیتا ہے تاکہ آخرت کی جواب دہی میں زیادہ سے زیادہ کامیابی حاصل ہو سکے۔

1ـ آخرت میں احتساب میں کامیابی کا عالم گیر معیار

جب میں اپنی نو عمری کے ابتدائی دور میں تھا تو مجھے یہ سکھایا گیا کہ آخرت میں کامیابی کا معیار انتہائی سادہ ہے۔ مسلمان جنت میں جائیں گے اور غیر مسلم جہنم میں۔ اس عمل میں دونوں کی اخلاقی حالات کا کوئی اعتبار نہیں۔ تاہم، قرآن اس سے کہیں بلند تر معیار پیش کرتا ہے۔ وہ مذہبی تقسیم سے بالاتر ہو کر قیامت کے دن نجات کے لیے ایک حقیقی عالم گیر معیار قائم کرتا ہے، جو ہر انسان پر، قطع نظر اس کی مذہبی شناخت کے مساوی طور پر لاگو ہوتا ہے۔ آیئے، مختصر طور پر اس معیار کو سمجھنے کی کوشش کرتے ہیں۔ لیکن اس عالم گیر معیار کو سمجھنے سے پہلے ضروری ہے کہ قرآن کے چند بنیادی تصورات کا جائزہ لیا جائے۔

قرآن کی ایک بنیادی تعلیم جو تقریباً ہر صفحے پر دہرائی گئی ہے، وہ یہ ہے :

ہم سب اللہ کی تخلیق ہیں اور مرنے کے بعد اللہ ہمیں دوبارہ زندہ کرے گا اور ہر شخص سے اس کی گزاری ہوئی زندگی کا حساب لے گا، جس کا یا تو ابدی اچھا نتیجہ ہو گا یا ابدی سزا ملے گی۔

انسان کا مقصد یہ ہے کہ وہ اپنے آپ کو اس برے انجام سے بچائے اور نیکی کی زندگی گزار کر جنت کا اہل بنے۔ جنت ایک کامل اور دائمی بقا والی جگہ ہے، جو مکمل سکون، خوشی، لذت، اور اطمینان کا ابدی گہوارہ ہے۔ یہ قرآن کا بنیادی پیغام ہے۔

اکثر مسلمانوں میں یہ عام تصور پایا جاتا ہے کہ صرف وہی لوگ جنت میں جائیں گے، جو اپنی شناخت بہ طور مسلمان کراتے ہیں۔ اس بات کے لیے عموماً سورۂ آل عمران کی اس آیت کو بہ طور دلیل پیش کیا جاتا ہے:

''اور جو اسلام کے سوا کوئی اور دین اختیار کرنا چاہے گا تو اُس سے وہ ہر گز قبول نہ کیا جائے گا اور قیامت میں وہ نامرادوں میں سے ہو گا۔'' (آل عمران 3:85)

اس آیت کے بارے میں میرے ذہن میں ایک سوال تھا کہ اگر یہ آیت واقعی یہ کہتی ہے کہ صرف وہی لوگ جنت میں داخل ہو سکتے ہیں جو خود کو مسلمان کہتے ہیں تو ان غیر مسلم افراد کے بارے میں کیا کہا جائے گا، جو اخلاقی لحاظ سے اچھے ہیں، اعلیٰ کردار کے حامل ہیں اور اپنی مخلصانہ کوششوں کے ساتھ اپنے مذہب کی تعلیمات کو دل سے مان کر ان پر عمل کرتے ہیں؟ بہت سے لوگ اس مصروف زندگی میں مختلف مذاہب کے مطالعے کا وقت نہیں نکال سکتے، کیونکہ وہ اپنی اور اپنے خاندان کی بنیادی ضروریات کو پورا کرنے میں جُتے رہتے ہیں۔ کیا یہ لوگ محض اس وجہ سے جہنم میں جائیں گے کہ وہ مسلم شناخت نہیں رکھتے؟ اس کے علاوہ، جو فرد کسی مسلم خاندان میں پیدا ہوتا ہے، اس کے لیے اسلام پر قائم رہنے اور اسی حال میں دنیا سے رخصت ہونے کے امکانات کہیں زیادہ ہوتے ہیں، بہ نسبت اس شخص کے جو کسی غیر مسلم خاندان میں پیدا ہوتا ہے۔ یہ حقیقت اس امر کی نشان دہی کرتی ہے کہ کسی فرد کی نجات اس کے پیدائشی حالات سے بڑی حد تک متاثر ہو سکتی ہے۔ بہ ظاہر، یہ معاملہ غیر منصفانہ محسوس ہوتا ہے، کیونکہ اگر اللہ تعالیٰ کسی شخص کو غیر مسلم خاندان میں پیدا ہونے کا

فیصلہ کرے تو وہ شخص ابتدا ہی سے ایک بڑے نقصان میں ہوگا، خاص طور پر جنت میں داخلے کے شرائط کے اعتبار سے، وہ ایک واضح خسارے میں رہے گا۔

جب میں نے ان سوالات پر گہرائی سے غور کیا تو یہ واضح ہوا کہ قرآن کا معیارِ نجات کسی مخصوص مذہبی شناخت تک محدود نہیں۔ سورۂ آل عمران کی مذکورہ آیت کو جب وسیع سیاق و سباق میں دیکھا گیا تو یہ حقیقت کھل کر سامنے آئی کہ قرآن کسی مخصوص گروہ، یعنی صرف مسلمانوں کو جنت کی ضمانت نہیں دیتا۔ میں اس مسئلے کی مزید وضاحت آیندہ ایک فصل میں کروں گا۔ قرآن اس تصور کی نفی کرتا ہے کہ صرف مسلمان ہی جنت میں داخل ہوں گے۔ اس کے برعکس، کتاب اللہ نجات اور جنت میں داخلے کے لیے ایک عالم گیر معیار پیش کرتی ہے۔ جو بھی اس معیار پر پورا اترے گا، وہ چاہے کسی بھی مذہب سے تعلق رکھتا ہو، جنت کا حق دار ہوگا۔ اخروی کامیابی کے اس اصول کو بہتر طریقے سے سمجھنے کے لیے، ہمیں قرآن کے دو انتہائی اہم تصورات کو دیکھنا ہوگا۔

اپنی ابتدائی جوانی میں مجھے یہ تعلیم دی گئی کہ مختلف مذاہب کے مطابق، انسان میں خدا اور اخلاقیات کا تصور موجود نہیں تھا اور یہ کہ مذہبی صحیفوں نے انسان کو ان تصورات سے روشناس کرایا۔ اس کے برعکس، قرآن یہ دعویٰ کرتا ہے کہ خدا کا بنیادی شعور اور خیر و شر کا احساس انسانی فطرت میں ودیعت کیا گیا ہے۔ یہی فطری علم وہ بنیاد ہے جس پر ہم سب کا آخرت میں محاسبہ ہوگا، خواہ ہم کسی بھی مذہب یا تہذیب میں پیدا ہوئے ہوں۔

2۔ خدا کا شعور فطری ہے

قرآن واضح طور پر بیان کرتا ہے کہ تمام انسان اپنے ایک اعلیٰ خالق کی تخلیق ہونے کا

فطری شعور رکھتے ہیں۔ خاص طور پر سورۂ اعراف کی آیت 172 میں قرآن اعلان کرتا ہے کہ تمام انسان اپنے خالق کے بارے میں فطری آگاہی رکھتے ہیں۔ یہاں قرآن ایک ایسی گواہی کا ذکر کرتا ہے، جو تمام روحوں نے دنیا میں آنے سے قبل اپنے خالق کے بارے میں دی تھی۔ یہ فطری شعور کہ ہم ایک عظیم قوت کی تخلیق ہیں، ہمیں خدا پر یقین رکھنے کی طرف مائل کرتا ہے۔

یہ بات قابل فہم ہے، کیونکہ جیسا کہ پہلے ذکر کیا گیا، تقریباً تمام انسانی تہذیبوں میں—چند استثنائی مثالوں کے سوا—خدا یا خداؤں پر ایمان ہمیشہ سے موجود رہا ہے۔

مزید برآں، مختلف علمی تحقیقاتی مطالعات یہ ظاہر کرتے ہیں کہ انسانوں میں ایک عظیم ہستی پر یقین رکھنے کا مضبوط رجحان موجود ہے۔ اس نظریے کی حمایت میں کئی مطالعات موجود ہیں، جن میں سے ایک جدید ترین تحقیق کا ذکر کرنا چاہوں گا۔ اس تحقیق میں 57 محققین شامل تھے، جنھوں نے 20 مختلف ممالک کے 40 سے زائد مطالعات کا تجزیہ کیا۔ اس طرح یہ مطالعات تمام ممالک کی متنوع ثقافتوں کی نمائندگی کرتے ہیں۔ تحقیق کا نتیجہ یہ نکلا کہ انسان بہ ظاہر خدا یا خداؤں اور حیات بعد الموت پر یقین رکھنے کی فطری صلاحیت رکھتے ہیں۔ تحقیق کا ایک اور اہم نکتہ یہ تھا کہ پانچ سال سے کم عمر کے بچے خاص طور پر ایک علیم و بصیر اعلیٰ ہستی پر یقین رکھنے کی طرف مائل ہوتے ہیں۔

پروجیکٹ کے ڈائریکٹر، آکسفورڈ یونیورسٹی کے ایان رمزے سینٹر[154] کے پروفیسر راجر ٹرِگ (Professor Roger Trigg) کہتے ہیں:

"یہ تحقیق ظاہر کرتی ہے کہ مذہب صرف کچھ مخصوص لوگوں کے لیے اتوار کے دن

---

[154] Ian Ramsey Centre - University of Oxford۔

گولف کھیلنے کے بجائے کچھ اور (عبادت وغیرہ) کرنے کا نام نہیں۔ ہم نے شواہد کا ایک ذخیرہ جمع کیا ہے، جو ظاہر کرتا ہے کہ مذہب مختلف معاشروں میں انسانی فطرت کا ایک عام حصہ ہے۔ اس کا معنی ہے کہ مذہب کو دبانے کی کوششیں مختصر مدت تک ہی کارآمد رہتی ہیں، کیونکہ انسانی فکر بہ ظاہر مذہبی تصورات — جیسے کہ مافوق الفطرت ہستیوں یا خدا کا وجود ہے اور حیات بعد از موت یا قبل از زندگی کے امکانات — میں پیوست ہے۔"[155]

اس سے یہ ثابت ہوتا ہے کہ اگرچہ بہت سے افراد بعد کی زندگی میں مختلف نظریات یا ماحول کے اثرات کی وجہ سے لاادریت یا الحاد کی طرف مائل ہو جاتے ہیں، ابتدائی زندگی میں ہم سب فطری طور پر ایک اعلیٰ قوت پر یقین رکھنے کی طرف مائل ہوتے ہیں۔ یوں محسوس ہوتا ہے کہ ہم خدا کے شعور کے ساتھ پیدا ہوتے ہیں، جیسا کہ قرآن کا بیان ہے۔ حتیٰ کہ آج کے دور میں، جہاں الحاد بڑھ رہا ہے، زیادہ تر لوگ کسی نہ کسی شکل میں خدا، خداؤں یا ایک اعلیٰ قوت پر یقین رکھتے ہیں۔ یہ سب ظاہر کرتا ہے کہ ہماری فطرت ہمیں اس یقین کی طرف مائل کرتی ہے۔

3۔ نفس انسانی میں خیر و شر کا علم

قرآن کا فرمان ہے کہ اللہ تعالیٰ نے ہر انسان کی فطرت میں نہ صرف یہ علم رکھا ہے کہ اس

---

[155] دیکھیے:
"Humans 'predisposed' to Believe in Gods and the Afterlife,"-*ScienceDaily*, https://www.sciencedaily.com/releases/2011/07/110714103828.html

کا ایک خالق ہے، بلکہ پروردگار نے اسے اچھائی اور برائی کا شعور بھی عطا کیا ہے۔[156] قرآن کی اس ایک آیت نے میرے اس پرانے سوال کا جواب فراہم کیا کہ ایسا کیوں ہے کہ دنیا میں ایسے لوگ بھی موجود ہیں جو کسی مذہب یا الہامی رہنمائی کو مانے بغیر ہی اچھے اخلاق و کردار کے مالک ہوتے ہیں؟

قرآن ایک بار پھر ایک ایسا نقطۂ نظر پیش کرتا ہے جو دل پر گہرا اثر ڈالتا ہے۔ ہر صاحبِ عقل انسان میں نیکی اور بدی کے مابین فرق کرنے کی ایک فطری صلاحیت موجود ہوتی ہے، اور عمومی طور پر ہر ایک کو یہ شعور بھی حاصل ہے کہ کیا اچھا ہے اور کیا برا۔ مثال کے طور پر، تاریخ کے ہر دور میں انسانوں نے ظلم و جبر کو نقصان دہ برائی اور سچائی و دیانت داری کو نیکی اور اخلاقی فضیلت مانا ہے۔ تاریخی طور پر دیکھیں تو جب انسانوں نے ظالمانہ افعال کا ارتکاب کیا بھی تو انھوں نے ان اعمال کو کسی بلند و برتر مقصد کی طرف منسوب کرتے ہوئے جائز ثابت کرنے کی کوشش کی۔ مثلاً، بہت سے فاتحین نے اپنی ظالمانہ جنگی مہمات کو عالمی امن کے قیام جیسے اعلیٰ مقاصد سے متعلق کیا۔ اسی طرح، مختلف ثقافتوں میں انسانوں کی قربانی جیسے ہول ناک اعمال کو اپنے خداؤں کو راضی کرنے کے نیک ارادے سے جائز قرار دیا گیا۔ ان لوگوں کا دعویٰ یہ ہوتا تھا کہ وہ یہ کام اس لیے کرتے ہیں کہ خدا راضی ہوں اور اس طرح قوم یا قبیلے کے لیے خوش حالی اور برکت حاصل ہو۔ اگرچہ مختلف ثقافتوں میں نیکی اور بدی کی تعریف مختلف ہو سکتی ہے اور وقت کے ساتھ ساتھ اس میں تبدیلیاں بھی آسکتی ہیں اور ایسی مثالیں بھی موجود ہیں جہاں کسی طرح کی دماغی چوٹ نے ایک فرد کی اخلاقی حس کو متاثر کیا، لیکن اس کے باوجود ایک بنیادی

---

[156] الشمس 91:8۔

حقیقت اپنی جگہ برقرار رہتی ہے۔ ہمارے اندر ایک فطری نظام موجود ہے جو ہمیں نیکی اور بدی میں تمیز کرنے کی صلاحیت دیتا ہے اور ہمیں اچھائی اور برائی میں فرق کے عمومی ادراک کے قابل کرتا ہے۔

حتیٰ کہ اکثر مجرم اور نفسیاتی مریض بھی اچھائی اور برائی کے فرق کو سمجھنے کی صلاحیت رکھتے ہیں۔ وہ یہ جانتے ہیں کہ ناانصافی، ظلم اور کسی کی جان، عزت یا مال کو ناحق نقصان پہنچانا غلط ہے۔ ہم کہہ سکتے کہ انھیں یہ شعور حاصل ہے، کیونکہ اگرچہ وہ دوسروں کے خلاف جرائم کا ارتکاب کرتے ہیں، مگر خود وہ ایسے نقصانات کا نشانہ نہیں بننا چاہتے۔ یہ نیکی اور بدی میں فرق کرنے کا عالمی معیار ہماری فطرت میں اس قدر نمایاں اور واضح ہے کہ ہم میں سے ہر شخص برے اعمال کو اس وقت فوراً پہچان لیتا ہے، جب وہ ہمارے خلاف کیے جائیں۔ بائیبل کی ایک آیت میں اس معیار کو انتہائی وضاحت کے ساتھ بیان کیا گیا ہے۔ قیامت کے دن جس عالمی اصول کے مطابق انسانوں کے انجام کا فیصلہ ہوگا، اس کے بارے میں حضرت عیسیٰ علیہ السلام فرماتے ہیں:

> ''جس معیار پر تم دوسروں کا حساب لیتے ہو، اسی معیار پر تمھارا بھی حساب لیا جائے گا، اور جس پیمانے سے تم دوسروں کو ماپتے ہو، اسی پیمانے سے تمھارے لیے بھی ماپا جائے گا۔''
>
> (متی 2:7)

عدل و انصاف کے عالمی معیار پر وارد آیت پر بحث سے پہلے ضروری ہے کہ ہم ان پانچ بنیادی اصولوں کو سمجھ لیں جن کے مطابق قیامت کے دن احتساب ہوگا۔

4۔ دینونت الٰہی کے کچھ اصول

الف۔ آزمائشیں سب کے لیے یکساں نہیں ہوتیں

ایک طویل عرصے تک میرے ذہن میں یہ سوال گردش کرتا رہا، جس کا کوئی تسلی بخش جواب مجھے نہ مل سکا کہ اگر ایک خدا موجود ہے جو انسانیت کا احتساب کرے گا تو کیا ایک تعلیم یافتہ اور مال دار شخص، جس کے پاس فکر و تدبر کے لیے وافر وقت اور وسائل موجود ہیں، اسی کسوٹی پر پرکھا جائے گا، جس پر ایک غریب مزدور کا احتساب ہوگا، جو اپنی پوری زندگی بنیادی ضروریات پوری کرنے میں مشغول رہا اور جس کے پاس ان وجودی سوالات پر غور کرنے کا موقع ہی نہ تھا؟ اسی طرح، کیا ایک ایسے شخص کا حساب، جو مضبوط اخلاقی ماحول میں پروان چڑھا ہو، اس شخص کے برابر ہوگا جو محروم اور بگڑے ہوئے ماحول میں اپنی زندگی گزارتا رہا؟ قرآن کی سورۂ انعام کی آیت 165 کے مطابق، تمام لوگوں کا احتساب برابر نہیں ہوگا۔ احتساب کا پیمانہ ہر فرد کے لیے اس کی آزمایش کے مطابق ہوگا۔ تمام انسانوں کا محاسبہ ان کے حالات اور انھیں دی گئی نعمتوں کی بنیاد پر کیا جائے گا۔ ہر فرد اپنی صلاحیت، عقل اور حالات کے مطابق جواب دہ ہوگا اور اسی انصاف پر اللہ کا عدل مبنی ہوگا۔

ب۔ مکمل انصاف کیا جائے گا اور کسی پر ذرہ برابر بھی ظلم نہیں ہوگا

ایک اور انتہائی اہم قرآنی اصول یہ ہے کہ قیامت کے دن کسی پر بھی ذرہ برابر ظلم نہیں ہوگا۔ جیسا کہ قرآن کی سورۂ انبیاء کی آیت 47 میں فرمایا گیا ہے کہ اس دن انصاف اس قدر مکمل اور بے عیب ہوگا کہ ہر شخص —— حتیٰ کہ وہ لوگ بھی جنھیں سزا دی جائے گی —— یہ تسلیم

کریں گے کہ مکمل انصاف کیا گیا ہے۔ [157]

ج۔ آپ کو وہی ملے گا جس کے لیے آپ نے دنیا میں سعی کی ہو گی

قرآن ایک واضح اصول بیان کرتا ہے:

"اور یہ کہ انسان کو آخرت میں وہی ملے گا جو اُس نے دنیا میں کمایا ہے اور یہ کہ جو کچھ اُس نے کمایا ہے، وہ عنقریب دیکھا جائے گا، پھر اُس کو پورا پورا بدلہ دیا جائے گا۔"

(النجم 53:39-41)

سورۂ کہف کی آیات 17 تا 19 اس حقیقت پر زور دیتی ہیں کہ جو لوگ دنیوی زندگی کو آخرت پر ترجیح دیتے ہیں، انھیں ان کی صلاحیتوں اور کوششوں کے مطابق ان کا مکمل اجر اسی دنیا میں دے دیا جائے گا، لیکن آخرت میں ان کے لیے کوئی حصہ نہیں ہو گا۔ اس کے برعکس، وہ لوگ جو آخرت کی کامیابی کے طلب گار ہیں، انھیں اس دنیا میں ان کا مقررہ رزق تو ضرور ملے گا، لیکن ان کا اصل اجر آخرت میں دیا جائے گا۔ قرآن کی یہ تعلیمات واضح کرتی ہیں کہ دنیوی زندگی کی بہتری کے لیے کوشش کرنا نہ صرف جائز، بلکہ ضروری ہے، بشرطیکہ یہ کوشش آخرت کی قیمت پر نہ ہو۔ دنیا اور آخرت، دونوں کی کامیابی کے لیے متوازن رویہ اپنانا ہی قرآنی تعلیمات کا خلاصہ ہے۔

گویا قرآن ہمیں یہ بتاتا ہے کہ ہر انسان وہی پائے گا، جس کے لیے اُس نے کوشش کی ہو گی۔ یہ بات انسانی فطرت اور عقلی اصولوں کے عین مطابق ہے۔

---

[157] الزمر 39:75۔
مصطفیٰ خطاب کے ترجمے میں اس آیت پر ان کے نوٹس کا مطالعہ کریں۔

د۔ صغیرہ گناہ قابل معافی ہیں

اللہ کے احتساب اور عدالت کے نظام کا ایک اور نہایت اہم اصول یہ ہے کہ اگر کوئی شخص بڑے گناہوں اور جرائم سے اجتناب کرتا ہے تو اس کے چھوٹے گناہ معاف کر دیے جاتے ہیں۔ قرآن کی سورۂ نساء کی آیت 31 میں یہ اصول ان الفاظ میں بیان ہوا ہے:

> ''تمھیں جن چیزوں سے منع کیا جا رہا ہے، اُن کے بڑے بڑے گناہوں سے اگر تم بچتے رہے تو تمھاری چھوٹی برائیوں کو ہم تمھارے حساب سے ختم کر دیں گے اور تمھیں عزت کی جگہ داخل کریں گے۔''

ہ۔ یہ بات انتہائی اہم ہے کہ انسان جسے حق سمجھتا ہو، اس پر عمل کرے، چاہے وہ غلطی پر ہی کیوں نہ ہو!

قرآن کے مطابق اللہ تعالیٰ چاہتے ہیں کہ لوگ اخلاص کے ساتھ اس حق پر عمل کریں جسے وہ دل سے حق سمجھتے ہیں، چاہے اس مخصوص معاملے میں ان کا اعتقاد غلط ہی کیوں نہ ہو۔ اللہ تعالیٰ کے نزدیک اعتقاد اور عمل، دونوں میں اخلاص کو غیر معمولی اہمیت حاصل ہے۔

یہ اصول قرآن کی سورۂ بقرہ کی 187 میں واضح کیا گیا ہے۔ اس کی وضاحت یوں کی جا سکتی ہے:

اس آیت میں قرآن چند صحابۂ کرام رضی اللہ عنہم کے بارے میں تبصرہ کرتا ہے، جو غلطی سے یہ اعتقاد رکھتے تھے کہ اللہ نے رمضان کے مہینے میں میاں بیوی کے درمیان مباشرت کو مکمل طور پر حرام قرار دے دیا ہے، یہاں تک کہ رات کو افطار کے بعد بھی یہ عمل جائز نہیں

رہتا۔ اس اعتقاد کے باوجود، ان صحابہ نے رات کو افطار کے بعد اپنی بیویوں سے مباشرت کی۔ قرآن نے واضح کیا کہ صحابہ کے اس موقف میں غلطی تھی۔ اللہ تعالیٰ نے بتایا کہ رمضان کی راتوں میں افطار کے بعد میاں بیوی کے درمیان مباشرت جائز ہے۔ تاہم، اللہ تعالیٰ نے ان صحابہ سے یہ بھی فرمایا ہے کہ اگر وہ یہ سمجھتے تھے کہ یہ عمل اللہ کی طرف سے منع کیا گیا ہے تو پھر اس اعتقاد کے باوجود ان کا ایسا کرنا غلط تھا۔ اصول یہ ہے کہ اگر آپ یقین رکھتے ہیں کہ اللہ نے کسی چیز کو منع کیا ہے تو آپ کو اس سے باز رہنا چاہیے، چاہے آپ کا یہ اعتقاد غلط ہی کیوں نہ ہو۔ زیر بحث آیت کا ترجمہ کچھ یوں ہے:

”روزوں کی رات میں اپنی بیویوں کے پاس جانا تمھارے لیے جائز کیا گیا ہے۔ وہ تمھارے لیے لباس ہیں اور تم اُن کے لیے لباس ہو۔ اللہ نے دیکھا کہ تم اپنے آپ سے خیانت کر رہے تھے تو اُس نے تم پر عنایت فرمائی اور تم سے درگذر کیا۔ چنانچہ اب (بغیر کسی تردد کے) اپنی بیویوں کے پاس جاؤ اور (اِس کا) جو (نتیجہ) اللہ نے تمھارے لیے لکھ رکھا ہے، اُسے چاہو، اور کھاؤ پیو، یہاں تک کہ رات کی سیاہ دھاری سے فجر کی سفید دھاری تمھارے لیے بالکل نمایاں ہو جائے۔ پھر رات تک اپنا روزہ پورا کرو۔ اور ہاں، تم مسجدوں میں اعتکاف بیٹھے ہو تو رات کو بھی بیویوں کے پاس نہ جانا۔ یہ اللہ کی مقرر کی ہوئی حدیں ہیں، سو اِن کے قریب نہ جاؤ۔ اللہ اسی طرح اپنی آیتیں لوگوں کے لیے واضح کرتا ہے تاکہ وہ تقویٰ اختیار کریں۔“ (البقرہ 2:187)

اس آیت کی تشریح کرتے ہوئے مولانا ابوالاعلیٰ مودودی لکھتے ہیں:

”ابتدا میں اگرچہ اس قسم کا کوئی صاف حکم موجود نہ تھا کہ رمضان کی راتوں میں کوئی شخص اپنی بیوی سے مباشرت نہ کرے، لیکن لوگ اپنی جگہ یہی سمجھتے تھے کہ ایسا کرنا جائز نہیں ہے۔ پھر اس کے ناجائز یا مکروہ ہونے کا خیال دل میں لیے ہوئے بسا اوقات اپنی

بیویوں کے پاس چلے جاتے تھے۔ یہ گویا اپنے ضمیر کے ساتھ خیانت کا ارتکاب تھا اور اس سے اندیشہ تھا کہ ایک مجرمانہ اور گناہ گارانہ ذہنیت اُن کے اندر پرورش پاتی رہے گی۔ اس لیے اللہ تعالیٰ نے پہلے اس خیانت پر تنبیہ فرمائی اور پھر ارشاد فرمایا کہ یہ فعل تمھارے لیے جائز ہے۔ لہٰذا اب اسے برا فعل سمجھتے ہوئے نہ کرو، بلکہ اللہ کی اجازت سے فائدہ اُٹھاتے ہوئے قلب وضمیر کی پوری طہارت کے ساتھ کرو۔" (تفہیم القرآن 145/1)

مذکورہ بالا مثال سے یہ حقیقت واضح ہوتی ہے کہ قرآن انسانوں کو ترغیب دیتا ہے کہ وہ خلوصِ نیت کے ساتھ اس حقیقت پر عمل کریں، جسے وہ سچائی سمجھتے ہیں، چاہے ان کے اعتقاد میں کسی قسم کی غلطی ہی کیوں نہ ہو۔ تاہم، یہ بھی نہایت ضروری ہے کہ قرآن انسانوں سے توقع رکھتا ہے کہ وہ ہمیشہ خدا اور دین کے متعلق منطقی اور مدلل باتوں پر غور وفکر کریں، اور ان امور کا جائزہ تعصبات سے بالاتر ہو کر، ان کے اصل دلائل کی بنیاد پر لیں۔ یہ بات بھی ذہن نشین رہے کہ قیامت کے دن حقیقی اور خلوص پر مبنی غلطیوں کو معاف کر دیا جائے گا، لیکن جان بوجھ کر غفلت برتنا یا کسی ناحق وجہ سے سچائی کو قبول کرنے سے انکار کرنا ہرگز برداشت نہیں کیا جائے گا۔

5۔ خدا کی طرف سے احتساب کا آفاقی معیار

اب، جب کہ ہم کچھ ابتدائی تصورات پر گفتگو کر چکے ہیں، آیئے، اس آیت کی طرف رجوع کرتے ہیں، جہاں قرآن قیامت کے دن خدائی عدالت کے تین اہم اصولوں کی وضاحت کرتا ہے۔ سورۂ بقرہ کی آیت 62 میں ارشاد ہوتا ہے:

"وہ لوگ جو (نبی امی پر) ایمان لائے ہیں اور جو (ان سے پہلے) یہودی ہوئے اور جو

نصاریٰ اور صابی کہلاتے ہیں، اُن میں سے جن لوگوں نے بھی اللہ کو مانا ہے اور قیامت کے دن کو مانا ہے اور نیک عمل کیے ہیں، اُن کے لیے اُن کا صلہ اُن کے پروردگار کے پاس ہے اور (اُس کے حضور میں) اُن کے لیے نہ کوئی اندیشہ ہوگا اور نہ وہ کبھی غم زدہ ہوں گے۔"

اس آیت کے مطابق، تمام انسانوں کو چاہیے کہ وہ اپنے اندر ودیعت کردہ فطری ہدایت پر لبیک کہیں اور درج ذیل اعمال انجام دیں، چاہے ان کا تعلق کسی بھی مذہب سے ہو یا وہ کسی بھی مذہبی شناخت کے حامل ہوں:

1۔ تمام انسانوں کو اپنے اندر موجود خدا کے شعور کے جواب میں، اپنی زندگی اس معرفت کے ساتھ گزارنی چاہیے کہ وہ ایک اعلیٰ ہستی کی تخلیق ہیں۔

2۔ تمام انسانوں کے لیے ضروری ہے کہ وہ اس امکان پر غور و فکر کریں کہ انھیں ایک اعلیٰ طاقت، اللہ تعالیٰ، کے سامنے جواب دہ ہونا ہے۔ اللہ اور اخروی حساب کو اپنی زندگی کے اہم ترین معاملات میں شامل کرنا لازمی ہے۔ ان کے طرزِ عمل میں اللہ کے وجود اور اس کے حضور جواب دہی کا شعور ہمیشہ قائم رہنا چاہیے۔

3۔ انسانوں کو دیانت داری کے ساتھ اچھائی اور برائی کے اپنے فطری شعور اور احساس کو استعمال کرتے ہوئے، جو کچھ وہ سچائی اور اچھائی سمجھتے ہیں، اسے اپنانا چاہیے اور جسے وہ برائی اور غلط سمجھتے ہیں، اسے ترک کرنا چاہیے۔

اسلام اس تصور میں کہاں کھڑا ہے؟ اس سوال کو سمجھنے کے لیے ہمیں چند بنیادی تصورات کا گہرائی سے ادراک کرنا ہوگا۔

6۔ اسلام کیا ہے؟

جیسا کہ پہلے ذکر کیا جا چکا ہے، اللہ کا شعور اور اچھائی و برائی کے تصورات انسان کی فطرت میں ودیعت ہیں۔ اس کے ساتھ ہی اللہ تعالیٰ نے پہلے انسانوں سے براہ راست مخاطب ہو کر ان کے اندر موجود اس فطری شعور کی تفصیلات انھیں پہنچائیں۔ ان تفصیلات میں یہ امور شامل تھے کہ ہمارا خالق کون ہے؟ خالق ہم سے کیا چاہتا ہے؟ زندگی میں ہمارے مقصد کی تکمیل کے لیے ہمیں کیا کرنا چاہیے؟[158] جب انسانوں نے وقت گزرنے کے ساتھ اس الہامی ہدایت میں بگاڑ پیدا کیا تو اللہ تعالیٰ نے ان کی اصلاح کے لیے انبیا اور رسولوں کو مبعوث کیا اور کتابیں نازل کیں، تاکہ لوگ حق اور تحریف شدہ حق کے درمیان فرق کر سکیں۔[159]

قرآن کریم میں موجود یہ الہامی ہدایت وہی ہے جو پہلے انسانوں کو دی گئی تھی۔ حضرت نوح، حضرت ابراہیم، حضرت موسیٰ، حضرت عیسیٰ علیہم السلام اور محمد صلی اللہ علیہ وسلم تک برابر جاری رہی۔[160] قرآن یہ واضح کرتا ہے کہ یہ الہامی سچائی ہر دور میں یکساں رہی ہے۔ دیگر مذاہب، جیسے یہودیت اور عیسائیت، انبیا کے ذریعے سے پہنچائی گئی، اسی ہدایت کی تقسیم اور اس میں پیدا ہونے والے انحرافات کی شکلیں ہیں۔[161]

اسلام وہ واحد دین ہے، جو اخروی عدالت میں زیادہ سے زیادہ کامیابی کی ضمانت دیتا ہے۔[162] عربی زبان میں ”اسلام“ کا مطلب ہے ”اطاعت کرنا“، اور ”مسلم“ وہ شخص ہے، جو اللہ اور

---

158 دیکھیے: الاعراف 7:11-25، البقرہ 2:31-38۔

159 دیکھیے: البقرہ 2:213۔

160 دیکھیے: الشوریٰ 42:13۔

161 دیکھیے: الشوریٰ 42:14، الانعام 6:159۔

162 دیکھیے: آل عمران 3:19۔

اس کے نازل کردہ حق کے آگے سر تسلیم خم کر دے۔

7۔اسلام یا''حق''کا بلا جواز انکار: ایک سنگین جرم

انسان کے لیے قیامت کے دن نجات کی راہ میں کچھ سنگین جرائم خطرناک رکاوٹ بن سکتے ہیں، چاہے وہ اپنی زندگی قرآن کی سورۂ بقرہ کی آیت 62 میں بیان کردہ معیار کے مطابق ہی کیوں نہ گزارتا رہا ہو۔ فرض کریں کہ ایک شخص اپنی زندگی اس معیار کے تحت گزارتا ہے کہ وہ اپنے خالق کو تسلیم کرتا ہے، اس کے سامنے جواب دہی کا خوف رکھتا ہے اور اپنے اندر موجود اخلاقی شعور کے مطابق عمل کرتا ہے۔ لیکن اگر اس نے کسی بے گناہ شخص کو ناحق قتل کر دیا تو قرآن کے مطابق یہ ایسا جرم ہے کہ اس کے تمام اعمال اور ایمان کی اہمیت کو ختم کر سکتا ہے اور اسے قیامت کے دن ہمیشہ کی ذلت میں مبتلا کر سکتا ہے۔[163] قتل اور دیگر سنگین جرائم کی طرح، کسی رسول کے ذریعے سے آنے والی اللہ تعالیٰ کی ہدایت کو بغیر کسی عذر کے رد کرنا یا اس کے متعلق مجرمانہ غفلت برتنا بھی ایک شدید جرم ہے۔ یہ جرم قیامت کے دن انسان کی نجات کو خطرے میں ڈال سکتا ہے، چاہے اس کی زندگی دیگر معاملات میں اخلاقی اصولوں کے مطابق کیوں نہ رہی ہو، کیونکہ رسول کا انکار درحقیقت خدا کے خلاف بغاوت کے مترادف ہے۔

چونکہ محمد صلی اللہ علیہ وسلم خدا کی طرف سے ہدایت کا آخری ذریعہ ہیں، ہر شخص سے یہ سوال کیا جائے گا کہ اس نے محمد صلی اللہ علیہ وسلم کے پیغام پر کیا ردعمل ظاہر کیا۔ کیا اس نے

---

163 دیکھیے: النسا 4:93۔

اس بات پر توجہ دی؟ اگر نہیں تو کیوں؟ کیا اس نے اسے سنا اور رد کر دیا؟ اگر ہاں تو کیوں؟ کیا اس نے اسے سنا اور قبول کر لیا؟ اگر ہاں تو کیوں؟ قرآن سے معلوم ہوتا ہے کہ خدا کی ہدایت کے متعلق یہی سوالات متوقع ہیں۔

یہ بات یاد رکھنی چاہیے کہ ہر فرد کا احتساب اس کی صلاحیتوں اور حالات کے مطابق ہوگا۔ حقیقی اور مخلصانہ غلطیاں معاف کر دی جائیں گی، لیکن جو لوگ خدا کے پیغام کو بغیر عذر رد کریں گے، انھیں سزا دی جائے گی۔ مثال کے طور پر، اگر مجھے احساس ہو کہ کوئی بات واقعی خدا کی طرف سے آئی ہے، اور میں اسے اپنے نفس، خواہشات، تعصبات، مفادات یا اپنی قوم یا قبیلے کے مفادات کی وجہ سے رد کر دیتا ہوں تو یہ جرم شمار ہوگا۔ ہو سکتا ہے کہ میرے پاس اس کے لیے ضروری وقت اور عقل و سمجھ ہو، لیکن میں خدا کے پیغام کی جانب مجرمانہ غفلت برتتا رہا ہوں، حالاں کہ وہ مجھے مختلف ذرائع سے اس صورت میں پہنچا کہ میرے ذہن میں اس کے بارے میں کچھ ایسے سوالات اٹھے جن کے جواب ضروری تھے۔ اس کے باوجود، میں دنیا کے معاملات میں اتنا مشغول رہا کہ ان شکوک وشبہات کو حل کرنے کی کوئی کوشش نہ کی۔ اگر ایسا ہوا تو یہ یقیناً خدا کے خلاف بغاوت کے زمرے میں آئے گا، اور یہ بالکل معقول بات ہے کہ اگر واقعی کوئی خدا موجود ہے، جو ہر ایک کا احتساب کرے گا تو اس کے پیغام سے ایسی بے اعتنائی کے سنگین نتائج ہوں۔

غلطی پر سزا نہیں دی جائے گی

جیسا کہ ہم پہلے بیان کر چکے ہیں، اگر کوئی شخص الوہی حق کے بارے میں مخلص ہوتے ہوئے غلط عقیدہ اختیار کرتا ہے مخلصانہ اور حقیقی غلطی کرتا ہے تو اسے معاف کر دیا جائے گا۔

مثال کے طور پر، مسلم دنیا میں اسلام اپنی موجودہ شکل میں ایک پیچیدہ مذہب بن چکا ہے، جس میں نظریاتی تقسیم پائی جاتی ہے۔ اگر کسی شخص کو خالص الہامی حق کے بجائے اس کی کوئی ایسی مسخ شدہ شکل پیش کی جائے جو اخلاقی، عقلی یا اصولی طور پر درست نہ لگے تو اس شخص کو اس غلط فہمی کے لیے ذمہ دار نہیں ٹھہرایا جا سکتا۔ اسی طرح، اگر کوئی شخص بنیادی ضروریات کی جدوجہد میں الجھا ہوا ہو اور مختلف نظریات کو سمجھنے کا وقت نہ نکال سکے تو ایسے افراد کو بھی حقیقی غلطی کرنے والا سمجھا جائے گا اور اس بنیاد پر انھیں قرآن کو حق یا اسلام کو اللہ تعالیٰ کے نظامِ زندگی کے بارے میں منظم ہدایت کے طور پر نہ اپنانے پر بھی معاف کیا جا سکتا ہے۔ ان کا اخروی حساب سورۂ بقرہ کی آیت 62 میں بیان کردہ میزان کے مطابق کیا جائے گا، جس میں ان کے اندر موجود اللہ تعالیٰ کا شعور، اچھائی اور برائی کی تمیز اور اس علم کے مطابق ان کے طرزِ زندگی کو مد نظر رکھا جائے گا۔

ہمارے اندر ودیعت کردہ اچھائی اور برائی کے شعور کے مطابق، جو خدا کی طرف سے ہے، کسی حقیقی غلطی پر سزا دینا غیر منصفانہ ہے۔ مثال کے طور پر، اگر یہ ثابت ہو جائے کہ کسی شخص ''زید'' نے ''بکر'' کو محض ایک حقیقی غلطی کے نتیجے میں قتل کر دیا تو ''زید'' کو قتل کی انتہائی سزا نہیں دی جانی چاہیے، یا کم از کم اس کی سزا عام قتل کی سزا سے نمایاں طور پر کم ہونی چاہیے۔ قرآن اس تصور کی بھرپور حمایت کرتا ہے اور یہ بیان کرتا ہے کہ حقیقی غلطیوں کو دانستہ جرائم کے برابر نہیں سمجھا جاتا۔ مثال کے طور پر، قرآن میں اللہ تعالیٰ کا واضح اعلان موجود ہے کہ وہ صرف ان لوگوں کو سزا دیتا ہے جو جان بوجھ کر خود پر ظلم کرتے ہیں یا دانستہ جرم کا ارتکاب کرتے ہیں۔ خدا کس طرح حقیقی غلطیوں کو معاف کرتا ہے اور صرف ان افراد کو سزا دیتا ہے، جو بلا عذر اس کے پیغام کو رد کرتے ہیں، اس حوالے سے تفصیل کے لیے اس کتاب کی

فصل ''رسولوں کے بلاعذر انکار کی وجوہات'' ملاحظہ کریں۔

8۔ سورۂ آل عمران کی آیت 85 کی وضاحت

یہ آیت اکثر یہ ثابت کرنے کے لیے پیش کی جاتی ہے کہ صرف وہی لوگ جنت میں داخل ہوں گے جو خود کو مسلمان کہتے ہیں، اور باقی کوئی یہ فوزِ عظیم نہیں پا سکتا۔ تاہم، جیسا کہ ہم نے پہلے تفصیل سے بیان کیا ہے، یہ تصور قرآن میں بیان کردہ عالم گیر نجات کے معیار سے مکمل طور پر متصادم ہے۔

جب سورۂ آل عمران کی آیت 85 کو اس کے صحیح سیاق وسباق میں رکھ کر سمجھا جائے تو یہ واضح ہوتا ہے کہ اس میں یہ نہیں کہا گیا کہ صرف وہی لوگ جنت میں جائیں گے جو اپنی شناخت ''مسلمان'' کے طور پر کراتے ہیں، بلکہ یہ آیت اس حقیقت کو اجاگر کرتی ہے کہ اگر کوئی شخص یہ جان لے کہ اسلام خدا کی جانب سے مقرر کردہ دین ہے، لیکن اس کے باوجود کسی اور راستے کا انتخاب کرے تو اس کا وہ انتخاب خدا کے ہاں قبول نہیں کیا جائے گا۔ یہاں سیاق وسباق کو سمجھنا انتہائی ضروری ہے کہ یہ آیت ان لوگوں کو مخاطب کرتی ہے، جو یہ جانتے ہیں کہ محمد صلی اللہ علیہ وسلم اللہ کے رسول ہیں اور اسلام خدا کا مقرر کردہ دین ہے، لیکن اس کے باوجود بلا عذر اسلام کو ترک کر دیتے ہیں۔ آیئے، آیت پر غور کریں:

> ''اور جو اسلام کے سوا کوئی اور دین اختیار کرنا چاہے گا تو اُس سے وہ ہرگز قبول نہ کیا جائے گا اور قیامت میں وہ نامرادوں میں سے ہوگا۔ (تم اِن کی ہدایت چاہتے ہو)؟ اللہ اُن لوگوں کو ہدایت کس طرح دے گا جو ماننے کے بعد منکر ہوگئے، دراں حالیکہ وہ اِس بات کے گواہ ہیں کہ یہ رسول سچے ہیں اور (اِن کی سچائی پر گواہی کے لیے) اُن کے پاس کھلی ہوئی

نشانیاں بھی آچکی ہیں۔ حقیقت یہ ہے کہ اللہ اِس طرح کے ظالم لوگوں کو ہدایت نہیں دیتا۔‘‘(آل عمران 3:85-86)

لہٰذا جب اس آیت کو سیاق وسباق کے ساتھ دیکھا جائے تو یہ بات واضح ہو جاتی ہے کہ اگر کسی کو یہ علم ہو جائے کہ اسلام واقعی خدا کی جانب سے ہے اور پھر بھی وہ کسی اور راستے کو اختیار کرے تو یہ راستہ قیامت کے دن قبول نہیں ہوگا۔ یہ بات بالکل منطقی معلوم ہوتی ہے کہ اگر کوئی شخص جانتے ہوئے بھی خدا کے مقرر کردہ دین کو رد کرے اور کسی اور راستے پر چلے تو یہ خدا کے خلاف بغاوت کے مترادف ہے۔ اور اگر واقعی کوئی خدا موجود ہے تو یہ انصاف کے عین مطابق ہے کہ وہ ایسے عمل پر سزا دے۔

اب سوال یہ پیدا ہوتا ہے کہ اگر لوگ بغیر الوہی حق کو جانے نجات حاصل کر سکتے ہیں تو پھر اس کے ابلاغ کی ضرورت کیا ہے؟

9۔ پیغمبروں کے ذریعے سے حقائق کا ابلاغ: انسانیت کے لیے ایک آزمایش

اللہ تعالیٰ کی جانب سے پیغمبروں کے ذریعے سے دی جانے والی الہامی ہدایت انسان کی اخلاقی صلاحیتوں کو جانچنے کا ذریعہ ہے۔ قرآن واضح کرتا ہے کہ دنیوی زندگی کا بنیادی مقصد یہ ہے کہ انسان کو مختلف آزمایشوں سے گزار کر اس کے اخلاقی مقام کو حتمی درجے میں واضح کیا جائے۔ جو لوگ انبیا کی لائی ہوئی اس الہامی ہدایت کو قبول کرتے ہیں، ان کے لیے آزمایش یہ ہوتی ہے کہ وہ کتنے خلوص، دیانت داری اور مستقل مزاجی کے ساتھ ان تعلیمات کو سمجھتے ہیں، ان پر عمل کرتے ہیں اور انھیں دوسروں تک پہنچانے کی ذمہ داری ادا کرتے ہیں۔ دوسری

طرف، جن لوگوں تک یہ ہدایت پہنچتی ہے، ان کے لیے یہ ایک اخلاقی امتحان ہوتا ہے کہ وہ ان تعلیمات پر کیا ردعمل دیتے ہیں۔ یوں اللہ تعالیٰ کی طرف سے نازل شدہ علم حقائق کو تسلیم کر کے دوسروں تک پہنچانے والے اور ان کے مخاطبین، دونوں اس عمل میں ایک اخلاقی آزمایش سے گزرتے ہیں۔[164]

10۔ قیامت کے دن نجات کے لیے قرآنی معیار کا خلاصہ

قرآن میں اخروی احتساب کا جو نظام پیش کیا گیا ہے، وہ ایک ایسا عالم گیر پیغام ہے جو دنیا کی مذہبی شناختوں اور حدود سے بالاتر ہے۔ قیامت کے دن ہر انسان کو انفرادی طور پر اللہ تعالیٰ کے سامنے پیش ہو کر اپنے اعمال اور طرزِ زندگی کا حساب دینا ہوگا۔ اس دن کی عدالت میں کامیابی انسان کو دائمی جنت کی نعمتوں کا حق دار بنائے گی، جب کہ ناکامی ہمیشہ کے عذاب کا سبب بنے گی۔ اس عدالت میں ہر شخص، چاہے وہ کسی بھی قوم، تہذیب یا مذہب میں پیدا ہوا ہو، درج ذیل اصولوں کی بنیاد پر پرکھا جائے گا:

- کیا اس نے اپنی صلاحیتوں اور حالات کے مطابق خدا کی برتر اور عظیم ہستی کے فطری شعور کو پروان چڑھایا؟

- کیا اس نے اپنے اندر موجود اچھائی اور برائی کے شعور کو ایمان داری اور خلوص کے ساتھ استعمال کیا؟

مزید یہ کہ قیامت کے دن ہر فرد سے یہ سوال بھی کیا جائے گا کہ اگر محمد رسول اللہ صلی اللہ علیہ وسلم کے ذریعے سے اللہ کے الہامی حقائق ان تک پہنچے تو ان پر ان کا ردعمل کیا تھا؟ اللہ

---

[164] دیکھیے: آل عمران 3:179۔ صحیح مسلم، رقم 5113۔

تعالیٰ کی عدالت میں حقیقی اور مخلصانہ غلطیوں کو معاف کر دیا جائے گا اور چھوٹے گناہوں سے درگذر کیا جائے گا۔ لیکن دانستہ غفلت یا باطل اور بلا جواز رویے اور اعمال پر سزا دی جائے گی۔

انسان صرف جسمانی یا جذباتی وجود نہیں ہے، بلکہ وہ ایک عقلی اور اخلاقی وجود بھی ہے۔ قرآن یہ واضح کرتا ہے کہ ہر انسان ایک امتحان سے گزر رہا ہے، اور یہ امتحان اس کے اخلاق، کردار اور رویے کا ہے۔ آپ اپنی روزمرہ زندگی میں اپنی فطری ہدایت پر کس طرح عمل کرتے ہیں اور بیرونی ذرائع سے حاصل ہونے والی ہدایت پر کیا ردعمل ظاہر کرتے ہیں، یہ تمام چیزیں آپ کی اخلاقی حالت اور درجے کو ظاہر کرتی ہیں۔

قرآن کے قیامت کے دن حساب کے معیار نے مجھے بھی بے حد متاثر کیا ہے اور اس میں مجھے کوئی اخلاقی یا عقلی اعتراض نظر نہیں آتا۔

اب سوال یہ پیدا ہوتا ہے کہ قرآن جس خدا کا تصور پیش کرتا ہے، وہ مجھ سے کیا چاہتا ہے تاکہ میں اس امتحان میں کامیاب ہو سکوں اور جنت کی نعمتوں کا حق دار بن جاؤں؟

11۔ اخروی عدالت میں کامیابی کے تقاضے

اسلام اللہ تعالیٰ کی طرف سے پیغمبروں اور رسولوں کے ذریعے سے بھیجا گیا حق ہے۔ یہ ایک مخصوص لائحۂ عمل فراہم کرتا ہے، جو قیامت کے دن کے احتساب میں زیادہ سے زیادہ کامیابی کو یقینی بناتا ہے۔

الف۔ تزکیۂ نفس —— دین کا واحد مقصد

قرآن کے مطابق، ہر انسان کا بنیادی مقصد یہ ہے کہ وہ اپنے نفس کا تزکیہ کرے۔ جتنا

زیادہ آپ اپنے نفس کا تزکیہ کریں گے، قیامت کے دن آپ کی کامیابی اتنی ہی بلند ہو گی۔[165] پورا قرآن ان ہدایات سے بھرا ہوا ہے، جو انسانوں سے مطالبہ کرتی ہیں کہ وہ خود کو ہر قسم کی اخلاقی آلائشوں سے پاک کریں۔

''البتہ فلاح پا گیا وہ جس نے پاکیزگی اختیار کی۔'' (الاعلیٰ 14:87)

''فلاح پا گیا وہ جس نے نفس کا تزکیہ کیا۔ اور نامراد ہوا وہ جس نے اُسے آلودہ کر ڈالا۔'' (الشمس 10-9:91)

ب۔ رہبانیت کی اجازت نہیں: دنیوی آزمایش کے نظام میں بھرپور شرکت لازم ہے۔

جب ہم ایک مثالی مذہبی انسان کا تصور کرتے ہیں تو اکثر ہمارے ذہن میں رہبانیت یا گوشہ نشینی کا خیال آتا ہے، ایک ایسی زندگی جس میں دنیوی مصروفیات کو ترک کر کے مکمل طور پر عبادات اور روحانی معمولات میں مشغولیت اختیار کی جائے۔ لیکن کیا قرآن اس طرزِ زندگی کی حوصلہ افزائی کرتا ہے؟ ہر گز نہیں۔ قرآن سورۂ حدید میں عیسائی راہبوں کی رہبانیت کے عمل کا ذکر کرتے ہوئے فرماتا ہے:

''مگر رہبانیت اُنھوں نے خود ایجاد کر لی۔ ہم نے اُسے اُن پر فرض نہیں کیا تھا۔ یہ بات، البتہ ضرور فرض کی تھی کہ وہ اللہ کی خوشنودی چاہیں۔ پھر (جیسے خود ایجاد کیا تھا)، اُس کی رعایت بھی اُس طرح نہیں کر سکے، جس طرح کہ اُس کا حق تھا۔ تاہم اُن میں سے جو لوگ ایمان پر قائم رہے، اُن کا اجر ہم نے اُنھیں عطا فرمایا، مگر اُن میں سے زیادہ نافرمان ہی نکلے۔'' (الحدید 27:57)

قرآن کے مطابق، اللہ تعالیٰ نے اس دنیا کو ایک آزمایش کے طور پر قائم کیا ہے تاکہ ان

---

[165] الاعلیٰ 14:87، الشمس 10-9:91۔

افراد کا انتخاب کیا جا سکے جو جنت کے مستحق ہوں، یعنی ایک ابدی دنیا جو نیکوکاروں اور اخلاقی طور پر پاکیزہ لوگوں کے لیے موزوں مقام ہے۔ اس آزمایش کے تحت اللہ تعالیٰ انسانوں سے یہ چاہتا ہے کہ وہ دنیوی زندگی میں بھرپور حصہ لیں تاکہ یہ واضح ہو سکے کہ ہر شخص اخلاقی طور پر کس درجے پر کھڑا ہے۔ اسی لیے قرآن زندگی کے تمام پہلوؤں کے لیے تفصیلی اخلاقی ہدایات فراہم کرتا ہے۔ مثال کے طور پر، قرآن اچھے بیٹے یا بیٹی، شریکِ حیات، تاجر، پڑوسی، حکمران، منصف، مجاہد، اور دیگر کرداروں کے لیے اخلاقی رہنمائی پیش کرتا ہے۔

رہبانیت کی ممانعت معقول ہے کیونکہ اگر یہ دنیا ایک امتحان ہے اور قرآن کا خدا یہ چاہتا ہے کہ ہم اس امتحان میں حصہ لیں تو رہبانیت اختیار کرنا ایسا ہی ہے جیسے کوئی طالب علم امتحانی ہال سے باہر نکل جائے اور امتحان دینے سے انکار کر دے۔ اب، جب ہم دنیا کو امتحان کے طور پر دیکھنے کے تصور پر بات کر رہے ہیں تو اس پر دو مشہور اعتراضات ہیں، جن پر آگے بڑھنے سے پہلے روشنی ڈالنا ضروری ہے۔

12۔ مشہور اعتراضات کے جوابات

الف۔ اگر اللہ تعالیٰ علیم و خبیر ہے تو پھر آزمایش کیوں؟

یہ ایک عام سوال ہے اور اس کا مختصر جواب دینا ضروری ہے۔ سب سے پہلے یہ سمجھنا ضروری ہے کہ وقت کی حقیقت، اللہ تعالیٰ کی ذات کی ماہیت اور یہ کہ اللہ مستقبل کو جانتے ہوئے بھی اسے قابو میں کیوں نہیں لاتے۔ یہ تمام امور ایسے ہیں جو ہماری محدود عقل سے بالاتر ہیں۔ قرآن ہمیں ان معاملات میں الجھنے سے روکتا ہے، جو ہماری سمجھ سے باہر ہیں۔

جیسا کہ قرآن میں فرمایا گیا ہے:

''وہی ہے جس نے تم پر یہ کتاب اتاری ہے جس میں آیتیں محکم بھی ہیں جو اِس کتاب کی اصل بنیاد ہیں اور (ان کے علاوہ) کچھ دوسری متشابہات بھی ہیں۔ سو جن کے دل پھرے ہوئے ہیں، وہ اِس میں سے ہمیشہ متشابہات کے درپے ہوتے ہیں، اِس لیے کہ فتنہ پیدا کریں اور اِس لیے کہ اُن کی حقیقت معلوم کریں، دراں حالیکہ اُن کی حقیقت اللہ کے سوا کوئی نہیں جانتا۔'' (آل عمران 7:3)

اس ارشاد کی روشنی میں یہ بات واضح ہو جاتی ہے کہ اللہ تعالیٰ دنیا میں انسانوں کو آزمائش میں اس لیے نہیں ڈالتے کہ وہ ان کی اخلاقی حالت جان سکیں، بلکہ وہ انسانوں کو ان کے اپنے اعمال کے ذریعے سے اپنی اخلاقی حیثیت واضح کرنے کا موقع دیتے ہیں۔ قرآن اس بات کی صراحت کرتا ہے کہ اللہ تعالیٰ فیصلہ انسان کے اعمال اور کردار کی بنیاد پر کرتے ہیں، نہ کہ صرف اپنے علم کی بنیاد پر۔[166]

یہ بات انصاف کے عین مطابق ہے۔ اگر اللہ تعالیٰ اپنے علم کی بنیاد پر، اور انسانوں کو کچھ کر دکھانے کا موقع دیے بغیر، فیصلہ صادر کر دیتے تو قیامت کے دن کوئی بھی باشعور مخلوق یہ اعتراض کر سکتی تھی کہ اسے اپنے اعمال کے ذریعے سے اپنی سچائی یا قابلیت ثابت کرنے کا موقع ہی نہیں ملا۔ انصاف کا تقاضا یہی ہے کہ فیصلہ کرنے سے پہلے ہر انسان کو اپنی صلاحیتوں اور اعمال کے ذریعے سے اپنے آپ کو ثابت کرنے کا پورا موقع دیا جائے۔

ب۔ کیا اللہ تعالیٰ انسان کی آزمائش کے بغیر اپنے مقاصد حاصل کر

---

[166] الملک 2:67۔

سکتے تھے؟

کیا یہ ممکن نہ تھا کہ اللہ تعالیٰ جنت کے مکینوں کا انتخاب آزمائش کے بغیر کر لیتے؟ مثال کے طور پر، اللہ تعالیٰ ان لوگوں کو براہِ راست پیدا کر سکتے تھے جو جنت کے مستحق تھے اور ان کے دلوں میں یہ شعور ڈال دیتے کہ وہ اس مقام تک کیسے پہنچے، بغیر کسی تفصیلی آزمائش یا مشقت کے۔ بہ ظاہر یہ ممکن ہے، لیکن قرآن اس معاملے کو ایک مختلف زاویے سے بیان کرتا ہے۔ قرآن کے مطابق، اللہ تعالیٰ نے بے شمار مخلوقات پیدا کی ہیں جو ارادہ اور شعور رکھتی ہیں، جیسے انسان، جنات، فرشتے اور دیگر مخلوقات جن کے بارے میں ہمیں علم نہیں۔ یہ تمام مخلوقات اچھائی اور برائی کی تمیز اور عدل و انصاف کے شعور سے بہرہ مند ہیں۔ اس تناظر میں، آزمائش کا یہ نظام اس بات کو یقینی بنانے کے لیے بہترین ذریعہ ہے کہ جنت کے مکینوں کا انتخاب انصاف کے تمام اصولوں کے مطابق ہو۔ ہر وہ مخلوق جو آزاد ارادہ رکھتی ہے، اللہ کے فیصلے پر مطمئن ہو سکے۔ قرآن واضح طور پر بیان کرتا ہے کہ قیامت کے دن ہر مخلوق اللہ کے عدل کی گواہی دے گی اور اس کے فیصلوں کی کامل حقانیت کو تسلیم کرے گی۔[167]

13۔ نفس کا تزکیہ کیسے کیا جائے؟

آیئے، دیکھتے ہیں کہ قرآن ہمیں تزکیۂ نفس کے لیے کیا خاص طریقہ اختیار کرنے کی ہدایت دیتا ہے تاکہ ہم قیامت کے دن کامیابی کی بلند ترین سطح کو حاصل کر سکیں۔

قرآن کے صفحات اخلاقی ہدایات سے بھرپور ہیں اور یہ ان موضوعات میں سے ایک ہے

---

[167] الزمر 39:75۔

جو کلام پاک میں سب سے زیادہ سمجھنے میں آسان ہیں۔ یہاں میں قرآن کے رہنما نقشے کا خلاصہ پیش کرنے کی کوشش کروں گا، جو تزکیۂ نفس کے لیے ضروری نکات پر روشنی ڈالتا ہے اور ان شعبوں کی نشان دہی کرتا ہے، جن میں ہمیں اپنی اصلاح کے لیے محنت کرنی چاہیے۔

سادہ الفاظ میں، قرآن کا اصل ہدف یہ ہے کہ انسان کو دو بنیادی پہلوؤں میں اخلاقی طور پر پاکیزہ بنایا جائے :

1۔ انسان کا اپنے رب کے ساتھ تعلق۔

2۔ انسان کا دوسرے انسانوں کے ساتھ تعلق۔

قرآن کے مطابق، اللہ کے ساتھ تعلق اور دوسروں کے ساتھ معاملات میں پاکیزگی کے لیے ضروری ہے کہ انسان جسمانی طہارت اور کھانے کی پاکیزگی کا بھی خاص خیال رکھے۔ یہ ہدایت نہایت معقول ہے، کیونکہ عام مشاہدہ یہی ہے کہ ہماری جسمانی صفائی اور ہمارا کھانا نہ صرف ہماری جسمانی صحت، بلکہ ہماری نفسیات پر بھی گہرے اثرات ڈالتے ہیں۔

تزکیۂ نفس کے حصول کے لیے قرآن کی طرف سے دیے گئے اس رہنما نقشے کو چار اہم نکات میں تقسیم کیا جا سکتا ہے :

1۔ جسم کی پاکیزگی۔

2۔ کھانے کی پاکیزگی۔

3۔ خدا کے تصور اور اس کے ساتھ تعلق کی پاکیزگی۔

4۔ اخلاقی وجود کی پاکیزگی، بالخصوص انسانوں کے ساتھ معاملات میں۔

جتنا زیادہ انسان ان شعبوں میں اپنی بہتری کے لیے محنت کرے گا، اتنا ہی وہ قیامت کے دن کامیابی کے قریب ہو گا۔ قرآن اس اصول کو واضح کرتا ہے کہ ہر انسان کو صرف وہی ملے گا جس کی وہ خود کوشش کرے گا۔

''اور یہ کہ انسان کو آخرت میں وہی ملے گا جو اُس نے دنیا میں کمایا ہے، اور یہ کہ جو کچھ اُس نے کمایا ہے، وہ عنقریب دیکھا جائے گا، پھر اُس کو پورا پورا بدلہ دیا جائے گا۔''

(النجم 53:39-41)

آیئے، ان چار نکات کو الگ الگ دیکھتے اور ان کی وضاحت کرتے ہیں۔

1۔ جسمانی طہارت

ایک پاکیزہ جسم، پاکیزہ ذہن اور قلب کے لیے بنیاد فراہم کرتا ہے۔ طہارت کے مخصوص طریقے اور اعمال انسان کو یہ یاد دہانی کراتے ہیں کہ اسے اپنے نفس اور روح کی پاکیزگی کا بھی اہتمام کرنا چاہیے۔

قرآن میں جسمانی پاکیزگی کو غیر معمولی اہمیت دی گئی ہے۔ اللہ تعالیٰ نے نماز سے قبل وضو کے ذریعے سے رسمی طہارت کا حکم دیا ہے، جیسا کہ سورۂ بقرہ (2) کی آیت 222 اور سورۂ توبہ (9) کی آیت 108 میں ذکر کیا گیا ہے۔ اسی طرح قرآن غسل اور جسم کی مکمل صفائی کا بھی حکم دیتا ہے، خاص طور پر جنابت یا حیض جیسی ناپاکی کی حالت کے بعد۔[168] رسول اللہ صلی اللہ علیہ وسلم نے انبیا کی سنت اور روایت کے طور پر جسمانی صفائی کے مزید اصول متعارف کرائے، جن میں مردوں کے لیے ختنہ، زیر ناف اور بغل کے بال صاف کرنا اور مونچھوں کی تراش شامل ہیں۔ آپ نے نہ صرف جسمانی صفائی، بلکہ ماحول کو صاف ستھرا رکھنے پر بھی زور دیا۔ صفائی کی اہمیت کو رسول اللہ صلی اللہ علیہ وسلم نے ان الفاظ میں بیان کیا: ''صفائی نصف ایمان ہے۔'' (مسلم، رقم 432)

---

[168] المائدہ 5:6۔

2۔ خوراک کی پاکیزگی

انسان جو کچھ کھاتا ہے، وہ نہ صرف اس کی جسمانی صحت پر اثر انداز ہوتا ہے بلکہ اس کی ذہنی، جذباتی اور روحانی کیفیت پر بھی گہرے اثرات چھوڑ سکتا ہے۔ مثال کے طور پر، ماضی قریب تک امریکی میرینز کو تربیت کے دوران میں کوبرا کے خون کا استعمال کرایا جاتا تھا کہ ان میں جنگجویانہ جذبات پیدا کیے جا سکیں۔

قرآن انسان کو اس کی فطرت میں موجود رہنمائی پر چھوڑتا ہے اور مخصوص کھانوں کی تفصیلات میں جانے کے بجائے ایک عمومی اصول پیش کرتا ہے کہ مومنین کو ایسے چوپایے جانوروں کا گوشت کھانا چاہیے جو نباتات خور ہوں، اور گوشت خور جانوروں کے گوشت سے پرہیز کرنا چاہیے۔[169] یہ اصول انسان کی طبیعت کو نرم خو اور رحم دل بنانے کے لیے وضع کیا گیا ہے، کیونکہ پودے کھانے والے جانوروں کا شکار جارحیت کے بغیر بھی ممکن ہے، اور ان کا گوشت کھانے سے انسان کی شخصیت میں درندگی یا سفاکی جیسے اثرات پیدا نہیں ہوتے۔

اسلام میں جانوروں کو مارنے کی اجازت صرف دو مقاصد کے لیے دی گئی ہے: اپنی حفاظت یا خوراک کے لیے۔ خوراک کے لیے جانور کی جان لینے کا مقصد یہ ہے کہ انسان اللہ تعالیٰ کے احسان کا شعور پیدا کرے۔ اسی لیے مسلمانوں پر لازم ہے کہ وہ جانور کو ذبح کرتے وقت تکبیر پڑھیں۔ یہ چند کلمات پر مشتمل دعا ہے، جس میں اللہ کا شکر ادا کیا جاتا ہے کہ اس نے جانور کی جان لینے کے عمل کو جائز قرار دیا اور انسانوں کو گوشت جیسی عظیم نعمت اور غذائی

[169] المائدہ 5:1۔

سہولت عطا فرمائی۔

نوٹ: اگر آپ کے ذہن میں یہ سوال ہو کہ اللہ تعالیٰ نے خوراک یا قربانی کے لیے جانوروں کے ذبح کو کیوں جائز قرار دیا ہے تو اس کتاب کے سوال و جواب کے حصے میں اس موضوع پر تفصیلی بحث کی گئی ہے۔

اب ہم آگے بڑھتے ہیں۔

اسلام میں ہر وہ خشکی کا درندہ جو خوراک کے لیے شکار کرتا ہے، حرام قرار دیا گیا ہے، جیسا کہ قرآن میں واضح کیا گیا ہے۔[170] اسی اصول کے تحت سؤر کا گوشت بھی قرآن میں نام لے کر ممنوع قرار دیا گیا ہے، جیسا کہ سابقہ الہامی کتابوں میں بھی یہی حکم موجود ہے۔ سؤر کی حقیقت طویل عرصے تک اشتباہ میں رہی ہے، لیکن اس کی ممانعت کی بنیاد یہ ہے کہ یہ ایک ہمہ خور جانور ہے، یعنی پودے اور گوشت، دونوں کھاتا ہے۔ اگرچہ یہ چوپایوں کی طرح کھرِ رکھنے والا جانور ہے، لیکن یہ درندوں کی طرح شکار کر کے گوشت کھاتا ہے۔ اسی وجہ سے قرآن نے اسے گوشت خور جانوروں کی فہرست میں شامل کرتے ہوئے حرام قرار دیا ہے۔

اس کے برعکس، سمندر سے حاصل ہونے والے تمام جانور حلال قرار دیے گئے ہیں چاہے وہ گوشت خور ہوں یا پودے کھانے والے۔[171] اس کی وجہ یہ ہے کہ سمندری جانوروں کے حصول کے لیے، خشکی کے درندوں کے شکار کے برعکس، کسی جارحانہ یا خوں خوار کوشش کی ضرورت نہیں ہوتی۔ ان کا شکار ایک نسبتاً پرامن عمل ہے۔ اسی بنا پر قرآن نے حج کے دوران

---

[170] المائدہ 5:1۔

[171] المائدہ 5:96۔

میں احرام کی حالت میں مچھلی کے شکار کی اجازت دی ہے، جب کہ خشکی کے جانوروں کا شکار اس دوران میں ممنوع قرار دیا گیا ہے۔

قرآن یہ بھی حکم دیتا ہے کہ ہر وہ جانور ممنوع ہے، جسے ذبح کرتے وقت اس پر اللہ کا نام نہ لیا گیا ہو یا جو کسی باطل معبود یا اللہ تعالیٰ کے سوا کسی دوسری ہستی کے نام پر ذبح کیا گیا ہو۔ یہ حکم اس بات کو یقینی بناتا ہے کہ بندے کی تمام جذباتی اور روحانی وابستگیاں صرف اللہ کے ساتھ قائم رہیں۔ اس لیے ایسی خوراک سے پرہیز کرنا نہ صرف ایک دینی حکم ہے بلکہ ایک منطقی اور اخلاقی تقاضا بھی ہے۔

دیگر کھانے کی اشیا جنھیں قرآن ناپاک قرار دیتا ہے، ان میں خون، طبعی موت مرنے والے جانور، حادثات کا شکار ہونے والے جانور یا دوسرے جانوروں کے حملے سے ہلاک ہونے والے جانور کا گوشت شامل ہے۔ اس حوالے سے مزید تفصیلات کے لیے قرآن کی درج ذیل آیات ملاحظہ کریں: البقرہ 2: 173۔ المائدہ 5: 1، 3۔ الانعام 6: 121۔ النحل 16: 115۔

مزید برآں، قرآن مسلمانوں کو ان تمام اشیا سے بچنے کی تاکید کرتا ہے جو ذہن پر اثر انداز ہوتی ہیں۔ اللہ تعالیٰ کا حکم ہے کہ انسان ہمیشہ ہوش و حواس میں رہے تاکہ زندگی میں درست اور ذمہ دار فیصلے کر سکے۔ اسی بنا پر قرآن ہر قسم کے نشے کو حرام قرار دیتا ہے۔ اس کے مطابق، کوئی بھی چیز جو نشہ پیدا کرتی ہو، خواہ کم مقدار میں ہو یا زیادہ، اس کا استعمال ناجائز ہے۔ ان اشیا میں شراب، چرس، کوکین، میتھ اور ہیروئن جیسی منشیات شامل ہیں۔[172]

---

[172] النساء 4:43۔

3۔اللہ کے تصور کو درست کرنااور اس سے تعلق کی پاکیزگی

اس بحث کو چار بنیادی حصوں میں تقسیم کیاجاسکتا ہے، جو درج ذیل ہیں:

الف۔اللہ تعالیٰ سے متعلق معاملات میں انتہائی سنجیدگی اور خلوص۔

ب۔اللہ کے تصور کو درست اور ہر قسم کی فکری اور نظریاتی آلائشوں سے پاک رکھنا۔

ج۔محبت، وفاداری، اطاعت اور عبادت کو محض ایک خدا——جس کا کوئی شریک نہیں ہے——کے لیے مختص رکھنا،اور اس معاملے میں کسی شریک یاواسطے کو درمیان میں نہ لانا۔

د۔عبادات: اللہ سے محبت، وفاداری،اطاعت اور عقیدت کا عملی اظہار۔

ان نکات کی مختصر وضاحت درج ذیل ہے:

الف۔ اللہ تعالیٰ سے متعلق معاملات میں سنجیدگی اور خلوص

قرآن کا ایک عام قاری بھی یہ بات سمجھ لیتا ہے کہ اللہ تعالیٰ انسان سے توقع رکھتے ہیں کہ وہ زندگی کے حقائق کو سنجیدہ نظر سے دیکھے اور کائنات میں اپنے وجود اور مقصد کے بڑے سوالات پر غور و فکر کرے۔ قرآن کا مطالبہ ہے کہ انسان خلوص نیت کے ساتھ ان باتوں پر توجہ دے، جو اللہ کی ذات اور اس کے احکام کے حوالے سے اہم ہیں اور ان معاملات کو ان کی اصل اہمیت کے مطابق پرکھے۔ اگر اللہ تعالیٰ کے بارے میں کوئی بات اس کے سامنے سچائی کے طور پر آتی ہے تو قرآن کا تقاضا یہ ہے کہ وہ اپنی خواہشات، تعصبات یادنیوی مفادات کو پس پشت ڈال کر اس حق کے سامنے جھک جائے۔ اللہ کے نزدیک سب سے اہم شرط یہی ہے کہ انسان الٰہی معاملات کو سنجیدگی اور خلوص کے ساتھ دیکھے۔

یہ بات بالکل معقول ہے۔ جیسا کہ اس کتاب کے آغاز میں بیان کیاگیا، یہ انسان کے لیے ایک بہت بڑی کوتاہی ہوگی اگر وہ اپنی زندگی میں کم از کم ایک بار ان وجودی سوالات کے

معقول اور سنجیدہ جواب تلاش کرنے کی کوشش نہ کرے۔

ب۔ اللہ تعالیٰ کا تصور: درستگی اور فکری آلائشوں سے پاکیزگی

قرآن اس بات پر غیر معمولی زور دیتا ہے کہ انسان اللہ تعالیٰ کا درست اور خالص تصور رکھے۔ اس کی وجہ بالکل واضح ہے کہ اسلام کا بنیادی مقصد یہ ہے کہ انسان اور اللہ کے درمیان ایک حقیقی اور خالص تعلق قائم ہو۔ یہ تعلق اسی وقت ممکن ہے، جب انسان مکمل طور پر یہ سمجھے کہ وہ کس ذات سے مخاطب ہے اور کس کی بندگی کر رہا ہے۔

قرآن میں اللہ تعالیٰ کے صحیح تصور کو نمایاں کرنے کی ایک اور اہم وجہ یہ ہے کہ مختلف مذاہب نے اللہ کے تصور کو شدید طور پر بگاڑ دیا ہے۔ قرآن کا بنیادی مقصد ان تمام بگاڑوں کی اصلاح کرنا اور اللہ کی ذات کو اس کی اصل حقیقت کے ساتھ انسانوں کے سامنے پیش کرنا ہے۔ آیئے، اس ضمن میں قرآن کے پیش کردہ چند اہم نکات کا مختصر جائزہ لیتے ہیں۔

1۔ اللہ کی ذات کی حقیقت

اللہ تعالیٰ حقیقت میں کیا ہے؟ وہ کون سی بنیادی حقیقت ہے جو باشعور، ذی عقل اور قدرت کاملہ کی مالک ہے؟ وہ کس چیز سے بنا ہے؟ ازل سے ابد تک کس طرح قائم ہے؟ کیا وہ نور ہے یا توانائی؟ قرآن واضح طور پر اعلان کرتا ہے کہ اللہ کی ذات کی حقیقت انسانی عقل کی گرفت سے باہر ہے۔ قرآن میں جس خدا کا ذکر ہے، اس کی ذات مکان اور زمان کے حدود سے

ماورا ہے،[173] اور وہ اتنا منفرد اور بے مثال ہے کہ اس کے لیے کوئی نظیر یا تمثیل پیش نہیں کی جا سکتی۔[174] اللہ نہ نور ہے، نہ توانائی، بلکہ وہ تمام انسانی تصورات سے برتر اور بالاتر ایک حقیقی ذات ہے۔ یہ حقیقت عقلی بنیاد پر بھی قابل فہم ہے۔ یہاں میں اس پہلو کی مزید وضاحت کروں گا۔

ہم انسان اپنی عقل اور شعور کے ذریعے سے صرف انھی چیزوں کا ادراک کر سکتے ہیں جو زمان و مکان کی قید میں ہیں۔ لہٰذا اگر کوئی حقیقت زمان و مکان کی حدود سے باہر موجود ہو—— چاہے وہ اللہ کی ذات ہو یا کوئی اور ماورائی حقیقت——تو اس کے لیے انسانی ذہن کوئی نظیر یا مثال پیش کرنے سے قاصر ہو گا۔ ہمارے تمام فکری اور عقلی وسائل اس حقیقت کو سمجھنے کے لیے ناکافی ہیں اور ہم کسی بھی درجے میں اس کی نوعیت اور اس کے نظام کو پوری طرح ذہنی گرفت میں نہیں لا سکتے۔

البتہ امید کی ایک کرن موجود ہے۔ یہ درست ہے کہ قرآن کے مطابق اللہ کی ذات کی اصل حقیقت کو مکمل طور پر سمجھنا ممکن نہیں، لیکن اس کے باوجود اللہ کی لامحدود ذات کو محدود پیمانے پر سمجھنے کی راہیں موجود ہیں۔ اللہ تعالیٰ لامحدود اور بے انتہا صفات کا مالک ہے، لیکن ان صفات کا ایک محدود عکس ہمیں اپنی ذات میں بھی نظر آتا ہے۔ انھی صفات کے ذریعے سے ہم اللہ کی ذات کو ایک حد تک سمجھنے کی کوشش کر سکتے ہیں۔ قرآن اور دیگر الہامی کتب سے یہ بات واضح ہوتی ہے کہ اللہ تعالیٰ ''کوئی چیز'' نہیں بلکہ ''کوئی ذات'' ہے۔ ایک

---

173 الحدید 57:3۔

174 الشوریٰ 42:11۔ الاخلاص 112:4۔

شعور رکھنے والی ہستی جو خوشی اور محبت کا تجربہ کرتی ہے، ناراضگی کا اظہار کرتی ہے، اپنے بندوں سے گفتگو کرتی ہے اور انصاف، حق اور باطل کا شعور رکھتی ہے۔

اب کچھ لوگ یہ استدلال کر سکتے ہیں کہ ہم انسانی خصوصیات کو اللہ کی ذات سے منسوب کر رہے ہیں۔ تاہم، اللہ کی تعلیمات کے نقطۂ نظر سے، یہ دراصل الٰہی صفات ہیں۔ قرآن کی تعلیمات[175] کے مطابق، جب الٰہی صفات مثلاً زندگی، شعور، عقل، جذبات، جمالیات اور حق و باطل کا شعور بے جان مادے کو منتقل ہوتا ہے تو وہ انسان اور زندگی کی دیگر اشکال میں ظاہر ہوتا ہے۔ اب سوال یہ ہے کہ ان دو میں سے کون سا نقطۂ نظر صحیح ہے؟ کیا ہم اللہ کی ذات کو انسانی خصوصیات دے رہے ہیں یا ہم بہ طور انسان، الٰہی صفات کے حامل ہیں؟ بدقسمتی سے، یہ ایسا سوال نہیں ہے جسے سائنسی طور پر ثابت یا رد کیا جا سکے۔ لٰہذا یہ بنیادی طور پر عقیدے پر منحصر ہے۔ نتیجتاً، ہر فرد کو دستیاب شواہد کا تجزیہ کرنے اور اپنے نتائج اخذ کرنے کا حق حاصل ہے۔ میں اس کتاب میں اپنا نقطۂ نظر پیش کر رہا ہوں، جو یہ ہے کہ جو کچھ میں نے شواہد کے طور پر سمجھا، اس کا جائزہ لینے کے بعد، میں اس نتیجے پر پہنچا ہوں کہ یہ موقف زیادہ منطقی ہے کہ یہ الٰہی صفات ہی ہیں، جو مختلف اشکال میں بے جان مادے کو زندگی، شعور، عقل، جذبات اور اخلاقی وجود عطا کرتی ہیں۔

اب ہم قرآن کی روشنی میں اللہ کی وحدانیت کے بارے میں کچھ نہایت اہم تصورات پر بات کریں گے۔

---

[175] الحجر 29:15۔

ج۔ محبت، وفاداری، عقیدت اور اطاعت صرف اللہ تعالیٰ کے لیے مختص ہے

قرآن میں توحید کو نہایت شدت اور وضاحت کے ساتھ پیش کیا گیا ہے۔ یہ قرآن کا مرکزی موضوع ہے، جو مختلف زاویوں سے ہر دوسرے صفحے پر بیان کیا گیا ہے۔

قرآن نہایت تاکید سے اور صاف الفاظ میں یہ اعلان کرتا ہے کہ اللہ ایک ہے۔ اللہ تعالیٰ کی اس وحدانیت کو دو پہلوؤں میں تقسیم کیا جاسکتا ہے:

1۔ اللہ کی ذات کی وحدانیت۔ قرآن واضح طور پر بیان کرتا ہے کہ اللہ نہ کسی سے پیدا ہوا ہے اور نہ کوئی اس سے پیدا ہوا ہے۔ سورۂ اخلاص (112) کی آیت 3 میں فرمایا ہے کہ نہ اس نے کسی کو جنا ہے، نہ وہ جنا گیا ہے۔ اس کا مطلب یہ ہے کہ یہ عقیدہ غلط ہے کہ اللہ کسی چیز سے وجود میں آیا یا وہ کسی مادی شے میں تبدیل ہو سکتا ہے۔ یہ بیان کئی تصورات کی نفی کرتا ہے، مثلاً:

- یہ مسیحی عقیدہ کہ حضرت عیسیٰ علیہ السلام خدا کا انسانی شکل میں ایک مظہر تھے، قرآن کی اس تعلیم کے خلاف ہے۔ اسی طرح، کسی بھی مذہب کا یہ تصور کہ خدا نے زمین پر انسانی یا مادی شکل اختیار کی، رد ہو جاتا ہے۔

- مکہ کے مشرکین کے اس تصور کی بھی تردید ہو گئی کہ فرشتے اللہ کی بیٹیاں ہیں۔ مشرکین مکہ کے اس عقیدے کا مطلب یہ ہے کہ فرشتے اسی مادے سے بنے ہیں، جس پر اللہ تعالیٰ مشتمل ہے اور یہ اللہ تعالیٰ ہی ہے جس نے فرشتوں کی شکل میں ظہور کیا۔

- مسلمانوں کے ہاں یہ غلط تصور کہ کائنات اللہ کا حصہ ہے، یعنی اللہ نے اپنے آپ کو مادی طور پر کائنات اور اس کے اندر موجود ہر چیز کی شکل میں ظاہر کیا ہے، بھی قرآن کی تعلیمات کی

رو سے غلط ہے۔ قرآن کے مطابق صحیح نظریہ یہ ہے کہ کائنات اللہ کی مخلوق ہے، لیکن یہ اللہ کی ذات کا مادی مظہر نہیں ہے۔

2۔ اللہ کے اختیارات اور تکوینی اور شرعی فیصلوں میں کسی شریک یا معاون کی گنجایش نہیں ہے۔ یہ ایک عام تصور ہے جو کئی مذاہب میں پایا جاتا ہے کہ اگرچہ ایک خالق خدا موجود ہے، لیکن دیگر معبود بھی کائنات کے معاملات چلاتے ہیں۔ مثال کے طور پر، ہندومت میں دیوتا برہما کو خالق مانا جاتا ہے، لیکن وشنو اور شیوا کو کائنات کے انتظامی امور کا ذمہ دار سمجھا جاتا ہے۔ یہی طرزِ فکر کئی دوسرے مشرکانہ مذاہب میں بھی نظر آتا ہے۔

یہاں تک کہ اسلام میں بھی ایک ایسی روایت موجود ہے کہ کچھ انسان، خواہ وہ زندہ ہوں یا انتقال کر چکے ہوں، اس قدر نیک ہوتے ہیں کہ اللہ انھیں اپنے اختیارات میں شراکت داری عطا کرتا ہے اور وہ اس کی طرف سے تکوینی فیصلے کرتے ہیں۔ اس روایت میں ایسے افراد کو غوث، ابدال اور قطب کہا جاتا ہے۔

قرآن ہر اس قسم کے تصور کو سختی سے مسترد کرتا ہے جو یہ ظاہر کرے کہ اللہ کے اختیارات میں کوئی شریک ہے۔ اگرچہ قرآن میں فرشتوں کا ذکر موجود ہے، لیکن ان کی ذمہ داری صرف اللہ کے فیصلوں کو نافذ کرنا ہے۔ قرآن واضح الفاظ میں بیان کرتا ہے کہ تمام تخلیقی قوتیں اور فیصلہ سازی کے اختیارات صرف اللہ کے لیے مخصوص ہیں اور ان میں کوئی دوسرا شریک نہیں۔ اس اہم اصول پر قرآن کی کئی آیات میں زور دیا گیا ہے۔ مثال کے طور پر:

"سنو، خلق بھی اُسی کی ہے اور حکم بھی اُسی کا ہے۔" (الاعراف 7:54)

پھر فرمایا:

"اور اپنے اختیار میں وہ کسی کو شریک بھی نہیں کرتا۔" (الکہف 18:26)

3۔ قرآن انسان کو اللہ کے ساتھ براہ راست تعلق قائم رکھنے کی دعوت دیتا ہے۔ اس میں کسی واسطے کی ضرورت نہیں۔ اس حوالے سے قرآن تین امور کو قطعی طور پر واضح کرتا ہے:

الف۔ انسانوں کو اپنی محبت، وفاداری، عقیدت اور اطاعت کے تمام بنیادی جذبات صرف اور صرف اللہ کے لیے مخصوص رکھنے چاہییں۔

ب۔ اللہ تعالیٰ اپنے بندوں کی بات براہ راست سنتا ہے۔

ج۔ ہر انسان کو صرف اللہ تعالیٰ پر توکل اور بھروسا کرنا چاہیے۔

آیئے، ان نکات پر ایک نظر ڈالتے ہیں:

الف۔ انسانوں کو اپنے محبت، وفاداری، عقیدت اور اطاعت کے بنیادی جذبات صرف اللہ کے لیے مخصوص رکھنے چاہییں۔ عبادت کا مطلب یہ ہے کہ انسان اپنے محبت، وفاداری، عقیدت اور اطاعت کے جذبات کو کسی کی جانب متوجہ کرے۔ قرآن اعلان کرتا ہے کہ انسانوں کی تخلیق کا بنیادی مقصد اللہ کی عبادت ہے۔[176]

کیا اس آیت کا یہ تقاضا ہے کہ انسان ہمیشہ رسمی عبادات میں مشغول رہے؟ ہر گز نہیں۔ اس ارشاد ربانی کا مطلب صرف یہ ہے کہ انسان اللہ کو اپنی محبت، وفاداری، عقیدت اور اطاعت کا بنیادی مرکز بنائے۔ اگر ان جذبات کو کسی اور کی طرف متوجہ کرنا بھی ہو تو یہ صرف ثانوی درجے پر ہو۔ قرآن میں اس موضوع پر کئی آیات موجود ہیں، لیکن یہاں میں کچھ خاص آیات پیش کرنا چاہوں گا۔ اللہ تعالیٰ فرماتا ہے:

"اور (زمین و آسمان کی اِن نشانیوں کے باوجود) لوگوں میں ایسے بھی ہیں جو اوروں کو اللہ کے برابر ٹھیراتے ہیں۔ وہ اُن سے اُسی طرح محبت کرتے ہیں، جس طرح اللہ سے محبت

---

[176] الذاریات 56:51۔

کرتے ہیں، دراں حالیکہ ایمان والوں کو تو سب سے بڑھ کر (اپنے) اللہ سے محبت ہوتی ہے۔"(البقرہ165:2)

مزید فرمایا:

"اُس کے سوا کوئی معبود نہیں، لہٰذا اُسی کو پکارو، اطاعت کو اُس کے لیے خالص کرکے۔" (المومن65:40)

کسی اور کو اللہ کے برابر مقام دینا، اس کے ساتھ شریک ٹھیرانا یا کسی اور کے لیے عبادات یا رسومات ادا کرنا "شرک" کہلاتا ہے، یعنی "اللہ کے ساتھ شریک ٹھیرانا"۔ قرآن شرک کو سب سے بڑا گناہ قرار دیتا ہے اور تاکید کرتا ہے کہ یہ ایسا جرم ہے جسے معاف نہیں کیا جائے گا۔[177] ہم نے پہلے یہ بات واضح کی تھی کہ اگر کوئی شخص اپنی لاعلمی یا مخلصانہ غلطی کی وجہ سے شرک کا مرتکب ہو تو امید ہے کہ اللہ اسے معاف کر دے گا۔ مثلاً، اگر کسی کو صحیح رہنمائی میسر نہ ہو اور وہ لاعلمی کے باعث شرک کرے تو یہ شاید ایک مخلصانہ غلطی کے زمرے میں آسکتا ہے اور معاف کیا جاسکتا ہے۔ تاہم، اگر کسی کو صحیح رہنمائی میسر آگئی ہو، لیکن اس نے غفلت برتی یا وہ غلط وجوہات کی بنا پر شرک میں ملوث ہوا، مثلاً آبائی عقائد کی پیروی، ذاتی یا قبیلے کے مفادات یا اپنے نفس اور انا کی وجہ سے تو قرآن کے مطابق یہ ناقابل معافی جرم ہے، جیسا کہ سورۂ نساء کی آیت 48 میں واضح کر دیا گیا ہے۔

یہ بات بالکل منطقی اور قابل فہم ہے کہ شرک سب سے بڑا اخلاقی جرم ہے۔ یہ اللہ کے ساتھ انتہائی درجے کی غداری ہے۔ آیئے، اس مقدمے کو قدرے تفصیل سے سمجھیں۔

اگر میں ایک ایسے حیرت انگیز وجود کو دریافت کروں، جو نہ صرف مجھے عدم سے وجود میں

[177] النساء48:4۔

لانے والا ہے، بلکہ مجھے رزق بھی عطا کرتا ہے اور مجھے نیکی کے بدلے دائمی جنت کی پیشکش بھی کرتا ہے تو ایسی ہستی میری تمام تر محبت اور عبادت کا مرکز ہونی چاہیے۔ میرا واحد حقیقی تعلق اسی اللہ کے ساتھ ہوگا، اور میرے تمام دوسرے تعلقات —— جیسے والدین، بہن بھائی، شریک حیات، بچے اور دوست —— اسی اللہ کی مرضی کے تحت ہوں گے، کیونکہ یہی اللہ ہے جس نے میرے پیدا ہونے کے وقت اور جگہ کا فیصلہ کیا۔ اگر اللہ مجھے کسی اور وقت یا جگہ پیدا کرتا تو میں ان لوگوں کو جانتا تک نہ ہوتا جنھیں میں آج عزیز رکھتا ہوں۔ ایسے اللہ کے وجود کے علم کے بعد، یہ انتہائی غیر اخلاقی اور سب سے بڑا ظلم ہوگا کہ میں کسی اور کو —— چاہے وہ کوئی اور شخصیت ہو، کوئی دوسرا معبود ہو یا میرا اپنا نفس، خواہشات یا انا —— اللہ کے برابر محبت، اطاعت اور وفاداری کے مقام پر رکھوں۔

ایک خدا کی مکمل اطاعت کا ایک اور اہم مقصد ہے کہ اگر جنت ایک کامل جگہ ہے تو ایک اعلیٰ ترین مقتدر ہستی کے مکمل ماتحت ہونا ضروری ہے۔ بہ صورت دیگر، اختلاف اور انتشار پیدا ہوگا۔ اسی لیے جنت میں کسی بھی قسم کے شرک کی گنجایش نہیں ہو سکتی۔ لہٰذا قیامت کے دن اگر کوئی شخص شرک کے جرم میں ملوث پایا جائے تو یہ بالکل منطقی ہے کہ اسے جنت میں داخلے سے محروم رکھا جائے۔

ب۔ اللہ براہِ راست سنتا ہے۔

قرآن واضح طور پر اعلان کرتا ہے کہ اللہ ہر انسان کی پکار براہِ راست سنتا ہے اور اسے کسی واسطے کی ضرورت نہیں۔ جیسا کہ اللہ تعالیٰ نے سورۂ بقرہ میں فرمایا:

"اور میرے (کسی حکم کے) بارے میں، (اے پیغمبر)، جب میرے بندے تم سے کوئی سوال کریں تو (اُن سے کہہ دو کہ اِس وقت) میں اُن سے قریب ہی ہوں۔ پکارنے والا جب مجھے پکارتا ہے تو میں اُس کی پکار کا جواب دیتا ہوں۔" (186:2)

اور دوسری آیت میں فرمایا:

''اور تمھارا پروردگار کہہ چکا ہے کہ مجھے پکارو، میں تمھاری التجائیں قبول کروں گا۔''

(المومن 40:60)

قرآن اس بات کو مزید واضح کرتا اور بہت موکد کرتا ہے کہ اللہ انسان کے کتنا قریب ہے۔ ارشادِ باری تعالیٰ ہے:

''ہم نے انسان کو پیدا کیا ہے اور اُس کے دل میں جو وسوسے گزرتے ہیں، اُنھیں بھی ہم جانتے ہیں اور ہم تو اُس کی رگ جاں سے بھی زیادہ اُس سے قریب ہیں۔''

(ق 50:16)

ج۔ ہر شخص کو اللہ تعالیٰ پر توکل کرنا چاہیے۔ قرآن میں کئی جگھوں پر انسان کو صرف اور صرف اللہ پر توکل اور بھروسا کرنے کی تلقین کی گئی ہے۔ اس سلسلے کی چند اہم آیات یہ ہیں:

''(یاد رکھو)، اللہ وہ ہے جس کے سوا کوئی الٰہ نہیں، اور ایمان والوں کو اللہ ہی پر بھروسا کرنا چاہیے۔'' (التغابن 64:13)

''اور اُنھیں وہاں سے رزق دے گا، جدھر اُن کا گمان بھی نہ جاتا ہو۔ اور جو اللہ پر بھروسا کریں گے، وہ اُن (کی دست گیری) کے لیے کافی ہے۔'' (الطلاق 65:3)

''... تو اللہ پر بھروسا کرو، اِس لیے کہ اللہ کو وہی لوگ پسند ہیں جو اُس پر بھروسا کرنے والے ہوں۔ (ایمان والو)، اگر اللہ تمھاری مدد پر ہو تو کوئی تم پر غلبہ نہیں پا سکتا اور وہ تمھیں چھوڑ دے تو اُس کے بعد کون ہے جو تمھاری مدد کرے گا؟ اور اِیمان والوں کو تو اللہ ہی پر بھروسا کرنا چاہیے۔'' (آل عمران 3:159–160)

''سب خدا کے پاس ہے اور تمام معاملات اُسی کی طرف رجوع کیے جاتے ہیں۔ سو، (اے پیغمبر)، اُسی کی بندگی کرو اور اُسی پر بھروسا رکھو۔ تم لوگ جو کچھ کر رہے ہو، تیرا

پروردگار اُس سے بے خبر نہیں ہے۔"(ہود 11:123)

اب تک کی بحث سے یہ واضح ہو جاتا ہے کہ قرآن میں خدا انسان کو یہ سمجھانا چاہتا ہے کہ کوئی بھی اللہ کے اختیار اور قدرت میں شریک نہیں۔ انسانوں کو اپنے تمام جذبات اور رسوم و عبادات صرف ایک اللہ کی طرف موڑنی چاہییں۔ قرآن یہ بھی واضح کرتا ہے کہ اللہ انسان کے بہت قریب ہے۔ وہ براہ راست سب کی سنتا ہے اور اپنے بندوں کی مدد کے لیے کافی ہے۔ انسانوں کو اللہ تعالیٰ پر مکمل بھروسا اور توکل کرنا چاہیے۔ اس سب سے یہ نتیجہ نکلتا ہے کہ ہر انسان کو اللہ کے ساتھ براہ راست تعلق قائم کرنا چاہیے۔

اسلام کے بعض حلقوں میں مقدس شخصیات کی تعظیم اور ان کی عبادت کا رجحان پایا جاتا ہے۔ آگے بڑھنے سے پہلے اس معاملے کا قرآن کی روشنی میں مختصر طور پر تجزیہ کرنا ضروری ہے، کیونکہ یہ اس بحث سے براہ راست تعلق رکھتا ہے، جس میں قرآن کی اس تاکید کا ذکر کیا گیا ہے کہ انسانوں کو اللہ کے ساتھ براہِ راست تعلق قائم کرنا چاہیے۔

1۔ اولیا اور بزرگ ہستیوں کی تعظیم و عبادت کا رائج رجحان

اللہ کے دین کی تعلیم دینے والے کسی ماہر استاد تک رسائی بلاشبہ فائدہ مند ہے۔ تاہم، اسلام کے بعض حلقوں میں ایک ایسا عمومی رجحان پایا جاتا ہے، جس میں زندہ یا گزر جانے والی مقدس شخصیات کی بے جا تعظیم و عبادت کی جاتی ہے۔ عقیدت مند عموماً ان شخصیات کی خدمت میں لگ جاتے ہیں اور ان کے لیے مخصوص عبادات مقرر کر لیتے ہیں۔ مثال کے طور پر، ان سے دعائیں مانگتے ہیں، عبادات کے مخصوص اعمال انجام دیتے ہیں، ان کی خوشنودی کے لیے کھانے تقسیم کرتے ہیں، جانوروں کی قربانیاں کرتے ہیں اور ان کے نام پر خیرات و صدقات

کرتے ہیں۔لوگ یہ اعمال مختلف وجوہات کی بنا پر کرتے ہیں۔ میں ان وجوہات میں میں سے چند کا ذکر کروں گا۔ ساتھ ہی یہ بھی واضح کروں گا کہ قرآن ان وجوہات کو کس طرح رد کرتا ہے۔

2۔زندہ یا انتقال کر جانے والی شخصیات کے وسیلے سے دعا کی قبولیت کا عقیدہ

لوگ زندہ یا وفات پا جانے والی مقدس شخصیات کی تعظیم اور ان کی عبادت اس اعتقاد کے تحت کرتے ہیں کہ اللہ تعالیٰ بلند و بالا اور نہایت مقدس ہے، اور عام انسان اس کی بارگاہ میں براہ راست رجوع کرنے کی صلاحیت نہیں رکھتے۔ ان کا ماننا ہے کہ یہ مقدس ہستیاں ان کے اور اللہ کے درمیان واسطہ بن کر ان کی دعاؤں کو سنیں گی اور اللہ تک پہنچا کر انھیں قبول کرائیں گی۔

یہ تصور اوپر بیان کردہ قرآن کی ان واضح تعلیمات کے سراسر خلاف ہے جو اللہ کے قرب اور اس کی بے پایاں محبت کو بیان کرتی ہیں۔ اللہ تعالیٰ ہر شخص کے نہایت قریب ہے۔ وہ انسان سے ایسی محبت کرتا ہے جو کسی اور کے بس کی بات نہیں۔ وہ ہر انسان کی دعاؤں کو براہ راست سنتا ہے اور قبول فرماتا ہے۔ قرآن بار بار انسان کو اللہ پر مکمل بھروسا کرنے کی دعوت دیتا ہے اور یہ تعلیم دیتا ہے کہ بندے کو اللہ سے براہ راست تعلق قائم کرنا چاہیے اور اپنی تمام حاجات اور دعائیں اسی سے طلب کرنی چاہییں۔

ثانیاً، اسلام کا بنیادی مقصد یہ ہے کہ بندہ اپنے رب، اللہ تعالیٰ، کے ساتھ ایک براہِ راست اور مضبوط تعلق قائم کرے۔ یہ عظیم مقصد اس وقت فوت ہو جاتا ہے جب انسان یہ یقین کرنے لگے کہ اللہ تعالیٰ تک براہ راست رسائی ممکن نہیں اور اس کی دعاؤں کو سننے اور انھیں

قبول کرانے کا اختیار کسی زندہ یا مردہ مقدس شخصیت کو حاصل ہے۔ غور فرمائیں کہ ایک شخص یہ سمجھتا ہے کہ اللہ تعالیٰ نہ تو اس کی دعائیں سنتا ہے اور نہ انھیں سننے میں کوئی دل چسپی رکھتا ہے۔ اس کے برعکس، وہ یہ عقیدہ رکھتا ہے کہ کوئی خاص ولی یا مقدس شخصیت، خواہ زندہ ہو یا گزر چکی ہو، اس کی دعائیں سنتی ہے اور اللہ کے حضور ان کی قبولیت کی ضمانت دے سکتی ہے۔ اب سوال یہ پیدا ہوتا ہے کہ اس انسان کی محبت، وفاداری، عقیدت اور اطاعت کا مرکز کون بنے گا؟ جواب بالکل واضح ہے کہ وہ مقدس شخصیت جسے وہ اپنے لیے قابلِ رسائی اور اپنی دعاؤں کا سننے والا سمجھتا ہے۔ اس عقیدے کا سب سے سنگین اور افسوس ناک نتیجہ یہ نکلتا ہے کہ ایسے افراد، شعوری یا غیر شعوری طور پر، اللہ تعالیٰ کو اپنی زندگی میں ثانوی حیثیت پر دھکیل دیتے ہیں، حالاں کہ اللہ ہی حقیقی معبود اور دعاؤں کا سننے والا ہے۔

علاوہ ازیں، قرآن مقدس شخصیات یا اولیا کی کسی بھی قسم کی عبادت کو واضح الفاظ میں ممنوع قرار دیتا ہے۔ ایک آیت میں یہود و نصاریٰ کے ان گروہوں سے خطاب کیا گیا ہے جو اپنی مقدس شخصیات کی تعظیم اور پرستش میں مشغول تھے۔ ارشاد ہوتا ہے:

> ”اللہ کے سوا اُنھوں نے اپنے فقیہوں اور راہبوں کو رب بنا ڈالا ہے اور مسیح ابن مریم کو بھی۔ دراں حالیکہ اُنھیں ایک ہی معبود کی عبادت کا حکم دیا گیا تھا، اُس کے سوا کوئی الٰہ نہیں۔“ (التوبہ 9:31)

3۔ زندہ یا انتقال کر جانے والی مقدس شخصیات کی عبادت کو اللہ تعالیٰ کے قرب کا ذریعہ ماننا

بعض افراد جو زندہ یا وفات پا جانے والی مقدس شخصیات کی تعظیم اور عبادت کرتے ہیں،

اپنے اس عمل کے جواز میں یہ دلیل پیش کرتے ہیں کہ یہ مقدس ہستیاں انھیں اللہ کے قریب کر دیں گی۔ ان کا گمان ہے کہ چونکہ اولیا اور مقدس شخصیات اللہ کے مقرب اور اس کی محبت کے مستحق ہیں، اس لیے ان کی خدمت، تعظیم اور عبادت اللہ کی رضا کے حصول کا ذریعہ بنے گی اور بندے کو اللہ سے قریب کر دے گی۔

یہ تصور قرآن کی ان تعلیمات کے صریحاً برعکس ہے، جن میں اللہ تعالیٰ کے ساتھ براہِ راست تعلق قائم کرنے کی تاکید کی گئی ہے۔ مزید یہ کہ قرآن واضح طور پر بیان کرتا ہے کہ اللہ کے قریب ہونے یا اس کی محبت حاصل کرنے کا اصل راستہ اس کی یاد اور اس کے احکام کی پیروی میں ہے۔ جو شخص اپنی زندگی میں اللہ کے احکام کی پابندی اور اس کے ذکر میں زیادہ مخلص اور محتاط ہوگا، وہ اللہ کو زیادہ محبوب ہوگا۔ یہ اصول درج ذیل آیات میں بیان کیا گیا ہے:

''(لوگو) سنو، اللہ کے دوستوں کے لیے، (قیامت کے دن) نہ کوئی خوف ہوگا، نہ وہ غم زدہ ہوں گے۔ جو ایمان لائے اور خدا سے ڈرتے رہے۔'' (التوبہ 9:62–63)

''حقیقت یہ ہے کہ اللہ کے نزدیک تم میں سب سے زیادہ عزت والا وہ ہے جو تم میں سب سے زیادہ پرہیز گار ہے۔'' (الحجرات 49:13)

چنانچہ قرآن واضح طور پر اس تصور کی نفی کرتا ہے کہ اللہ تعالیٰ کا قرب حاصل کرنے کے لیے کسی کو مقدس شخصیات کی خدمت یا نیک افراد کی عبادت کرنی پڑے۔ اس کے برعکس، قرآن یہ اعلان کرتا ہے کہ جو شخص جتنا زیادہ پرہیز گار ہوگا اور اللہ کے احکام پر عمل کرے گا، وہ اللہ کے نزدیک اتنا ہی زیادہ محبوب اور قریب ہوگا۔

قرآن مقدس شخصیات کی عبادت کو، اس امید پر کہ اس سے اللہ کا قرب حاصل ہوگا، سختی سے منع کرتا ہے۔ سورۂ زمر میں فرمایا گیا:

''ہم نے، (اے پیغمبر)، اِس کتاب کو تمھاری طرف قولِ فیصل کے ساتھ اتارا ہے۔ سو

اللہ ہی کی بندگی کرو، اپنی اطاعت کو اُسی کے لیے خالص کرتے ہوئے۔ سنو، خالص اطاعت اللہ ہی کے لیے ہے۔ اللہ کے سوا جن لوگوں نے دوسرے کارساز بنا رکھے ہیں، اور کہتے ہیں کہ ہم تو اُن کی عبادت صرف اِس لیے کرتے ہیں کہ وہ ہم کو اللہ سے قریب تر کر دیں، اللہ یقیناً اُن کے درمیان اُس بات کا فیصلہ کرے گا جس میں وہ اختلاف کر رہے ہیں۔ بے شک، اللہ اُن لوگوں کو راہ یاب نہیں کرتا جو جھوٹے اور ناشکرے ہیں۔"

(الزمر 39:2-3)

جب کہ اللہ تعالیٰ مقدس شخصیات کی عبادت اور تعظیم کے ذریعے سے اپنا قرب حاصل کرنے کی کوشش کو ممنوع قرار دیتا ہے۔ بعض افراد سورۂ مائدہ کی ایک خاص آیت سے اس بات پر استدلال کرتے ہیں کہ یہ عمل جائز ہو سکتا ہے۔ اس آیت میں فرمایا گیا:

"(یہ خدا کی شریعت ہے)۔ ایمان والو، تم (اس کے بارے میں) خدا سے ڈرتے رہو، اُس کا تقرب ڈھونڈو اور اِس کے لیے اُس کی راہ میں برابر جدوجہد کرتے رہو تاکہ فلاح پاؤ۔" (المائدہ 5:35)

ان لوگوں میں سے جو مقدس شخصیات کی عبادت کو اللہ کے قرب کا ذریعہ قرار دینے پر اصرار کرتے ہیں، بعض افراد سورۂ مائدہ کی آیت میں موجود لفظ "وسیلہ" کو اپنی دلیل کے طور پر پیش کرتے ہیں۔ "وسیلہ" کا لغوی مطلب ذریعہ ہے، اور ان لوگوں کا دعویٰ ہے کہ اس سے مراد مقدس شخصیات کی تعظیم یا عبادت کے ذریعے سے اللہ کا قرب حاصل کرنا ہے۔ یہ تشریح نہ صرف قرآن کے عمومی پیغام کے خلاف ہے، بلکہ غیر معقول بھی ہے۔ قرآن کی دیگر آیات، خصوصاً سورۂ زمر (39) کی آیات 2-3 واضح طور پر مقدس شخصیات کی عبادت کے ذریعے سے اللہ کا قرب حاصل کرنے کے تصور کو مسترد کرتی ہیں۔ حقیقت یہ ہے کہ سورۂ مائدہ کی مذکورہ آیت انسان کو اللہ کا قرب حاصل کرنے کے لیے ان ذرائع کو اپنانے کی ترغیب دیتی ہے جو اللہ کے

نزدیک مقبول اور جائز ہیں۔ ان ذرائع میں تقویٰ اختیار کرنا، نیک اعمال انجام دینا، اخلاقی اور روحانی پاکیزگی کا حصول اور عبادات کو خشوع و خضوع کے ساتھ ادا کرنا شامل ہیں۔

4۔ زندہ یا مرحوم شخصیات کی عبادت کرنا تاکہ وہ قیامت کے روز ہمارے حق میں شفاعت کریں

اسلام میں ''شفاعت'' کے تصور کو بعض لوگ اس انداز میں پیش کرتے ہیں، جو قرآن کی حقیقی تعلیمات سے مطابقت نہیں رکھتا۔ ان کا عقیدہ یہ ہے کہ اگر کوئی شخص نبی اکرم صلی اللہ علیہ وسلم یا کسی اور مقدس شخصیت کی تعظیم کرے تو قیامت کے دن یہ مقدس ہستی اللہ تعالیٰ کے حضور اس کی سفارش کر کے اسے جہنم سے بچا لے گی، چاہے وہ شخص اپنے اعمال کے لحاظ سے جہنم کا مستحق ہی کیوں نہ ہو۔ قرآن اس تصور کو مکمل طور پر رد کرتا ہے۔

قیامت کے دن تمام اختیارات اللہ تعالیٰ کے پاس ہوں گے اور صرف وہی فیصلہ کرے گا کہ کون جنت میں داخل ہو گا اور کون جہنم میں جائے گا۔ شفاعت کا اختیار بھی اسی کے حکم اور اجازت سے مشروط ہو گا۔ اللہ تعالیٰ ہی طے کرے گا کہ کون شفاعت کا مستحق ہے اور کس کی سفارش قبول کی جائے گی۔ قرآن میں شفاعت کے تصور کو واضح کرنے والی کئی آیات موجود ہیں، جو یہ بیان کرتی ہیں کہ شفاعت کا اختیار مکمل طور پر اللہ کے قبضۂ قدرت میں ہے۔ میں ان میں سے کچھ آیات کا بہ طور خاص ذکر کرنا چاہوں گا:

اس موضوع سے متعلق چند آیات یہ ہیں: الانعام 6:70، الانعام 6:51، السجدہ 32:4، الزمر 39:43-44، البقرہ 2:255، یونس 10:3، مریم 19:87، طٰہٰ 20:109، سبا 34:23، الزخرف 43:86، الانبیاء 21:26-28 اور المدثر 74:46-48۔

آیئے، ان میں سے کچھ خاص آیات کا مطالعہ کرتے ہیں۔

درج ذیل آیات صراحت کرتی ہیں کہ شفاعت کے بارے میں تمام امور اللہ کے فیصلے سے ہوں گے۔ فرمایا:

"کہو کہ سفارش تمام تر اللہ ہی کے اختیار میں ہے۔" (الزمر 39:44)

مزید برآں، قرآن یہ بھی کہتا ہے کہ شفاعت صرف اسی شخص کے لیے کی جاسکتی ہے جس کے لیے اللہ اجازت دے:

"اُس کے حضور کوئی شفاعت کام نہیں آتی، الاّیہ کہ وہ خود کسی کے لیے اُس کی اجازت دے۔" (سبا 34:23)

درج ذیل آیت میں کہا گیا ہے کہ یہ اللہ ہی ہے جو قیامت کے دن یہ فیصلہ کرے گا کہ کس کو شفاعت کی اجازت ہو گی۔ یہ بھی واضح کیا گیا ہے کہ سفارش تب قبول ہو گی، جب شفیع حق کے مطابق سفارش کرے اور سچ بات کہے:

"اُس دن شفاعت نفع نہ دے گی، الاّیہ کہ رحمٰن کسی کو اجازت دے اور اُس کے لیے کوئی بات کہنا پسند کرے۔" (طٰہٰ 20:109)

لہٰذا قرآن میں شفاعت سے متعلق تمام آیات کو مد نظر رکھتے ہوئے، قرآن کا صحیح تصور یہ ہے کہ جن لوگوں کو اللہ تعالیٰ نے جہنم کا مستحق قرار دیا ہو، ان کے حق میں کسی کی شفاعت قبول نہیں ہو گی۔ مزید وضاحت کے لیے سورۂ اعراف کی آیت 73 اور سورۂ مدثر کی آیات 46–48 کا مطالعہ کریں۔

تاہم، ایسے افراد جو نہ اتنے نیک ہوں کہ جنت کے مستحق ٹھہریں اور نہ اتنے بدکار کہ جہنم کے حق دار قرار پائیں، ان کے بارے میں فیصلہ کرنا اللہ ہی کا کام ہے کہ آیا، انھیں جہنم سے نجات دینی ہے یا نہیں۔ اللہ تعالیٰ خود کسی ایسے کو منتخب کرتا ہے جو اس شخص کے حق میں سچی

گواہی دے اور اس گواہی کی بنیاد پر اللہ تعالیٰ اس فرد کو بچا لیتا ہے۔

لہٰذا میں اس بات پر دوبارہ زور دینا چاہوں گا کہ یہ تصور قطعی طور پر غلط ہے کہ اللہ کسی کو جہنم میں ڈالے اور پھر کوئی اور اسے وہاں سے نکال لے۔ درست اور حقیقت پر مبنی تصور یہ ہے کہ اللہ تعالیٰ ہی فیصلہ کرتا ہے کہ کس کو نجات دینی ہے۔ یہ بھی واضح ہے کہ اللہ تعالیٰ اپنی رحمت اور عدل کے تحت کسی کی سچی گواہی یا سفارش کو بہ طور ذریعہ قبول کر سکتا ہے۔ شفاعت محض اللہ کی رحمت اور حکمت کا ایک پہلو ہے، جس کے ذریعے سے وہ اپنی مزید عنایت اور مہربانی کا اظہار فرماتا ہے اور کسی شخص کو جہنم سے نجات عطا کرتا ہے۔

مسلمانوں میں شفاعت کا ایک غلط تصور عام ہے، جس کے تحت یہ سمجھا جاتا ہے کہ اللہ تعالیٰ کسی شخص کو جہنم میں ڈال دے گا، لیکن پھر کوئی مقدس شخصیت آ کر اسے وہاں سے نکال لے گی۔ یہ تصور نہ صرف قرآن کی واضح تعلیمات کے خلاف ہے، بلکہ اس کے کئی سنگین اور گم راہ کن نتائج بھی ہیں۔ جیسا کہ پہلے ذکر کیا گیا، اگر کوئی شخص یہ عقیدہ رکھتا ہے کہ کوئی مقدس ہستی اس کی دعاؤں کو سن رہی ہے اور انھیں اللہ کے حضور قبول کرا رہی ہے تو اس کے عبادت کے تمام جذبات ——محبت، وفاداری، خشوع و خضوع——اللہ تعالیٰ کے بجائے اس ہستی کی طرف منتقل ہو جاتے ہیں۔ یہی سنگین غلطی شفاعت کے اس باطل تصور کے ساتھ بھی جڑی ہوئی ہے۔ اگر کسی شخص کو یہ یقین ہو کہ کوئی مقدس شخصیت اسے اس وقت بچا لے گی، جب اللہ اسے جہنم میں ڈالنے کا فیصلہ کر چکا ہو تو اس کی عقیدت اور اطاعت کا اصل محور اللہ تعالیٰ کے بجائے وہ مقدس شخصیت بن جائے گی۔

کچھ احادیث میں ذکر کیا گیا ہے کہ رسول اللہ صلی اللہ علیہ وسلم نے فرمایا کہ انھیں بعض لوگوں کے لیے شفاعت کا اختیار دیا جائے گا۔ قرآن کی روشنی میں اس کا مطلب یہ ہے کہ

قیامت کے دن، اگر اللہ تعالیٰ کسی شخص کو سزا سے نجات دینے کا فیصلہ کرے تو بعض صورتوں میں رسول اللہ صلی اللہ علیہ وسلم کو اس کے حق میں گواہی دینے کی اجازت دی جائے گی۔ یہی گواہی اس کی نجات کا ذریعہ بنے گی۔ یہ جاننا ضروری ہے کہ اصل تصور یہ نہیں ہے کہ اللہ کسی کو جہنم میں ڈال دے گا اور رسول اللہ صلی اللہ علیہ وسلم آ کر مداخلت کر کے اسے بچا لیں گے، بلکہ اصل حقیقت یہ ہے کہ اللہ تعالیٰ خود ہی کسی شخص کو نجات دینے کا فیصلہ کرے گا، اور اس مقصد کے لیے رسول اللہ صلی اللہ علیہ وسلم کی گواہی کو بہ طور ذریعہ استعمال کرے گا۔

د۔ عبادات: محبت، وفاداری، عقیدت، اور اطاعتِ خداوندی کا اظہار

جب اللہ تعالیٰ کا صحیح تصور ذہن نشین ہو جائے اور بندہ اس سے اپنا تعلق درست طور پر قائم کر لے تو اسلام اس تعلق کے اظہار کے لیے مخصوص رسوم متعین کرتا ہے۔ ان میں رسمی عبادات کو بنیادی حیثیت حاصل ہے۔

انسان اپنے خالق کے ساتھ اپنے تعلق کا اظہار نماز، روزہ اور دیگر عبادات کے ذریعے سے کرتا ہے۔ یہ اعمال اس کے اور اللہ کے درمیان تعلق کو مضبوط بنیادوں پر استوار کرتے ہیں اور اللہ کی یاد کو تازہ رکھتے ہیں۔ یہ عبادات نفس کی تطہیر اور تزکیے کا ذریعہ بنتی ہیں اور انسان کو راہِ راست سے بھٹکنے کے رجحان سے باز رکھتی ہیں۔

یہ کہنا بجا ہے کہ اللہ تعالیٰ ہر لمحہ اور ہر حال میں عبادت کا مستحق ہے۔ تاہم، اس نے خود اسلام میں عبادت کی ایک کم از کم مقدار متعین کی ہے، جسے فرض کہا جاتا ہے۔

فرض عبادات وہ تعبدی اعمال ہیں جو ہر مسلمان پر لازم کیے گئے ہیں۔ اگر کوئی شخص اپنے آپ کو مسلمان کہتا ہے، مگر سب سے بنیادی فرض، یعنی نماز، کو بھی ادا نہیں کرتا تو وہ قیامت

کے دن سخت گناہ گار شمار ہو گا۔

فرض عبادات کی ادائیگی کے بعد ہر فرد کو یہ آزادی حاصل ہے کہ وہ جتنی چاہے نفلی عبادات کے ذریعے سے اللہ سے مزید قربت حاصل کرے۔

اللہ کے ساتھ تعلق کی تطہیر کے ضمن میں، اسلام اللہ تعالیٰ کے درست تصور کو اپنانے کی تاکید کرتا ہے۔ وہ اس پر زور دیتا ہے کہ اللہ کے صحیح تصور کی بنیاد ہر پہلو سے اس کی وحدانیت، یکتائی اور اس کے اقتدار میں کسی بھی طرح کی شراکت سے پاک ہونے پر قائم ہو۔ اسلام بندے کو ترغیب دیتا ہے کہ وہ بلا واسطہ اللہ سے تعلق استوار کرے اور براہ راست اسی سے رجوع کرے۔ اس کے ساتھ ہی اسلام محبت، وفاداری، عقیدت اور اطاعت کے اظہار کے طور پر کچھ لازمی اور نفلی عبادات کی بھی تلقین کرتا ہے۔

4۔ انسانوں کے ساتھ تعلق کے ضمن میں اخلاقی کردار کی تطہیر

جہاں تک اخلاق، کردار اور اقدار کا تعلق ہے، قرآن اپنے ماننے والوں کو نیک، راست باز، مخلص، ایمان دار، رحم دل، عادل، فیاض اور منکسر المزاج انسان بننے کی تلقین کرتا ہے۔ میں اس پہلو میں قرآن کی تعلیمات سے مکمل اتفاق رکھتا ہوں، کیونکہ اسلام جن اعلیٰ اقدار کو اپنانے کی تاکید کرتا ہے، وہ محض اسلامی یا مذہبی اقدار نہیں، بلکہ تمام انسانی معاشروں اور تہذیبوں میں ہمیشہ سے سب سے بلند اخلاقی اصول سمجھی جاتی رہی ہیں۔

قرآن میں اخلاقی اصولوں اور ہدایات کی بھرپور تعلیم دی گئی ہے۔ ذیل میں چند منتخب ہدایات پیش کی جا رہی ہیں، جن کے مطابق اللہ تعالیٰ ہمیں اپنا بندہ بنانا چاہتے ہیں:

1۔ ایسا انسان بنیں جو دوسروں کے لیے خیر خواہ اور صلح جو ہو، دل میں کسی کے لیے کینہ نہ

رکھے، اور اگر اس پر ظلم بھی کیا جائے، تب بھی صلح کی کوشش کرے۔[178]

2۔ ایسا شخص بنیں جو غصے پر قابو رکھے اور دوسروں کو معاف کرنے کا رویہ اپنائے۔[179]

3۔ بدلہ لینے کا قانونی حق رکھنے کے باوجود، معاف کرنے کو ترجیح دے۔[180]

4۔ اگر کسی حاجت مند یا سائل کو خالی ہاتھ لوٹانا بھی پڑے تو نرمی اور محبت کے ساتھ ایسا کرے۔[181]

5۔ صدقہ و خیرات کے بعد احسان نہ جتائے اور نہ ہی ایسے الفاظ کہے جو دل آزاری کا باعث بنیں۔[182]

6۔ اپنے دشمن کے ساتھ بھی انصاف کرے۔[183]

7۔ دوسروں کا مذاق نہ اڑائے، ان پر طنز نہ کرے، برے ناموں سے نہ پکارے، اور ان کی خامیوں کو نہ تلاش کرے۔[184]

8۔ عاجزی اختیار کرے، تکبر سے بچے، اور فخر و غرور سے دور رہے۔[185]

---

178 حٰمٓ السجدہ 34:41۔

179 آل عمران 3:133-134۔

180 النحل 126:16۔

181 الضحیٰ 10:93، بنی اسرائیل 28:17۔

182 البقرہ 2:262-263۔

183 المائدہ 8:5۔

184 الحجرات 11:49۔

185 لقمان 18:31۔

9۔ خود نمائی اور ذاتی بڑائی کی خواہش نہ رکھے۔[186]

10۔ انتہائی عاجزی اور انکساری کے ساتھ چلے اور اگر جاہل لوگ اس سے دل آزار گفتگو کریں تو نرمی اور صلح کے ساتھ جواب دے۔[187]

11۔ والدین، رشتہ داروں، حاجت مندوں اور یتیموں کے ساتھ انتہائی مہربانی اور سخاوت کا مظاہرہ کرے۔[188]

12۔ معاملات میں انتہائی دیانت داری اور انصاف کے ساتھ پیش آئے۔[189]

13۔ ظلم و ستم کے خلاف کھڑا ہونے میں پس و پیش نہ کرے۔[190]

14۔ دوسروں کے مذاہب اور ان کے معبودوں کو برا بھلا نہ کہے، چاہے وہ انھیں باطل ہی کیوں نہ سمجھتا ہو۔[191]

15۔ دوسروں کی غیبت اور چغلی نہ کرے۔[192]

16۔ ہر حال میں انصاف کرے اور سچی گواہی دے، چاہے یہ اس کے اپنے یا اس کے

---

186 القصص 83:28۔

187 الفرقان 63:25۔

188 بنی اسرائیل 17:23-24۔

189 بنی اسرائیل 35:17۔

190 النساء 75:4۔

191 الانعام 108:6۔

192 الحجرات 12:49۔

خاندان، قبیلے یا قوم کے خلاف ہی کیوں نہ ہو۔[193]

اس میں کوئی شبہ نہیں کہ یہ اقدار عالم گیر طور پر اعلیٰ ترین صفات میں شمار ہوتی ہیں، جنھیں کوئی بھی مہذب انسان اپنا سکتا ہے، اور ان سے اختلاف کرنا کسی کے لیے بھی آسان نہیں۔ قرآن میں متعدد آیات موجود ہیں جو انسانی اخلاقیات کے اصولوں اور ممنوعات کو واضح کرتی ہیں۔ میں یہاں ایک نہایت اہم آیت کو زیر بحث لانا چاہوں گا، کیونکہ یہ پانچ بنیادی اقسام کے اخلاقی ممنوعات کی نشان دہی کرتی ہے۔ اسلام میں ممنوع قرار دیے گئے تمام گناہ اور جرائم انھی پانچ بنیادی اقسام کے تحت آجاتے ہیں، اور یہی وہ اصول ہیں جو اسلامی اخلاقیات کی بنیاد بنتے ہیں۔

قرآن مجید، سورۂ اعراف (7) کی آیت 33 میں تصریح کرتا ہے کہ اللہ تعالیٰ نے تمام انسانوں کے لیے صرف پانچ اقسام کے گناہ حرام کیے ہے:

1۔ نکاح کے بندھن سے باہر کسی بھی قسم کا جنسی عمل یا رویہ، چاہے وہ خفیہ ہو یا علانیہ۔

2۔ 'اثم'۔ عربی لفظ 'اثم' کے دو مفہوم ہو سکتے ہیں۔ اس کا ایک مطلب تو "گناہ" ہے، جس سے مراد یہ ہے کہ آیت انسانوں کو کسی بھی ایسی چیز سے بچنے کا حکم دیتی ہے، جسے وہ گناہ سمجھتے ہیں۔ اس لفظ کا دوسرا مطلب "ناانصافی" یا کسی کے حقوق کی پامالی ہے۔ چنانچہ اس اعتبار سے، آیت کا مفہوم یہ بنتا ہے کہ انسانوں کو ہر قسم کی ناانصافی اور دوسروں کے حقوق چھیننے سے گریز کرنا چاہیے۔

3۔ ظلم و زیادتی۔ اس کا مطلب یہ ہے کہ لوگوں کو دوسرے کے مال، عزت یا زندگی کے خلاف کسی بھی غیر شرعی اقدام سے باز رہنا چاہیے۔

---

[193] النساء4:135۔

4۔ اللہ کے ساتھ دوسروں کو شریک ٹھہرانا۔

5۔ اللہ کے بارے میں جھوٹ بولنا یا بغیر کسی یقینی علم کے اس کے بارے میں بات کرنا۔

سورۂ اعراف کی اس آیت میں پانچ بڑی اخلاقی ممانعتوں کا ذکر کیا گیا ہے، جو عقلی اور اخلاقی اعتبار سے بالکل درست اور قابل فہم ہیں۔ یہ وہ بنیادی ممنوعات ہیں، جن سے قرآن انسانوں کو سختی سے باز رہنے کی تاکید کرتا ہے۔ ان میں تمام وہ گناہ اور اخلاقی جرائم شامل ہیں، جو انھی وسیع زمرہ جات کے تحت آتے ہیں۔ مثال کے طور پر، اسلامی شریعت میں سود کی ممانعت دوسرے زمرے میں آتی ہے، کیونکہ یہ اقتصادی ناانصافی کی ایک شکل ہے، جب کہ مردوں اور عورتوں کے باہمی تعلقات سے متعلق اخلاقی احکام پہلے زمرے میں شمار ہوتے ہیں۔

میرے نزدیک یہ کہنا بالکل بجا ہے کہ ان پانچوں زمرہ جات میں سے کسی پر بھی کوئی معقول اعتراض نہیں اٹھایا جا سکتا۔ یہ ایک مسلمہ حقیقت ہے کہ انسان کو ان چیزوں سے باز رہنا چاہیے جنھیں وہ خود بھی گناہ تسلیم کرتا ہے، ہر طرح کی ناانصافی سے اجتناب کرنا چاہیے، اور کسی کی جان، عزت یا مال کو غیر قانونی طور پر نقصان پہنچانے سے گریز کرنا چاہیے۔

علاوہ ازیں، اگر کوئی شخص خالصتاً عقلی اور فکری عدم اطمینان کی بنا پر خدا کے وجود پر ایمان لانے سے انکار کرتا ہے تو یہ کسی حد تک قابل فہم اور قابل معافی ہو سکتا ہے۔ تاہم، یہ بات ہر شخص کے لیے واضح ہونی چاہیے کہ جب کوئی خدا پر ایمان لے آئے تو اس کے ساتھ کسی کو شریک ٹھہرانا یقیناً نہایت نامناسب اور غیر منطقی عمل ہے۔ اسی طرح، ہم سب اس پر متفق ہوں گے کہ کسی بھی معاملے میں، خصوصاً خدا کے بارے میں، دانستہ جھوٹ بولنا کسی طور قابل قبول نہیں ہو سکتا۔

قرآن میں مرد اور عورت کے جنسی تعلق کو نکاح کے حدود میں رکھنے پر غیر معمولی زور دیا گیا ہے، جیسا کہ سورۂ اعراف (7) کی آیت 33 میں بیان کردہ پہلے بنیادی اصول میں بھی واضح کیا گیا ہے۔ اکثر یہ سوال اٹھایا جاتا ہے کہ خدا نے تمام جنسی رویوں کو نکاح کے حدود تک محدود رکھنے پر اتنی سخت تاکید کیوں کی ہے؟ اس کا مختصر جواب یہ ہے کہ نکاح کا ادارہ انسانی معاشرت اور اخلاقیات کے استحکام کے لیے بنیادی حیثیت رکھتا ہے۔ اس مسئلے کی مزید تفصیلات آگے چل کر سوال وجواب کے سیکشن میں زیر بحث لائی جائیں گی۔

مرد اور عورت کا بندھن دنیا میں نئی انسانی زندگی کو وجود میں لانے کا ایک ذریعہ ہے۔ جب کوئی نئی جان اس دنیا میں آتی ہے تو اسے اپنی زندگی کے ابتدائی دنوں سے لے کر کم از کم پندرہ سال یا اس سے بھی زیادہ عرصے تک، بھرپور نگہداشت اور تربیت کی ضرورت ہوتی ہے۔ انسان محض ایک جسمانی وجود نہیں رکھتا، بلکہ اس کی نفسیاتی، جذباتی، اخلاقی اور روحانی ضروریات بھی ہوتی ہیں۔ یہی وجہ ہے کہ ایک نوزائیدہ بچے کی پرورش ایسی ہونی چاہیے جو ان تمام پہلوؤں کا احاطہ کرے۔ اس تربیت کا مقصد صرف دنیوی زندگی میں بہتری نہیں، بلکہ آخرت میں کامیابی بھی ہونا چاہیے۔ اسی ضرورت کو پورا کرنے کے لیے اللہ تعالیٰ نے حیاتیاتی خاندان کے ادارے کو قائم کیا، جو ایک مرد اور عورت پر مشتمل ہوتا ہے، جو نکاح کے ذریعے سے ایک مضبوط رشتے میں بندھتے ہیں۔ قرآن کے مطابق، اللہ تعالیٰ نے ایک مستحکم خاندانی نظام کا تصور پیش کیا ہے، جو انسان کی ہمہ جہت تربیت کا ذریعہ بنتا ہے اور اسے زندگی کے تمام پہلوؤں میں رہنمائی فراہم کرتا ہے۔

یہ بات بالکل منطقی ہے کہ ایک مستحکم خاندانی نظام سے بہتر کوئی دوسرا ذریعہ نہیں، جو ایک نوزائیدہ کو ایک دہائی یا اس سے زیادہ عرصے تک جسمانی، نفسیاتی، جذباتی، اخلاقی اور

روحانی تربیت فراہم کر سکے۔

شادی کے بندھن سے باہر جنسی رویوں اور اعمال کا عام ہونا اور ان کا معاشرتی طور پر مقبول ہو جانا نکاح کے ادارے کے لیے سب سے بڑے خطرات میں سے ایک ہے۔ یہی وجہ ہے کہ اللہ تعالیٰ نکاح کے دائرے میں جنسی تعلقات کو محدود رکھنے کی غیر معمولی اہمیت پر زور دیتا ہے۔ درحقیقت، اس نے نکاح کے دائرے سے باہر ہر قسم کے جنسی عمل کو سختی سے ممنوع اور جرم قرار دیا ہے۔

ہم عموماً نکاح کو مرد اور عورت کے نقطۂ نظر سے دیکھتے ہیں، مگر اللہ تعالیٰ نکاح کو بچے کے نقطۂ نظر سے دیکھتا ہے۔ ایک نوزائیدہ کو اس دنیا اور آخرت، دونوں کے لحاظ سے درست نشوونما کے لیے کئی سالوں کی محبت، توجہ اور پرورش درکار ہوتی ہے۔

خاندان کے ادارے کا ایک اور نہایت اہم مقصد یہ ہے کہ وہ افراد کو بڑھاپے میں سہارا فراہم کرے۔ ایک مستحکم خاندانی نظام بزرگوں کی جسمانی اور جذباتی ضروریات کو پورا کرنے کا سب سے موثر اور فطری ذریعہ ہے۔ اگرچہ نرسنگ ہومز بعض افراد کے لیے ایک قابل عمل متبادل ہو سکتے ہیں، اور ترقی یافتہ معاشروں میں کچھ لوگ انھیں اپنی پہلی ترجیح بھی بنا سکتے ہیں، لیکن یہ حقیقت کسی تفصیلی تحقیق کے بغیر بھی واضح ہے کہ نرسنگ ہومز وہ نفسیاتی اور جذباتی اطمینان اور محبت بھری دیکھ بھال فراہم نہیں کر سکتے، جو ایک مضبوط خاندانی نظام فراہم کرتا ہے۔

میرے لیے یہ بات قابل فہم ہے کہ نکاح سے باہر جنسی رویوں اور اعمال کا معمول بن جانا اور ان کا عام ہو جانا لازمی طور پر نکاح کے ادارے کو کم زور کر دیتا ہے۔ اگر مقصد نکاح اور اس کے نتیجے میں قائم ہونے والے خاندانی نظام کا تحفظ اور استحکام ہے تو یہ ناگزیر ہے کہ تمام جنسی تعلقات اور رویے نکاح کے دائرے تک محدود رکھے جائیں۔ معمول کے حالات میں، نکاح کی

بنیاد جنسی وفاداری پر قائم ہوتی ہے۔ اگر یہ وفاداری متاثر ہو جائے تو نکاح کا ادارہ یا تو بے جان اور زہریلا ہو جاتا ہے یا پھر مکمل طور پر ختم ہو جاتا ہے۔

لہٰذا اگر کوئی نکاح کے بغیر کسی بھی قسم کی جنسی سرگرمی میں ملوث ہوتا ہے یا ایسے رویوں اور اعمال کو فروغ دیتا ہے — جیسے اجنبی عورت سے ناجائز تعلق قائم کرنا یا میڈیا کے ذریعے سے جنسی اشتعال انگیزی پھیلانا — تو وہ در حقیقت اللہ تعالیٰ کے وضع کردہ خاندانی نظام کے خلاف کھلی بغاوت کر رہا ہوتا ہے۔ اسی لیے نکاح کے دائرے سے باہر ہر قسم کے جنسی رویوں اور اعمال کو اللہ تعالیٰ نے سنگین جرائم قرار دیا ہے۔ ان پر دنیا میں سخت سزائیں مقرر کی گئی ہیں اور آخرت میں ان کے نتائج کہیں زیادہ شدید ہوں گے۔

اسلام میں طلاق کی اجازت مردوں اور عورتوں، دونوں کے لیے موجود ہے، تاہم اللہ تعالیٰ اس بات کی ترغیب دیتا ہے کہ افراد خاندان کو مستحکم رکھنے کی ہر ممکن کوشش کریں۔ ازدواجی تعلقات میں بگاڑ کے سب سے گہرے اثرات بچوں پر مرتب ہوتے ہیں۔ تحقیقات اور مشاہدات واضح طور پر ثابت کرتے ہیں کہ غیر مستحکم خاندانی ماحول، والدین کے درمیان کشیدگی اور بالآخر طلاق، بچوں کے نفسیاتی، جذباتی اور سماجی ارتقا پر طویل مدتی اور اکثر ناقابل تلافی نقصان چھوڑ جاتی ہے۔

اس سیکشن میں اب تک کی بحث کا خلاصہ یہ ہے۔

قرآن کے مطابق، خدا کی رضا حاصل کرنے اور جنت کا مستحق بننے کے لیے، مجھے اخلاص اور دیانت داری کے ساتھ خدا اور وجود کے حقائق کی تلاش کرنی ہو گی۔ قرآن چاہتا ہے کہ میں خدا کا درست فہم حاصل کروں اور اپنی محبت، وفاداری، اطاعت اور عقیدت کا مرکز صرف خدا کو بناؤں۔ مزید برآں، قرآن مجھ سے یہ بھی تقاضا کرتا ہے کہ میں اپنے جسم اور خوراک کی

پاکیزگی کا خیال رکھوں، نشہ آور اشیا سے اجتناب کروں، اور اپنے اخلاق و کردار کو اعلیٰ انسانی اقدار کے مطابق ڈھالوں۔ مجھے اس حوالے سے مزید وضاحت کی ضرورت محسوس نہیں ہوتی، کیونکہ قرآن کی ان تعلیمات میں ایسا کچھ بھی نہیں جس سے اختلاف کیا جاسکے۔

آخر میں ہمیں اس اہم سوال کا مختصر جائزہ لینا ہوگا کہ کیا اللہ تعالیٰ مجھے جنگ کرنے اور مسلح تصادم میں حصہ لینے کی اجازت دیتا ہے؟ اور اگر ہاں تو کن حالات میں؟

5۔ اسلام میں قتال کی اجازت

ذیل میں پیش کیے گئے نظریات اس کتاب میں مختلف مقامات پر زیر بحث آ چکے ہیں، لیکن چونکہ یہاں ہم اس بات پر غور کر رہے ہیں کہ اللہ تعالیٰ مجھ سے آخرت میں کامیابی کے لیے کیا توقع رکھتا ہے، اس لیے ان نکات کو یہاں بھی اجاگر کرنا ضروری ہے۔

جہاں تک طاقت یا تشدد کے استعمال کا تعلق ہے، قرآن مسلمانوں کو جنگ یا مسلح جدوجہد کی اجازت دیتا ہے، لیکن یہ اجازت مخصوص اخلاقی اور قانونی بنیادوں پر دی گئی ہے۔ اس کا جواز دو بنیادی امور پر مبنی ہے:

1۔ ان لوگوں کے خلاف جنگ، جو اللہ کے نازل کردہ حق کو واضح ہو جانے کے بعد جانتے بوجھتے اس کا انکار اور رد کرتے ہیں۔

قرآن مسلمانوں کو حکم دیتا ہے کہ وہ مشرکین کا مقابلہ کریں، یہاں تک کہ وہ اسلام قبول

کر لیں۔ [194] یہودیوں اور عیسائیوں کے بارے میں بھی حکم دیا گیا ہے کہ یا تو وہ اسلام قبول کریں یا مسلمانوں کی ماتحتی میں رہنے اور زیر دستی کی علامت کے طور پر جزیہ ادا کرنے پر راضی ہوں۔

جیسا کہ پہلے ذکر ہو چکا ہے، یہ آیات خدا کے رسول کے فوری مخاطبین کے لیے خاص ہیں۔ ہم یہ بھی واضح کر چکے ہیں کہ اللہ کے رسول نہ صرف پوری انسانیت کے لیے ہدایت لاتے ہیں، بلکہ اپنے فوری مخاطبین کے لیے خدا کی عدالت کا زمینی مظہر بھی بنتے ہیں۔ رسول اپنے مخاطبین پر حق کو پوری طرح واضح کر دیتے ہیں، اور ایک مخصوص مدت کے بعد جو لوگ رسول کے پیغام کو قبول کرتے ہیں، وہ دنیا میں انعام پاتے ہیں، جب کہ انکار کرنے والوں پر دنیا ہی میں خدا کا عذاب نازل ہوتا ہے۔

جب ان آیات کو ان کے سیاق و سباق میں دیکھا جائے تو یہ واضح ہوتا ہے کہ ان میں اللہ کے رسول کے براہ راست مخاطبین پر نازل کیے گئے آسمانی عذاب کا ذکر ہے۔ اللہ تعالیٰ نے ان لوگوں کے بارے میں فرمایا ہے کہ وہ باطل اور غیر معقول وجوہات کی بنیاد پر منزلِ حق کو رد کرتے تھے۔

لہٰذا یہ آیات محض محمد صلی اللہ علیہ و سلم، آپ کے صحابۂ کرام رضی اللہ عنہم اور آپ کے معاصرین کے لیے مخصوص ہیں۔ ان کا اطلاق صحابۂ کرام اور ان کے معاصرین کے بعد کسی اور پر نہیں ہو سکتا۔ چنانچہ مسلمانوں پر یہ ہر گز لازم نہیں کہ وہ غیر مسلموں کے خلاف محض ان کے مذہب کی بنیاد پر جنگ کریں، انھیں اسلام قبول کرانے کے لیے قتال کریں یا انھیں زیر

---

[194] التوبہ 9:5-20۔

کرنے کے ارادے سے لڑیں۔ بلکہ قرآن کا دائمی اور ابدی اصول یہ ہے کہ دین کے معاملات میں کوئی جبر روا نہیں رکھا جائے گا۔

''دین کے معاملے میں (اللہ کی طرف سے) کوئی جبر نہیں ہے۔ حقیقت یہ ہے کہ ہدایت (اس قرآن کے بعد اب) گم راہی سے بالکل الگ ہو چکی ہے ....''

(البقرہ2:256)

2۔ دفاعی جنگ اور ظلم و ستم اور فتنہ (Persecution) کے خلاف قتال

قرآن مسلمانوں کو دفاع کے لیے اور شدید ناانصافی، ظلم و ستم، خصوصاً مذہبی جبر (Persecution) کے خلاف لڑنے کی اجازت دیتا ہے۔ یہ احکامات بنیادی طور پر جن آیات میں بیان کیے گئے ہیں، وہ یہ ہیں: البقرہ2: 190-193، الحج22: 39-40 اور الحجرات49: 9-10۔ یہ احکامات آفاقی اور ابدی ہیں اور ہر دور کے تمام مسلمانوں پر لاگو ہوتے ہیں۔ تاہم، قرآن یہ بھی واضح کرتا ہے کہ ایسی جنگ صرف ایک جائز حکمران کی قیادت میں کی جا سکتی ہے۔ اللہ تعالیٰ قرآن میں فرماتا ہے:

''ایمان والو، (یہ خدا کی بادشاہی ہے، اِس میں) اللہ کی اطاعت کرو اور اُس کے رسول کی اطاعت کرو اور اُن کی بھی جو تم میں سے معاملات کے ذمہ دار بنائے جائیں۔''

(النساء4:59)

مجھے اس بات سے اتفاق ہے کہ کچھ انتہائی حالات اور استثنائی صورتوں میں کسی قائم حکومت کے خلاف یا حکمران کی اجازت کے بغیر ہتھیار اٹھانا اخلاقی طور پر جائز ہو سکتا ہے۔ تاہم، عمومی اصول کے طور پر قرآن سورۂ نساء کی آیت 59 میں واضح ہدایت دیتا ہے کہ

مسلمانوں کو اپنے جائز حکمرانوں کی اطاعت کرنی چاہیے۔اس کا مطلب یہ ہے کہ مسلح جدوجہد صرف ایک جائز طور پر قائم حکومت کے ماتحت رہ کر ہی کی جاسکتی ہے، اور بغیر کسی منظم قیادت یا حکومتی نظم ونسق کے خلاف خود سے اقدام کرنا اسلامی تعلیمات کے منافی ہے۔

آج کے دور میں مسلم قانونی مقتدرہ کسی ملک کی حکومت ہوتی ہے۔ لہٰذا قرآنی تعلیمات کی روشنی میں یہ کہنا بالکل درست ہوگا کہ اگرچہ بعض انتہائی حالات میں استثنائی اجازت ممکن ہو سکتی ہے، لیکن عمومی اصول یہی ہے کہ مسلمان صرف اپنی جائز حکومت کے تحت ہی دفاع، ظلم وجبر، مذہبی جبر اور ناانصافی کے خلاف جنگ کر سکتے ہیں۔

مندرجہ بالا نکات کو سامنے رکھتے ہوئے، یہ ضروری ہے کہ دو نہایت اہم سوالات کے جواب دیے جائیں:

1۔ کیا مسلمانوں کا کوئی گروہ اسلامی حکومتی نظام کی اپنی مخصوص تشریح کو نافذ کرنے کے لیے دوسرے مسلمانوں کے خلاف جنگ کر سکتا ہے؟

جواب: ہماری پچھلی گفتگو کی روشنی میں——ہرگز نہیں۔ نبی اکرم صلی اللہ علیہ وسلم کے بعد، مسلمانوں کو صرف اپنے دفاع میں یا کسی واضح ظلم، جبر اور مذہبی جبر (پرسیکیوشن) کے خلاف ہتھیار اٹھانے کی اجازت ہے اور وہ بھی صرف ایک قانونی قیادت کے تحت۔

مزید برآں، قرآن اجتماعی معاملات کے حوالے سے واضح ہدایت دیتا ہے کہ مسلمانوں کو اپنے امور باہمی مشاورت سے طے کرنے چاہییں، نہ کہ زبردستی یا مسلح تصادم کے ذریعے سے۔ قرآن سورۂ شوریٰ (42) کی آیت 38 میں اس اصول کو ان الفاظ میں بیان کرتا ہے:

”...(سچے مومنین وہ ہیں)... کہ جنھوں نے اپنے رب کی دعوت پر لبیک کہی ہے اور نماز کا اہتمام رکھا ہے اور اُن کا نظام اُن کے باہمی مشورے پر مبنی ہے اور ہم نے جو رزق

اُنھیں عطافرمایاہے، اُس میں سے (ہماری راہ میں) خرچ کرتے ہیں۔''

مندرجہ بالا آیت کی روشنی میں، اجتماعی معاملات، جیسے قیادت کا انتخاب اور حکومتی امور کے انتظامی فیصلے، عوامی مشاورت کے ذریعے سے کیے جانے چاہییں۔

البتہ مشاورت کا نظام مختلف شکلیں اختیار کر سکتا ہے۔ مثال کے طور پر، رسول اللہ صلی اللہ علیہ وسلم کے زمانے میں یہ نظام مختلف قبائل کے اہم رہنماؤں کے درمیان ابتدائی نوعیت کی مشاورت پر مبنی تھا۔ آج کی دنیا میں یہ مشاورت صدارتی یا پارلیمانی انتخابات کی شکل میں ظاہر ہو سکتی ہے یا ایسے دیگر طریقوں کے ذریعے سے جن میں عوام کو اجتماعی فیصلہ سازی میں مشاورت کے ذریعے سے شامل کیا جا سکے۔ یہ بات بالکل واضح ہے کہ مشاورت کا طریقہ کوئی بھی ہو، قرآن نے اصولی طور پر یہ واضح کر دیا ہے کہ اجتماعی معاملات کو زبردستی کے بجائے باہمی مشاورت سے طے کیا جانا چاہیے۔

2۔ کیا مسلمان حکومتیں اپنی تعبیر اسلام عوام پر نافذ کرنے کے لیے طاقت استعمال کر سکتی ہیں؟

جواب: قرآن کی سورۂ حج کی آیت 41 کے مطابق، ایک مسلم حکومت کو زکوٰۃ جمع کرنے، مسلمانوں کو فرض نمازوں، خصوصاً جمعہ کی نماز کے لیے بلانے، اور ان جرائم پر اسلامی سزائیں نافذ کرنے کا اختیار حاصل ہے، جن کے بارے میں قرآن میں واضح احکام موجود ہیں۔ تاہم، کچھ معاملات — جیسے حجاب پہننا لازم ہے یا نہیں، حجاب میں چہرے کو ڈھانپنا چاہیے یا نہیں، ڈاڑھی رکھنا ضروری ہے یا نہیں اور اس کی لمبائی کیا ہو، یا مرد و خواتین کے ایک ساتھ پڑھنے یا کام کرنے کا جواز — ایسے ہیں جو اجتہادی دائرے میں آتے ہیں۔ سوال یہ ہے کہ کیا مسلم حکومت کو یہ حق حاصل ہے کہ ایسے اخلاقی اور سماجی معاملات میں اپنی مخصوص اسلامی

تعبیرات دوسروں پر زبردستی نافذ کرے؟

اس کا جواب ایک زوردار نفی کی صورت میں ہے۔ اس کی مختصر وضاحت یہ ہے:

قرآن کی اصطلاح ''امر بالمعروف ونہی عن المنکر'' کا مطلب ''لوگوں کو بھلائی کی طرف بلانا اور برائی سے روکنا'' ہے۔ یہ قرآن کی ایک مشہور تعلیم ہے اور بعض اوقات حکومتیں اس کو جواز بنا کر خواتین کو سر ڈھانپنے یا چہرے کا پردہ کرنے اور مردوں کو ڈاڑھی رکھنے پر مجبور کرتی ہیں۔ یہ ہدایت قرآن میں تین بنیادی مقامات پر مسلمانوں کو دی گئی ہے: سورۂ آل عمران (3) کی آیات 104 اور 110 اور سورۂ توبہ (9) کی آیت 71۔ تاہم، ان آیات کا صحیح مفہوم اور حکومتی جبر کے جواز کے طور پر ان کے غلط استعمال پر مزید وضاحت ضروری ہے۔ اس حوالے سے تین اہم نکات سمجھنا ضروری ہیں:

1۔ ''امر'' کا مفہوم: لفظ ''امر'' کا عمومی مطلب ''کسی کو کچھ کرنے کا حکم دینا'' ہے، تاہم قرآن میں اس کا ایک اور معنی بھی استعمال ہوتا ہے، یعنی ''کسی کو بھلائی کی دعوت دینا''۔ جیسا کہ سورۂ بقرہ (2) کی آیت 169 میں ذکر کیا گیا ہے۔ اس کے نتیجے میں، یہ آیت اس بات کی طرف اشارہ کرتی ہے کہ اگر آپ کسی اتھارٹی کی پوزیشن پر ہیں، جیسے پولیس فورس میں تو آپ کو لوگوں کو برائی سے روکنے کا فعال اختیار دیا گیا ہے۔ تاہم، اگر آپ ایک عام فرد ہیں تو آپ کا کردار صرف مشورہ دینے اور نصیحت کرنے تک محدود ہے، اور آپ کسی کے ساتھ زبردستی نہیں کر سکتے۔

2۔ ان آیات میں بھلائی اور برائی کے لیے جو الفاظ استعمال ہوئے ہیں وہ ''معروف'' اور ''منکر'' ہیں۔ ان الفاظ سے مراد وہ چیزیں ہیں جو عام طور پر بھلائی اور برائی کے طور پر جانی جاتی ہیں اور معروف ہیں، نہ صرف اسلامی نقطۂ نظر سے، بلکہ انسانی اخلاقیات کے عمومی اصولوں

کے مطابق بھی وہ معروف ہیں۔ یہ الفاظ اس بات کی نشان دہی نہیں کرتے کہ حکومتوں کو ہر معاملے میں اسلام کی اپنی تعبیر دوسروں پر نافذ کرنے کا مکمل اختیار حاصل ہے، بلکہ یہ آیت اس بات کا تقاضا کرتی ہے کہ حکومتیں معاشرے میں عمومی طور پر مانی جانے والی بھلائیوں کو فروغ دیں، جیسے دیانت داری، صفائی ستھرائی اور رحم دلی وغیرہ۔ اسی طرح، وہ برائیاں جو عام طور پر بری سمجھی جاتی ہیں، جیسے چوری، بے ایمانی، دھوکا دہی، ڈکیتی، تشدد اور ناانصافی، ان کو زبردستی روکیں۔

3۔ اگر کوئی حکومت اسلامی تعلیمات کی بنیاد پر کوئی خاص ضابطہ نافذ کرنے کا انتخاب کرتی ہے تو اس کے لیے قرآن کی صریح اجازت ضروری ہے۔ اس کا مطلب یہ ہے کہ کسی حکومت کو اپنے شہریوں پر کسی خاص حکم نافذ کرنے کے لیے اس حکم کا قرآن میں واضح طور پر موجود ہونا ضروری ہے۔ مثال کے طور پر، قرآن حکومتوں کو درج ذیل امور کی اجازت دیتا ہے:

زکوٰۃ کی وصولی: یہ صدقہ و خیرات کی ایک شرعی صورت ہے جسے حکومت عوام سے وصول کر سکتی ہے۔

کھلے عام فحاشی اور علانیہ بدکاری کے انسداد کے اقدامات، اور ان مخصوص جرائم کی شرعی سزائیں نافذ کرنا، جن کا ذکر قرآن میں واضح طور پر موجود ہے اور جن کے لیے قرآن سزا تجویز کرتا ہے۔

اس تناظر میں، اگر قرآن کسی خاص اسلامی حکم کو نافذ کرنے کی اجازت حکومت کو نہیں دیتا تو حکومت کو اسے نافذ کرنے کا حق نہیں ہے۔ مثال کے طور پر، یہ کہ کوئی عورت اپنے سر یا چہرے کو ڈھانپے یا نہ ڈھانپے، یا کوئی مرد ڈاڑھی رکھنے کا پابند ہے یا نہیں — ان معاملات میں قرآن کسی حکومت کو یہ اختیار نہیں دیتا کہ وہ اپنی تشریح دوسروں پر نافذ کرے۔ ہر فرد کو یہ

آزادی حاصل ہے کہ وہ جس تعبیر کو درست سمجھتا ہے، اس پر عمل کرے۔

ذاتی طور پر، اسلام کی اس تعبیر کے مطابق جس سے میں متفق ہوں اور جس کے علم بردار اس وقت محترم جناب جاوید احمد غامدی ہیں، اس میں مردوں پر ڈاڑھی رکھنے کی کوئی شرعی پابندی نہیں ہے اور عورتوں کے لیے سر یا چہرہ ڈھانپنا ضروری نہیں ہے (یہ ایک مستحب نیک عمل سمجھا جاسکتا ہے)۔ اسی طرح، اللہ تعالیٰ نے عوامی اجتماعات میں مرد و زن کے لیے علیحدگی کو فرض نہیں کیا۔ مزید برآں، قرآن کسی حکومت کو یہ اختیار نہیں دیتا کہ وہ ان معاملات میں اپنی تعبیر کو افراد پر نافذ کرے۔

خاتمہ

وجودی سوالات کے تسلی بخش جوابات کی تلاش کے دوران میں سائنس نے مجھے یہ یقین دلایا کہ ہر چیز کے پیچھے ایک ذہانت کارفرما ہے۔ اس یقین کے تحت کہ کوئی بھی الہامی سچائی بہ آسانی قابل رسائی ہونی چاہیے، میں نے مذہب کی سب سے نمایاں روایت — ابراہیمی مذاہب — کا مطالعہ کیا۔ اسی روایت کے تحت، سب سے پہلے میں نے قرآن کا رخ کیا کیونکہ اس کا تاریخی ثبوت نمایاں طور پر مضبوط تھا۔ اسلام کے ماخذوں کے متعلق درست علم حاصل کرنے کے بعد، مجھے اس کی جانچ کا موقع ملا۔ اللہ کے رسول محمد صلی اللہ علیہ وسلم کی شخصیت، ان کا یہ دعویٰ کہ وہ اللہ کے پیغمبر ہیں اور ان کے ساتھ پیش آنے والے واقعات اور ان کے ساتھیوں کے ساتھ گزرنے والے حالات، یہ سب اس بات پر قائل کرنے کے لیے کافی بنیاد فراہم کرتے ہیں کہ نبی صلی اللہ علیہ وسلم واقعی اللہ کے پیغام کا ابلاغ کر رہے تھے۔ میں نے یہ سمجھنے کی کوشش کی کہ قرآن جس خدا کا تعارف کراتا ہے، وہ مجھ سے کیا چاہتا ہے اور کیا اس کی توقعات اخلاقی اور عقلی اصولوں کے مطابق ہیں۔ اس باب میں، میں نے اپنی اس جستجو کے نتائج کو آپ کے سامنے پیش کیا ہے۔

زندگی کی تیسری دہائی کے اوائل میں، میں اس نتیجے پر پہنچا کہ محمد صلی اللہ علیہ وسلم واقعی

اللہ تعالیٰ سے وحی پانے کے دعوے میں سچے تھے۔ وہ الہامی ہدایات جو انھوں نے پیش کیں، مجھے اخلاقی اور عقلی طور پر بالکل درست محسوس ہوئیں۔ مجھے محمد صلی اللہ علیہ وسلم اور قرآن کے پیغام کو رد کرنے کی کوئی معقول وجہ نظر نہیں آئی۔ میں خدا کی حقیقت، فرشتوں، موت کے بعد کی جواب دہی، جہنم، جنت، انبیا، رسولوں اور الہامی کتب کے وجود پر ایمان لے آیا۔ میں نے محسوس کیا کہ یہ پورا نظام حقیقت پر مبنی ہے!

لیکن میں نے ابھی تک مکمل طور پر اسلام کے پیغام کے سامنے سر تسلیم خم نہیں کیا تھا— میرے ذہن میں چند سوالات موجود تھے، اور اسلام کے پیغام کو پوری طرح قبول کرنے سے پہلے، مجھے ان سوالات کے معقول جوابات تلاش کرنا تھے۔ یہاں ایک پیغامِ تشکر دینا ضروری ہے۔ کئی دیگر شخصیات کے ساتھ، جن میں مرکزی دھارے کے اسلامی علما، غیر مسلم محققین، علمی شخصیات اور سائنس دان شامل ہیں، ایک اہم شخصیت جنھوں نے میرے سوالات کے جوابات فراہم کرنے میں مدد دی، وہ جناب جاوید احمد غامدی ہیں۔ میں اللہ کا شکر گزار ہوں کہ اس نے جناب غامدی صاحب کو میرے لیے ایک وسیلہ بنایا، جنھوں نے اسلام اور زندگی کے متعلق میرے کئی پیچیدہ سوالات کے جوابات فراہم کیے۔

مجھے اپنے تمام سوالات کے ایسے جوابات ملتے رہے جو اخلاقی اور عقلی طور اطمینان بخش تھے، یہاں تک کہ میرے پاس کوئی سوال باقی نہ رہا۔ میں ان جوابات کو درست مانتا ہوں جب تک کہ ان پر کوئی معقول اعتراض وارد نہ ہو جائے، کیونکہ میں غلطی کے امکان کو تسلیم کرتا ہوں۔ چنانچہ، یہ بات تقریباً 2019ء کے اوائل کی ہے کہ میں اپنی زندگی کے اس مرحلے پر پہنچا جہاں میرے تمام وجودی سوالات کا اطمینان بخش جواب مل چکا تھا۔ مجھے یہ احساس ہوا کہ میرے پاس اسلام کو مسترد کرنے کی کوئی معقول وجہ باقی نہیں رہی۔ اس فہم نے مجھے اسلام

کے سامنے مکمل طور پر سر تسلیم خم کرنے پر مجبور کر دیا،اور میں نے سمجھ لیا کہ اسلام کا مطلب 'سر تسلیم خم کرنا' کیوں ہے—کیونکہ اس کا معنی یہ ہے کہ جب انسان یہ سمجھ لے کہ یہ حقیقت الہامی ہے تو وہ اس کے سامنے جھک جاتا ہے۔

اگلے باب میں، میں آپ کے ساتھ اسلام اور وجود کے بارے میں اپنے سوالات کے تسلی بخش جوابات شیئر کروں گا۔

————

باب ہفتم

سوال و جواب: حصہ اول

سوال 1: خدا کی ذات کیسی ہے؟

خدا حقیقت میں کیا ہے؟ وہ بنیادی اور حتمی حقیقت، جو باشعور، ذہین اور ہر چیز پر قادر ہے، اس کی اصل حقیقت کیا ہے؟ وہ کس چیز سے بنی ہے؟ وہ ہمیشہ کے لیے کیسے موجود رہ سکتی ہے اور لا محدود کیسے ہو سکتی ہے؟ کیا وہ توانائی ہے؟ کیا وہ روشنی ہے؟ قرآن واضح طور پر بیان کرتا ہے کہ ہم اس دنیا میں خدا کی ذات کو اس کی حقیقی ماہیت کے اعتبار سے پوری طرح نہیں سمجھ سکتے۔ اللہ تعالیٰ خود فرماتا ہے کہ وہ زمان و مکان سے بالاتر ہے۔ (الحدید 57 : 3) وہ اس قدر جداگانہ، یکتا اور منفرد ہے کہ دنیا کی کسی بھی چیز کو اس کی ذات کی مثال کے طور پر پیش نہیں کیا جا سکتا اور نہ ہی کسی چیز سے اس کے جوہر کو سمجھا جا سکتا ہے۔ (الشوریٰ 42: 11، الاخلاص 112 : 4) چنانچہ اللہ نہ روشنی ہے اور نہ توانائی — بلکہ وہ ان سب سے ماورا ایک ایسی حقیقت ہے، جسے ہماری محدود عقل اور فہم کے ذریعے سے سمجھنا ممکن نہیں۔

قرآن جنت، جہنم، فرشتے اور روح جیسی غیر مرئی حقیقتوں کو سمجھانے کے لیے تمثیلوں کا استعمال کرتا ہے، مگر اس کے ساتھ ہی یہ بات بھی بالکل واضح کر دیتا ہے کہ اللہ تعالیٰ کی ذات

کسی تمثیل میں مکمل طور پر نہیں سماتی۔ اس کی اصل حقیقت ہماری سمجھ اور ادراک سے بالا تر ہے۔

یہ بات بالکل معقول معلوم ہوتی ہے۔ اگر اللہ تعالیٰ نے زمان و مکان کو پیدا کیا اور خود ان سے ماوراء ہے تو یہ امر بدیہی ہے کہ ہم اللہ کی حقیقی ذات کا تصور کبھی نہیں کر سکتے، کیونکہ ہماری سوچ اور فہم لازماً زمان و مکان کے حدود میں مقید ہے۔ ہماری دنیا میں ہر چیز کسی نہ کسی مقام اور شکل میں موجود ہے۔ جب تک ہم زمان و مکان کے قیدی ہیں، ان حدود سے باہر کسی بھی چیز کو پوری طرح سمجھنا ہمارے لیے ممکن نہیں۔

چنانچہ قرآن کے مطابق، اللہ تعالیٰ کی ذات کائنات میں موجود ہر چیز سے بالکل مختلف ہے۔ اگرچہ ہم اللہ تعالیٰ کی بعض صفات کو سمجھ سکتے ہیں، مگر اس کی اصل ذات کو اس محدود دنیوی وجود میں رہتے ہوئے سمجھنا ناممکن ہے۔ قیامت کے دن ہی ہمیں اللہ تعالیٰ کی ذات کی حقیقت کا مکمل ادراک حاصل ہو سکے گا۔

سوال 2: اللہ تعالیٰ نے کائنات اور زمین کی تخلیق میں اربوں سال کیوں صرف کیے؟

پہلی بات یہ ہے کہ —جیسا کہ ہم نے وقت کی حقیقت پر پہلے گفتگو کی— وقت ایک ایسی شے ہے جو انسانی تجربے کے دائرے میں محدود ہے، مگر کائنات کی حقیقت اس سے کہیں زیادہ وسیع ہے۔ روشنی کے ایک ذرّے (فوٹون) کے لیے اربوں سال کسی حیثیت کے حامل نہیں، کیونکہ وہ وقت کو محسوس ہی نہیں کرتا۔ اسی طرح، جب کوئی شے روشنی کی رفتار کے قریب پہنچتی ہے تو وقت اس کے لیے آہستہ ہو جاتا ہے۔ لہٰذا یہ کہنا کہ اللہ تعالیٰ نے کائنات کو

اربوں سال میں تخلیق کیا، ہماری محدود انسانی تفہیم کے مطابق ہے، جب کہ اللہ کے لیے یہ تخلیق شاید ایک لمحے سے زیادہ نہ ہو۔ قرآن نے وقت کو نسبتی تصور کے طور پر بیان کیا ہے اور واضح کیا ہے کہ اللہ کے ہاں وقت انسانوں کے وقت سے مختلف ہے۔ ان کے ہاں ایک دن ہمارے چوبیس گھنٹے جتنا نہیں ہے۔ (الحج 22:47)

دوسری بات یہ ہے کہ قرآن ایک ایسا تصورِ وجود پیش کرتا ہے جو انسان مرکزیت سے بالاتر ہے۔ اللہ تعالیٰ کے معاملات محض انسانوں تک محدود نہیں، بلکہ اس کی سلطنت میں دیگر مخلوقات اور سرگرمیاں بھی شامل ہیں۔ مثال کے طور پر، قرآن ایک مخلوق —جنات— کا ذکر کرتا ہے جو کائنات میں موجود ہے، آزمایش سے گزر رہی ہے، اور انسانوں سے بہت پہلے تخلیق کی گئی ہے۔ قرآن بیان کرتا ہے کہ یہ مخلوق "آگ کی لپٹ" یا "لو کی لپٹ" سے تخلیق کی گئی ہے۔ (الرحمٰن 55:15، الحجر 15:27) لہٰذا قرآن کے غیر انسان مرکزیت والے تصور کے مطابق، انسانوں کی تخلیق سے پہلے بھی کائنات میں خدا تعالیٰ کی سرگرمیاں جاری تھیں اور اللہ کے دیگر امور سرانجام پا رہے تھے۔

سوال 3: شرک کیوں ناقابلِ معافی ہے؟

قرآن میں شرک کو ناقابلِ معافی گناہ قرار دینے کی تین بنیادی وجوہات درج ذیل ہیں:

1۔ جب کوئی شخص یہ کہتا ہے کہ اللہ نے اپنے لیے شریک مقرر کر لیے ہیں تو درحقیقت وہ اللہ پر ایک ایسا جھوٹ باندھتا ہے، جس کے حق میں نہ تو انسانی فطرت کوئی شہادت دیتی ہے اور نہ ہی کائنات کی حقیقتیں اس کی تائید کرتی ہیں۔ لہٰذا کوئی بھی مخلص اور سنجیدہ شخص اس نتیجے پر نہیں پہنچ سکتا کہ ایک سے زیادہ خدا موجود ہیں۔ قرآن سورۂ اعراف (7) کی

آیت 172 میں اس حقیقت کو واضح کرتا ہے کہ اللہ نے ہر انسان کی فطرت میں ایک خالق کی پہچان ودیعت کر دی ہے۔ دہریت یا خدا کے انکار کے لیے تو کسی حد تک انسان اپنے ذہن میں کوئی عقلی جواز گھڑ سکتا ہے، مگر شرک ایک ایسا عقیدہ ہے جس کے لیے نہ کوئی عقلی بنیاد ہے، نہ فطری سند اور نہ ہی کوئی اخلاقی جواز۔ اسی لیے شرک اللہ پر سب سے بڑا بہتان اور انسان کے خالق کے خلاف ایک سنگین جرم ہے۔

2۔ اگر ایک انسان یہ جانتا ہو کہ اللہ ہی اس کا خالق ہے، وہی اسے زندگی بخشنے والا، رزق دینے والا اور ابدی جنت کا وعدہ کرنے والا ہے، پھر بھی وہ اللہ کے علاوہ کسی اور کو محبت، وفاداری اور اطاعت میں شریک کرے تو اس کا یہ عمل اللہ کے ساتھ سب سے بڑی بے وفائی اور غداری ہے۔

3۔ شرک کے ناقابلِ قبول اور ناقابلِ معافی ہونے کی ایک عملی وجہ بھی ہے۔ جب کوئی شخص اللہ کے ساتھ کسی اور کو اس کا شریک ٹھہراتا ہے تو یہ اللہ کی حاکمیت کو چیلنج کرنے کے مترادف ہے۔ یہ ایسے ہی ہے جیسے کوئی شخص ایک ریاست میں رہتے ہوئے دو یا تین صدور یا وزرائے اعظم یا بادشاہوں کی حکمرانی کو تسلیم کرے، یا ایک فوج میں شامل ہو کر دو مختلف سپہ سالاروں سے وفاداری کا اعلان کرے۔ یہ قابلِ قبول نہیں ہے۔ اگر جنت ایک کامل اور پرامن جگہ بننی ہے تو اس کے لیے ضروری ہے کہ وہاں صرف ایک اعلیٰ اور مطلق اختیار رکھنے والے اللہ کی مکمل حاکمیت ہو۔ اس مقتدر قوت کے ساتھ کسی بھی قسم کی شراکت یا اس کے خلاف کوئی بھی سرکشی قابلِ قبول نہیں ہے۔

جیسا کہ پہلے گزر چکا کہ اگر کسی شخص نے غلط فہمی یا نادانی کی بنیاد پر شرک کا ارتکاب کیا ہو اور اسے حق کی پہچان کا موقع ہی نہ ملا ہو تو اللہ کے ہاں اس کے لیے معافی کا دروازہ کھلا ہے۔

مثلاً، کوئی شخص ایسے ماحول میں پیدا ہوا ہو، جہاں توحید کی تعلیمات مسخ کر دی گئی ہوں یا اس کے ذہن اور دل کو اس قدر بگاڑ دیا گیا ہو کہ اس کے لیے حق کو پہچاننا دشوار ہو جائے تو ایسی صورت میں اللہ کی رحمت اس کے حال کو دیکھتے ہوئے فیصلہ کرے گی۔

سوال 4: جانوروں میں تشدد اور انسانوں پر قدرتی آفات، مہلک بیماریوں اور پیدائشی نقائص کی کیا حکمت ہے؟

ایک باشعور اور تجزیاتی ذہن کے لیے انسان کی اپنی پیدا کردہ برائی کا وجود قابل فہم ہے۔ ہم جانتے ہیں کہ اللہ تعالیٰ نے اس دنیا کو آزمایش کا میدان بنایا ہے اور انسان کو آزادی عطا کی ہے کہ وہ اپنے اعمال کے ذریعے سے اپنے انجام کا فیصلہ کرے۔ لیکن سوال یہ پیدا ہوتا ہے کہ قدرتی آفات، شدید بیماریاں اور پیدائشی نقائص کیوں رونما ہوتے ہیں؟ اللہ تعالیٰ انسانوں اور جانوروں کو ان تکالیف میں کیوں مبتلا کرتا ہے؟ قرآن کی روشنی میں اس سوال کا جواب یہ ہے کہ یہ سب انسانی آزمایش اور تربیت کے لیے ہے۔

قرآن ان لوگوں کے لیے، جو دنیا کو انسان کے پیدا کردہ شر کے سوا ہر قسم کی تکلیف سے پاک سمجھنے کی امید رکھتے ہیں، ایک بالکل مختلف حقیقت پیش کرتا ہے۔ قرآن کے مطابق، یہ دنیا انسان کے لیے آرام و سکون کی جگہ نہیں، بلکہ آزمایش کی سرزمین ہے۔ یہاں کی زندگی بنیادی طور پر ناقص اور خامیوں سے بھرپور ہے، لیکن یہی نقص اور خامیاں انسان کی آزمایش کے لیے موزوں ترین ہیں۔ اس دنیا میں انسانوں کو کبھی خوش حالی، دولت، اور آسایش کے ذریعے سے آزمایا جاتا ہے اور کبھی دکھ، مصیبت، خوف، اور شدید تکلیف کے ذریعے سے۔

اس کے ساتھ ہی یہ دنیا انسان کے لیے ایک درس گاہ ہے۔ انسان ہر چیز کو اس کے مخالف

پہلو سے سمجھ کر سیکھتا ہے۔ مثلاً، مہربانی کا حقیقی شعور اسے ظلم کے تجربے سے حاصل ہوتا ہے۔ یہی وجہ ہے کہ انسانی فطرت اور دنیا میں خیر و شر، رحم اور تشدد، دونوں کا امتزاج پایا جاتا ہے۔اس کے مقابلے میں، جنت کو کامل مقام کے طور پر بیان کیا گیا ہے، جہاں دکھ، درد یا تکلیف کا کوئی تصور نہیں ہوگا۔ لیکن یہ دنیا آزمایش اور سیکھنے کے لیے بنائی گئی ہے، جہاں ہمارے اندر اور خارجی دنیا میں رحمت اور شدت، دونوں موجود ہیں تاکہ انسان کی شخصیت کو نکھارا اور سنوارا جاسکے۔

سوال 5: جانوروں کو خوراک بنانے کے لیے انھیں تکلیف دینے کی اجازت کیوں ہے، اور اسلام میں قربانی کا مقصد کیا ہے؟

یہ دنیا اپنی ساخت کے لحاظ سے ایک عارضی اور ناقص جگہ ہے، جس کا مقصد یہاں کے باسیوں کی آزمایش اور تربیت ہے۔ اسی لیے درد و تکلیف بھی اس آزمایش کا ایک لازمی جزو بنائے گئے ہیں۔اس کے برعکس، آخرت میں جنت کو کامل اور ہر قسم کی تکلیف سے پاک بنایا گیا ہے۔ وہاں ہر قسم کی خوراک بغیر کسی جان لیوا عمل کے دستیاب ہوگی۔

اگرچہ موجودہ صنعتی دور میں یہ نکتہ زیادہ نمایاں نہیں رہا، لیکن تاریخی طور پر دیکھا جائے تو جانور کو خوراک کے لیے ذبح کرنا ایک غیر معمولی عمل سمجھا جاتا تھا، جس کا مقصد انسان کے اندر شکر گزاری کے جذبات کو پروان چڑھانا تھا۔ یہ عمل ایک جان کی قربانی کے ذریعے سے یہ احساس اجاگر کرتا تھا کہ انسان کو اللہ کی نعمتوں پر شکر ادا کرنا چاہیے، کیونکہ وہ اپنی غذائی ضروریات پوری کرنے اور کھانے کی لذت حاصل کرنے کے لیے کسی مخلوق کی جان لے رہا ہے۔

جب میں خدا پر ایمان نہیں رکھتا تھا تو میں نے اپنے ایک دوست سے اس مسئلے پر بات کی کہ اللہ جانوروں کو خوراک کے لیے ذبح کرنے اور قربانی کی اجازت کیسے دے سکتا ہے۔ میں نے اس معاملے میں جانوروں پر ہونے والی تکلیف کو بہت زیادہ اہمیت دی۔ لیکن میرے دوست، جو ایک مضبوط ایمان رکھنے والے تھے، نے ایک نہایت اہم نکتے کی طرف توجہ دلائی۔ انھوں نے کہا کہ اگر خدا رحیم ہے اور اس نے جانوروں کو ذبح کرنے کی اجازت دی ہے تو یقیناً اس نے ان کے درد کی شدت کو بھی اس حد تک محدود کر دیا ہوگا کہ وہ غیر ضروری تکلیف کا شکار نہ ہوں۔

یہ بات میرے دل کو لگی۔ ہم یہ جانتے ہیں کہ بہت سے جانور انسانوں کی طرح جذباتی تکلیف محسوس نہیں کرتے۔ مثال کے طور پر، جب کسی جانور کے بچے کو ہلاک کیا جاتا ہے تو وہ جانور بہت کم تکلیف کا اظہار کرتا ہے یا بالکل نہیں کرتا اور کچھ ہی دیر بعد اس کی زندگی معمول پر واپس آ جاتی ہے۔ ہاتھی اور چند دیگر مخلوقات اپنے مردہ ساتھیوں کے لیے کچھ زیادہ جذباتی ردعمل ظاہر کرتے ہیں، لیکن یہ بھی چند دنوں سے زیادہ نہیں رہتا۔ اگر جانور جذباتی تکلیف کو انسان کے برابر محسوس نہیں کر سکتے تو ممکن ہے کہ خدا نے ان جانوروں کے جسمانی درد کو بھی کم کر دیا ہو جن کے ذبح کی اجازت دی گئی ہے۔

کبھی کبھار میں سوچتا ہوں کہ خدا ایک ایسا نظام کیوں نہیں بنا سکتا تھا جہاں جنت کو آباد کرنے کے لیے دنیا میں کسی بھی طرح کی تکلیف یا آزمایش نہ ہوتی۔ لیکن پھر میں اپنے محدود علم اور ناقص بصیرت کا اعتراف کرتا ہوں۔ اگر ہم یہ تصور کریں کہ خدا نے کھربوں شعور رکھنے والی مخلوقات کو پیدا کیا ہے، جو انصاف اور اخلاقیات کا احساس رکھتی ہیں تو ان مخلوقات کے ساتھ انصاف کرنے کے لیے ہر ممکن پہلو کو مدنظر رکھنا ضروری ہوگا۔ شاید یہی وہ بہترین منصوبہ تھا جو تمام اصولوں اور انصاف کے تقاضوں کو پورا کرنے کے لیے بنایا گیا۔

سوال 6: کیا جانوروں کو ان کی تکلیف کا بدلہ دیا جائے گا؟

اسلامی تعلیمات کے مطابق، جانوروں کے اندر وہ اخلاقی شعور نہیں پایا جاتا جو انسان کو مکلف بناتا ہے، اس لیے وہ کسی آزمایش کے مکلف نہیں ہیں اور ان کے لیے جہنم میں جانے کا کوئی امکان نہیں۔ قرآن[195] میں ذکر ملتا ہے کہ قیامت کے دن جانوروں کو دوبارہ زندہ کیا جائے گا۔ لیکن کچھ احادیث میں یہ بیان کیا گیا ہے کہ جب اللہ تعالیٰ اپنے عدل کا مکمل نفاذ فرما چکے گا تو ان جانوروں کو مٹی بنا دیا جائے گا۔ دوسری طرف، کچھ احادیث میں یہ اشارہ بھی ملتا ہے کہ بعض جانور جنت کے باسی ہوں گے۔ مثلاً، ایک حدیث کے مطابق، نبی اکرم صلی اللہ علیہ وسلم نے بکریوں کے احترام کی تلقین فرمائی اور انھیں جنت کے جانوروں میں شمار فرمایا ۔ (سنن الکبریٰ، بیہقی، رقم 4357)

قرآن سے یہ واضح ہوتا ہے کہ قیامت کے دن جانور زندہ کیے جائیں گے۔ البتہ، یہ بات غیر یقینی ہے کہ وہ جنت میں داخل ہوں گے یا نہیں۔ مناسب طریقہ یہ ہے کہ ہم یہ مانیں کہ اگر کسی جانور میں شعور کی وہ سطح موجود ہے جو اسے جزا کے مستحق بناتی ہے تو اللہ تعالیٰ اس کے ساتھ انصاف فرمائے گا اور اسے اس کا حق ضرور عطا کرے گا۔

اسلام میں قربانی کا مقصد

دنیا بھر میں روزانہ لاکھوں جانور خوراک کے لیے ذبح کیے جاتے ہیں، اور اسلام نے بھی بعض جانوروں کو کھانے کے لیے ذبح کرنے کی اجازت دی ہے۔ لیکن حج کے بعد انجام دی

---

[195] التکویر 5:81، المائدہ 38:5۔

جانے والی قربانی ایک خاص عبادت ہے۔ اس قربانی کا ایک دنیوی فائدہ یہ ہے کہ اس کے ذریعے سے لاکھوں غریب افراد کو گوشت ملتا ہے، جو عام طور پر اس نعمت سے محروم رہتے ہیں۔ یہ قربانی نہ صرف غریبوں کو گوشت مہیا کرنے کا ذریعہ بنتی ہے، بلکہ ایسے افراد کو بھی فائدہ پہنچاتی ہے جو ممکنہ طور پر لمبے عرصے سے گوشت کھانے سے محروم رہے ہوں۔ البتہ، قربانی کی اصل مذہبی اہمیت یہ ہے:

زندگی میں انسان مختلف قسم کے تعلقات رکھتا ہے اور ان تعلقات میں محبت اور عقیدت کے اظہار کے لیے مخصوص مراسم انجام دیتا ہے۔ اسلام میں سب سے اہم تعلق بندے اور اللہ کے درمیان ہے۔ عبادات، مثلاً نماز اور روزہ، اسی تعلق کی عکاسی کرتی ہیں۔ اسی طرح حج اور قربانی بھی بندے کی اس آمادگی کی علامت ہیں کہ اگر اللہ کی راہ میں اپنی ہر چیز قربان کرنی پڑے تو وہ اس کے لیے تیار ہو۔ [196]

سوال 7: اللہ کو انسانوں کو آزمانے کی کیا ضرورت ہے؟ کیا اللہ کو پہلے سے سب کچھ معلوم نہیں؟

یہ بات ظاہر ہے کہ ایک استاد کو اپنے طلبہ کی قابلیت کا علم ہوتا ہے کہ کون کامیاب ہو گا اور کون ناکام، لیکن وہ صرف اپنے علم کی بنیاد پر کسی کے بارے میں فیصلہ نہیں کرتا بلکہ طلبہ کو

---

[196] غامدی سینٹر آف اسلامک لرننگ کے یوٹیوب چینل پر موجود درج ذیل دو مباحث دیکھیے:

1. Hajj as a Symbolic Expression of Sacrifice
2. Explaining Purpose of Animal Sacrifice to Non-Muslims

امتحان دینے کا موقع فراہم کرتا ہے تاکہ ان کی کارکردگی کی بنیاد پر ان کے نتائج کا فیصلہ کرے۔

قرآن کے مطابق اللہ نے انسان کو ارادے کی آزادی دی ہے تاکہ وہ اپنے اخلاقی فیصلے خود کرے۔ اگرچہ اللہ ہمارے ان فیصلوں کو کنٹرول نہیں کرتا، لیکن وہ پہلے ہی جانتا ہے کہ ہم کیا انتخاب کریں گے۔ یہ ویسے ہی ہے جیسے ایک استاد طلبہ کی محنت اور ان کے رویے کو دیکھ کر ان کے نتائج کا اندازہ لگا سکتا ہے، حالاں کہ وہ طلبہ کی محنت پر کوئی کنٹرول نہیں رکھتا۔ مزید یہ کہ ہم انسان وقت کی حدود میں قید ہیں اور مستقبل کو نہیں دیکھ سکتے، لیکن اللہ جیسی اعلیٰ ہستی وقت کے تمام پہلوؤں کو دیکھ سکتی ہے۔ چونکہ ہم تین جہات میں محدود ہیں، لہٰذا ہم اس حقیقت کو مکمل طور پر سمجھنے سے قاصر ہیں۔ لیکن اصولی طور پر یہ سمجھنا ممکن ہے کہ اللہ ہمارے اعمال کو کنٹرول کیے بغیر بھی مستقبل کو جان سکتا ہے، حالاں کہ ہماری محدود عقل اس کی مکمل حقیقت کو سمجھنے سے قاصر ہے۔

سوال 8: کیا اللہ اپنی جنت کے لیے افراد کے انتخاب کا مقصد آزمایش کے بغیر بھی حاصل کر سکتا تھا؟

مثال کے طور پر، کیا اللہ یہ نہیں کر سکتا تھا کہ وہ صرف ان افراد کو پیدا کرتا جو جنت میں داخل ہونے والے تھے اور انھیں اس بات کا علم دے دیتا کہ انھوں نے یہ مقام کیسے حاصل کرنا ہے، اور اس طرح آزمایش کے نظام کو نافذ کیے اور لوگوں کو امتحان سے گزارے بغیر افراد کو منتخب کرلیتا؟ بلاشبہ، یہ ممکن تھا۔ لیکن اگر قرآن کے اس بیان کو مد نظر رکھا جائے کہ اللہ نے بے شمار آزاد ارادہ رکھنے والی مخلوقات پیدا کی ہیں——جیسے انسان، جن، فرشتے، اور دیگر جن کے بارے میں ہمیں علم نہیں——اور ان سب کو خیر و شر اور عدل و انصاف کا شعور عطا کیا ہے

تو شاید آزمایش کا یہی طریقہ ان تمام آزاد ارادہ رکھنے والی مخلوقات کے لیے انصاف کے تمام پیمانوں کو پورا کرنے کا سب سے بہتر ذریعہ تھا۔ یہی نظام ان کے لیے بھی ضروری تھا جو ہمیشہ کے لیے جنت میں رہیں گے، تاکہ وہ جنت میں اپنی موجودگی کا حقیقی استحقاق محسوس کریں۔

ایک مثال سے اس بات کو بہتر طور پر سمجھا جا سکتا ہے۔ جنت کے رہائشیوں کے انتخاب کے ساتھ، یہ امتحان ان حکمرانوں کے چناؤ کا بھی ذریعہ بنتا ہے جو جنت میں اپنی ذمہ داریاں انجام دیں گے۔ اگر اللہ نے کچھ افراد کو محض اپنے علم کی بنیاد پر جنت کے حکمران مقرر کر دیا ہوتا اور انھیں کسی امتحان کے عمل سے نہ گزارا ہوتا تو جنت کے دیگر رہائشی یہ اعتراض کر سکتے تھے کہ ان حکمرانوں کو، جو اپنی حیثیت کے تمام فوائد اور اختیارات سے لطف اندوز ہو رہے ہیں، اپنے مقام کا ثبوت پیش کرنا چاہیے تھا۔ چنانچہ یہ زیادہ مناسب اور منصفانہ ہے کہ اللہ اپنے فیصلے محض اپنے علم کی بنیاد پر نہ کرے، بلکہ افراد کے اعمال اور کارکردگی کی بنیاد پر کرے۔

سوال 9: خدا کی دوہری صفات — خدا صرف محبت اور رحمت کا مظہر نہیں!

قرآن اللہ تعالیٰ کو ایک طرف نیک اور راست باز بندوں کے لیے محبت کرنے والا اور معاف کرنے والا قرار دیتا ہے، اور دوسری طرف ظالموں اور برے اعمال کرنے والوں کے لیے نہایت سخت گیر اور عذاب دینے والے کے طور پر پیش کرتا ہے۔ اس طرح اللہ کی صفات میں رحمت اور غضب، دونوں پہلو نمایاں ہیں۔ یہ دوہری صفات فطرت کے مشاہدے سے بالکل منطقی معلوم ہوتی ہیں۔ اگر اللہ نے کائنات کو تخلیق کیا ہے تو اس کی ذات میں یہ دونوں صفات پائی جانی لازم ہیں۔ ہم قدرت میں محبت، رحمت اور خوب صورتی کے مظاہر دیکھتے ہیں

اور ساتھ ہی قدرت کے مظاہر میں شدت، تشدد اور تکلیف بھی موجود ہے۔

سوال 10: اللہ کا قانونِ ہدایت کیا ہے؟

قرآن سے معلوم ہوتا ہے کہ اللہ تعالیٰ نے ہدایت کے لیے ایک واضح قانون مقرر کر رکھا ہے۔ اللہ نے ہر انسان کی فطرت میں حق و باطل کے شعور کو ودیعت کر دیا ہے اور یہ احساس بھی کہ وہ ایک اعلیٰ ہستی کے تخلیق کردہ ہیں۔ جو شخص اپنے ضمیر کی آواز سن کر اور فطری ہدایت کی پیروی کرتے ہوئے اپنی زندگی کے فیصلے کرتا ہے، اللہ اسے مزید ہدایت عطا کرتا ہے۔ لیکن جو شخص اس فطری ہدایت کو نظر انداز کرکے غلط کاموں میں مبتلا ہو جاتا ہے، اس کا دل رفتہ رفتہ زنگ آلود ہو جاتا ہے اور آخرکار اللہ تعالیٰ اس کے دل اور دماغ پر مہر لگا دیتا ہے، جس کے بعد وہ کبھی ہدایت نہیں پا سکتا۔

اللہ صرف ان لوگوں کو ہدایت دیتا ہے جو خلوصِ نیت، مسلسل جستجو اور سنجیدہ کوشش کے ساتھ ہدایت کی تلاش کرتے ہیں، اور غرور، تعصب اور گناہوں سے بچنے کی کوشش کرتے ہیں۔ وہ اس بات پر ہمیشہ آمادہ رہتے ہیں کہ وہ امور کو تجزیہ کرنے کے بعد انھیں میرٹ پر قبول کریں۔ جتنی زیادہ انسان ان باتوں میں محنت کرتا ہے، اتنی ہی زیادہ ہدایت اسے عطا کی جاتی ہے۔ قرآن واضح طور پر بیان کرتا ہے کہ جو لوگ اللہ کی نشانیوں کو مسلسل نظر انداز کرتے ہیں اور اپنی اخلاقی آلودگیوں کو ختم نہیں کرتے، وہ بالآخر گم راہی میں بھٹکنے کے لیے چھوڑ دیے جاتے ہیں۔

سوال 11: ''بیویاں اپنے شوہروں کی کھیتی ہیں،'' کا معنی کیا ہے؟

قرآن کی سورۂ بقرہ کی آیت 223 میں اللہ تعالیٰ نے شوہروں کو مخاطب کرتے ہوئے یہ فرمایا ہے کہ ان کی بیویاں ان کے لیے کھیت کے مانند ہیں۔ بعض ناقدین اس آیت کی غلط تشریح کرتے ہوئے دعویٰ کرتے ہیں کہ یہ عورت کی کم تری کو ظاہر کرتی ہے۔ ان کے نزدیک اس آیت میں عورت کو شوہر کی ملکیت قرار دیا گیا ہے جس کا وہ استحصال کر سکتا ہے۔ البتہ یہ تمثیل کی غلط تشریح ہے۔

درحقیقت، یہ تمثیل اس کے بالکل برعکس ہے اور ایک نہایت خوب صورت حقیقت کی عکاسی کرتی ہے۔ کسان کے لیے اس کا کھیت زندگی کی اساس ہوتا ہے۔ وہ اپنے کھیت کا استحصال نہیں کرتا، بلکہ اسے سنوارتا ہے، اس کی حفاظت کرتا ہے، اور اس میں بیج بونے کے لیے دن رات محنت کرتا ہے۔ کھیت کا خیال اور اس کی بہتری کی سوچ اسے دن رات جگائے رکھتی ہے۔ یہ تمثیل شوہروں کو یہ اجازت نہیں دیتی کہ وہ بیویوں کا استحصال کریں، بلکہ انھیں بات کی یاد دہانی کراتی ہے کہ وہ اپنی بیویوں کے ساتھ محبت، وفاداری اور دیکھ بھال کا معاملہ کریں اور ان کے آرام و سکون کے لیے فکر مند رہیں۔ یہی وجہ ہے کہ قرآن اس آیت میں مزید تاکید کرتا ہے کہ شوہر ہر معاملے میں اللہ کا خوف دل میں رکھیں اور اپنے تعلقات میں تقویٰ کو پیش نظر رکھیں۔

سوال 12: کیا یہ حضرت حوا کا قصور تھا کہ حضرت آدم نے اُن کے ساتھ مل کر شجر ممنوعہ کھالیا؟

ہر گز نہیں۔ قرآن میں جہاں کہیں بھی حضرت آدم اور حضرت حوا کے معاملے کا ذکر آتا ہے، وہاں یہ بیان کیا گیا ہے کہ دونوں نے غلطی کی۔ ذمہ داری کسی ایک پر نہیں ڈالی گئی۔ البتہ، ایک خاص مقام پر قرآن حضرت آدم کو اس معاملے میں زیادہ ذمہ دار ٹھہراتا ہوا معلوم ہوتا ہے۔ سورۂ طٰہٰ کی آیت 115 میں ارشاد باری تعالیٰ ہے:

> ''ہم نے اِس سے پہلے آدم پر ایک عہد کی ذمہ داری ڈالی تھی تو وہ بھول گیا تھا اور ہم نے اُس میں ارادے کی پختگی نہیں پائی تھی۔''

سوال 13: کیا حضرت حوا حضرت آدم کی پسلی سے پیدا کی گئی تھیں؟

ہر گز نہیں۔ اس معاملے میں قرآن ارشاد فرماتا ہے:

> ''لوگو، اپنے اُس پروردگار سے ڈرو جس نے تمھیں ایک جان سے پیدا کیا اور اُسی کی جنس سے اُس کا جوڑا بنایا۔'' (النساء 4:1)

لٰہذا قرآن کے مطالعے سے یہ ظاہر ہوتا ہے کہ ہم سب حضرت آدم کی اولاد ہیں اور اللہ تعالیٰ نے ان کی جان یا ان کی نوع سے حضرت حوا کو پیدا کیا۔ نبی کریم صلی اللہ علیہ وسلم سے منسوب ایک حدیث میں آیا ہے کہ آپ نے فرمایا:

> ''عورتوں کے بارے میں نصیحت حاصل کرو۔ بے شک، عورت کو پسلی سے پیدا کیا گیا ہے اور پسلی کا اوپر کا حصہ سب سے زیادہ ٹیڑھا ہوتا ہے۔ اگر تم اسے سیدھا کرنا چاہو گے تو یہ ٹوٹ جائے گی اور اگر اسے ایسا ہی چھوڑ دو گے تو یہ ٹیڑھی رہے گی۔ چنانچہ عورتوں کے بارے میں نصیحت حاصل کرو۔'' (بخاری، رقم 5185۔ مسلم، رقم 3468)

اگراس روایت کی نبی کریم صلی اللہ علیہ وسلم کی طرف نسبت درست ہے تو ممکن ہے کہ آپ نے ایک تمثیل کے طور پر عورت اور پسلی کا موازنہ کیا ہو تاکہ یہ واضح کیا جاسکے کہ عورت کی فطرت پیچیدہ ہے، اور مردوں کو چاہیے کہ وہ انھیں زبردستی اپنے مطابق ڈھالنے کی کوشش نہ کریں۔

سوال 14: حدیث جبریل کی اہمیت کیا ہے؟

اگر کوئی اسلام کو اس کے بنیادی نکات کے ذریعے سے سمجھنا چاہے تو اس معاملے میں حدیث جبریل تمام حدیث لٹریچر میں سب سے زیادہ قابل اعتماد روایت ہے۔ نبی کریم صلی اللہ علیہ وسلم کی زندگی کے آخری مہینوں میں ایک اجنبی شخص مسجد میں داخل ہوا۔ اس وقت نبی کریم صلی اللہ علیہ وسلم خطبہ دے رہے تھے۔ مدینہ ایک چھوٹا سا شہر تھا، جہاں تمام مقامی لوگ ایک دوسرے سے واقف تھے، اس لیے کسی کا غیر معروف ہونا حیران کن تھا۔ مزید یہ کہ وہ شخص بالکل تروتازہ اور نئے لباس میں ملبوس تھا، جس پر سفر کی کوئی علامت نہ تھی۔ یہ اجنبی نبی کریم صلی اللہ علیہ وسلم کے قریب آ بیٹھا اور دین کے بارے میں سوالات کرنے لگا۔ نبی کریم صلی اللہ علیہ وسلم نے جوابات دیے، اور وہ شخص ان جوابات کی تائید میں سر ہلاتا رہا۔ صحابۂ کرام حیران تھے کہ یہ شخص کون ہو سکتا ہے جو اللہ کے رسول کی باتوں کی تصدیق کر رہا ہے۔ اس شخص کے جانے کے بعد نبی کریم صلی اللہ علیہ وسلم نے انکشاف کیا کہ یہ جبریل تھے، جو انسان کی شکل میں آئے تاکہ دین کی تعلیمات کو آسان اور جامع انداز میں واضح کیا جاسکے۔ میں یہاں اس حدیث کو بیان کرنا چاہوں گا، کیوں کہ یہ دین اسلام کے پورے پیغام کا ایک بہترین اور مکمل خلاصہ ہے۔

حضرت جبریل نے نبی کریم صلی اللہ علیہ وسلم سے سوال کیا: ''ایمان کیا ہے؟'' نبی کریم صلی اللہ علیہ وسلم نے جواب دیا: ''ایمان یہ ہے کہ تم اللہ، اس کے فرشتوں، قیامت کے دن اللہ سے ملاقات، اس کے رسولوں اور قیامت کے دن دوبارہ زندہ ہونے پر ایمان لاؤ۔'' حضرت جبریل نے پوچھا: ''اسلام کیا ہے؟'' آپ نے جواب دیا: ''اسلام یہ ہے کہ تم اللہ کی عبادت کرو اور اس کے ساتھ کسی کو شریک نہ ٹھہراؤ، نماز قائم کرو، زکوٰۃ ادا کرو اور رمضان کے روزے رکھو۔'' حضرت جبریل نے مزید پوچھا: ''احسان (کمال) کیا ہے؟'' آپ نے جواب دیا: ''احسان یہ ہے کہ تم اللہ کی عبادت اس طرح کرو جیسے تم اسے دیکھ رہے ہو، اور اگر یہ ممکن نہ ہو تو یہ یقین رکھو کہ اللہ تمھیں دیکھ رہا ہے۔'' حضرت جبریل نے پوچھا: ''قیامت کب برپا ہوگی؟'' آپ نے جواب دیا: ''جس سے سوال کیا جا رہا ہے، اسے سوال کرنے والے سے زیادہ علم نہیں، یعنی (کسی کو اس کا معین وقت معلوم نہیں)۔ لیکن میں تمھیں اس کی نشانیاں بتاتا ہوں: 1۔ جب لونڈی اپنی مالکہ کو جنے گی۔ (اس کی تعبیر جناب جاوید احمد غامدی کے مطابق یہ ہے کہ نبی کریم صلی اللہ علیہ وسلم نے تمثیلی انداز میں کہا کہ دنیا سے غلامی کا خاتمہ ہو جائے گا، جو ایک اچھی بات ہے۔ میں اس تعبیر کو درست سمجھتا ہوں)۔ 2۔ جب بدو چرواہے (عرب) بلند و بالا عمارتیں بنانے میں ایک دوسرے سے مقابلہ کریں گے۔''
(بخاری، رقم 43۔ مسلم، رقم 1)

یہ بات قابل غور ہے کہ قیامت کی یہ دونوں نشانیاں تقریباً ایک ہی دور میں پوری ہو چکی ہیں۔ غلامی کا عالمی سطح پر خاتمہ 1948ء میں اقوام متحدہ کے انسانی حقوق کے اعلامیے میں ہوا، اور عربوں نے 2000ء کی دہائی کے آغاز سے عالمی سطح پر بلند و بالا عمارتیں بنانے میں ایک دوسرے سے مقابلہ کرنا شروع کیا۔

سوال 15: غیب پر ایمان کیا ہے؟

عام طور پر یہ خیال کیا جاتا ہے کہ قرآن میں ''ایمان بالغیب'' کا مطلب کسی دلیل یا سوچ بچار کے بغیر اندھا اعتقاد رکھنا ہے۔ یہ تصور درست نہیں۔ قرآن تقریباً ہر جگہ عقل و شعور کے استعمال کی تلقین کرتا ہے۔

ایمان کا مطلب ہے کہ کسی بات پر اعتماد کرنا، لیکن یہ اعتماد کسی معقول دلیل یا ثبوت کی بنیاد پر ہوتا ہے۔ اندھا ایمان اس کے بر خلاف ہوتا ہے، کیونکہ وہ بغیر کسی ثبوت یا دلیل کے بھروسا کرنے کا نام ہے۔ قرآن ہمیں ایسے ایمان کی طرف بلاتا ہے جو ٹھوس دلائل اور عقلی شواہد پر مبنی ہو۔ ''ایمان بالغیب'' سے مراد یہ ہے کہ ہم ایک غیر مرئی خدا اور اُس کے پیدا کردہ عالم پر اُن شواہد کی بنیاد پر یقین رکھیں جو ہمارے مشاہدے اور عقل سے مطابقت رکھتے ہوں۔

سوال 16: کائنات اتنی وسیع کیوں ہے؟

قرآن کی سورۂ ابراہیم کی آیت 48 میں بیان کرتا ہے کہ یہ موجودہ کائنات اُس ابدی اور لامحدود جہان کی ایک ابتدائی شکل ہے جسے ابھی وجود میں آنا ہے۔ یہ کائنات اُس آنے والے دائمی عالم کا ابتدائی خام مواد ہے، جو خدا کی حکمت سے ترتیب پائے گا۔

سوال 17: خدا کو ''اللہ'' کیوں کہا جاتا ہے؟

قرآن میں اللہ نے اپنے دو بنیادی نام بیان کیے ہیں: رحمٰن، یعنی سب سے زیادہ رحم کرنے والا اور اللہ، جو عربی زبان میں ''خدا'' کا مترادف ہے۔ یہ امر قابل ذکر ہے کہ بائیبل میں بھی

خدا کے لیے ایسے ہی نام استعمال ہوئے ہیں، جیسے عبرانی زبان میں ''ایلو ہیم''(پیدایش 1:1-2: 4الف) اور آرامی زبان میں ''ایلائی'' (مرقس 15: 34)۔ چاہے وہ عربی میں ''اللہ''ہو، عبرانی میں ''ایلو ہیم'' یا آرامی میں ''ایلائی''، یہ تمام نام متعلقہ زبانوں میں خدا کے لیے استعمال ہوتے ہیں۔

قرآن کی سورۂ اعراف کی 180 میں ارشاد فرماتا ہے کہ تمام خوب صورت نام اُس کے لیے استعمال کیے جاسکتے ہیں۔ لٰہذا خدا کو کسی بھی ایسے نام سے پکارا جاسکتا ہے جو قرآن میں بیان کردہ اُس کی صفات کے مطابق ہو۔

سوال 18: ہمارے حدود کو سمجھنا کیوں ضروری ہے؟ کیا ہم واقعی خدا، فرشتوں، روح اور آنے والے عالم کی حقیقت کو سمجھ سکتے ہیں؟

انسان ہزاروں سال سے مابعد الطبیعیات کی حقیقت کو سمجھنے کی کوشش کر رہا ہے، لیکن اس میں کوئی خاطر خواہ کامیابی حاصل نہیں ہوئی۔ چند صدیوں قبل یہ شعور پیدا ہوا اور اس پر انسانوں کا اجماع ہو گیا کہ انسان کو اپنے علمی حدود کو تسلیم کرنا چاہیے۔ انھیں اُن چیزوں پر توجہ مرکوز نہیں کرنی چاہیے جو اُن کے حسی علم سے باہر ہیں۔ انھیں اپنی توجہ کا مرکز انھی امور تک محدود رکھنا چاہیے، جو ہمارے معروضی مشاہدے اور پیمایش میں آتی ہیں۔ یہی شعور وہ بنیاد تھی جس کی بنیاد پر جدید سائنسی انقلاب برپا ہوا۔

قرآن ہمیں یہی تعلیم دیتا ہے کہ ہم اپنے علم کے حدود کو پہچانیں۔ یہ ہمیں متنبہ کرتا ہے کہ روح، فرشتے، آنے والے عالم، اور خدا کی ذات کی حقیقت کو انسان اس دنیا میں نہیں سمجھ سکتا۔ اس محدود دنیوی زندگی میں یہ امور ہمارے مشاہدے لٰہذا ادراک سے باہر ہیں۔ وہ آیات

جو ان امور کو بیان کرتی ہیں، انھیں قرآن ''متشابہات'' کہتا ہے، یعنی وہ امور جنھیں صرف تمثیلوں اور تشبیہوں کے ذریعے سے سمجھا یا جاسکتا ہے۔ کتاب اللہ ہمیں خبردار کرتی ہے کہ ان متشابہ امور کی اصل حقیقت کو سمجھنے کی کوشش سے گریز کریں۔ سورۂ آل عمران کی آیت 7 میں فرمایا ہے:

''وہی ہے جس نے تم پر یہ کتاب اتاری ہے جس میں آیتیں محکم بھی ہیں جو اِس کتاب کی اصل بنیاد ہیں اور (اِن کے علاوہ) کچھ دوسری متشابہات بھی ہیں۔ سو جن کے دل پھرے ہوئے ہیں، وہ اِس میں سے ہمیشہ متشابہات کے درپے ہوتے ہیں، اِس لیے کہ فتنہ پیدا کریں اور اِس لیے کہ اُن کی حقیقت معلوم کریں، دراں حالیکہ اُن کی حقیقت اللہ کے سوا کوئی نہیں جانتا۔''

سوال 19: اگر قرآن کا خدا عالم گیر ہے تو دنیا میں اتنے زیادہ مذاہب کیوں موجود ہیں؟

قرآن کا خدا-ایک عالمی خدا

عام طور پر بہت سے مذاہب خدا کو کسی مخصوص علاقے یا تہذیب کے ساتھ خاص کرتے ہیں۔ یہ مذاہب اکثر ان سوالات کو نظرانداز کر دیتے ہیں کہ خدا محض ایک مخصوص علاقے یا قوم کے لیے کیوں سرگرم رہا، اور باقی دنیا کے لیے اس کا کوئی کردار کیوں دکھائی نہیں دیتا؟

قرآن ایک عالم گیر خدا کا تصور پیش کرتا ہے، ایک ایسا خدا جو پوری انسانیت کے دلوں میں ہدایت کا نور پیدا کرتا ہے اور مختلف ادوار میں رسولوں کے ذریعے سے یہ ہدایت تفصیل، یاددہانی اور اصلاح کے ساتھ پہنچاتا رہا۔ بالآخر، اس خدا نے انبیا کو اپنا رسول بنا کر مختلف قوموں

کو اپنا پیغام پہنچانے کے لیے چنا اور ان کے ذریعے سے دنیا میں اپنی عدالت لگا کر قیامت صغریٰ برپا کر کے دکھادی۔ پھر نبوت کو حضرت ابراہیم کی نسل تک محدود کر دیا تاکہ خدا کے دین کو دنیا میں پھیلانے اور غالب کرنے کے لیے قوموں کو کھڑا کرے۔

قرآن میں دیگر مذاہب کی موجودگی کی وضاحت

اس کے مطابق، مختلف مذاہب کے ظہور کے وجوہات درج ذیل ہیں:

1۔ قرآن سورۂ بقرہ کی آیت 213 میں بیان کرتا ہے کہ تمام انسانیت ابتدا میں ایک ہی دین پر قائم تھی، لیکن وقت کے ساتھ ساتھ وہ باہمی اختلافات اور دشمنیوں کی وجہ سے مختلف گروہوں میں بٹ گئی۔

2۔ قرآن مزید بیان کرتا ہے کہ انسانوں نے جنات، فرشتوں اور اپنے معاشروں کے نیک افراد کو معبود بنالیا، جیسا کہ قرآن میں ذکر کیا گیا ہے۔ (الانعام 6:100، سبا 34:40-41، التوبہ 9:31) ان شخصیات کے بارے میں من گھڑت کہانیاں اور توہمات باندھ لیے گئے اور ان کی پرستش کی جانے لگی۔

سوال 20: خدا کو بار بار کتابیں بھیجنے کی ضرورت کیوں پیش آئی؟

اسلام کوئی نیا دین اور ہدایت کا پیغام نہیں، بلکہ وہی ازلی پیغام ہے جو انسانیت کو ابتدا سے دیا جاتا رہا ہے۔ یہ پیغام انسانی تہذیب کے ارتقا کے ساتھ ساتھ لوگوں کی ضروریات کے مطابق مکمل ہوتا گیا اور بالآخر یہ ساتویں صدی عیسوی میں تکمیل کو پہنچا۔ چنانچہ قرآن کے خدا نے اعلان فرمایا:

"تمھارے دین کو آج میں نے تمھارے لیے پورا کر دیا ہے اور تم پر اپنی نعمت تمام کر

دی ہے اور تمھارے لیے دین کی حیثیت سے اسلام کو پسند فرمایا ہے۔"(المائدہ 3:5)

سوال 21: اسلام کا مطلب کیا ہے؟

اسلام ایک عربی لفظ ہے، جس کا مطلب ہے "سرِ تسلیم خم کرنا"۔ قرآنی سیاق وسباق میں، اسلام کا مطلب ہے: خدا کے حکم کے آگے جھک جانا اور حق کو قبول کرنا۔

سوال 22: اگر اخلاقیات صرف مذہبی کتب سے حاصل کی جاسکتی ہیں تو پھر اخلاقی طور پر اچھے دہریے کیوں موجود ہیں؟

مذہب کے ناقدین عام طور پر یہ سوال اٹھاتے ہیں کہ اگر اخلاقیات کے لیے کسی مذہبی کتاب کی ضرورت ہے تو پھر ایسے لوگ کیوں پائے جاتے ہیں جو دہریہ ہونے کے باوجود اعلیٰ اخلاق کے حامل ہیں؟ قرآن اس شبہے کا جواب دیتے ہوئے واضح کرتا ہے کہ انسانوں کو صحیح اور غلط کے درمیان فرق کرنے کے لیے کسی کتاب کی ضرورت نہیں، کیونکہ یہ علم ان کی فطرت میں پہلے سے ودیعت ہے۔ (الشمس 91:7-8) انبیا کے ذریعے سے دی گئی کتب انسان کو اس کے اندر موجود اخلاقی ہدایت کی یاددہانی کرانے کے لیے ہیں اور وہ ان مواقع پر مزید وضاحت پیش کرتی ہیں، جہاں انسانی اخلاقی شعور بگاڑ کا شکار ہو چکا ہو۔

سوال 23: قرآن کی کون سی پیشین گوئیاں پوری ہوئیں؟

قرآن میں بعض ایسی پیشین گوئیاں کی گئیں جو قریب الوقوع مستقبل کے بارے میں تھیں اور معجزانہ طور پر پوری ہوئیں۔ یہ حقیقت ان اضافی وجوہات میں سے ایک ہے جنھوں

نے قرآن کی صداقت پر میرے ایمان کو مزید مضبوط کیا:

الف۔ 615 عیسوی میں خسرو پرویز نے بازنطینی (رومی) سلطنت پر حملہ کیا اور شام، فلسطین اور شمالی افریقہ پر قبضہ کر لیا۔ ایرانیوں نے یروشلم کو لوٹا، کلیسائے مقبرہ مقدس (Holy Sepulcher) کو نذر آتش کیا، اور متعدد شہروں کو تباہ کر دیا۔ جنگ کا خاتمہ فارس کی واضح فتح کے ساتھ ہوا۔ اب بازنطینی سلطنت کا زوال یقینی نظر آتا تھا۔ لیکن قرآن نے فوراً پیشین گوئی کی کہ چند سالوں کے اندر بازنطینی فارس کے خلاف فتح حاصل کریں گے۔ اسی دن مسلمانوں کے لیے بھی خوشی کی خبر ہوگی، کیونکہ انھیں بھی اللہ کی طرف سے فتح نصیب ہوگی۔ (الروم 30:2-7)

یہ پیشین گوئی انتہائی پر خطر تھی، کیونکہ اگر یہ پوری نہ ہوتی تو قرآن کی الہامی حیثیت مشکوک ہو جاتی۔ حیرت انگیز طور پر، نو سال بعد 624 عیسوی میں بازنطینی سلطنت نے فارس کے خلاف فیصلہ کن فتح حاصل کی اور اسی دن مسلمانوں نے بدر کے معرکے میں مکہ کے مشرکین کے خلاف اپنی پہلی جنگ جیتی۔

ب۔ سورۂ قصص کی آیت 85 اس وقت نازل ہوئی، جب نبی کریم صلی اللہ علیہ وسلم تنہا تھے اور ابھی تک چند لوگ ہی آپ پر ایمان لائے تھے۔ یہاں تک کہ آپ مکہ سے نکلنے پر مجبور ہوئے۔ اس وقت نازل ہونے والی اس آیت نے مکہ میں آپ کی فاتحانہ واپسی کی پیشین گوئی کی، جو تاریخ میں حقیقت ثابت ہوئی۔

ج۔ 628 عیسوی میں حدیبیہ کے معاہدے کے بعد مسلمانوں نے سمجھا کہ انھوں نے مکہ کے ساتھ ایک نقصان دہ معاہدہ کیا ہے جو آنے والے سالوں میں ان کے لیے انتہائی مشکلات پیدا کرے گا۔ لیکن قرآن (الفتح 48:27) نے پیشین گوئی کی کہ مکہ جلد ہی مسلمانوں کے

قبضے میں ہوگا اور صرف دو سال کے اندر مسلمان مکہ فتح کرنے میں کامیاب ہوئے۔

د۔ سورۂ نور کی آیت 55 پیشین گوئی کرتی ہے کہ جو لوگ نبی کریم صلی اللہ علیہ وسلم کی حمایت کریں گے، وہ ایک وسیع سلطنت کے حکمران بنائے جائیں گے، جو ان پر اللہ کا انعام ہوگا۔ یہ پیشین گوئی اس وقت پوری ہوئی، جب نبی کریم صلی اللہ علیہ وسلم کے قریبی ساتھی، جو ابتدا میں کسی قابل ذکر فوجی طاقت کے حامل نہ تھے، ایک بڑی وسیع سلطنت کے حکمران بن گئے جسے ''خلافتِ راشدہ'' کے نام سے جانا جاتا ہے۔ یہ سلطنت، جو اس دور کی دو سپر پاورز—بازنطینی اور فارسی سلطنتوں—کو شکست دے کر قائم ہوئی، جدید دور کے متعدد ممالک کو محیط تھی۔ یہ لیبیا، مصر، ترکی، آرمینیا، آذربائیجان، یروشلم، شام، عراق، اردن، سعودی عرب، یمن، عمان، متحدہ عرب امارات، ایران، افغانستان، ترکمانستان اور پاکستان کے کچھ حصوں تک شامل ہے۔

سوال 24: کیا قرآن سابقہ مذہبی متون کو غلط طور پر نقل کرتا ہے؟

قرآن کا ایک اہم اور حیران کن پہلو یہ ہے کہ یہ سابقہ الہامی کتب میں موجود تاریخی غلطیوں کی تصحیح کرتا ہے۔ اس سے زیادہ قابل ذکر بات یہ ہے کہ قرآن نے جن تاریخی حقائق کو واضح کیا، ان تک اس وقت کسی انسان کی رسائی ممکن نہ تھی۔ اس ضمن میں دو مثالیں پیش کی جا رہی ہیں:

الف۔ بائیبل کی کتاب ''آستر'' کے مطابق ہامان ایک ایرانی بادشاہ کا وزیر تھا۔[197] اس کے برعکس، قرآن میں ہامان کو فرعون کا وزیر بتایا گیا ہے، جو بادشاہ کے تعمیراتی منصوبوں کی نگرانی کرتا تھا۔(سورۂ غافر 36:40) جن لوگوں کا یہ گمان ہے کہ نبی کریم صلی اللہ علیہ وسلم نے اس بات کو بائیبل سے نقل کیا، ان کے نزدیک یہ بات قرآن پر ایک اعتراض کے طور پر پیش کی جاتی ہے اور اسے محمد صلی اللہ علیہ وسلم کی غلطی شمار کیا جاتا ہے۔

لیکن یہ سوال کہ ہامان فرعون کے ساتھ تھا یا بابلی بادشاہ کے ساتھ، اس وقت ناقابل حل تھا، کیونکہ مصری زبان معدوم ہو چکی تھی۔ ''روزٹا اسٹون''(Rosetta Stone) کی دریافت سے قبل اسے کوئی نہیں سمجھ سکتا تھا۔ اور یہ دریافت 1799 عیسوی میں ہوئی۔ فرانسیسی محقق مورس بوکائے(Maurice Bucaille) نے اپنی کتاب '' Moses and Pharaoh in the Bible, Quran, and History'' میں تحقیق کی کہ ہامان (مصری ہیروغلیفی رسم الخط میں HMNH) کا ذکر فرعونوں کے دور میں تعمیراتی مواد کے انچارج کے طور پر آتا ہے۔

یہ بات یاد رکھنی چاہیے کہ اگرچہ یہ عام تاثر ہے کہ حضرت موسیٰ علیہ السلام کے زمانے کا فرعون رعمسیس (Rameses) تھا، لیکن اس کا کوئی تاریخی ثبوت موجود نہیں اور قرآن رعمسیس کا نام نہیں لیتا۔ لٰہذا یہ موقف زیادہ درست ہے کہ ہم نہیں جانتے کہ حضرت موسیٰ کے تعلق سے قرآن کس فرعون کا حوالہ دیتا ہے۔

ب۔ بائیبل میں بیان کیا گیا ہے کہ حضرت یوسف علیہ السلام اور حضرت موسیٰ علیہ السلام کے وقت کے مصری بادشاہوں کو ''فرعون'' کہا گیا۔(پیدائش 12:10-20۔41

---

[197] دیکھیے: آستر، باب 3۔

(57-1:

لیکن تاریخی طور پر یہ ثابت ہو چکا ہے کہ مصری بادشاہوں کو ''فرعون'' کا لقب بہت بعد میں دیا گیا۔ خاص طور پر یہ نئی سلطنت (New Kingdom) کے دور میں (یعنی 1400 قبل مسیح کے بعد) دیا گیا۔[198]

اگرچہ یہ متعین کرنا ممکن نہیں کہ حضرت یوسف اور حضرت موسیٰ علیہ السلام کس دور میں تھے، لیکن عمومی اتفاق رائے یہ ہے کہ حضرت یوسف علیہ السلام مصر کے ابتدائی دور میں تھے، یعنی عبرانیوں کی اجتماعی ہجرت سے پہلے۔ حضرت موسیٰ علیہ السلام بعد کے دور میں تشریف لائے، جب مصریوں نے عبرانیوں کو اپنا غلام بنالیا تھا۔ لٰہذا یہ ممکن ہے کہ حضرت یوسف کے زمانے میں مصر کے حکمرانوں کو ''فرعون'' نہیں کہا جاتا تھا۔ اب جب کہ بائبل نے تمام مصری حکمرانوں کو ''فرعون'' کہا، لیکن قرآن نے حیرت انگیز طور پر اس تاریخی حقیقت کو مدنظر رکھا اور حضرت یوسف علیہ السلام کے وقت کے مصری حکمران کو ''بادشاہ'' (یوسف 54:12) کہا، جب کہ حضرت موسیٰ علیہ السلام کے وقت کے حکمران کو ''فرعون'' کہا۔ (غافر 26:40)

سوال 25: اگر اللہ رب العالمین ہے تو پھر دنیا میں بھوک، قحط اور افلاس کیوں ہے؟

اس سوال کا جواب تین نکات میں دیا جا سکتا ہے:

ا۔ قرآن بتاتا ہے کہ اللہ تعالیٰ انسانوں کو آزمائش میں ڈالتا ہے، کبھی خوش حالی کے ذریعے

[198] www.worldhistory.org پر مضمون ''Pharaoh'' دیکھیے۔

سے اور کبھی تنگی کے ذریعے، اس لیے ضروری ہے کہ کچھ لوگوں کے پاس دوسروں کے مقابلے میں زیادہ مال اور وسائل ہوں۔

2۔ یہ دنیا ایک عارضی مقام ہے، جہاں زندگی اور موت کے قدرتی چکر جاری رہتے ہیں۔ لہٰذا خاص طور پر جانور کبھی کبھار قحط یا بھوک کے باعث موت کا شکار ہو سکتے ہیں۔

3۔ انفرادی سطح پر انسان کو اللہ کی طرف سے دیے گئے رزق کے حصول کے لیے کوشش کرنا لازم ہے۔ یہ اللہ تعالیٰ کا قانون ہے۔ زمین پر کھیتی باڑی، تجارت یا کوئی محنت طلب کام کیے بغیر رزق حاصل نہیں ہوتا۔ اللہ تعالیٰ کے ''رزاق'' ہونے کا مطلب یہ نہیں کہ انسان ہاتھ پر ہاتھ دھرے بیٹھا رہے اور انتظار کرے کہ اللہ اس پر پیسا اور رزق برسائے گا۔ یہ اصول سب پر لاگو ہے۔ اللہ کے رزاق ہونے کا مطلب یہ ہے کہ اللہ نے دنیا میں ہر شخص کے لیے کافی وسائل فراہم کر دیے ہیں۔ اب یہ انسانیت کی ذمہ داری ہے کہ ان وسائل کو حاصل کرنے کی کوشش کرے اور یہ یقینی بنائے کہ یہ سب تک پہنچیں۔ دنیا میں بھوک اور افلاس کے مسائل اکثر انسانی بدانتظامی کا نتیجہ ہوتے ہیں۔ سیاسی کرپشن، ناقص اقتصادی پالیسیاں، خوراک کا ضیاع، وسائل پر قبضہ اور نقل و حرکت پر پابندیاں وہ عوامل ہیں جو بھوک اور افلاس کا باعث بنتے ہیں، حالاں کہ زمین پر اتنے وسائل موجود ہیں کہ دنیا کی موجودہ آبادی سے بھی زیادہ افراد کی کفالت کی جا سکے۔

سوال 26: دنیا اتنی ناقص کیوں ہے؟

یہ دنیا اپنی تخلیق میں ہی ناقص اور عیب دار ہے کیونکہ اسے انسانوں کے امتحان کے لیے بنایا گیا ہے۔ قرآن بار بار یہ حقیقت بیان کرتا ہے کہ ہر انسان کو آزمایا جا رہا ہے، کبھی خوش حالی،

آسایش اور فراوانی کے ذریعے اور کبھی تنگ دستی، مصائب اور نقصان کے ذریعے۔ اس لیے یہ کہنا بالکل درست ہوگا کہ یہ دنیا رہنے کے لیے ناقص ہے، مگر امتحان کے لیے بہترین ہے۔ قرآن کے مطابق، جنت وہ کامل دنیا ہے جو ہمیشہ کی زندگی کے لیے بنائی گئی ہے۔ یہی وہ مقام ہے جہاں ہر طرح کی کمی اور کوتاہی کا خاتمہ ہوگا اور انسانی زندگی کو اس کی حقیقی تکمیل نصیب ہوگی۔

سوال 27: اللہ کے پیغام کی تبلیغ کے خواہش مند افراد کے لیے قرآن کیا رہنمائی دیتا ہے؟

قرآن ان افراد کے لیے واضح اور تفصیلی رہنمائی فراہم کرتا ہے جو اللہ کا پیغام لوگوں تک پہنچانا چاہتے ہیں۔ اس مقصد کے لیے سورۂ نحل کی آیت 125 میں خاص ہدایات دی گئی ہیں:

> ''تم، (اے پیغمبر)، اپنے پروردگار کے راستے کی طرف دعوت دیتے رہو حکمت کے ساتھ اور اچھی نصیحت کے ساتھ، اور ان کے ساتھ اُس طریقے سے بحث کرو جو پسندیدہ ہے۔''

اس آیت میں یہ بات واضح طور پر بیان کی گئی ہے کہ اللہ کے پیغام کو لوگوں تک پہنچانے کا کام بہترین طریقے سے انجام دینا چاہیے، اور ایمان کے معاملات میں دوسروں پر فیصلہ صادر کرنے سے اجتناب کرنا چاہیے۔ اللہ تعالیٰ فرماتا ہے:

> ''یقیناً تیرا پروردگار خوب جانتا ہے کہ کون اُس کی راہ سے بھٹکا ہوا ہے اور وہ اُن کو بھی خوب جانتا ہے جو ہدایت پانے والے ہیں۔'' (النحل 16:125)

اس سے واضح ہوتا ہے کہ ایمان کے معاملات میں فیصلہ کرنے کا اختیار صرف اللہ کے پاس ہے۔ حتیٰ کہ رسول اللہ صلی اللہ علیہ وسلم کو بھی قرآن میں بار بار تاکید کی گئی کہ ان کا فریضہ

صرف اللہ کا پیغام کھول کھول کر پہنچا دینا ہے۔ فیصلہ صادر کرنا یا کسی کے ایمان یا کفر کا حکم لگانا صرف اور صرف اللہ کا اختیار ہے۔ جب دنیا میں اللہ کا کوئی رسول موجود ہوتا ہے تو اللہ تعالیٰ ایمان کے معاملات میں اپنا فیصلہ زمین پر نافذ کرتا ہے۔ لیکن چونکہ اب دنیا میں کوئی رسول نہیں آئے گا، اس لیے ایمان کے تمام معاملات کا فیصلہ قیامت کے دن اللہ تعالیٰ خود کرے گا۔ دنیا میں کسی کو یہ حق نہیں دیا گیا کہ وہ ایمان کے معاملات میں کسی دوسرے شخص کے بارے میں فیصلہ دے یا سزا نافذ کرے۔

قرآن مختلف مقامات پر، جیسے سورۂ ابراہیم کی آیت 4 میں واضح کرتا ہے کہ داعی کا بنیادی کام یہ ہے کہ وہ اپنی تمام تر صلاحیتوں کے ساتھ حق کی تبلیغ کرے۔ لیکن یہ داعی کے اختیار میں نہیں کہ وہ دوسروں کو ہدایت پر مجبور کرے۔ ہدایت دینا یا نہ دینا اللہ تعالیٰ کے اختیار میں ہے۔ اللہ تعالیٰ ہدایت کا فیصلہ مختلف عوامل کی بنیاد پر کرتا ہے، جیسا کہ انسان اخلاقی شعور کی کس حد تک اخلاص کے ساتھ پیروی کرتا ہے، یعنی وہ اپنے ضمیر اور اخلاقی شعور کو کتنی دیانت داری سے اپناتا ہے۔ اس کے علاوہ وہ حق کی تلاش میں کتنی سنجیدگی اور استقامت دکھاتا ہے۔ اس کی دیانت اور سچائی بھی ایک اہم عامل ہے۔ اس کا تعلق اس سے بھی ہے کہ ایک شخص حقائق کو تمام تعصبات سے آزاد ہو کر دیکھنے کی کتنی صلاحیت رکھتا ہے۔

سوال 28: کیا قرآن قدرتی مظاہر کی سائنسی وضاحت کے لیے نازل ہوا ہے؟

جب قرآن سورج، چاند، ستاروں اور دیگر قدرتی مظاہر پر روشنی ڈالتا ہے تو اس کا مقصد ان مظاہر کے سائنسی پہلوؤں کو بیان کرنا نہیں ہوتا۔ بلکہ، اس کا اصل مقصد یہ ہوتا ہے کہ اپنے

اولین سامعین اور مخاطبین، یعنی ساتویں صدی کے عربوں کو ان نشانیوں پر غور و فکر کرنے کی دعوت دے، جنھیں وہ اپنی آنکھوں سے دیکھ سکتے تھے۔ اس طرح ان کے شعور کو بیدار کر کے انھیں اللہ تعالیٰ کی قدرت اور آخرت کے متعلق سوچنے پر مائل کیا جائے۔ مثال کے طور پر، سورۂ یٰسین کی آیت 40 میں قرآن ان عربوں کو مخاطب کرتے ہوئے کہتا ہے کہ وہ غور کریں کہ کس طرح سورج چاند سے آگے نہیں بڑھتا اور نہ ہی چاند سورج کو پکڑتا ہے۔ اس طرح انھیں کائنات کے اس نظم و ضبط پر غور کرنے کی دعوت دی جاتی ہے تاکہ وہ اپنی حقیقت اور انجام کے بارے میں غور و فکر کریں۔ اس آیت میں یہ بتانا مقصود نہیں کہ اپنے اولین مخاطبین یا بعد کے لوگوں کو علم فلکیات یا ایسٹروفزکس کا علم دیا جائے۔

لٰہذا قرآن کو ایک سائنسی کتاب سمجھنا ایک غلط تصور ہے۔ قرآن سائنس کی کتاب نہیں ہے اور نہ ہی یہ کبھی ایسا ہونے کا دعویٰ کرتا ہے۔ البتہ، جہاں کہیں قرآن میں ایسی معلومات موجود ہوں جن کا سائنسی مفہوم نکلتا ہو، جیسے کہ کائنات کے متعدد جہانوں یا انسان کی تخلیق کے مراحل تو ان میں قرآن اور مستند سائنس کے درمیان کوئی تضاد نہیں پایا جاتا۔

سوال 29: قرآن میں جنت میں مردوں کے لیے جسمانی لذتوں کا ذکر کیوں کیا گیا ہے؟ عورتوں کو اس معاملے میں کیا ملے گا؟

سورۂ زخرف کی آیت 31 اور قرآن کی دیگر کئی آیات یہ واضح کرتی ہیں کہ جنت میں داخل ہونے والوں —— خواہ مرد ہوں یا عورتیں —— کو وہ سب کچھ دیا جائے گا جو وہ چاہیں گے۔ اور یہ بھی واضح ہے کہ جنت میں کوئی ایسی خواہش ممکن نہیں ہوگی جو غیر اخلاقی یا غیر منصفانہ ہو۔ اس لیے، خواہ کوئی مرد ہو یا عورت، جنت میں ہر شخص کو اپنی جائز خواہشات کی تکمیل کا

موقع ملے گا۔

قرآن میں خاص طور پر مردوں کی جسمانی خواہشات کی تکمیل کا ذکر اس لیے کیا گیا ہے کہ نزولِ قرآن کے وقت کے سامعین بنیادی طور پر مرد تھے، جو اسلام کے سیاسی اور عسکری فرائض کا مرکز تھے۔ ان مردوں سے تقاضا تھا کہ وہ اپنی دنیوی زندگی میں شدید ضبط نفس کا مظاہرہ کریں، جنگوں میں حصہ لیں، اور اسلام کی جدوجہد کے لیے سخت ذمہ داریاں نبھائیں۔

اسلام میں جنسی خواہش کو بہ ذات خود گناہ نہیں سمجھا جاتا، البتہ دنیوی زندگی میں اس کے اظہار کو نکاح تک محدود رکھا گیا ہے تاکہ خاندان کے نظام کو محفوظ رکھا جاسکے، جیسا کہ پہلے وضاحت کی گئی ہے۔ جنت میں خاندان کا ادارہ ایک انسانی ضرورت نہیں، بلکہ ایک اختیاری خواہش ہوگا، اور وہاں جنسی خواہشات پر کوئی پابندی نہیں ہوگی۔

سوال 30 : قرآن جنت کو کس طرح بیان کرتا ہے اور کیا یہ بیانات حقیقی ہیں یا تمثیلی؟

قرآن اصولی طور پر یہ بیان کرتا ہے کہ آنے والی زندگی — جنت، دوزخ، اللہ کی ذات، فرشتے اور دیگر غیبی حقائق — کو موجودہ دنیا میں مکمل طور پر سمجھنا انسان کے بس سے باہر ہے۔ لہٰذا ان حقائق کو سمجھانے کے لیے قرآن ان کی تمثیلات اور تشبیہات پیش کرتا ہے تاکہ انسانی ذہن آیندہ دنیا کی حقیقت کی کچھ جھلک محسوس کرسکے۔

قرآن جنت کے بارے میں یہ اصولی بات بتاتا ہے کہ وہ اطمینان، خوشی، مسرت، سکون اور خوش حالی کا مقام ہوگا۔ ساتھ ہی جنت کے بارے میں کچھ مخصوص تفصیلات بھی بیان کی گئی ہیں، جیسے کہ وہاں دودھ اور شہد کی نہریں ہوں گی، اور لوگ ریشم کے لباس پہنیں گے اور

زیورات سے آراستہ ہوں گے۔ یہ تفصیلات قرآن کے اولین مخاطبین کے تصورات اور ان کے معاشرتی معیارات کے مطابق ہیں، کیونکہ ان کے نزدیک یہی عیش و عشرت اور خوش حالی کی علامات تھیں۔

قرآن جنت کے ابدی اصول بیان کرتا ہے جو کسی زمانے اور مقام سے مشروط نہیں۔ مثلاً، جنت میں ہر شخص کو وہ کچھ میسر ہوگا جو وہ چاہے گا، اور ہر طرح کی خوشی اور اطمینان حاصل ہوگا۔ لیکن جنت کے بارے میں جو مخصوص تفصیلات بیان کی گئی ہیں، وہ اس وقت کے سامعین کے فہم کو مد نظر رکھتے ہوئے پیش کی گئی ہیں۔

سوال 31: اللہ نے اپنی آخری کتاب کے لیے عربی زبان کا انتخاب کیوں کیا؟

اللہ تعالیٰ نے قرآن کو عربی زبان میں اس لیے نازل فرمایا کیونکہ اس وقت کے اولین مخاطب عرب تھے اور یہ ان کی زبان تھی۔ (یوسف 12:2۔ فصلت 41:3)

سوال 32: اللہ نظر کیوں نہیں آتا؟

یہ اس لیے ہے کہ انسان کو اپنے اعمال کے بارے میں آزادانہ اختیار حاصل ہو۔ یہ آزادی اس دنیوی آزمایش کی بنیاد ہے جس سے ہم گزر رہے ہیں۔ اس آزمایش کا مقصد یہ دیکھنا ہے کہ آیا انسان سچائی اور نیکی کا راستہ اختیار کرتا ہے یا جھوٹ اور بدی کی راہ پر چلتا ہے۔ یہ عقلی طور پر بھی درست معلوم ہوتا ہے کیونکہ اگر اللہ اور فرشتے ظاہر ہوتے اور فوراً انسانوں کو ان کے اعمال پر جواب دہ بناتے تو انسان کی آزادیِ عمل ختم ہو جاتی۔ مثال کے طور پر، اگر ایک ٹریفک

اہل کار کسی سگنل پر کھڑا ہو تو کوئی بھی عقل مند شخص سرخ بتی کے دوران میں اشارہ توڑنے کی جرات نہیں کرے گا۔

مزید یہ کہ اگر اللہ براہ راست نظر آتا تو کوئی شخص اس کے وجود اس کے پیغام کا انکار کیسے کر سکتا؟ اس لیے انسان کو آزادی دینے کے لیے اللہ کی ذات اور اس کی حقیقت کو پردے میں رکھا گیا ہے۔ تاہم، اللہ تعالیٰ نے اپنی موجودگی کی بے شمار نشانیاں ہمارے ارد گرد پھیلا رکھی ہیں، جو اس کی ذات اور اس کے نظام کی گواہی دیتی ہیں۔

سوال 33: کیا انسان کائنات کا مرکز ہے؟

ہم انسان عموماً یہ گمان کرتے ہیں کہ ہم کائنات کی سب سے اہم مخلوق ہیں اور یہ خود کو اہم سمجھنے کا احساس اکثر مختلف مذہبی نظریات میں ظاہر ہوتا ہے، جو انسان کو کائنات میں مرکزی مقام پر رکھتے ہیں۔

یہ تصور مسلمانوں میں بھی عام ہے، جو اکثر یہ سمجھتے ہیں کہ قرآن انسان کو ''اشرف المخلوقات'' قرار دیتا ہے۔ تاہم، قرآن میں کہیں بھی یہ الفاظ مذکور نہیں ہیں۔ سورہ بنی اسرائیل کی آیت 70 میں اللہ تعالیٰ یہ فرماتا ہے کہ اس نے انسانوں کو اپنی ''کئی'' مخلوقات پر فضیلت عطا کی ہے، مگر اس آیت کا مطلب یہ ہر گز نہیں کہ انسان خدا کی تمام مخلوقات سے برتر ہیں۔ علاوہ ازیں، قرآن فرشتوں اور جنات کا ذکر کرتا ہے، جو جسمانی طور پر انسانوں سے زیادہ طاقت ور ہیں۔ انسانوں کو زمین پر خلافت عطا کرنے کا واقعہ اس بات کا امتحان تھا کہ خدا کے حکم پر فرشتے اور جنات میں سے کون سجدہ کرنے پر آمادہ ہوتے ہیں، حالاں کہ وہ جسمانی لحاظ سے انسانوں سے برتر تھے۔ ابلیس کا انکار بھی اسی بنیاد پر تھا۔ اس نے اپنی جسمانی برتری کو

دلیل بناتے ہوئے انسانوں کے آگے سجدہ کرنے سے انکار کر دیا۔ مزید برآں، قرآن سورۂ جن میں یہ واضح کرتا ہے کہ جنات بھی انسانوں کی طرح اخلاقی آزمائشوں سے گزرتے ہیں۔ لہٰذا قرآن کے مطابق، وجود کا پورا نظام انسانیت مرکوز نہیں ہے۔

خلاصہ یہ ہے کہ قرآن اگرچہ یہ بیان کرتا ہے کہ انسان کئی مخلوقات سے زیادہ خاص ہیں، لیکن یہ کسی طور پر وجود کے ایک انسان مرکوز ماڈل کی تائید نہیں کرتا۔

سوال 34: ہم جنس پرستی اور ٹرانس جینڈرزم کے بارے میں اسلام کا کیا موقف ہے؟

اس مسئلے پر گفتگو سے پہلے یہ سمجھنا ضروری ہے کہ ہم جنس پرستی اور ٹرانس جینڈرزم کے موضوعات لبرل اور قدامت و روایت پسند کے درمیان سخت اختلافات کا سبب بنے ہوئے ہیں۔ اس حوالے سے دونوں جانب علمی اور تجربہ کار افراد موجود ہیں، اور ہر فریق اپنے نظریات کی حمایت میں سائنسی تحقیق پیش کرتا ہے۔ اگر آپ جنسی رجحانات اور صنفی شناخت کے معاملات میں لبرل نقطۂ نظر رکھتے ہیں تو آپ کو ایسی تحقیقات مل جائیں گی جو آپ کے مؤقف کی تصدیق کریں گی۔ اسی طرح، اگر آپ ان معاملات میں قدامت پسند سوچ رکھتے ہیں تو آپ کو ایسے شواہد بھی دستیاب ہوں گے جو آپ کی رائے کو تقویت دیں گے۔

ٹرانس جینڈرزم کے بارے میں اسلام کا موقف

ٹرانس جینڈرزم کے حامیوں کا دعویٰ ہے کہ حیاتیاتی جنس (biological sex) اور جنسی شناخت (gender identity) دو علیحدہ تصورات ہیں۔ ان کے نزدیک

کروموسوم، جنسی اعضا اور دیگر حیاتیاتی خصوصیات جنس کو متعین نہیں کرتی، بلکہ جنسی شناخت ایک ذہنی کیفیت اور سماجی تشکیل ہے۔

اسلام اس طرح کی تفریق کو تسلیم نہیں کرتا۔ اگر آپ حیاتیاتی طور پر مرد ہیں تو آپ مرد ہیں، اور اگر آپ حیاتیاتی طور پر عورت ہیں تو آپ عورت ہیں۔ قرآن کریم اس بات کو ایک مسلمہ حقیقت کے طور پر پیش کرتا ہے اور یہ سوال کہ کوئی شخص اپنی حیاتیاتی جنس کے بر خلاف اپنی شناخت کر سکتا ہے، قرآن میں زیر بحث نہیں آیا۔ تاہم، بعض احادیث میں اس موضوع کا تذکرہ آیا ہے، جن میں مردوں کو عورتوں کی مشابہت اختیار کرنے اور عورتوں کو مردوں کی مشابہت اختیار کرنے سے منع کیا گیا ہے۔ (بخاری، رقم 5885۔ سنن ابو داؤد، رقم 4098، 4099)

علما کے درمیان ایک عمومی اتفاق یہ ہے کہ اگر کسی فرد میں کوئی حیاتیاتی نقص ہو تو اسے جراحی کے ذریعے سے اپنی جنس کو درست کرنے کی اجازت دی جا سکتی ہے۔ لیکن اگر اس طرح کا کوئی طبعی مسئلہ نہیں ہے، بلکہ یہ معاملہ محض نفسیاتی نوعیت کا ہو تو اسلام کے نزدیک اسے نفسیاتی مسئلہ سمجھا جاتا ہے۔

ہم جنس پرستی پر اسلام کا موقف

جہاں تک ہم جنس پرستی کا تعلق ہے، قرآن واضح طور پر اسے گناہ قرار دیتا ہے، خاص طور پر قوم لوط کے تناظر میں اس کی شناعت کو صریح الفاظ میں بیان کیا گیا ہے۔ یہ عمل گناہ کیوں ہے؟ اس کی بنیادی وجہ یہ ہے کہ قرآن کریم تمام جنسی تعلقات کو ممنوع قرار دیتا ہے، جو ایک حیاتیاتی مرد اور حیاتیاتی عورت کے درمیان اور عقدِ نکاح کے بغیر ہوں۔ یہ پابندی در حقیقت خاندان کے ادارے کو محفوظ رکھنے اور اسے مستحکم بنیادوں پر قائم کرنے کے لیے عائد کی گئی ہے۔

اگرچہ پہلے وضاحت کی گئی ہے کہ قرآن خاندان کے ادارے کی حفاظت اور اس کے استحکام پر کیوں اس قدر زور دیتا ہے، میں اس تناظر میں مزید وضاحت پیش کرتا ہوں۔

ایک مرد اور عورت کے نکاح کے ذریعے سے اتحاد کا بنیادی مقصد نئی نسل کو اس دنیا میں لانا ہے۔ جو بچے پیدا ہوتے ہیں، انھیں ان کی پیدائش کے پہلے دن سے لے کر کم از کم پندرہ سال یا اس سے بھی زیادہ عرصے تک بھرپور توجہ اور نگہداشت کی ضرورت ہوتی ہے۔ انسان محض ایک جسمانی مخلوق نہیں ہے، بلکہ ایک نفسیاتی، جذباتی، اخلاقی اور روحانی وجود بھی ہے۔ اس لیے، ایک نوزائیدہ بچے کی مناسب پرورش کے لیے ضروری ہے کہ اس کی ان تمام پہلوؤں میں نگہداشت کی جائے۔ ایک انسان کو جسمانی، نفسیاتی، جذباتی، اخلاقی اور روحانی ضروریات کے لیے نگہداشت کی ضرورت ہوتی ہے تاکہ اس کی دنیوی اور اخروی فلاح و بہبود بہتر طریقے سے ہو سکے۔ اسی مقصد کے تحت اللہ تعالیٰ نے خاندان کے ادارے کو قائم کیا ہے، جو ایک حیاتیاتی مرد اور حیاتیاتی عورت کے نکاح پر مشتمل ہے۔ قرآن کے مطابق، خدا ایک مضبوط اور مستحکم خاندانی یونٹ چاہتا ہے جو ان تمام پہلوؤں میں بچوں کی موثر نگہداشت فراہم کر سکے، تاکہ وہ ایک متوازن اور کامیاب زندگی گزارنے کے قابل ہو سکیں۔

خاندان کے ادارے کا ایک نہایت اہم اور بنیادی مقصد یہ ہے کہ جب افراد بڑھاپے کی عمر کو پہنچ جائیں، اس وقت بھی ان کی دیکھ بھال کی جا سکے۔ ایک مستحکم خاندانی نظام بزرگوں کو جسمانی اور جذباتی سہارا دینے کا سب سے موثر ذریعہ ہے۔ اگرچہ اولڈ ایج ہومز بہت سے لوگوں کے لیے ایک متبادل منصوبہ (Plan B) ہو سکتے ہیں، اور ترقی یافتہ ممالک میں بعض افراد انھیں اپنے اولین انتخاب (Plan A) کے طور پر ترجیح دے سکتے ہیں، تاہم یہ بات بالکل واضح ہے کہ ——— کسی خاص تحقیق کا حوالہ دیے بغیر بھی ——— اولڈ ایج ہومز وہ نفسیاتی اور جذباتی سکون فراہم نہیں کر سکتے جو ایک مستحکم خاندانی نظام فراہم کرتا ہے۔

چنانچہ خاندان کے ادارے کو محفوظ رکھنے اور اس کے استحکام کو یقینی بنانے کے لیے قرآن ہر اس جنسی فعل کو گناہ قرار دیتا ہے، جو نکاح کے مقدس رشتے کے دائرے سے باہر ہو اور جو ایک حیاتیاتی مرد اور عورت کے درمیان نہ ہو۔

قرآن کے مطالعے سے مجھے یہ معلوم ہوا ہے کہ اگر کوئی مسلمان بائی سیکشوئل یا جینڈر فلوئڈ کے طور پر اپنی شناخت کرتا ہے تو اللہ کے طے کردہ نظام کو قبول کرتے ہوئے ہیٹروسیکشوئل طرز زندگی اپنانا اور اپنی حیاتیاتی جنس کے مطابق زندگی گزارنا ایک ایسا ذاتی فیصلہ ہوگا، جس کے لیے عمومی طور پر کسی خارجی مدد کی ضرورت نہیں پڑتی۔

لیکن اگر آپ ٹرانس جینڈر یا ہم جنس پرست ہیں اور یہ محسوس کرتے ہیں کہ آپ کے یہ رجحانات اس قدر گہرے اور فطری ہیں کہ آپ ان پر قابو پانے سے قاصر ہیں تو میں آپ سے دلی ہمدردی رکھتا ہوں، کیونکہ یہ واقعی ایک سخت آزمایش ہے۔ قرآن کے مطابق، اللہ تعالیٰ آپ سے توقع رکھتے ہیں کہ آپ اپنی خواہشات پر قابو پائیں۔ اگر یہ توقع آپ کو بہت زیادہ اور سخت معلوم ہوتی ہے تو یہ بات ذہن میں رکھیں کہ آپ اکیلے نہیں ہیں۔ بہت سے ہیٹروسیکشوئل افراد بھی اپنی جنسی اور جذباتی خواہشات کو قابو میں رکھنے کے لیے سخت قربانیاں دیتے ہیں۔ مثال کے طور پر، اپنے شریک حیات کے لیے جنسی اور جذباتی وفاداری کا مظاہرہ کرنا، خاص طور پر اس وقت جب ازدواجی زندگی جذباتی یا جنسی تسکین سے خالی ہو، ایک بڑی قربانی کا متقاضی ہوتا ہے۔ تاہم، حقیقت یہی ہے کہ اگر آپ خود کو ایک زبردست ٹرانس سیکشوئل یا ہم جنس پرست کے طور پر پہچانتے ہیں تو آپ کی آزمایش منفرد نوعیت کی ہے، اور یہ معاشرے کی ذمہ داری ہے کہ وہ آپ کے مسائل کو حل کرنے اور آپ کے دکھوں کو کم کرنے کے لیے ہر ممکن مدد فراہم کرے۔ اگر آپ اپنی ان خواہشات پر قابو پانے میں ناکام رہتے ہوئے گناہ کا ارتکاب کر بیٹھتے ہیں تو قرآن آپ سے توقع کرتا ہے کہ آپ اس کی تشہیر نہ

کریں بلکہ اسے چھپائیں۔ آپ اپنی پوری کوشش جاری رکھیں کہ ان سے باز رہیں، اللہ تعالیٰ سے معافی مانگتے رہیں، اور اپنی زندگی کے دیگر پہلوؤں میں اللہ کی رضا کے مطابق عمل کرنے کی جدوجہد جاری رکھیں۔ نماز قائم کریں، صدقات دیں اور ایک نرم دل، عاجز اور نیک انسان بننے کی کوشش کریں۔

ایک مسلمان ہونے کی حیثیت سے، اگر میرا سامنا کسی ٹرانس جینڈر یا ہم جنس پرست فرد سے ہو تو باوجود اس کے کہ میں ان کے نظریات سے اتفاق نہیں کرتا، میں ان کے ذاتی فیصلوں کا احترام کرنے میں کوئی کوتاہی نہیں کرتا۔ میں ان کے ساتھ اسی عزت اور وقار کے ساتھ پیش آتا ہوں، جس طرح کسی اور فرد کے ساتھ برتاؤ کیا جاتا ہے۔ میرا یہ طرزِ عمل ان لوگوں کے لیے بھی ہے جن کے بارے میں میں جانتا ہوں کہ وہ کھلے عام یا چھپ کر ان اعمال میں ملوث ہوتے ہیں جنھیں اسلام نے ممنوع قرار دیا ہے۔ مثال کے طور پر، میرے جاننے والوں میں کئی ایسے افراد شامل ہیں جو نکاح کے بغیر جنسی تعلقات قائم کرتے ہیں، جوا کھیلتے ہیں، یا شراب نوشی کرتے ہیں۔ اگرچہ یہ اعمال میرے اخلاقی اور دینی عقائد کے سراسر منافی ہیں اور میں ان سے کسی طور پر اتفاق نہیں کرتا، لیکن میں ان افراد کے ان فیصلوں کے حق کا احترام کرتا ہوں، کیونکہ یہ ان کے ذاتی معاملات ہیں۔ حقیقت یہ ہے کہ قرآن کا خدا ہر انسان کو آزادیِ انتخاب عطا کرتا ہے، اور یہی آزادی انسان کی آزمایش کا مرکزی نکتہ ہے۔

اسلام کے نقطۂ نظر سے، جب کوئی گناہ علانیہ اور بغاوت کے انداز میں کیا جائے تو اس کے دنیوی نتائج لازم ہو جاتے ہیں۔ اس سلسلے میں ہم جنس پرستی کی دنیوی سزا کا مسئلہ بھی اسی قاعدے کے تحت آتا ہے اور میں یہاں اس پر مختصر بات کرنا چاہوں گا۔ اسلام میں ہر قسم کے جنسی تعلقات، جو نکاح کے بغیر قائم ہوں، گناہ کے زمرے میں آتے ہیں۔ اگر یہ تعلقات

خفیہ طور پر قائم کیے جائیں تو یہ معاملہ صرف گناہ گار فرد اور اللہ کے درمیان رہتا ہے۔ لیکن اگر یہ اعمال کھلے عام اور بے شرمی کے ساتھ کیے جائیں تو ان پر قانونی کارروائی کے لیے چار قابل اعتماد گواہوں کی ضرورت ہوتی ہے۔ جب تحقیقات سے گناہ کا ثبوت فراہم ہو جائے تو یہ عمل ایک جرم مانا جاتا ہے، جس پر اسلامی شریعت کے تحت سزا دی جاسکتی ہے۔ یہ اصول ہر قسم کے غیر ازدواجی تعلقات پر لاگو ہوتا ہے، خواہ وہ جنس مخالف کے درمیان ہوں یا ہم جنس افراد کے درمیان۔

قرآن نے ہم جنس پرستی کے لیے کسی مخصوص دنیوی سزا کا ذکر نہیں کیا۔ تاہم، یہ سمجھا جا سکتا ہے کہ قرآن میں زنا کے لیے مقرر کردہ سزا ہی ہم جنس پرستی پر بھی لاگو ہو سکتی ہے۔ تمام علما اس بات پر متفق ہیں کہ ہم جنس پرستی ایک گناہ اور جرم ہے، مگر اس جرم کی سزا کے تعین میں ان کے درمیان اختلاف پایا جاتا ہے۔ فقہ اسلامی میں ہمیشہ سے اس بات پر بحث رہی ہے کہ ہم جنس پرستی کی سزا کی نوعیت اور شدت کیا ہونی چاہیے۔ بعض احادیث میں صحابۂ کرام کی یہ رائے ملتی ہے کہ ہم جنس پرستی کے لیے زنا سے زیادہ سخت سزا ہونی چاہیے۔ دوسری طرف، ایسی احادیث بھی ہیں جن سے امام شافعی اور امام احمد نے یہ استدلال کیا کہ ہم جنس پرستی کی سزا وہی ہونی چاہیے جو زنا کی ہے۔ امام ابو حنیفہ جیسے علما کا موقف یہ تھا کہ ہم جنس پرستی کی سزا زنا سے کم سخت ہونی چاہیے اور اس کا تعین قاضی کی صواب دید (تعزیر) پر چھوڑ دیا جانا چاہیے، بجائے اس کے کہ اسے الٰہی حکم یا حد کے زمرے میں رکھا جائے۔[199]

---

[199] دیکھیے:

"The Punishment For Homosexuality - Islam Question &Answer," https://islamqa.info/amp/en/answers/38622.

احادیث کے ذخیرے میں یہ روایتیں ملتی ہیں کہ نبی کریم صلی اللہ علیہ وسلم نے ہم جنس پرستی کے لیے موت کی سزا مقرر فرمائی۔ (ترمذی، رقم 1456۔ ابو داؤد، رقم 4462۔ ابن ماجہ، رقم 2561) تاہم، ان احادیث کو سمجھنے کے لیے ضروری ہے کہ ہم قرآن کے فراہم کردہ اصولی فریم ورک کی طرف رجوع کریں۔ جیسا کہ قرآن سورۂ مائدہ کی 32 میں واضح کرتا ہے کہ موت کی سزا صرف قتل یا ان جرائم کے لیے دی جا سکتی ہے جو ''فساد فی الارض''، یعنی زمین میں فساد پھیلانے کے زمرے میں آتے ہوں۔ جب زنا مسلسل علانیہ اور سرکشی کے ساتھ کیا جائے، اور اسے روکنے کی تمام کوششیں ناکام ہو جائیں تو یہ جرم ''فساد فی الارض'' کی تعریف میں آجاتا ہے۔ احادیث کی روشنی میں ہمیں معلوم ہوتا ہے کہ نبی کریم صلی اللہ علیہ وسلم نے ایسے حالات میں زنا کے مجرم کو موت کی سزا دی تھی۔ لہٰذا اگر ان احادیث کا انتساب نبی کریم صلی اللہ علیہ وسلم سے درست ہے تو یہ کہا جا سکتا ہے کہ جس طرح علانیہ اور مسلسل کیے جانے والے زنا کے لیے موت کی سزا دی جا سکتی ہے، اسی طرح علانیہ اور مسلسل کیے جانے والے ہم جنس پرستی کے اعمال کے لیے بھی یہی سزا دی جا سکتی ہے۔

خلاصہ یہ ہے کہ نکاح کے دائرے سے باہر قائم کیے جانے والے ہر قسم کے جنسی تعلقات، خواہ وہ جنس مخالف کے درمیان ہوں یا ہم جنسوں کے درمیان، قرآن و سنت کی رو سے کبیرہ گناہ ہیں اور قیامت کے دن سخت سزا کا موجب بن سکتے ہیں۔ اگر یہ اعمال علانیہ، مستقل اور سرکشی کے ساتھ کیے جائیں تو ان کا درجہ ایک جرم کا ہو جاتا ہے، جس پر اسلامی قانون کے مطابق دنیوی سزا بھی عائد ہو سکتی ہے۔

سوال 35: قرآن بار بار یہ کیوں کہتا ہے کہ تمام تعریفیں اور حمد

اللہ ہی کے لیے ہے؟

قرآن میں بارہا یہ الفاظ آئے ہیں کہ 'الحمد للہ'، یعنی تمام تعریفیں اور حمد اللہ ہی کے لیے ہیں۔

جس لفظ کا ترجمہ تعریف کیا گیا ہے، اس کے لیے عربی زبان کا لفظ ''حمد'' استعمال ہوا ہے، جو محض تعریف تک محدود نہیں ہے، بلکہ اس میں شکر گزاری اور اعترافِ احسان کے جامع معنی شامل ہیں۔

چنانچہ یہ آیات ایک بنیادی حقیقت کو بیان کرتی ہیں کہ چونکہ اللہ تعالیٰ ہی ہر چیز کا خالق اور پروردگار ہے، اس لیے تمام تر حمد و شکر کا اصل مستحق بھی وہی ہے۔

قرآن کے دیگر مقامات پر جہاں یہ کہا گیا ہے کہ ''حمد اللہ ہی کے لیے ہے''، وہاں اللہ تعالیٰ کی ذات کی ایک بنیادی حقیقت کو اجاگر کیا گیا ہے۔ آیئے، اس بات کو تفصیل میں سمجھیں۔

جب ہم اس بات کو انسانی زاویہ نظر سے دیکھتے ہیں تو یہ عجیب معلوم ہوتا ہے کہ کوئی شخص کہے ''تمام تعریفیں میرے لیے خاص ہیں''۔ اس کی وجہ یہ ہے کہ انسانی دائرے میں قابل تعریف ہونا ایک اضافی معاملہ ہے۔ لیکن جب ہم اسے اللہ کے تناظر میں دیکھتے ہیں تو یہ بات محض ایک دعویٰ نہیں، بلکہ ایک حقیقتِ مطلق ہے۔ اگر واقعی اللہ کا وجود ہے تو یہ ایک لازمی حقیقت ہے کہ تمام تعریفیں اور حمد اسی کے لیے ہیں، کیونکہ وہی ہر شے کا خالق ہے۔

مزید برآں، جب ہم کسی اور چیز کی تعریف کر رہے ہوتے ہیں تو حقیقتاً ہم اللہ ہی کی تعریف کر رہے ہوتے ہیں، کیونکہ وہی اس چیز کا خالق ہے۔ اس لیے یہ ایک حقیقت ہے کہ تمام تعریفیں، خواہ براہِ راست ہوں یا بالواسطہ، صرف اور صرف اللہ ہی کے لیے خاص ہیں۔

سوال 36: کیا اللہ اپنے مقاصد بغیر جہنم تخلیق کیے پورے کر سکتا

تھا؟ کیا جہنم ابدی ہے؟

جہنم بعض اہم اور ناگزیر مقاصد پورے کرتی ہے۔

میرے نزدیک اللہ کی عدالت اور جزاوسزا کا تصور معقول اور منطقی ہے۔ عقل و فطرت کا تقاضا ہے کہ انسان کو اپنے گناہوں اور جرائم کی سزا کسی نہ کسی شکل میں یا تو اس دنیا میں یا آخرت میں ملے۔ وہ اس سزا کے ذریعے سے گناہوں سے پاک ہونے کے بعد نجات پائیں۔ اس اعتبار سے، جہنم کا ایک اہم مقصد یہ ہے کہ وہ ان لوگوں کے لیے ایک مقام ہو جو اپنے اعمال کی وجہ سے سزا کے مستحق ہوں، تاکہ وہاں وہ اپنے گناہوں کا کفارہ ادا کر سکیں اور پھر جنت میں داخل ہو سکیں۔ اس لحاظ سے، جہنم کو اللہ نے گناہ گاروں کو پاکیزہ کرنے کے ایک عارضی مقام (purgatory) کے طور پر تخلیق کیا ہے۔

لیکن ابدی جہنم کا تصور کیا ہے؟ اس کا مختصر تجزیہ ضروری ہے۔ اگر کسی کے جرائم اس قدر شدید ہوں کہ کوئی تطہیر بھی ان کے لیے نجات کا جواز نہ بن سکے تو دائمی موت ایک مناسب سزا معلوم ہو سکتی ہے۔ لیکن ابدی عذاب کے تصور پر غور کرتے ہوئے یہ سوال پیدا ہوتا ہے کہ اس دنیا میں کیے گئے محدود جرائم کے لیے غیر محدود اور دائمی سزا کیسے دی جاسکتی ہے؟ میری اس بات میں غلطی کا امکان ہے۔ ممکن ہے کہ ایک مجرم دائمی بدبختی کا مستحق ہو، خاص طور پر، اگر وہ مکمل طور پر ذہنی صحت کا حامل ہونے کے باوجود محض شہوت کی تسکین کے لیے کسی بچے پر تشدد، جنسی زیادتی اور قتل جیسے سنگین جرائم کا ارتکاب کرے۔

قرآن کریم کی سورۂ لیل کی آیت 15 میں فرمایا گیا ہے کہ جہنم کی سب سے سخت سزا ان لوگوں کے لیے مخصوص ہے جو بدترین اخلاق کے حامل اور بدبخت ہیں۔ قرآن واضح الفاظ میں بتاتا ہے کہ جو لوگ جہنم کے دائمی عذاب کے مستحق قرار دیے گئے ہیں، وہ ہمیشہ کے لیے اس

میں رہیں گے۔تاہم،قرآن میں ایک اور اشارہ بھی موجود ہے جو یہ امکان ظاہر کرتا ہے کہ جب تمام لوگوں کو ان کے اعمال کی سزادے دی جائے گی تو اللہ جہنم اور اس کے مکینوں کو ختم کر دے گا،اور انھیں دائمی موت کے حوالے کر دے گا۔کیونکہ دائمی طور پر ''کچھ نہ ہونا'' بھی بہ ذات خود ایک عذاب کی شکل ہو سکتی ہے۔

قرآن کی سورۂ ہود کی آیات 106-107 میں اللہ تعالیٰ فرماتے ہیں:

''سو جو بد بخت ہوں گے، وہ دوزخ میں جائیں گے۔ اُنھیں وہاں چیخنا اور چلانا ہے۔ وہ اُسی میں پڑے رہیں گے، جب تک (اُس عالم کے) زمین و آسمان قائم ہیں، الاّ یہ کہ تیرا پروردگار کچھ اور چاہے۔اِس میں شک نہیں کہ تیرا پروردگار جو چاہے، کر گزرنے والا ہے۔''

یہ آیات بتاتی ہیں کہ جو لوگ شدید بدبختی اور بداعمالیوں کے مرتکب ہوں گے، وہ جہنم میں ڈال دیے جائیں گے اور وہاں اس وقت تک رہیں گے، جب تک کہ جہنم باقی رہے گی۔اس کے بعد اللہ نے فرمایا ہے کہ اگر وہ اس فیصلے کو بدلنا چاہیں تو وہ سب کچھ کر سکتے ہیں، یعنی وہ جہنم اور اس کے باسیوں کو ختم کرنا چاہیں تو یقیناً ایسا کر سکتے ہیں۔

اسی سوال کے تناظر میں جنت کے بارے میں بھی یہ استفسار پیدا ہوتا ہے کہ کیا اگر اللہ چاہے تو وہ جنت کو ختم کر سکتا ہے؟اس کا جواب اللہ تعالیٰ نے اگلی آیت 108 میں دیا ہے۔فرمایا ہے کہ نہیں۔جنت ابدی ہے،اور کبھی بھی ختم نہیں کی جائے گی:

''رہے وہ جو نیک بخت ہیں تو وہ جنت میں ہوں گے۔ وہ اُسی میں رہیں گے، جب تک (اُس عالم کے) زمین و آسمان قائم ہیں، الاّ یہ کہ تیرا پروردگار کچھ اور چاہے، اُس کی طرف سے ایسی عطا کے طور پر جو کبھی منقطع نہ ہو گی۔''

اس بات کا امکان ضرور موجود ہے کہ اللہ تعالیٰ اپنی مشیت سے جہنم کو مستقل طور پر ختم کر

دے اور اس کے تمام بدبخت رہائشیوں کو دائمی موت دے دے۔ لیکن یہ بات کہ ''جہنم ایک عارضی سزاگاہ ہے''، یا ''جہنم کے مستقل خاتمے کا امکان'' کسی کے لیے اطمینان یا راحت کا باعث نہیں بننا چاہیے۔ کیونکہ جو شخص جہنم میں جائے گا، وہ وہاں خدا جانے کتنے کھربوں سال تک اذیت ناک عذاب برداشت کرے گا، اس کے بعد ہی کوئی راحت ممکن ہو سکتی ہے۔

سوال 37: شیطان کون ہے؟ کیا ہم شیطان کی وجہ سے گناہ کرتے ہیں؟

قرآن کی سورۂ یوسف کی آیت 53 یہ حقیقت واضح کرتی ہے کہ برائی کا رجحان انسان کے اپنے نفس میں پایا جاتا ہے۔ آیت بتاتی ہے کہ نفسِ امارہ مسلسل انسان کو برائی کی رغبت دلاتا ہے۔ تاہم، یہ انسان کا اپنا اختیار ہے کہ وہ اس اندرونی رجحان کے آگے جھک جائے یا اس کے خلاف جد و جہد کرے۔

قرآن یہ بھی بتاتا ہے کہ جنوں کی ایک قوم انسان کی کھلی دشمن ہے۔ جنات شعور رکھنے والی مخلوق ہیں جو جسمانی طور پر انسانوں سے زیادہ قوت اور طاقت رکھتی ہے۔ سورۂ اعراف کی آیت 27 میں بیان کیا گیا ہے کہ جنات ہمیں ایسی جگہوں سے دیکھ سکتے ہیں، جہاں سے ہم انھیں نہیں دیکھ سکتے۔ اس سے اس بات کی نشان دہی ہوتی ہے کہ جنات ممکنہ طور پر ایک بلند جہتی مخلوق ہیں۔

جنات بھی انسانوں کی طرح اپنی آزاد مرضی اور اخلاقی ذمہ داری کے امتحان سے گزر رہے ہیں۔ ان کے درمیان بھی نیک اور بد افراد پائے جاتے ہیں۔ تاہم، قرآن میں سورۂ کہف کی آیت 50 میں ایک خاص جن کا ذکر کیا گیا ہے، یعنی ابلیس۔ جسے اور اس کی اولاد کو انسانیت کا

دشمن قرار دیا گیا ہے۔ ابلیس کی انسانوں سے دشمنی اس وقت شروع ہوئی جب اللہ تعالیٰ نے اسے حکم دیا کہ وہ انسان کے سامنے سجدہ کرے، لیکن اس نے تکبر کی بنا پر انکار کر دیا۔ اس نے اپنی نافرمانی کی وجہ یہ بیان کی کہ وہ انسانوں سے برتر ہے، کیونکہ وہ ایک اعلیٰ مادے سے تخلیق کیا گیا ہے۔ یہی غرور اور امتیازی سوچ اس کے اللہ کی بارگاہ سے نکالے جانے کا سبب بنی۔ (سورۂ الاعراف 12:7۔ سورۂ ص 76:38) جنت سے دھتکارے اور باہر نکالے جانے کے بعد، ابلیس اور اس کی نسل نے قسم کھائی کہ وہ زیادہ سے زیادہ انسانوں کو گم راہ کریں گے، تاکہ انھیں اللہ کی جنت میں داخل ہونے سے روک سکیں۔

ابلیس اور اس کی اولاد کے پاس صرف یہی اختیار ہے کہ وہ انسانوں کے ذہنوں میں وسوسے ڈالیں اور انھیں گم راہی کی راہ پر لگانے کی کوشش کریں۔ مگر یہ مکمل طور پر انسان کا اختیار ہے کہ وہ ان وسوسوں کو قبول کرے یا ان سے بچنے کی کوشش کرے۔ چنانچہ قیامت کے دن، جب لوگ اپنے گناہوں کا الزام ابلیس پر ڈالنا چاہیں گے تو وہ یوں جواب دے گا:

> ”اور میرا تم پر کوئی زور تو تھا نہیں، میں نے اِس کے سوا کچھ نہیں کیا کہ تمھیں دعوت دی اور تم نے میری دعوت پر لبیک کہا۔ اِس لیے مجھے ملامت نہ کرو، اپنے آپ ہی کو ملامت کرو۔ اب نہ میں تمھاری فریاد کو پہنچ سکتا ہوں، نہ تم میری فریاد کو پہنچ سکتے ہو۔“
>
> (ابراہیم 22:14)

لہٰذا برائی کرنے کی صلاحیت اور رجحان انسان کے اپنے نفس میں موجود ہے، اور یہ انسان کا فیصلہ ہے کہ وہ برائی کے راستے پر چلے یا اس سے پرہیز کرے۔ شیطان اور اس کی اولاد کا کردار محض وسوسے ڈالنے، انسان کی کم زوریوں کو بھڑکانے اور اسے برائی کی طرف مائل کرنے تک محدود ہے۔

سوال 38: خدا کو سب کی عبادت کی ضرورت کیوں ہے؟

قرآن میں سورۂ ذاریات کی آیت 56 میں ارشاد ہوتا ہے کہ انسانوں اور جنوں کو خدا کی عبادت کے لیے پیدا کیا گیا۔ تاہم، اس کا مطلب یہ نہیں کہ انسان اور جن مسلسل رسمی عبادات میں مصروف رہیں۔ رسمی عبادت، عبادت کے اظہار کا ایک طریقہ ہے۔

عبادت ایک جامع اصطلاح ہے جو محبت، وفاداری، عقیدت، شکر گزاری اور اطاعت جیسے معانی پر محیط ہے۔ اسی لیے قرآن بیان کرتا ہے کہ انسانوں اور جنوں کو اس شعور کے ساتھ زندگی گزارنی چاہیے کہ وہ خدا کے پیدا کردہ ہیں، اور یہ خدا ہی ہے جس نے انھیں سب کچھ عطا کیا۔ جواباً، بنیادی اخلاقیات کا تقاضا ہے کہ وہ خدا کے سامنے عاجزی اور شکر گزاری کا مظاہرہ کریں، نہ کہ سرکشی اور تکبر کا۔

سوال 39: ایک اداکار اور فن کار کے طور پر مجھے کن دینی ہدایات پر عمل کرنا چاہیے؟

جواب: 2014ء سے میں نے یہ سوچنا شروع کیا کہ شاید اسلام سچا دین ہو۔ میں نے ''شاید'' کا لفظ اس لیے استعمال کیا کیونکہ، اگرچہ اسلام نے میرے وجودی سوالات کے کئی جوابات دیے، لیکن اس وقت تک بہت سے سوالات باقی تھے۔ اس اہم عرصے میں جناب جاوید احمد غامدی نے میرے سوالات کے جوابات تک کے سفر میں بہت اہم کردار ادا کیا۔ میں وقت کی مکمل تعیین تو نہیں کر سکتا، لیکن یہ تقریباً 2018ء یا 2019ء کا دور تھا جب مجھے احساس ہوا کہ میرے تمام سوالات کے جوابات مل چکے ہیں اور میں اس موقف سے کہ اسلام

"شاید"الہامی حقیقت ہے،اس یقین تک پہنچا کہ اسلام "واقعی"الہامی حقیقت ہے۔اس ادراک نے میری زندگی میں انقلاب برپا کردیا۔

2019ء میں،میں نے ایک ویڈیو کے ذریعے سے لوگوں کو بتایا کہ میں نے یہ نتیجہ اخذ کیا ہے کہ اسلام،صحیفے،انبیا،رسول،فرشتے،اور قیامت کا دن یہ سب کچھ حق ہے! میں نے اعلان کیا کہ میں اداکاری سے ایک طویل وقفہ لوں گا تاکہ اسلام کے بارے میں مزید سیکھ سکوں اور اس پیغام کی تبلیغ کروں،جسے میں اب خدا کی طرف سے حق مانتا ہوں۔

اس ویڈیو پیغام میں،جو آج بھی میرے یوٹیوب چینل پر موجود ہے،میں نے دو امور پر خاص طور پر زور دیا:

1۔میں نے صریح الفاظ میں کہا کہ میری اداکاری سے وقفہ لینے کو اس طرح نہ سمجھا جائے کہ میں نے شوبز کو اس بنیاد پر ترک کر دیا ہے کہ اسلام آرٹ کو حرام قرار دیتا ہے۔میں نے صاف وضاحت کی کہ جس تعبیرِ اسلام سے میں متفق ہوں،وہ کسی بھی قسم کے آرٹ——جیسے موسیقی،مصوری،مجسمہ سازی اور اداکاری——کو ممنوع قرار نہیں دیتی،بلکہ یہ صرف ان کے لیے اخلاقی حدود مقرر کرتی ہے،جن کے اندر رہتے ہوئے ایک مسلمان ان تمام فنون میں شریک ہو سکتا ہے۔

2۔میں نے یہ بھی کہا کہ مجھے یقین نہیں ہے کہ میں کب اداکاری میں واپس بھی آؤں گا، کیونکہ اب،ایک ایسے شخص کے طور پر جو قیامت کے دن خدا کے سامنے اپنی جواب دہی کے بارے میں سنجیدہ فکر رکھتا ہے،میں صرف انھی منصوبوں میں کام کر سکتا ہوں جو خدا کے مقرر کردہ اخلاقی حدود کے اندر آتے ہوں۔اور حقیقت یہ ہے کہ خاص طور پر فلموں کے میدان میں ایسے منصوبے بہت کم ہیں،جو مکمل طور پر ان خدائی اخلاقی حدود کے اندر مکمل کیے جاتے ہیں۔میں نے یہ عہد کیا کہ اگر مجھے ایسے منصوبے نہیں ملے جو ان حدود کے اندر ہوں تو میں

اس کام سے کنارہ کشی اختیار کر لوں گا، کیونکہ خدا نے مجھے اپنی زندگی کو معقول حد تک آرام دہ انداز میں گزارنے کے دیگر ذرائع عطا کیے ہیں۔

تاہم، اگرچہ ویڈیو پیغام میں بیان واضح اور غیر مبہم تھا، مگر اس کے باوجود، اگلے دن اخبارات اور نیوز چینلز کی سرخیاں یہ تھیں: ''حمزہ علی عباسی نے اسلام کی خاطر شوبز چھوڑ دیا۔'' میرا خیال ہے کہ اس کی وجہ یہ ہے کہ ہمارے معاشرے میں اس عقیدے کی جڑیں بہت گہری ہیں کہ اسلام تمام قسم کے آرٹ کو ممنوع قرار دیتا ہے۔ شاید اس کی ایک وجہ یہ بھی تھی کہ بہت سے لوگوں نے میرا مکمل ویڈیو پیغام سننے کی زحمت ہی نہیں کی۔

اسلام کی اس تعبیر کے مطابق، جسے میں درست سمجھتا ہوں اور جسے عصرِ حاضر میں جناب جاوید احمد غامدی نے وضاحت کے ساتھ پیش کیا ہے، مرد و زن کو تعلیم حاصل کرنے، ساتھ کام کرنے اور مختلف فنونِ لطیفہ میں حصہ لینے کی اجازت ہے، بشرطیکہ وہ ان اخلاقی حدود کی پاس داری کریں جو اللہ تعالیٰ نے مقرر کی ہیں۔ قرآن ان اخلاقی حدود کو نہایت تفصیل کے ساتھ واضح کرتا ہے، لیکن یہاں میں سورۂ اعراف کی آیت نمبر 33 کا حوالہ دوں گا کیونکہ یہ آیت ان حدود کو بہت ہی صراحت کے ساتھ بیان کرتی ہے۔

اس آیت میں درج ذیل امور کو ممنوع قرار دیا گیا ہے:

1۔ ہر قسم کے جنسی تعلقات کو نکاح کے بندھن میں محدود ہونا چاہیے اور یہ تعلق صرف گھر میں اور پردے میں رہتے ہوئے قائم کیا جا سکتا ہے۔

لٰہذا خواہ یہ کسی گانے کے بول ہوں، فلم یا ڈرامے کے مکالمے، فن کاروں کے لباس یا ان کی آپس کی حرکات و سکنات، کسی بھی چیز میں جنسی نوعیت کا کوئی پہلو حتیٰ کہ معمولی درجے میں بھی موجود ہو تو یہ اسلام کے مطابق قطعی طور پر ممنوع ہے۔

اس کا مطلب یہ ہے کہ ایک اداکار کے طور پر، میں کسی ایسی سرگرمی میں شریک نہیں ہو

سکتا، جس میں مجھے کوئی ایسا کام کرنا، کچھ ایسا کہنا یا ایسا لباس پہننا پڑے جو کسی بھی طرح اور کسی بھی درجے میں جنسی جذبات کو ابھارے۔ مزید برآں، میں کسی خاتون سے کسی قسم کی قربت نہیں کر سکتا اور جنسی انداز میں چھو نہیں سکتا۔ جہاں تک خواتین کے لباس کا تعلق ہے، سورۂ نور کی چند آیات کی روشنی میں، جن پر میں بعد میں گفتگو کروں گا، خواتین کو ایسا لباس نہیں پہننا چاہیے جو تنگ ہو یا جو گردن سے لے کر کلائیوں اور ٹخنوں تک جسم کے کسی بھی حصے کو نمایاں کرے۔ اگر کسی خاتون کو زیورات یا دیگر آرائش کا استعمال کرنا ہو تو اسے اس بات کا اہتمام کرنا چاہیے کہ وہ ان زیورات کو چھپا لے، سوائے چہرے، ہاتھوں اور پیروں کے زیورات کے۔ اگر کسی وجہ سے زیورات کو مکمل طور پر چھپانا ممکن نہ ہو تو کم از کم اسے اس بات کا خیال رکھنا چاہیے کہ اس کے زیورات اس کے جسم کے حساس حصوں کو نمایاں نہ کریں یا ان پر توجہ مبذول نہ کرائیں۔ مثلاً، ایسے ہار پہننے سے گریز کرنا چاہیے جو سینے کو نمایاں کریں یا اس پر توجہ دلائیں۔

2۔ ظلم ممنوع ہے۔

قرآن کے مطابق ظلم ایک ایسا گناہ ہے جسے کسی صورت بھی جائز قرار نہیں دیا جا سکتا، خواہ وہ کسی گانے کے بول میں ہو، کسی فلم یا ڈرامے کی کہانی میں، یا کسی فن پارے کے ذریعے سے، اگر کسی بھی صورت میں ظلم کو جائز یا قابل تعریف بنا کر پیش کیا جائے تو ایسا فن سختی سے ممنوع ہے۔

3۔ جان، مال اور آبرو کو ناحق نقصان پہنچانا ممنوع ہے۔

اسلام انسانی زندگی، مال اور عزت کے تحفظ کو بنیادی اہمیت دیتا ہے۔ اگر کسی فن میں ایسی چیزوں کو فروغ دیا جائے جو کسی انسان کی زندگی، اس کی ملکیت یا اس کی عزت کو نقصان پہنچانے کو جائز یا اچھا قرار دیں تو وہ فن قرآن کے اصولوں کے مطابق حرام ہے۔ یہاں یہ بات بھی واضح ہے کہ تشدد کی نمائش بہ ذاتِ خود ممنوع نہیں ہے، لیکن اگر اسے غیر اخلاقی یا ناجائز

مقاصد کے حق میں پیش کیا جائے تو وہ قابل قبول نہیں۔ مثال کے طور پر، کسی فلم میں ظلم و زیادتی کو معمولی یا قابل تعریف انداز میں پیش کرنا اسلام کے اصولوں کی خلاف ورزی ہے۔

4۔ اللہ کے ساتھ شریک ٹھہرانا ممنوع ہے۔

قرآن کریم شرک کو ناقابل معافی گناہوں میں شمار کرتا ہے۔ اگر کسی گانے، فلم یا کسی اور فن پارے میں شرک کو فروغ دیا جائے یا اس کی تعریف کی جائے تو وہ فن اسلام کے اصولوں کے مطابق ممنوع ہے۔

5۔ اللہ کے متعلق جھوٹ بولنا ممنوع ہے۔

اسلام حق اور سچائی پر زور دیتا ہے۔ اگر کسی فن کے ذریعے سے اللہ تعالیٰ کے متعلق جھوٹ یا گم راہ کن خیالات پھیلائے جائیں تو یہ بھی ممنوع ہے۔ ایسے فن کو کسی صورت قابل قبول نہیں سمجھا جا سکتا۔

ان پانچ ممنوعات کے علاوہ قرآن کریم متعدد مقامات پر کہتا ہے کہ اگر کوئی جائز عمل دینی فرائض کی ادائیگی میں رکاوٹ بنے تو وہ عمل جائز نہیں رہتا۔ مثال کے طور پر، تجارت بہ ذات خود جائز ہے، لیکن اگر یہ عبادات میں رکاوٹ ڈالے تو قرآن ایسی تجارت سے منع کرتا ہے۔ (الصف 11:61) یہی اصول ہر فن پارے پر بھی لاگو ہوتا ہے۔ اگر کوئی شخص فن میں اس قدر مشغول ہو جائے کہ دینی فرائض سے غافل ہو جائے تو یہ مشغولیت گناہ کے زمرے میں آتی ہے۔

ایک اور نہایت اہم بات یہ ہے کہ بہ حیثیت مسلمان، میں کسی ایسی چیز کی حمایت نہیں کر سکتا جو اللہ تعالیٰ نے حرام قرار دی ہو۔ مثال کے طور پر، میں شراب نوشی کی اجازت یا اس کی ترویج کی کسی بھی صورت میں حمایت نہیں کر سکتا۔

اس کے ساتھ، میرے معاشرے میں رائج اسلام کی عام تشریح کے مطابق مردوں اور عورتوں کے درمیان مکمل علیحدگی کو لازم سمجھا جاتا ہے، موسیقی کے تمام آلات کو حرام قرار دیا

جاتا ہے، جان داروں کی تصویر کشی یا ان کے مجسمے بنانے کو ممنوع سمجھا جاتا ہے، مثالی مسلم خاتون کے لیے گھر سے باہر نکلنا معیوب گردانا جاتا ہے، اور یہ تصور دیا جاتا ہے کہ اسے سر سے پاؤں تک مکمل طور پر پردے میں ہونا چاہیے اور اس کی آواز گھر کے باہر کسی غیر محرم کو سنائی نہ دے۔ لیکن جس تشریح کو میں نے صحیح اور معقول پایا ہے، وہ ان تمام خیالات کی تردید کرتی ہے۔ ان نکات کو میں تفصیل سے آیندہ ایک سیکشن میں بیان کروں گا۔

ان اصولوں کی پابندی کرنا آج کے دور میں ایک مسلسل جدوجہد ہے، کیونکہ موجودہ میڈیا کے ماحول میں کئی ایسی چیزیں معمول کا حصہ بن چکی ہیں جنھیں اللہ تعالیٰ نے ممنوع قرار دیا ہے۔ اس لیے، جب کبھی مجھے محسوس ہوتا ہے کہ میں دانستہ یا غیر دانستہ طور پر کسی ایسی چیز میں ملوث ہو گیا ہوں جو اللہ کے مقرر کردہ حدود سے تجاوز کرتی ہے تو میں خود کو قرآن کی اس آیت کی یاد دہانی کراتا ہوں، جس میں اللہ تعالیٰ نے چھوٹے گناہوں کی معافی کی خوش خبری دی ہے۔ سورۂ نساء کی آیت 31 میں ارشاد ہے:

> ”(ان گناہوں سے بچو، اِس لیے کہ) تمھیں جن چیزوں سے منع کیا جا رہا ہے، اُن کے بڑے بڑے گناہوں سے اگر تم بچتے رہے تو تمھاری چھوٹی برائیوں کو ہم تمھارے حساب سے ختم کر دیں گے اور تمھیں عزت کی جگہ داخل کریں گے۔“

سوال و جواب: حصہ دوم

جناب جاوید احمد غامدی کے نقطۂ نظر سے کچھ اہم سوالات کے جوابات

یہاں میں اس کتاب کے آغاز میں کہی گئی اپنی بات کو دہرانا چاہتا ہوں کہ میں جاوید احمد غامدی صاحب کا کوئی باقاعدہ شاگرد نہیں ہوں۔ میں ایک عام شخص ہوں، جسے غامدی صاحب کی تعلیمات کے ذریعے سے اپنے کچھ سوالات کے جوابات ملے ہیں۔ اگر میری سمجھ بوجھ یا ان تعلیمات کی وضاحت میں کسی قسم کی غلطی ہو تو اس کا ذمہ دار غامدی صاحب کو نہیں ٹھہرایا جا سکتا۔

جو حضرات ان جوابات کی مزید تفصیلات میں جانا چاہتے ہوں، میں ان سے گزارش کرتا ہوں کہ جاوید احمد غامدی صاحب کی تصانیف اور آن لائن موجود ویڈیوز سے رجوع کریں۔ ان کی چند اہم کتب میں ''میزان''، ''مقامات''، ''برہان'' اور ''الاسلام'' شامل ہیں۔ مزید برآں، ان کی ویڈیو لیکچر سیریز ''23 اعتراضات کے جواب میں'' اور ''ڈیلس لیکچرز'' ان کے یوٹیوب چینل ''غامدی سینٹر آف اسلامک لرننگ'' پر دستیاب ہیں۔

آیئے، جاوید احمد غامدی صاحب سے سیکھے گئے اسلام کے ماخذ کی درست تفہیم پر ایک نظر دوبارہ ڈالیں۔ حالاں کہ ہم اس موضوع کو پہلے ایک تفصیلی حصے میں زیر بحث لا چکے ہیں، مگر

سوال وجواب کے حصے میں داخل ہونے سے قبل اس امر کو مختصراً دوبارہ سمجھنا اور اس کے فہم کو تازہ کرنا ضروری ہے۔

اسلام کے مآخذ

قرآن بارہا یہ بات واضح کرتا ہے کہ اللہ تعالیٰ نے اپنا پیغام اور دین صرف اپنے رسولوں اور آسمانی کتب کے ذریعے سے پہنچایا ہے۔ چونکہ حضرت محمد صلی اللہ علیہ وسلم اللہ کے آخری رسول ہیں، اس لیے دین میں کسی بھی عقیدے یا عمل کو شامل کرنے یا خارج کرنے کے لیے واضح شواہد درکار ہیں کہ اسے رسول اللہ صلی اللہ علیہ وسلم کی تصویب حاصل ہے۔ اس کا مطلب یہ ہے کہ کسی چیز کو بہ طور دین اسی صورت میں قبول کیا جا سکتا ہے جب اس کے بارے میں نبی اکرم صلی اللہ علیہ وسلم کی طرف سے تصدیق موجود ہو۔

حضرت محمد صلی اللہ علیہ وسلم نے اللہ کے احکامات قرآن اور سنت کی صورت میں دیے ہیں۔

قرآن یہ تاکید کرتا ہے کہ دیگر تمام دینی مآخذ کو سمجھنے کے لیے قرآن کو بنیادی کسوٹی کے طور پر اپنایا جائے۔ کسی چیز کو حلال یا حرام قرار دینے کے لیے قرآن کا براہ راست حکم یا اصول ہونا ضروری ہے۔ اگر قرآن دین کی تھیوری ہے تو سنت اس تھیوری کی عملی شکل ہے۔ قرآن اور سنت، دونوں رسول اللہ صلی اللہ علیہ وسلم سے لے کر موجودہ دور تک نسل در نسل تواتر اور اجماع سے منتقل ہوئے ہیں۔ اسلام تمام کا تمام تر قرآن اور سنت میں محصور ہے۔

قرآن کو سمجھنے کے لیے ضروری ہے کہ پہلے اس کا درست تعارف حاصل کیا جائے۔ قرآن اللہ تعالیٰ کا کلام اور ہدایت ہے، جو پوری طرح سے محفوظ ہے۔ اس میں اللہ کی زمین پر

اس کی آخری دینونت کے اظہار کی سرگذشت ہے، جو آخری رسول حضرت محمد صلی اللہ علیہ وسلم کے ذریعے سے نافذ کی گئی۔ قرآن میں درج ذیل ہدایات شامل ہیں:

قیامت کے دن تمام انسانوں کے اللہ کے حضور جواب دہی کی تفصیلات کے ساتھ ساتھ اس جواب دہی میں کامیابی حاصل کرنے کے اصول۔

ان حالات و واقعات کا ذکر جو حضرت محمد صلی اللہ علیہ وسلم اور ان کے صحابہ کے ساتھ پیش آئے، اور ان کے متعلق اللہ تعالیٰ کے احکامات اور ہدایات۔

اللہ تعالیٰ کی طرف سے انسانیت کے لیے ابدی قوانین اور ہدایات۔

قرآن اس الہامی وحی کا مجموعہ ہے جو اللہ نے حضرت محمد صلی اللہ علیہ وسلم پر وقتاً فوقتاً نازل فرمائی اور یہ یہود، نصاریٰ، اور مشرکین کو مخاطب کرتی ہے۔

یہ تفصیل کہ اللہ تعالیٰ نے کیسے اسرائیل کی اولاد میں ایک قوم کو کھڑا کیا، انھوں نے اللہ کا پیغام دنیا میں کیسے پھیلایا، اور پھر اللہ نے ان کے ساتھ اپنا عہد کیوں ختم کیا۔

اللہ تعالیٰ کے احکامات اور یہ کہ کس طرح حضرت محمد صلی اللہ علیہ وسلم کے ذریعے سے ایک نئی امت کو دنیا میں اللہ کا پیغام پہنچانے کے لیے تیار کیا گیا۔

قرآن میں یہ بھی بیان کیا گیا ہے کہ حضرت محمد صلی اللہ علیہ وسلم سے پہلے اللہ تعالیٰ نے اپنے دیگر رسولوں کے ذریعے سے زمین پر کیسے عدالت قائم کی۔

ان لوگوں کے لیے سزا اور جزا کے احکامات بھی قرآن میں بیان کیے گئے ہیں، جو رسول کی مخالفت کرتے ہیں اور ان کے لیے بھی جو ان کی نصرت اور حمایت کرتے ہیں۔

قرآن کریم اصرار کرتا ہے کہ اس کی زبان عربی مبین ہے۔ یہ کتاب بہت وضاحت کے ساتھ امور کو بیان کرتی ہے۔ اس طرح اس کا سمجھنا آسان ہے۔ اس لیے قرآن کی تفسیر میں

فہم زبان کے بنیادی اصولوں کو ملحوظ رکھنا ضروری ہے۔ مثلاً، جب قرآن کی آیات کے معانی طے کیے جائیں تو الفاظ کے عمومی معروف معنی کو اختیار کیا جائے۔ جملے کی ساخت سے پیدا ہونے والے معانی اور سیاق و سباق کے ان مضمرات کو مد نظر رکھا جائے، جو اس کے اولین مخاطبین کے ہاں معروف اور مسلم تھے۔

یہ بھی ضروری ہے کہ قرآن کی آیات کو الگ الگ سمجھنے کے بجائے، کسی خاص موضوع سے متعلق تمام آیات کو یکجا کر کے سمجھا جائے۔ مثلاً، اگر یہ جانچنا ہو کہ قرآن مسلمانوں اور غیر مسلموں کے تعلقات کے بارے میں کیا کہتا ہے تو اس موضوع سے متعلق تمام آیات کا تجزیہ ضروری ہے تاکہ درست رائے قائم کی جاسکے۔

ایک عام مسلمان کی حیثیت سے قرآن کے متن کو سمجھنے کا سب سے موثر طریقہ یہ ہے کہ سب سے پہلے اس کتاب کا درست تعارف حاصل کیا جائے، جیسا کہ پہلے ذکر کیا جا چکا ہے، اور پھر اس کا ایک سادہ اور آسان فہم ترجمہ ابتدا سے انتہا تک پڑھا جائے۔ میرا طریقہ یہ رہا ہے کہ جہاں کہیں متن میں کوئی بات سمجھ نہیں آتی، میں اسے نشان زد کر لیتا ہوں۔ پھر اس کے متعلق انٹرنیٹ سے یا مستند کتب میں موجود علما کی آرا کا مطالعہ کرتا ہوں۔ اگر ان ذرائع سے بھی بات واضح نہ ہو تو اس معاملے کی توضیح کے لیے اہل علم سے رجوع کرنے کی کوشش کرتا ہوں۔ ترجمے کے مطالعے کے دوران میں اس امر کا خاص خیال رکھتا ہوں کہ اصل ترجمے اور حواشی یا قوسین میں دی گئی اضافی تشریحات کے درمیان فرق کو ملحوظ رکھوں، کیونکہ یہ تعلیقات عموماً مترجم کی ذاتی آرا یا اس کی طرف سے متن کی وضاحت پر مبنی ہوتی ہیں۔

روایاتِ حدیث نبی کریم صلی اللہ علیہ وسلم کے اقوال و افعال سے متعلق ہیں، لیکن یہ قرآن اور سنت کی طرح تواتر کے ذریعے سے نقل نہیں ہوئیں، بلکہ اخبار آحاد، یعنی انفرادی روایات کے ذریعے سے ہم تک پہنچی ہیں۔ یہ نبی کریم صلی اللہ علیہ وسلم کی سیرت مبارکہ کا

ایک تاریخی ریکارڈ ہے اور اسے قرآن و سنت کی روشنی میں سمجھنا ضروری ہے۔ یہ روایات قرآن و سنت میں موجود دین کے احکام کی تشریحات اور اطلاقات کو بیان کرتی ہیں، لیکن دین میں کسی نئے حکم کا اضافہ نہیں کرتیں۔ دین کے تمام احکام قرآن اور سنت میں یا تو براہ راست موجود ہیں یا ان میں اصولی شکل میں پائے جاتے ہیں۔

نبی کریم صلی اللہ علیہ وسلم کے صحابۂ کرام کی تاریخ بھی ایک اہم ماخذ ہے۔ اس سے ہم یہ جان سکتے ہیں کہ انھوں نے دین کو کیسے سمجھا۔ تاہم، یہ روایات بھی انفرادی ذرائع سے ہم تک پہنچی ہیں، اس لیے انھیں بھی قرآن و سنت کے دائرے میں رکھ کر جانچنا اور سمجھنا ضروری ہے۔

اب ہم سوال و جواب کی طرف بڑھتے ہیں۔

سوال 1: کیا محمد صلی اللہ علیہ وسلم اللہ کے آخری رسول اور نبی ہیں؟

جی ہاں۔ قرآن اور احادیث نبویہ صراحت کے ساتھ یہ حقیقت بیان کرتی ہیں کہ محمد صلی اللہ علیہ وسلم اللہ کے آخری نبی اور رسول ہیں، اور ان کے بعد کوئی نبی یا رسول مبعوث نہیں ہو گا۔

پہلے آسمانی صحائف، جیسے عہد نامہ قدیم اور عہد نامہ جدید حتیٰ کہ بعض دیگر مذاہب کی کتب میں بھی آخری مسیحا اور نبی کی آمد کی پیشین گوئیاں موجود ہیں، جنھیں مسلمان محمد صلی اللہ علیہ وسلم کی ذات اقدس سے منسوب کرتے ہیں۔ لیکن قرآن نہ صرف اس بات کی نفی کرتا

ہے کہ محمد صلی اللہ علیہ وسلم کے بعد کوئی نیا نبی آئے گا، بلکہ واضح اور غیر مبہم الفاظ میں بیان کرتا ہے کہ نبوت کا سلسلہ ان پر ختم ہو چکا ہے۔

قرآن کی سورۂ احزاب میں ارشاد باری تعالیٰ ہے:

> ''(حقیقت یہ ہے کہ) محمد صلی اللہ علیہ وسلم تمھارے مردوں میں سے کسی کے باپ نہیں ہیں، بلکہ اللہ کے رسول اور خاتم النبیین ہیں۔ (اِس لیے یہ ذمہ داری اُنھی کو پوری کرنی تھی)، اور اللہ ہر چیز سے باخبر ہے۔'' (33:60)

اس آیت میں ''خاتم'' کا لفظ استعمال کیا گیا ہے، جس کے معنی ہیں: کسی چیز پر مہر لگانا یا اس کا اختتام کرنا۔ اس کے مطابق، محمد صلی اللہ علیہ وسلم کو صراحت کے ساتھ نبوت کی مہر یا اس کا اختتام قرار دیا گیا ہے۔

قرآن یہ بھی واضح کرتا ہے کہ اللہ کا پیغام اور دین محمد صلی اللہ علیہ وسلم کے ذریعے سے مکمل کر دیا گیا ہے اور اس طرح مزید کسی نبی یا رسول کی ضرورت باقی نہیں رہی۔ سورۂ مائدہ میں فرمایا گیا:

> ''تمھارے دین کو آج میں نے تمھارے لیے پورا کر دیا ہے اور تم پر اپنی نعمت تمام کر دی ہے اور تمھارے لیے دین کی حیثیت سے اسلام کو پسند فرمایا ہے۔'' (5:3)

ختم نبوت کا یہ تصور مستند احادیث کے ذریعے سے مزید وضاحت کے ساتھ ہمارے سامنے آتا ہے۔ ان روایات میں نبی کریم صلی اللہ علیہ وسلم نے یہ اعلان فرمایا کہ نبوت اور رسالت کا سلسلہ ان پر ختم کر دیا گیا ہے۔ آیئے، اس ضمن میں چند اہم احادیث کا جائزہ لیتے ہیں۔

1۔ رسول اللہ صلی اللہ علیہ وسلم نے فرمایا: میری اور مجھ سے پہلے گزرے ہوئے نبیوں کی مثال ایسی ہے، جیسے ایک شخص نے عمارت بنائی، نہایت حسین و جمیل، مگر ایک کونے میں

ایک اینٹ کی جگہ چھوٹی ہوئی تھی۔ لوگ اُس عمارت کے گرد پھرتے اور اُس کی خوبی پر اظہار حیرت کرتے تھے، مگر کہتے تھے کہ یہ اینٹ بھی کیوں نہ رکھ دی گئی؟ فرمایا کہ وہ اینٹ میں ہوں اور میں خاتم النبیین ہوں۔ (بخاری، رقم 3525۔ مسلم، رقم 2287)

2۔ رسول اللہ صلی اللہ علیہ وسلم نے فرمایا:

''مجھے دوسرے انبیا پر چھ چیزوں سے فضیلت عطا کی گئی ہے: مجھے جوامع الکلم عطا کیے گئے ہیں، رعب کے ذریعے سے میری مدد کی گئی ہے، مال غنیمت میرے لیے حلال کیا گیا ہے، میرے لیے تمام زمین سجدہ گاہ اور پاک قرار دی گئی ہے، مجھے تمام مخلوق کی طرف بھیجا گیا ہے، اور مجھ پر نبوت کا سلسلہ ختم کر دیا گیا ہے۔'' (مسلم، رقم 524)

3۔ رسول اللہ صلی اللہ علیہ وسلم نے فرمایا:

''میرے بعد کوئی نبی نہ ہوگا۔'' (مسلم، رقم 1842، 2404)

4۔ رسول اللہ صلی اللہ علیہ وسلم نے فرمایا:

''بنی اسرائیل کی قیادت اُن کے نبی کرتے تھے۔ ایک نبی دنیا سے رخصت ہوتا تو دوسرا اُس کا جانشین بن جاتا۔ مگر میرے بعد کوئی نبی نہ ہوگا۔''

(بخاری، رقم 3455۔ مسلم، رقم 1842)

5۔ رسول اللہ صلی اللہ علیہ وسلم نے فرمایا:

''نبوت میں سے کوئی چیز باقی نہیں رہی، صرف بشارت دینے والی باتیں رہ گئی ہیں۔ عرض کیا گیا: وہ بشارت دینے والی باتیں کیا ہیں؟ فرمایا: اچھا خواب۔''

(بخاری، رقم 6589)

بعض لوگ یہ دعویٰ کرتے ہیں کہ سورۂ احزاب کی آیت 40 میں صرف شریعت لانے والے انبیا کے خاتمے کا ذکر کیا گیا ہے اور اس کے تحت ایسے انبیا کے لیے گنجایش موجود ہے جو

محمد صلی اللہ علیہ وسلم کی شریعت ہی کی تبلیغ کریں گے۔ لیکن حقیقت یہ ہے کہ اس آیت کے الفاظ اتنے واضح اور صاف ہیں، اور حدیث کے ذخیرے سے یہ بات اتنی مضبوطی سے ثابت ہے کہ اس طرح کی تاویلات کی کوئی گنجایش باقی نہیں رہتی۔

سوال 2: نبوت اور رسالت کا سلسلہ محمد صلی اللہ علیہ وسلم پر کیوں ختم ہوا؟

اگر کوئی عام شخص بھی قرآن کا مطالعہ کرے تو اسے یہ بات بہ خوبی سمجھ آجائے گی کہ اللہ تعالیٰ نے محمد صلی اللہ علیہ وسلم کی بعثت کے ذریعے سے تین بنیادی مقاصد پورے کیے۔ چونکہ یہ تینوں مقاصد کامیابی کے ساتھ پورے ہو چکے ہیں، اس لیے نبوت کا سلسلہ محمد صلی اللہ علیہ وسلم پر ختم کر دیا گیا۔ آیئے، ان تینوں مقاصد کو مختصراً سمجھنے کی کوشش کرتے ہیں اور یہ جاننے کی کوشش کرتے ہیں کہ یہ کیسے مکمل ہوئے۔

1۔ ایک نئی قوم کی تشکیل تاکہ وہ اللہ کی ہدایت پر عمل کرے اور اس کے پیغام کو دنیا تک پہنچائے۔ اللہ تعالیٰ نے بنی اسرائیل کو اپنا پیغام پہنچانے کی ذمہ داری سونپی تھی، لیکن جب وہ اپنی اس ذمہ داری کو کماحقہٗ پورا نہ کر سکے تو اللہ تعالیٰ نے بنی اسمٰعیل میں ایک نئی قوم کو اُٹھایا تاکہ وہ اس ذمہ داری کو نبھائے۔ یہ مقصد محمد صلی اللہ علیہ وسلم کے ذریعے سے پورا ہوا، جب اللہ نے ایک ایسی قوم کو وجود بخشا جو تعداد میں لاکھ سے تجاوز کر گئی اور جنھیں ان کے الٰہی مشن کے لیے مکمل طور پر تربیت دی گئی۔

2۔ انسانیت کے لیے قیامت کے دن کی سب سے مضبوط دنیوی دلیل فراہم کرنا۔ جیسا کہ پہلے بھی ذکر ہوا، اللہ تعالیٰ اپنے رسولوں کے ذریعے سے ان کے مخاطبین کے لیے دنیا میں اپنی

عدالت برپا کرتا ہے۔ یہ عدالت اور اس کا مظاہرہ اس لیے کیا جاتا ہے تاکہ لوگوں کے سامنے قیامت اور اخروی جزاو سزا کا قطعی ثبوت آجائے اور اس معاملے میں اتمام حجت ہو جائے۔

محمد صلی اللہ علیہ وسلم کے معاملے میں اللہ تعالیٰ کی دینونت کا یہ مظاہرہ انتہائی وسیع اور عالمی پیمانے پر ہوا۔ مزید یہ کہ یہ ایک ایسے وقت میں ہوا جب تاریخ کو بڑی تفصیل کے ساتھ محفوظ کیا جارہا تھا۔ دینونت کے اس مظاہرے کے واقعات تاریخی طور پر مستند اور ناقابل انکار ہیں۔ چاہے کوئی محمد صلی اللہ علیہ وسلم کی نبوت کو مانے یا نہ مانے، لیکن یہ حقیقت ہے کہ آپ اور آپ کے صحابہ کے ساتھ پیش آنے والے اہم واقعات تاریخی حقائق ہیں اور ان کے وقوع پذیر ہونے میں کسی قسم کا شک وشبہ نہیں کیا جاسکتا۔

اللہ تعالیٰ کا مقصد یہ تھا کہ انسانیت کے لیے قیامت کے روز کی عدالت کی قطعی دلیل فراہم کی جائے اور اسے محفوظ رکھا جائے۔ یہ مقصد پورا ہو چکا ہے کیونکہ ان واقعات کو جو دینونت الٰہی کے مظاہر تھے، انسانی تاریخ میں محفوظ کر دیا گیا ہے اور یہ مستند تاریخی حقائق کے طور پر ریکارڈ کا حصہ بن چکے ہیں۔

3۔ آیندہ تمام نسلوں کے لیے الہامی ہدایت کو محفوظ رکھنا۔ سورہ مائدہ کی آیت 3 میں اللہ تعالیٰ کا یہ فرمان وارد ہوا ہے کہ محمد صلی اللہ علیہ وسلم کے ذریعے سے انسانیت کے لیے دین کو مکمل کر دیا گیا ہے۔ اس کے بعد کسی نئی ہدایت کی ضرورت باقی نہیں رہی۔ اللہ تعالیٰ کی یہ ہدایت قرآن کی صورت میں نبی اکرم صلی اللہ علیہ وسلم کی حیات مبارکہ ہی میں بڑے پیمانے پر محفوظ کر لی گئی۔ اسی طرح، سنتِ رسول کو بھی آپ کے ایک لاکھ سے زائد صحابۂ کرام نے محفوظ کر کے اجماع سے اگلی نسلوں تک منتقل کیا۔ چنانچہ محمد صلی اللہ علیہ وسلم کے ذریعے سے انسانیت کے لیے اللہ تعالیٰ کی ہدایت کو مکمل اور محفوظ کرنے کا یہ مقصد بھی پایۂ تکمیل تک پہنچا۔

سوال 3: اسلام میں مذہبی اتھارٹی اور محمد صلی اللہ علیہ وسلم کے کردار کی کیا حیثیت ہے؟

دنیا میں ہمیں اللہ تعالیٰ براہ راست نظر نہیں آتا تاکہ انسان کو اختیار اور آزادی کے ساتھ آزمایا جا سکے، مگر قرآن مختلف مواقع پر اس بات کو واضح کرتا ہے کہ اللہ تعالیٰ لوگوں کی رہنمائی بالواسطہ طور پر کرتا ہے۔ کبھی وہ براہ راست ان کے دلوں میں خیالات ڈالتا ہے (سورۂ انفال 8:24) اور کبھی فرشتوں کے ذریعے، جو نیکوکاروں پر مسلسل برکتیں نازل کرتے ہیں (حٰم السجدہ 41:30)۔ تاہم، قرآن یہ بات بھی صاف صاف بیان کرتا ہے کہ اللہ تعالیٰ جن افراد کو براہ راست اپنی ہدایت کے لیے منتخب کرتا ہے اور انھیں اپنے احکامات کو دنیا تک پہنچانے کا حکم دیتا ہے وہ صرف انبیا اور رسول ہیں۔

چونکہ محمد صلی اللہ علیہ وسلم اللہ کے آخری نبی اور رسول ہیں، اس لیے آپ اللہ کی ہدایت اور احکامات کا آخری اور حتمی ماخذ ہیں۔ دوسرے الفاظ میں، محمد صلی اللہ علیہ وسلم کے ذریعے سے جو کچھ ہمیں ملا ہے، وہی اسلام کی اصل اساس ہے۔ کوئی بھی حکم، جو اسلام کا حصہ قرار دیا جائے یا جسے اسلام سے خارج کیا جائے، اس کے لیے ضروری ہے کہ وہ محمد صلی اللہ علیہ وسلم کے ذریعے سے ثابت ہو۔

مزید برآں، محمد صلی اللہ علیہ وسلم کی اتباع کرنے والے تمام افراد، خواہ وہ کتنا ہی علم یا مرتبہ رکھتے ہوں، اس بات کے پابند ہیں کہ وہ دین کے طالب علم کے طور پر اپنی محدودیت کا اعتراف کریں۔ ان کی تفہیم اور تشریحات درست بھی ہو سکتی ہیں اور ان میں غلطی کا امکان بھی ہے۔ کوئی بھی شخص، چاہے وہ کتنا ہی بلند مقام رکھتا ہو، محمد صلی اللہ علیہ وسلم کے بعد یہ

دعویٰ نہیں کر سکتا کہ وہ اسلام کے بارے میں کسی بھی بات میں معصوم عن الخطا ہے یا اس پر اتھارٹی ہونے کا حق رکھتا ہے۔

اس سلسلے میں ایک نہایت اہم حدیث رسول سے منقول ہے، جس میں آپ نے دین میں کسی بھی اضافے یا بدعت کی سختی سے ممانعت فرمائی ہے، جو قرآن و سنت سے ثابت نہ ہو:

> ''بے شک بہترین بات اللہ کی کتاب ہے اور بہترین ہدایت محمد کی ہدایت ہے، اور بدترین امور دین میں نئی نکالی ہوئی باتیں ہیں۔ ہر ایسی نئی بات بدعت ہے، اور ہر بدعت گم راہی ہے۔'' (مشکوۃ، رقم 134)

سوال 4: اسلام میں معجزات کی حیثیت کیا ہے؟

اسلامی تعلیمات کی روشنی میں یہ بات واضح ہے کہ معجزات بالعموم انبیا اور رسل کے لیے مخصوص تھے۔ یہ خدا کی قدرت کے ایسے مظاہر تھے جن کا مقصد لوگوں کو حیرت میں مبتلا کرنا اور انبیا کو خدا کا پیغام موثر طریقے سے پہنچانے کے قابل کرنا تھا۔ چونکہ رسالت کا سلسلہ نبی آخر الزماں حضرت محمد صلی اللہ علیہ وسلم کے ساتھ مکمل ہو گیا ہے، اس لیے اب معجزات کا ظہور ختم ہو چکا ہے۔ قرآن اس بات کی واضح شہادت دیتا ہے کہ انبیا اور رسل کے بعد کوئی شخص معجزات کا دعویٰ کرے تو اس کا یہ دعویٰ یا تو جھوٹ پر مبنی ہو گا، یا وہ کسی ذہنی بیماری کا شکار ہو گا۔

میری ذاتی رائے یہ ہے کہ قرآن کے مطالعے کے بعد کوئی شخص اگر فرشتے، اولیا یا ارواح کو دیکھنے یا معجزات دکھانے کا دعویٰ کرے تو وہ یا تو جھوٹ بول رہا ہے یا ذہنی الجھنوں کا شکار ہے یا جنات کے فریب کا شکار ہو رہا ہے، جو اسے فرشتوں یا اولیا کی شکل میں نظر آتے ہیں۔

سوال 5: محمد صلی اللہ علیہ وسلم کے بعد پیش آنے والے واقعات کی اہمیت کیا ہے؟

بہ حیثیت مسلمان، میرا یہ عقیدہ ہے کہ نبی کریم صلی اللہ علیہ وسلم نے قرآن اور سنت کے ذریعے سے اللہ کا دین مکمل طور پر انسانیت تک پہنچا دیا۔ قرآن و سنت میں وہ تمام اوامر و نواہی موجود ہیں جن پر عمل کر کے قیامت کے دن اللہ کے حضور سرخرو ہوا جا سکتا ہے۔ ان اصولی احکامات کی مزید تشریحات اور اطلاقات ہمیں حدیث کی کتب میں ملتی ہیں۔ حدیث کے ذخیرے میں حدیثِ جبریل خاص اہمیت کی حامل ہے، کیونکہ اس میں دین کے تمام بنیادی نکات جامع اور مختصر انداز میں بیان کیے گئے ہیں۔ میں اپنے دینی علم و عمل میں اسی دائرے کو مرکزی اہمیت دیتا ہوں اور اسلام کے واضح احکامات اور ممنوعات پر سختی سے کاربند رہتا ہوں۔

چونکہ میں تاریخ کا باقاعدہ طالب علم نہیں ہوں اور نہ ہی کسی قسم کی علمی تحقیق میں مہارت رکھتا ہوں، اس لیے محمد صلی اللہ علیہ وسلم کے وصال کے بعد پیش آنے والے ان واقعات کا مطالعہ نہیں کرتا جو امت مسلمہ میں اختلافات کا سبب بنے۔ میرے نزدیک یہ امور میری اخروی نجات کے لیے غیر متعلق ہیں۔ مثال کے طور پر، قیامت کے دن مجھ سے یہ نہیں پوچھا جائے گا کہ میں نے نبی کریم صلی اللہ علیہ وسلم کے بعد کس کو ان کا خلیفہ تسلیم کیا یا صحابۂ کرام میں سے کسے زیادہ افضل یا متقی سمجھا۔

سوال 6: کیا حضرت محمد صلی اللہ علیہ وسلم تمام انبیا سے افضل

ہیں؟

نعت خوانی اسلامی ادب کا ایک اہم حصہ ہے جس میں نبی اکرم صلی اللہ علیہ وسلم کی تعریف و توصیف بیان کی جاتی ہے۔ میری پرورش پاکستان میں اس وقت ہوئی جب ایک نعت ''شاہِ مدینہ'' بے حد مقبول تھی۔ اس نعت کے اشعار میں نبی اکرم صلی اللہ علیہ وسلم کی عظمت کو اجاگر کیا گیا ہے۔ یہ یہاں سے شروع ہوتی ہے:

شاہِ مدینہ یثرب کے والی

سارے نبی تیرے دَر کے سوالی

یہ عقیدہ کہ حضرت محمد صلی اللہ علیہ وسلم تمام انبیا پر فضیلت رکھتے ہیں، برصغیر کے مسلمانوں میں عام ہے۔ تاہم قرآن اور احادیث مبارکہ واضح طور پر مسلمانوں کو انبیا کے درمیان تقابل کرنے سے روکتے ہیں۔

قرآن سورۂ بقرہ کی آیت 253 میں ارشاد فرماتا ہے کہ اللہ تعالیٰ نے بعض انبیا کو بعض پر بلند درجات عطا کیے۔ اس آیت میں حضرت موسیٰ علیہ السلام کا ذکر ہے جن سے اللہ نے براہِ راست کلام فرمایا اور حضرت عیسیٰ علیہ السلام کا ذکر ہے جنھیں اللہ نے معجزات عطا کیے اور روح القدس، حضرت جبریل، کے ذریعے سے ان کی مدد کی۔

تاہم، مسلمانوں کو سورۂ بقرہ کی آیت 136 میں حکم دیا گیا ہے کہ وہ تمام انبیا پر ایمان لائیں اور ان کے درمیان کسی قسم کی تفریق نہ کریں۔ فرمایا:

''(ایمان والو)، اِن سے کہہ دو کہ ہم نے اللہ کو مانا ہے اور اُس چیز کو مانا ہے جو ہماری طرف نازل کی گئی اور جو ابراہیم، اسمٰعیل، اسحٰق اور یعقوب اور اُن کی اولاد کی طرف نازل کی گئی اور جو موسیٰ اور عیسیٰ اور دوسرے سب نبیوں کو اُن کے پروردگار کی طرف سے دی

گئی۔ ہم اِن میں سے کسی کے درمیان کوئی فرق نہیں کرتے۔ (یہ سب اللہ کے پیغمبر ہیں) اور ہم اُسی کے فرماں بردار ہیں ۔''

حضرت محمد صلی اللہ علیہ وسلم کو اللہ نے بہ حیثیت نبی کئی منفرد خصوصیات عطا کیں۔ ایک حدیث میں آپ نے فرمایا کہ انھیں چھ امور میں دیگر انبیا پر فضیلت دی گئی ہے۔ آپ نے فرمایا:

''مجھے دوسرے انبیا پر چھ چیزوں سے فضیلت عطا کی گئی ہے: مجھے جوامع الکلم عطا کیے گئے ہیں، رعب کے ذریعے سے میری مدد کی گئی ہے، مال غنیمت میرے لیے حلال کیا گیا ہے، میرے لیے تمام زمین سجدہ گاہ اور پاک قرار دی گئی ہے، مجھے تمام مخلوق کی طرف بھیجا گیا ہے اور مجھ پر نبوت کا سلسلہ ختم کر دیا گیا ہے۔'' (مسلم، رقم 524)

اگرچہ نبی صلی اللہ علیہ وسلم نے اس بات کا اقرار کیا کہ بعض انبیا کو دیگر پر بلند درجات عطا کیے گئے ہیں، لیکن آپ نے خود تاکید سے اور بارہا اس بات کی نفی فرمائی کہ آپ تمام انبیا سے افضل ہیں۔

صحیح مسلم میں روایت ہے کہ ایک شخص نے آپ کو ''تمام مخلوقات میں بہترین'' کے لقب سے مخاطب کیا۔ آپ نے اسے ٹوکا اور فوراً فرمایا:

''یہ لقب تو ابراہیم کا ہے۔'' (مسلم، رقم 2369)

اسی طرح آپ کا ایک فرمان یہ ہے:

''کوئی یہ نہ کہے کہ میں یونس بن متی سے افضل ہوں۔'' (بخاری، رقم 3234)

اور

''جس نے کہا کہ میں یونس بن متی سے افضل ہوں، اس نے جھوٹ کہا۔''

(ترمذی، رقم 3245)

صحیح مسلم کی ایک روایت کے مطابق آپ نے مسلمانوں کو یہ حکم دیا کہ وہ یہ دعویٰ نہ کریں

کہ آپ موسیٰ علیہ السلام پر فوقیت رکھتے ہیں۔ آپ نے واضح فرمایا کہ قیامت کے دن جب آپ کو اٹھایا جائے گا تو موسیٰ علیہ السلام پہلے ہی اللہ کے عرش کے قریب موجود ہوں گے۔ (مسلم، رقم 2373)

مزید برآں، آپ نے اپنے ماننے والوں کو انبیا کے درمیان تقابل کرنے اور ان میں سے کسی کو کسی دوسرے سے افضل قرار دینے سے منع فرمایا۔ آپ کا ارشاد ہے:

"انبیا میں باہم ایک دوسرے پر اس طرح بزرگی نہ دیا کرو۔" (بخاری، رقم 2281)

خلاصہ یہ ہے کہ قرآن و حدیث، دونوں یہ تعلیم دیتے ہیں کہ اللہ تعالیٰ نے بعض انبیا کو خاص فضائل عطا کیے ہیں، لیکن مسلمانوں کو انبیا کے درمیان تقابل کرنے سے روکا گیا ہے۔ حضرت محمد صلی اللہ علیہ وسلم کو بہ حیثیت نبی عظیم فضیلت دی گئی، لیکن آپ نے کبھی اپنی برتری کا دعویٰ نہیں کیا، بلکہ ہمیشہ اس کو ناپسند کیا۔

سوال نمبر 7: تمام انبیا مشرقِ وسطیٰ میں ہی کیوں بھیجے گئے؟

میں نے یہ مسئلہ محمد صلی اللہ علیہ وسلم کے رسولِ خدا ہونے پر تفصیلی گفتگو کے دوران میں واضح کیا ہے۔ قرآن اعلان کرتا ہے کہ حضرت ابراہیم علیہ السلام کے زمانے تک ہر قوم اور معاشرے میں انبیا بھیجے جاتے رہے۔ (یونس 10: 47، بنی اسرائیل 17: 15، القصص 28: 59) حضرت ابراہیم علیہ السلام کے بعد نبوت کا منصب ان کی نسل تک محدود کر دیا گیا، تاکہ دنیا تک خدا کا پیغام پہنچانے کے لیے افراد کے بجائے اقوام کو اٹھایا جائے۔ (العنکبوت 29: 27، آل عمران 3: 33) قرآن یہ بھی بیان کرتا ہے کہ بعض انبیا کا ذکر قرآن میں موجود ہے، لیکن ایسے کئی انبیا بھی ہیں، جن کا علم صرف اللہ کو ہے۔ (الفرقان 25: 38، ابراہیم 14: 9)

مزید برآں، قرآن واضح کرتا ہے کہ مشرقِ وسطیٰ کے انبیا کے واقعات بیان کرنے کی وجہ یہ ہے کہ قرآن کے اولین مخاطب، یعنی عرب مشرکین اور اہل کتاب پہلے ہی ان انبیا کے قصوں سے واقف تھے۔ (القمر 4:54)

سوال نمبر 8: محمد صلی اللہ علیہ وسلم نے متعدد شادیاں کیوں کیں؟

اسلام کے بہت سے ناقدین محمد صلی اللہ علیہ وسلم کے تعدد ازواج پر اعتراض کرتے ہیں اور یہ دلیل دیتے ہیں کہ جو شخص نبی خدا ہونے کا دعویٰ کرے، اسے اتنی شادیاں نہیں کرنی چاہییں۔

مجھے یہ اعتراض چند وجوہات کی بنا پر قوی معلوم نہیں ہوتا:

1۔ قرآن کے مطابق، جنس مخالف کے لیے کشش محسوس کرنا کوئی غیر مقدس یا غیر اخلاقی بات نہیں، بشرطیکہ جنسی تعلق کو ازدواجی بندھن کے دائرے میں محدود رکھا جائے۔

2۔ محمد صلی اللہ علیہ وسلم کے دور اور ثقافت میں مردوں کی متعدد شادیاں ایک معمول کی بات تھی، اور آج بھی کئی معاشروں میں یہ رواج عام ہے۔ حتیٰ کہ مکہ کے مشرکین، جو محمد صلی اللہ علیہ وسلم کے شدید ترین مخالفین تھے، نے اس پہلو سے آپ پر کوئی اخلاقی اعتراض نہیں اٹھایا۔

3۔ اگرچہ اس وقت تعددِ ازدواج عام تھا، محمد صلی اللہ علیہ وسلم نے اپنی پہلی شادی 25 سال کی عمر میں کی، اور اپنی اہلیہ حضرت خدیجہ کی وفات تک، یعنی 24 سال تک، ایک زوجہ کے ساتھ زندگی گزاری۔ اس سے یہ بات واضح ہوتی ہے کہ آپ کسی شہوانی خواہش کے زیرِ اثر نہیں تھے، بلکہ اپنی پوری جوانی ایک ہی عورت کے ساتھ وفاداری میں گزاری۔

4۔ محمد صلی اللہ علیہ وسلم کے دور اور ثقافت میں مردوں کا متعدد عورتوں سے شادی کرنا ایک عام بات تھی، اور اس پر کسی تعداد کی حد مقرر نہ تھی۔ یہ حقیقت بھی قابل توجہ ہے کہ محمد صلی اللہ علیہ وسلم ایک اہم سماجی، نظریاتی، عسکری اور سیاسی تحریک کے قائد تھے، اس لیے آپ کی بیش تر شادیاں اسی مشن کے ساتھ منسلک ضروریات کو پورا کرنے کے لیے کی گئیں۔ چنانچہ، آپ نے اپنی پہلی بیوی کی وفات کے بعد دس شادیاں کیں۔ مزید برآں، یہ بھی قابل ذکر ہے کہ حضرت عائشہ کے علاوہ آپ کی تمام ازواج مطلقہ یا بیوہ تھیں۔

اگر آپ محمد صلی اللہ علیہ وسلم کی ہر شادی کی وجوہات کا تفصیلی تجزیہ کرنا چاہتے ہیں تو میری پوڈکاسٹ (Coversing Islam with Hamza Ali Abbasi) کی دسویں قسط ملاحظہ کریں۔ انگریزی سب ٹائٹل کے ساتھ یہ اردو پوڈکاسٹ غامدی سینٹر آف اسلامک لرننگ کے یوٹیوب چینل پر دیکھا جا سکتا ہے۔

مندرجہ بالا سیاق کو مد نظر رکھتے ہوئے، مجھے محمد صلی اللہ علیہ وسلم کی متعدد شادیوں میں کوئی اعتراض کی بات نظر نہیں آتی۔ ہاں، یہ بات قابل اعتراض ہوتی اگر آپ نے اپنی کسی زوجہ کے ساتھ کوئی ناانصافی کی ہوتی۔ تاہم، اس بارے میں کوئی ثبوت نہیں ملتا کہ محمد صلی اللہ علیہ وسلم نے اپنی ازواج کے ساتھ کسی قسم کی بدسلوکی کی ہو۔ بلکہ حقیقت یہ ہے کہ محمد صلی اللہ علیہ وسلم نے اپنی بیویوں کو نہایت عزت دی اور آپ کے صحابۂ کرام بھی آپ کی اس سنت پر عمل پیرا رہے۔ قرآن سے بھی یہ بات واضح ہوتی ہے کہ محمد صلی اللہ علیہ وسلم نے اپنی تمام بیویوں کے ساتھ بہترین سلوک کیا۔ آیئے، ان قرآنی شواہد پر مختصراً نظر ڈالتے ہیں۔

قرآن کی سورۂ احزاب کی 28 تا 34 میں اللہ تعالیٰ رسول اکرم صلی اللہ علیہ وسلم کی ازواجِ مطہرات کو مطلع فرماتے ہیں کہ ان کی حیثیت اور کردار کی بنا پر انھیں کچھ خاص پابندیوں کا سامنا کرنا ہوگا۔ یہ پابندیاں اسلام کی جدوجہد کے دشوار حالات کے تناظر میں عائد کی گئیں۔

تاہم، ان پابندیوں کو نافذ کرنے سے قبل اللہ تعالیٰ نے ان ازواج کو یہ اختیار دیا کہ اگر وہ ان شرائط کے تحت زندگی گزارنا نہ چاہیں تو وہ عزت واحترام کے ساتھ طلاق لے کر علیحدگی اختیار کر سکتی ہیں۔ اگر وہ علیحدگی کا فیصلہ کرتیں تو انھیں معقول مالی معاونت فراہم کی جاتی اور نہایت وقار کے ساتھ رخصت کیا جاتا۔ لیکن ازواجِ مطہرات میں سے کسی نے بھی اس اختیار کو استعمال نہ کیا اور اپنی مرضی سے ان اضافی پابندیوں کو قبول کر لیا، باوجود اس کے کہ وہ باعزت طریقے سے علیحدگی اختیار کر سکتی تھیں۔

یہ آیت اس بات کی ایک قوی دلیل ہے کہ رسول اللہ صلی اللہ علیہ وسلم نے اپنی ازواج کے ساتھ کوئی ناانصافی یا بدسلوکی نہیں کی۔ ان کی ازواج مطہرات کی طرف سے ان پابندیوں کو رضامندی سے قبول کرنا ایک واضح سوال کو جنم دیتا ہے کہ اگر وہ اپنے شوہر کے ہاتھوں کسی ظلم یا بدسلوکی کا شکار ہو رہی ہوتیں تو وہ اس خدا کے احکامات اتنی خوش دلی سے کیسے مان رہی تھیں، جس کے بارے میں ان کے شوہر کا دعویٰ تھا کہ وہ اس کے رسول ہیں؟

سوال نمبر 9: کیا قرآن گھریلو تشدد کو جائز قرار دیتا ہے؟

قرآن کی سورۂ نساء کی آیت 34 کو اکثر تنقید کا نشانہ بنایا جاتا ہے۔ یہ دعویٰ کیا جاتا ہے کہ یہ آیت گھریلو تشدد کا جواز فراہم کرتی ہے اور شوہروں کو اپنی بیویوں پر جسمانی طاقت استعمال کرنے کی مکمل آزادی دیتی ہے۔ میرے لیے یہ آیت اسلام پر سب سے بڑا چیلنج رہی، اور اس کے بارے میں ایسا جواب تلاش کرنے میں مجھے کئی سال لگے جو اخلاقی اور عقلی طور پر قابل قبول ہو۔

اس آیت کا تفصیلی جائزہ اور اس کے سیاق وسباق کا مطالعہ واضح کرتا ہے کہ بیوی پر جسمانی

طاقت کا استعمال عمومی طور پر ایک مجرمانہ عمل ہے۔ تاہم، سزا دینے کی اجازت انتہائی نادر اور سنگین حالات میں بہ طور آخری اقدام کے عطا کی گئی ہے۔ اور وہ بھی محض اس لیے کہ ایسا رشتہ ازدواج کو بچانے کی آخری کوشش کے طور پر کیا جائے۔ اس اجازت کے ساتھ سخت شرط یہ ہے کہ سزا ایسی نہ ہو جو جسم پر کوئی نشان یا چوٹ کے آثار چھوڑے۔

سورۂ نساء کی آیت 34 کا تجزیہ

جیسا کہ پہلے تفصیل سے بیان کیا جا چکا ہے، قرآن ازدواجی رشتے اور خاندان کے ادارے کو خدا کا تخلیق کردہ سب سے اہم ادارہ قرار دیتا ہے، جو جوانوں اور بوڑھوں، دونوں کو طویل مدتی جسمانی، روحانی، جذباتی اور نفسیاتی دیکھ بھال فراہم کرنے کا ذریعہ ہے۔

قرآن خاندان کے ادارے کے تحفظ کے لیے غیر معمولی اقدامات کا حکم دیتا ہے۔ مثال کے طور پر، ہم جانتے ہیں کہ ان معاشروں میں جہاں شادی کے بغیر جنسی تعلقات کو معمولی اور غیر ممنوع سمجھا جاتا ہے، وہاں خاندانی ڈھانچہ کمزور ہو جاتا ہے۔ اسی لیے اسلام نے نکاح کے دائرے سے باہر تمام اقسام کے جنسی تعلقات اور اعمال کو جرم قرار دیا ہے تاکہ خاندانی نظام کی مضبوطی کو یقینی بنایا جا سکے۔

ہر ادارے کے لیے، چاہے وہ ریاست ہو، فوج ہو، بیوروکریسی ہو، کارپوریٹ دنیا ہو یا ازدواجی رشتہ ہو، جو جرم مہلک اور تباہ کن ثابت ہو سکتا ہے، وہ ''سرکشی'' ہے۔ سرکشی کسی بھی ادارے میں قابلِ قبول نہیں ہوتی، کیونکہ اس کی معمولی سی اجازت بھی اس ادارے کی یقینی تباہی پر منتج ہوتی ہے۔ یہی وجہ ہے کہ دنیا کے سب سے آزاد خیال ممالک بھی سرکشی کے خلاف سخت ترین سزائیں مقرر کرتے ہیں۔ مثال کے طور پر، ناروے، جو جدید ریاستوں میں سب سے نرم قوانین رکھنے کے لیے مشہور ہے، غداری کے جرم پر 6 سے 21 سال تک قید کی

سزا دیتا ہے۔[200]

ہر ادارے کو موثر طور پر چلانے کے لیے ایک سربراہ کی ضرورت ہوتی ہے۔ اگر کسی ادارے کا کوئی سربراہ نہ ہو تو وہ اپنی ذمہ داریاں انجام دینے کے قابل نہیں رہتا۔ قرآن ازدواجی ادارے میں مرد کو خاندان کا سربراہ مقرر کرتا ہے۔ آیئے، اس کو مزید تفصیل سے دیکھتے ہیں۔

خدا کے نزدیک مرد اور عورت برابر ہیں۔ تاہم، جب وہ نکاح کے بندھن میں داخل ہوتے ہیں تو قرآن مرد کو زیادہ ذمہ داریاں سونپتا ہے، خاص طور پر مالی معاملات میں۔ ان اہم ذمہ داریوں کی بنیاد پر قرآن شوہر کو خاندان کے ادارے کا سربراہ مقرر کرتا ہے۔ شوہر کے اس بلند درجے کا مطلب صرف یہ ہے کہ جب بھی کسی خاندانی معاملے پر ڈیڈ لاک ہو، اور میاں بیوی کسی متفقہ فیصلے پر نہ پہنچ سکیں تو آخری فیصلہ شوہر کا ہو گا۔

قرآن کو اس پر کوئی اعتراض نہیں کہ عورت بھی کمانے کا فیصلہ کرے اور خاندان کے لیے مالی معاونت فراہم کرے۔ تاہم، اس کی یہ شراکت اختیاری ہے۔ وہ اپنی کمائی اپنے پاس رکھ سکتی ہے اور اس پر خاندان کے مالی معاملات کی ذمہ داری عائد نہیں ہوتی۔ اس کے برعکس، شوہر پر لازم ہے کہ وہ خاندان کی مالی ضروریات پوری کرے۔ اسلام میں کچھ ایسی آرا بھی پائی جاتی

---

200 دیکھیے:

"The Penal Code - Chapter 17. Protection of Norway's Autonomy and Other Fundamental National Interests - *Lovdata*," https://lovdata.no/dokument/NLE/lov/2005-05-20-28/KAPITTEL2-2#%C2%A7116.

ہیں جن کے مطابق، اگر معاہدۂ نکاح میں عورت یہ شرط رکھے کہ وہ خاندان کی مالی ذمہ داری اٹھائے گی تو خاندان کی سربراہی بیوی کو منتقل ہو سکتی ہے۔ تاہم، قرآن یہ واضح کرتا ہے کہ چونکہ شوہر پر زیادہ ذمہ داریاں عائد ہوتی ہیں، اس لیے اسے بہ طور سربراہ خاندان کے ادارے میں فیصلہ سازی میں زیادہ اختیار دیا گیا ہے۔

قرآن کا شوہر کو بیوی پر ایک درجہ فضیلت دینے کا فرمان صنفی امتیاز نہیں قرار دیا جا سکتا۔ جیسا کہ پہلے بیان کیا جا چکا ہے، خدا کے نزدیک مرد اور عورت، دونوں برابر ہیں۔ تاہم، ازدواجی بندھن کے دائرے میں دی گئی ذمہ داریوں اور کرداروں کی تفریق کے ساتھ ان کے درجات میں فرق پیدا ہوتا ہے۔

یہ بات بھی قابل ذکر ہے کہ اسی خاندان کے ادارے میں، جہاں شوہر کو بیوی پر بلند درجہ دیا گیا ہے، وہیں بچوں کے ساتھ تعلق کے معاملے میں ماں کو باپ پر فوقیت دی گئی ہے۔ (مسلم، رقم 6181)

یہ تفریق دراصل صنف کے بجائے ازدواجی تعلقات کے مختلف حقوق اور ذمہ داریوں کے اصول پر مبنی ہے۔

اب ہم سورۂ نساء کی آیت 34 پر غور کرتے ہیں۔ یہ آیت ایک انتہائی صورت حال کو بیان کرتی ہے جس میں بیوی "نشوز" کی مرتکب ہوتی ہے۔ "نشوز" کا مطلب ایسی کھلی سرکشی ہے جو اپنی انتہائی شدت اور دوام کی وجہ سے خاندان کے نظام کو خطرے میں ڈال دے اور پورے گھر کے ماحول کو نقصان پہنچائے۔

ایسی صورت حال میں قرآن شوہر کو درج ذیل اقدامات کی ہدایت دیتا ہے:

شوہر کو حکم ہے کہ وہ سب سے پہلے بیوی سے بات چیت کرے اور اس مسئلے کو حل کرنے

کی کوشش کرے۔ یہ عمل ممکنہ طور پر کئی ہفتوں یا مہینوں تک جاری رہ سکتا ہے تاکہ مسئلے کو پرامن طور پر حل کیا جاسکے۔ اگر بیوی کی طرف سے نشوز کا رویہ برقرار رہے تو پھر شوہر اس کے ساتھ ہر قسم کے تعلق کو ختم کرے تاکہ زوجہ کو مسئلے کی سنگینی کا احساس دلایا جاسکے۔ اس دوران میں دونوں فریقین کو ایک دوسرے سے علیحدگی اختیار کرنے کی آزادی حاصل ہوتی ہے۔ اگر بیوی کی سرکشی برقرار رہے اور دونوں میں سے کوئی علیحدگی اختیار نہ کرے تو نکاح کو بچانے کی آخری کوشش کے طور پر شوہر کو اجازت دی گئی ہے کہ وہ بیوی کو جسمانی سزا دے سکتا ہے۔ لیکن یہ اجازت کچھ اہم شرائط کے ساتھ مشروط ہے، جنھیں سمجھنا ضروری ہے۔

اول، جسمانی سزا کے اختیار کا استعمال صرف ایک اصلاحی اقدام کے طور پر جائز ہے، بالکل اسی طرح جیسے والدین یا استاد کسی بچے کی نافرمانی پر ہلکی سرزنش کرتے ہیں۔ یہ سزا اس حد تک محدود ہونی چاہیے کہ اس کے نتیجے میں جسم پر کوئی نشان یا زخم نہ آئے، ورنہ یہ فعل جرم کے زمرے میں آتا ہے اور سزا کا مستحق ہوتا ہے۔ اس سلسلے میں نبی کریم صلی اللہ علیہ وسلم کی ہدایت واضح ہے۔ ایک حدیث کے مطابق، آپ نے فرمایا کہ بیوی پر جسمانی سزا ایسی نہ ہو کہ اس کے جسم پر کوئی نشان یا زخم آئے۔ (ابن ماجہ، رقم 1851)

دوم، جسمانی طاقت کے استعمال کی اجازت ایک آپشن ہے، یہ کوئی فرض عمل نہیں۔ اس لیے اگر کسی معاشرے میں یہ محسوس کیا جائے کہ مرد اس اجازت کا غلط استعمال کر رہے ہیں تو حکومتوں کو یہ اختیار حاصل ہے کہ وہ قوانین بنا کر مردوں سے یہ حق مکمل طور پر واپس لے لیں۔

سوم، شوہر جسمانی سزا کا حق صرف اس وقت استعمال کر سکتا ہے، جب اس بات کا حقیقت پسندانہ امکان ہو کہ یہ اقدام بیوی کی واضح سرکشی کو دور کر کے ازدواجی رشتہ بحال کر سکے گا۔ یہ سوال اٹھایا جا سکتا ہے کہ کیا مرد کی طرف سے ایک ایسی بیوی کو جسمانی سزا دینا جو نشوز اور سرکشی میں بہت بڑھی ہوئی ہو، مسئلے کو مزید خراب کر کے طلاق کے امکانات کو بڑھا نہیں

دے گا؟ قرآن ہر زمانے اور ہر تہذیب کے لیے رہنمائی فراہم کرتا ہے۔ تاریخ میں یا موجودہ دور میں کچھ ثقافتی اور تہذیبی حالات ایسے ہو سکتے ہیں جہاں جسمانی طاقت کے محدود اور متعین استعمال سے بیوی کی سرکشی کو دور کر کے ازدواجی تعلق کو بچایا جا سکتا ہو۔

اگر شوہر کی طرف سے نشوز ہو تو قرآن (النساء 4:128-130) اس کے بارے میں عورت کے لیے رہنمائی فراہم کرتا ہے۔ ان آیات میں اللہ تعالیٰ نے عورت کو ہدایت دی ہے کہ وہ مسئلے کو سلجھانے کی کوشش کرے۔ اگر مسئلہ بات چیت یا مفاہمت کے ذریعے سے حل نہ ہو اور شوہر اپنی سرکشی پر قائم رہے تو عورت کو ہدایت دی گئی ہے کہ وہ شوہر سے علیحدگی اختیار کرے۔ تاہم، یہ کہیں تجویز نہیں کیا گیا کہ عورت شوہر کو جسمانی سزا کے ذریعے سے راہ راست پر لائے۔ اس کی درج ذیل وجوہات ہیں:

اللہ تعالیٰ نے واضح طور پر فرمایا ہے کہ مرد اور عورت، دونوں اس کی نظر میں برابر ہیں۔ تاہم، نکاح کے ادارے میں، جہاں مرد اور عورت شوہر اور بیوی کے کردار اختیار کرتے ہیں، شوہر کو بیوی پر ایک درجہ فضیلت دی گئی ہے۔ اس کی وجوہات پہلے بیان کی جا چکی ہیں۔ قرآن نکاح کو ایک ادارہ سمجھتا ہے اور یہ حکم دیتا ہے کہ اس ادارے کو بھی اسی طرح کے اصولوں اور قوانین کے تحت چلایا جائے جیسا کہ دیگر ادارے چلائے جاتے ہیں۔

اس سیاق میں، جیسے ایک فوج میں سینئر رینک رکھنے والا میجر جونیئر رینک رکھنے والے کیپٹن کو سرزنش کر سکتا ہے، لیکن اس کے برعکس نہیں ممکن نہیں ہوتا یا جیسے ایک چیف ایگزیکٹو آفیسر (CEO) مینجنگ ڈائریکٹر کو تنبیہ کر سکتا ہے، لیکن اس کے برعکس ممکن نہیں، اسی طرح نکاح کے ادارے میں بھی عمومی طور پر شوہر بیوی کو سرزنش کر سکتا ہے، لیکن بیوی شوہر کو نہیں۔

اب ایک متبادل منظر نامہ پر غور کریں۔ اگر اعلیٰ رینک رکھنے والا افسر بدتمیزی کرے تو

جونیئر رینک والا افسر اسے سرزنش نہیں کرسکتا، لیکن وہ اس ادارے سے مستعفی ہونے کی آزادی رکھتا ہے۔ اسی طرح، اگر شوہر نشوز (سرکشی) کا مرتکب ہو اور اپنا رویہ درست نہ کرے تو بیوی کو حق حاصل ہے کہ وہ شوہر کو چھوڑ دے یا نکاح کے تعلق سے نکل جائے۔

رسول اللہ صلی اللہ علیہ وسلم کو اس بات کا بہ خوبی علم تھا کہ جسمانی سزا کے استعمال کی اجازت، جو کسی بھی زخم یا نشان کے بغیر ہو، صرف غیر معمولی حالات میں ایک استثنائی اقدام کے طور پر دی گئی ہے۔ آپ کو یہ بھی علم تھا کہ بہت سے مرد اس اجازت کا غلط استعمال کرسکتے ہیں اور گھریلو تشدد کو جائز قرار دینے کی کوشش کریں گے۔ اسی لیے آپ نے ہمیشہ خواتین پر تشدد کے خلاف وعظ کیا۔ مثال کے طور پر، ایک حدیث میں روایت ہے:

"اپنی عورتوں کو نہ مارو اور ان کے ساتھ بدتمیزی نہ کرو۔"

(ابوداؤد، رقم 2144)

ایک اور موقع پر آپ نے فرمایا:

"تم میں سب سے بہترین وہ ہیں جو اپنی عورتوں کے ساتھ اچھا سلوک کرتے ہیں۔"

(سنن ترمذی، رقم 1162)

اگلے سوالات کی طرف بڑھنے سے قبل یہ وضاحت ضروری ہے کہ جب بھی میں اپنے مسلمان بھائیوں اور بہنوں سے پردہ، حجاب، اختلاطِ مرد و زن، موسیقی اور فنونِ لطیفہ کے حوالے سے اسلامی احکام کے بارے میں گفتگو کرتا ہوں تو عمومی طور پر ان کا جواب ان چیزوں کے فوائد اور نقصانات پر ایک طویل تقریر سے شروع ہوتا ہے۔ پردے، حجاب اور صنفی علیحدگی کے فوائد اور موسیقی و فنون کے نقصانات پر دلائل دیے جاتے ہیں۔ میں ہمیشہ اس مرحلے پر وضاحت کرتا ہوں کہ میری اصل جستجو ان سماجی، اخلاقی اور ثقافتی فوائد یا نقصانات کے بارے میں نہیں ہے۔ میری بنیادی تلاش یہ جاننے کی ہے کہ ان معاملات میں خدا کے

احکامات کیا ہیں اور ان کی اجازت یا ممانعت کس حد تک واضح کی گئی ہے۔

سوال 10 : کیا اسلام موسیقی اور دیگر فنون لطیفہ کو ممنوع قرار دیتا ہے؟

اہم نوٹ: اس موضوع پر حوالہ جات کے ساتھ تفصیلی جوابات لیے غامدی سینٹر آف اسلامک لرننگ کے یوٹیوب چینل پر موجود ویڈیو سیریز ''23 اعتراضات کے جواب میں'' میں ''غنا اور موسیقی'' دیکھیے۔

اسلام میں کسی چیز کو ممنوع یا حرام قرار دینے کے لیے ضروری ہے کہ وہ یا تو قرآن میں صریحاً ممنوع ہو یا اصولی طور پر قرآن کی تعلیمات کے خلاف ہو۔ مثال کے طور پر قرآن تمام غیر ازدواجی جنسی تعلقات کو واضح الفاظ میں حرام قرار دیتا ہے۔ یہ صریح ممانعت ہے۔ اصولی ممانعت کی مثال شراب نوشی ہے۔ قرآن نے نشہ آور اشیا کو حرام قرار دیا ہے، اس اصول کی روشنی میں ہر نشہ آور چیز—چاہے وہ پینے، سموکنگ یا انجکشن کے ذریعے سے استعمال کی جائے—کم یا زیادہ مقدار میں ممنوع قرار پاتی ہے۔ اسی طرح، قرآن میں ظلم کی اصولی ممانعت وارد ہوئی ہے۔ لہٰذا ہر وہ عمل جو کسی بھی طرح کے ظلم کا سبب بنے، ممنوع ہے۔ جہاں تک موسیقی اور دیگر فنون لطیفہ کا تعلق ہے، قرآن میں کہیں بھی موسیقی، موسیقی کے آلات یا کسی اور قسم کے فن کو صریحاً یا اصولی طور پر ممنوع قرار نہیں دیا گیا۔

ذخیرۂ حدیث میں موسیقی اور دیگر فنون لطیفہ کی ممانعت موجود نہیں

جہاں تک احادیث کا تعلق ہے، ایسی کوئی مستند حدیث موجود نہیں ہے جس میں رسول

اللہ صلی اللہ علیہ وسلم نے موسیقی کے آلات پر مکمل پابندی عائد کی ہو۔اس کے برعکس، کئی مستند احادیث موسیقی اور گانے بجانے کی اجازت پر دلالت کرتی ہیں۔ان احادیث کے مطابق بعض موقعوں پر رسول اللہ صلی اللہ علیہ وسلم، آپ کی ازواج مطہرات اور صحابۂ کرام نے گانے والے مرد و خواتین کو سنا ہے۔مزید یہ کہ کئی احادیث میں رسول اللہ صلی اللہ علیہ وسلم نے شادیوں، عید اور دیگر تہواروں پر گانے بجانے کی ترغیب دی ہے۔اگرچہ کئی احادیث کے مطابق رسول اللہ صلی اللہ علیہ وسلم نے موسیقی کے ممکنہ نقصانات کے بارے میں اپنے ماننے والوں کو خبردار کیا، لیکن آپ نے اسے قطعی طور پر ممنوع قرار نہیں دیا۔ذیل میں کچھ مثالیں پیش کی جاتی ہیں:

رسول اللہ صلی اللہ علیہ وسلم اور حضرت عائشہ رضی اللہ عنہا نے ایک گانے والی کو سنا۔ گانے کے اختتام پر رسول اللہ صلی اللہ علیہ وسلم نے موسیقی اور گانے کے ممکنہ نقصانات کی طرف اشارہ کرتے ہوئے فرمایا: ''اس کے نتھنوں میں شیطان پھونکیں مار رہا ہے۔'' (مسند احمد، رقم 15720)

ایک گانے والی نے رسول اللہ صلی اللہ علیہ وسلم اور آپ کے صحابہ کرام کے سامنے گانا گایا۔ (مسند احمد، رقم 2311)

رسول اللہ صلی اللہ علیہ وسلم کی موجودگی میں ایک جنگ میں مسلمانوں کی فتح کے بعد لوگوں نے خوشی کے اظہار میں گانے گائے اور رقص کیا۔ (سنن کبریٰ، رقم 4236)

رسول اللہ صلی اللہ علیہ وسلم نے حضرت عائشہ کو ایک شادی میں جاتے وقت تاکید کی کہ تقریب کے لیے کسی گانے والے کا انتظام کیا جائے۔ (سنن ابن ماجہ، رقم 1900)

عید کے موقع پر رسول اللہ صلی اللہ علیہ وسلم نے حضرت ابو بکر رضی اللہ عنہ کے اعتراض کرنے کے باوجود گانا گانے کی ترغیب دی اور موسیقی کو قبول کیا۔ (بخاری، رقم 952)

ایک غلط فہمی: دف کے علاوہ دیگر آلات موسیقی ممنوع ہیں۔

مذکورہ بالا احادیث میں اکثر گلوکاروں کے ساتھ دف کا ذکر آیا ہے۔ اس وجہ سے کئی مسلم علما نے یہ رائے قائم کی کہ صرف دف کا استعمال جائز ہے، جب کہ دیگر آلات موسیقی ممنوع ہیں۔ تاہم، اس موقف کو درست ثابت کرنے کے لیے ضروری ہے کہ قرآن یا حدیث میں کوئی واضح حکم موجود ہو جو تمام آلات موسیقی کو حرام قرار دے اور دف کو اس پابندی سے مستثنیٰ قرار دے۔ لیکن قرآن یا حدیث میں ایسی کوئی نص موجود نہیں ہے۔ لہٰذا صرف دف کے سوا دیگر آلاتِ موسیقی کو حرام قرار دینے کی کوئی بنیاد نہیں ہے۔ مزید برآں، ایک حدیث میں رسول اللہ صلی اللہ علیہ وسلم اپنی جوانی کا ایک واقعہ بیان فرماتے ہیں۔ اس وقت آپ کو نبوت عطا نہیں ہوئی تھی۔ اس واقعے میں اللہ نے آپ کو کسی گناہ سے بچانے کے لیے ایک شادی کی تقریب میں موسیقی، دف اور دیگر آلات موسیقی سننے میں مشغول رکھا۔ یہ واقعہ اس تصور کو رد کرتا ہے کہ دف کے سوا دیگر تمام آلات موسیقی کا استعمال گناہ ہے۔ اگر موسیقی کے آلات بہ ذاتِ خود گناہ کے زمرے میں آتے تو اللہ تعالیٰ انھیں کسی کو گناہ سے بچانے کے لیے استعمال نہ کرتا۔ اس حدیث کا ایک مختصر تجزیہ پیش ہے۔

صحیح ابن حبان (رقم 6272) میں مروی اس حدیث میں رسول اللہ صلی اللہ علیہ وسلم اپنے ایک صحابی کو اپنی جوانی کا ایک واقعہ بیان کرتے ہیں، جو آپ کو نبوت ملنے سے بہت پہلے پیش آیا۔ آپ فرماتے ہیں کہ دو مواقع پر آپ نے ایک گناہ کا ارادہ کیا، لیکن اللہ تعالیٰ نے آپ کو اس سے محفوظ رکھا۔ آپ نے وضاحت کی کہ دو مختلف مواقع پر آپ ایسی محفل میں جانے کے لیے نکلے، جہاں مکہ کے نوجوان جایا کرتے تھے۔ شاید آپ کا اشارہ ایسی محفلوں کی طرف تھا جہاں عام طور پر شراب نوشی اور جوا چلتا اور عورتیں دستیاب ہوتیں۔ اس حدیث میں آپ نے

واضح فرمایا کہ دونوں مواقع پر آپ کے راستے میں شادی کی تقریب ہو رہی ہوتی اور اس میں موسیقی اور گانا چل رہا ہوتا۔ گانے اور موسیقی کی آواز سن کر آپ وہیں رک جاتے۔ آپ فرماتے ہیں کہ ہر موقعے پر آپ موسیقی سننے میں مشغول ہو گئے یہاں تک کہ آپ کو نیند آ گئی اور آپ ان محفلوں تک پہنچ ہی نہ سکے۔ اس طرح اللہ تعالیٰ نے آپ کو گناہ سے بچا لیا۔ یہ بات اہم ہے کہ آپ نے وضاحت سے بتایا کہ اس تقریب میں دف اور دوسرے مزامیر بجائے جا رہے تھے۔

مذکورہ حدیث سے یہ واضح ہوتا ہے کہ موسیقی اور گانے بنیادی طور پر نہ قرآن میں صراحت سے یا اصولی طور پر حرام قرار دیے گئے ہیں اور نہ ہی احادیث میں۔ حقیقت یہ ہے کہ متعدد احادیث میں رسول اللہ صلی اللہ علیہ وسلم نے گانا گانے اور دف اور دیگر آلات موسیقی بجانے کی اجازت دی ہے۔

قرآن اور احادیث مبارکہ میں کچھ ایسے ارشادات ہیں جنھیں بعض طبقات موسیقی اور تمام فنون کی ممانعت کے حق میں پیش کرتے ہیں۔ لیکن اگر ان آیات اور احادیث کا گہرائی سے تجزیہ کیا جائے تو یہ واضح ہوتا ہے کہ یہ نصوص موسیقی اور فنون کے غیر شرعی اور غیر اخلاقی استعمال سے منع کرتی ہیں، نہ کہ ان پر مکمل پابندی عائد کرتی ہیں۔ آئیں ان قرآنی آیات اور احادیث کا مختصر تجزیہ کریں۔

الف۔ قرآن کی وہ آیات جنھیں موسیقی اور گانے کی ممانعت کے لیے بہ طور دلیل پیش کیا جاتا ہے:

قرآن میں بنیادی طور پر تین ایسی آیات ہیں جنھیں عام طور پر موسیقی کے حرام ہونے کے ثبوت کے طور پر پیش کیا جاتا ہے۔ لیکن اگر ان آیات کو گہرائی سے سمجھا جائے تو یہ حقیقت

واضح ہو جاتی ہے کہ ان آیات میں موسیقی اور فنون کے غیر اخلاقی استعمال کو ممنوع قرار دیا گیا ہے، نہ کہ ان پر کلی پابندی لگائی گئی ہے۔

1۔ سورۂ لقمان کی آیت 6 میں ارشاد ہوتا ہے:

''اِس کے بر خلاف لوگوں میں ایسے بھی ہیں جو فضولیات (لہو الحدیث) کے خریدار بنتے ہیں تاکہ اللہ کی راہ سے بغیر کسی علم کے گم راہ کریں اور اُس کی آیتوں کا مذاق اڑائیں۔ یہی ہیں کہ جن کے لیے ذلت کا عذاب ہے۔''

لفظ 'لَھْو' ان تمام چیزوں کو بیان کرنے کے لیے استعمال کیا جاتا ہے جو انسان کو مشغول کر لیتی یا تفریح فراہم کرتی ہیں، جیسے شاعری، کھیل، موسیقی، رقص، یا کوئی بھی ایسی سرگرمی جو انسان کو مصروف رکھے۔ بعض لوگ یہ دعویٰ کرتے ہیں کہ اسلام موسیقی کو حرام قرار دیتا ہے اور ان کے نزدیک قرآن کی اس آیت میں 'لَھْو' کا مطلب خاص طور پر موسیقی ہے۔ تاہم، یہ استدلال درست نہیں کیونکہ قرآن میں 'لَھْو' مختلف مقامات پر استعمال ہوا ہے، جیسے سورۂ انعام کی آیت 32، سورۂ عنکبوت کی آیت 64، سورۂ انبیاء کی آیت 17 اور سورۂ اعراف کی آیت 51 اور ان تمام مقامات پر 'لَھْو' کا مفہوم تفریح اور مشغولیت ہے، نہ کہ لازمی طور پر موسیقی یا گانا۔ اگرچہ موسیقی ایک قسم کی مشغولیت ہو سکتی ہے، لیکن قرآن نے 'لَھْو' کو صرف موسیقی کے لیے مخصوص نہیں کیا، بلکہ اسے ان تمام امور کے لیے عام رکھا ہے جو انسان کو دین اور مذہبی فرائض سے غافل کر سکتے ہیں۔ یہ حقیقت اس وقت مزید واضح ہو جاتی ہے جب ہم مفسرین کی تشریحات کا مطالعہ کرتے ہیں۔ مشہور مفسرین جیسے امام طبری، زمخشری حتیٰ کہ مولانا مودودی — جنھوں نے خود موسیقی کو ممنوع قرار دیا ہے — نے بھی لفظ 'لَھْو' کو ان تمام چیزوں کے طور پر بیان کیا ہے جو انسان کو مشغول اور محظوظ کرتی ہیں۔ انھوں نے اسے صرف موسیقی تک محدود نہیں کیا۔

یہ آیات اس وقت نازل ہوئیں جب مکہ کے مشرک سرداروں نے قرآن کی تبلیغ سے لوگوں کی توجہ ہٹانے کے لیے گانے اور رقص کا سہارا لیا۔ اگر ہم یہ مان بھی لیں کہ یہ خاص آیت گانے اور رقص کی طرف اشارہ کرتی ہے تو یہ واضح طور پر ان فنون کے غلط استعمال کی مذمت کر رہی ہے، نہ کہ ان پر مکمل پابندی کا اعلان کر رہی ہے۔ آیت سے یہ معلوم ہوتا ہے کہ کوئی بھی فن، اگر اسے لوگوں کو دینی فرائض سے غافل کرنے کے لیے استعمال کیا جائے تو اس کا یہ استعمال ناجائز ہوگا۔ درحقیقت، قرآن اعلان کرتا ہے کہ کوئی بھی عمل، جو بہ ذات خود جائز ہو، اگر وہ دینی ذمہ داریوں میں رکاوٹ بنے تو وہ عمل ناجائز ہو جاتا ہے۔ مثال کے طور پر تجارت کو لیں، جو اسلام کے مطابق ایک مکمل طور پر جائز عمل ہے، لیکن سورۂ جمعہ کی آیت 11 میں بیان کیا گیا ہے کہ اگر تجارت کسی شخص کو اس کے دینی فرائض سے غافل کرے تو ایسی تجارت گناہ کا باعث بن جاتی ہے۔

مختصر یہ کہ یہ آیات خاص طور پر موسیقی یا گانے کو زیر بحث نہیں لاتیں، بلکہ کسی بھی ایسی سرگرمی کی طرف اشارہ کرتی ہیں جو مشغولیت یا تفریح کا ذریعہ بنے۔ تاہم، اگر کوئی 'لَهْو' کا مطلب موسیقی اور گانا بھی لے، تب بھی یہ آیت فنون پر مکمل پابندی کا اعلان نہیں کرتی، بلکہ یہ ظاہر کرتی ہے کہ موسیقی، گانا یا فنون اس وقت مسئلہ بن جاتے ہیں، جب لوگ ان میں اس حد تک مشغول ہو جائیں کہ اپنے دینی فرائض سے غافل ہو جائیں۔

2۔ بنی اسرائیل، آیت 64

یہ آیت اس حقیقت کو بیان کرتی ہے کہ شیطان کو یہ آزادی دی گئی ہے کہ وہ اپنی آواز کے ذریعے سے لوگوں کو بہکا سکتا ہے۔ آیت میں ارشاد ہوتا ہے:

''اِن میں سے جس پر تیرا بس چلے تو اپنے غوغا (صوتك) سے اُنھیں گھبرا لے، اُن پر اپنے سوار اور پیادے چڑھا لا، اُن کے مال اور اولاد میں اُن کا ساجھی بن جا اور اُن سے وعدے

کر لے۔ حقیقت یہی ہے کہ شیطان جو وعدے اُن سے کرتا ہے، دھوکے کے سوا کچھ نہیں ہوتے۔''

عربی میں ''آواز'' کے لیے استعمال ہونے والا لفظ ''صوت'' ہے، جو لفظی طور پر ''آواز'' ہی کے معنی رکھتا ہے۔

وہ لوگ جو موسیقی کو اسلام میں ممنوع سمجھتے ہیں، ان کا کہنا ہے کہ آیت میں ''شیطان کی آواز'' سے مراد موسیقی اور گانا ہے۔ تاہم، یہ تفسیر درست نہیں، کیونکہ:

اول، عربی زبان کا ابتدائی طالب علم بھی آسانی سے سمجھ سکتا ہے کہ آیت میں استعمال ہونے والے لفظ، اس کے جملے کی ساخت اور سیاق و سباق، سب یہ واضح کرتے ہیں کہ یہاں شیطان کی آواز سے مراد اس کی وسوسہ اندازی ہے، جو لوگوں کو برائی کی طرف مائل کرتی ہے۔ دوم، مشہور اسلامی مفسرین جیسے امام طبری، زمخشری، شاہ عبدالقادر اور مولانا مودودی نے اس لفظ کا ترجمہ گانے یا موسیقی کے طور پر نہیں کیا ہے۔

3۔ سورۂ نجم آیات 59-61

یہ آیات ان لوگوں کو مخاطب کرتی ہیں جو قرآن کی آیات کا مذاق اڑاتے ہیں اور اس دوران میں تفریحی سرگرمیوں میں گہرائی سے مشغول رہتے ہیں۔ بہت سے مسلمان اس بات پر اصرار کرتے ہیں کہ اسلام میں موسیقی اور گانے ممنوع ہیں، اور وہ اس آیت میں استعمال ہونے والے عربی لفظ 'سامدون' کو ''تفریح'' کے طور پر موسیقی اور گانے کے لیے خاص قرار دیتے ہیں۔ تاہم، کسی بھی معروف مترجم نے اس لفظ کو واضح طور پر موسیقی اور گانے کے معنی میں بیان نہیں کیا۔ لفظ 'سامدون' کے لغوی معنی کسی بھی تفریحی سرگرمی کو بیان کر سکتے ہیں، جن میں کھیل کود بھی شامل ہے۔

دوم، اگر بر سبیل بحث کے طور پر یہ مان بھی لیا جائے کہ قرآن اس آیت میں ”تفریح“ کے ذریعے سے موسیقی اور گانے کی طرف اشارہ کرتا ہے، تب بھی یہ واضح کرتا ہے کہ قرآن سے غفلت برتتے ہوئے اور اس کا مذاق اڑاتے ہوئے موسیقی اور گانے میں مشغول ہونا ممنوع ہے۔ لہٰذا قرآن اس بات پر زور دیتا ہے کہ کوئی بھی سرگرمی، چاہے وہ تجارت ہو یا فنون، اگر دینی فرائض کو نظرانداز کرتے ہوئے انجام دی جائے تو وہ حرام ہو جاتی ہے۔ یہ آیات موسیقی اور فنون پر مکمل پابندی کا اعلان نہیں کرتیں۔

ب۔ موسیقی اور گانے کی ممانعت کو ثابت کرنے کے لیے پیش کی گئی بعض احادیث کا تجزیہ:

بہت سی روایات ایسی ہیں جنھیں اس دلیل کے طور پر پیش کیا جاتا ہے کہ موسیقی کے تمام اقسام کے آلات ممنوع ہیں۔ آیئے، ان احادیث کا مختصر جائزہ لیتے ہیں۔

پہلی حدیث

روایت ہے کہ رسول اللہ صلی اللہ علیہ وسلم نے فرمایا:

”میری امت میں کچھ لوگ ایسے ہوں گے جو جنسی تعلقات، ریشم، شراب اور موسیقی کے آلات کو اپنے لیے حلال کرلیں گے۔“ (صحیح بخاری، رقم 5590)

یہ حدیث ہر اقسام کے جنسی تعلقات، ریشم اور موسیقی کے آلات کی ممانعت نہیں کرتی، بلکہ صرف ان اقسام کی ممانعت کرتی ہے جو اسلام میں ناجائز سمجھی گئی ہیں۔ آیئے، اس کی وضاحت کرتے ہیں:

یہ حدیث بیان کرتی ہے کہ کچھ لوگ چار چیزوں کو حلال کرلیں، جب کہ وہ درحقیقت اسلام میں ناجائز ہیں۔ اب یہ دیکھنا ضروری ہے کہ آیا یہ چاروں اشیا مکمل طور پر اسلام میں حرام ہیں یا صرف مخصوص حالات میں حرام ہیں۔

الف۔ نشہ آور اشیا: قرآن نے تمام نشہ آور اشیا کو سختی سے حرام قرار دیا ہے، جیسا کہ سورہ مائدہ کی آیت 90 میں واضح طور پر بیان کیا گیا ہے۔ لہٰذا حدیث میں اس بات کی پیشین گوئی کی گئی ہے کہ لوگ کھلے عام ان نشہ آور اشیا کا استعمال کریں گے جو اسلام میں قطعی طور پر حرام ہیں۔

ب۔ جنسی تعلقات: اسلام تمام قسم کے جنسی تعلقات کو ممنوع قرار نہیں دیتا۔ شوہر اور بیوی کے درمیان جنسی تعلقات نہ صرف جائز ہیں، بلکہ ان کی ترغیب دی گئی ہے۔ اس لیے، حدیث یہ دعویٰ نہیں کرتی کہ تمام اقسام کے جنسی تعلقات کو ممنوع قرار دیا گیا ہے اور لوگ انھیں اپنے طور پر حلال بنائیں گے۔ بلکہ، حدیث ان غیر شرعی تعلقات کی نشان دہی کرتی ہے جو اسلام میں سختی سے منع کیے گئے ہیں، جیسے نکاح کے بغیر جنسی تعلقات اور یہ پیشین گوئی کرتی ہے کہ لوگ ان غیر شرعی تعلقات کو حلال سمجھنے لگیں گے۔

ج۔ ریشم: اسلام نے ریشم کو خواتین کے لیے مکمل طور پر جائز قرار دیا ہے، جب کہ مردوں کے لیے اسے ممنوع کیا گیا ہے۔ حدیث اس بات کی طرف اشارہ نہیں کرتی کہ ریشم بہ ذات خود تمام مسلمانوں کے لیے حرام ہے اور لوگ اسے حلال بنالیں گے۔ بلکہ، حدیث اس بات کی طرف اشارہ کرتی ہے کہ مرد کھلے عام ریشم پہنیں گے، جو ان کے لیے اسلامی احکام کے تحت ممنوع ہے۔

د۔ موسیقی کے آلات: جیسا کہ اوپر بیان کیا گیا ہے، قرآن و حدیث میں موسیقی کے آلات کو مکمل طور پر ممنوع قرار نہیں دیا گیا، بلکہ ان کا ناجائز استعمال ممنوع ہے۔ اس حدیث میں اس بات کی پیشین گوئی کی گئی ہے کہ لوگ کھلے عام ایسے گانے اور موسیقی سنیں گے، جن میں وہ عناصر شامل ہوں گے جو اسلام میں حرام قرار دیے گئے ہیں، مثلاً فحش مواد، دین سے غفلت یا اخلاقی فساد پیدا کرنے والے عناصر۔

دوسری حدیث

ایک اور حدیث جو مسند احمد (رقم 4535) میں روایت ہوئی ہے، بیان کرتی ہے کہ رسول اللہ صلی اللہ علیہ وسلم ایک اونٹنی پر سفر کر رہے تھے کہ آپ نے کسی کو بانسری بجاتے ہوئے سنا۔ آپ نے اپنی انگلیاں اپنے کانوں میں ڈال لیں اور اپنے ساتھی سے فرمایا کہ وہ بانسری کی آواز سنتا رہے اور انھیں مطلع کرے جب آواز ختم ہو جائے۔ جو لوگ یہ دعویٰ کرتے ہیں کہ اسلام میں موسیقی کے آلات حرام ہیں، وہ اس حدیث کو دلیل کے طور پر پیش کرتے ہیں اور کہتے ہیں کہ رسول اللہ صلی اللہ علیہ وسلم نے بانسری کی آواز سن کر اپنے کان بند کر لیے، جس سے معلوم ہوتا ہے کہ موسیقی کے آلات ممنوع ہیں۔

تاہم، یہاں ایک اہم سوال پیدا ہوتا ہے کہ اگر بانسری واقعی ایک حرام آلہ تھا اور اس کی آواز سننا گناہ تھا تو رسول اللہ صلی اللہ علیہ وسلم نے اپنے ساتھی کو کیوں اجازت دی کہ وہ اس آواز کو سنتا رہے؟ آپ نے یہ کیوں نہیں فرمایا کہ وہ بھی اپنے کان بند کر لے اور یہ کہ وہ آگے چلتے جائیں اور اسی وقت کان سے انگلی ہٹائیں گے، جب توقع ہو کہ اتنا دور چلے جانے کے بعد آواز آنا بند ہو گئی ہو گی؟ اور اگر بانسری کا بجانا گناہ تھا تو رسول اللہ صلی اللہ علیہ وسلم نے بانسری بجانے والے کو روکنے کی کوشش کیوں نہ کی؟ کیا آپ نے مدینہ میں یہ اعلان کیا کہ بانسری حرام ہے؟

ان تمام سوالات کا جواب نفی میں ہے۔

چونکہ احادیث میں سیاق وسباق کی تفصیلات اکثر موجود نہیں ہوتیں، اس لیے یہ کہنا مشکل ہے کہ رسول اللہ صلی اللہ علیہ وسلم بانسری سے کیوں پریشان ہوئے۔ ایک زیادہ معقول بات یہ ہو سکتی ہے کہ رسول اللہ، جو عام طور پر اپنے سفروں میں قرآن کی تلاوت اور عبادت میں مشغول رہتے تھے، بانسری کی آواز کو اپنی یکسوئی میں خلل ڈالنے والی چیز سمجھتے ہوں، اور اسی لیے آپ نے اپنے کان بند کیے ہوں۔

تیسری، چوتھی اور پانچویں حدیث

دیگر احادیث (مسند احمد، رقم 8783، مسند احمد، رقم 7566، سنن کبریٰ، رقم 9483) میں بیان ہوتا ہے کہ رسول اللہ صلی اللہ علیہ وسلم نے گھنٹیوں کے بارے میں ناپسندیدگی کا اظہار کیا، خاص طور پر وہ گھنٹیاں جو مویشیوں کی گردنوں میں لٹکائی جاتی ہیں۔ آپ نے یہ بھی ذکر فرمایا کہ فرشتے گھنٹیوں سے دور رہتے ہیں۔ ان احادیث کو بعض لوگ موسیقی کے آلات کی ممانعت کے ثبوت کے طور پر پیش کرتے ہیں۔ تاہم، ان روایات کے تجزیے سے درج ذیل نکات واضح ہوتے ہیں:

اول، گھنٹی کو عمومی طور پر ایک مکمل موسیقی کے آلے کے طور پر نہیں سمجھا جاتا۔ دوم، یہ احادیث، پچھلی بیان کردہ احادیث کی طرح، غالباً ایسے مواقع کی عکاسی کرتی ہیں جہاں رسول اللہ صلی اللہ علیہ وسلم کی یک سوئی میں خلل آیا یا آپ کی عبادت میں رکاوٹ پیدا ہوئی۔ ان روایات کا مقصد تمام موسیقی کے آلات کی مکمل ممانعت کا اعلان معلوم نہیں ہوتا، بلکہ یہ ان مخصوص حالات کی نشان دہی کرتی ہیں جہاں آپ نے ذاتی ناپسندیدگی کا اظہار کیا۔

ج۔ زندہ چیزوں کی تصاویر اور مجسمے بنانے کی ممانعت

اسلام اور فن کے حوالے سے صحیح نقطۂ نظر یہ ہے کہ اسلام فنونِ لطیفہ کو کلیتاً ممنوع قرار نہیں دیتا، بلکہ وہ ان فنون کو ناپسند کرتا ہے، جن میں ایسے عناصر شامل ہوں جو شریعت کے اصولوں کے خلاف ہوں۔ یہی اصول ان احادیث پر بھی لاگو ہوتا ہے، جو زندہ چیزوں کی تصاویر یا مجسمے بنانے پر پابندی کی طرف اشارہ کرتی ہیں۔ یہ احادیث خاص طور پر بخاری (رقم 5951،5957،5954) اور مسلم (رقم 2109،2110) میں مذکور ہیں۔

اگر ان احادیث کو قرآن کے وسیع تر تناظر میں دیکھا جائے—خاص طور پر سورۂ اعراف کی آیت 33 کی روشنی میں—تو یہ بات واضح ہوتی ہے کہ رسول اللہ صلی اللہ علیہ وسلم نے

تصاویر اور مجسمے بنانے کی مذمت اس وقت کی جب ساتویں صدی کے عرب میں ان کا بنیادی مقصد بت پرستی تھا۔ ان تصاویر اور مجسموں کو دیوتا یا معبود کے طور پر استعمال کیا جاتا تھا، جو توحید کی بنیادی تعلیم کے خلاف تھا۔ البتہ، اگر تصویر کشی اور مجسمہ سازی بت پرستی کے ارادے سے نہ کی جائے اور ان میں کوئی ایسی چیز شامل نہ ہو جو شریعت کے خلاف ہو تو اسلام ان کے خلاف کسی قسم کی پابندی نہیں عائد کرتا۔

د۔ موسیقی، گانے اور دیگر فنون پر اخلاقی پابندیاں

یہاں یہ سوال پیدا ہوتا ہے کہ اگر اسلام تمام فنونِ لطیفہ کو بعض اخلاقی شرائط کے تحت جائز قرار دیتا ہے تو وہ شرائط کیا ہیں؟

اگرچہ قرآن میں اخلاقیات کے اصول اور حلال و حرام کے حدود کا بار بار ذکر ملتا ہے، لیکن میں ایک خاص آیت —سورۂ اعراف کی آیت 33— کا ذکر کروں گا جہاں یہ ہدایات نہایت جامع اور مختصر انداز میں بیان کی گئی ہیں۔ اس آیت کی روشنی میں درج ذیل امور ممنوع قرار دیے گئے ہیں:

الف۔ نکاح سے باہر جنسی رویہ یا عمل کی ممانعت: خواہ وہ کسی گانے کے بول میں ہو، کسی فلم یا ڈرامے کے مکالمے میں، فن کاروں کے لباس میں یا ان کے باہمی تعاملات میں۔ اگر ان میں کسی بھی نوعیت کا جنسی پہلو شامل ہو یا جسمانی قربت کو فروغ دیا گیا ہو تو وہ اسلام کے اخلاقی اصولوں کے خلاف اور قطعی ممنوع ہے۔

ب۔ ناانصافی کی ممانعت: خواہ وہ کسی گانے کے الفاظ میں ہو یا کسی فلم کی کہانی میں، اگر کسی فن میں ظلم و زیادتی کو جائز ٹھہرایا گیا ہو یا اسے قابلِ ستائش قرار دیا گیا ہو تو وہ اسلام میں ممنوع ہے۔

ج۔ کسی کی زندگی، مال یا عزت کو نقصان پہنچانے کی ممانعت: اگر کسی فن کا کوئی پہلو کسی

کی جان، مال، یا عزت کو ناجائز طور پر نقصان پہنچائے یا ایسے اعمال کی حوصلہ افزائی کرے تو ایسا فن مکمل طور پر ممنوع ہوگا۔

د۔ اللہ کے ساتھ شرک کی ممانعت: اگر کسی فن میں شرک —یعنی اللہ کے ساتھ شریک ٹھہرانا، کئی خداؤں کی عبادت کی حمایت کرنا یا اسے خوب صورت بنا کر پیش کرنا— شامل ہو تو وہ اسلام کے عقیدۂ توحید کے منافی ہونے کی وجہ سے ممنوع ہے۔

ہ۔ اللہ کے بارے میں جھوٹ بولنے کی ممانعت: کوئی بھی فن جو اللہ کے بارے میں جھوٹے تصورات پھیلائے، اس کی ذات یا صفات کے بارے میں غلط فہمیاں پیدا کرے، یا اس کی تعلیمات کے خلاف گم راہ کن باتیں پیش کرے، وہ بھی ممنوع قرار دیا گیا ہے۔

پانچ مذکورہ ممانعتوں کے علاوہ، اگر کوئی بھی فن کسی دینی فریضے کی ادائیگی کو نظر انداز کرتے ہوئے اختیار کیا جائے یا اس سے لطف اندوز ہوا جائے تو وہ ناجائز شمار ہوگا، چاہے وہ فن ان حدود کے اندر ہی کیوں نہ آتا ہو جو شریعت نے متعین کی ہیں۔

لہٰذا مختصر یہ کہ قرآن و حدیث موسیقی یا کسی اور فن کو صریحاً ممنوع قرار نہیں دیتے۔ ان میں جو چیز ممنوع کی گئی ہے، وہ فنونِ لطیفہ کا غلط استعمال ہے۔ تمام فنونِ لطیفہ اسلام میں جائز ہیں، بشرطیکہ وہ شریعت کے طے کردہ اصولوں کے حدود میں رہیں اور ان میں کوئی ایسی چیز شامل نہ ہو جو اسلامی احکام کے خلاف ہو۔

سوال 11: کیا اسلام خواتین کے لیے لباس کا کوئی ضابطہ تجویز کرتا ہے اور کیا یہ ان کے سر یا چہرے کو ڈھانپنا لازم قرار دیتا ہے؟

اس سوال کا جواب تین حصوں میں تقسیم کیا جا سکتا ہے:

الف۔ سورۂ نور میں خواتین کے لباس کا ضابطہ: قرآن سورۂ نور کی مخصوص آیات میں

خواتین کے لباس کے حوالے سے کچھ اصول بیان کرتا ہے۔ان آیات کا مقصد خواتین کے لیے ایک ایسا ضابطہ فراہم کرنا ہے، جو ان کی عصمت اور عفت کی حفاظت کرے۔ تاہم، ان آیات میں چہرہ یا سر کو لازمی طور پر ڈھانپنے کا حکم موجود نہیں ہے۔

ب۔ سورۂ احزاب کی آیات: سورۂ احزاب کی بعض آیات کو پردے اور خواتین پر عائد سماجی پابندیوں کے جواز کے طور پر پیش کیا جاتا ہے۔ تاہم، اگر ان آیات کو سیاق و سباق کے ساتھ سمجھا جائے تو یہ واضح ہوتا ہے کہ یہ ہدایات خاص طور پر رسول اللہ صلی اللہ علیہ وسلم کی ازواجِ مطہرات کے لیے تھیں اور عام مسلمان خواتین کے لیے ان میں صرف مخصوص حالات کے تحت عارضی ہدایات شامل ہیں۔ یہ ہدایات اسلام کے ابتدائی دور میں ایک خاص مشکل مرحلے کے پس منظر میں دی گئی تھیں، جب رسول اللہ صلی اللہ علیہ وسلم کے گھرانے کو ایک شدید بہتان تراشی کی مہم کا سامنا تھا اور مدینہ کی گلیوں میں مسلم خواتین کو ہراسانی اور اذیت کا نشانہ بنایا جارہا تھا۔ ان آیات کے مطالعے سے یہ بات واضح ہوتی ہے کہ سورۂ احزاب کی ایک قسم کی آیات خاص طور پر رسول اللہ صلی اللہ علیہ وسلم کی ازواج کے لیے مخصوص تھیں اور عام خواتین کے لیے نہیں تھیں، جب کہ دوسری قسم کی آیات ایک غیر معمولی صورت حال میں عام خواتین کے لیے عارضی اقدام کی حیثیت رکھتی تھیں، جو ہر زمانے اور ہر جگہ کے لیے ایک مستقل پالیسی کے طور پر نہیں دی گئیں۔

آیئے، ان دونوں نکات کو یکے بعد دیگرے تفصیل سے بیان کریں۔

الف۔ سورۂ نور میں خواتین کے لباس کا ضابطہ

قرآن سورۂ نور (آیات 30-31) میں خواتین کے لباس کے ضابطے پر روشنی ڈالتا ہے۔

ان آیات میں مرد وزن کے باہمی تعلقات کو اخلاقی آلودگیوں سے پاک رکھنے کے لیے ہدایات دی گئی ہیں۔ اس سیاق میں قرآن مردوں اور عورتوں دونوں کو باوقار تعلقات کی تاکید کرتا ہے۔ قرآن کی ہدایت ''اپنی نظریں نیچی رکھو'' اس بات کا جامع بیان ہے کہ مرد وزن کو ایک دوسرے کو انتہائی احترام کے ساتھ دیکھنا چاہیے۔ اس کے ساتھ ''حفظ فروج''، یعنی اپنی شرم گاہوں کی حفاظت کرو کا حکم دیا گیا ہے، جو ہر قسم کے جنسی رویے اور عمل سے اجتناب کی تاکید کرتا ہے۔

''حفظ فروج'' ایک جامع اصطلاح ہے، جو درج ذیل دو پہلوؤں کو محیط ہے:

الف۔ نکاح کے بغیر کسی قسم کے جنسی، شہوانی یا قریبی تعلق کی ممانعت:

اسلام میں نکاح کو معاشرتی اور اخلاقی زندگی کی بنیاد قرار دیا گیا ہے اور نکاح کے بغیر کسی بھی قسم کے جنسی یا شہوانی تعلقات کو قطعی طور پر ممنوع ٹھہرایا گیا ہے۔

ب۔ ایسا لباس جو شرم گاہوں کو نمایاں کرے، ممنوع ہے:

اسلام نے مردوں اور عورتوں، دونوں کو حکم دیا ہے کہ وہ اپنے جسم کے ان حصوں کو مکمل طور پر ڈھانپیں جنھیں شریعت نے 'عورہ' (ستر) قرار دیا ہے۔ مردوں اور عورتوں، دونوں کے لیے ناف سے لے کر گھٹنوں تک کا حصہ شرعی حدود میں آتا ہے، جب کہ خواتین کے لیے سینہ بھی اس زمرے میں شامل ہے۔ لہٰذا خواتین پر لازم ہے کہ وہ ایسے لباس پہنیں جو ان کے سینے اور شرم گاہوں کے ساتھ ساتھ ان کے ملحقہ حصوں کو مناسب طور پر ڈھانپیں۔

اوپر دیے گئے تجزیے سے یہ بات واضح ہوتی ہے کہ خواتین کے لیے کم از کم شرعی لباس وہ ہے جو گردن سے لے کر ٹخنوں تک ڈھانپتا ہو، جو نہ تو تنگ ہو اور نہ شفاف، تاکہ ان کی جسمانی ساخت نمایاں نہ ہو۔ اگر خواتین رضاکارانہ طور پر اپنے سر یا چہرے کو بھی ڈھانپنے کا انتخاب کرتی

ہیں تو یہ ان کے تقویٰ اور اللہ کی خوشنودی حاصل کرنے کی کوشش کو ظاہر کرتا ہے، اور یہ عمل یقیناً قابل تعریف ہے۔ البتہ، جہاں تک اللہ کے لازمی احکام کا تعلق ہے، وہ بنیادی شرعی حدود پر مشتمل ہیں، جیسا کہ سورۂ نور اور سورۂ احزاب کی آیات میں بیان کیا گیا ہے۔

قرآن میں خواتین کے لیے ایک اضافی ہدایت سینے اور اس کے نزدیک پہنے جانے والے زیورات کے بارے میں وارد ہے۔ ایسے زیورات ان کے سینے کی طرف متوجہ کر سکتے ہیں۔ انھیں خصوصی طور پر یہ ہدایت دی گئی ہے کہ وہ اپنے سینے کے زیورات اور دیگر زینت کے ایسے حصوں کو اجنبیوں سے چھپائیں، سوائے ان زیورات کے جو ہاتھ، پاؤں اور چہرے پر پہنے گئے ہوں۔ سورۂ نور (آیت 60) میں اس بات کی وضاحت بھی ہے کہ بڑی عمر کی خواتین کو یہ رعایت دی گئی ہے کہ وہ عوامی مقامات پر اپنے بیرونی لباس کو اتار سکتی ہیں، بشرطیکہ ان کا مقصد اپنی زینت یا خوب صورتی کو نمایاں کرنا نہ ہو۔

سورۂ نور (آیت 31) میں 'بِخُمُرِهِنَّ' کی ترکیب استعمال ہوئی ہے، جس کا ترجمہ عام طور پر ''سر کی اوڑھنی'' کیا جاتا ہے۔ اسی لیے، اس آیت کو اکثر اس دلیل کے طور پر پیش کیا جاتا ہے کہ چونکہ اللہ نے مسلم خواتین کو اپنے دوپٹے سے اپنے سینے کو ڈھانپنے کا حکم دیا، اس لیے یہ دوپٹہ پہلے ہی مسلم خواتین کے درمیان رائج تھا اور اسے اللہ کی طرف سے ایک فرض کے طور پر تسلیم کیا جانا چاہیے۔ اس تشریح کے نتیجے میں بہت سے مسلمان یہ سمجھتے ہیں کہ خواتین کے لیے ہر وقت سر کو ڈھانپنا ایک شرعی حکم ہے، حالاں کہ یہ درست نہیں ہے۔

یہ موقف کئی لحاظ سے کم زور ہے، کیونکہ :

اولاً، اگرچہ قرآن سورۂ نور کی آیت 30 میں مردوں اور عورتوں کے باہمی میل جول کے آداب بیان کرتا ہے، لیکن یہ کہیں بھی واضح حکم نہیں دیتا کہ خواتین ہر وقت اپنے سر یا چہرے کو ڈھانپے رکھیں۔ قرآن کی کسی بھی آیت میں یہ الفاظ موجود نہیں کہ :

''ایمان والیو! تم پر لازم ہے کہ دوسروں کے ساتھ میل جول کے وقت اپنے سر یا چہرے کو ہر وقت ڈھانپے رکھو۔''

دوم، قرآن میں جب خواتین کو اپنے زیورات اور زینت کو ڈھانپنے کا حکم دیا گیا تو اس کے لیے عربی اصطلاح 'بِخُمُرِهِنَّ' استعمال کی گئی۔ لیکن اس بات کا کوئی قطعی لسانی یا تاریخی ثبوت موجود نہیں ہے کہ یہ اصطلاح صرف سر ڈھانپنے والی چادر کے لیے مخصوص ہے۔ لفظ 'خُمُر' عام طور پر کسی بھی قسم کی ڈھانپنے والی چیز کے لیے مستعمل ہے، چاہے وہ اوڑھنی ہو، چادر ہو یا کوئی اور کپڑا۔ اس آیت کے سیاق میں، اس کا مطلب یہ ہے کہ خواتین اپنے سینے کے زیورات کو ڈھانپنے کے لیے کسی بھی اوڑھنی یا پردہ کرنے والے کپڑے کا استعمال کریں۔ اس کا معنی یہ نہیں کہ کوئی خاص کپڑا استعمال کیا جائے۔ لہٰذا اس آیت کی زیادہ معقول تشریح یہ ہے کہ اگر کسی خاتون نے زیورات یا زینت کی چیز پہنی ہو، خاص طور پر سینے اور اس کے آس پاس تو اسے چاہیے کہ وہ انھیں چادر، اوڑھنی یا کسی اور کپڑے سے ڈھانپ لے۔[201]

خلاصہ یہ ہے کہ قرآن کے احکام کے مطابق، خواتین کے لباس کے حوالے سے بنیادی شرط یہ ہے کہ ان کا لباس گردن سے لے کر ٹخنوں تک جسم کو مکمل طور پر ڈھانپے اور یہ لباس ایسا ہو جو نہ تو تنگ ہو اور نہ شفاف۔ یہی اسلام کا کم از کم اور لازمی تقاضا ہے۔ اگر کوئی خاتون اپنے سر یا چہرے کو ڈھانپنے کا اضافی قدم اٹھاتی ہے تو یہ اس کے تقویٰ اور اللہ کی خوشنودی حاصل کرنے کی کوشش کو ظاہر کرتا ہے، اور یقیناً یہ عمل مستحسن ہے۔ تاہم، جہاں تک اللہ کے لازمی احکام کا تعلق ہے، وہ سورۂ نور (آیات 30-31) میں بیان کردہ بنیادی شرائط پر مشتمل ہیں۔ اگر کوئی خاتون ایسے زیورات یا زینت کی چیز پہنے ہوئے ہو جو جسم کے ساتر حصوں، خاص

---

[201] quransmessage.com پر مضمون: ''خمار'' دیکھیے۔

طور پر سینے، کو نمایاں کریں تو اس کے لیے ضروری ہے کہ وہ ان زیورات کو عوامی مقامات پر جاتے وقت چھپائے رکھے۔ البتہ، جو زیورات چہرے، ہاتھوں، اور پاؤں پر ہوں، انھیں چھپانے کا حکم نہیں ہے۔

ب۔ سورہ احزاب کی آیات

اس بحث کو دو حصوں میں تقسیم کیا جا سکتا ہے:

الف۔ وہ ہدایات جو خاص طور پر رسول اللہ صلی اللہ علیہ وسلم کی ازواجِ مطہرات کے لیے تھیں۔

ب۔ وہ ہدایات جو عام مسلمان خواتین کے لیے غیر معمولی حالات میں عارضی طور پر دی گئیں۔

میں یہاں ان دونوں نکات کی مختصر وضاحت پیش کرتا ہوں۔

الف۔ رسول اللہ صلی اللہ علیہ وسلم کی ازواج کے لیے مخصوص ہدایات:

سورہ احزاب کی چند آیات، خصوصاً 32-33 اور 53، اس وقت نازل ہوئیں جب اسلام کی جدوجہد اپنے عروج پر تھی۔ اس دور میں رسول اللہ صلی اللہ علیہ وسلم کے مخالفین نے آپ کے گھرانے کو نشانہ بناتے ہوئے آپ کی ازواج کے خلاف شدید بہتان تراشی کی مہم شروع کی۔ مزید برآں، مدینہ میں بعض منافقین نے مسلم خواتین کو ہراساں کرنا شروع کر دیا تھا۔

ان آیات میں سیاق و سباق کو مدنظر رکھتے ہوئے دیکھا جائے تو معلوم ہوتا ہے کہ رسول اللہ صلی اللہ علیہ وسلم کی ازواج کے لیے چند اضافی پابندیاں عائد کی گئیں۔ اس سے ظاہر ہوتا ہے کہ ان پابندیوں کو واضح طور پر عام مسلمان خواتین پر لاگو نہیں کیا گیا۔ ان اضافی پابندیوں کے نفاذ سے پہلے، اللہ تعالیٰ نے رسول اللہ صلی اللہ علیہ وسلم کی ازواج سے دریافت کیا کہ اگر وہ ان

اضافی ذمہ داریوں کو قبول کرنے کے لیے تیار نہیں ہیں تو وہ خوش اسلوبی سے آپ سے علیحدگی اختیار کر سکتی ہیں اور عام مسلمان خواتین کی طرح زندگی گزار سکتی ہیں۔ تاہم، رسول اللہ صلی اللہ علیہ وسلم کی ازواج نے ان اضافی ذمہ داریوں کو قبول کیا۔ یہ اضافی پابندیاں درج ذیل تھیں:

وہ زیادہ تر وقت اپنے گھروں میں رہیں اور کسی مرد رشتہ دار کے بغیر باہر نہ نکلیں۔

اگر انھیں کسی ایسے مرد سے بات کرنا ہو جو ان کا قریبی رشتہ دار نہ ہو تو وہ پردے کے پیچھے سے بات کریں اور نرم لہجہ اختیار کرنے کے بجائے سنجیدہ لہجہ اپنائیں۔

رسول اللہ صلی اللہ علیہ وسلم کے وصال کے بعد ان کے لیے نکاح کرنا ممنوع قرار دیا گیا۔

اگر رسول اللہ صلی اللہ علیہ وسلم کے گھر میں کسی مہمان کو کھانے کے لیے بلایا جائے تو وہ اسی وقت آئیں جب کھانے کا وقت ہو اور کھانے کے بعد فوراً واپس چلے جائیں۔ مہمانوں کو غیر ضروری طور پر زیادہ دیر بیٹھنے سے منع کیا گیا۔

بہت سے علما نے یہ موقف اختیار کیا ہے کہ رسول اللہ صلی اللہ علیہ وسلم کی ازواجِ مطہرات پر عائد کی جانے والی اضافی پابندیاں تمام مسلمان خواتین کے لیے مثالی اقدار سمجھی جانی چاہییں۔ یہ نقطۂ نظر غلط ہے کیونکہ قرآن نے واضح طور پر ان پابندیوں کو صرف رسول اللہ صلی اللہ علیہ وسلم کی ازواج کے لیے مخصوص کیا ہے اور یہ احکامات ایک غیر معمولی اور منفرد حالات کے تحت دیے گئے تھے۔

اسلام کے کئی جید علما اس بات پر متفق ہیں کہ یہ پابندیاں صرف رسول اللہ صلی اللہ علیہ وسلم کی ازواج کے لیے تھیں اور عام مسلمان خواتین کے لیے نہیں تھیں۔ اس رائے کی تائید ابتدائی اسلامی مفکرین، جیسے امام احمد، ابو داؤد، ابن قتیبہ، قاضی عیاض، ابن بطال اور ھشام بن کلبی نے کی ہے۔ اسی طرح، دورِ جدید کے علما جیسے محمد عبدہ، محمد رشید رضا، محمد سیاس اور عبد

الحلیم بھی یہی موقف رکھتے ہیں۔

قرآن نے واضح کیا ہے کہ یہ اضافی پابندیاں عام مسلمان خواتین کے لیے نہیں، بلکہ صرف رسول اللہ صلی اللہ علیہ وسلم کی ازواج کے لیے تھیں۔ موجودہ دور کے اسلامی اسکالر ڈاکٹر عامر گزدر نے اپنی کتاب ''احکام الحجاب والاختلاط'' میں ثابت کرتے ہیں کہ رسول اللہ صلی اللہ علیہ وسلم کے زمانے سے کوئی ایسی شہادت موجود نہیں، جو یہ ظاہر کرے کہ عام مسلمان خواتین نے ان آیات کو اپنی مثالی اقدار کے طور پر لیا ہو اور نہ ہی ایسی کوئی دلیل ہے کہ اس وقت ان پابندیوں کو عام خواتین پر لاگو کیا گیا ہو۔

جیسا کہ پہلے ذکر کیا گیا، احادیث کو قرآن کی روشنی میں سمجھنے کی ضرورت ہے، نہ کہ روایات کی روشنی میں قرآن کو سمجھا جائے۔ کتبِ حدیث میں ایک روایت ہے جس میں رسول اللہ صلی اللہ علیہ وسلم کی ازواجِ مطہرات ایک نابینا صحابی کے سامنے آنے سے گریز کرتی ہیں۔ اگرچہ یہ روایت ضعیف ہے، لیکن ایسی احادیث کو اکثر دلیل کے طور پر پیش کیا جاتا ہے کہ مسلم خواتین کو اپنے قریبی رشتہ داروں کے علاوہ کسی کے سامنے نہیں آنا چاہیے، حالاں کہ قرآن اس قسم کا کوئی حکم نہیں دیتا۔ جب ان روایات کو سورۂ احزاب کی روشنی میں دیکھا جائے تو یہ واضح ہو جاتا ہے کہ یہ واقعات عام مسلمان خواتین کے لیے مثالی اقدار کی نمایندگی نہیں کرتے۔ درحقیقت، یہ رسول اللہ صلی اللہ علیہ وسلم کی ازواج کی وہ کوششیں تھیں جن کے ذریعے سے وہ ان مخصوص اضافی پابندیوں پر عمل پیرا ہو رہی تھیں جو صرف ان کے لیے مخصوص تھیں اور عام خواتین پر لاگو نہیں تھیں۔

ج۔ عام مسلمان خواتین کے لیے غیر معمولی حالات میں عارضی

ہدایات

سورۂ احزاب کی آیت 59 کو بعض حلقے اس دعوے کے ساتھ پیش کرتے ہیں کہ یہ چہرہ ڈھانپنے اور حجاب کو تمام مسلمان خواتین کے لیے ایک دائمی اور حکم کے طور پر لازم قرار دیتی ہے۔ اس آیت میں مسلم خواتین کو ہدایت دی گئی ہے کہ جب وہ گھر سے باہر نکلیں تو اپنے جسم کو ایک بڑی چادر وغیرہ سے ڈھانپ لیں۔ بعض لوگ اس کا مطلب یہ نکالتے ہیں کہ خواتین ہر وقت اپنے ہاتھ، پاؤں اور آنکھوں کے علاوہ باقی جسم کو لازمی طور پر ڈھانپے رکھیں۔ تاہم، جب اس آیت کو اس کے مکمل سیاق —یعنی آیات 58 سے 62 تک— میں رکھ کر سمجھا جائے تو یہ بات واضح ہوتی ہے کہ یہ ہدایت ایک غیر معمولی اور ہنگامی صورت حال کے لیے دی گئی تھی۔ اس کا بنیادی مقصد مسلم خواتین کی شناخت کو واضح کرنا تھا تاکہ انھیں ہراساں کرنے یا ان کے بارے میں غلط فہمی پیدا کرنے کا کوئی بہانہ نہ رہے۔ یہ کوئی دائمی اور عمومی حکم نہیں تھا۔ آیئے، اس کی وضاحت کرتے ہیں۔

ان آیات میں مدینہ کی ایک خاص صورت حال کا ذکر کیا گیا ہے، جہاں منافقین اور بعض دیگر عناصر نے مسلم خواتین کو ہراساں کرنے اور ان کے لیے مشکلات پیدا کرنے کا سلسلہ شروع کیا ہوا تھا۔ ان مجرموں کے خلاف فوری کارروائی کرنے سے پہلے، مسلم خواتین کو ہدایت دی گئی کہ وہ اپنے جسم کو ایک چادر سے ڈھانپ لیں تاکہ ان کی مسلم شناخت واضح ہو اور کوئی شخص یہ عذر پیش نہ کر سکے کہ وہ انھیں پہچان نہیں سکا اور سمجھا کہ یہ کوئی اور ہے۔ اگر ان احتیاطی اقدامات کے باوجود یہ مجرم اپنی حرکتوں سے باز نہ آئیں تو رسول اللہ صلی اللہ علیہ وسلم کو حکم دیا گیا کہ وہ ان کو گرفتار کریں اور سخت ترین سزا دیں۔

ان آیات سے یہ سبق حاصل ہوتا ہے کہ اگر آج کے دور میں بھی کسی ایسی غیر معمولی

صورت حال کا سامنا ہو، جہاں مسلم خواتین کو اسی طرح کے خطرات یا ہراسانی کا سامنا ہو تو ایسے ہی عارضی اقدامات کیے جا سکتے ہیں۔ لیکن اس بات کو سمجھنا ضروری ہے کہ یہ ہدایات ایک خاص وقت اور مخصوص حالات کے تحت دی گئی تھیں اور انھیں تمام اوقات کے لیے خواتین کے لیے سر سے پاؤں تک اپنے جسم کو ڈھانپنے کا دائمی حکم قرار دینا قرآن کے اصل مقصد کے خلاف ہو گا۔

اس موضوع پر تفصیلی جوابات اور حوالہ جات کے لیے جاوید احمد غامدی کی ویڈیو سیریز ''23 اعتراضات کے جواب میں: پردہ'' دیکھیں، جو ''غامدی سینٹر آف اسلامک لرننگ'' کے یوٹیوب چینل پر دستیاب ہے۔

سوال 12: کیا اسلام مرد و زن کی مکمل علیحدگی کو لازم قرار دیتا ہے؟

یہ بات بالکل منطقی ہے کہ کسی بھی ممکنہ جنسی بے راہ روی سے بچنے کے لیے اجنبی مرد اور عورت کو تنہائی میں ملاقات سے گریز کرنا چاہیے۔ رسول اللہ صلی اللہ علیہ وسلم نے عورتوں اور مردوں کو اس عمل سے سختی سے منع فرمایا ہے۔ ایک حدیث کے مطابق آپ نے فرمایا:

> ''خبردار، جب کوئی مرد کسی عورت کے ساتھ تنہائی میں ہوتا ہے تو ان کے ساتھ تیسرا شیطان ہوتا ہے۔'' (ترمذی، رقم 2165)

لیکن جب بات عوامی اجتماعات کی ہو — جیسے دعوتوں میں شرکت، شادی کی تقریبات، دفاتر میں کام کرنے یا جامعات میں تعلیم حاصل کرنا — تو قرآن ان حالات کے بارے میں کیا ہدایت دیتا ہے؟

اسلام میں مرد وزن کے اختلاط کے متعلق بعض حلقوں میں ایک عمومی اصول کے طور پر یہ موقف پیش کیا جاتا ہے کہ مرد اور عورت کو عوامی اجتماعات میں علیحدہ رکھا جائے۔ تاہم، جب قرآن کو اس موضوع پر گہرائی سے پڑھا جائے تو یہ بات واضح ہوتی ہے کہ قرآن اس طرح کی علیحدگی کا حکم نہیں دیتا، بلکہ حیران کن طور پر اس کی ہدایات اس کے برعکس ہیں۔

اولاً، مکہ اور مدینہ کی مقدس ترین مساجد میں مردوں اور عورتوں کو علیحدہ رکھنے کا کوئی ذکر نہیں ملتا۔ حج اور عمرہ جیسی عبادات کے دوران میں بھی مرد اور عورت کے ایک ساتھ عبادت کرنے کو جائز قرار دیا گیا ہے، جس میں علیحدگی کی کوئی شرط عائد نہیں کی گئی۔ ثانیاً، قرآن خود براہِ راست مرد وزن کے اختلاط کے مسئلے پر روشنی ڈالتا ہے۔ سورۂ نور (آیت 61) میں بیان کیا گیا ہے کہ جب مسلمان اپنے رشتہ داروں یا دوستوں کے گھروں میں دعوت کے لیے جائیں تو یہ ان پر منحصر ہے کہ وہ الگ الگ کھانے کا انتخاب کریں یا ایک ساتھ کھانے کا۔ یہ آیت اس طرف اشارہ کرتی ہے کہ خاندان اور دوستوں کے اجتماعات میں مرد وزن کے ایک ساتھ بیٹھنے کی اجازت ہے، بشرطیکہ قرآن کی دیے گئے ان اخلاقی حدود کی پابندی کی جائے جو سورۂ نور (آیات 30-31) میں مرد وزن کے اختلاط کے متعلق طے کر دیے گئے ہیں۔

سوال 13: کیا اسلام مردوں اور عورتوں کو مصافحہ کرنے سے منع کرتا ہے؟

یہ معاملہ ذاتی انتخاب اور ثقافتی روایات کا ہے۔ اسلام اس بارے میں کوئی مخصوص حکم نہیں دیتا کہ مردوں اور عورتوں کو ایک دوسرے کے ساتھ مصافحہ کرنے سے باز رہنا چاہیے۔

اس حوالے سے دو مشہور احادیث پیش کی جاتی ہیں۔ ایک حدیث میں روایت ہے کہ رسول اللہ صلی اللہ علیہ وسلم نے فرمایا:

''کسی کے سر میں لوہے کی کیل ٹھونک دی جائے، یہ اس کے لیے بہتر ہے بہ نسبت اس کے کہ وہ کسی ایسی عورت کو چھوئے جو اس پر حلال نہیں۔''

(المعجم الکبیر، رقم 16910)

جب اس حدیث کو قرآن کے احکام کی روشنی میں اور سورۂ نور میں مرد و زن کے میل جول کے آداب کے تناظر میں سمجھا جائے تو یہ واضح ہوتا ہے کہ یہ حدیث کسی عورت کو غلط نیت اور نامناسب انداز میں چھونے کے بارے میں ہے۔

کسی ثقافتی رسم کے تحت مختصر طور پر کسی خاتون سے مصافحہ کرنا یا کسی ڈاکٹر کا کسی خاتون کے طبّی معائنہ کے لیے نبض چیک کرنا، اس حدیث کے مفہوم میں شامل نہیں۔

میرے کچھ مسلمان دوست یہ اعتراض کرتے ہیں کہ اگر تمام قسم کے جسمانی رابطے کو عام طور پر ممنوع نہیں کہا گیا تو کیا گلے ملنا یا گال پر بوسہ دینا بھی ایک قابلِ قبول رسم ہو سکتی ہے؟ اس پر میرا جواب یہ ہے کہ نکاح کے علاوہ تمام قسم کے شہوانی لمس کو اسلام میں سختی سے ممنوع کیا گیا ہے۔ لہٰذا چھونے کا عمل شہوانی نوعیت کا ہو یا شہوانی جذبات کو ابھارنے کا باعث بنے، اسے بہ طور احتیاط مکمل طور پر ترک کرنا چاہیے۔

ایک اور حدیث جو بخاری (رقم، 2564) میں درج ہے یہ بتاتی ہے کہ رسول اللہ صلی اللہ علیہ وسلم نے خواتین سے بیعت لیتے وقت کبھی ان کے ہاتھ نہیں پکڑے۔ اس حدیث کو مصافحہ کے خلاف ایک حکم کے طور پر لینا درست نہیں۔ چونکہ بیعت کے دوران میں ہاتھ کو ایک طویل وقت تک پکڑے رکھنا پڑتا ہے، اس لیے رسول اللہ صلی اللہ علیہ وسلم نے اس معاملے میں احتیاطی تدبیر اختیار کی تاکہ کسی قسم کے فتنے یا غلط فہمی سے بچا جا سکے۔ ان کا مقصد مصافحے پر پابندی لگانا نہیں تھا۔

ایک اور دلیل یہ پیش کی جاتی ہے کہ رسول اللہ صلی اللہ علیہ وسلم کے زمانے میں مردوں اور عورتوں کے درمیان مصافحہ کا کوئی واقعہ روایت نہیں ہوا۔ اس کا جواب یہ ہے کہ شاید مرد اور عورت کا مصافحہ کرنا اس وقت کی ثقافت کا حصہ ہی نہ تھا۔ اگر کسی ثقافت میں مصافحہ یا دیگر غیر جنسی انداز میں سلام کا طریقہ رائج ہو تو بہ ظاہر اسلام کو اس پر کوئی اعتراض نہیں۔

یہ بات یاد رہے کہ اسلام تمام قسم کے جنسی اور شہوانی تعلقات کو نکاح تک محدود کرتا ہے اور نکاح کے بغیر ایسے تعلق سے سختی سے منع کرتا ہے۔ لہٰذا اگر کسی شخص کو یہ یقین ہو کہ مخالف جنس کے ساتھ مصافحہ کرنے سے اس کے اندر شہوانی جذبات پیدا ہو سکتے ہیں تو اسے ایسے عمل سے اجتناب کرنا چاہیے۔

سوال 14: کیا اسلام مسلم مردوں کے لیے ڈاڑھی رکھنے کو لازم قرار دیتا ہے؟

اہم نوٹ: اس موضوع پر تفصیلی جوابات اور حوالہ جات کے لیے جاوید احمد غامدی کی ویڈیو سیریز "23 اعتراضات کے جواب میں: ڈاڑھی" دیکھیں، جو "غامدی سینٹر آف اسلامک لرننگ" کے یوٹیوب چینل پر دستیاب ہے۔

قرآن میں کوئی ایسی آیت موجود نہیں جو مسلم مردوں کے لیے ڈاڑھی رکھنے کو بہ طور دینی فریضہ لازم قرار دیتی ہو۔

اگر کوئی شخص رسول اللہ صلی اللہ علیہ وسلم کی محبت میں ڈاڑھی رکھتا ہے، کیونکہ آپ نے خود ڈاڑھی رکھی تھی تو یہ ایک عمدہ اور مستحسن عمل ہے۔ تاہم، یہ سوال اپنی جگہ برقرار رہتا ہے کہ کیا اسلام نے ڈاڑھی رکھنے کو مسلم مردوں پر لازم کیا ہے؟

ڈاڑھی کو رسول اللہ صلی اللہ علیہ وسلم کی سنت اس لیے کہا جاتا ہے کہ آپ نے ڈاڑھی رکھی تھی، لیکن جیسا کہ پہلے بیان کیا گیا، سنت ان اعمال کو کہتے ہیں جو رسول اللہ صلی اللہ علیہ وسلم نے دین کے لازمی حصے کے طور پر جاری کیے ہوں اور امت کو ان پر عمل کرنے کی تاکید کی ہو۔ صرف اس وجہ سے آپ نے کوئی خاص لباس پہنا، اونٹ پر سوار ہوئے، یا کوئی مخصوص کھانا کھایا، اس عمل کو دین یا سنت کا حصہ نہیں بنایا جا سکتا۔ کسی عمل کو سنت یا دین کا حصہ ماننے کے لیے ضروری ہے کہ رسول اللہ صلی اللہ علیہ وسلم نے اسے بہ طور دینی حکم جاری فرمایا ہو اور امت میں اسے دین کے طور پر منتقل کیا ہو۔

کچھ احادیث کی شرح اس طرح کی جاتی ہے کہ رسول اللہ صلی اللہ علیہ وسلم نے مسلم مردوں پر ڈاڑھی رکھنے کو لازم قرار دیا۔ ان روایات میں آپ نے ہدایت دی کہ مشرکین اور اہلِ کتاب سے مختلف نظر آنے کے لیے اپنی ڈاڑھیاں بڑھائیں اور مونچھیں تراشیں۔ (صحیح مسلم، رقم 603، 625۔ بخاری، رقم 5893)

چونکہ ان احادیث کے سیاق و سباق کا ذکر ان میں موجود نہیں، اس لیے ان روایات کو قرآن کی روشنی میں سمجھنا ضروری ہے۔ جب احادیث کو قرآن کے تناظر میں دیکھا جائے تو ان احادیث کا مقصد واضح ہو جاتا ہے۔ آیئے، ان پر ایک نظر ڈالتے ہیں۔

اہل کتاب، یعنی یہودیوں اور عیسائیوں میں، خاص طور پر راہبوں کے ہاں ڈاڑھی اور مونچھوں کو بغیر ترشوائے کھلی چھوڑنے کا رواج تھا، اور آج بھی یہ روایت ان میں عام ہے۔ ان کی لمبی مونچھیں اکثر پورے ہونٹوں کو ڈھانپ لیتی ہیں، جو صفائی کے اصولوں کے خلاف ہے، خاص طور پر کھاتے پیتے وقت یہ خطرہ زیادہ ہوتا ہے۔ دوسری طرف مشرکین عرب، خاص طور پر ان کے سردار، اپنی ڈاڑھیوں کو چھوٹا رکھتے اور مونچھوں کو لمبا رکھتے تھے، اور ان

مونچھوں کے کنارے اوپر مڑے ہوتے تھے، جو غرور اور تکبر کی علامت سمجھے جاتے تھے۔ یہ رواج آج بھی کئی ثقافتوں میں، خاص طور پر جنوبی ایشیا میں، موجود ہے۔ قرآن مسلمانوں کو جسمانی صفائی کی تلقین کرتا ہے اور ہر قسم کے تکبر سے باز رہنے کا حکم دیتا ہے۔ جب ان احادیث کو قرآن کے تناظر میں دیکھا جائے تو یہ بات واضح ہوتی ہے کہ رسول اللہ صلی اللہ علیہ وسلم نے ان ہدایات کے ذریعے سے ظاہری صفائی کو فروغ دینے اور تکبر کی علامتوں کو ختم کرنے پر زور دیا۔

اس مسئلے پر درست موقف یہ ہے کہ ڈاڑھی کو لمبا رکھنا سنت نہیں، بلکہ مونچھوں کو تراشنا سنت ہے۔ اسلام نے چہرے کے بالوں کے کسی مخصوص انداز کو اپنانے کا حکم نہیں دیا۔ تاہم، اگر کوئی مسلمان لمبی ڈاڑھی رکھنے کا فیصلہ کرتا ہے تو اسے اپنی مونچھوں کو چھوٹا رکھنا چاہیے، کیونکہ لمبی مونچھیں رکھنا سنت کے خلاف ہے۔ اس عمل کے پیچھے حکمت یہ ہے کہ صفائی کو فروغ دیا جائے اور غرور یا تکبر کی کسی بھی علامت کے اظہار سے گریز کیا جائے۔

مختصر یہ کہ اسلام ڈاڑھی رکھنے کو لازم قرار نہیں دیتا۔ ہر شخص آزاد ہے کہ وہ اپنی ڈاڑھی کو اپنی پسند کے مطابق رکھے یا منڈوائے۔ البتہ، اگر آپ لمبی ڈاڑھی رکھنے کا انتخاب کرتے ہیں تو اسلام آپ کو پابند کرتا ہے کہ اپنی مونچھوں کو تراش کر رکھیں۔

سوال 15: رسول اللہ صلی اللہ علیہ وسلم کی پہلی وحی اور غارِ حرا کے متعلق کیا غلط فہمیاں پائی جاتی ہیں؟

اہم نوٹ: اس موضوع پر تفصیلی جوابات اور حوالہ جات کے لیے جاوید احمد غامدی صاحب کی ویڈیو سیریز "23 اعتراضات کے جواب میں: پہلی وحی کا واقعہ، غارِ حرا" دیکھیں، جو "غامدی

سینٹر آف اسلامک لرننگ'' کے یوٹیوب چینل پر دستیاب ہے۔

رسول اللہ صلی اللہ علیہ وسلم کی پہلی وحی کے متعلق جو عام طور پر یہ بیان کیا جاتا ہے کہ:

- رسول اللہ صلی اللہ علیہ وسلم وحی سے قبل ہدایت کی روشنی کی تلاش میں اور وجودی مسائل پر غور وفکر کے لیے غارِ حرا میں جایا کرتے تھے۔

- وحی ملنے کے بعد آپ شدید اضطراب کا شکار ہو گئے، اور یہ سمجھنے سے قاصر تھے کہ آپ کے ساتھ کیا ہوا۔ بعض روایات میں ذکر ہے کہ آپ نے اس دوران میں سخت آزمایش کے سبب خودکشی کرنے کا بھی سوچا، لیکن پھر حضرت جبریل نے مداخلت کی۔

یہ پورا قصہ صحیح بخاری (رقم 6982) میں موجود ایک غریب روایت پر مبنی ہے۔ یہاں ابن شہاب زہری عروہ بن زبیر سے روایت نقل کرتے ہیں، جو رسول اللہ صلی اللہ علیہ وسلم کی زوجۂ محترمہ حضرت عائشہ کے بھانجے تھے۔ عروہ کے مطابق، یہ روایت انھوں نے حضرت عائشہ سے سنی۔

ابن شہاب زہری کی اس روایت کے ساتھ متعدد مسائل ہیں۔ ذیل میں ان مسائل کا مختصر جائزہ پیش کیا جاتا ہے:

1۔ ابن شہاب زہری کی روایتیں اکثر سنی سنائی باتوں پر مبنی ہوتی ہیں۔ مثال کے طور پر، رسول اللہ صلی اللہ علیہ وسلم کے خودکشی کرنے کے خیالات کا پورا واقعہ ابن شہاب زہری نے یوں ہی بیان کر دیا جب کہ یہ معلومات ان تک کسی مسلسل سند کے ذریعے سے نہیں پہنچی تھیں۔

2۔ قرآن کا فرمان ہے کہ رسول اللہ صلی اللہ علیہ وسلم نے کبھی ہدایت یا دینی علم کی تلاش نہیں کی: روایات کے مطابق، رسول اللہ صلی اللہ علیہ وسلم غارِ حرا میں ''تحنث'' کیا کرتے تھے، جیسے بہت سے لوگ غور وفکر، مراقبے، اور زندگی کے بڑے سوالات کے جوابات تلاش

کرنے کے عمل کے طور پر بیان کرتے ہیں۔ لیکن قرآن کی آیات (القصص 28:86 اور یونس 10:16) یہ واضح کرتی ہیں کہ رسول اللہ صلی اللہ علیہ وسلم نے دینی علم یا روشنی کی تلاش نہیں کی تھی اور نہ ہی آپ ان معاملات کی تبلیغ کیا کرتے تھے۔

اب یہاں سوال پیدا ہوتا ہے کہ اگر رسول اللہ صلی اللہ علیہ وسلم ہدایت یا الہامی علم کے حصول کے لیے مراقبے میں مشغول نہیں ہوتے تھے تو ''تحنث'' جس کا ذکر ان روایات میں آیا ہے، سے کیا مراد ہے؟ رسول اللہ صلی اللہ علیہ وسلم غارِ حرا میں اپنے قیام کے دوران میں کیا کیا کرتے تھے؟ میں جلد ہی وضاحت کروں گا کہ ''تحنث'' کا اصل مطلب کیا ہے۔

3۔ حضرت موسیٰ علیہ السلام اور حضرت محمد صلی اللہ علیہ وسلم کی پہلی وحی کے تجربات ایک دوسرے سے اتنے مختلف کیوں؟

قرآن کی سورۂ مزمل (آیت 15) میں رسول اللہ صلی اللہ علیہ وسلم کو حضرت موسیٰ علیہ السلام کے مشابہ رسول قرار دیا گیا ہے۔ حضرت موسیٰ پر پہلی وحی کا واقعہ قرآن میں سورۂ طٰہٰ (آیات 9-36) اور سورۂ نمل (آیات 7-12) میں بیان ہوا ہے۔ ان آیات میں اللہ تعالیٰ حضرت موسیٰ علیہ السلام کو تسلی دیتے ہیں کہ اللہ کے حضور اس کے رسول خوف زدہ نہیں ہوتے اور انھیں واضح طور پر یہ بتایا جاتا ہے کہ ان کے ساتھ کیا ہو رہا ہے اور ان کا اصل مشن کیا ہے۔ اس کے برعکس، زیرِ بحث روایات کے مطابق جب رسول اللہ صلی اللہ علیہ وسلم پر پہلی بار وحی نازل ہوئی تو آپ اس بات کو بالکل نہیں سمجھ سکے کہ آپ کے ساتھ کیا معاملہ ہو رہا ہے اور آپ شدید خوف زدہ ہو گئے۔ اگر رسول اللہ صلی اللہ علیہ وسلم کو حضرت موسیٰ علیہ السلام جیسا نبی قرار دیا گیا ہے تو پھر یہ فرق کیوں؟ حضرت موسیٰ کے ساتھ اللہ تعالیٰ کی پہلی وحی کا عمل واضح اور پر سکون تھا۔ جب رسول اللہ صلی اللہ علیہ وسلم پر پہلی بار وحی نازل ہوئی تو آپ شدید خوف اور الجھن کا شکار ہوئے اور آپ کو اس وقت یہ سمجھ نہیں آئی کہ آپ کے ساتھ کیا ہو رہا

ہے۔ یہ سوال پیدا ہوتا ہے کہ اگر حضرت محمد صلی اللہ علیہ وسلم کو حضرت موسیٰ کے مشابہ رسول قرار دیا گیا ہے تو پھر حضرت موسیٰ کا پہلا تجربہ اتنا واضح اور تسلی بخش کیوں تھا، جب کہ رسول اللہ صلی اللہ علیہ وسلم کے لیے یہ تجربہ خوف اور الجھن سے بھرپور کیوں تھا؟

4۔ ابن ہشام نے ابن شہاب زہری کی روایت کو اپنی سیرت میں شامل نہیں کیا۔ ابن ہشام رسول اللہ صلی اللہ علیہ وسلم کے ابتدائی سیرت نگاروں میں سے ایک ہیں۔ ان کی سیرت ابن اسحاق کی تحریر کردہ سیرت کی ابتدائی کتاب پر مبنی ہے۔ جب ابن ہشام اپنی سیرت میں رسول اللہ صلی اللہ علیہ وسلم پر پہلی وحی کے واقعے تک پہنچتے ہیں تو وہ زہری کی روایت کو صرف اس حد تک بیان کرتے ہیں کہ رسول اللہ صلی اللہ علیہ وسلم کو پہلی وحی سے قبل سچے خواب نظر آنے لگے تھے اور آپ تنہائی کو پسند کرنے لگے تھے۔ اس کے بعد ابن ہشام ایک مختلف سند کے ذریعے سے واقعہ وحی کی وضاحت پیش کرتے ہیں۔ یہ متبادل روایت زہری کی روایت سے زیادہ معقول ہے اور تضادات سے بھی پاک ہے۔ ابن ہشام اپنی سیرت کے باب ''رسول اللہ کو نبوت کیسے عطا کی گئی؟'' میں وہب بن کیسان کی روایت نقل کرتے ہیں، جو انھوں نے عائشہ رضی اللہ تعالیٰ عنہا کے بھانجے عبداللہ بن زبیر سے سنی، جو اسے عبید بن عمیر بن قتادہ اللیثی سے روایت کرتے ہیں۔

آیئے، وہب بن کیسان کی روایت کا تجزیہ کرتے ہیں اور دیکھتے ہیں کہ یہ ان مسائل سے کیسے پاک ہے، جو زہری کی روایت میں پائے جاتے ہیں:

ابن ہشام لکھتے ہیں کہ رسول اللہ صلی اللہ علیہ وسلم غارِ حرا میں تحنّف کے لیے تشریف لے جاتے تھے۔ یہ زہری کی روایت میں مذکور لفظ تحنّث کی اصلاح ہے۔ ابن ہشام وضاحت کرتے ہیں کہ تحنّف رمضان کے مہینے میں اعتکاف کی عبادت تھی، جو روزے رکھنے اور عبادت پر مشتمل تھی۔ رسول اللہ صلی اللہ علیہ وسلم اس عبادت میں دین حنیف کے ایک پیروکار کے

طور پر حصہ لیتے تھے۔ دین حنیف حضرت ابراہیم کی تعلیمات اور اعمال پر مبنی وہ روایت تھی جو جزیرہ نمائے عرب میں رائج تھی۔ وہب بن کیسان کی روایت مزید یہ بیان کرتی ہے کہ رسول اللہ صلی اللہ علیہ وسلم اکثر اپنی بیوی اور بچوں کو بھی اپنے ساتھ پہاڑ پر لے جایا کرتے تھے اور اس عبادت کے اختتام پر غربا اور مساکین کو کھانا کھلایا جاتا تھا۔

یہ روایت بیان کرتی ہے کہ وحی کے سال رسول اللہ صلی اللہ علیہ وسلم کو سچے خواب آنے لگے۔ اس اہم سال کے دوران میں، جب آپ غارِ حرا میں اعتکاف کر رہے تھے، آپ نے ایک خواب دیکھا، جس میں ایک شخصیت نمودار ہوئی۔ اس شخصیت نے آپ کو ایک کتاب پیش کی جو ریشم کے کپڑے میں لپٹی ہوئی تھی۔ اس نے آپ سے کہا کہ کتاب کی چند آیات پڑھیں۔ یہی وہ آیات ہیں جو بعد میں سورۂ علق کی ابتدائی پانچ آیات کے طور پر سامنے آئیں۔ جب رسول اللہ صلی اللہ علیہ وسلم بیدار ہوئے تو آپ کو اس خواب کا مطلب سمجھنے میں کچھ تذبذب ضرور تھا، لیکن آپ کو وہ آیات واضح طور پر یاد تھیں۔ آپ غار سے باہر نکلے تو آپ نے وہی شخصیت آسمان کے افق پر دیکھی۔ اس شخصیت نے واضح الفاظ میں کہا کہ آپ کو اللہ کا رسول مقرر کیا گیا ہے اور اپنا تعارف جبریل کے طور پر کرایا۔ اس واقعے کے دوران میں آپ کو کسی خوف یا تذبذب کا سامنا نہیں ہوا۔

روایت مزید بتاتی ہے کہ رسول اللہ صلی اللہ علیہ وسلم حضرت جبریل کو مسلسل دیکھتے رہے، یہاں تک کہ ایک گروہ، جسے حضرت خدیجہ نے پہاڑ کے دامن میں اپنے خیمے سے بھیجا تھا، نے آپ کو آواز دی۔ آپ نے اس واقعے کو حضرت خدیجہ کے سامنے بیان کیا۔ اس تبادلۂ خیال میں کسی قسم کی گھبراہٹ یا پریشانی کا ذکر نہیں ملتا۔ حضرت خدیجہ نے یہ واقعہ اپنے چچازاد بھائی، ورقہ بن نوفل کو سنایا، جو ایک عیسائی عالم تھے۔ دریں اثنا، رسول اللہ صلی اللہ علیہ

وسلم غارِ حرا میں اپنے اعتکاف کو مکمل کرنے کے لیے واپس چلے گئے۔ اعتکاف کے اختتام پر آپ خانۂ کعبہ تشریف لے گئے اور طواف کیا۔ اسی دوران میں آپ کی ملاقات ورقہ بن نوفل سے ہوئی، جنھوں نے آپ کو تسلی دی اور تصدیق کی کہ آپ کو واقعی اللہ کا رسول منتخب کیا گیا ہے۔

وہب بن کیسان کی روایت کے مطابق، اس پورے واقعے میں نہ تو نبی صلی اللہ علیہ وسلم کے حوالے سے کسی خوف یا الجھن کا ذکر ہے، اور نہ ہی خودکشی کے خیالات کا کوئی حوالہ ملتا ہے۔ مزید برآں، اس روایت میں یہ بھی واضح ہے کہ رسول اللہ صلی اللہ علیہ وسلم غارِ حرا میں کسی فلسفیانہ غور و فکر یا روشنی کی تلاش میں نہیں جاتے تھے۔ بلکہ، آپ اعتکاف کرنے، روزہ رکھنے، اور عبادت میں مشغول رہنے کے لیے وہاں جاتے تھے۔ یہ اعمال دین حنیف کی روایت کے مطابق مذہبی رسوم تھیں۔ دینِ حنیف حضرت ابراہیم کی تعلیمات اور طریقوں پر مبنی عقائد اور عبادات کا مجموعہ تھا، جسے اس وقت عرب میں کئی لوگ مانتے تھے اور اس کے مطابق عمل کرتے تھے۔ زہری کی روایت کی بہ نسبت وہب بن کیسان کی یہ روایت زیادہ معقول اور معتبر معلوم ہوتی ہے کیونکہ اس میں کوئی تضاد یا بے ترتیبی نہیں۔ لہٰذا یہ زہری کی روایت میں پائے جانے والے مسائل سے پاک ہے۔

سوال 16: نبی صلی اللہ علیہ وسلم سے نکاح کے وقت حضرت عائشہ کی عمر کیا تھی؟

نوٹ: اس موضوع پر مزید معلومات کے لیے جاوید احمد غامدی صاحب کی کتاب ''مقامات'' کے باب ''سیدہ عائشہ کی عمر'' کا مطالعہ کریں۔

یہ عام طور پر کہا جاتا ہے کہ حضرت عائشہ کا نکاح رسول اللہ صلی اللہ علیہ وسلم سے اس وقت ہوا جب ان کی عمر چھ سال تھی، اور آپ کی رخصتی نو سال کی عمر میں ہوئی۔ یہ نقطۂ نظر کچھ روایات (جیسا کہ بخاری، رقم 5134 اور 70) پر مبنی ہے۔ تاہم، حدیث کی کتب میں ایسی معتبر روایات بھی موجود ہیں جو اس بات کی واضح طور پر نفی کرتی ہیں کہ حضرت عائشہ کی عمر نکاح کے وقت چھ سے نو سال کے درمیان تھی۔ ذیل میں ان میں سے کچھ مثالوں کا تجزیہ پیش ہے۔

کم عمری کی شادی واضح طور قرآن کی ہدایات کے خلاف ہے: سورۂ نساء (آیت 6) میں اللہ تعالیٰ کا ارشاد ہے کہ یتیموں کے مال کے ذمہ دار انھیں اس وقت تک زیر کفالت رکھیں جب تک وہ نکاح کی عمر کو نہ پہنچ جائیں۔ اگر وہ بالغ اور اپنی زندگی اور معاملات کے بارے میں سمجھ دار پائے جائیں تو ان کے مال ان کے سپرد کر دیے جائیں۔

اس آیت میں نکاح کی عمر کو بلوغت کے اس درجے سے مشروط کیا گیا ہے جب کوئی فرد اتنا سمجھ دار ہو کہ اپنی زندگی اور مالی معاملات کے بارے میں درست فیصلے کر سکے۔ یہ حکم واضح طور پر بچوں کی شادی کے تصور کی نفی کرتا ہے۔

اب ہم حدیث کی ان روایات کا جائزہ لیتے ہیں جو اس بات کی تردید کرتی ہیں کہ حضرت عائشہ چھ سال کی عمر میں نکاح کے بندھن میں بندھیں۔

ان احادیث کا تجزیہ جو اس تصور کی نفی کرتی ہیں کہ حضرت عائشہ کی عمر نکاح کے وقت 6 سے 9 سال کے درمیان تھی:

1۔ حضرت خدیجہ کے انتقال کے بعد رسول اللہ صلی اللہ علیہ وسلم کو گھر کی دیکھ بھال اور بچوں کی پرورش کے ساتھ ساتھ نبوت کی کٹھن ذمہ داریوں کو بھی نبھانا تھا۔ اس موقع پر رسول اللہ صلی اللہ علیہ وسلم کی قریبی صحابیہ حضرت خولہ بنت حکیم نے تجویز دی کہ آپ شادی کر لیں تاکہ کوئی آپ کے گھر اور بچوں کی ذمہ داری سنبھال سکے۔ اس مقصد کے لیے

انھوں نے دو نام پیش کیے:

حضرت سودہ بنت زمعہ، جو ایک عمر رسیدہ بیوہ تھیں۔

حضرت عائشہ۔

یہ روایت اس تصور پر بڑا سوالیہ نشان کھڑا کرتی ہے کہ حضرت عائشہ کی عمر نکاح کے وقت صرف 6 سال تھی اور رخصتی 9 سال کی عمر میں ہوئی۔ رسول اللہ صلی اللہ علیہ وسلم کی اپنی بیٹی حضرت فاطمہ کی عمر اس وقت تقریباً 5 سے 10 سال کے درمیان تھی۔ یہ کیسے ممکن ہے کہ حضرت خولہ ایک 6 سالہ بچی کو رسول اللہ کے بچوں اور گھر کی ذمہ داری سنبھالنے کے لیے تجویز کریں؟[202]

2۔ رسول اللہ صلی اللہ علیہ وسلم کے ابتدائی سیرت نگاروں، جیسے ابن اسحاق اور ابن ہشام، کے مطابق، حضرت عائشہ ان افراد میں شامل تھیں جنھوں نے شروع میں اسلام قبول کیا۔ ابن اسحاق کے مطابق، حضرت عائشہ نے اس وقت اسلام قبول کیا جب صرف 18، افراد ایمان لائے تھے۔ ابن ہشام کے مطابق، حضرت عائشہ نے اسلام اسی وقت قبول کیا جب ابو عبیدہ بن جراح جیسے سابقون الاولون افراد ایمان لائے۔ ابو عبیدہ بن جراح اور دیگر ابتدائی مسلمانوں نے اسلام 611-612 عیسوی میں قبول کیا، جب کہ رسول اللہ صلی اللہ علیہ وسلم نے حضرت عائشہ سے نکاح 620 عیسوی میں کیا۔ یہ سوال پیدا ہوتا ہے کہ اگر حضرت عائشہ نکاح کے وقت 6 سال کی تھیں تو 612 عیسوی میں وہ پیدا بھی نہیں ہوئی ہوں گی۔ حتیٰ کہ اگر 1 یا 2 سال کا فرق بھی تسلیم کر لیا جائے تو اس وقت وہ ایک نومولود بچی ہوتیں اور اسلام قبول

---

[202] تفصیلات کے لیے دیکھیے: محمد بن سعد، الطبقات الکبریٰ، قاہرہ: مکتبہ خانجی، 2001، 10/ 57۔ مسند احمد، رقم 25241۔

کرنے کے قابل نہ ہوتیں۔ [203] یہ بات نہ صرف غیر منطقی ہے بلکہ تاریخی شواہد سے بھی مطابقت نہیں رکھتی۔ [204]

3۔ صحیح بخاری کے باب ''قرآن کی تدوین'' میں درج ایک روایت (رقم 4876 اور 4993) کے مطابق حضرت عائشہ بیان کرتی ہیں کہ جب سورۂ قمر آیت 46 نازل ہوئی اُس وقت وہ ایک ''جاریہ'' تھیں۔ کلاسیکی عربی میں ''جاریہ'' کا مطلب ایک ایسی کم عمر لڑکی ہے جو بلوغت کے قریب ہو یا اس سے کچھ بڑی ہو۔ [205] قرآن کی یہ آیت (القمر 46) 617 عیسوی میں نازل ہوئی، جو ہجرت مدینہ (622 عیسوی) سے پانچ سال پہلے کی بات ہے۔ اگر یہ مان لیا جائے کہ حضرت عائشہ کا نکاح رسول اللہ صلی اللہ علیہ وسلم سے 620 عیسوی میں ہوا اور ان کی عمر اس وقت 6 سال تھی تو اس کا مطلب یہ ہوگا کہ 617 عیسوی میں ان کی عمر صرف 3 سال تھی۔ اتنی کم عمر میں انھیں ''جاریہ'' کہنا کسی بھی طرح ممکن نہیں۔ یہ بات زیر بحث روایت کی ثقاہت پر ایک اہم سوالیہ نشان کھڑا کرتی ہے۔

4۔ ایک اور دلیل، جو حضرت عائشہ کے بچپن میں نکاح کی حمایت کے لیے دی جاتی ہے، ان روایات پر مبنی ہے جن میں وہ بیان کرتی ہیں کہ وہ رسول اللہ صلی اللہ علیہ وسلم کی موجودگی میں گڑیوں کے ساتھ کھیلا کرتی تھیں۔ یہ روایات سنن ابن ماجہ (رقم 1982)، مسلم (رقم

203 سیرت ابن اسحاق؛ یحییٰ بن شرف نووی، کتاب تہذیب الأسماء واللغات، لبنان: دار الکتب العلمیہ، بدون تاریخ 351/2۔ ابن ہشام، السیرۃ النبویہ، دمشق: دارالخیر، 1999، 604/1۔

204 سیرت ابن اسحاق؛ یحییٰ بن شرف نووی، کتاب تہذیب الأسماء واللغات، لبنان: دار الکتب العلمیہ، بدون تاریخ 351/2۔ ابن ہشام، السیرۃ النبویہ، دمشق: دارالخیر، 1999، 604/1۔

205 ابن منظور کی لسان العرب اور فیروز آبادی کی قاموس المحیط میں لفظ ''جاریہ'' دیکھیں۔

117 اور 83)، اور بخاری (رقم 157) میں موجود ہیں۔ بہ ظاہر، ان روایات سے یہ تاثر پیدا ہوتا ہے کہ حضرت عائشہ اس وقت بچی تھیں، کیونکہ گڑیوں کے ساتھ کھیلنا عام طور پر بچوں سے منسوب کیا جاتا ہے۔ تاہم، ایک اور مستند روایت اس تاثر کو چیلنج کرتی ہے اور یہ ظاہر کرتی ہے کہ حضرت عائشہ کا گڑیوں کے ساتھ کھیلنے کا شوق ان کی نوعمری (late teen) یا جوانی کے دور تک برقرار رہا۔ میں اس کی مختصراً وضاحت کرتا ہوں۔ جو لوگ یہ دعویٰ کرتے ہیں کہ حضرت عائشہ کا نکاح رسول اللہ صلی اللہ علیہ وسلم سے 6 سال کی عمر میں ہوا، وہ 620 عیسوی کو نکاح کا سال قرار دیتے ہیں۔ سنن ابی داؤد کی ایک معتبر روایت بیان کرتی ہے کہ رسول اللہ صلی اللہ علیہ وسلم نے حضرت عائشہ کی گڑیاں ایک الماری میں دیکھیں جب آپ غزوۂ تبوک یا خیبر سے واپس آئے۔ آپ نے پردے کے پیچھے گڑیوں کو دیکھ کر فرمایا: ''یہ کیا ہے؟'' حضرت عائشہ نے جواب دیا: ''یہ میری گڑیاں ہیں۔'' پھر آپ نے ایک اور شے کے بارے میں دریافت کیا، جس پر حضرت عائشہ نے وضاحت کی کہ یہ ایک گھوڑا ہے جس کے دو پر ہیں۔ (سنن ابی داؤد، رقم 4932، 160، اور 4914) یہ روایت بیان کرتی ہے کہ رسول اللہ صلی اللہ علیہ وسلم نے حضرت عائشہ کی گڑیاں پہلی بار غزوۂ تبوک یا غزوۂ خیبر کے بعد دیکھیں۔ غزوۂ تبوک 630 عیسوی میں پیش آیا، اس لحاظ سے اگر یہ فرض کیا جائے کہ حضرت عائشہ کا نکاح رسول اللہ صلی اللہ علیہ وسلم سے 620 عیسوی میں 6 سال کی عمر میں ہوا تھا تو غزوۂ تبوک کے وقت ان کی عمر 16 سال ہوتی۔ اسی طرح اگر یہ واقعہ غزوۂ خیبر (628 عیسوی) کے بعد پیش آیا ہو تو اس وقت ان کی عمر 14 سال ہوتی۔ لہٰذا اگر حضرت عائشہ کا نکاح 6 سال کی عمر میں، 620 عیسوی میں ہوا تھا تو ان کی گڑیاں دریافت ہونے کے وقت، بہ الفاظ دیگر غزوۂ خیبر اور غزوۂ تبوک کے وقت، ان کی عمر 14 سے 16 سال کے درمیان بنتی ہے۔ اس لیے، حضرت عائشہ کا یہ ذکر کہ وہ رسول اللہ صلی اللہ علیہ وسلم کی موجودگی میں

گڑیوں کے ساتھ کھیلتی تھیں، اسے صرف ان کے بچپن کی یادگار سمجھنا درست نہیں ہوگا۔ یہ واقعہ ان کی نوعمری کے درمیانی یا آخری مرحلے کی طرف اشارہ کرتا ہے۔ یہ نہایت ممکن ہے کہ حضرت عائشہ کا گڑیاں اور دیگر اشیا بنانے اور ان سے کھیلنے کا شوق ان کی نوعمری کے آخری سالوں تک برقرار رہا ہو۔ آج بھی نوجوانوں میں ایسے رجحانات دیکھنے کو ملتے ہیں، جو اپنی نوعمری کے آخری دور تک گڑیوں یا ایکشن فگرز سے دل چسپی رکھتے ہیں۔

حضرت عائشہ کی نکاح کے وقت صحیح عمر کا تعین: اس مقام پر یہ سوال پیدا ہوتا ہے کہ حضرت عائشہ کی رسول اللہ صلی اللہ علیہ وسلم سے نکاح کے وقت حقیقی عمر کیا تھی؟ ذخیرۂ حدیث میں ایسے مستند شواہد موجود ہیں جو اس بات کی تائید کرتے ہیں کہ حضرت عائشہ کی نکاح کے وقت عمر تقریباً 15 یا 16 سال تھی، اور رخصتی کے وقت ان کی عمر تقریباً 18 یا 19 سال تھی۔ اس نکتے کی وضاحت یہ ہے۔

حضرت عائشہ اپنی بہن حضرت اسماء سے دس سال چھوٹی تھیں۔ روایات کے مطابق، حضرت اسماء رسول اللہ صلی اللہ علیہ وسلم کی ہجرت مدینہ (622 عیسوی) سے 27 سال قبل پیدا ہوئیں۔ اس اعتبار سے حضرت اسماء کی پیدائش کا سال تقریباً 595 عیسوی بنتا ہے، اور اس کے مطابق، حضرت عائشہ کی پیدائش تقریباً 605 عیسوی میں ہوئی۔ یہ معلومات ثابت کرتی ہیں کہ 620 عیسوی میں رسول اللہ صلی اللہ علیہ وسلم سے نکاح کے وقت حضرت عائشہ کی عمر تقریباً 15 یا 16 سال تھی، اور 623 عیسوی میں رخصتی کے وقت ان کی عمر 18 یا 19 سال کے قریب تھی۔[206]

---

[206] اس بات کی تائید امام نووی نے بھی کی ہے کہ حضرت عائشہ حضرت اسماء سے 10 سال چھوٹی تھیں اور حضرت اسماء کی پیدائش ہجرت سے 27 سال قبل ہوئی۔ دیکھیے: تہذیب الاسماء واللغات، 2/

مزید یہ کہ تاریخی روایات کے مطابق، حضرت اسماء 692 عیسوی میں 97 یا 98 سال کی عمر میں وفات پا گئیں۔ اس سے معلوم ہوتا ہے کہ 620 عیسوی میں حضرت اسماء کی عمر 25 یا 26 سال تھی۔ چونکہ حضرت عائشہ اپنی بہن حضرت اسماء سے دس سال چھوٹی تھیں، اس لیے 620 عیسوی میں نکاح کے وقت حضرت عائشہ کی عمر 15 یا 16 سال ہونی چاہیے۔

علم حدیث ایک پیچیدہ علم ہے: اس وسیع میدان میں ایسی روایات شامل ہیں جنھیں کچھ علما صحیح سمجھتے ہیں، جب کہ دوسرے انھیں ضعیف قرار دیتے ہیں۔ اس وجہ سے، ان معاملات میں اپنے موقف کی حمایت کے لیے مطلوبہ مواد تلاش کرنا ممکن ہو جاتا ہے۔ ابن کثیر کے ہاں ہمیں ذخیرۂ حدیث کے لچک دار استعمال کی ایک اہم مثال ملتی ہے۔ ایک طرف، وہ ان روایات کو قبول کرتے ہیں جو یہ ظاہر کرتی ہیں کہ حضرت اسماء، حضرت عائشہ سے 10 سال بڑی تھیں، جس کا مطلب یہ ہے کہ حضرت عائشہ کا نکاح رسول اللہ صلی اللہ علیہ و سلم سے 620 عیسوی میں ہوا تو ان کی عمر 16 سال تھی۔ دوسری طرف، ابن کثیر ان روایات کو بھی قبول کرتے ہیں جن کے مطابق حضرت عائشہ نکاح کے وقت 6 سال کی تھیں، اور اس موقف کی تائید کرتے ہیں۔ [207] یہ بات ذخیرہ حدیث کی پیچیدگی کو واضح کرتی ہے۔ جو ذخیرۂ حدیث یہ بیان کرتا ہے کہ حضرت عائشہ کا نکاح 6 سال کی عمر میں ہوا، اس میں اتنا ہی مواد موجود ہے جو یہ ثابت کرتا ہے کہ ان کا نکاح 16 سال کی عمر میں ہوا اور رخصتی 19 سال کی عمر میں ہوئی۔ یہی وجہ ہے کہ حدیث کو قرآن کی روشنی میں سمجھنا ضروری ہے، نہ کہ قرآن کو احادیث کی روشنی میں سمجھا

-329-328

[207] ابوالفداء، ابن کثیر، البدایہ والنہایہ، قاہرہ: عیسیٰ البابی الحلبی، 1986، 8/91، 131۔

جائے۔

حضرت عائشہ کی عمر کے بارے میں اختلاف کی ممکنہ وجہ: یہ سوال بھی پیدا ہوتا ہے کہ ذخیرۂ حدیث میں ایسی روایات کیوں موجود ہیں جو حضرت عائشہ کی عمر نکاح کے وقت 6 سال بیان کرتی ہیں، جب کہ اسی ادب میں ایسے مضبوط شواہد بھی موجود ہیں جو اس تصور کی نفی کرتے ہیں؟ اس اختلاف کی ممکنہ وجہ عربوں کے اعداد کو ادا کرنے کے مخصوص طریقے سے جڑی ہو سکتی ہے۔ عربی زبان میں "6" کو 'سِتَّة' اور "16" کو 'سِتَّة عَشَرَة' کہا جاتا ہے۔ اسی طرح، "9" کو 'تِسْعَة' اور "19" کو 'تِسْعَة عَشَرَة' کہا جاتا ہے۔ اگر اس کا موازنہ انگریزی اعداد سے کیا جائے تو "16" کو "Six-Ten" اور "19" کو "Nine-Ten" کے طور پر سمجھا جا سکتا ہے۔ یہ ممکن ہے کہ حضرت عائشہ یا بعد کے حدیث روایت کرنے والوں نے دہائی کے حصے (یعنی 'عَشَرَة') کو اس بنیاد پر ذکر نہ کیا ہو کہ وہ اس وقت کے سامعین کے لیے پہلے ہی معروف تھا۔ مثال کے طور پر، اگر کسی بات کا ذکر 1900 کی کسی دہائی میں ہو رہا ہو اور کوئی کہے کہ فلاں واقعہ 83 میں پیش آیا تو سننے والا خود بہ خود سمجھ جائے گا کہ مراد 1983 ہے، نہ کہ 83 قبل مسیح یا 83 عیسوی۔ اسی طرح، یہ امکان موجود ہے کہ حضرت عائشہ یا بعد کے راویوں نے صرف نکاح کے سال کو نمایاں کیا ہو اور یہ سمجھا ہو کہ سامعین دہائی کے حصے کو خود بہ خود سمجھ لیں گے۔

سوال 17: انسان کی تخلیق کا واقعہ کیا ہے اور کیا آدم و حوا علیہما السلام کے بچوں نے آپس میں نکاح کیا؟

قرآن انسان کی تخلیق کے مختلف پہلوؤں کو بیان کرتا ہے۔ ایک مقام پر یہ ذکر کیا گیا ہے

کہ انسان پانی سے پیدا کیے گئے ہیں، جب کہ دوسرے مقام پر کہا گیا ہے کہ وہ مٹی سے بنائے گئے ہیں۔ چونکہ قرآن میں انسان کو مٹی سے پیدا کرنے کا ذکر ملتا ہے، قدیم علما نے یہ تصور قائم کیا کہ اللہ تعالیٰ نے پہلے انسان کو ایک مجسمے کی صورت میں تراشا اور پھر اس میں روح پھونکی۔

رسول اللہ صلی اللہ علیہ وسلم کی طرف منسوب کچھ ضعیف روایات بھی اس خیال کی حمایت کرتی ہیں۔ تاہم، جب قرآن کے بیانات کو گہرائی اور کھلے ذہن کے ساتھ سمجھا جائے تو یہ واضح ہوتا ہے کہ قرآن انسان کی تخلیق کے بارے میں ایک بالکل مختلف تصور پیش کرتا ہے۔ یہ تصور جدید انسان کی ابتدا کے بارے میں ہمارے موجودہ سائنسی علم سے ہم آہنگ محسوس ہوتا ہے۔

تخلیق انسانی کی وضاحت کے لیے قرآن کا مطالعہ

قرآن انسان کی تخلیق کے بارے میں مختلف مقامات پر روشنی ڈالتا ہے، لیکن سورۂ سجدہ (32) کی آیات 7 تا 9 میں خاص طور پر انسانی ارتقا کے مراحل کو ترتیب سے اور نہایت جامع انداز میں بیان کیا گیا ہے۔ فرمایا:

> ''(وہی کہ) جس نے جو چیز بھی بنائی ہے، خوب ہی بنائی ہے۔ انسان کی تخلیق کا آغاز اُس نے مٹی سے کیا۔ پھر اُس کی نسل حقیر پانی کے خلاصے سے چلائی۔ پھر اُس کے نوک پلک سنوارے اور اُس میں اپنی روح میں سے پھونک دیا اور تمھارے (سننے کے) لیے کان اور (دیکھنے کے لیے) آنکھیں اور (سمجھنے کے لیے) دل بنا دیے ــــ تم کم ہی شکر گزار ہوتے ہو!''

ان آیات کے ساتھ قرآن کی دیگر آیات انسانی تخلیق کی تفصیلات کو واضح کرتی ہیں۔ سورۂ

انبیاء (آیت 30) میں اللہ تعالیٰ فرماتا ہے ہر جان دار کو پانی سے پیدا کیا گیا۔ سورۂ فرقان (آیت 54) میں ارشاد ہوتا ہے کہ اللہ تعالیٰ نے پانی سے انسان کو پیدا کیا۔ جب سورۂ سجدہ کی مذکورہ دو آیات (7-9) کو دیگر آیات کے ساتھ ملا کر دیکھا جائے تو یہ انسانی تخلیق کے عمل کو تین بنیادی مراحل میں تقسیم کرنے میں مدد دیتی ہیں:

پہلا مرحلہ: انسان کے ابتدائی آبا و اجداد زمین کی سطح سے براہ راست نمودار ہوئے:

قرآن کے بیان کے مطابق، انسان کی تخلیق کا آغاز پانی کے گدلے تالابوں سے ہوا، جہاں زمین کی سطح سے ابتدائی انسانی-جانور کی شکلیں نمودار ہوئیں۔ یہ بالکل ایسے ہوا جیسے کوئی جان دار زمین میں دفن انڈے سے برآمد ہوتا ہے۔ قرآنی آیات سے یہ نتیجہ اخذ کیا جا سکتا ہے کہ انسان کے ابتدائی آباواجداد، جو ابتدا میں محض جانوروں کی صورت میں تھے اور روح سے خالی تھے، زمین کی سطح سے براہ راست پیدا ہوئے۔ یہ عمل ماں کے رحم میں جنین کی نشوونما کے عمل سے مشابہ ہے، لیکن یہ زمین کی سطح کے اندر وقوع پذیر ہوا۔ اس کے نتیجے میں انسان کی ابتدائی جسمانی صورتیں اور ممکنہ طور پر دیگر انواعِ زندگی بھی تخلیق ہوئیں۔

یہ عمل نہ جادوئی تھا اور نہ ناقابلِ فہم۔ غور کیجیے، ہم وہی اجزا استعمال کرتے ہیں جو فطرت میں پائے جاتے ہیں، جیسے امائنو ایسڈز، لوہا، اور کیلشیم۔ عورت کے جسم میں ایک حیرت انگیز نظام موجود ہے جو ان بنیادی اجزا کو ایک زندہ وجود میں تبدیل کر دیتا ہے۔ قرآن اشارہ دیتا ہے کہ زمین کے اندر بھی یہی عمل ہوا، جہاں مٹی اور پانی کے اجزا جان داروں میں تبدیل ہو گئے۔

کیا آپ کو یہ تصور غیر منطقی لگتا ہے کہ زمین سے ابتدائی انسانوں کی شکلیں برآمد ہوئیں؟

ایسا نہیں ہے، کیونکہ اس تصور کی سائنسی نظیریں موجود ہیں۔ مثال کے طور پر، کمبریئن دھماکا (Cambrian Explosion) ایک غیر معمولی واقعہ ہے جو فوسل ریکارڈز میں محفوظ ہے۔ یہ تقریباً 500 ملین سال پہلے پیش آیا، جب اچانک فوسل ریکارڈ میں زیادہ تر اہم جانوروں کی انواع کی شکلیں ظاہر ہوئیں۔ یہاں یہ دعویٰ نہیں کیا جا رہا کہ انسان کی ابتدائی شکلیں کمبریئن دھماکے کے دوران میں نمودار ہوئیں۔ بلکہ، اس مثال کا مقصد یہ ہے کہ کمبریئن دھماکے جیسے تاریخی اور سائنسی واقعات اس امکان کو تقویت دیتے ہیں کہ قرآن میں بیان کردہ انسان کی ابتدائی حیاتیاتی شکلوں کا زمین کے تقریباً گدلے پانی سے ظاہر ہونا بعید از قیاس نہیں۔

دوسرا مرحلہ: انسان کی ابتدائی صورت نے حیاتیاتی ارتقا کے ذریعے سے ترقی کی

قرآن یہ بیان کرتا ہے کہ جب انسان کے ابتدائی جانور نما آبا و اجداد زمین سے نمودار ہوئے تو ان کی نسل حیاتیاتی تولید کے عام طریقے سے آگے بڑھائی گئی۔ اس کے بعد، جیسا کہ سورۂ سجدہ (آیت 9) اشارہ کرتی ہے، ان ابتدائی انسان نما مخلوقات نے تدریجی ترقی کے ایک طویل عمل سے گزرتے ہوئے ارتقا کیا، یہاں تک کہ وہ اپنی تکمیل کو پہنچے۔

یہ واضح ہوتا ہے کہ قرآن انٹر اسپیشیز ارتقا (interspecies evolution) کی تائید کرتا ہے۔ اس کے مطابق، ابتدائی جانوروں کی شکلیں زمین سے براہ راست نمودار ہوئیں، جنھوں نے حیاتیاتی تولید کے ذریعے سے اپنی نسل کو بڑھایا اور وقت کے ساتھ ساتھ ارتقائی مراحل سے گزرتے ہوئے اپنی موجودہ شکل میں آئے۔ سائنسی شواہد بھی اس کی تصدیق کرتے ہیں۔ ابتدائی انسان نما مخلوقات، جیسے راماپتھیکس (Ramapithecus)،

آسٹریلوپتھیکس (Australopithecus)، اور ہومو ایریکٹس (Homo erectus)، کے فوسلز اس بات کا ثبوت ہیں کہ یہ مخلوقات ارتقائی عمل کا حصہ تھیں۔ مزید یہ کہ فوسل ریکارڈ ظاہر کرتا ہے کہ حیاتیاتی طور پر جدید ہومو سیپینز (Homo sapiens) انھی ابتدائی مخلوقات کی تدریجی ترقی کا نتیجہ ہیں۔

سائنس دانوں کا اتفاق ہے کہ انسان کا سب سے قدیم حیاتیاتی جد اعلیٰ تقریباً 4.2 ملین سال پہلے موجود تھا۔[208] تقریباً 300,000 سال قبل، ابتدائی انسان نما مخلوقات (humanoids) آرکائک ہومو سیپینز (archaic Homo sapiens) کی شکل اختیار کر چکی تھیں، جو جدید ہومو سیپینز (Homo sapiens) کے براہ راست اجداد تھے۔ تقریباً 160,000 سال قبل جدید ہومو سیپینز کا پہلا گروہ وجود میں آیا۔

لہٰذا قرآن ڈارون کے نظریۂ ارتقا کی حمایت نہیں کرتا، جو یہ دعویٰ کرتا ہے کہ تمام مخلوقات ایک خلیے سے ارتقاپذیر ہوئیں۔ تاہم، قرآن انٹرا اسپیشیز ارتقا (interspecies evolution) کے تصور کی تائید کرتا ہے، جس کے مطابق مختلف انواع کے ابتدائی اجداد زمین سے براہ راست نمودار ہوئے۔

تیسرا مرحلہ: حیاتیاتی ارتقا کی تکمیل کے بعد انسان میں روح پھونکی گئی

سورۂ سجدہ (آیت 9) یہ واضح کرتی ہے کہ جب انسان حیاتیاتی طور پر اپنی تکمیل کو پہنچ گیا تو

---

[208] دیکھیے:

Kate Wong, "The Face of the Earliest Human Ancestor, Revealed," *Scientific American*, November 26, 2019, https:// www.scientificamerican.com/article/the-face-of-the-earliesthuman-ancestor-revealed/

اللہ نے اس میں اپنی روح پھونکی، جس کے بعد انسان ایک منفرد مخلوق بن گیا، جو عقل، جمالیات، اور اخلاقیات کے لحاظ سے دیگر مخلوقات سے ممتاز تھی۔ یہ تصور نہ صرف قرآنی تعلیمات سے مطابقت رکھتا ہے، بلکہ انسانی تاریخ اور جدید سائنسی مشاہدات سے موئید بھی ہے۔

آج سے تقریباً 160,000 سال پہلے انسانی نسل نے حیاتیاتی طور پر جدید ہوموسیپینز کی شکل حاصل کی۔ اس مرحلے پر انسان کے رویے میں نمایاں تبدیلیاں دیکھی گئیں۔ اس تبدیلی کی وضاحت کے لیے دو اہم نظریات پیش کیے گئے ہیں: پہلا نظریہ یہ بیان کرتا ہے کہ یہ رویہ طویل عرصے میں بہ تدریج ارتقا پذیر ہوا۔ دوسرا نظریہ یہ کہتا ہے کہ تقریباً 50,000 سال پہلے انسانی رویے میں ایک اچانک انقلاب آیا۔ دونوں نظریات اس بات پر متفق ہیں کہ جب انسان نے حیاتیاتی تکمیل حاصل کر لی تو وہ جلد ہی جدید رویے کے آثار دکھانے لگا۔ یہ جدید رویے درج ذیل اعمال میں ظاہر ہوئے:

اپنے مردوں کو دفنانا، تخلیق کرنا، زیورات اور آرائش کا استعمال، اور عبادت کے لیے معابد تعمیر کرنا۔[209] یہ بات قرین قیاس معلوم ہوتی ہے کہ حیاتیاتی طور پر تکمیل کے بعد انسان

---

[209] 50000 سال پہلے انسانوں میں اچانک نئے رویے پیدا ہونے کی تفصیلی تحلیل کے لیے، دیکھیں:

Klein, Richard G.. "Anatomy, My Discovery of God, Islam & Judgment Day 335 behavior, and modern human origins." *Journal of World Prehistory* 9 (1995): 167-198;

مزید معلومات کے لیے دیکھیے:

"The Transition to Modern Behavior | Learn Science at Scitable,"

میں روح پھونکی گئی، جس سے اس کے رویوں میں انقلاب برپا ہوا۔

آدم اور حوا علیہما السلام کے بچوں نے انسانی آبادی کو بڑھانے کے لیے آپس میں نکاح کیا؟

نہیں، کیونکہ قرآن کے مطابق حضرت آدم اور حضرت حوا ایک ایسی دنیا میں پیدا ہوئے تھے جہاں صرف وہی نہیں بلکہ دیگر انسان بھی موجود تھے۔ قرآن کے بیانیے کے مطابق، حیاتیاتی طور پر جدید انسان زمین پر موجود تھے، لیکن وہ حیاتیاتی طور پر انسان ہونے کے باوجود روحانی جوہر سے خالی تھے۔ اللہ تعالیٰ نے ان افراد میں سے دو افراد، یعنی آدم اور حوا کو منتخب کیا اور انھیں الوہی جوہر، جسے روح کہتے ہیں، سے نوازا۔ یہ روح انھیں دیگر مخلوقات سے ممتاز کرتی ہے۔ اس سے یہ نتیجہ اخذ کیا جا سکتا ہے کہ آدم اور حوا کی اولاد کو بھی یہ روحانی جوہر عطا کیا گیا۔ جب ان کی اولاد نے ان انسانوں کے ساتھ جنسی تولید کے ذریعے سے نسل بڑھائی جن کے پاس روح نہیں تھی تو انھوں نے اس الٰہی جوہر کو اپنی نسلوں میں منتقل کیا۔ ہزاروں سالوں کے دوران یہ عمل جاری رہا اور نتیجتاً پوری انسانی آبادی کو یہ روحانی جوہر حاصل ہو گیا۔

قرآن بیان کرتا ہے کہ انسان کی ابتدائی حیاتیاتی شکلیں زمین سے پیدا ہوئیں، جو کمبریئن دھماکے جیسے حیاتیاتی تاریخ کے واقعات سے مشابہت رکھتی ہیں، جہاں فوسل ریکارڈ میں اچانک پیچیدہ زندگی کی شکلیں نمودار ہوئیں۔ قرآن یہ بھی واضح کرتا ہے کہ ان ابتدائی انسانی شکلوں نے جنسی تولید کے ذریعے سے نسل بڑھائی اور طویل حیاتیاتی ارتقا کے عمل سے

---

https://www.nature.com/scitable/knowledge/library/the-transition-to-modern-behavior-86614339/.

گزریں، جیسا کہ فوسل ریکارڈ سے ظاہر ہوتا ہے۔ بالآخر، جب انسان کی حیاتیاتی شکل مکمل ہو گئی تو اللہ تعالیٰ نے ان میں سے دو افراد کو منتخب کیا اور انھیں انسانی روح سے نوازا۔ یہ قرآنی وضاحت اس حقیقت سے مطابقت رکھتی ہے جب حیاتیاتی طور پر جدید انسانوں نے رویے میں جدیدیت کا مظاہرہ شروع کیا، (جیسے اپنے مردوں کو دفنانا، فن تخلیق کرنا، زیورات استعمال کرنا، اور عبادت کے لیے معابد تعمیر کرنا۔)

قرآن میں دماغ اور روح کے تصور پر ایک مختصر وضاحت اور اس کی صداقت کی دلیل

قرآن انسان کے جسم اور روح کی دوئی (Duality) کا تصور دیتا ہے۔ قرآن کے مطابق، جسم اور دماغ اس دنیا کی تخلیق ہیں، جب کہ روح—وہ ''میں'' جو تمام تجربات کا مشاہدہ کرتی ہے—اس زمینی دنیا سے ماورا اور ایک اعلیٰ جہت سے تعلق رکھتی ہے۔ دماغ اور روح کے درمیان اس فرق کو اس حقیقت سے تقویت ملتی ہے کہ دماغ کے مختلف حصے ماحولیاتی محرکات (Environmental Inputs) کو الگ الگ انداز میں پروسیس کرتے ہیں۔ لیکن، دماغ میں ایسا کوئی خاص مقام نظر نہیں آتا جہاں یہ تمام محرکات یکجا ہو کر ایک واحد اور مربوط تجربہ تشکیل دیں، جسے ہم ''میں'' کہتے ہیں۔

روح اور دماغ ایک دوسرے پر اثر انداز ہوتے ہیں۔ انسانی ذہن (Mind) مادی دماغ کو متاثر کر سکتا ہے، اور محض خیالات دماغ کی جسمانی ساخت میں تبدیلی کا سبب بن سکتے ہیں۔ ہم یہ بھی جانتے ہیں کہ مادی دماغ میں نقصان یا خلل، جیسے کسی خاص حصے کے خراب ہو جانے سے، انسان کی شخصیت اور خیالات میں تبدیلی آ سکتی ہے۔ ہم نے اس موضوع پر مزید تفصیل سے دماغ اور ذہن کے فرق پر اپنی بحث میں گفتگو کی ہے، جس سے یہ واضح ہوتا ہے کہ قرآن کا یہ نظریہ سائنسی مشاہدات کے ساتھ کس حد تک ہم آہنگ ہے۔

سوال 18: کیا حضرت آدم اور حضرت حوا زمین پر آنے سے پہلے جنت میں مقیم تھے؟

قرآن میں کہیں یہ بیان نہیں کیا گیا کہ حضرت آدم اور حضرت حوا جنت میں پیدا ہوئے اور پھر زمین پر بھیجے گئے۔ بلکہ قرآن انھیں ''جنت'' میں رکھنے کا ذکر کرتا ہے۔ عربی لفظ ''جنت'' کا اردو میں معنی ''باغ'' ہے۔ چونکہ جنّت کا لفظ اسلامی اصطلاح میں بہشت اور فردوس جیسے دیگر الفاظ کے ساتھ آخرت کی جنت کے لیے بھی استعمال ہوتا ہے، اس لیے عام طور پر یہ سمجھا جاتا ہے کہ آدم اور حوا آخرت کی جنت میں تھے اور پھر وہاں سے بے دخل کر کے زمین پر بھیجے گئے۔

تاہم، قرآن کی متعدد آیات اس تصور کی نفی کرتی ہیں اور اس بات کی طرف اشارہ کرتی ہیں کہ آدم اور حوا کو زمین پر ہی تخلیق کیا گیا تھا۔ اس موقف کے متعدد دلائل ہیں:

اول، سورۂ بقرہ (آیت 30) میں بتایا گیا ہے کہ اللہ تعالیٰ نے اپنے منصوبے کا فرشتوں کے سامنے اعلان کیا کہ وہ زمین پر انسانوں کو اپنا نائب بنائے گا۔ یہ بیان واضح طور پر ظاہر کرتا ہے کہ انسان کی تخلیق کا ارادہ زمین کے لیے کیا گیا تھا۔ مزید برآں، قرآن کی دیگر آیات بھی اس تصور کو تقویت دیتی ہیں کہ انسان کو مٹی اور پانی سے پیدا کیا گیا۔ مثال کے طور پر، سورۂ سجدہ (آیات 7-9) میں یہ بیان مزید تفصیل کے ساتھ پیش کیا گیا ہے۔

دوم، سورۂ ابراہیم (آیت 48) میں اللہ تعالیٰ فرماتے ہیں کہ آخرت کی دنیا، جس میں جنت اور دوزخ شامل ہیں، ابھی تک تخلیق نہیں کی گئی۔ یہ آیت وضاحت کرتی ہے کہ قیامت کے وقت موجودہ دنیا اور کائنات ایک نئی دنیا میں تبدیل ہو جائیں گے، جہاں انسانوں کا حساب کتاب ہو گا اور ان کے اعمال کا بدلہ دیا جائے گا۔ لہٰذا یہ بات واضح ہے کہ آخرت کی جنت ابھی

تک وجود میں نہیں آئی۔

قرآن کی ان آیات سے یہ بھی ظاہر ہوتا ہے کہ آدم اور حوا زمین پر پیدا کیے گئے تھے۔ سورۂ بقرہ (آیت 35) میں آدم اور حوا کے لیے "جنّت" کا ذکر کسی آخرت کی جنت کے لیے نہیں بلکہ ایک ایسے باغ یا مقام کے لیے ہے جہاں کھانے پینے اور رہنے کے لیے وافر وسائل موجود تھے۔

ایک اور دلیل جو یہ تصور پیش کرتی ہے کہ آدم اور حوا جنت میں تھے، سورۂ بقرہ (آیت 36) کی تشریح سے اخذ کی گئی ہے۔ اس آیت میں بیان کیا گیا ہے کہ آدم اور حوا کو حکم دیا گیا: "اِهۡبِطُوا" یعنی "اترو"۔ تاہم، "اِهۡبِطُوا" کا مطلب یہ نہیں کہ انھیں آسمان سے زمین پر اترنے کا کہا گیا۔ قرآن میں یہ لفظ دیگر مقامات پر بھی استعمال ہوا ہے، جیسے سورۂ بقرہ (آیت 61) میں، جہاں اس کا مطلب محض ایک جگہ سے دوسری جگہ سفر کرنے یا نکلنے کا ہے۔ لہٰذا اگر آیت کے مکمل سیاق و سباق کو مدنظر رکھا جائے تو یہ زیادہ قرین قیاس معلوم ہوتا ہے کہ سورۂ بقرہ (آیت 36) میں آدم اور حوا کو اس باغ کو چھوڑنے کا حکم دیا گیا، نہ کہ آسمان سے زمین پر اترنے کا۔

یہ بات بھی قابل ذکر ہے کہ قرآن اس بات کی وضاحت کرتا ہے کہ "جنت الماویٰ" نامی ایک مقام موجود ہے، جیسا کہ سورۂ نجم (آیت 15) میں ذکر کیا گیا ہے۔ اسی طرح، سورۂ سجدہ (آیت 19) میں ایک اور آیت اس اشارے کو مضبوط کرتی ہے کہ یہ مقام یا تو مادی ہے یا روحانی۔ یہ نیک روحوں کے لیے ایک استقبال کی جگہ ہو سکتی ہے، جہاں قیامت کے دن کے حتمی فیصلہ سے قبل ان کو رکھا جاتا ہے اور ایک خاص قسم کی زندگی عطا کی جاتی ہے۔

سوال 19: آدم اور حوا علیہما السلام نے کس ممنوعہ درخت کا پھل

کھایا، اور یہ درخت کیوں ممنوع تھا؟

قرآن کی سورۂ اعراف (آیات :20-22) سے یہ واضح ہوتا ہے کہ حضرت آدم اور حضرت حوا کو جنسی تعلقات سے باز رہنے کا حکم دیا گیا تھا۔ ان آیات میں بتایا گیا ہے کہ شیطان نے آدم اور حوا کو وہ کام کرنے کا مشورہ دیا جس سے اُن کی شرم گاہوں میں سے جو چیز اُن سے چھپائی گئی تھی، وہ ان پر کھل گئی۔ مزید یہ کہ، اس واقعے کے بعد جب انھوں نے ممنوعہ درخت سے کھایا تو وہ اپنی جنسیت سے آگاہ ہو گئے — یعنی اپنی شرم گاہوں کے بارے میں شعور حاصل کیا — اور انھوں نے پتوں سے خود کو ڈھانپنا شروع کیا۔ یہ بات قابل غور ہے کہ آدم اور حوا ایک دوسرے کے لیے میاں بیوی تھے، لیکن اس کے باوجود یہ پابندی ان پر آزمایش کے طور پر عائد کی گئی تاکہ یہ واضح کیا جاسکے کہ اللہ کے حکم کی نافرمانی کے کیا نتائج ہو سکتے ہیں۔

سوال 20: مردوں کو چار شادیوں کی اجازت کیوں دی گئی ہے، اور عورتوں کو متعدد شادیوں کی اجازت کیوں نہیں؟

اللہ تعالیٰ نے حضرت آدم علیہ السلام کے لیے حضرت حوا علیہا السلام کو پیدا کیا، نہ کہ چار بیویاں، جو اس بات کی طرف اشارہ کرتا ہے کہ اللہ کے نزدیک مثالی تعلق ایک شوہر اور ایک بیوی کا ہے۔ مزید برآں، قرآن کی سورۂ نساء (آیت 3)، جہاں چار شادیوں کی اجازت کا ذکر ہے، درحقیقت کثرتِ ازدواج کی حوصلہ شکنی کرتی ہے اور وحدتِ ازدواج (monogamy) کو فروغ دیتی ہے۔ آیئے اس کی مختصر وضاحت کرتے ہیں۔

قرآن سورۂ نساء (آیات 2-3) میں فرماتا ہے:

''(اللہ سے ڈرو) اور یتیموں کے مال اُن کے حوالے کردو اور اُن کے لیے اُن کے اچھے مال کو اپنے برے مال سے نہ بدلو اور نہ اُن کے مال کو اپنے مال کے ساتھ ملا کر کھاؤ، اِس لیے کہ یہ بہت بڑا گناہ ہے۔ اور اگر اندیشہ ہو کہ یتیموں کے معاملے میں انصاف نہ کر سکو گے تو اُن کے ساتھ جو عورتیں ہیں، اُن میں سے جو تمھارے لیے موزوں ہوں، اُن میں سے دو دو، تین تین، چار چار سے نکاح کرلو۔ پھر اگر ڈر ہو کہ (اُن کے درمیان) انصاف نہ کر سکو گے تو (اِس طرح کی صورت حال میں بھی) ایک ہی بیوی رکھو۔ ... یہ اِس کے زیادہ قریب ہے کہ تم بے انصافی سے بچے رہو۔''

کثرتِ ازدواج کی مشروط اجازت: پہلی بات یہ ہے کہ تقریباً 1400 سال پہلے، مختلف ثقافتوں، بہ شمول عربوں میں، مردوں کا ایک سے زیادہ شادیاں کرنا ایک عام رواج تھا۔ یہ روایت آج بھی کئی معاشروں میں موجود ہے۔ لہٰذا یہ کہنا درست نہیں کہ قرآن نے کثرتِ ازدواج کی روایت کو شروع کیا؛ بلکہ یہ پہلے سے انسانی معاشروں میں رائج تھی۔ قرآن نے اس موجودہ روایت کو مکمل طور پر ممنوع قرار دینے کے بجائے اس پر پابندی عائد کی اور ایک مرد کے لیے زیادہ سے زیادہ چار بیویوں تک کی حد مقرر کی۔

دوسری بات، سورۂ نساء (آیت 3) اس بات کا اعتراف کرتی ہے کہ متعدد بیویوں کے درمیان انصاف کرنا نہایت مشکل ہے۔ اسی وجہ سے قرآن کی یہ ہدایت ہے کہ مرد صرف ایک شادی کریں۔ یہ واضح ہے کہ ان حالات میں بھی، جہاں مرد کے لیے متعدد شادیاں کرنا واقعی ضروری ہو، قرآن کا خدا مردوں کو زور دیتا ہے کہ وہ صرف ایک بیوی سے نکاح کریں۔

لہٰذا قرآن مردوں کو ایک سے زیادہ شادیوں کی اجازت دیتا ہے، لیکن اس پر یہ شرط بھی عائد کرتا ہے کہ وہ اپنی بیویوں کے ساتھ مکمل انصاف کریں— جس میں مالی اور جذباتی انصاف دونوں شامل ہیں۔ ایسی صورت حال ہو سکتی ہے کہ ایک مرد کا دوسری شادی کرنا اخلاقی طور پر

جائز ہو۔ مثال کے طور پر اگر کسی عورت کے ہاں اولاد نہ ہو سکتی ہو اور مرد اولاد کا خواہش مند ہو۔ یا اگر عورت کسی ایسی بیماری میں مبتلا ہو جو اسے اپنے شوہر کی جسمانی ضروریات پوری کرنے سے قاصر بنا دے۔ ایسے حالات میں، یہ زیادہ اخلاقی اور منصفانہ معلوم ہوتا ہے کہ مرد دوسری شادی کرے، یہاں تک کہ پہلی بیوی کی رضامندی کے بغیر بھی ایسا کر سکتا ہے۔

ایک اور ممکنہ صورت حال یہ ہو سکتی ہے کہ کسی مرد کو مذکورہ ضروریات یا چیلنجز کا سامنا نہ ہو، لیکن وہ محض اپنی خواہش کے تحت ایک سے زیادہ شادیاں کرنا چاہے۔ اس صورت میں انصاف کا تقاضا یہ ہے کہ وہ مرد ہر اس عورت کو، جس سے وہ نکاح کرنا چاہے، پہلے اپنی نیت کے بارے میں مکمل طور پر آگاہ کرے، اور اس بارے میں اس کی رضامندی قبل از نکاح حاصل کرے۔ اگر اس خاص صورت حال میں عورت کو پہلے سے اطلاع نہ دی جائے تو یہ ایک صریح اور واضح جذباتی ناانصافی ہوگی۔ یہ بات سمجھنا ضروری ہے کہ کسی بھی قسم کی ناانصافی — چاہے وہ مالی ہو یا جذباتی — اسلام میں سختی سے ممنوع ہے۔

مزید برآں، اسلام خواتین کو یہ حق دیتا ہے کہ وہ نکاح کے معاہدے میں یہ شرط شامل کریں کہ شوہر دوسری شادی نہیں کرے گا۔ اگر شوہر اس شرط کی خلاف ورزی کرے تو پہلا نکاح فسخ تصور کیا جائے گا۔[210] یہ ایک ناقابل تردید حقیقت ہے کہ بعض مردوں نے تعدد

---

[210] دیکھیے:

"If She Stipulated That He Should Not Take Another Wife, Does He Have to Adhere to That? - *Islam Question & Answer*,"

https://islamqa.info/en/answers/143120/if-she-stipulated-that-he-shouldnot-take-another-wife-does-he-have-to-

ازواج کی آیت کا سہارا لے کر اپنی نفسانی خواہشات کو پورا کرنے کی کوشش کی ہے۔ اسی لیے یہ بے حد ضروری ہے کہ اس بات کو یقینی بنایا جائے کہ مرد حقیقی اور جائز وجوہات کے تحت ہی دوسری شادی کر سکیں۔ ریاست اس معاملے میں قانون سازی کر کے کثرتِ ازدواج کی اجازت کو ضابطے میں لا سکتی ہے۔ ان قوانین کے تحت مرد کو عدالت میں اپنی دوسری شادی کی وجوہات پیش کرنا ہوں گی اور اس کے لیے عدالت سے منظوری لینا ضروری ہو گی۔

عورتوں کے لیے متعدد شوہروں کی اجازت کیوں نہیں؟ اسلام نکاح کو ایک مقدس ادارہ سمجھتا ہے —— بلکہ، اسلام کے نزدیک نکاح سب سے اہم معاشرتی ادارہ ہے۔ کسی بھی ادارے کے نظم و نسق اور بقا کے لیے ضروری ہے کہ اس کا ایک ہی سربراہ ہو۔ اسلام کے مطابق خاندان کے ادارے کا سربراہ مرد ہے، کیونکہ مرد کو زیادہ ذمہ داریوں کا حامل کیا گیا ہے۔ خاص طور پر، خاندان کی مالی ضرورتوں کو پورا کرنا مرد کی بنیادی ذمہ داری ہے۔

عورتوں کے لیے متعدد شوہروں کی اجازت نہ ہونے کی وجوہات یہ ہیں۔ جیسے کسی ملک کا صرف ایک سربراہ ہوتا ہے، مثلاً وزیر اعظم یا صدر، جب کہ اس کے تحت کئی وزرا کام کرتے ہیں، یا کسی کمپنی کا ایک سی ای او ہوتا ہے، جب کہ کئی مینیجنگ ڈائریکٹرز ہوتے ہیں —— اسی اصول پر اسلام خاندان کو ایک ادارہ تصور کرتا ہے، جس کا سربراہ مرد کو مقرر کرتا ہے۔ خاندان کے اس نظام میں ایک شوہر اور ممکنہ طور پر کئی بیویاں ہو سکتی ہیں، لیکن اس کے برعکس، ایک عورت کے لیے ایک سے زیادہ شوہر رکھنا ممکن نہیں، کیونکہ کوئی بھی ادارہ یا تنظیم متعدد سربراہوں کے ساتھ کامیابی سے نہیں چل سکتا۔ چونکہ اسلام نکاح اور خاندان کو ایک مقدس

adhere-to-that.

ادارہ تصور کرتا ہے، اس لیے اس ادارے میں ایک سربراہ کا ہونا ضروری ہے، اور اسلام نے یہ ذمہ داری مرد کے کاندھوں پر ڈالی ہے۔

تاہم، قرآن واضح طور پر یہ بیان کرتا ہے کہ مثالی خاندان ایک شوہر اور ایک بیوی پر مشتمل ہونا چاہیے۔ اس کی مثال حضرت آدم ہیں، جن کے ساتھ صرف ایک بیوی، حضرت حوا علیہا السلام تھیں۔ اسی طرح، سورۂ نساء (آیت 3) میں اللہ تعالیٰ یہ حکم دیتا ہے کہ اگر مرد انصاف کے تقاضے پورے نہ کر سکیں تو انھیں ایک ہی شادی کرنی چاہیے۔

اگر کسی عورت کو کسی معقول وجہ سے دوسری شادی کی ضرورت پیش آئے تو اس کا واحد حل یہ ہے کہ وہ اپنے موجودہ شوہر سے علیحدگی اختیار کرے اور پھر دوسرے مرد سے نکاح کرے۔

سوال 21: شادی کے بغیر مرد اور عورت کے درمیان تمام جنسی تعلق سختی سے ممنوع کیوں ہیں اور اسے بڑا گناہ اور سنگین جرم کیوں سمجھا جاتا ہے؟

انسان محض جسمانی مخلوق نہیں، بلکہ نفسیاتی، جذباتی، اور روحانی وجود بھی رکھتا ہے۔ جب ایک بچہ پیدا ہوتا ہے تو وہ مکمل طور پر بے بس ہوتا ہے اور اس کی جسمانی، نفسیاتی، جذباتی، اور روحانی ضروریات کی طویل المدتی دیکھ بھال کی ضرورت ہوتی ہے، جو اکثر ایک دہائی یا اس سے زیادہ عرصے تک جاری رہتی ہے۔ اللہ تعالیٰ نے خاندان کے ادارے کو تخلیق کیا ہے، جو ایک مرد اور عورت ——— یعنی باپ اور ماں ——— پر مشتمل ہوتا ہے۔ یہ ادارہ صرف نسل انسانی کو آگے بڑھانے کے لیے نہیں، بلکہ ایک بچے کی پرورش اور اس کی جسمانی، جذباتی، نفسیاتی، اور روحانی

نشو و نما کے لیے ضروری ہے تاکہ وہ بالغ ہو کر ایک متوازن انسان بن سکے۔ اسی طرح، جب انسان بڑھاپے کی عمر کو پہنچتا ہے تو اس وقت بھی اسے جسمانی اور جذباتی سہارا درکار ہوتا ہے۔ ایک مستحکم خاندان اس ضرورت کو پورا کرنے کے لیے بہترین ذریعہ ہے۔ یہاں تک کہ بہترین اولڈ ایج ہوم بھی وہ جذباتی سکون فراہم نہیں کر سکتے جو ایک مستحکم اور محبت بھرا خاندان دے سکتا ہے۔ اسی پس منظر میں، قرآن نے شادی اور خاندان کے ادارے کی حفاظت کو بڑی اہمیت دی ہے۔

شادی کے بندھن کا مقصد تعلقات کو مضبوط بنیاد فراہم کرنا ہے تاکہ مرد اور عورت دونوں اس ادارے میں اپنی مکمل ذمہ داری ادا کریں۔ خاندان اور معاشرے کی موجودگی میں، دونوں فریق عوامی طور پر اس رشتے میں اپنی مکمل شراکت داری کا اعلان کرتے ہیں اور اللہ کو گواہ بنا کر وعدہ کرتے ہیں کہ وہ ایک دوسرے کے لیے ایماندار اور وفادار رہیں گے۔

ایک مستحکم شادی کے لیے کئی اہم عناصر ضروری ہیں، جن میں باہمی احترام اور اعتماد سب سے نمایاں ہیں۔ لیکن یہ بات واضح ہے کہ جنسی وفاداری (sexual fidelity) کسی بھی کامیاب اور پائیدار شادی کا سب سے بنیادی اور اہم پہلو ہے۔ یہ شادی کی بنیاد ہے، اور اسی پر ایک مستحکم خاندان قائم ہوتا ہے۔ خاندان کے ادارے کی حفاظت کے لیے، قرآن نے یہ حکم دیا ہے کہ تمام قسم کے جنسی رویے اور اعمال صرف اور صرف شادی کے دائرے میں ہوں۔ شادی کے دائرے سے باہر کسی بھی قسم کے جنسی تعلق کو اسلام میں نہ صرف بڑا گناہ قرار دیا گیا ہے بلکہ ایک سنگین جرم بھی سمجھا گیا ہے، جس کے دنیوی اور اخروی نتائج نہایت سنگین ہو سکتے ہیں۔ چاہے کوئی شادی شدہ ہو یا غیر شادی شدہ، شادی کے علاوہ کسی کے ساتھ بھی جنسی تعلق قائم کرنا اسلام میں سختی سے ممنوع اور بڑا گناہ ہے۔ اس کا نتیجہ آخرت میں شدید سزا کی صورت میں نکل سکتا ہے، اور دنیوی طور پر بھی اس کے سنگین نتائج ہو سکتے ہیں۔

قرآن کی کئی آیات، جیسے سورۂ اعراف (آیت 33)، شادی کے دائرے سے باہر جنسی تعلقات کو بڑے گناہوں میں شمار کرتی ہیں۔ اس گناہ پر اصرار کرنے سے دائمی عذاب کا خطرہ ہے، کیونکہ یہ خدا کے تخلیق کردہ معاشرتی ادارے کو براہ راست نقصان پہنچاتا ہے، جو بچوں اور بوڑھوں کی فلاح و بہبود کے لیے قائم کیا گیا ہے۔

یہ بات بالکل منطقی ہے کہ ایک نوزائیدہ بچے کو طویل مدت تک مسلسل دیکھ بھال کی ضرورت ہوتی ہے۔ اسی طرح بوڑھوں کی فلاح و بہبود کے لیے ایک مستحکم خاندان کا ہونا نہایت ضروری ہے، کیونکہ کوئی اور ادارہ اس کا نعم البدل فراہم نہیں کر سکتا۔ ایک مستحکم خاندان وہ بہترین ڈھانچہ فراہم کرتا ہے جو جسمانی، جذباتی، نفسیاتی، اور روحانی پرورش کے لیے ضروری ہے اور ایک بچے کو بچپن سے بلوغت تک میسر رہتا ہے۔ یہی وجہ ہے کہ قرآن نے تمام جنسی رویوں اور اعمال کو صرف اور صرف شادی کے دائرے تک محدود رکھنے کا حکم دیا تاکہ خاندان کے ادارے کو مضبوط بنایا جا سکے۔ یہ بھی ایک ناقابل تردید حقیقت ہے کہ ایسے معاشرے جہاں شادی سے باہر جنسی تعلقات کو معمول سمجھا جاتا ہے، وہاں خاندانی نظام زوال کا شکار ہو جاتا ہے۔

تحقیقات سے یہ بات ثابت ہو چکی ہے کہ غیر مستحکم خاندان اور ٹوٹے ہوئے گھروں کے بچوں پر نہایت گہرے اور منفی اثرات مرتب ہوتے ہیں، جو ان کی شخصیت اور مستقبل پر تباہ کن اثر ڈالتے ہیں۔

شادی میں جنسی وفاداری اور ہمارے جسم میں موجود کیمیائی عوامل کے بارے میں مختصر نوٹ: شادی کے ادارے کو مضبوط کرنے کے لیے تمام جنسی اور جذباتی رویوں کو صرف شادی کے دائرے تک محدود رکھنے کی نہ صرف اخلاقی، بلکہ فطری اور حیاتیاتی بنیاد بھی موجود ہے۔ ہمارے جسم میں ڈوپامین اور سیروٹونن جیسے کیمیائی مادے، جو خوشی، اطمینان، اور سکون

کا احساس پیدا کرتے ہیں، مختلف سر گرمیوں کے دوران میں خارج ہوتے ہیں، جیسے ورزش کرنا، کام مکمل کرنا، اور کھانا کھانا۔ ان مادوں کے اخراج کا ایک اہم اور مضبوط ذریعہ جنسی اور جذباتی تسکین ہے۔

اگر یہ کیمیائی مادے صرف اپنے شریکِ حیات کے ساتھ جنسی، جسمانی، اور جذباتی قربت کے دوران میں خارج ہوں تو یہ ازدواجی تعلق کو مضبوط بنانے میں نہایت اہم کردار ادا کرتے ہیں۔ اس کے برعکس، اگر یہ کیمیائی مادے دوسرے غیر مناسب ذرائع سے خارج ہوں — مثلاً، فحش مواد دیکھنے، دوسروں کی جنسی طور پر تعریف کرنے یا شادی کے دائرے سے باہر جسمانی تعلق قائم کرنے سے — تو یہ شریکِ حیات کے ساتھ تعلق کو کم زور کر سکتے ہیں۔ ایسے رویے، جو ڈوپامین اور سیروٹونن کے اخراج کو متحرک کرتے ہیں، وقت کے ساتھ شریکِ حیات کے ساتھ تعلق کو کم پر کشش بنا سکتے ہیں، کیونکہ دیگر ذرائع سے حاصل ہونے والی تسکین ان کے ساتھ تعلق پر غالب آسکتی ہے۔

اسی لیے ہمارے جسم میں موجود کیمیائی عوامل بھی اس بات کا تقاضا کرتے ہیں کہ ہم تمام قسم کے جنسی رویوں اور اعمال کو صرف اپنے شریکِ حیات تک محدود رکھیں۔ یہ نہ صرف ازدواجی رشتے کو مضبوط بناتا ہے، بلکہ ایک مستحکم خاندانی نظام کے قیام کے لیے بنیاد بھی فراہم کرتا ہے۔

سوال 22: شوہر کو بیوی پر بلند درجہ کیوں دیا گیا ہے؟ کیا اس کا مطلب یہ ہے کہ اسلام میں مرد عورتوں سے برتر ہیں؟

اسلام میں مرد عورتوں سے کسی بھی پہلو سے برتر نہیں ہیں۔ قرآن سورۂ احزاب (آیت

73) میں واضح کرتا ہے کہ مرد اور عورت اللہ کی نظر میں برابر ہیں۔ اسی طرح، سورۂ حجرات (آیت 13) میں فرمایا گیا ہے کہ اللہ نے انسان کو ایک مرد اور ایک عورت سے پیدا کیا اور اللہ کے نزدیک سب سے زیادہ معزز وہ ہے جو سب سے زیادہ متقی اور اللہ کا خوف رکھنے والا ہے۔ اسلام میں برتری کا معیار جنس، نسل، نسب، رنگ، یا قومیت نہیں بلکہ تقویٰ اور اللہ کا خوف ہے۔ اللہ کے نزدیک مرد اور عورت برابر ہیں، لیکن نکاح کے ادارے میں شوہر کو بیوی پر بلند درجہ مخصوص اضافی ذمہ داریوں کے تحت دیا گیا ہے۔ اس کی تفصیل یہ ہے۔

ریاست یا کسی اور تنظیم کے ادارے کا نظم و نسق برقرار رکھنے کے لیے ایک منظم ڈھانچہ اور اصول وضع کیے جاتے ہیں۔ اسی طرح اسلام نکاح کو ایک نہایت اہم ادارہ قرار دیتا ہے۔ اسی لیے، اسلام نے اس ادارے کے اراکین —— یعنی شوہر اور بیوی —— کے لیے مخصوص حقوق اور ذمہ داریاں مقرر کی ہیں تاکہ یہ رشتہ مضبوط بنیادوں پر قائم ہو اور معاشرتی استحکام کو یقینی بنایا جاسکے۔ اللہ کا حکم ہے کہ مرد اور عورت دونوں اپنے جسمانی اور جذباتی تعلقات میں ایک دوسرے کے لیے مخلص اور وفادار رہیں۔ اسلام میں اگر بیوی کماتی ہے تو وہ اس کی ذاتی ملکیت ہے اور وہ اسے خاندان کے اخراجات میں خرچ کرنے کی پابند نہیں۔ اس کے برعکس، شوہر پر پورے خاندان کی مالی ذمہ داری عائد کی گئی ہے۔ اگر خاندان کی ضروریات پوری نہ ہوں تو مکمل جواب دہی شوہر پر ہوگی اور اسی کو اس کا ذمہ دار ٹھہرایا جائے گا۔ ان اضافی ذمہ داریوں کی وجہ سے، شوہر کو خاندان میں فیصلہ سازی کے عمل میں ایک بلند درجہ دیا گیا ہے۔ ایسی صورت حال میں جہاں کسی معاملے پر اختلاف ہو اور کوئی متفقہ فیصلہ نہ ہو سکے، شوہر کو حتمی رائے دینے کا اختیار دیا گیا ہے۔

یہ بات قابل غور ہے کہ اسلام میں مردوں کو وراثت میں زیادہ حصہ دیا گیا ہے، اور یہ تقسیم اس اصول پر مبنی ہے کہ مرد کو خاندان کی مالی کفالت کی ذمہ داری دی گئی ہے۔

یہ کسی قسم کی صنفی تفریق (Gender Discrimination) نہیں ہے، جیسا کہ پہلے وضاحت کی گئی کہ اسلام میں مرد اور عورت اللہ کی نظر میں برابر ہیں۔ تاہم، یہ فرق نکاح کے معاہدے میں نمایاں ہوتا ہے، جہاں شوہر اور بیوی کے حقوق اور ذمہ داریوں کو واضح طور پر بیان کیا گیا ہے۔ ان ذمہ داریوں کے تحت خاندان کے نظم و نسق کو ایک متوازن اور منصفانہ نظام کے طور پر تشکیل دیا گیا ہے۔ شوہر پر زیادہ بھاری ذمہ داریاں عائد کی گئی ہیں، خاص طور پر مالی کفالت کی، اسی لیے اسے خاندانی فیصلوں میں ایک بلند مقام دیا گیا ہے۔ اسی طرح، خاندانی نظام کے اندر، بچوں کی دیکھ بھال اور تربیت کے حوالے سے ماں کو باپ پر فوقیت دی گئی ہے، جیسا کہ صحیح مسلم (رقم 6181) میں بیان کیا گیا ہے۔ لہٰذا یہ معاملہ مرد یا عورت کی صنفی برتری کا نہیں بلکہ نکاح کے ادارے میں حقوق اور ذمہ داریوں کی منصفانہ تقسیم کا ہے۔

یہ بالکل منطقی بات ہے کہ چاہے وہ ایک ریاست ہو، ایک کارپوریٹ کمپنی ہو یا خاندان، جس فرد پر زیادہ ذمہ داری ہو، اسے فیصلہ سازی کے عمل میں زیادہ اختیار بھی دیا جائے۔ مردوں پر مالی ذمہ داری ڈالنا بھی کئی پہلوؤں سے معقول معلوم ہوتا ہے، کیونکہ مرد حمل اور بچوں کو دودھ پلانے کی جسمانی ضروریات سے آزاد ہیں، جو خواتین کی فطری ذمہ داریاں ہیں۔ انسانی تاریخ اور موجودہ دور میں، چند جدید استثناءات کے علاوہ، روزی کمانا ایک نہایت مشقت طلب اور جسمانی طاقت کا کام رہا ہے، اور اس کے لیے مردوں کو زیادہ موزوں سمجھا گیا ہے۔ خاندان یا ملک کی حفاظت مرد کی ذمہ داری سمجھی گئی ہے۔ فوجیں زیادہ تر مردوں پر مشتمل رہی ہیں، اور بندوقوں کے دور سے پہلے قبیلے یا خاندان کی حفاظت کے لیے جسمانی مشقت اور قوت کا بڑا عمل دخل تھا، جو عام طور پر مردوں کے سپرد تھا۔

لہٰذا یہ معقول معلوم ہوتا ہے کہ قرآن نے عمومی اصول کے تحت مرد پر زیادہ ذمہ داری عائد کی اور نتیجتاً اسے خاندانی فیصلہ سازی میں بلند مقام دیا۔

یہاں یہ سوال پیدا ہوتا ہے کہ اگر ایک عورت خاندان کی مالی ذمہ داری سنبھال لے تو کیا وہ خاندان کی سربراہ بن سکتی ہے؟ میری رائے میں اس کا جواب ہاں میں ہے۔ اگر عورت باضابطہ طور پر خاندان کی مکمل مالی ذمہ داری قبول کر لے اور مرد اپنی مالی ذمہ داری اس کے سپرد کر دے تو ایسی صورت میں عورت خاندان کے ادارے کی سربراہ بن سکتی ہے۔

سوال 23: کیا قرآن نے ایک سیاسی نظام دیا ہے؟

جی ہاں، اسلام نے کچھ خاص سزائیں مقرر کی ہیں اور مسلم حکومتوں کو زکوٰۃ کی وصولی کا اختیار دیا ہے۔ اس کے علاوہ، قرآن سیاسی اور حکومتی نظام کے لیے چند بنیادی اصول فراہم کرتا ہے، لیکن یہ کسی مخصوص نظام کو لازمی قرار نہیں دیتا۔ آیئے، اس کی وضاحت کرتے ہیں۔

اگر ''سیاسی نظام'' سے مراد ایک ایسا تفصیلی خاکہ ہے، جس میں یہ بتایا گیا ہو کہ نمائندوں کا انتخاب کیسے ہوگا، ان کی ذمہ داریاں کیا ہوں گی، اقتدار کی منتقلی کا طریقہ کیا ہوگا، عدلیہ، انتظامیہ اور مقننہ کے درمیان تعلقات کی نوعیت کیا ہوگی، اور حاکم کے اختیارات کیا ہوں گے تو نہیں۔ قرآن ان تفصیلات کو واضح طور پر بیان نہیں کرتا۔ اس لحاظ سے، قرآن کسی مخصوص سیاسی نظام کو تفصیل کے ساتھ بیان نہیں کرتا۔

تاہم، قرآن کچھ اصول فراہم کرتا ہے جو معاشروں کے لیے اپنے نظام اور طرزِ عمل کی بنیاد بن سکتے ہیں۔ یہ اصول عمومی نوعیت کے ہیں، اور قرآن نے ان کی تفصیلات انسان کی عقل و فہم پر چھوڑ دی ہیں۔ مثال کے طور پر، سورۂ شوریٰ (آیت 38) میں فرمایا گیا ہے کہ مسلمان اپنے اجتماعی معاملات کو باہمی مشورے سے طے کریں۔ یہ ہدایت ظاہر کرتی ہے کہ عوامی معاملات کے فیصلے کرنے والے افراد کو عوامی مشاورت کے ذریعے سے منتخب کیا جانا چاہیے، اور

اقتدار کی منتقلی بھی اسی اصول کے تحت ہونی چاہیے۔ تاہم، قرآن عوامی مشاورت کے لیے کوئی مخصوص طریقۂ کار بیان نہیں کرتا۔ اس معاملے میں مسلمانوں کو اپنی عقل و دانش کا استعمال کرتے ہوئے ایسا نظام وضع کرنا ہوگا جو ان کے معاشرتی اور ثقافتی حالات کے مطابق ہو۔ مثال کے طور پر، وہ صدارتی نظام، پارلیمانی نظام، یا کوئی اور ایسا نظام اپنا سکتے ہیں جو ان کے حالات اور ضروریات سے ہم آہنگ ہو۔

اس کے ساتھ ساتھ قرآن مسلم معاشرے کے لیے کچھ دیگر عمومی رہنما اصول بھی دیتا ہے، جن میں انصاف کا قیام اور اس کی ضمانت، نیکی کے فروغ اور برائی کے خاتمے کی کوشش، کم زور اور محروم طبقات کی دیکھ بھال اور ان کی ضروریات پوری کرنا، مذہبی آزادی کی حفاظت اور ظلم و ستم سے تحفظ فراہم کرنا شامل ہے۔

اسلام ان عمومی اصولوں کو واضح کرتا ہے جن پر مسلمانوں کو اپنے سیاسی نظام کی بنیاد رکھنی چاہیے۔ اس کے ساتھ، اسلام کچھ جرائم کے لیے مخصوص سزائیں بھی مقرر کرتا ہے، جن کی تفصیلات اگلی بحث میں بیان کی جائیں گی۔

لہٰذا اسلام کسی مخصوص سیاسی نظام کو لازم قرار نہیں دیتا، بلکہ ایسے وسیع اصول وضع کرتا ہے جن پر مسلمان اپنے معاشرتی اور سیاسی نظام کی بنیاد رکھ سکیں، اور مخصوص جرائم کے لیے واضح سزائیں بھی تجویز کرتا ہے۔

سوال 24: کیا اسلام جمہوریت کے خلاف ہے؟

ہر گز نہیں۔ قرآن سورۂ شوریٰ (آیت 38) میں مسلمانوں کو ہدایت دیتا ہے کہ وہ اپنے اجتماعی معاملات کو باہمی مشورے سے طے کریں۔ جیسا کہ اوپر وضاحت کی گئی، قرآن

مسلمانوں کو یہ اختیار دیتا ہے کہ وہ اپنی عقل و فہم استعمال کرتے ہوئے یہ طے کریں کہ اجتماعی فیصلوں میں عوام کو شامل کرنے کا کون سا طریقہ اختیار کیا جائے۔ یہ طریقہ صدارتی نظام، پارلیمانی نظام یا کوئی اور نظام ہو سکتا ہے جو ان کے معاشرتی اور ثقافتی حالات سے ہم آہنگ ہو۔

سوال 25: امر بالمعروف اور نہی عن المنکر کے تحت کیا حکومت مجھ پر اسلام نافذ کر سکتی ہے؟

قرآن کی ایک آیت جس میں امر بالمعروف اور نہی عن المنکر کا حکم دیا گیا ہے، نہایت مشہور ہے اور اکثر اس کو خواتین کے لیے سر یا چہرے کو ڈھانپنے اور مردوں پر ڈاڑھی رکھنے جیسے احکامات کے جواز کے طور پر پیش کیا جاتا ہے۔ ''امر بالمعروف و نہی عن المنکر'' کا مطلب ہے: ''نیکی کا حکم دو اور برائی سے روکو۔''

یہ ہدایت قرآن میں مسلمانوں کو تین مقامات پر دی گئی ہے: سورۂ آل عمران (آیت 104)، سورۂ آل عمران (آیت 110) اور سورۂ توبہ (آیت 71)۔

اس حوالے سے تین اہم پہلوؤں کو سمجھنا ضروری ہے:

1- ''امر'' کا مفہوم: قرآن میں ''امر'' کا مطلب کسی کام کا حکم دینا ہے، لیکن یہ کسی کو کسی عمل کی دعوت دینے کے لیے بھی استعمال ہوتا ہے، جیسا کہ سورۂ بقرہ (آیت 169) میں اس کا استعمال ہوا ہے۔ اس بنا پر یہ آیت واضح کرتی ہے کہ اگر آپ کسی اختیار کے منصب پر فائز ہیں، جیسے حکومت یا پولیس تو آپ برائی کو زبردستی روکنے کا حق رکھتے ہیں۔ لیکن اگر آپ ایک عام فرد ہیں تو آپ کا دائرہ اختیار صرف مشورہ دینے، نیکی کی دعوت دینے اور برائی سے منع کرنے تک محدود ہے۔

2۔ ''معروف''اور ''منکر''کا مفہوم: اس آیت میں نیکی اور برائی کے لیے ''معروف''اور ''منکر'' کے الفاظ استعمال کیے گئے ہیں۔ معروف ان اعمال کو ظاہر کرتا ہے جو عمومی طور پر نیکی اور بھلائی تسلیم کیے جاتے ہیں، جب کہ منکر ان اعمال کی طرف اشارہ کرتا ہے جو عمومی طور پر برے اور نقصان دہ سمجھے جاتے ہیں، چاہے وہ اسلامی اصول ہوں یا انسانی اخلاقیات کے عمومی معیارات۔ یہ الفاظ اس بات کی نشان دہی کرتے ہیں کہ حکومتوں کو یہ اختیار نہیں دیا گیا کہ وہ اسلام کی اپنی تشریح کو ہر معاملے میں دوسروں پر نافذ کریں۔ بلکہ آیت یہ ہدایت دیتی ہے کہ حکومتیں ان چیزوں کو فروغ دیں جو معاشرے میں عمومی طور پر نیک اور بھلائی کی علامت سمجھی جاتی ہیں، جیسے دیانت داری، صفائی، انصاف، اور مہربانی اور ان اعمال کا سد باب کریں جو عام طور پر نقصان دہ اور برائی کی علامت سمجھے جاتے ہیں، جیسے چوری، دھوکا دہی، فراڈ، ڈکیتی، تشدد اور ناانصافی۔

3۔اسلامی احکام کے نفاذ کے لیے واضح اجازت: اگر کوئی حکومت اسلام کے نقطۂ نظر سے کسی چیز کو دوسروں پر نافذ کرنا چاہے تو اس کے لیے قرآن میں واضح اجازت ہونا ضروری ہے۔ یعنی، قرآن میں اس مخصوص معاملے میں حکومت کو یہ اختیار صراحت سے دیا ہو کہ وہ اسے زبردستی نافذ کرسکتی ہے۔ مثال کے طور پر قرآن حکومت کو زکوٰۃ کی وصولی کو زبردستی نافذ کرنے کی اجازت دیتا ہے۔ قرآن یہ بھی حکم دیتا ہے کہ کھلے عام زنا کے عمل کو روکا جائے اور خلاف ورزی کرنے والوں کو سزا دی جائے۔

اس سیاق میں، اگر قرآن کسی حکومت کو کسی خاص اسلامی حکم کو نافذ کرنے کا اختیار نہیں دیتا تو اسے نافذ نہیں کیا جانا چاہیے۔ مثال کے طور پر، خواتین کے سر یا چہرہ ڈھانپنے یا مردوں پر ڈاڑھی رکھنے کی پابندی کے فیصلے ایسے معاملات ہیں جنھیں حکومت کے ذریعے سے نافذ کرنے کا حق قرآن سے نہیں ملتا۔ لٰہذا ہر شخص کو اپنی پسندیدہ اسلامی تشریح کے مطابق عمل کرنے کی

آزادی حاصل ہونی چاہیے، اور اس پر کوئی حکومتی جبر نہیں ہونا چاہیے۔

ذاتی طور پر، میں اسلام کی اس تعبیر سے اتفاق رکھتا ہوں جو اس وقت جناب جاوید احمد غامدی پیش کر رہے ہیں۔ اس تعبیر کے مطابق مردوں پر ڈاڑھی رکھنا فرض نہیں ہے۔ خواتین کے لیے سر یا چہرہ ڈھانپنا لازم نہیں ہے؛ یہ ایک اختیاری نیکی ہے۔ عوامی اجتماعات یا تقریبات میں صنفی علیحدگی (gender segregation) کو قرآن نے فرض قرار نہیں دیا۔ قرآن کسی حکومت کو اس بات کی اجازت نہیں دیتا کہ وہ ان معاملات میں اپنی تعبیر اور تشریحات کو افراد پر زبردستی نافذ کرے۔

سوال 26: اسلامی شریعت میں کن جرائم کی اور کیا سزائیں مقرر کی گئی ہیں؟

قرآن میں کچھ مخصوص جرائم کے لیے دنیوی سزائیں مقرر کی گئی ہیں، جن کے تین بنیادی مقاصد ہیں:

الف۔ گناہوں اور جرائم کی شدت کو نمایاں کرنا،

ب۔ معاشرے میں ان جرائم کے خلاف روک تھام پیدا کرنا،

ج۔ اللہ کے غضب کا اظہار: یہ سزائیں ان افراد کے لیے ہیں، جو اللہ کی موجودگی اور اس کے احکامات کو تسلیم کرنے کے بعد بھی سنگین جرائم کا ارتکاب کرتے ہیں اور اللہ سے کیے گئے تقویٰ اور وفاداری کے عہد کو توڑتے ہیں۔

قرآن مسلمانوں کو حکم دیتا ہے کہ وہ کچھ جرائم کے لیے اللہ کی مقرر کردہ سزاؤں کا نفاذ کریں۔ یہ سزائیں خاص طور پر مسلمانوں پر لاگو ہوتی ہیں اور صرف مخصوص جرائم سے متعلق

ہیں۔ تاہم، مسلمان اگر مناسب سمجھیں تو وہ کسی مجرم کے لیے نرم رویہ اختیار کرتے ہوئے کم درجے کی سزا دے سکتے ہیں۔

سورۂ مائدہ (آیت 32) میں بیان کیا گیا ہے کہ سزائے موت صرف دو جرائم کے لیے دی جاسکتی ہے: قتل، اور فساد فی الارض۔ فساد فی الارض سے مراد زمین پر فساد اور بدامنی پھیلانا ہے۔ اس میں وہ تمام جرائم شامل ہیں جن میں کسی شخص کے مال، جان، یا عزت کو نقصان پہنچتا ہے، جیسے زنا بالجبر (ریپ)، مسلح ڈکیتی، دہشت گردی اور اغوا وغیرہ۔

قرآن میں مخصوص جرائم کے لیے مقرر کردہ سزائیں یہ ہیں:

1۔ نکاح کے بغیر جنسی تعلقات: نکاح کے بغیر رضامندی سے قائم کیے جانے والے جنسی تعلقات کو عربی اور اردو میں "زنا" کہا جاتا ہے اور یہ اسلام میں ایک نہایت سنگین جرم اور بڑا گناہ قرار دیا گیا ہے۔ قرآن نکاح کے دائرے سے باہر ہر قسم کے جنسی تعلقات کو سختی سے ممنوع قرار دیتا ہے۔ اسی لیے سورۂ نور (آیت 2) میں زنا کے جرم کے لیے 100 کوڑوں کی سزا مقرر کی گئی ہے۔ یہ بات واضح ہے کہ کسی پر زنا کا مقدمہ صرف اسی وقت درج کیا جاسکتا ہے جب چار معتبر اور قابل اعتماد گواہ اس جرم کو اپنی آنکھوں سے دیکھیں۔ مقدمہ درج ہونے کے بعد، جرم کی مکمل تحقیقات کی جائیں گی، اور جرم غیر مشروط طور پر ثابت ہونے کے بعد ہی سزا دی جاسکتی ہے۔ زنا بالجبر (ریپ)، جو فساد فی الارض کے زمرے میں آتا ہے، کے مقدمے کے لیے چار گواہوں کی شرط لازم نہیں ہے۔

قرآن زنا کی سزا میں کسی فرد کی شادی شدہ یا غیر شادی شدہ حیثیت میں کوئی فرق نہیں کرتا۔ اس کا مطلب یہ ہے کہ زنا کے مرتکب فرد، چاہے وہ شادی شدہ ہو یا غیر شادی شدہ، دونوں کے لیے قرآن نے 100 کوڑوں کی سزا مقرر کی ہے۔ یہ سزا صرف اس وقت دی جاتی ہے جب چار ایسے معتبر گواہوں کی موجودگی میں مقدمہ درج ہو جنھوں نے یہ عمل

ہوتے دیکھا ہو، اور پھر مکمل تحقیقات کے بعد جرم بغیر کسی ادنی درجے کے شک کے ثابت ہو جائے۔

یہ ایک معروف حقیقت ہے کہ رسول اللہ صلی اللہ علیہ وسلم نے بعض افراد کو زنا کے جرم پر موت کی سزا دی، جس کی وجہ سے یہ غلط فہمی پیدا ہوئی کہ شادی شدہ افراد کے لیے زنا کی سزا لازمی طور پر رجم (سنگساری) ہے۔ تاہم، جب ان واقعات کا گہرائی سے جائزہ لیا جائے تو یہ بات واضح ہوتی ہے کہ رسول اللہ صلی اللہ علیہ وسلم نے یہ موت کی سزائیں صرف زنا کے جرم کی بنیاد پر نہیں دیں۔ یہ سزائیں ان جرائم کے لیے تھیں جو قرآن میں فساد فی الارض کے زمرے میں آتے ہیں،[211] جیسے زنا بالجبر (ریپ)، کھلے عام اور بار بار بدفعلی اور اسلامی قوانین کی کھلم کھلا خلاف ورزی۔

2۔ قذف: قذف کا مطلب عمومی طور پر جھوٹی گواہی دینا ہے، اور خاص طور پر یہ کسی پر نکاح کے بغیر جنسی تعلقات کا جھوٹا الزام لگانے سے متعلق ہے۔ یہ عمل قرآن میں ایک سنگین جرم قرار دیا گیا ہے، اور جھوٹا الزام لگانے والے کے لیے کوڑوں کی سزا مقرر کی گئی ہے۔

3۔ چوری: قرآن چوری کو ایک سنگین جرم قرار دیتا ہے اور اگر کوئی نرمی کی گنجایش نہ ہو تو اس جرم کی دنیوی سزا ہاتھ کاٹنا مقرر کی گئی ہے۔ (المائدہ 5:38) تاہم، اگر مجرم کے حالات اور جرم کے پس منظر میں نرمی کی گنجایش ہو تو سزا میں تخفیف کی جا سکتی ہے اور کم درجے کی سزا دی جا سکتی ہے۔

4۔ قتل: قتل کے جرم کی انتہائی دنیوی سزا موت ہے، بشرطیکہ مجرم کسی قسم کی نرمی یا معافی کا مستحق نہ ہو۔

---

211 جاوید احمد غامدی، برہان، لاہور، المورد، 2010۔

5۔ حرابہ یا فساد فی الارض: جیسا کہ اوپر ذکر ہوا، حرابہ یا فساد فی الارض ان جرائم کو کہتے ہیں جو زمین پر بدامنی اور انتشار کا سبب بنتے ہیں۔ ان جرائم میں زنا بالجبر، مسلح ڈکیتی، دہشت گردی، اور اغوا شامل ہیں۔ قرآن میں ان جرائم کے لیے انتہائی دنیوی سزا موت یا دیگر سخت سزائیں ہیں جو شریعت میں مقرر ہیں، (المائدہ: 33) بشرطیکہ مجرم نرمی کا مستحق نہ ہو۔

قرآن میں ارتداد اور نبی صلی اللہ علیہ وسلم کی شان میں گستاخی کے لیے کوئی سزا مقرر نہیں کی گئی۔ اگر مسلمان ان معاملات پر قانون سازی کرنا چاہیں تو یہ ان کا اختیار ہے، لیکن انھیں قرآن کے اس اصول کی پابندی کرنی ہوگی کہ موت کی سزا صرف دو طرح کے جرائم میں دی جاسکتی ہے: قتل اور فساد فی الارض۔

سوال 27: کیا اسلام میں توہین رسالت کی سزا موت ہے؟

تفصیلی حوالہ جات اور تجزیے کے لیے، جاوید احمد غامدی کی کتاب ''مقامات'' کے باب ''توہین رسالت کی سزا'' کا مطالعہ کریں۔

قرآن انتہائی واضح طور پر یہ بیان کرتا ہے کہ موت کی سزا صرف دو جرائم کے لیے دی جا سکتی ہے: قتل اور فساد فی الارض۔ جیسا کہ اوپر تفصیل کی گئی، فساد فی الارض ایسے تمام جرائم کو شامل ہے جو معاشرے میں بدامنی پیدا کرتے ہیں اور لوگوں کی جان، مال، اور عزت کو نقصان پہنچاتے ہیں، جیسے زنا بالجبر، مسلح ڈکیتی، بغاوت، اغوا، اور دہشت گردی وغیرہ۔

جو لوگ توہین رسالت کی سزا موت قرار دیتے ہیں وہ وہ اس فعل کو ''محاربہ'' (اللہ اور اس کے رسول کے خلاف جنگ) اور ''فساد فی الارض'' (زمین پر فساد) کے زمرے میں شامل کرتے ہیں۔ ان کے مطابق، رسول اللہ صلی اللہ علیہ وسلم کی توہین، مذاق، اور بے ادبی کرنا، اللہ

اور اس کے رسول کے خلاف جنگ چھیڑنے کے مترادف ہے اور یہ کسی کی عزت کو ناحق نقصان پہنچانے کا سبب بنتا ہے۔ یہ دلیل بہ ظاہر منطقی معلوم ہوتی ہے، لیکن محاربہ اور فساد فی الارض جیسے جرائم کے زمرے میں کسی فعل کو شامل کرنے کے لیے ضروری ہے کہ مجرم مسلسل یہ جرم کرتا جائے اور واضح طور پر اپنے گستاخانہ رویے پر قائم رہے اور معاشرتی یا قانونی اداروں کی جانب سے مسئلہ کو پرامن طریقے سے حل کرنے کی تمام کوششوں کے باوجود معافی مانگنے یا اپنے رویے سے رجوع کرنے سے انکار کرے۔ اگر کوئی شخص معاشرے کی طرف سے کوششوں اور حکومتی مداخلت کے باوجود اپنی گستاخی پر اصرار کرے اور اس کے رویے سے معاشرے میں بدامنی اور انتشار پھیل جائے تو ایسی صورت میں یہ فعل محاربہ یا فساد فی الارض کے زمرے میں آسکتا ہے۔

گستاخ رسول کے لیے موت کی سزا کے حامی ان مخصوص واقعات کو دلیل کے طور پر پیش کرتے ہیں جن میں رسول اللہ صلی اللہ علیہ وسلم نے کچھ افراد کو موت کی سزا دی۔ تاہم، جب ان واقعات کا تفصیلی جائزہ لیا جائے تو یہ بات واضح ہو جاتی ہے کہ ان افراد کو صرف رسول اللہ صلی اللہ علیہ وسلم کی توہین کی بنیاد پر سزا نہیں دی گئی تھی، بلکہ ان کے دیگر سنگین جرائم بھی ان سزاؤں کا سبب تھے۔ مثال کے طور پر ابو رافع اسلام کا بدترین دشمن تھا، جس نے غزوۂ خندق کے وقت لوگوں کو مسلمانوں کے خلاف بھڑکایا اور مدینہ پر حملے کے لیے اکسایا تھا۔ اسی طرح کعب بن اشرف قریش مکہ کو مسلمانوں اور رسول اللہ صلی اللہ علیہ وسلم کے خلاف بھڑکانے میں ملوث تھا اور غزوۂ بدر کے بعد انھیں مدینہ پر حملے کے لیے اکساتا رہا۔ اس نے مسلم خواتین کے خلاف توہین آمیز مہمات چلائیں اور بعض روایات کے مطابق، رسول اللہ صلی اللہ علیہ وسلم کے قتل کی سازش بھی کی، حالاں کہ اس کا مسلمانوں کے ساتھ ایک امن معاہدہ موجود تھا۔ عبداللہ بن خطل نے اپنے غلام کو قتل کیا اور مدینہ سے فرار ہو کر سزا سے بچنے کی کوشش

کی۔ یہ تمام افراد گستاخی کے علاوہ دیگر سنگین جرائم میں ملوث تھے۔ مزید یہ کہ قرآن کے قانون رسالت کے مطابق، یہ تمام افراد اللہ کے موجود رسول کو ناحق جھٹلانے کے بھی مرتکب تھے۔ مشرکین کے لیے اس جرم کی سزا موت تھی، جیسا کہ پہلے تفصیل سے بیان کیا جا چکا ہے۔ لہٰذا یہ بات واضح ہے کہ کسی شخص کو محض رسول اللہ صلی اللہ علیہ وسلم کی توہین کی بنیاد پر موت کی سزا نہیں دی گئی۔

اس سلسلے میں دو احادیث بھی پیش کی جاتی ہیں: ایک روایت کے مطابق حضرت عمر نے ایک شخص کو رسول اللہ صلی اللہ علیہ وسلم کی توہین کرنے پر قتل کر دیا، اور دوسری روایت میں رسول اللہ صلی اللہ علیہ وسلم سے منسوب الفاظ ہیں: ''ان لوگوں کو قتل کر دو، جو اللہ کے نبیوں کی توہین کریں۔'' تاہم، اکثر محدثین نے ان دونوں روایات کو ضعیف قرار دیا ہے۔ اس وجہ سے ان روایات کو گستاخی پر موت کی سزا کے جواز کے طور پر پیش نہیں کیا جا سکتا۔

حضرت عبداللہ بن عباس، جو رسول اللہ صلی اللہ علیہ وسلم کے قریبی صحابی تھے، کی ایک روایت بھی اس موضوع میں بہ طور شاہد پیش کی جاتی ہے، جس سے یہ تاثر لیا جاتا ہے کہ گستاخی پر موت کی سزا اللہ کی طرف سے مقرر کردہ ہے۔ وہ فرماتے ہیں: جو مسلمان رسول اللہ صلی اللہ علیہ وسلم یا کسی بھی نبی کی توہین کرے یا مذاق اڑائے، وہ اللہ کے رسول کا انکار کرنے کا مرتکب ہوتا ہے، اور یہ ارتداد کے زمرے میں آتا ہے۔ ایسے شخص سے توبہ کا مطالبہ کیا جائے گا۔ اگر وہ توبہ کر لے تو اسے معاف کر دیا جائے گا؛ لیکن اگر وہ توبہ نہ کرے تو اسے قتل کر دیا جائے گا۔ اور اگر کوئی غیر مسلم یہ عمل کرے تو وہ ہمارے اور ان کے درمیان موجود امن معاہدے کو

توڑ دیتا ہے اور اسے بھی قتل کیا جائے گا۔[212]

جب اس مسئلے کو ہم اللہ کے ان قوانین کے تناظر میں دیکھتے ہیں جو رسول کے ساتھ خاص ہیں، جیسا کہ ہم نے پہلے تفصیل سے بیان کیا تو یہ واضح ہو جاتا ہے کہ حضرت ابن عباس کی یہ رائے خاص طور پر ان افراد کے لیے تھی جو رسول اللہ صلی اللہ علیہ وسلم کے پیغام کے براہِ راست مخاطب تھے۔ قانون رسالت کے خاص قوانین کے تحت، رسولوں کے براہِ راست مخاطب، جو انھیں جھٹلاتے اور ان کی مخالفت کرتے ہیں، دنیوی سزا کے مستحق ٹھہرتے ہیں۔ رسول اللہ صلی اللہ علیہ وسلم کے معاملے میں، مشرکین کو موت کی سزا دی گئی، جب کہ اہل کتاب کو مغلوب ہو کر جزیہ کے تحت زندگی گزارنے کا حکم دیا گیا۔ لہٰذا ان براہِ راست مخاطبین میں سے جو رسول اللہ صلی اللہ علیہ وسلم کے پیغام کو قبول کرنے کے بعد انکار کرتے، انھیں انھی سزاؤں کا سامنا کرنا پڑتا جو رسولوں کے مخالفین کے لیے مقرر کی گئی تھیں۔ اسی طرح، وہ لوگ جو مسلمانوں کے ساتھ کیے گئے امن معاہدے کی خلاف ورزی کرتے، وہ بھی اللہ کے رسولوں کے ساتھ مخصوص قوانین کے تحت سزا کے مستحق قرار پاتے۔

اسلام میں محض گستاخی کے جرم پر کوئی خاص سزا مقرر نہیں کی گئی۔ تاہم، مسلمان اس جرم کے لیے قانون سازی کر سکتے ہیں، بشرطیکہ یہ عمل محاربہ اور فساد فی الارض کے زمرے میں آتا ہو۔ یہ زمرے تب ہی لاگو ہوں گے جب گستاخی کرنے والا شخص کھلے عام اور مسلسل توہین آمیز رویے کا مظاہرہ کرے، تمام پر امن کوششوں کے باوجود اپنے عمل سے باز نہ آئے، اور معافی مانگنے یا اپنی روش درست کرنے سے انکار کرے۔

---

[212] ابن قیم، زاد المعاد، بیروت: دار ابن حزم، 2019، 379/5۔

سوال 28: مسلمان غیر مسلموں کے خلاف کب جنگ لڑ سکتے ہیں؟

قرآن مسلمانوں کو مسلح جدوجہد کی اجازت تین بنیادی وجوہات کے تحت دیتا ہے۔ آیئے ان وجوہات کا مختصر تجزیہ کرتے ہیں:

1۔ سورۂ توبہ (آیت 5) میں اللہ تعالیٰ مسلمانوں کو مشرکین کے ساتھ جنگ کرنے کا حکم دیتا ہے یہاں تک کہ وہ اسلام قبول کر لیں اور سورۂ توبہ (آیت 29) میں یہود و نصاریٰ کے خلاف اس وقت تک جنگ کرنے کا حکم دیا جاتا ہے جب تک کہ وہ اسلام قبول کریں یا جزیہ ادا کرنے پر رضامند ہو جائیں، جو ان کی ماتحتی اور عاجزی کی علامت ہے۔ ہم پہلے تفصیل سے بیان کر چکے ہیں کہ مشرکین، یہود، اور نصاریٰ پر یہ حکم ان لوگوں کے ساتھ خاص تھا جو اللہ کے رسول کے براہِ راست مخاطبین تھے اور جب اللہ کے رسول بھی دنیا میں موجود تھے۔ قرآن کے مطابق، اللہ کے رسول کے موجود ہونے کی صورت میں اللہ کا قانون یہ ہے کہ رسول کے براہِ راست مخاطبین پر اللہ کا فیصلہ نافذ ہوتا ہے، جو یا تو ہدایت قبول کرتے ہیں یا اللہ کی طرف سے سزا کے مستحق ٹھہرتے ہیں۔ چونکہ حضرت محمد آخری رسول ہیں، اس لیے ان کے بعد کوئی نیا رسول نہیں آئے گا اور نہ ہی دنیا میں اللہ کا کوئی ایسا نیا فیصلہ نافذ ہوگا۔ اس کا مطلب یہ ہے کہ حضرت محمد صلی اللہ علیہ وسلم کے بعد مسلمان کسی غیر مسلم کے خلاف محض اس کے عقائد کی بنیاد پر جنگ نہیں کر سکتے۔

2۔ سورۂ بقرہ (آیات 190-191) میں واضح کیا گیا ہے کہ جنگ کی اجازت صرف اس صورت میں دی گئی ہے جب مسلمانوں کو اپنے دفاع کی ضرورت ہو۔

3۔ سورۂ نساء (آیت 75) اور سورۂ حج (آیات 39-40) میں ان حالات کا ذکر کیا گیا ہے جن میں جنگ کی اجازت دی گئی ہے۔ یہ آیات بتاتی ہیں کہ اگر کسی قوم یا جماعت پر واضح اور کھلا ظلم، ناانصافی یا پرسیکیوشن ہو تو مسلمانوں کو جارح قوت کے خلاف مسلح جدوجہد کرنے کی اجازت ہے۔

پہلی وجہ کے تحت اجازت رسول اللہ صلی اللہ علیہ وسلم اور ان کے براہ راست مخاطبین کے لیے مخصوص تھی، جو ان پر اللہ کے رسول کی حیثیت سے نافذ شدہ احکامات کا حصہ تھی۔ دوسری اور تیسری وجہ تمام مسلمانوں کے لیے عام ہیں۔ ان وجوہات کی بنا پر بھی مسلمان اپنے دفاع میں ہتھیار اٹھا سکتے ہیں، یا کھلے اور واضح ظلم، ناانصافی، اور پرسیکیوشن کے خلاف لڑ سکتے ہیں۔ تاہم، یہ شرط بھی لازمی ہے کہ یہ جنگ صرف کسی جائز اور قانونی سربراہ یا حکمران کے تحت کی جائے، جیسا کہ قرآن میں حکم دیا گیا ہے:

"ایمان والو، (یہ خدا کی بادشاہی ہے، اِس میں) اللہ کی اطاعت کرو اور اُس کے رسول کی اطاعت کرو اور اُن کی بھی جو تم میں سے معاملات کے ذمہ دار بنائے جائیں۔"

(النساء 4:59)

اگر لوگ یہ محسوس کریں کہ ان کے حکمران اپنے فرائض درست طریقے سے انجام نہیں دے رہے ہیں اور انھیں تبدیل کرنے کی ضرورت ہے تو انھیں حکمرانوں کو تبدیل کرنے کے لیے پرامن جدوجہد اختیار کرنی چاہیے۔ قرآن سورۂ شوریٰ (آیت 38) میں ہدایت دیتا ہے کہ مسلمانوں کو اپنے اجتماعی معاملات باہمی مشورے سے طے کرنے چاہییں۔

یہ بات درست ہے کہ کچھ غیر معمولی اور انتہائی حالات ہو سکتے ہیں جن میں حکمرانوں کے خلاف مسلح جدوجہد کو جائز قرار دیا جا سکتا ہے، تاہم، عام اصول کے مطابق، قرآن کے حکم کے تحت، حکمرانوں کو تبدیل کرنے کے لیے پرامن جدوجہد اور مشاورت کا راستہ ہی اللہ کی

مرضی کے مطابق ہے۔

سوال 29: کیا اسلام میں غلامی کی اجازت ہے؟

نہیں۔ آیئے، اس کی وضاحت کرتے ہیں۔

جنگ کے نتیجے میں نئے غلام بنانے کی ممانعت: اسلام میں کسی آزاد شخص کو غلام بنانا قطعی ممنوع ہے۔ اس کے علاوہ غلام بنانے کا صرف ایک اور طریقہ تھا۔ اسلام سے پہلے کسی بھی مقصد سے کی گئی جنگ کے بعد کامیاب فریق دوسری طرف کے قیدیوں کو غلام بنالیتا تھا۔ لیکن قرآن نے اس رواج کو ختم کر دیا۔ سورۂ محمد (آیت 4) میں واضح طور پر حکم دیا گیا ہے کہ جنگی قیدیوں کو یا تو فدیہ لے کر آزاد کیا جائے یا احسان کے طور پر رہا کر دیا جائے۔ یہ آیت نئے غلام بنانے کے تمام دروازے بند کر دیتی ہے۔

لہٰذا اسلام کے مطابق نہ تو کسی آزاد شخص کو غلام بنایا جا سکتا ہے اور نہ ہی جنگ کے ذریعے سے نئے غلام پیدا کیے جا سکتے ہیں۔

پہلے سے موجود غلاموں کا کیا کیا جائے؟ رسول اللہ صلی اللہ علیہ وسلم کے زمانے میں تقریباً ہر گھر میں غلام موجود تھے — مرد، عورتیں، بچے، اور بوڑھے — لہٰذا سوال یہ پیدا ہوا کہ پہلے سے موجود ان غلاموں کے ساتھ کیا سلوک کیا جائے؟ آیئے، اس مسئلے کے لیے قرآن کی رہنمائی کا مختصر جائزہ لیتے ہیں۔

قرآن کا موجودہ غلاموں کے انتظام کا منصوبہ اور ان کی آزادی کے لیے معاشی خود مختاری کی حوصلہ افزائی: قرآن نے تمام غلاموں کی فوری آزادی کا حکم اس لیے نہیں دیا کیونکہ اس وقت کی کم ترقی یافتہ دنیا میں ایسا اقدام ایک انسانی بحران کا باعث بن سکتا تھا۔ اگر غلامی کو

اچانک ختم کر دیا جاتا تو مختلف عمروں کے لاکھوں مرد، عورتیں، اور بچے بے سہارا ہو جاتے، اور ان کے پاس گزر بسر کے لیے صرف بھیک مانگنے یا جسم فروشی جیسے غیر اخلاقی راستے ہی بچتے۔ اسی لیے قرآن نے موجودہ غلاموں کے لیے status quo کو برقرار رکھا، لیکن ساتھ ہی ان کی حالت بہتر بنانے اور انھیں معاشی خود مختاری کے ذریعے سے آزادیِ حصول کے لیے واضح ہدایات دیں۔

سورۂ نور (آیت 33) میں قرآن یہ حکم دیتا ہے کہ غلاموں کے ساتھ مکاتبت، رسمی معاہدے، کیے جائیں، جس کے تحت اگر وہ اپنی معاشی کفالت کی اہلیت ظاہر کریں تو انھیں آزادی دی جائے۔ اللہ تعالیٰ مسلمانوں کو یہ بھی حکم دیتا ہے کہ وہ اپنے مال میں سے ایک حصہ غلاموں کو دیں تاکہ وہ معاشی طور پر خود مختار ہو سکیں اور آزادی حاصل کر سکیں۔

قرآن غلاموں کو آزاد کرنے کے عمل کو ایک ایسی عظیم نیکی قرار دیتا ہے کہ اسے مسلمانوں کے گناہوں کی معافی کا ذریعہ بنایا گیا ہے۔ (النساء 4:92، المجادلہ 58:3)۔ مزید یہ کہ قرآن میں زکوٰۃ کے مقاصد میں سے ایک مقصد غلاموں کو آزاد کرنا بھی بیان کیا گیا ہے۔ (التوبہ 9:60)

سورۂ نساء (آیت 36) میں مسلمانوں کو حکم دیا گیا ہے کہ وہ اپنے غلاموں کے ساتھ رحمدلی، مہربانی اور حسن سلوک کریں۔ ان معاشروں میں یہ معمول تھا کہ مرد اپنی لونڈیوں کے ساتھ جنسی تعلقات قائم رکھتے تھے۔ قرآن اس روایت کا ذکر کرتے ہوئے، سورۂ نور (آیت 32) میں مسلمانوں کو ترغیب دیتا ہے کہ اگر ممکن ہو تو مرد اور خواتین اپنے غلاموں کے ساتھ نکاح کریں۔

رسول اللہ صلی اللہ علیہ وسلم نے قرآن کی ہدایات کو مزید واضح کیا اور غلاموں کے حقوق کی تفصیل بیان کرتے ہوئے اپنے صحابہ سے فرمایا:

"انھیں وہی کھلاؤ جو تم خود کھاتے ہو، اور وہی پہناؤ جو تم خود پہنتے ہو۔ ان پر کوئی ایسا کام

نہ ڈالو جو وہ انجام نہ دے سکیں؛ اور اگر ایسا کام دو تو خود بھی ان کی مدد کرو۔''

(بخاری، رقم 30۔ مسلم، رقم 1661)

اگرچہ رسول اللہ صلی اللہ علیہ وسلم کے بعد مسلم دنیا میں غلامی کا سلسلہ جاری رہا، لیکن حقیقت یہ ہے کہ اللہ تعالیٰ نے نئے غلام بنانے کے دروازے بند کر دیے۔ قرآن نے موجودہ غلاموں کے انتظام کے لیے واضح احکامات دیے تاکہ ان کی حالت بہتر ہو اور غلام بنانے اور رکھنے کے اس عمل کو بغیر کسی انسانی بحران کو جنم دیے تدریجی طور پر ختم کیا جا سکے۔

سوال 30: رسول اللہ صلی اللہ علیہ وسلم نے حضرت ماریہ قبطیہ سے نکاح کیوں نہیں کیا اور ان کے ساتھ اسلامی تعلیمات کے مطابق کیسا برتاؤ کیا؟

رسول اللہ صلی اللہ علیہ وسلم کو 628-629 عیسوی میں اسکندریہ کے گورنر کی جانب سے ایک باندی، حضرت ماریہ قبطیہ، بہ طور تحفہ دی گئیں۔ اسی زمانے میں رسول اللہ صلی اللہ علیہ وسلم نے اپنی آخری زوجہ حضرت میمونہ سے نکاح کیا۔ یہ وہ دور تھا جب رسول اللہ صلی اللہ علیہ وسلم کی ازواج مطہرات نے دشمنوں کی جانب سے چلائی جانے والی مہمات کے رد عمل میں اپنی زندگیوں پر کچھ اضافی پابندیاں رضاکارانہ طور پر قبول کیں۔ ان کی اس وفاداری اور قربانی سے خوش ہو کر اللہ نے رسول اللہ صلی اللہ علیہ وسلم کو سورۂ احزاب (آیت 52) میں حکم دیا کہ آپ مزید کسی عورت سے نکاح نہیں کر سکتے اور نہ ہی اپنی کسی زوجہ کو طلاق دے سکتے ہیں۔ غالباً اسی حکم کی وجہ سے رسول اللہ صلی اللہ علیہ وسلم نے حضرت ماریہ

قبطیہ سے نکاح نہیں کیا، لیکن ان کے ساتھ قرآن کے غلاموں کے انتظام سے متعلق احکامات کے مطابق بہترین سلوک کیا۔

رسول اللہ صلی اللہ علیہ وسلم نے حضرت ماریہ قبطیہ کو گورنر کو واپس کیوں نہیں کیا یا انھیں آزادی دے کر کسی اور سے نکاح کی اجازت کیوں نہیں دی؟ اس سوال کا قطعی جواب ہمارے پاس موجود نہیں۔ یہ ممکن ہے کہ حضرت ماریہ قبطیہ خود ایسا نہ چاہتی ہوں اور رسول اللہ صلی اللہ علیہ وسلم کے ساتھ تعلق سے ماخوذ عزت و وقار کو ترجیح دیتی ہوں۔ رسول اللہ صلی اللہ علیہ وسلم اس وقت دنیا کے سب سے بااثر اور محترم شخصیات میں سے تھے اور ان کے ساتھ وابستگی حضرت ماریہ کے لیے ایک غیر معمولی اعزاز ہو سکتی تھی۔ یہ بات یقینی ہے کہ رسول اللہ صلی اللہ علیہ وسلم نے حضرت ماریہ قبطیہ کے ساتھ قرآن کی تعلیمات کے مطابق بہترین سلوک کیا۔ حضرت ماریہ نے رسول اللہ صلی اللہ علیہ وسلم کے بیٹے، حضرت ابراہیم کو جنم دیا، جو افسوس ناک طور پر بچپن میں ہی وفات پا گئے۔ حضرت ماریہ کو رسول اللہ صلی اللہ علیہ وسلم کی دیگر ازواج کی طرح عزت دی گئی اور انھی ''امہات المومنین'' (یعنی مومنین کی مائیں) کا اعزاز عطا کیا گیا۔

سوال 31: کیا عورت کی گواہی مرد کی گواہی کے نصف برابر ہے؟

اسلام کے بارے میں ایک عام تصور یہ ہے کہ عدالت میں عورت کی گواہی کو مرد کی گواہی کے مقابلے میں نصف سمجھا جاتا ہے۔

اس تصور کی بنیاد قرآن کی سورۂ بقرہ (آیت 282) کی تفسیر پر ہے۔ اس آیت میں مالی

معاہدوں میں گواہی کے اصول بیان کیے گئے ہیں۔ اس آیت میں اللہ تعالیٰ کا حکم ہے کہ جب کوئی شخص کسی دوسرے کو قرض دے تو معاہدے کو تحریری شکل دی جائے اور دو مرد گواہ بنائے جائیں۔ اگر دو مرد موجود نہ ہوں تو ایک مرد اور دو عورتوں کو گواہ بنایا جائے۔ قرآن اس کی وضاحت کرتے ہوئے کہتا ہے کہ اگر ایک عورت بھول جائے یا ہچکچاہٹ کا شکار ہو تو دوسری عورت اسے یاد دلائے اور اس کی مدد کرے۔ یہ ہدایت اس وقت کے سماجی پس منظر کو مدنظر رکھ کر دی گئی تھی، جب خواتین عمومی طور پر مالی معاملات اور تجارتی سرگرمیوں میں شامل نہیں ہوتی تھیں۔ تجارتی قافلوں کے ساتھ سفر کرنا یا کاروباری معاہدے کرنا ان کا معمول نہیں تھا۔ یہ بات قابل ذکر ہے کہ سورۂ بقرہ (آیت 282) میں بیان کردہ اصول صرف مالی معاہدوں اور قرض کے معاملات سے متعلق ہے اور عدالت میں جرم کے خلاف گواہی دینے کے اصولوں پر اس کا اطلاق نہیں کیا جاسکتا، کیوں کہ محولہ بالا آیت میں اس کا کوئی ذکر نہیں۔ مشہور عالم دین، مصطفیٰ خطّاب اس بات کی وضاحت یوں کرتے ہیں:

''اسلامی اصولوں کے مطابق کسی امر کا گواہ بننے اور عدالت میں شہادت دینے میں بنیادی فرق ہے۔ سورۂ بقرہ (آیت 282) میں قرض کے معاہدے پر گواہ بننے کی بات کی گئی ہے، نہ کہ عدالت میں کسی جرم کے خلاف گواہی دینے کی۔ اس آیت کے پس منظر کو سمجھنے کے لیے یہ جاننا ضروری ہے کہ 1500 سال پہلے خواتین عمومی طور پر تجارتی معاملات میں شامل نہیں ہوتی تھیں اور نہ ہی وہ تجارتی قافلوں کے ساتھ سفر کرتی تھیں۔ ایسے وقت میں ہر عورت کو مالی معاہدوں میں گواہ بننے کی مہارت حاصل نہ تھی۔ اس لیے اگر دو عورتوں کے گواہ بننے کی تجویز دی گئی تو اس کا مقصد یہ تھا کہ اگر ایک عورت معاہدے کی تفصیلات یاد نہ رکھ سکے یا کسی مجبوری، جیسے حمل یا زچگی، کی وجہ سے عدالت میں پیش نہ ہو سکے تو دوسری عورت اس کی معاونت کرے۔ کچھ علما کا موقف ہے کہ اگر ایک عورت قابل اعتماد

ہو تو وہ اکیلے گواہ بننے کے لیے کافی ہے۔ جہاں تک عدالت میں شہادت دینے کا تعلق ہے، قرآن کے مطابق فیصلہ دستیاب گواہی پر کیا جاتا ہے، چاہے گواہوں کی تعداد یا جنس کچھ بھی ہو۔ مثال کے طور پر رمضان کے آغاز کی تصدیق نئے چاند کے دیکھنے پر مبنی ہوتی ہے اور گواہ کی جنس کو اہمیت نہیں دی جاتی۔ اسلام میں سب سے معتبر گواہی یہ ہے کہ کوئی شخص یہ بیان دے کہ اس نے رسول اللہ صلی اللہ علیہ وسلم سے براہ راست کوئی بات یا روایت سنی۔ مستند احادیث کو تمام مسلمان قبول کرتے ہیں، چاہے ان کے راوی مرد ہوں یا عورتیں۔ مزید برآں، اگر کوئی شوہر اپنی بیوی پر زنا کا الزام لگائے اور اس کے پاس کوئی گواہ نہ ہو تو دونوں کو پانچ مرتبہ قسم کھانی ہوتی ہے کہ وہ سچ کہہ رہے ہیں اور دوسرا فریق جھوٹا ہے۔ ان دونوں کی گواہیاں قرآن کے مطابق برابر مانی جاتی ہیں (النور 24:6-10)۔" [213]

اہم نوٹ: کچھ احادیث میں یہ بیان کیا جاتا ہے کہ رسول اللہ صلی اللہ علیہ وسلم نے فرمایا کہ عورتیں عقل اور دین کے معاملے میں ناقص ہیں۔ تاہم، جب ان احادیث کا باریک بینی سے جائزہ لیا جائے تو یہ واضح ہوتا ہے کہ رسول اللہ صلی اللہ علیہ وسلم کا مقصد ہرگز یہ نہیں تھا کہ عورتوں کی عقل یا دینی حیثیت مردوں سے کم تر ہے۔ بلکہ آپ اس حقیقت کی طرف اشارہ کر رہے تھے کہ اللہ تعالیٰ نے خواتین پر دنیوی اور دینی ذمہ داریوں کے حوالے سے نسبتاً کم بوجھ ڈالا ہے۔ اس تخفیف میں عورتوں کی فطری ضروریات اور حالات کو مدنظر رکھا گیا ہے۔ دنیوی امور میں اللہ نے خواتین کو وہ ذمہ داریاں نہیں سونپیں جو مردوں پر عائد کی گئی ہیں۔ مثلاً، خواتین کو خاندان کی مالی کفالت کی ذمہ داری سے مستثنیٰ رکھا گیا ہے۔ دینی امور میں بھی خواتین کو خصوصی سہولتیں دی گئی ہیں۔ خواتین پر جمعہ کی نماز کے لیے مسجد جانا لازم نہیں کیا

---

213 The Clear Quran میں مصطفیٰ خطاب کی سورۂ بقرہ کی آیت 282 کی تفسیر دیکھیے۔

گیا۔انھیں جنگوں میں شرکت سے مستثنیٰ رکھا گیا ہے۔ حیض کے دنوں میں نماز اور روزے معاف کردیے گئے ہیں، لیکن ان اعمال کا اجر پھر بھی انھیں ملتا ہے۔

اوپر بیان کردہ نکات کی تفصیل اور حوالہ جات کے لیے آپ میرا پوڈکاسٹ "Conversing Islam with Hamza Ali Abbasi - Episode 11" دیکھ سکتے ہیں، جو یوٹیوب چینل "Ghamidi Center of Islamic Learning" پر دستیاب ہے۔اس قسط میں خواتین سے متعلق مذکورہ غلط فہمیوں پر سیر حاصل بحث کی گئی ہے۔

سوال 32: واقعہ بنو قریظہ کن حالات و واقعات میں پیش آیا؟ اس ضمن میں رسول اللہ صلی اللہ علیہ وسلم کی طرف منسوب غیر منصفانہ مظالم کے دعووں کا کیا جواب ہے؟

اس موضوع کی تفصیلات اور حوالہ جات کے لیے "23 اعتراضات کے جواب میں: حصہ 83، اتمام حجت" کے عنوان سے جاوید احمد غامدی کا لیکچر دیکھیں، جو غامدی سینٹر آف اسلامک لرننگ کے یوٹیوب چینل پر دستیاب ہے۔

بنو قریظہ کے مردوں کے قتل کا واقعہ اسلام کے ناقدین کے لیے بڑی بحث کا موقع ہے۔ اس واقعے کو رسول اللہ صلی اللہ علیہ وسلم کے یہود پر مظالم کی مثال کے طور پر سمجھا اور پیش کیا جاتا ہے۔ آیئے، اس واقعے کے پس منظر اور حالات کا تجزیہ کریں اور دیکھیں کہ آیا محمد صلی اللہ علیہ وسلم کے اس عمل کا کوئی جواز ہے یا نہیں۔

مدینہ میں بنیادی طور پر تین یہودی قبائل آباد تھے: بنوقینقاع، بنو نضیر اور بنوقریظہ۔ جب رسول اللہ صلی اللہ علیہ وسلم مدینہ کے حکمران بنے تو آپ نے ان قبائل کے ساتھ ایک امن معاہدہ کیا۔ اس معاہدے میں طے پایا گیا کہ یہ تمام فریق مدینہ کا دفاع باہمی تعاون سے کریں گے۔ ایک دوسرے کے ساتھ اخلاص اور خیر خواہی پر مبنی تعلقات قائم کریں گے اور باہمی اعتماد کی فضا کو برقرار رکھیں گے۔ [214]

بنوقینقاع وہ پہلے قبیلہ تھا جس نے اس معاہدے کی خلاف ورزی کی۔ غزوۂ بدر کے بعد ان کی مسلمانوں کے خلاف دشمنی شدت اختیار کر گئی۔ اس دوران میں چند جھڑپیں ہوئیں، جن میں ایک واقعہ بنوقینقاع کے بازار میں پیش آیا، جہاں ایک مسلمان خاتون کو بے لباس کر کے بے عزت کیا گیا۔ اس واقعے کے نتیجے میں ایک مسلمان اور ایک یہودی قتل ہو گئے، جس سے حالات مزید کشیدہ ہو گئے۔ رسول اللہ صلی اللہ علیہ وسلم نے بنوقینقاع کے سرداروں سے ملاقات کی اور انھیں ان کے معاہدے کی ذمہ داریوں کی یاد دہانی کرائی۔ لیکن بجائے اس کے کہ وہ معاہدے کی پاس داری کرتے، انھوں نے مزید تشدد کی دھمکیاں دیں۔ اس قبیلے کے سردار کعب بن اشرف کو مسلمانوں نے اس کے جرائم کی وجہ سے قتل کر دیا۔ اس کے جرائم میں ایک جرم یہ تھا کہ اس نے مکہ کا سفر کر کے وہاں کے مشرکین کو مسلمانوں کے خلاف اکسایا اور انھیں مدینہ پر حملہ کرنے کے لیے تیار کیا۔ اس نے رسول اللہ صلی اللہ علیہ وسلم کے قتل کی خفیہ سازش تیار کی۔ یہ سب کعب بن اشرف نے اس وقت کیا جب وہ اور اس کا قبیلہ مسلمانوں کے ساتھ امن معاہدے اور مدینہ کے مشترکہ دفاع کے معاہدے کا پابند تھا، جسے

---

[214] ابن ہشام، السیرۃ النبویہ؛ مولانا مودودی کی ''تفہیم القرآن'' میں آیت احزاب 33 پر تفسیر بھی دیکھیے۔

اس نے خود تسلیم کیا تھا۔ بنو قینقاع کے باقی افراد کے ساتھ نرمی برتی گئی اور انھیں مدینہ سے جلاوطن کر دیا گیا۔

مدینہ کے دوسرے یہودی قبیلے، بنو نضیر، نے بھی مسلمانوں کے ساتھ اپنے معاہدے کی خلاف ورزی کی۔ غزوۂ اُحد کے دوران میں، انھوں نے مدینہ کے دفاع میں حصہ نہیں لیا۔ یہ ان کی طرف سے معاہدے کی صریح خلاف ورزی تھی۔ مزید برآں، انھوں نے رسول اللہ صلی اللہ علیہ وسلم کے قتل کی سازش کی اور یہ منصوبہ بنایا کہ جب رسول ایک چٹان کے نیچے تشریف فرما ہوں گے تو ان پر ایک بھاری پتھر گرا دیا جائے۔ ان سنگین خلاف ورزیوں کے باعث، رسول اللہ صلی اللہ علیہ وسلم نے بنو نضیر کو مدینہ چھوڑنے کے لیے دس دن کا الٹی میٹم دیا۔ جب انھوں نے اس حکم کو نظر انداز کیا تو مسلمانوں نے ان کا محاصرہ کر دیا یہاں تک کہ انھوں نے ہتھیار ڈال دیے۔ اس کے باوجود، مسلمانوں نے ان کے ساتھ نرمی کا برتاؤ کیا۔ انھیں مدینہ چھوڑنے کی اجازت دی گئی۔ تاہم، انھیں اپنے ہتھیار ساتھ لے جانے کی اجازت نہیں دی گئی۔

بار بار کی یہ نرمی بعد میں مسلمانوں کے لیے نقصان دہ ثابت ہوئی۔ بنو نضیر نے مدینہ سے نکالے جانے کے بعد مسلمانوں کے خلاف ایک بڑی سازش کی اور قریش اور دیگر قبائل کو مسلمانوں کے خلاف ایک بڑا لشکر جمع کرنے پر اکسایا۔ یہ لشکر دس ہزار جنگجوؤں پر مشتمل تھا، جو مسلمانوں پر حملہ کرنے کے لیے مدینہ پر چڑھ دوڑا۔ یہ حملہ غزوۂ خندق (627 عیسوی) کی صورت میں ہوا، جو اسلام کے وجود کے لیے ایک بڑا خطرہ تھا، کیونکہ مدینہ میں مسلمانوں کی آبادی چند ہزار سے زیادہ نہ تھی۔

اس نازک موقع پر مدینہ میں موجود تیسرے یہودی قبیلے، بنو قریظہ، کی غداری سامنے آئی۔ مدینہ کا دفاع کرنے کے بجائے، انھوں نے دشمن فوج کے ساتھ خفیہ مذاکرات شروع کر دیے

اور مسلمانوں کے خلاف سازش کی۔ غزوۂ خندق کے بعد، بنو قریظہ کے ساتھ وہ نرمی نہیں کی گئی جو بنو قینقاع اور بنو نضیر کے ساتھ کی گئی تھی۔ یہ خدشہ تھا کہ اگر بنو قریظہ کو جلاوطن کیا گیا تو ان کے جنگجو دشمن کی صفوں میں شامل ہو کر مسلمانوں پر ایک اور بڑا حملہ کر سکتے ہیں۔ اسی لیے ان میں سے لڑائی کی عمر کے تمام جنگجو مردوں کو سزائے موت دی گئی۔

عورتوں اور بچوں کے ساتھ کیا سلوک کیا گیا؟ یہ سوال واقعی نہایت حساس تھا کہ ان سیکڑوں عورتوں اور بچوں کے ساتھ کیا سلوک کیا جائے، جو اپنے بالغ مردوں کے قتل کی وجہ سے مسلمانوں سے شدید نفرت رکھتے تھے۔ قرآن میں پہلے ہی سورۂ محمد (آیت 4) میں جنگی قیدیوں کے حوالے سے ہدایت دی جا چکی تھی، جس میں کہا گیا کہ جنگی قیدیوں کو یا تو فدیہ لے کر آزاد کیا جائے یا احسان کے طور پر چھوڑ دیا جائے۔ لیکن سوال یہ تھا کہ ان خواتین اور بچوں کو آزاد کرنے کے بعد ان کی کفالت کون کرے گا؟ منٹگمری واٹ (W. Montgomery Watt) اور ڈینیئل پیٹرسن (Daniel C. Peterson) کے مطابق، موجود شواہد یہ ظاہر کرتے ہیں کہ دیگر یہودی قبائل، خاص طور پر بنو نضیر، نے ان قیدیوں کے لیے فدیہ ادا کیا اور ان کی رہائی ممکن بنائی۔[215]

منٹگمری واٹ اس بات کا اعتراف کرتے ہیں کہ رسول اللہ صلی اللہ علیہ وسلم کے یہودیوں کے خلاف اقدامات مذہبی تعصب یا یہودیوں کو مدینہ سے نکالنے کی کسی مہم کا حصہ نہیں تھے،

---

215 دیکھیے:

Watt, W. Montgomery, *Prophet and Statesman*, (Calcutta:1961), 170-176; Daniel C. Peterson, Muhammad, prophet of God, (Wm. B. Eerdmans Publishing, 2007), 125-127.

بلکہ یہ اقدامات مدینہ میں پیدا ہونے والے سنگین حالات کا ناگزیر ردعمل تھے۔ وہ لکھتے ہیں:

> ”کچھ یہودیوں کا مدینہ میں موجود رہنا بعض یورپی اسکالرز کے الزام کے خلاف ایک مضبوط دلیل ہے۔ ان اسکالرز کا دعویٰ ہے کہ ہجرت کے دوسرے سال کے بعد رسول اللہ نے تمام یہودیوں کو صرف ان کے یہودی ہونے کی وجہ سے مدینہ سے نکالنے کی پالیسی اپنائی اور یہ پالیسی وقت کے ساتھ سخت ہوتی گئی۔ تاہم، رسول اللہ اس طرح کا طرزِ عمل اختیار نہیں کرتے تھے۔ آپ نے ہمیشہ حالات کے اصولی تقاضوں اور اپنے طویل مدتی اہداف کو مدنظر رکھتے ہوئے متوازن رویہ اختیار کیا۔ اسی روشنی میں اور حالات کے تغیر پذیر محرکات کے تناظر میں آپ اپنی حکمتِ عملی وضع کرتے اور روزمرہ کے فیصلے کرتے۔ پہلے دو یہودی قبائل (بنو قینقاع اور بنو نضیر) کے خلاف کیے گئے اقدامات وقتی ضرورت کے تحت تھے، لیکن ان کے پیچھے گہرے اسباب بھی کارفرما تھے۔ یہودی قبائل قرآن پر زبانی تنقید کرکے مسلمانوں کی جماعت کی بنیادوں کو کمزور کرنے کی کوشش کر رہے تھے۔ وہ رسول اللہ کے دشمنوں اور منافقین کو سیاسی مدد فراہم کرتے تھے۔ تاہم، جب یہودیوں نے معاندانہ رویہ ترک کر دیا تو رسول اللہ نے انھیں مدینہ میں سکون سے رہنے دیا۔“[216]

بنو قریظہ کے واقعے کے بارے میں مختلف روایات موجود ہیں، اور ان میں تفصیلات کا فرق پایا جاتا ہے۔ کچھ مورخین، جیسے برکت احمد اور ولید عرفات اس بات کا انکار کرتے ہیں کہ بڑے پیمانے پر قتل عام ہوا تھا۔

---

[216] دیکھیے:

Watt, William Montgomery, *Muhammad: Prophet and statesman*, Vol. 409. London: Oxford University Press, 1961, 175.

تاریخ ایک نہایت حساس اور پیچیدہ موضوع ہے، جس میں ایک ہی واقعے کے بارے میں مختلف اور اکثر متضاد بیانات موجود ہوتے ہیں۔ قطعی طور پر یہ طے کرنا ہمیشہ آسان نہیں ہوتا کہ کون سی روایت حقیقی ہے اور کس پر اعتبار کیا جائے۔ مثال کے طور پر 11/9 کے افسوس ناک واقعے کو لے لیجیے۔ اکثریت کا ماننا ہے کہ اس حملے کی ذمہ داری القاعدہ پر عائد ہوتی ہے، لیکن ایک قابل ذکر تعداد، خاص طور پر مسلم دنیا میں، یہ سمجھتی ہے کہ یہ یہودیوں یا سی آئی اے کی سازش تھی تاکہ مسلم ممالک پر حملوں کا جواز پیدا کیا جا سکے۔ اسی لیے، جب کسی تاریخی واقعے پر رائے قائم کی جائے تو ان پہلوؤں پر توجہ مرکوز کرنی چاہیے جو عمومی طور پر تسلیم شدہ ہیں اور ان باریکیوں سے گریز کرنا چاہیے جن میں تضاد پایا جاتا ہو۔

بنو قریظہ کے معاملے میں یہ بات مسلم ہے کہ ان کے لڑنے کے قابل مردوں کی ایک بڑی تعداد کو سزائے موت دی گئی۔ یہ بھی تقریباً یقینی ہے کہ ان سے پہلے دو یہودی قبائل، بنو قینقاع اور بنو نضیر، کو مدینہ سے جلاوطن کیا گیا تھا۔ اگر مسلمان مؤرخین کی طرف سے بنو قینقاع اور بنو نضیر کی غداری اور ان کے بعد مدینہ پر حملے کے لیے لشکر اکٹھا کرنے کے بیانات درست ہیں تو ساتویں صدی کے سخت قبائلی ماحول میں، رسول اللہ صلی اللہ علیہ وسلم کے بنو قریظہ کے خلاف اقدامات مدینہ کی ریاست کے تحفظ کے لیے ضروری تھے۔ بنو قینقاع اور بنو نضیر کی واضح غداری کے باوجود، ان کے ساتھ نرمی برتی گئی۔ تاہم، اس نرمی کے نتیجے میں مسلمانوں کو سنگین نتائج کا سامنا کرنا پڑا، جس نے مدینہ کی ریاست اور اسلام کے وجود کو خطرے میں ڈال دیا۔ اگر بنو قریظہ کے ساتھ بھی وہی نرمی کی جاتی اور انھیں صرف جلاوطن کیا جاتا تو یہ خطرہ تھا کہ ان کے جنگجو بنو نضیر اور قریش کے مشرکین کے ساتھ مل کر مدینہ پر ایک اور بڑا حملہ کر سکتے تھے۔ یہ بھی ممکن ہے کہ بنو قینقاع اور بنو نضیر کے ساتھ کی گئی نرمی نے بنو قریظہ کو غداری پر اکسایا ہو۔ اس لیے، بنو قریظہ کے مردوں کو سزا دینے کا اقدام نہ صرف مدینہ

کی ریاست کے تحفظ کے لیے ضروری تھا، بلکہ یہ ایک واضح پیغام بھی تھا کہ غداری کے سنگین نتائج ہو سکتے ہیں۔

سوال 33: کیا قرآن مسلمانوں کو غیر مسلموں سے دوستی کرنے سے منع کرتا ہے اور متعلقہ قرآنی آیات کو کس سیاق و سباق میں سمجھنا چاہیے؟

قرآن کی بعض آیات بہ ظاہر یہ تاثر دیتی ہیں کہ مسلمانوں کو غیر مسلموں سے دوستی کرنے سے گریز کرنا چاہیے۔ تاہم، جب ان آیات کو ان کے سیاق و سباق میں دیکھا جائے تو واضح ہوتا ہے کہ یہ ہدایات خاص طور پر ان غیر مسلم گروہوں کے بارے میں ہیں جو رسول اللہ صلی اللہ علیہ وسلم کے دور میں مسلمانوں کے خلاف دشمنی میں ملوث تھے۔ یہ کوئی دائمی اور عمومی حکم نہیں ہے۔

مثال کے طور پر سورۂ مائدہ (آیت 51) میں اللہ تعالیٰ کا فرمان ہے:

> "ایمان والو، تم اِن یہود و نصاریٰ کو دوست نہ بناؤ، یہ ایک دوسرے کے دوست ہیں، اور (یاد رکھو کہ) تم میں سے اگر کوئی (اِس تنبیہ کے باوجود) اِنھیں اپنا دوست بناتا ہے تو اُس کا شمار پھر اِنھی میں ہے۔ حقیت یہ ہے کہ اللہ اِس طرح کے ظالموں کو کبھی راہ نہیں دکھاتا۔"

جب اس آیت کو اگلی آیت کے ساتھ ملا کر دیکھا جائے تو یہ واضح ہوتا ہے کہ یہ ہدایت عمومی طور پر تمام غیر مسلموں کے بارے میں نہیں ہے بلکہ ان یہودیوں اور عیسائیوں کے

بارے میں ہے جو رسول اللہ صلی اللہ علیہ وسلم کے دور میں مسلمانوں کے خلاف کھلی دشمنی میں ملوث تھے۔ یہ آیات مسلمانوں کو متنبہ کرتی ہیں کہ خود ان کے درمیان منافقین موجود ہیں جو شکست سے خائف رہتے ہیں۔ قرآن مزید کہتا ہے کہ یہ منافقین شکست کے خوف سے ان دشمن گروہوں سے دوستی کرتے ہیں، لیکن جب اللہ مسلمانوں کو فتح عطا کرے گا تو وہ اپنے رویے پر پچھتائیں گے۔ یہ سیاق اور تناظر سورۂ مائدہ کی آیات 51-52 کے مجموعی مطالعے سے ظاہر ہوتا ہے۔

''ایمان والو، تم اِن یہود و نصاریٰ کو دوست نہ بناؤ، یہ ایک دوسرے کے دوست ہیں، اور (یاد رکھو کہ) تم میں سے اگر کوئی (اس تنبیہ کے باوجود) اِنھیں اپنا دوست بناتا ہے تو اُس کا شمار پھر اِنھی میں ہے۔ حقیقت یہ ہے کہ اللہ اِس طرح کے ظالموں کو کبھی راہ نہیں دکھاتا۔ چنانچہ تم دیکھتے ہو کہ جن کے دلوں میں (نفاق کی) بیماری ہے، وہ اِن سے پینگیں بڑھا رہے ہیں۔ کہتے ہیں کہ ہمیں اندیشہ ہے کہ کسی مصیبت میں نہ پھنس جائیں۔ سو بہت ممکن ہے کہ اللہ (تم کو) فتح دے یا اپنی طرف سے کوئی اور بات ظاہر کر دے تو اِنھیں اُس چیز پر پچھتانا پڑے جو اپنے دلوں میں چھپائے ہوئے ہیں۔''

سورۂ ممتحنہ (آیات 8-9) اسی معاملے کی مزید وضاحت کرتی ہے۔ ارشاد فرمایا:

''اللہ تمھیں اِس بات سے نہیں روکتا کہ تم اُن لوگوں کے ساتھ بھلائی اور انصاف کا برتاؤ کرو جنھوں نے دین کے معاملے میں تم سے جنگ نہیں کی اور تمھیں تمھارے گھروں سے نہیں نکالا ہے۔ بے شک، اللہ انصاف کرنے والوں کو پسند کرتا ہے۔ اللہ جس بات سے تم کو روکتا ہے، وہ یہ ہے کہ تم اُن لوگوں سے دوستی کرو جنھوں نے دین کے معاملے میں تم سے جنگ کی ہے اور تمھیں تمھارے گھروں سے نکالا ہے اور تمھارے نکالنے میں دوسروں کی مدد کی ہے۔ (وہ اِس سے روکتا ہے اور تمھیں متنبہ کرتا ہے کہ) جو اِس طرح

کے لوگوں سے دوستی کریں گے، وہی ظالم ہیں۔"

ہم اس سے قبل سورۂ توبہ کی آیات 5 اور 29 پر بات کر چکے ہیں۔ ان آیات میں غیر مسلموں کے خلاف اس وقت تک جنگ کرنے، انھیں قتل کرنے اور سرنگوں کرنے کا حکم دیا گیا ہے جب تک وہ اسلام قبول نہیں کرتے۔ رسولوں کے بارے میں اللہ تعالیٰ کی سنت کے مطابق جب رسول اس دنیا میں اپنے مخاطبین کے درمیان موجود ہوتا ہے تو یہ جنگ، قتل اور قیدی بنانا اس سزا کا حصہ ہوتا ہے، جو رسول کے ان منکرین کے خلاف اللہ تعالیٰ نافذ کراتا ہے جو بغیر کسی عذر کے ان کا انکار کریں، ان سے لڑیں، اور انھیں مذہبی بنیاد پر تشدد کا نشانہ بنائیں۔ سورۂ توبہ کی یہ آیات خاص طور پر رسول اللہ صلی اللہ علیہ وسلم کے مخاطبین کے بارے میں تھیں، جو آپ کو ناحق جھٹلاتے اور دشمنی کرتے تھے۔ یہ آیات مسلمانوں کو غیر مسلموں سے تعلقات کے بارے میں ایک عمومی یا دائمی پالیسی نہیں دیتیں۔

قرآن کے مطابق، تمام انسان آدم اور حوا علیہما السلام کی اولاد ہیں اور اس لحاظ سے سب ایک ہی خاندان کا حصہ ہیں۔ غیر مسلموں کو دشمن کے طور پر نہیں، بلکہ انسانیت کا حصہ سمجھا گیا ہے، جن کے ساتھ محبت، باہمی تعاون اور احترام کے ساتھ رہنا چاہیے اور ان تک اللہ تعالیٰ کا پیغام مکمل خیر خواہی سے پہنچانا چاہیے۔

سوال 34: کیا معراج ایک جسمانی سفر تھا؟

اگر واقعی اللہ تعالیٰ قادر مطلق ہے تو کیا وہ کسی انسان کو ایک پر والے گھوڑے پر سوار کر کے اعلیٰ کائناتی ابعاد میں لے جا سکتا ہے؟ بے شک، اللہ ایسا کرنے پر مکمل طور پر قادر ہے۔ عام طور پر یہ کہا جاتا ہے کہ رسول اللہ صلی اللہ علیہ وسلم کی معراج جسمانی تھی۔ تاہم، جب قرآن اور

احادیث کا گہرائی سے جائزہ لیا جائے تو یہ بات واضح ہوتی ہے کہ معراج کے حوالے سے رسول اللہ صلی اللہ علیہ وسلم کے تجربات جسمانی نہیں تھے۔ یہ دراصل چار مختلف مواقع تھے، جن میں آپ کو سچے خوابوں اور رؤیا کے ذریعے سے حقیقی واقعات دکھائے گئے۔ بعد میں حدیث کے راویوں نے ان مختلف مواقع کو ایک واقعے کے طور پر پیش کیا اور معراج کو جسمانی سفر کے طور پر بیان کیا۔ آیئے، ان چار مواقع کو تفصیل سے دیکھتے ہیں۔

اس سلسلے کا پہلا موقع وہ ہے جس کا ذکر سورہ بنی اسرائیل کی پہلی آیت میں ملتا ہے۔ فرمایا:

> ''ہر عیب سے پاک ہے وہ ذات جو اپنے بندے کو راتوں رات مسجد حرام سے اُس دور کی مسجد تک لے گئی جس کے ماحول کو ہم نے برکت دی ہے تاکہ اُس کو ہم اپنی کچھ نشانیاں دکھائیں۔ بے شک، وہی سمیع و بصیر ہے۔''

اسی سورہ کی آیت 60 اس بات کی تصدیق کرتی ہے کہ یہ واقعہ ایک ''رؤیا'' تھا۔ عربی لفظ رؤیا کا اردو مطلب خواب ہے۔ پیغمبروں کے خواب عام انسانوں کے خوابوں جیسے نہیں ہوتے۔ یہ خواب حقیقت پر مبنی ہوتے ہیں، جو کبھی لفظی اور کبھی علامتی یا تشبیہی شکل میں بیان ہوتے ہیں۔

میرے خیال میں، معراج کے خواب کی سب سے موزوں تشریح، جیسا کہ جاوید احمد غامدی صاحب نے پیش کی ہے، یہ ہے کہ اللہ تعالیٰ نے رسول اللہ صلی اللہ علیہ وسلم کو مکہ کی مسجد (مسجد حرام) اور یروشلم کی مسجد (مسجد اقصیٰ) دکھا کر دراصل تمثیلی طور پر یہ اشارہ دیا کہ آپ اور آپ کے قریبی ساتھی ان دونوں مقامات، جو اللہ کے دین کے لحاظ سے خاص اہمیت رکھتے ہیں، کے حکمران بن جائیں گے۔

کچھ لوگ یہ استدلال کرتے ہیں کہ اس آیت میں عربی لفظ ''رؤیا'' کسی خواب یا ''vision'' کے بجائے کسی چیز کو مادی طور پر دیکھنے کے لیے استعمال ہوا ہے۔ یہ دلیل کم زور

ہے کیونکہ قرآن میں کئی جگہ ''رؤیا'' کو خواب یا وژن کے طور پر استعمال کیا گیا ہے۔ مثال کے طور پر سورۂ صافات (آیت 105)، سورۂ یوسف (آیات 5، 43 اور 100)، سورۂ فتح (آیت 27) میں یہ لفظ اسی معنی میں استعمال ہوا ہے۔ اسی طرح حدیث کی کتب میں بھی ''رؤیا'' کا ذکر کئی مرتبہ آیا ہے، اور ہر جگہ اس سے خواب یا vision ہی مراد ہے۔

دوسرا موقع وہ ہے جس میں رسول اللہ صلی اللہ علیہ وسلم کا آسمانوں پر جانا اور مختلف انبیا سے ملاقات کرنا بیان ہوا ہے۔ صحیح بخاری (رقم 7517) سے واضح ہوتا ہے کہ یہ بھی ایک خواب تھا، جو رسول اللہ صلی اللہ علیہ وسلم نے مسجد حرام میں سوتے ہوئے دیکھا تھا۔ حضرت انس بن مالک کی روایت کے مطابق، حضرت جبریل دو فرشتوں کے ساتھ رسول اللہ صلی اللہ علیہ وسلم کے پاس آئے، آپ کے دل اور دیگر اعضا کو دھویا، اور پھر آپ کو آسمانوں پر لے گئے۔ وہاں رسول اللہ صلی اللہ علیہ وسلم کی ملاقات مختلف انبیا اور خود اللہ تعالیٰ سے ہوئی۔ اسی سفر کے دوران میں آپ کو جنت کے مناظر دکھائے گئے اور پانچ وقت کی نماز کا حکم ملا۔ یہ روایت واضح طور پر بیان کرتی ہے کہ رسول اللہ صلی اللہ علیہ وسلم مسجد حرام میں سو رہے تھے، جو اس بات کا اشارہ ہے کہ یہ ایک خواب تھا نہ کہ جسمانی سفر۔

تیسرا اور چوتھا موقع وہ ہے جس کا ذکر سورۂ نجم (آیات 1-18) میں ملتا ہے۔ ان آیات میں اللہ تعالیٰ نے رسول اللہ صلی اللہ علیہ وسلم کے مخالفین کو یقین دلایا ہے کہ آپ کسی قسم کے وہم یا خیال کے شکار نہیں ہیں۔ درحقیقت، رسول اللہ صلی اللہ علیہ وسلم نے حضرت جبریل کو ان کی اصل شکل میں دو بار اپنی آنکھوں سے دیکھا۔ سورۂ نجم کی یہ آیات حقیقی مشاہدات کی نشان دہی کرتی ہیں، جو آنکھوں کے ذریعے سے دیکھے گئے، برخلاف پہلے اور دوسرے واقعے کے، جو خواب یا رؤیا پر مبنی تھے۔

یہ چاروں مختلف واقعات ہیں، جنھیں بعد کے مورخین اور حدیث کے راویوں نے ایک ہی

بیانیہ میں یکجا کر کے معراج کے مقبول عام واقعے کے طور پر پیش کیا۔

سوال 35: کیا قرآن مسلمانوں کو ایک قوم قرار دیتا ہے؟

نہیں، قرآن مسلمانوں کو ایک قوم قرار نہیں دیتا۔ اگرچہ بہت سے مسلمان یہ خواہش رکھتے ہیں کہ تمام مسلمان ایک ہی متحدہ ملک کے تحت رہیں——اور یہ خواہش بجا بھی ہے، کیونکہ میں خود بھی چاہتا ہوں کہ مسلمان متحد ہوں اور ایک طاقت ور قوم بنیں——لیکن قرآن مسلمانوں پر یہ مذہبی فرض عائد نہیں کرتا کہ وہ ایک ہی حکمران یا ریاست کے تحت زندگی گزارنے کی جدوجہد کریں۔ قرآن میں مسلمانوں کو سورۂ حجرات (آیت 10) میں ''بھائی بھائی'' یا ''ایک برادری'' کہا گیا ہے۔ اسلام کسی قومیت یا قومی نظریے پر مبنی نہیں، بلکہ پوری انسانیت کے لیے ایک آفاقی پیغام ہے۔ جو کوئی بھی اسلام قبول کرے، وہ مسلم برادری کا حصہ بن سکتا ہے۔

سوال 36: کیا کسی ایسے شخص کو کافر یا غیر مسلم قرار دیا جا سکتا ہے جو خود کو مسلمان کہتا ہو؟

تفصیلی جواب کے لیے، یوٹیوب چینل غامدی سینٹر آف اسلامک لرننگ پر جاوید احمد غامدی صاحب کی ویڈیو سیریز ''23 اعتراضات کے جواب میں: تکفیر'' ملاحظہ کریں۔

قرآن میں لفظ ''کافر'' ان افراد کے لیے استعمال کیا گیا ہے جو جان بوجھ کر اسلام کو رد کرتے ہیں یا حق کو دل سے پہچاننے کے باوجود بے بنیاد وجوہات سے مسترد کرتے ہیں۔ ہم نے

اس تصور کو پانچویں باب میں تفصیل سے بیان کیا ہے۔

ایسے افراد کا کیا معاملہ ہے جو خود کو مسلمان کہتے ہیں اور اسلام کا انکار نہیں کرتے، لیکن ایسے عقائد رکھتے ہیں جو واضح طور پر اسلامی تعلیمات کے خلاف ہیں؟ اگر وہ قرآن، سنت اور حدیث کے حوالے سے اپنے عقائد کو درست ثابت کرنے کی کوشش کریں اور اصرار کریں کہ وہ مسلمان ہیں تو ان کی کیا حیثیت ہوگی؟ کیا قرآن میں کوئی ضابطہ ہے جو مسلمان علما کو اجازت دیتا ہے کہ ہم ایسے افراد کو بھی اسلام سے خارج کرکے کافر قرار دیں؟ اس کا جواب نفی میں ہے۔ اس جواب کی تفصیل ذیل میں پیش ہے۔

اسلام میں مختلف فرقے اور گروہ موجود ہیں جو خود کو مسلمان کہتے ہیں لیکن ان کے عقائد ایک دوسرے سے مختلف ہیں۔ کچھ کے نظریات اور اختلافات دوسرے گروہ کے نزدیک بنیادی اسلامی تعلیمات ہی کے بالکل الٹ ہیں۔ مثال کے طور پر ایک گروہ یہ مانتا ہے کہ مسلمانوں کا رہنما اللہ خود مقرر کرتا ہے۔ دوسرے گروہ کا دعویٰ ہے کہ مسلمانوں کو باہمی مشورے سے اپنا حکمران منتخب کرنا چاہیے۔ تیسرا گروہ یہ عقیدہ رکھتا ہے کہ اللہ نے اولیا اور انبیا کی روحوں کو اُس کی طرف سے کائنات کے معاملات چلانے کے لیے منتخب کیا ہے۔ اس کے مقابلے میں دوسرے لوگ بڑی شدت سے اس کا انکار کرتے ہیں کہ اللہ تعالیٰ نے اس طرح کا کوئی انتظام کیا ہو، بلکہ قرآن میں بڑے زور سے تاکید کی ہے کہ کوئی بھی اللہ تعالیٰ کے اقتدار میں شریک نہیں ہے۔ مزید برآں، کچھ مسلمان نبوت کے خاتمے کے بارے میں بھی مختلف آرا رکھتے ہیں۔ ایک گروہ کا عقیدہ ہے کہ نبوت ختم ہو چکی ہے، لیکن غیر تشریعی نبی آ سکتے ہیں۔ دوسرے کا عقیدہ ہے کہ نبوت کا ہر قسم کا سلسلہ محمد صلی اللہ علیہ وسلم پر مکمل طور پر ختم ہو چکا ہے۔ ہر فرقہ دوسرے فرقے کے عقائد کو غلط اور بعض اوقات کفر سے تعبیر کرتا ہے۔ لیکن سوال یہ ہے کہ کیا اللہ نے کسی انسان کو یہ اختیار دیا ہے کہ وہ کسی کو اسلام سے خارج کر

دے؟اس کا جواب ہے: نہیں۔

قرآن کے مطابق اس فیصلے کا اختیار صرف اللہ تعالیٰ اور اُس کے رسول محمد صلی اللہ علیہ وسلم کو ہے کہ کون سچا مسلمان ہے اور کون کافر ہے۔ اللہ تعالیٰ کے پاس یہ اختیار ہے کیونکہ وہی جان سکتا ہے کہ کسی کے دل میں کیا ہے۔ رسول اللہ صلی اللہ علیہ وسلم کو بھی یہ اختیار حاصل تھا کیونکہ وہ وحی کے ذریعے سے یہی بات جان سکتے تھے اور کسی کے ایمان یا کفر کا فیصلہ کر سکتے تھے۔

رسول اللہ صلی اللہ علیہ وسلم کے بعد، اگر کوئی شخص جو خود کو مسلمان کہتا ہے، کسی ایسے عقیدے پر یقین رکھتا ہو جو واضح طور پر اسلامی تعلیمات کے خلاف ہو تو یہ فیصلہ کرنا ناممکن ہے کہ وہ شخص واقعی کسی غلط فہمی کا شکار ہے یا جان بوجھ کر کسی غلط عقیدے کو اپنائے ہوئے ہے۔ لہٰذا دوسروں کو صرف یہ حق حاصل ہے کہ وہ اس شخص کے عقیدے میں موجود خامیوں کی نشان دہی کریں اور اس پر دلیل کے ساتھ گفتگو کریں۔ تاہم، کسی کو یہ اختیار نہیں دیا گیا کہ وہ ایسے شخص کو اسلام سے خارج کرے یا اسے کافر قرار دے۔

میں اپنی بات کو کچھ ذاتی مثالوں سے واضح کرنا چاہوں گا۔

کچھ مسلمانوں کا عقیدہ ہے کہ اولیا اور انبیا کو اللہ کے اختیار میں حصہ دار بنایا گیا ہے اور وہ اللہ کے نمایندے کے طور پر کائنات کے معاملات چلاتے ہیں۔ یہ افراد ان اولیا اور انبیا سے دعائیں کرتے ہیں اور ان کی ایسی تعظیم کرتے ہیں جو صرف اللہ کے لیے مخصوص ہے۔ میری رائے میں، ان کا یہ عقیدہ قرآن کے اس اصول کے خلاف ہے کہ اللہ اپنے اختیار میں کسی کو شریک نہیں کرتا۔ اللہ تعالیٰ نے واضح طور پر فرمایا ہے کہ اس کا اختیار مطلق ہے اور کسی کے ساتھ تقسیم نہیں ہوتا۔ کیا میں ایسے عقائد رکھنے والے مسلمانوں کو کافر قرار دے سکتا ہوں؟ نہیں۔

کچھ مسلمان ایسے ہیں جو ''حقیقتِ محمدی'' کے تصور کو مانتے ہیں۔ ان کا دعویٰ ہے کہ

رسول اللہ صلی اللہ علیہ وسلم دراصل اللہ کی ذات کا انسانی شکل میں مظہر تھے۔ اسی طرح، کچھ لوگ ''وحدت الوجود'' کے نظریے کے قائل ہیں، جس کے مطابق پوری کائنات اور اس میں موجود ہر چیز اللہ کا مادی مظہر ہے۔ میری رائے میں، یہ عقائد قرآن کی اس تعلیم کے خلاف ہیں جو اللہ کی وحدانیت اور یکتائی کو واضح کرتی ہے۔ اللہ قرآن میں بارہا یہ اعلان کرتا ہے کہ وہ بے مثال اور یکتا ہے، اور اس کی کوئی شبیہ یا مادی مظہر نہیں۔ کیا میں ایسے عقائد رکھنے والے مسلمانوں کو کافر قرار دے سکتا ہوں؟ بالکل نہیں۔

کچھ مسلم گروہوں کا اعتقاد ہے کہ مختلف اولیا اور مقدس شخصیات کو اللہ تعالیٰ نے براہِ راست لوگوں کی رہنمائی کے لیے مقرر کیا ہے، اور ان کے مشن کی تکمیل کے لیے اللہ تعالیٰ ان سے براہ راست بات چیت کرتا رہتا ہے۔ یہ تصور قرآن کے اس اصول کے خلاف ہے جو واضح کرتا ہے کہ اللہ لوگوں کی رہنمائی صرف انبیا اور رسولوں کے ذریعے سے کرتا ہے اور جنھیں براہِ راست وحی کے ذریعے سے ہدایت دی جاتی ہے۔ کیا میں ایسے عقائد کے حامل مسلمانوں کو کافر قرار دے سکتا ہوں؟ نہیں۔

بعض مسلمانوں کا یہ عقیدہ ہے کہ رسول اللہ صلی اللہ علیہ وسلم کے ساتھ نبوت کے خاتمے کا معنی یہ ہے کہ اب نئی شریعت لانے والے نبی نہیں آ سکتے، مگر ایسے غیر تشریعی نبی آ سکتے ہیں، جو محمد صلی اللہ علیہ وسلم کی لائی ہوئی شریعت اور دین کے تابع ہوں۔ یہ عقیدہ قرآن کی واضح تعلیمات اور متعدد احادیث کے خلاف ہے، جو یہ بیان کرتی ہیں کہ ہر طرح کی نبوت رسول اللہ صلی اللہ علیہ وسلم پر مکمل طور پر ختم ہو چکی ہیں۔ کیا میں ان عقائد والے مسلمانوں کو کافر قرار دے سکتا ہوں؟ نہیں۔

قرآن اور حدیث میں سختی سے منع کیا گیا ہے کہ کسی کو اسلام کے دائرے سے خارج کر کے کافر قرار دیا جائے۔ قرآن مختلف مقامات پر یہ حقیقت واضح کرتا ہے کہ ہدایت یافتہ کون

ہے اور گم راہ کون ہے، اس کا علم صرف اللہ کے پاس ہے۔ سورۂ نحل (آیت 125) میں ارشاد ہوتا ہے: ''یقیناً تیرا پروردگار خوب جانتا ہے کہ کون اُس کی راہ سے بھٹکا ہوا ہے اور وہ اُن کو بھی خوب جانتا ہے جو ہدایت پانے والے ہیں۔''

قرآن اصرار کرتا ہے کہ انسانوں کو صرف ایک دوسرے کو دین کی تعلیم دینے تک محدود رہنا چاہیے اور ایمان کے معاملات میں جج بننے سے گریز کرنا چاہیے۔ یہ اللہ کا کام ہے کہ وہ فیصلہ کرے کہ کون واقعی مسلمان ہے اور کون نہیں۔

سورۂ حجرات (آیت 11) میں مسلمانوں کو حکم دیا گیا ہے کہ وہ ایک دوسرے کو برے القابات سے نہ پکاریں۔

مشہور مفسرین جیسے طبری، عکرمہ اور مجاہد اس آیت کی تشریح میں بیان کرتے ہیں کہ کسی مسلمان کو کافر کہنا بھی اسی ممانعت کے زمرے میں آتا ہے۔

متعدد احادیث میں واضح طور پر مسلمانوں کو ایک دوسرے کو کافر قرار دینے سے روکا گیا ہے۔ مثال کے طور پر یہ ارشادات نبوی دیکھیے:

رسول اللہ صلی اللہ علیہ وسلم نے فرمایا: ''جس نے کسی مسلمان پر یا فرمایا کہ کسی بندۂ مومن پر کفر کی تہمت لگائی تو یہ اِسی طرح ہے، جیسے اُس نے اُس کو قتل کر دیا اور جس نے اُس پر لعنت کی، اُس نے بھی گویا اُسے قتل کر دیا۔'' (جامع معمر بن راشد، رقم 19710)

رسول اللہ صلی اللہ علیہ وسلم نے فرمایا: ''تم میں سے کوئی بھی آدمی اپنے بھائی کو کافر کہے تو ان میں سے کوئی ایک اس کا مستحق بن جاتا ہے، اگر اس نے کہا، جیسا کہ وہ تھا اور اگر نہیں تو یہ اسی کی طرف پلٹے گا۔'' (صحیح مسلم، رقم 60)

قرآن اور حدیث کی روشنی میں یہ بات واضح ہے کہ ایمان کے معاملات میں حتمی فیصلہ قیامت کے دن اللہ تعالیٰ کی عدالت میں کیا جائے گا۔ دنیا میں لوگوں کو ان کی اپنی شناخت کے

مطابق قبول کیا جائے گا۔ جو لوگ خود کو غیر مسلم یا کافر قرار دیتے ہیں، انھیں غیر مسلم یا کافر کہا جا سکتا ہے۔ لیکن جو لوگ خود کو مسلمان کہتے ہیں، چاہے ان کے عقائد میں کتنی ہی خامیاں کیوں نہ ہوں، انھیں غیر مسلم یا کافر قرار دینا درست نہیں۔ اگر کسی مسلمان گروہ کے عقائد میں نقائص ہوں تو دوسرے مسلمانوں کی ذمہ داری ہے کہ وہ ان عقائد کی اصلاح کے لیے استدلال اور تعلیم کا راستہ اپنائیں۔ لیکن کسی مسلمان کو کافر یا غیر مسلم قرار دینا کسی انسان کے اختیار میں نہیں۔

سوال 37: کیا طوفان نوح عالمی واقعہ تھا اور کیا انھیں تمام جانوروں کے جوڑے کشتی میں سوار کرنے کا حکم دیا گیا تھا؟

اگرچہ ماضی میں ایک عالمی طوفان کے وقوع پذیر ہونے کے شواہد موجود ہیں، لیکن قرآن واضح طور پر یہ بتاتا ہے کہ حضرت نوح کا طوفان عالمی نہیں تھا۔ حضرت نوح اللہ کے رسول تھے، اور جیسا کہ پہلے بیان کیا گیا، اللہ کا دنیوی عذاب عام طور پر ان لوگوں پر نازل ہوتا ہے جو کسی رسول کے براہ راست مخاطب ہوتے ہیں اور اس کے پیغام کو جانتے بوجھتے بغیر عذر کے مسترد کرتے ہیں۔ لٰہذا حضرت نوح کا طوفان ان کے براہ راست مخاطبین میں سے انکار کرنے والوں کے لیے ایک خاص عذاب تھا، جو اس بات کی نشان دہی کرتا ہے کہ یہ ایک علاقائی طوفان تھا، نہ کہ عالمی۔

قرآن میں حضرت نوح کو کشتی میں جانوروں کے جوڑے سوار کرنے کا جو حکم دیا گیا، اس کا مطلب یہ نہیں کہ دنیا کے تمام حیوانات کے جوڑوں کو جمع کیا جائے۔ بلکہ یہ حکم ان جانوروں تک محدود تھا جو حضرت نوح اور ان کے ساتھیوں کی بقا اور ضروریات کے لیے کافی ہوں۔

تصور کریں کہ آپ سفر کے لیے روانہ ہو رہے ہیں اور اپنے ساتھی سے کہتے ہیں کہ تمام ضروری سامان پیک کریں۔ آپ کا مطلب یہ ہوگا کہ صرف وہی سامان لیا جائے جو اس سفر کے لیے ضروری ہے، نہ کہ دنیا کے تمام سامان کو اکٹھا کیا جائے۔ اسی طرح، حضرت نوح کو بھی ان جانوروں کو کشتی میں سوار کرنے کا حکم دیا گیا جو ان کے اور ان کے ساتھیوں کی ضروریات پوری کرنے کے لیے کافی ہوں۔

سوال 38: کیا ہمیں زندگی کے اس امتحان میں ڈالنے سے پہلے اس کے متعلق پوچھا گیا تھا؟ اگر ہاں تو ہمیں یہ انتخاب یاد کیوں نہیں؟

قرآن میں اس موضوع پر غور و فکر کے لیے دو آیات پیش کی جاسکتی ہیں:

1۔ سورۂ اعراف (آیت 172): اس آیت میں ذکر ہے کہ اللہ تعالیٰ نے تمام انسانوں کی ارواح کو پیدا کیا اور ان سے یہ اقرار لیا کہ اللہ ہی ان کا رب اور خالق ہے۔

2۔ سورۂ احزاب (آیت 72): یہ آیت واضح کرتی ہے کہ انسان نے خود اس دنیوی امتحان سے گزرنے کا انتخاب کیا۔

یہ آیات اس بات کی نشان دہی کرتی ہیں کہ اس دنیا میں ہماری موجودگی ہمارا اپنا انتخاب تھا۔ تاہم، سوال یہ پیدا ہوتا ہے کہ ہمیں دنیا سے ماورا یہ واقعات اور اس امتحان میں شرکت کا ہمارا فیصلہ یاد کیوں نہیں؟ دنیا میں آنے سے پہلے ہمارے وجود کی اصل حالت کیا تھی؟

جاوید احمد غامدی صاحب اور دیگر اسکالرز کا موقف ہے کہ اللہ نے ہماری شعوری یادداشت سے ان واقعات کو مٹا دیا ہے تاکہ اس دنیوی امتحان کا مقصد پورا ہو۔ یہ منطق پر مبنی بات ہے، کیونکہ اگر ہمیں واضح طور پر یہ یاد ہوتا کہ ہم نے اللہ کو دیکھا ہے اور اس امتحان میں شرکت کا

فیصلہ کیا ہے تو امتحان کا بنیادی مقصد، یعنی آزادیِ انتخاب ختم ہو جاتا۔ اگر کوئی شخص اللہ کو واضح طور پر دیکھ چکا ہو یا یہ جانتا ہو کہ اس نے اللہ کے وجود کا اقرار کیا تھا تو وہ اسے رد کرنے کے قابل نہ ہوتا۔ اسی لیے اس دنیا میں اللہ کی نشانیاں ہمارے اندر اور ہمارے ارد گرد موجود ہیں، لیکن اس دنیوی وجود سے پہلے کے ان واقعات کی شعوری یاد داشت کو مٹا دیا گیا ہے تا کہ انسان اپنے فیصلے آزادی اور شعور کے ساتھ کرے۔

میری ذاتی رائے، جو میرے دوست اور معروف اسلامی اسکالر ڈاکٹر ریحان احمد یوسفی (المعروف ابو یحییٰ) کی رائے سے ملتی ہے، یہ ہے کہ چونکہ قرآن یہ بیان کرتا ہے کہ تمام انسانی ارواح کو دنیا میں آنے سے پہلے ایک ساتھ پیدا کیا گیا اور یہ بھی ذکر کرتا ہے کہ ہم نے دنیوی امتحان سے گزرنے کا انتخاب خود کیا تو اس سے یہ نتیجہ نکالا جا سکتا ہے کہ ہم نے اس امتحان کی تفصیلات بھی خود طے کیں۔ اس کا مطلب ہے کہ دنیا میں آنے سے پہلے ہم نے خود یہ فیصلہ کیا کہ ہمیں کن حالات کا سامنا کرنا ہے، چاہے وہ اچھے ہوں یا برے۔ یعنی ہر وہ صورت حال جس کا ہم اس دنیا میں سامنا کرتے ہیں، وہ ہماری اپنی مرضی اور اختیار کے مطابق طے کی گئی تھی۔

ذاتی مشاہدہ: ذہنی معذور افراد اور بچوں کی موت کی حکمت۔ میرے ذاتی مشاہدے کے مطابق، یہ موقف انسانی وجود کی مختلف حالتوں کو بہتر طور پر سمجھنے میں مدد فراہم کرتا ہے۔ اگر ہم نے خود اس دنیوی امتحان اور احتساب کا انتخاب کیا تھا تو منطقی طور پر یہ نتیجہ نکالا جا سکتا ہے کہ کچھ ارواح نے اپنے لیے ایک محفوظ راستہ چنا ہو گا۔ ایسی ارواح نے جنت میں داخل ہونے کی خواہش کی، لیکن قیامت کے دن کی جواب دہی کے امتحان سے بچنا چاہا۔ یہ ارواح دنیا میں یا تو ذہنی معذور افراد کے طور پر آتی ہیں یا ان بچوں کے طور پر جو بلوغت سے پہلے وفات پا جاتے ہیں۔ چونکہ یہ افراد اخلاقی فیصلوں کی مکمل جواب دہی کے قابل نہیں ہوتے، اس لیے قیامت کے دن ان سے کسی قسم کی جواب دہی نہیں ہو گی۔ نتیجتاً، انھیں جنت کے بنیادی شہری ہونے

کا درجہ حاصل ہوگا۔ یہ افراد دنیا میں دوسروں کے لیے آزمایش کا سبب بنتے ہیں، اگرچہ خود وہ تکلیف برداشت کرتے ہیں۔

سوال 39: یہ کیوں اہم ہے کہ انسان جسے سچ سمجھتا ہے، اس پر عمل کرے، چاہے اس کا یقین حقیقت سے مختلف ہو؟

اگرچہ ہم اس نکتے پر پہلے بھی بات کر چکے ہیں، لیکن اس کی اہمیت کے پیش نظر اسے دوبارہ یہاں بیان کرنا ضروری ہے۔

قرآن کے مطابق، اللہ تعالیٰ چاہتے ہیں کہ لوگ اس حق پر اخلاص سے عمل کریں جسے وہ اپنی سمجھ کے مطابق حق مانتے ہیں، چاہے ان کے یقین کی بنیاد غلط ہو۔ اللہ کے نزدیک ایمان کا اخلاص اور عمل کی سچائی سب سے زیادہ اہمیت رکھتے ہیں۔

سورۂ بقرہ (آیت 187) میں یہی حقیقت ایک مثال کے ذریعے سے سمجھائی گئی ہے۔ اس آیت میں اشارہ ملتا ہے کہ رسول اللہ صلی اللہ علیہ وسلم کے چند صحابہ نے غلطی سے یہ سمجھ لیا تھا کہ رمضان کے مہینے میں رات کے وقت بھی میاں بیوی کے تعلقات ممنوع ہیں۔ یہ صحابہ اس غلط یقین کے باوجود روزہ کھولنے کے بعد رات کے وقت اپنی بیویوں کے پاس گئے۔ قرآن نے وضاحت کی کہ ان کا یہ اعتقاد غلط تھا کہ رمضان کی راتوں میں میاں بیوی کے تعلقات ممنوع ہیں۔ البتہ قرآن نے ان صحابہ کو یہ تنبیہ بھی کی جو اس عمل کو ممنوع مانتے ہوئے بھی رمضان کی راتوں کو اپنی بیویوں کے پاس گئے۔ قرآن کا پیغام یہ ہے کہ اگر آپ اخلاص کے ساتھ کسی بات کو اللہ کا حکم سمجھتے ہیں تو اس پر عمل کرنا چاہیے، چاہے آپ غلط فہمی میں ہوں۔ مذکورہ آیت کا ترجمہ یہ ہے:

''(تم پوچھنا چاہتے ہو تو لو ہم بتائے دیتے ہیں کہ) روزوں کی رات میں اپنی بیویوں کے پاس جانا تمھارے لیے جائز کیا گیا ہے۔ وہ تمھارے لیے لباس ہیں اور تم اُن کے لیے لباس ہو۔ اللہ نے دیکھا کہ تم اپنے آپ سے خیانت کر رہے تھے تو اُس نے تم پر عنایت فرمائی اور تم سے درگذر کیا۔ چنانچہ اب (بغیر کسی تردد کے) اپنی بیویوں کے پاس جاؤ اور (اِس کا) جو (نتیجہ) اللہ نے تمھارے لیے لکھ رکھا ہے، اُسے چاہو، اور کھاؤ پیو، یہاں تک کہ رات کی سیاہ دھاری سے فجر کی سفید دھاری تمھارے لیے بالکل نمایاں ہو جائے۔ پھر رات تک اپنا روزہ پورا کرو۔ اور ہاں، تم مسجدوں میں اعتکاف بیٹھے ہو تو رات کو بھی بیویوں کے پاس نہ جانا۔ یہ اللہ کی مقرر کی ہوئی حدیں ہیں، سو اِن کے قریب نہ جاؤ۔ اللہ اِسی طرح اپنی آیتیں لوگوں کے لیے واضح کرتا ہے تاکہ وہ تقویٰ اختیار کریں۔''

مولانا ابو الاعلیٰ مودودی اپنی تفسیر ''تفہیم القرآن'' میں اس آیت کی تفسیر کرتے ہوئے لکھتے ہیں:

''ابتدا میں اگرچہ اس قسم کا کوئی صاف حکم موجود نہ تھا کہ رمضان کی راتوں میں کوئی شخص اپنی بیوی سے مباشرت نہ کرے، لیکن لوگ اپنی جگہ یہی سمجھتے تھے کہ ایسا کرنا جائز نہیں ہے۔ پھر اس کے ناجائز یا مکروہ ہونے کا خیال دل میں لیے ہوئے بسا اوقات اپنی بیویوں کے پاس چلے جاتے تھے۔ یہ گویا اپنے ضمیر کے ساتھ خیانت کا ارتکاب تھا اور اس سے اندیشہ تھا کہ ایک مجرمانہ اور گناہ گارانہ ذہنیت اُن کے اندر پرورش پاتی رہے گی۔ اس لیے اللہ تعالیٰ نے پہلے اس خیانت پر تنبیہ فرمائی اور پھر ارشاد فرمایا کہ یہ فعل تمھارے لیے جائز ہے۔ لہٰذا اب اسے بُرا فعل سمجھتے ہوئے نہ کرو، بلکہ اللہ کی اجازت سے فائدہ اُٹھاتے ہوئے قلب وضمیر کی پوری طہارت کے ساتھ کرو۔''(145/1)

یہ واقعہ واضح کرتا ہے کہ قرآن یہ چاہتا ہے کہ انسان جسے وہ حق سمجھتا ہے، اس پر اخلاص

سے عمل کرے، چاہے اس کا یقین غلط ہی کیوں نہ ہو۔ تاہم، قرآن یہ بھی چاہتا ہے کہ انسان ہمیشہ اللہ اور دین کے بارے میں کسی بھی معقول بات کو سننے اور اس پر غور کرنے کے لیے تیار رہے، اور تعصب سے بالاتر ہو کر سچائی کا تجزیہ کرے۔ ہمیں ذہن میں رکھنا چاہیے کہ قرآن وعدہ کرتا ہے کہ قیامت کے دن مخلص اور سچے دل سے کی گئی غلطیاں معاف کر دی جائیں گی، لیکن جان بوجھ کر کی گئی لاپروائی اور ضد کو معاف نہیں کیا جائے گا۔

خلاصہ اور خاتمہ

میری اپنی ذات کی نوعیت اور میرے ارد گرد پھیلی ہوئی حقیقت بار بار مجھے یہ سوال کرنے پر مجبور کرتی رہی کہ یہ سب کچھ کہاں سے آیا اور اس کے وجود کا مقصد کیا ہے؟ میرے ذہن میں مسلسل کئی سوالات گردش کرتے رہے، جیسے کہ کیا کائنات کے پیچھے کوئی معروضی مقصد ہے یا سب کچھ بے مقصد ہے؟ میں نے ان سوالات کو بارہا نظرانداز کیا تاکہ زندگی کے فوری پیش آمدہ مسائل اور مقاصد پر توجہ دے سکوں۔ زندگی بہ ظاہر بہت اچھی گزر رہی تھی، لیکن ایک خیال بار بار میرے دل و دماغ کو بے چین کرتا رہا—اللہ کے سامنے جواب دہی کا تصور۔

میں موت کے بعد کی جواب دہی اور خدا کی طرف سے انعامات اور سزاؤں کے بارے میں سنتا رہا۔ یہ خیالات ہر روز کسی نہ کسی صورت میں میرے سامنے آتے رہے۔ چاہے وہ ٹیلی ویژن پر کسی مباحثے سے اٹھے ہوں، سوشل میڈیا پر کسی نے پیش کیے ہوں، اخبارات میں مذکور ہوں یا میرے دوستوں اور خاندان والوں کی گفتگو میں سامنے آئے ہوں۔ یہ خیالات میرے ذہن کو مسلسل جھنجوڑتے رہے اور بے چینی کا باعث بنتے رہے۔ اگر ان سب باتوں میں کچھ حقیقت ہو تو کیا ہوگا؟ اگر واقعی خدا موجود ہوا تو؟ اور سب سے اہم سوال، اگر واقعی کوئی اخروی جواب دہی ہوئی، جہاں میرے اعمال کی بنیاد پر میرا حساب لیا جائے اور وہ حساب میرے اچھے یا برے دائمی انجام کا تعین کرے، تو؟

یہ منظر نامے نہایت سنگین نتائج کے حامل تھے۔ جتنا زیادہ میں نے ان خیالات کو سنا، اتنا ہی زیادہ مجھے یہ محسوس ہوا کہ ان موضوعات پر سنجیدگی سے غور کرنا اور معقول نتیجے پر پہنچنا ناگزیر ہے، تاکہ میں اپنی زندگی کو اسی کے مطابق گزار سکوں۔ اگر یہ ثابت ہوا کہ خدا موجود نہیں ہے اور نہ ہی کوئی اخروی جواب دہی ہے تو پھر مجھے کسی قسم کی فکر کرنے کی ضرورت نہیں۔ ایسی صورت میں فوری دنیوی فائدے اور لذتوں کا حصول ہی میرا واحد مقصد ہونا چاہیے۔ لیکن اگر دوسرا امکان زیادہ معقول نظر آتا ہے—کہ خدا کا وجود ہے اور اخروی احتساب بھی حقیقت ہے—تو پھر اُس جواب دہی میں کامیابی میرا اولین مقصد ہونا چاہیے۔ مجھے یہ اندازہ تھا کہ اس معاملے میں قطعی اور حتمی جوابات حاصل کرنا شاید ممکن نہ ہو، لیکن اس موضوع کی سنگینی کو دیکھتے ہوئے، کسی معقول نتیجے تک پہنچنا ضروری تھا۔ مجھے محسوس ہوا کہ اس مسئلے کو نظر انداز کر کے زندگی گزارنا سنگین غفلت کے مترادف ہوگا۔

ابتدا میں الحاد جدید (new atheism) کے پرجوش حامیوں کی تقاریر سے متاثر ہو کر، میں نے یہ نتیجہ اخذ کیا کہ خدا کا کوئی وجود نہیں اور اگر خدا نہیں تو کوئی اخروی جواب دہی بھی نہیں۔ تاہم، وقت گزرنے کے ساتھ عقلی تقاضوں نے مجھے بے چینی میں مبتلا کرنا شروع کر دیا۔ اگر کائنات میں خدا کا کوئی تصور نہ ہو، تب بھی میں مجبور ہوں کہ کسی نہ کسی ابتدائی جوہر یا ''علت اولیٰ'' پر یقین رکھوں، جس سے سب کچھ وجود میں آیا ہو۔ یہ بات غور و فکر کا تقاضا کرتی ہے کہ یہ ابتدائی جوہر کسی طرح وہ تمام ضروری عناصر رکھتا ہے جو وقت کے ساتھ شعور جیسی پیچیدہ حقیقت میں تبدیل ہو گئے—جیسے آپ اور میں ہیں—۔ ہم شعور رکھتے ہیں، عقل رکھتے ہیں، اخلاقی حس رکھتے ہیں اور جمالیاتی ذوق رکھتے ہیں۔ ہم حسن اور قبح، دونوں کو سمجھ سکتے ہیں۔ مزید برآں، یہ بنیادی حقیقت اس دنیا کی شکل میں ظاہر ہوتی ہے جس میں ہم رہتے ہیں۔ یہ دنیا اتنی زرخیز اور متنوع ہے کہ یہ ہماری شعوری اور حسی ضروریات کو پورا کرتی

ہے، ہمیں خوب صورتی، موسیقی، ذائقے، رنگ، اور وہ سب کچھ فراہم کرتی ہے جو ہم چاہتے ہیں اور جس کی ہمیں خواہش ہوتی ہے۔

مزید یہ کہ ہمارے ارد گرد کی حقیقت کا سب سے حیرت انگیز پہلو یہ ہے کہ یہ نہایت شان دار انداز میں ہماری سمجھ میں آتی ہے اور ہمارے لیے انتہائی مفید ہے۔ یہ ہمیں ہر قسم کے وسائل اور اوزار فراہم کرتی ہے تاکہ ہم جو بھی مقصد حاصل کرنا چاہیں، اسے پایۂ تکمیل تک پہنچا سکیں، چاہے وہ پتھر کے زمانے کی ضروریات ہوں، صنعتی انقلاب کی ترقی، پرواز کے خواب ہوں، یا معلومات اور خلا کے ادوار کی جستجو، ہم نے اس حقیقت کو نہایت شان دار انداز میں سمجھا اور اس سے فائدہ اٹھا کر اپنے منصوبے پورے کیے۔

یہ کیسے ممکن ہے کہ بے جان مادہ محض اتفاقی اور بے ترتیب عملوں کے ذریعے سے اس حیرت انگیز کائنات کو وجود میں لے آئے؟

ابتدا میں الحاد کی طرف میرے رجحان کی ایک بڑی وجہ یہ تھی کہ میں یہ سمجھتا تھا کہ خدا، روح اور آخرت جیسے تصورات صرف مذہبی خیالات ہیں، جنھیں سائنس، طب اور دیگر غیر مذہبی علوم کے ماہرین نے قطعی طور پر رد کر دیا ہے۔ میرے نزدیک ان تصورات پر یقین رکھنا گویا سائنس اور "حقیقی دنیا" کے تسلیم شدہ حقائق کے خلاف جانا تھا۔ لیکن میری یہ سوچ اس وقت غلط ثابت ہوئی جب غیر مذہبی افراد کی تحقیقات، نظریات اور دریافتیں میرے سامنے آئیں۔ ان میں ایسے خیالات شامل تھے جو کائنات کی تخلیق کے پیچھے کسی ذہن کے امکان کی گواہی دیتے تھے — جو مجھے "خدا" جیسا لگا — اور یہ تصور کہ میرا وجود میرے مادی دماغ سے علیحدہ ہو سکتا ہے — جو "روح" کے تصور سے مشابہ تھا۔ اسی طرح، ان ماہرین کا یہ تصور کہ جسمانی موت کے بعد بھی میرا وجود کسی صورت برقرار رہ سکتا ہے مجھے "آخرت" کی مانند محسوس ہوتا تھا۔ اگرچہ میں یہ مانتا ہوں کہ یہ نظریات قطعی طور پر ثابت نہیں ہوئے، لیکن مجھے

اس بات پر حیرت ہوئی کہ غیر مذہبی افراد، بہ شمول وہ لوگ جو خود کو ملحد یا لاادری کہتے ہیں، ان تصورات کو ممکن قرار دیتے ہیں۔ یہ تجربہ میرے اس یقین کو ختم کرنے کے لیے کافی تھا کہ خدا، روح اور آخرت جیسے تصورات محض مذہبی افسانے ہیں، جنھیں غیر مذہبی دنیا نے متفقہ اور قطعی طور پر مسترد کر دیا ہے۔

مزید یہ کہ ڈی این اے، جو زندگی اور جان داروں کی تخلیق کے لیے کوڈ شدہ ہدایات پر مشتمل ہے، جیسی دریافتیں اس بات کی نشان دہی کرتی ہیں کہ کائنات کے پیچھے ایک شعوری ذہن کار فرما ہو سکتا ہے۔ اسی طرح کئی معتبر سائنسی ماہرین نے نظریاتی انکشافات کیے ہیں جو یہ ظاہر کرتے ہیں کہ کائنات کی ساخت میں شاید کوڈ شدہ معلومات ڈالی گئی ہیں۔ آج کے دور میں کوڈ شدہ ہدایات کا واحد معلوم ماخذ انسانی ذہن ہی ہے۔ لہٰذا یہ نتیجہ اخذ کیا جا سکتا ہے کہ اگر قدرت کے سب سے بنیادی عملوں کو ممکن بنانے کے لیے کوڈ شدہ ہدایات موجود ہیں تو وہ غالباً کسی شعوری ذہن سے ماخوذ ہوں گی۔ یہ کہنا کہ ہم اس ذہن کی اصلیت یا اس کے وجود کی ابتدا کے بارے میں کچھ نہیں جانتے، اس واضح ترین وضاحت کی تردید کا جواز نہیں بنتا۔

میرے لیے یہ یقین برقرار رکھنا بہ تدریج مشکل ہوتا گیا کہ سب کچھ بے مقصد، غیر شعوری اعمال کا نتیجہ ہے۔ مجھے یہ احساس ہوا کہ یہ تصور کہ سب کے پیچھے کوئی شعوری ذہانت کار فرما ہو سکتی ہے، کائنات کی زیادہ معقول وضاحت ہے۔ اگرچہ تمام علامات ایک ذہین خالق کی طرف اشارہ کرتی تھیں، لیکن کیا پھر بھی یہ ممکن ہے کہ سب کچھ ہماری سمجھ سے بالاتر ایک شان دار، غیر شعوری عمل کا نتیجہ ہو؟ جی ہاں، قیاس کے دائرے میں، کچھ بھی ممکن ہے! میں یہاں "قیاس" کے لفظ پر زور دینا چاہوں گا کیونکہ ملحدین اور موحدین، دونوں قیاس سے کام لیتے ہیں۔ ایک ملحد یہ دعویٰ نہیں کر سکتا کہ اس نے خدا کے وجود کے تمام امکانات کو قطعی طور پر رد کر دیا ہے، اور نہ ہی ایک موحد خدا کو ایک مادی ہستی کے طور پر پیش کر سکتا ہے جسے ہم دیکھ

سکیں یا جس سے ہم براہ راست بات کر سکیں۔ دونوں فریق حقائق اور دلائل کا ایک مجموعہ پیش کرتے ہیں اور اپنے نظریات کو قیاس کے ذریعے سے ثابت کرنے کی کوشش کرتے ہیں۔ اس کے باوجود، میرا توحید کی طرف بڑھتا ہوا جھکاؤ مزید مضبوط ہو گیا کیونکہ انسانی تاریخ ان دعووں سے بھری ہوئی ہے کہ یہ شعوری ذہن ہم سے بار بار رابطہ کر کے رہنمائی فراہم کر چکا ہے۔

جب میری یہ سوچ منتشر ہو گئی کہ غیر مذہبی دانش وروں نے خدا، روح اور آخرت جیسے مذہبی تصورات کو قطعی طور پر رد کر دیا ہے تو میں نے کھلے ذہن سے مذاہب کو سمجھنے کی کوشش شروع کی۔ میرے ذہن میں یہ سوال تھا کہ کیا یہ تصورات محض خیالی ہیں، یا ان کے پیچھے کوئی حقیقی بنیاد موجود ہے؟ میرا مقصد یہ تھا کہ مختلف مذاہب کے دلائل کو سمجھوں، خاص طور پر یہ کہ وہ کائنات کے خالق، اس کی شناخت اور موت کے بعد کی زندگی کے بارے میں کیا کہتے ہیں۔

میں نے یہ جانا کہ مذاہب کو بنیادی طور پر دو اقسام میں تقسیم کیا جا سکتا ہے۔ پہلی قسم وہ مذاہب ہیں جو تصوف یا فلسفہ پر مبنی ہیں۔ یہ مذاہب یہ دعویٰ کرتے ہیں کہ انسان عقل، غور و فکر، مراقبے اور حکمت کے ذریعے سے حقیقت کے بنیادی راز جان سکتا ہے۔ یہ نظریات زیادہ تر انسانی تجربات اور شعور پر منحصر ہوتے ہیں اور حقیقت تک پہنچنے کے لیے کسی وحی یا الہام کو ضروری نہیں سمجھتے۔ دوسری قسم وحی پر مبنی مذاہب کی ہے، جن میں یہ دعویٰ کیا جاتا ہے کہ ایک اعلیٰ شعوری طاقت، جسے ہم خدا کہتے ہیں، نے براہ راست انسانوں سے رابطہ کیا اور ان پر یہ حقائق ظاہر کیے کہ ہم کون ہیں، ہمارا مقصد کیا ہے، اور موت کے بعد ہمیں کیا انجام پیش آئے گا۔ میں نے اپنی توجہ زیادہ تر وحی پر مبنی مذاہب پر مرکوز کی، کیونکہ ان کا دعویٰ تھا کہ خالق نے نہ صرف ہمارے وجود کا مقصد بتایا ہے، بلکہ آخرت کی حقیقت بھی واضح کی ہے۔

میں نے عقل عام کے تقاضے کے مطابق یہ سوچا کہ اگر دنیا میں واقعی کوئی خدائی حق موجود ہے تو وہ عام انسان کے لیے آسان اور سمجھ میں آنے والا ہونا چاہیے۔ میری طرح کا ایک ایسا شخص جو نہ تو عالم ہو اور نہ ہی عالم بننے کا ارادہ رکھتا ہو، اسے بھی اس حق تک رسائی ہونی چاہیے۔ اسی سوچ کے تحت میں نے اپنی توجہ ان مذاہب پر مرکوز کی جو وحی پر مبنی ہیں اور جنھیں دنیا میں سب سے زیادہ مانا جاتا ہے۔ خاص طور پر ابراہیمی روایت، جو یہودیت، عیسائیت اور اسلام پر مشتمل ہے اور یہ روایت دنیا کے 4 ارب سے زائد لوگوں کے ایمان کا مرکز ہے، جو دنیا کی نصف سے زیادہ آبادی کو شامل ہے۔

ابراہیمی مذاہب کے دائرے میں، میں نے قرآن کے مطالعے کا انتخاب کیا، اور اس کے پیچھے کچھ خاص وجوہات تھیں جو میرے لیے بہت اہمیت رکھتی ہیں۔

پہلی بات یہ کہ دیگر مذہبی کتابوں، جیسے ویدوں یا بائیبل کے عہد نامہ قدیم اور جدید کے برعکس، قرآن کے ماخذ کو ٹھوس بنیادوں پر سمجھنا آسان ہے۔ نتیجہ اخذ کرنا معقول ہے کہ قرآن وہی کتاب ہے جو رسول اللہ صلی اللہ علیہ وسلم نے اپنے پیروکاروں کو اس دعوے کے ساتھ دی تھی کہ یہ اللہ کا کلام ہے۔

دوسری اہم بات یہ کہ قرآن اپنی اصل زبان، یعنی عربی میں آج بھی محفوظ ہے۔

تیسری بات، قرآن کے نزول کے ساتھ جڑے ہوئے تاریخی واقعات بہت تفصیل کے ساتھ تاریخ میں ریکارڈ کیے گئے ہیں۔ یہاں تک کہ اگر کوئی اس بات کو نہ بھی مانتا ہو کہ محمد صلی اللہ علیہ وسلم اللہ کے نبی تھے تو اس کے لیے بھی یہ انکار کرنا مشکل ہے——الا یہ کہ وہ انتہائی حد تک سازشی نظریات پر یقین رکھتا ہو——کہ جزیرنمائے عرب میں ایک شخصیت تھی جو قرآن میں مذکور دعوے کر رہی تھی، جس نے پورے عرب کو فتح کیا، اور جن کے قریبی پیروکاروں نے اس وقت کی مہذب دنیا کے ایک بڑے حصے پر فتح حاصل کرلی۔

یہ دعویٰ کہ قرآن براہِ راست اللہ کا کلام ہے، اس کا اپنی اصل زبان میں دستیاب ہونا، اور اس کتاب اور اس کے نزول کے واقعات کا تاریخی طور پر قابل تصدیق ہونا، میرے لیے وحی پر مبنی مذاہب کی تحقیق کے لیے سب سے موزوں نقطۂ آغاز ثابت ہوا۔

قرآن کی بنیادی تعلیمات مجھ سے گہرا تعلق رکھتی تھیں، اور اس کی ایک بڑی وجہ یہ تھی کہ اسلام کے مرکزی دھارے کے علما نے اس دین کو میرے جیسے عام لوگوں کے لیے قابل فہم اور آسان بنا دیا ہے۔ تاہم، اسلام کے اندر موجود کچھ منطقی اور اخلاقی مسائل ایسے تھے جو کافی عرصے تک میرے لیے حل طلب رہے۔ اسی دوران میں میرا تعارف جاوید احمد غامدی صاحب اور ان کے علمی کام سے ہوا۔ ان کی بصیرت نے نہ صرف میرے ان مسائل کو حل کیا بلکہ مجھے قرآن میں رسول کے حقیقی تصور سے بھی روشناس کرایا۔ یہی تصور میرے لیے اخروی جواب دہی کا سب سے مضبوط ثبوت اور قرآن کو سنجیدگی سے زیر غور لانے کی سب سے مضبوط وجہ بن گیا۔

رسول کے تصور کو سمجھنا قرآن کے حقیقی اور معنوی تعارف کے لیے نہایت اہم ہے۔ جب میں نے قرآن کو اس تناظر میں پڑھا کہ رسول کا کیا کردار ہے تو میرے سامنے ایسی حقیقتیں آئیں جنھوں نے میرے تمام وجودی سوالات کے جوابات فراہم کر دیے۔ میں یہاں قرآن کا وہ حقیقی تعارف پیش کرنا چاہوں گا۔

قرآن ہمیں بتاتا ہے کہ انسان کے اندر بنیادی ہدایت پہلے سے موجود ہے، جو ہماری فطرت کا حصہ ہے۔ لیکن اس ہدایت کی تفصیلات اور رہنمائی اللہ تعالیٰ براہِ راست انبیا کے ذریعے سے فراہم کرتے ہیں۔ ہم اس دنیا میں امتحان کے لیے بھیجے گئے ہیں، جہاں ہمیں مکمل آزادی دی گئی ہے کہ ہم اپنے اخلاقی اور عملی فیصلے خود کریں۔ لیکن جب لوگ اس فطری ہدایت کو بھول گئے یا اسے بگاڑ دیا تو اللہ تعالیٰ نے اپنی رحمت کے تحت مختلف قوموں میں انبیا کو بھیجا تاکہ وہ

انھیں دوبارہ حق کی طرف بلائیں۔ نبیوں کا کام صرف پیغام پہنچانا ہوتا تھا، اور ان کے پیغام کو قبول یارد کرنے پر کوئی دنیوی سزا نہیں دی جاتی تھی۔

لیکن جب انسانوں نے مسلسل اللہ کی ہدایت اور موت کے بعد کی جواب دہی کا انکار کیا تو اللہ تعالیٰ نے انسانی تاریخ میں کئی بار زمین پر اپنی عدالت قائم کی۔ یہ اللہ کی طرف سے اس بات کا عملی ثبوت تھا کہ موت کے بعد بھی ایک دن ایسا ہی عدل قائم ہوگا۔ اللہ تعالیٰ کی یہ عدالت زمین پر ایک رسول کے ذریعے سے قائم کی جاتی ہے۔ رسول وہ نبی ہوتا ہے جسے اللہ براہِ راست مخاطب کرتا ہے، لیکن ایک نبی کو رسول کا درجہ دینے والی چیز یہ ہے کہ اس پر اللہ کی طرف سے یہ اضافی ذمہ داری عائد کی جاتی ہے کہ وہ زمین پر اللہ کی دینونت نافذ کرے۔

قانون رسالت کے تحت رسول کے ذریعے سے دیے گئے اللہ کے پیغام کو قبول کرنے والوں کو اسی زندگی میں جزا و سزا کا سامنا ہوتا ہے۔ رسول کے فوری مخاطبین کے لیے حق کو بالکل واضح کر دیا جاتا ہے۔ جو لوگ رسول کا انکار کرتے ہیں، وہ دنیا میں ہی سزا پاتے ہیں، اور جو لوگ اس کے پیغام کو تسلیم کرتے ہیں، وہ اسی دنیا میں انعامات حاصل کرتے ہیں۔

رسول درحقیقت اپنے مخاطبین کے لیے اللہ کی عدالت کا مظہر ہوتا ہے۔ قرآن اللہ کا محفوظ کلام ہے، جو اس بات کا ریکارڈ ہے کہ اللہ نے زمین پر اپنے آخری رسول، محمد صلی اللہ علیہ وسلم کے ذریعے سے اس دینونت کو کیسے نافذ کیا۔ قرآن نہ صرف یہ بیان کرتا ہے کہ پہلے زمانے کی قوموں کے ساتھ ان کے رسولوں کے ذریعے سے کیسا سلوک کیا گیا، بلکہ یہ بھی واضح کرتا ہے کہ محمد صلی اللہ علیہ وسلم کے فوری مخاطبین کے لیے خدائی عدالت کے فیصلے کس طرح نافذ کیے جائیں گے۔ تاریخ اس بات پر شاہد ہے کہ قرآن میں بیان کردہ واقعات بالکل اسی طرح رونما ہوئے جیسے ان کی پیشین گوئی کی گئی تھی۔ یہ سب کچھ دنیا بھر کے انسانوں کے لیے ایک واضح ثبوت کے طور پر پیش ہوا۔

قرآن اور اسلام کی صداقت کو مزید مضبوط کرنے والے کئی عوامل ذیل میں درج ہیں:

1۔ قرآن نہایت مربوط انداز میں پچھلے صحیفوں کے ساتھ ہم آہنگ ہے۔ عہد نامہ قدیم اور عہد نامہ جدید میں بیان کردہ رسولوں جیسے حضرت نوح، حضرت ابراہیم، حضرت لوط، حضرت موسیٰ، حضرت عیسیٰ علیہم السلام اور حضرت محمد کے بارے میں قرآن کا بیان ان سابقہ کتب کے بیان کے ساتھ مکمل مطابقت رکھتا ہے۔ قرآن کے مطابق، ان رسولوں سے منسلک واقعات محض غضب خدا کے بے ترتیب مظاہر نہیں تھے، بلکہ یہ زمین پر اللہ کی عدالت کے نفاذ کی نہایت منظم مثالیں تھیں۔ اس کے دو مقاصد تھے:

الف۔ قیامت کے دن کی جواب دہی کا سب سے موثر ثبوت پیش کرنا،

ب۔ ایسی اقوام کو اٹھانا جو اللہ کا پیغام دنیا تک پہنچائیں اور اس پر عمل کریں۔

2۔ محمد صلی اللہ علیہ وسلم کا کوئی فوجی یا سیاسی پس منظر نہیں تھا، لیکن قرآن نے ایسی بے عیب فوجی اور سیاسی حکمت عملیاں پیش کیں جو مکمل کامیابیوں کا باعث بنیں۔ محمد صلی اللہ علیہ وسلم نے ان کامیابیوں کا سہرا اپنے سر لینے کے بجائے یہ کہا کہ وہ صرف اللہ کے احکامات کی پیروی کر رہے ہیں۔

3۔ محمد صلی اللہ علیہ وسلم نے رسمی مذہبی تعلیم یا تبلیغ کا کوئی رسمی پس منظر نہ رکھنے کے باوجود قرآن کے ذریعے سے نہایت گہرے اور معقول بین المذاہب مباحث پیش کیے، جو علمی اور حقائق کی بنیاد پر مضبوط تھے۔

4۔ محمد صلی اللہ علیہ وسلم لکھنا پڑھنا نہیں جانتے تھے اور شاعری یا ادب کا کوئی پس منظر نہیں رکھتے تھے، اس کے باوجود قرآن جیسا ادبی اور شعری شاہ کار پیش کیا۔ یہ حیران کن بات ہے کہ قرآن کی کئی آیات فوری حالات کے جواب میں نازل ہوئیں اور ان کا کلامی حسن اور گہرائی کسی معجزے سے کم نہیں۔

5۔ شیکسپیئر اور علامہ اقبال جیسے شاعر ایک دن میں عظیم نہیں بنے۔ جارج واشنگٹن، قائداعظم اور گاندھی جیسے رہنما اچانک عظیم شخصیتوں کے طور پر سامنے نہیں آئے اور نہ ہی سکندر اعظم اور چنگیز خان جیسے فوجی ماہرین راتوں رات جنگی حکمت عملی کے ماہر بنے۔ یہ سب لوگ وقت کے ساتھ تدریجاً اپنے اپنے شعبوں میں مہارت حاصل کرتے گئے۔ لیکن محمد صلی اللہ علیہ وسلم کی زندگی میں ایسی کوئی تدریجی ترقی نظر نہیں آتی۔ چالیس سال کی عمر سے پہلے وہ علم، سیاست، فلسفہ، جنگی حکمت عملی، مذہب یا شاعری جیسے موضوعات میں کوئی دل چسپی نہیں رکھتے تھے۔ پھر اچانک، ایسا لگتا ہے جیسے کسی ظاہری تیاری کے بغیر، وہ قرآن پیش کرنے لگے—ایک ایسی کتاب جو ان تمام موضوعات کو نہایت گہرائی اور حکمت کے ساتھ بیان کرتی ہے۔ یہ سوال پیدا ہوتا ہے کہ قرآن آیا کہاں سے؟ یہ سمجھنا مشکل ہے کہ یہ محمد صلی اللہ علیہ وسلم کی ذاتی تخلیق ہو سکتی ہے، خاص طور پر جب ہم دیکھتے ہیں کہ انھوں نے اس کے لیے کبھی کسی قسم کی علمی یا فکری تیاری نہیں کی تھی۔ مزید یہ کہ کوئی ایسا ثبوت بھی موجود نہیں کہ ان کے پاس ماہرین کی کوئی ٹیم تھی جو ان کے لیے مختلف موضوعات پر مواد تیار کرتی، جو عموماً پیش آمدہ مسائل کے جواب میں فوراً سامنے آجاتا۔ یہ سب باتیں اس دلیل کو مضبوط کرتی ہیں کہ محمد صلی اللہ علیہ وسلم واقعی ایک اعلیٰ شعور یا الوہی ہدایت سے فیض یاب تھے، جیسا کہ ان کا دعویٰ ہے۔

6۔ قرآن میں کئی ایسی پیشین گوئیاں موجود ہیں جو بالکل درست ثابت ہوئیں، جیسے کہ: مسلمانوں کی مکہ پر فتح، محمد صلی اللہ علیہ وسلم کی قریبی ساتھیوں کے دنیا کی ایک عظیم سلطنت پر حکمرانی، بازنطینی سلطنت کی فارس پر فتح۔ یہ تمام واقعات قرآن کی پیشین گوئیوں کے عین مطابق وقوع پذیر ہوئے۔

7۔ دیگر مذہبی صحیفوں میں بھی ایسی پیشین گوئیاں موجود ہیں جو محمد صلی اللہ علیہ وسلم کی

شخصیت اور ان کی زندگی سے حیرت انگیز طور پر مطابقت رکھتی ہیں۔

یہ میرے لیے واقعی حیران کن ہے کہ 1500 سال پہلے ایک ناخواندہ شخص کو دی گئی کتاب آج کے دور کے انسان کے وجودی اور فکری سوالات کا اس قدر جامع اور مدلل جواب فراہم کر سکتی ہے۔

یہ تمام عوامل مجھے اس نتیجے پر پہنچانے کے لیے کافی تھے کہ اسلام ہی وہ حق اور سچائی ہے جسے میں تلاش کر رہا تھا، اور میں نے اس کے آگے سر جھکانا اپنے لیے ضروری سمجھا۔ "اسلام" کا مطلب ہی حق اور خدا کے سامنے سر تسلیم خم کرنا ہے۔ لیکن میں ہمیشہ اپنی سوچ اور عقیدے پر نظرِ ثانی کے لیے تیار رہوں گا، کیونکہ کھلے دل سے حق کو قبول کرنا ہی اصل دیانت داری ہے۔

جہاں تک خدا کے وجود کا تعلق ہے، کئی افراد کے لیے ذاتی تجربہ اس سلسلے میں ایک اہم پہلو رہا ہے۔ دنیا بھر میں اربوں لوگ یہ دعویٰ کرتے ہیں کہ انھوں نے اپنی زندگی میں خدا کی موجودگی کو محسوس کیا ہے، چاہے ان کا تعلق کسی بھی مذہب یا نظریے سے ہو۔ اگرچہ میں ذاتی تجربے کو خدا کے وجود کا کوئی سائنسی یا معروضی ثبوت نہیں مانتا، لیکن میں یہ تسلیم کرتا ہوں کہ میں نے اپنی زندگی میں کئی بار خدا کی موجودگی کو محسوس کیا ہے۔ میرے مشاہدے کے مطابق جتنا زیادہ کوئی شخص خدا کی ہدایت کو سمجھنے اور اس پر عمل کرنے کی کوشش کرتا ہے، اور جتنا زیادہ خلوص سے وہ عبادت کرتا ہے، اتنا ہی وہ خدا کی موجودگی کو گہرائی سے محسوس کرتا ہے۔

اس کتاب کو لکھنے کے مقصد کا ذکر میں نے ابتدا میں کیا تھا، لیکن میں ایک اور اہم وجہ کے ساتھ اس گفتگو کو ختم کرنا چاہتا ہوں کہ قرآن کے خدا کو دریافت کرنا میرے لیے اپنے خالق کو دریافت کرنے کے مترادف تھا۔ میں نے یہ جانا کہ میرا حقیقی اور واحد لازوال تعلق میرے

خالق کے ساتھ ہے۔ میرے دیگر تعلقات، چاہے وہ میرے خاندان کے ساتھ ہوں، دوستوں کے ساتھ یا یہاں تک کہ میری اپنی ذات سے، سب ثانوی حیثیت رکھتے ہیں۔ میرا خاندان، میرا ماحول، میری شناخت — یہ سب کچھ مختلف ہو سکتا تھا اگر میں کسی اور جگہ پیدا ہوتا۔ لیکن اصل تعلق اس خالق سے ہے جس نے مجھے کچھ نہ ہونے سے پیدا کیا اور یہ تعلق ماں کے رحم میں میری ابتدا سے مقدم ہے۔ میری سب سے بڑی خواہش یہ ہے کہ میرا خالق مجھ سے خوش ہو اور مجھ پر فخر کرے۔ میں سمجھتا ہوں کہ اچھے اعمال کے ساتھ خدا کے پیغام کو دوسروں تک پہنچانا ایک ایسا کام ہے جسے وہ پسند کرتا ہے۔ اسی لیے میں پوری دیانت داری سے یہ پیغام دوسروں تک پہنچانے کی کوشش کرتا ہوں۔ چاہے یہ پیغام بہت سے لوگوں تک پہنچے یا چند لوگوں تک، میرے لیے اہم یہ ہے کہ خدا میرے عمل کو قبول کرے۔ میری دعا ہے کہ میری نیت ہمیشہ خالص رہے اور میں اپنے خالق کی رضا کے لیے ہر ممکن کوشش کرتا رہوں۔

میں یہ واضح کرنا چاہتا ہوں کہ میں کوئی عالم یا محقق نہیں ہوں، میں محض ایک عام انسان ہوں جس نے زندگی کے بڑے سوالات کے جواب تلاش کیے اور بالآخران جوابات کو اطمینان بخش پایا۔ آپ مجھ سے اتفاق کریں یا نہ کریں، میں آپ کا شکر گزار ہوں کہ آپ نے اپنا قیمتی وقت دیا، اس کتاب کو پڑھا، اور میری باتوں پر توجہ دی۔ لیکن میری ایک درخواست ہے کہ قرآن کو اس کے درست تعارف کے ساتھ سمجھنے کی کوشش کریں، جیسا کہ میں نے اس کتاب میں ذکر کیا ہے۔ قرآن اپنے بارے میں کہتا ہے کہ یہ ہدایت حاصل کرنے کے لیے سب سے آسان کتاب ہے۔ اس کا پیغام بہت سادہ اور واضح ہے کہ ایک خدا ہے جو ہمارا خالق ہے اور دنیوی موت کے بعد ہمیں اس کے سامنے جواب دہ ہونا ہے۔ ہر انسان سے اس کے اعمال کے بارے میں سوال ہوگا۔ کامیابی کا دارومدار اس بات پر ہوگا کہ آپ کا کردار کتنا پاکیزہ اور نیک تھا، آپ نے خدا کے بارے میں سوچنے اور سمجھنے کو کتنی سنجیدگی سے لیا، اور آپ کی

تلاش کتنی مخلص تھی۔ یہ بھی دیکھا جائے گا کہ آپ کے عقائد تعصب پر مبنی نہیں، بلکہ میرٹ اور سچائی پر مبنی تھے، آپ کے اعمال کتنے اچھے تھے، اور ان اعمال کے پیچھے آپ کی نیت کتنی خالص تھی۔ قرآن یہ وعدہ کرتا ہے کہ خلوص کے ساتھ کی گئی غلطیوں کو معاف کر دیا جائے گا، لیکن جان بوجھ کر کی گئی ہٹ دھرمی اور مستقل غلطیوں پر سخت سزا دی جائے گی۔

"اور اُس دن سے ڈرو، جس میں تم اللہ کی طرف لوٹائے جاؤ گے۔ پھر ہر شخص کو اُس کی کمائی وہاں پوری مل جائے گی اور لوگوں پر کوئی ظلم نہ ہو گا۔" (البقرہ 2:281)

آپ کا بے حد شکریہ!